John
Witte

John

Witte

Reformacja praw

Prawo, religia i prawa człowieka w kalwinizmie u progu nowoczesności

Przełożył
Maciej Dybowski

PWN

Dane oryginału

John Witte Jr.
The Reformation of Rights: Law, Religion and Human Rights in Early Modern Calvinism

The Reformation of Rights was first published in 2007 by Cambridge University Press

Projekt graficzny serii
Edwin Radzikowski

Projekt okładki i stron tytułowych
Przemysław Spiechowski

Wydawca
Aleksandra Żdan

Redaktor prowadzący
Jolanta Kowalczuk

Redaktor
Anna Wojczyńska

Produkcja
Mariola Iwona Keppel

Łamanie
Egraf

ISBN 978-83-01-19152-8

Wydanie I
Warszawa 2017

Wydawnictwo Naukowe PWN SA
02-460 Warszawa, ul. Gottlieba Daimlera 2
tel. 22 69 54 321, faks 22 69 54 288
infolinia 801 33 33 88
e-mail: pwn@pwn.com.pl; reklama@pwn.pl
www.pwn.pl

Druk i oprawa:
OSDW Azymut Sp. z o.o.

Spis treści

John Witte – kronikarz dialogu prawa i religii
Przedmowa do wydania polskiego

Ponieważ tłumacz oddawanego w ręce czytelnika dzieła Johna Witte'a jest zarazem filozofem prawa, nie może we wstępie do *Reformacji praw* ograniczyć się do uwag czysto translatorskich[1]. Pod tym ostatnim względem praca nad książką nie nastręcza istotnych trudności, może z wyjątkiem konieczności posługiwania się tekstami źródłowymi, które w znacznie mniejszym stopniu niż w przypadku czytelnika anglojęzycznego są dostępne czytelnikowi rodzimemu. Wstęp ten ma zatem na celu zwrócenie uwagi na treść książki w kilku aspektach, które polskim czytelnikom mogą wydać się szczególnie interesujące.

Pierwszym z nich jest gruntowna prezentacja dorobku myśli kalwińskiej. We współczesnym doświadczeniu religijnym Polaków myśl ta jest praktycznie nieobecna, co pozwala zadać pytanie o to, dlaczego tak się dzieje oraz o naszą własną tradycję religijną. Debata naukowa, nie wspominając o bardziej popularnych opracowaniach na temat intelektualnych aspektów reformacji w Polsce, mimo obfitości studiów na temat historii XVI i XVII wieku, pozostawiać może poczucie olbrzymiego niedosytu. Niewątpliwe sukcesy reformacji na ziemiach polskich w pierwszym jej okresie wyjaśnia się najczęściej, wskazując na kontekst konfliktów narodowych i społecznych. Nawet tak wybitni historycy

[1] Za pomoc w przygotowaniu pierwszej wersji tłumaczenia na język polski winien jestem wdzięczność Claudii Sarti.

epoki jak Janusz Tazbir są zdania, że popularność kalwinizmu wśród szlachty wynikała ze zbieżności doktrynalnej kalwinizmu i tendencji emancypacyjnych szlachty, czy wręcz z interesów, sprowadzających się do niechęci wobec obowiązku płacenia dziesięciny[2]. Dopiero w ostatnich latach pojawiają się prace ukazujące poczynania polskich dysydentów religijnych w szerszym kontekście kulturowym[3]. Na późniejsze odsłony kalwinizmu patrzy się z kolei najczęściej przez soczewki wyszlifowane przez Maxa Webera, który ten odłam reformacji połączył z ukształtowaniem się idei kapitalizmu, choć na poparcie swej tezy nie przywoływał właściwie myśli kalwińskiej, lecz obserwacje odnoszące się do społeczności, w których wierni tego wyznania stanowili po prostu większość[4].

Można chyba postawić tezę, że polskim czytelnikowi i czytelniczce zainteresowanym historią idei politycznych i prawnych niełatwo o dostęp do informacji wyjaśniających, dlaczego choć szesnasto- i siedemnastowieczne polskie elity umysłowe przyłączały się do ruchu reformacyjnego lub z nim sympatyzowały, społeczeństwo polskie *en masse* pozostało przy katolicyzmie. Czy to dla Polaków zysk, czy strata (jeśli pytanie to zadać z perspektywy kupieckiej)?

W czasie dogorywającego powstania styczniowego w lutym 1864 roku Norwid pisał w liście do generała Władysława Zamoyskiego o charakterystycznym, jego zdaniem, dla Polaków rozumieniu narodowości jako zdolności łączenia i przyswajania różnych tendencji duchowych i intelektualnych: „Narodowość nie jest wyłączność, ale jest to siła przywłaszczania sobie tego wszystkiego, co do postępowego rozwinięcia żywiołów własnych potrzebne i konieczne jest". Przy okazji poeta dokonywał znamiennego przeciwstawienia dwóch typów patriotyzmu: otwartego i asymilacyjnego. Na rozróżnienie to warto zwrócić uwagę, ponieważ pośrednio pozwala ono wniknąć głębiej w stosunek polskich elit intelektualnych do radykalnych odłamów reformacji. „Ważne i ciekawe dla Polaków pytanie: czemu purytanizm nawet w religii jest herezją??? [...] Nawet w religii [chrześcijańskiej – *M.D.*] purytanizm

---

[2] Zob. J. Tazbir, *Reformacja, kontrreformacja, tolerancja*, Wrocław 1996.

[3] Zob. W. Kriegseisen, *Stosunki wyznaniowe w relacjach państwo-kościół między reformacją a oświeceniem (Rzesza Niemiecka – Niderlandy Północne – Rzeczpospolita polsko-litewska)*, Warszawa 2010, i przywoływana tam literatura.

[4] Por. M. Weber, *Etyka protestancka a duch kapitalizmu. Protestanckie „sekty" a duch kapitalizmu*, tłum. B. Baran, P. Miziński, Warszawa 2010.

doprowadziłby zawsze albo do żydostwa, albo do archeologii i skończyłoby się na tym, że Kościół byłoby to muzeum starożytności!”[5].

Może więc polski katolicyzm jako zjawisko kulturowe osadzone w tradycji wielkiej Rzeczpospolitej bierze się z konieczności poszukiwania najbardziej otwartej formuły religijności dostępnej w danym momencie historycznym; konieczności, dodajmy, nie całkiem pierwszoplanowej w tym samym momencie dziejowym w izolowanej Genewie, w Niderlandach ogarniętych antyhabsburską rewoltą, na Wyspach Brytyjskich czy w amerykańskich koloniach. Witte nie podejmuje wprawdzie rozważań na temat przyczyn lokalnej popularności, jaką zyskał kalwinizm w świecie zachodnim, lecz z perspektywy polskich czytelników zagadnienie to wydaje się nieodłącznie towarzyszyć lekturze jego pracy.

Drugi szczególnie być może dla polskich odbiorców interesujący wymiar pracy Witte'a dotyczy ustaleń na temat wpływu kalwinizmu na ukształtowanie się fundamentalnych zasad i rozwiązań instytucjonalnych współczesnego konstytucjonalizmu zachodniego. Wypada mieć nadzieję, że wiedza o koncepcjach religijnych i politycznych twórców różnych nurtów reformacji wciąż należy do kanonu wykształcenia w naszym kręgu kulturowym, a w ostatnich latach pojawiają się na polskim rynku księgarskim poważne prace obcych autorów na temat związków między reformacją a kulturą Zachodu[6], lecz już pogłębiona refleksja nad wkładem poszczególnych myślicieli religijnych z kręgu reformacji do tak chętnie przez nas przyjmowanego dorobku europejskiego i amerykańskiego konstytucjonalizmu oraz praw człowieka rzadko wykracza poza szkolne uogólnienia.

Wprawdzie już w opublikowanej w 1895 roku pracy pt. *Die Erklärung der Menschen- und Bürgerrechte* Georg Jellinek postawił tezę o reformacji i konfliktach religijnych jako źródle praw jednostki, lecz stanowisko to z miejsca uznano za kontrowersyjne, tym bardziej że pozbawione było wówczas mocnego oparcia w materiale źródłowym. Każdy prawnik czy politolog zetknął się z potocznym poglądem, że uznanie dla praw i wolności człowieka bierze swój początek w europejskim oświeceniu, przedstawianym niekiedy jako ruch świecki lub wręcz wrogi chrześcijaństwu. Wielu z nich pogląd ten powtarza, co w przypadku prawników pozostaje zapewne w ścisłym, choć rzadko uświadamianym dziś związku z tradycją pozytywizmu prawniczego. Dość wspomnieć,

---

[5] C. Norwid, *Pisma wszystkie*, oprac. J.W. Gomulicki, Warszawa 1971, t. 9, s. 131.

[6] Por. zwł. A.E. McGrath, *Jan Kalwin. Studium kształtowania kultury Zachodu*, tłum. J. Wolak, Warszawa 2009.

że Jeremy Bentham twierdził, iż przyrodzone i naturalne prawa jednostki to „nonsens na szczudłach”[7]. Zawodowi historycy idei świadomi są oczywiście uproszczeń, jakie niesie taka teza, lecz w żaden sposób nie przekłada się to na uderzającą dysproporcję między wzrostem wiedzy o kanonach praw człowieka i zachodniego konstytucjonalizmu a ubóstwem refleksji nad procesami, które doprowadziły do ukształtowania tych kanonów. O ile jeszcze dorobek pisarzy katolickich jest w Polsce upowszechniany, a w ostatnich dekadach odnotować można znaczny i zrozumiały wzrost zainteresowania autorami rodzimymi, np. Pawłem Włodkowicem, o tyle już rozważania nad wkładem przedstawicieli innych wyznań chrześcijańskich do naszego wspólnego dorobku kultury prawnej są właściwie marginalne. Nawet myśliciel, którego Jan Kalwin zachwalał słowami „macie bardzo uczonego męża, Jana Łaskiego, którego erudycja, prawość i inne cnoty są znane nie tylko wam, ale i innym narodom”[8], wciąż pozostaje lepiej znany poza Polską.

Reformacja praw jako pierwsza spośród wielu książek Johna Witte’a dostępna dla polskich odbiorców podejmuje w sposób systematyczny temat wpływu kalwinizmu na kształtowanie się współczesnej doktryny praw człowieka oraz zachodniej koncepcji konstytucjonalizmu. Witte obejmuje zakresem swych rozważań ponad dwa stulecia – począwszy od reform politycznych i religijnych, jakich dokonywał w Genewie Kalwin, a kończąc na purytanach, rozwijających swe projekty konstytucyjne w Nowej Anglii. Celem książki, jak deklaruje jej autor, jest przedstawienie rozwoju myśli teologicznej i prawnej, która doprowadziła do wypracowania idei wynikających z założeń teoretycznych praw jednostki oraz do nadania tym ideom formy instytucjonalnej.

Chronologiczna, kronikarska niemal precyzja, z jaką Witte pokazuje rozwój i konkretyzację idei kalwińskich, umożliwia śledzenie sukcesów i niepowodzeń, na jakie napotykało instytucjonalne kształtowanie się gwarancji praw i wolności, które dziś zaliczamy do niepodlegającego dyskusji katalogu zabezpieczeń należnych każdemu człowiekowi. Autor rozpoczyna od pojęć prawa, wolności i religii wypracowanych i stosowanych w Genewie pod rządami założyciela tego nurtu reformacji, starannie odróżniając je od ukształtowanych wcześniej poglądów doktryny katolickiej i luterańskiej. Witte precyzyjnie

---

[7] J. Bentham, *A Comment of the Commentaries; A Criticism of William Blackstone's on the Laws of England*, Oxford 1928, s. 14.

[8] Cyt. za: A. Jobert, *Od Lutra do Mohyły. Polska wobec kryzysu chrześcijaństwa 1517–1648*, Warszawa 1994, s. 55.

wyodrębnia wczesne poglądy Kalwina, charakteryzujące się naciskiem na indywidualną wolność sumienia, demokratyzm w rządzeniu wspólnotą kościelną oraz szerokie uczestnictwo wiernych w prowadzeniu spraw tejże wspólnoty od poglądów późniejszych i usztywnienia stanowiska w sprawie wolności religijnej, które dało o sobie znać w sądowym zabójstwie Miguela Serveta. Wydaje się, że zarysowane w charakterystyce poglądów Kalwina napięcie między powiększaniem zakresu wolności indywidualnej a wiernością doktrynie religijnej okaże się charakterystyczne również dla późniejszych prób przekładania kalwinizmu na praktykę funkcjonowania instytucji politycznych i prawnych. Napięcia te doprowadzą Teodora de Bèze'a – kolejnego bohatera pracy Witte'a – do przeformułowania koncepcji Kalwina w kierunku wzmacniania rozdziału między państwem a Kościołem. Jego największym osiągnięciem, które na trwałe stanie się wyznacznikiem kalwińskiej koncepcji praw jednostki, będzie wprowadzenie do dyskursu pojęcia przymierza opartego na Dekalogu, które zobowiązuje władzę polityczną do poszanowania praw i wolności poddanych w sferze religijnej i politycznej. De Bèze dostrzegał w przymierzu prawno-religijny fundament, zabezpieczający jednostki przed niesprawiedliwym prawem pozytywnym.

Witte kontynuuje swą erudycyjną opowieść o kalwińskiej koncepcji praw jednostki przedstawiając w kolejnym rozdziale dorobek Johannesa Althusiusa, którego imponująca zdolność syntetyzowania prac należących do tradycji klasycznej, nauczania zawartego w Biblii, dzieł katolików i protestantów oraz współczesnych mu jusnaturalistów doprowadziła do wypracowania uzasadnienia dla szczegółowych praw i wolności. Podobnie jednak jak w przypadku Kalwina i de Bèze'a, Witte przedstawia czytelnikom obraz pełen niuansów, jak choćby wtedy, gdy nawoływaniom Althusiusa do tolerancji w stosunku do innych wyznań chrześcijańskich i niechrześcijańskich przeciwstawia wyimki z pism, które wskazują, że zakres owej tolerancji był niezmiernie ograniczony. Na kartach swej książki Witte metodycznie ukazuje, jak w czasach absolutyzmu wybrzmiewał głos myślicieli kalwińskich na temat praw jednostek, w dalszych rozdziałach włączając w ten obraz zarówno prozę Johna Miltona, jak i działających na ówczesnych peryferiach Zachodu purytańskich myślicieli z Nowej Anglii, którzy wnieśli istotny wkład w rozwój konstytucjonalizmu amerykańskiego. Witte nierzadko wychodzi z roli beznamiętnego historyka idei, i to bynajmniej nie wyłącznie dlatego, że już w założeniach przyjmowanej przez niego metody badawczej religii przypisuje on miejsce szczególne. Wydaje się raczej, że w każdym z portretów myślicieli kalwińskich i intelektualnego oraz duchowego klimatu epoki Witte podkreśla wzloty i upadki, nienaruszalne aksjomaty i niekonsekwencje zarówno w obrębie doktryn i poglądów, jak i w życiu osobistym ich adherentów. Przyjmuje więc autor *Reformacji praw* postawę oceniającą, lecz nie jednostronną.

Poważny namysł Witte'a nad religijnymi – i to bardzo lokalnymi, bo przecież kalwinizm to odłam zachodniego chrześcijaństwa – źródłami uniwersalnych praw człowieka powinien zostać z odpowiednią powagą przyjęty przez tych, którym prawa człowieka są drogie. Tych źródeł nie należy w imię owej uniwersalności ignorować. Co więcej, przedstawianie praw jednostki jako „świeckiej religii" bynajmniej nie przyczynia się do zwiększania ich popularności poza światem zachodnim, a wręcz, jak pisał Michael Ignatieff, „przynosi to odwrotny efekt, wywołując wątpliwości wśród religijnych, niezachodnich grup, które – jak się okazuje – nie potrzebują zachodnich świeckich wyznań wiary"[9].

Trzeci aspekt pracy Witte'a, na który warto zwrócić szczególną uwagę, dotyczy założeń i problematyki przenikających cały jego dorobek badawczy właśnie w odniesieniu do dialektycznej hermeneutyki prawa i religii. Jego postawa badawcza sama w sobie domaga się charakterystyki, ponieważ jest ona wyrazem nowatorskiego, również w skali światowej, podejścia do problematyki relacji między światem instytucji społecznych a rzeczywistością wiary religijnej. Podejście to znajduje wyraz w cieszącym się coraz większym zainteresowaniem kierunku badań interdyscyplinarnych określanych hasłowo mianem „Law and Religion".

We współczesnej Polsce, podobnie jak w innych obszarach naszego kręgu kulturowego, rozmaite aspekty interakcji między prawem a religią często stanowią przedmiot powszechnego zainteresowania opinii publicznej i specjalistów. Tylko w ostatnich latach przez media i sale sądowe przetaczały się debaty na temat m.in. klauzuli sumienia lekarzy, finansowania ze środków publicznych zapłodnienia pozaustrojowego czy nawet uboju rytualnego. W debatach tych na porządku dziennym było podnoszenie, nierzadko łącznie, argumentów natury prawnej, religijnej czy etycznej. Także spory na temat miejsca religii w życiu publicznym, związane choćby z eksponowaniem symboli religijnych w przestrzeni publicznej czy potencjalnymi naruszeniami praw podmiotowych osób powołujących się na swe wyznanie albo na bezwyznaniowość, cieszyły się zainteresowaniem. Spory takie potraktować można jako symptomatyczne

[9] M. Ignatieff, *Prawa człowieka jako fetysz*, w: J. Zajadło (red.), *Antologia tekstów dotyczących praw człowieka*, Warszawa 2008, s. 607.

dla wzrastającej świadomości głębokich powiązań między światem religii a instytucjonalnym urządzeniem naszego życia społecznego. Są one również typowe dla procesów sekularyzacyjnych, których w aktualnym stanie cywilizacji zachodniej bynajmniej nie można uznawać za jednokierunkowe i łatwo przewidywalne, choć odchodzenie kultury zachodniej od charakterystycznej dla niej chrześcijańskiej tradycji religijnej zdaje się stanowić stały trend w kulturze europejskiej. Tym większa może potrzeba zainteresowania badawczego problematyką, której uwyraźnienie może dokonywać się właśnie dlatego, że coraz węższy jest obszar domyślnej zgody Europejczyków co do aksjologii ugruntowanej w światopoglądzie chrześcijańskim.

Ostatnie dekady przyniosły, zwłaszcza w Stanach Zjednoczonych, wzrost poważnego akademickiego zainteresowania prawem, kulturą i religią badanymi nie jako niezależne zjawiska społeczne, lecz rozpatrywanymi w świetle interakcji, co przynosi pogłębione rozumienie prawa. W tym zakresie praca Harolda Bermana z 1974 roku pt. *The Interaction of Law and Religion* była pracą pionierską, choć w dużej mierze zlekceważoną. Berman zauważył rzecz oczywistą – że prawo i religia łączy aspekt oddziaływania normatywnego, a regulowane treści w pewnym zakresie pozostają wspólne bez względu na źródło normowania. Analogie te zachowują swą moc zarówno w konkretnych porządkach prawnych, jak i w prawie międzynarodowym. W takim zakresie, w jakim religia należy do kulturowego uposażenia poszczególnych społeczeństw, ignorowanie tych związków prowadzi do konfliktów, które często bywają rozwiązywane przez odwołanie się do uprzywilejowanych pod pewnymi względami norm kulturowych, niekoniecznie dających się pogodzić z normami o rodowodzie religijnym. Tym samym dochodzi niekiedy do redukcjonistycznego osłabiania wpływu powszechnie akceptowanych norm religijnych, co skutkuje swego rodzaju wojnami kulturowymi. Konflikty takie okazują się szkodliwe zarówno z punktu widzenia prawa, jak i kultury, która zostaje sprowadzona do ideologii i jako taka zaczyna wzbudzać nieufność. Religia zaś wychodzi z takich konfliktów osłabiona, ponieważ odmawia się jej prawa do oddziaływania społecznego, redukując ją do doświadczenia osobistego. John Witte należy do kontynuatorów myśli Bermana, a jego książkę odczytywać można nie tylko jako historyczne opracowanie z zakresu historii myśli prawnej, politycznej i religijnej, lecz także – w głębokiej strukturze – jako egzemplifikację założeń metodologiczno-badawczych prowadzonych w nurcie „Law and Religion". Zdaniem Witte'a prawo i religię należy badać jako „dwa wielkie, zazębiające się systemy idei, instytucji, wartości i przekonań", a jeśli ująć rzecz metaforycznie, powinno się je traktować jako „binokular", za pomocą którego

„na nowo postrzegamy wiele znanych nam idei i instytucji, badanych dotąd za pomocą samego «monokularu prawa» albo «monokularu religii»”[10]. Ten kierunek myślenia zaczyna zyskiwać zwolenników, również wśród dogmatyków prawa. Za paradoksalny należy uznać fakt, że badacze amerykańscy – także ci, którzy jak wybitny prawnik Joseph H.H. Weiler otwarcie przyznają się do innego niż chrześcijański rodowodu wyznaniowego – przeprowadzają analizy orzecznictwa sądów europejskich w kontekście wspomnianych interakcji między prawem a religią i wskazują na istotne zaniedbania hermeneutyczne w podejściu europejskiej nauki prawa oraz judykatury, zwłaszcza Europejskiego Trybunału Praw Człowieka, do zagadnień związanych z kulturowo-religijnym dziedzictwem naszego kontynentu[11].

Warto więc, by polscy czytelnik i czytelniczka zainteresowali się książką Witte'a, obok dostępnej już klasycznej pozycji Harolda Bermana pt. *Prawo i rewolucja*[12], jako przykładem zintegrowanego podejścia badawczego do prawa i religii. Zainteresowanie to towarzyszyć może w szczególności prawnikom, zarówno tym, którzy należą do rzadkich już dziś adherentów pozytywizmu prawniczego, jak i tym, którzy przestali pokładać nadzieje w nauce prawa, opierając się na takim modelu zewnętrznej integracji nauk prawnych, który ostatecznie zdaje się prowadzić do rozpłynięcia się odrębności tej dyscypliny w bardziej zaawansowanych naukach przyrodniczych (neurokognitywistyce) i społecznych lub wprost przeciwnie – w rozmaitych ideologiach prawa. Paradoksalnie bowiem pewien typ interdyscyplinarności, któremu towarzyszy źle skrywana pogarda dla własnej dyscypliny, prowadzi do „bałkanizacji” nauk prawnych.

Tymczasem nauka prawa to coś więcej niż suma interdyscyplinarnych składników lub metod i ujęć poszczególnych akademickich grup interesów. Samo prawo jest bowiem wieloaspektowym zjawiskiem życia indywidualnego i społecznego, którego badanie interdyscyplinarność powinna wspierać, a nie przyćmiewać. Stąd pracę Witte'a traktować można również jako głos w dyskusji na temat demarkacji nauk prawnych w kontekście ich integracji zewnętrznej. Ten głos wybrzmiewa wyraźnie, gdy Witte pisze o historii relacji między doktryną

---

[10] J. Witte Jr. *God's Joust, God's Justice. Law and Religion in the Western Tradition*, Grand Rapids 2006, s. 461.

[11] Zob. J.H.H. Weiler, *Chrześcijańska Europa. Konstytucyjny imperializm czy wielokulturowość?*, tłum. W. Michera, Poznań 2003.

[12] H.J. Berman, *Prawo i rewolucja. Kształtowanie się zachodniej tradycji prawnej*, tłum. S. Amsterdamski, Warszawa 1995.

religijną kalwinizmu a wymogami życia społecznego, w którym przyszło kalwinistom funkcjonować, ale jeśli dobrze się weń wsłuchać, jego przesłanie znajdzie zastosowanie uniwersalne, również w odniesieniu do współczesności, nawet jeśli świeckie ideologie w bliższych nam historycznie epokach sięgają po miejsce dawniej zajmowane przez religię. Rozumienie tych zjawisk pozwala oceniać je z właściwym dystansem. Jak pisał w innym miejscu Witte, „każda tradycja religijna zna zarówno teonomizm, jak i antynomianizm – przesadny legalizm i przesadne uduchowienie religii. Każdej tradycji prawnej znane są zarówno teokracja, jak i totalitaryzm – przesadna sakralizacja i przesadna sekularyzacja prawa”[13]. Nadmierne roszczenia prawa i religii nie przekreślają jednak istoty ich dialektycznych relacji oraz głębokich współzależności pojęciowych i metodologicznych. Czy na przykład związek między teologicznymi koncepcjami grzechu i prawniczymi ujęciami przestępstwa nie jest oczywisty albo czy hermeneutyka tekstów religijnych i prawnych nie pozostają w ścisłym związku? Kwestie te były już zresztą poruszane[14], a mimo to nauki prawne *en masse* wciąż zdają się żywić w stosunku do teologii znacznie więcej uprzedzeń niż wobec innych nauk. W polskiej filozofii nauki na zasadniczą bliskość prawoznawstwa i teologii w ramach pasa nieostrości między nauką a innymi działami kultury duchowej człowieka uwagę zwracał chyba tylko Leszek Nowak[15]. Można mieć nadzieję, że dzięki pracom autorów tak rzetelnie łączących warsztat historyka, prawnika i teologa, jak w przypadku Johna Witte'a, bariery te będą stopniowo przełamywane.

Maciej Dybowski

---

[13] J. Witte Jr., F.S. Alexander, *Christianity and Law. An Introduction*, Cambridge 2008, s. 1.

[14] Por. np.: H.J. Berman, *The Religious Sources of General Contract Law. A Historical Perspective*, „Journal of Law & Religion” 1986 (103), s. 4; J. Pelikan, *Interpreting the Bible and the Constitution*, Yale 2004.

[15] Por. L. Nowak, *Metodologiczne kryterium demarkacji i problem statusu teologii*, „Nauka” 2004 (3), s. 135.

Wstęp i podziękowania

W ostatnich trzech dziesięcioleciach powstało bardzo dużo prac naukowych poświęconych historii zachodniego dyskursu na temat praw w okresie przedoświeceniowym. Znacznie wzbogaciła się nasza wiedza o rzymskim rozumieniu praw (*iura*), wolności (*libertates*), zdolności (*facultates*), władz (*potestates*) i powiązanych z nimi pojęć, a także ich rozwoju w pracach średniowiecznych i wczesnonowożytnych cywilistów. Możemy zagłębić się w plątaninie argumentacji na rzecz indywidualnych i zbiorowych praw i wolności rozwijanej przez średniowiecznych kanonistów katolickich, filozofów i teologów oraz w obszernym poszerzeniu ich pracy przez pisarzy neoscholastycznych we wczesnonowożytnej Hiszpanii i Portugalii. Znacznie lepiej znamy też dziś klasyczne, republikańskie teorie wolności ukształtowane w Grecji i Rzymie oraz wpływ, jaki wywarły one na wczesnonowożytnych prawników z obszaru *common law* oraz na twórców teorii politycznych po obu stronach Atlantyku.

W tomie tym prześledzono rozwój dyskursu o prawach, jaki dokonał się w tej części tradycji zachodniej, która inspirację czerpała z nauk genewskiego reformatora Jana Kalwina (1509–1564). Na podstawie dziedzictwa klasycznego i chrześcijańskiego Kalwin rozwinął nowe i interesujące poglądy na temat władzy i wolności, praw i obowiązków czy relacji między Kościołem a państwem, które miały wywrzeć trwały wpływ na kraje protestanckie. Oryginalne nauki Kalwina niejednokrotnie poddawano weryfikacji w związku z kryzysami, jakie zachodziły w świecie zachodnim, wywoływanymi przez francuskie wojny religijne, powstanie w Niderlandach, rewolucję angielską, kolonizację Ameryki i rewolucję amerykańską. W każdym z tych kryzysów pojawiały się prace ważnych autorów kalwińskich – Teodora de Bèzy, Johannesa Althusiusa, Johna Miltona, Johna Winthropa, Johna Adamsa i innych – podejmujących zadanie aktualizacji i dostosowania poglądów Kalwina do warunków dramatycznych reform politycznych i prawnych. Dzięki nim wczesnonowożytny kalwinizm stał się jednym z kół zamachowych zachodniego konstytucjonalizmu. Podstawy zachodniego rozumienia praw obywatelskich i politycznych, pluralizmu społecznego i religijnego czy federalizmu i umowy społecznej wiele zawdzięczają kalwińskim reformom teologicznym i politycznym. To właśnie główna teza tej pracy.

Wiele z podnoszonych tu argumentów będzie znanych czytelnikom, szczególnie tym specjalizującym się w historii kalwinizmu. Przed stuleciem wielcy uczeni europejscy, jak Otto von Gierke, Max Weber, Émile Doumergue, Abraham Kuyper, Georg Jellinek, Josef Bohatec, Charles Borgeaud i inni, wyrysowali linie łączące Genewę z Filadelfią i Kalwina z Rousseau. W ostatnim półwieczu powstało liczne grono specjalistów zajmujących się wielkimi postaciami, które pojawiają się na stronach tej książki: Kalwinem, Bezą, Althusiusem, Miltonem i Winthropem. Klasyczne omówienia kalwinizmu skupiały się jednak głównie na wielkich problemach politycznych, niewiele miejsca poświęcając kształtującemu się dyskursowi praw i prawnym niuansom związanym z tradycją. Również najnowsze prace poświęcone wspomnianym autorom, choć często znakomite, nie zajmują się stopniowym rozwojem odrębnej, kalwińskiej doktryny prawa, religii i praw w poszczególnych epokach i kulturach. Pracę tę poświęcono właśnie tym zagadnieniom w celu uzupełnienia wielu doskonałych studiów na temat rozwoju praw w katolicyzmie.

Pragnę wyrazić głęboką wdzięczność dr. Craigowi Dykstry oraz jego współpracownikom z Lilly Endowment, Inc. w Indianapolis za niezmiernie hojne wsparcie grantowe dla moich prac nad tą książką oraz innymi publikacjami poświęconymi prawu i religii w tradycji protestanckiej. Podziękowania składam również dr. Alonzo McDonaldowi i współpracownikom z Alonzo L. McDonald Family Agape Foundation za wsparcie i mądre rady. Chciałbym także wyrazić wdzięczność uczonym, którzy zechcieli wesprzeć mnie krytyką i radą. Są wśród nich moi koledzy z Uniwersytetu Emory – Frank S. Alexander, Harold J. Berman, Timothy P. Jackson, Michael J. Perry, Philip L. Reynolds i Steven M. Tipton – a także koledzy i przyjaciele z innych ośrodków, a w szczególności Patrick M. Brennan, Don S. Browning, Charles Donahue,

Daniel L. Dreisbach, R.H. Helmholz, Wolfgang Huber, Robert M. Kingdon, David Little, Martin E. Marty, David Novak, Joan Lockwood O'Donovan, Steven Ozment, Charles J. Reid Jr., David Van Drunen, Johan van der Vyver oraz Nicholas P. Wolterstorff.

Pragnę podkreślić rolę pomocy w badaniach prowadzonych na potrzeby tej oraz innych prac, jakiej doświadczam ze strony absolwentów prowadzonego przez nas „Center for the Study of Law and Religion" na Uniwersytecie Emory, wśród których szczególnie pomocni byli: Amos Davis, Laurie Ann Fallon, Christy Green, Charles Hooker, Anne Jacobs, Joel Nichols, Sarah Pentz, Jimmy Rock i Judd Treeman, a także trzech innych młodych uczonych: Collin Freer, Wallace McDonald i Gregory Williams. Specjalne podziękowania należą się moim koleżankom z Centrum za profesjonalną pomoc w obsłudze projektów Lilly oraz McDonald, w ramach których książka ta powstała. Są wśród nich – April Bogle, Anita Mann, Amy Wheeler i Janice Wiggins. Olbrzymi dług wdzięczności zaciągnąłem także u mojej żony Elizy za niezliczone rozmowy na temat zagadnień tu poruszanych oraz za dokładne przyjrzenie się okiem redaktorki niektórym fragmentom.

Dziękuję kuratorom i bibliotekarzom, do których wspaniałych kolekcji zyskałem dostęp: British Library w Londynie, Instytutowi Maxa Plancka we Frankfurcie n. Menem, Newberry Library w Chicago, Robbins Collection na Uniwersytecie Kalifornii w Berkeley, a także bibliotekom na uniwersytetach w Cambridge, Edynburgu, Heidelbergu, Oxfordzie, Princeton, Chicago oraz na uniwersytecie Harvarda.

Na koniec słowa wdzięczności kieruję do Kate Brett i Kevina Taylora z Cambridge University Press za wytrwałą pracę nad tym tomem oraz za terminową publikację, mimo opóźnień z mojej strony.

Książkę tę dedykuję moim trzem siostrom Rii, Gertie i Jane, które w wyjątkowy i niepowtarzalny sposób nauczyły mnie prawdziwego znaczenia słów „wolność" i „reformacja".

John Witte Jr.

Wykaz skrótów bibliograficznych

Adams	– *The Works of John Adams, Second President of the United States, with a Life of the Author, Notes, and Illustrations*, red. C.F. Adams, 10 tomów, Boston 1850–1856.
AFR	– Archiv für Reformationsgeschichte.
Civ. conv.	– Johannes Althusius, *Civilis conversationis libri duo recogniti et aucti. Methodice digesti et exemplis sacris et profanis passim illustrati*, Hannover 1601, 1611. Fragmenty w tłumaczeniu własnym na podstawie wydania z 1601 roku.
CLSK	– J. Bohatec, *Calvins Lehre von Staat und Kirche mit besonderer Berücksichtigung des Organismusgedankens*, Aalen 1961.
CO	– *Ioannis Calvini opera quae supersunt omnia*, 59 tomów, red. G. Baum i in., Brunswick 1863–1900. W ramach tego wydania posłużono się następującymi skrótami do poszczególnych typów prac Kalwina: *Kaz.* – Kazania, *Kom.* – Komentarze, *Wykł.* – Wykłady. Wszystkie tłumaczenia w wyd. ang., o ile nie zaznaczono inaczej, autorstwa J. Witte'a.
CPW	– *Complete Prose Works of John Milton*, 7 tomów, red. Don M. Wolfe, New Haven 1953–1980.

CR – J. Bohatec, *Calvin und das Recht*, Graz 1934.

Dic. – Johannes Althusius, *Dicaeologicae libri tres, totum et universum jus, quo utimur, methodice complectentes*, Herborn 1617, Frankfurt 1618. W całej pracy opierałem się na wydaniu z 1618 roku, fragmenty w tłumaczeniu własnym.

Ehler i Morrall – *Church and State Through the Centuries: A Collection of Historic Documents with Commentaries*, tłum. i red. S.Z. Ehler, J.B. Morrall, Newman 1954.

Institutio (1536) – *Ioannis Calvini Institutio Religionis Christianae*, Basel 1536.

Institutio (1559) – *Ioannis Calvini Institutio Religionis Christianae*, Basel 1559.

Jurisprudenz, Politische Theorie – F.S. Carney, H. Schilling i D. Wyduckel (red.), *Jurisprudenz, Politische Theorie und Politische Theologie*, Berlin 2004.

Kalwin, *Seneca* – *Calvin's commentary on Seneca's De Clementia*, wprowadzenie, tłum. i notatki F.L. Battles, A.M. Hugo, Leiden 1969.

Kom. *Harm. Gosp.* – Komentarze Kalwina: *A Harmony of the Gospels*.

Kom. *Harm. Law* – Komentarze Kalwina: *Harmony of the Law*.

LW – *Luther's Works*, 55 tomów, red. J. Pelikan, H.T. Lehmann, Philadelphia 1955–1968.

MC – *Confessio et apologia pastorum & reliquorum ministrorum Ecclesiae Magdeburgensis*, Magdeburg 1550.

NTAnn. – Theodore Beza, *Iesu Christi D.N. Novum Testamentum, sive novum foedus*, 2 tomy, Geneva 1565.

Pol. – Johannes Althusius, *Politica methodice digesta atque exemplis sacris & profanis illustrata*, wyd. 3, Herborn 1614; reprint – *Politica Methodice Digesta of Johannes Althusius*, red. C.J. Friedrich, Cambridge 1932.

RCP – *The Register of the Company of Pastors of Geneva in the Time of Calvin*, tłum. P.E. Hughes, Grand Rapids 1966.

Rights of Rulers – Théodore de Bèze, *De Iure Magistratum/Concerning the Rights of Rulers Over Their Subjects and the Duties of Subjects Toward Their Rulers*, tłum. H.-L. Gonin, Cape Town–Pretoria 1956.

SD – *Les sources du droit du canton de Genève*, 4 tomy, red. E. Rivoire, V. van Berchem, Aarau 1927–1935.

SMF – J. Witte, Jr., R.M. Kingdon, *Sex, Marriage and Family in John Calvin's Geneva*, 3 tomy, Grand Rapids 2005.

Stephenson i Markham – C. Stephenson, F.G. Marcham, *Sources of English Constitutional History*, 2 tomy, wyd. popr., New York 1972.

Stone Lectures – A. Kuyper, *Lectures on Calvinism* (1898), reprint, Grand Rapids 1981.

Thorpe – *The Federal and State Constitutions, Colonial Charters, and Other Organic Laws*, 7 tomów, red. F. Thorpe, Washington 1909.

TT – Théodore de Bèze, *Tractationum Theologicarum*, 3 tomy, wyd. 2, Geneva 1582.

WA – *D. Martin Luthers Werke: KritischeGesamtausgabe*, reprint, 78 tomów, Weimar 1883–1987.

ZSS (KA) – „Zeitschrift der Savigny-Stiftung für Rechtsgeschichte: Kanonistische Abteilung".

Wszystkie cytaty biblijne w polskim przekładzie pochodzą z *Biblii Tysiąclecia*, wyd. 5, Poznań 2007.

Liberae Religionis Typus, alegoria Reformacji przedstawiająca Jana Kalwina (1509–1564) i Marcina Lutra (1483–1546) (rycina, szkoła francuska, XVI w.)

Wprowadzenie

W 1952 roku Jacob L. Talmon opisywał rewolucję francuską jako zapowiedź współczesnych postaci liberalnej demokracji i faszyzmu. Polityczne idee rewolucji były zdaniem Talmona na tyle „proteuszowe" i „prowokacyjne", by pokierować tymi skądinąd przeciwstawnymi ruchami politycznymi w kierunkach, jakich nie byli w stanie przewidzieć *les philosophes*. Z nauk rewolucji francuskiej mogli czerpać Lincoln i Marks, Roosevelt i Mussolini.

Reformacja kalwińska przywodzi na myśl podobne skojarzenia. Ten protestancki ruch, kierowany przez francuskiego teologa i jurystę, Jana Kalwina (1509–1564), ujrzał światło dzienne w Genewie i w ciągu kolejnych 250 lat objął swoim zasięgiem dużą część Francji, Szkocji, Niderlandów, Niemiec, Anglii i Ameryki Północnej. Oryginalne koncepcje polityczne Kalwina okazały się również na tyle „proteuszowe" i „prowokacyjne", by stać się źródłem inspiracji zarówno dla poglądów totalitarnych, jak i demokratycznych. Skłonności totalitarne nietrudno odnaleźć w myśli kalwińskiej – u samego Kalwina, Teodora de Bèze'a, Olivera Cromwella, Samuela Rutherforda, Johna Winthropa, Cottona Mathera, a także u współczesnych zwolenników tych idei. Bez trudu sporządzić można długą listę ofiar kalwinistów – pomawianych, cenzurowanych, więzionych, a nawet mordowanych z powodu swych przekonań religijnych. Na liście tej znaleźliby się m.in. Miguel Servet, Jean Morely, Jacob Arminius, Hugo Grotius, Richard Overton, John Lilburne, Roger Williams i Anne Hutchinson. Bez trudu odnaleźć też można po obu stronach Atlantyku nowożytne traktaty i kazania kalwińskie, zawierające szczerą pochwałę wszelkich form monarchii, niewolnictwa, szowinizmu, rasizmu, fanatyzmu, elitaryzmu, prześladowań i innych postaci cierpienia i niesprawiedliwości. Każda uczciwa ocena dorobku kalwinizmu w dziedzinie prawa, religii i praw człowieka powinna zmierzyć się z oczywistością tych brutalnych faktów.

Pracę tę poświęcono jaśniejszej stronie historii kalwinizmu, związanej z rozwojem idei praw człowieka, choć i w niej nie brak ponurych kart. Przedstawiono tu kształtowanie się w ramach kalwinizmu teologicznej i prawniczej refleksji na temat praw człowieka, a także stopniowe włączanie ich w trwałe struktury instytucjonalne i konstytucyjne nowożytnej Europy i Ameryki. Pierwszych myślicieli kalwińskich najbardziej zajmowała problematyka praw związanych z religią – praw poszczególnych wiernych do wolności sumienia i swobody praktyk religijnych oraz praw grup wyznaniowych do swobodnego kultu i autonomii organizacyjnej. Już w czasach Kalwina, za sprawą doświadczeń uciśnionej i prześladowanej mniejszości religijnej, reformatorzy dostrzegali zależności zachodzące między ochroną praw religijnych a wieloma skorelowanymi z nimi praw. Prawo jednostki do kierowania się sumieniem oraz do praktyk religijnych pociągało za sobą konieczność zagwarantowania swobody zgromadzeń, wolności wypowiedzi, uczestniczenia w nabożeństwach, ewangelizacji i kształcenia, prawa do opieki rodzicielskiej, przemieszczania się i wielu innych praw wynikających z przekonań religijnych. Prawa grup wyznaniowych do sprawowania kultu i organizowania się w odrębną wspólnotę wyznaniową wymagały zagwarantowania osobowości prawnej, wspólnej własności, zbiorowego kultu religijnego, swobodnej działalności dobroczynnej, szkolnictwa religijnego, wolności druku, swobody umów, zrzeszania się i wielu innych. Dla wczesnonowożytnych myślicieli kalwińskich uprawnienia religijne stały się zatem, by użyć określenia Georga Jellinka, „matką" wielu innych praw człowieka[1].

Uprawnienia religijne miały jednak okazać się także „położną" wielu nowożytnych praw konstytucyjnych. Korzystając z własnych trudnych doświadczeń, kalwiniści odkryli, że w społeczeństwach pozbawionych podstawowych struktur konstytucyjnych i procedur nadających tym strukturom należne znaczenie swobody religijne i prawa człowieka rzadko cieszą się szacunkiem. Z praw człowieka niewiele wynika dla ludzi pozbawionych podstawowych

[1] G. Jellinek, *Die Erklärung der Menschen- und Bürgerrechte. Ein Beitrag zur modernen* Verfassungsgeschichte, Leipzig 1895.

gwarancji bezpieczeństwa, opieki i azylu. Trudno też mówić o prawach człowieka w wypadku ofiar, nieposiadających zdolności sądowej lub praw proceduralnych, umożliwiających skuteczne korzystanie ze środków prawnych w stosunku do nadużyć ze strony urzędników państwowych i współobywateli. Siła oddziaływania praw człowieka okazuje się nikła w społecznościach pozbawionych etosu, w których naruszeniu praw nie towarzyszy etyczna praktyka okazywania wstydu, żalu, samoograniczenia i szacunku. Z czasem udało się kalwinistom wypracować kulturę praw człowieka oraz struktury konstytucyjne niezbędne dla poszanowania rządów prawa oraz ochrony podstawowych praw i wolności wiernych dążących do zachowania pokoju.

Kalwiniści stali się siłą wiodącą w tworzeniu wielu ważnych aktów konstytucyjnych, które stopniowo poszerzyć miały zachodni system praw człowieka w epoce nowożytnej. Pośród tych dokumentów wymienić należy: *Ordonnances ecclésiastiques* oraz genewski *Edit civil* (1568); w Niderlandach Unia utrechcka (1579) oraz Niderlandzki Akt Zrzeczenia (1581); we Francji edykt nantejski (1598); w Szkocji *Solemn League and Covenant* (1643); w Anglii Petycję o prawo (1628), Kartę praw (1689) oraz Akt tolerancji (1689); w Nowej Anglii różnego typu dokumenty, począwszy od Kodeksu swobód (*Body of Liberties*) (1641) aż po Konstytucję Massachusetts (1780). Ich znaczącym uzupełnieniem miały stać się teksty licznych pamfletów, kazań, oświadczeń, listów i uczonych traktatów, wyjaśniających, broniących, a nierzadko rozszerzających zakres praw w Kościele, społeczeństwie i państwie.

Pierwszy rozdział tej pracy przedstawia działalność genewską Jana Kalwina, związaną z tworzeniem podwalin konstrukcji praw. W 1536 roku, zaopatrzony w pierwsze wydanie swojego dzieła *Institutio religionis Christianae*, Kalwin zapoczątkował genewski ruch reformacyjny. We wczesnym okresie działalności w poglądach Kalwina pobrzmiewa echo protestanckich wezwań do wolności, rozpowszechnianych już w poprzednim pokoleniu przez Marcina Lutra – do wolności sumienia od przepisów prawa kanonicznego i kontroli ze strony duchowieństwa, do niezależności urzędników państwowych od władzy i przywilejów kościelnych, do uwolnienia lokalnego duchowieństwa od centralnej władzy papieskiej, do wolności młodych wspólnot protestanckich od ucisku ze strony Kościoła i państwa. Początkowo uwaga Kalwina skupiała się raczej na drobnych ulepszeniach tego protestanckiego dziedzictwa niż na jego przekształcaniu. Zajmował się przede wszystkim ugruntowaniem żądań formułowanych przez ruch protestancki w tekstach biblijnych oraz w wybranych źródłach klasycznych i katolickich, by wykazać, że mimo istotnych odmienności wolność duchowa i polityczna są niezbędne dla skutecznego tworzenia republikańskiego konstytucjonalizmu. W tym wczesnym okresie Kalwin nawoływał do pełnej tolerancji wobec katolików, protestantów, wyznawców prawosławia, żydów i muzułmanów.

Dojrzałe pisma Kalwina znamionuje bardziej rozbudowana teoria prawa, religii i praw człowieka. Z jednej strony ujawnia się w nich zawężenie horyzontu do spraw lokalnych, związane z rosnącą niechęcią samego Kalwina i władz genewskich w stosunku do braku dyscypliny moralnej oraz wewnętrznych sporów religijnych. Zarazem jednak ówczesne poglądy miały stać się fundamentem dla późniejszych kalwińskich teorii praw, a zwłaszcza praw odnoszących się do religii. Kalwin wypracował mocną teorię chrześcijańskiej wolności sumienia, mającą stać się podstawą koncepcji konstytucyjnej wolności religii, rozwijanych przez innych myślicieli kalwińskich. Sformułował szczegółową teorię praw moralnych i obowiązków, wyprzedzając wiele późniejszych kalwińskich teorii prawa naturalnego i praw naturalnych. Domagał się wreszcie ochrony „powszechnych praw rodzaju ludzkiego", co przyczyniło się do rozwoju w kalwinizmie wielu późniejszych teorii praw publicznych, prywatnych i proceduralnych.

Poglądy Kalwina świadczą o udanych próbach unikania skrajnych rozwiązań, charakterystycznych dla ówczesnego protestantyzmu i oscylujących między luterańskimi próbami podporządkowania Kościoła państwu a propozycjami anabaptystów, dążących do całkowitego usunięcia Kościoła ze sfery państwa i społeczeństwa. Podobnie jak luteranie, Kalwin domagał się, aby każda lokalna władza państwowa (na wzór Genewy) zachowała jednolitość wspólnoty chrześcijańskiej, stosując się do ogólnych zasad Biblii i prawa naturalnego, a także aby przekładała te zasady na szczegółowe regulacje prawa pozytywnego, dotyczące kultu religijnego, przestrzegania świąt, powszechnej moralności, życia małżeńskiego i rodzinnego, sprawiedliwości społecznej, oświaty oraz wielu innych spraw. Zarazem jednak, podobnie jak anabaptyści, Kalwin podkreślał konieczność rozdziału podstawowych struktur oraz działalności Kościoła i państwa, pozostawiając Kościołowi władzę w zakresie doktryny, liturgii, organizacji i własności bez interwencji ze strony państwa. Odmiennie natomiast niż luteranie i anabaptyści opowiadał się za komplementarnością ról prawnych funkcjonariuszy kościelnych i państwowych, podporządkowując te role celom budowania lokalnej wspólnoty chrześcijańskiej i rozwijania chrześcijańskiego etosu obywatelskiego.

Kalwin podkreślał związane z osiąganiem wspólnych celów korzyści płynące z poszanowania prawa i współpracy między Kościołem i państwem. Dostrzegał przydatność prawa naturalnego i prawa pozytywnego w wytyczaniu dwóch wzorców norm moralnych – „norm cywilnych", wspólnych wszystkim ludziom i „norm duchowych", odnoszących się wyłącznie do chrześcijan. Te dwa wzorce norm dają z kolei początek dwóm wzorcom moralności – powszechnej „moralności obowiązków", odnoszącej się do wszystkich ludzi bez względu na wyznawaną przez nich wiarę, oraz wyższej „moralności dążeń", wymaganej od ludzi wierzących ze względu na wyznawaną przez nich wiarę. W przekonaniu Kalwina taka dwutorowość moralności odpowiadać miała rzeczywistemu rozdziałowi jurysdykcji państwowej i kościelnej. Na Kościele spoczywała odpowiedzialność za nauczanie norm duchowych, należących do sfery dążeń. Na państwie zaś spoczywać miała odpowiedzialność za przestrzeganie obowiązkowych norm cywilnych. W czasach Kalwina tego rodzaju podział odpowiedzialności stanowił odzwierciedlenie istniejącego rozdziału proceduralnego między kościelnym sądem konsystorza i sądem Rady Miejskiej w Genewie. W większości spraw sądowych, które nie dotyczyły poważnych przestępstw, sąd konsystorza powoływał się na wyższe nakazy duchowe, wzmacniając swe zalecenia przepisami dyscyplinarnymi. Gdy przywołanie do porządku w sferze moralnej okazywało się nieskuteczne, strony kierowano do Rady, by wymusiła na nich za pomocą sankcji cywilnych i karnych wykonywanie najbardziej podstawowych obowiązków cywilnych.

Najoryginalniejszym wkładem Kalwina do zachodniej tradycji prawa stała się koncepcja restrukturyzacji swobód i ustroju kościelnego. Dokonał tego, łącząc w ramach spójnej eklezjologii zasady rządów prawa, demokracji i wolności duchowej. Po pierwsze, Kalwin kładł szczególny nacisk na przestrzeganie zasady rządów prawa w Kościele. Opracował szczegółowe przepisy określające nauczanie Kościoła i zasady dyscypliny, prawa i obowiązki urzędników i wiernych, procedury i metody pracy sądów konsystorza. Miały one chronić Kościół przed ingerencją ze strony prawa państwowego i przed niegodziwościami popełnianymi przez członków wspólnoty kościelnej. Dyskrecjonalna władza urzędników kościelnych uległa ograniczeniu. Kalwin zadbał także o to, by wierni rozumieli naturę swoich obowiązków duchowych. Wprowadzaniu nowych przepisów towarzyszyła dyskusja publiczna, były one obwieszczane i podawane do publicznej wiadomości. Sprawy sporne rozstrzygał sąd konsystorza, a strony obowiązane były wykorzystać wszystkie dostępne środki nakazane przez prawo kościelne, zanim odwołały się do władzy świeckiej. Choć już w czasach Kalwina ten ideał rządów prawa bywał naruszany, przyczynił się on do zagwarantowania porządku, organizacji i ortodoksji w rozproszonych wspólnotach kalwińskich Europy i Ameryki Północnej na początku epoki nowożytnej.

Po drugie, Kalwin domagał się demokratyzacji w Kościele. Urzędnicy kościelni mieli być wybierani przez kongregację, a delegatów na synody kościelne wyznaczali ich członkowie. Kościołom nakazano zwoływanie okresowych zebrań kongregacji, by dla pozostających w komunii wiernych stworzyć forum do wypowiadania się na nurtujące ich tematy, a także ustosunkowywać się do ich żądań. Ten demokratyczny proces zakładał gotowość do podejmowania zmian w dziedzinie doktryny, liturgii i wspólnego życia, do wprowadzania w życie nowych wizji i doświadczeń, do zapobiegania błędom i nadużyciom ze strony duchownych oraz do odrzucania tych idei i instytucji, których celowość i wiarygodność nie wytrzymały próby czasu. Rzecz jasna zasada ta nie zawsze chroniła Kościoły kalwińskie przed wpływami wojowniczego dogmatyzmu. Wystarczy przyjrzeć się sprawom Miguela Serveta lub Jeana Morely'ego. Jednakże demokratyzm pomógł w zapewnieniu nieprzerwanego procesu refleksji, odnowy i reformy w Kościele realizującym ideał ujęty w słynnej Kalwińskiej frazie – *semper reformanda ecclesia* (Kościół nieprzerwanie się reformujący).

Po trzecie Kalwin głosił potrzebę poszanowania wolności w Kościele. Wierzący powinni móc swobodnie wstępować do Kościoła i z niego występować, uczestniczyć w praktykach kościelnych bez obawy przed przymusem fizycznym lub prześladowaniami, swobodnie organizować zgromadzenia, praktyki religijne, modlić się, przystępować do sakramentów bez obawy przed represjami politycznymi, posiadać wolność wyboru urzędników kościelnych, dyskutowania i naradzania się w sprawach wiary i dyscypliny, swobodnie działać w zakresie *adiafory* – tj. zagadnień wiary pozostawionych jednostkowemu osądowi – bez skrępowania niepotrzebnymi prawami lub strukturami organizacyjnymi. Oczywiście i ta zasada miała w praktyce ulec rozmyciu, za sprawą wydanych przez Kalwina nadzwyczajnych upoważnień, poszerzających władzę genewskiego konsystorza; teokratyczne eksperymenty dokonywane przez niektórych kalwinistów z Nowej Anglii naruszały tę zasadę w jeszcze większym stopniu. Mimo tego zasada wolności w Kościele przyczyniła się do zagwarantowania nieustannego poruszenia wśród członków Kościoła, przejętych duchem reformowania.

Geniusz Kalwina zintegrował wspomniane trzy podstawowe zasady eklezjologii. Demokratyzm chronił zasadę rządów prawa przed wspieraniem skostniałej i zdezaktualizowanej ortodoksji. Zasada ta ocalała demokrację przed uleganiem krótkotrwałym trendom oraz naciskami ze strony opinii publicznej. Zasada wolności jednostki zabezpieczała duchowe mniejszości przed tyrańskimi zapędami ze strony interesu powszechnego i demokracji. W połączeniu zasady te pozwoliły Kościołowi osiągnąć stałą równowagę między prawem i wolnością, strukturą i duchem, porządkiem i innowacją, dogmatem i sferą wolności w wierze. Pomogły one także szeroko rozproszonym kongregacjom kalwińskim przystosować się do odmiennych warunków oraz przyswajać i dostosowywać się do lokalnego kolorytu duchowego i kulturowego bez utraty rdzenia własnej tożsamości religijnej[2].

Taka zintegrowana teoria Kościoła miała oczywiste implikacje w odniesieniu do teorii państwa. W pismach Kalwina zawarta jest sugestia, że podobne połączenie rządów prawa, demokracji i wolności jednostki może również być korzystne dla państwa, choć nie wypracował on szczegółowej teorii politycznej. Pogląd ten, zasygnalizowany przez Kalwina, został szeroko rozwinięty przez jego następców.

Rozdział drugi omawia pierwszy poważny kryzys, przed którym omawiana oryginalna teoria prawa i wolności oraz Kościoła i państwa stanęła wkrótce po śmierci Kalwina w 1564 roku. Kryzys ten wywołały tragiczne wypadki nocy św. Bartłomieja w 1572 roku, w wyniku których – podczas miesiąca barbarzyństwa, do jakiego podżegały katolickie władze Francji – zamordowano od 10 000 do 100 000 francuskich kalwinistów. Wobec tak wielkiej skali kryzysu, nauki Kalwina nie dostarczały wystarczających odpowiedzi na rodzące się pytania. Wszak Kalwin uważał, że każda wspólnota lokalna powinna wyznawać jedną i tę samą religię. Jak więc kalwiniści popierający pluralizm religijny mogli żądać tolerancji dla własnej mniejszości religijnej w przeważającej społeczności katolickiej? Kalwin uważał, że Kościół i państwo powinny współpracować w zarządzaniu społecznością wiernych. Jak jednak postąpić, jeżeli dojdzie do konfliktu między Kościołem a państwem lub, co gorsza, do zmowy przeciw kalwinistom? Zdaniem Kalwina chrześcijanin powinien być posłuszny władzy państwowej aż do granic chrześcijańskiego sumienia, znosić prześladowanie i cierpliwie w milczeniu, modląc się w nadziei na ustanowienie lepszej władzy w przyszłości. Lecz jak postąpić, jeżeli prześladowania osiągają intensywność pogromu? Czy modlitwa, ucieczka i męczeństwo stają się jedynym rozwiązaniem dla świadomych chrześcijan? Czy w skrajnych wypadkach można uciec się do oporu, przewrotu, a nawet królobójstwa i rewolucji? Przed takimi wyzwaniami mieli stanąć europejscy kalwiniści w drugiej połowie

[2] Te zasady nowożytnych Kościołów kalwińskich podobne były do klasycznej żydowskiej zasady prawnej *dina d'malkhuta dina*, która zezwalała społecznościom żydowskim w diasporze dostosowywać się do kultury lokalnego prawa z zachowaniem własnych rdzennych praw zawartych w Halacha. Por. E.N. Dorff, A. Rossett, *The Living Tree. The Roots and Growth of Jewish Law*, Albany, NY, 1988, s. 265–275.

XVI wieku. Dla kalwinistów francuskich po 1572 roku odpowiedzi na te pytania stały się kwestią życia i śmierci.

Osobą, która odniosła się do kryzysu w najbardziej zdecydowany sposób, był uczeń Kalwina i wskazany przez niego następca – Teodor de Bèze (1519–1605). Wzorując się po części na licznych pracach luteranów niemieckich, a także kalwinistów angielskich i szkockich z lat pięćdziesiątych i sześćdziesiątych XVI wieku, de Bèze rekonstruował niektóre oryginalne nauki Kalwina i początkowo z wielkim zapałem ich bronił. Każda władza państwowa, jak twierdził de Bèze, opiera się na domyślnym lub wyraźnym przymierzu bądź umowie zawartej między władcami a ich poddanymi wobec Boga jako trzeciej strony i sędziego zarazem. Na mocy takiego przymierza Bóg zgadza się chronić i błogosławić wspólnocie w zamian za jej posłuszeństwo wobec praw Boga i natury, a szczególnie wobec praw zawartych w Dekalogu. Z kolei rządzący godzą się sprawować nadaną im przez Boga władzę polityczną nad wspólnotą i przestrzegać wyższego prawa oraz stać na straży praw ludu. Lud zaś godzi się wypełniać wolę Bożą w stosunku do danej wspólnoty politycznej, wybierając swoich władców, szanując ich i okazując im posłuszeństwo, o ile pozostaną oni wierni zawartemu przymierzu. Gdyby ludzie złamali warunki przymierza i dopuszczali się przestępstw, w świetle nauczania de Bèze'a, Bóg upoważniać miał władców do ścigania ich i wymierzenia im kar – w ostatecznym wypadku kary śmierci. Gdyby natomiast władcy naruszali warunki przymierza politycznego i stali się tyranami, Bóg upoważnia lud do sprzeciwu i pozbawienia ich władzy, a w ostatecznym wypadku do skazania ich na śmierć. Jednakże władza usuwania tyranów nie należy bezpośrednio do ludu, lecz spoczywa na tych, którzy go reprezentują, a zatem na niższych urzędnikach, powołanych do wykonywania swoich funkcji z poszanowaniem rządów prawa. Ich zadaniem jest wówczas kierowanie ludem w organizowaniu oporu – łącznie z walką i powstaniem, jeżeli sytuacja tego wymaga.

W przekonaniu de Bèze'a tyranami byli władcy naruszający warunki przymierza politycznego – a w szczególności leżący u podstaw tegoż przymierza wymóg, by wszyscy respektowali prawo Boga do kultu oraz prawa ludu Bożego do wykonywania obowiązków wynikających z wiary zgodnie z prawem Bożym. De Bèze podniósł prawa ludu do rangi fundamentalnego warunku dobrych rządów. „Lud nie jest stworzony dla władców, lecz władcy dla ludu", brzmiała jego znana wypowiedź. Jeżeli urzędnik sprawuje władzę we właściwy sposób, na ludzie ciąży obowiązek dawania mu posłuchu. Gdyby jednak przekraczał swoje kompetencje i naruszał warunki przymierza politycznego, lud, za pośrednictwem swoich reprezentantów, posiada nie tylko prawo, lecz także obowiązek sprzeciwu wobec tyranii.

Do problemów rozważanych przez de Bèze'a należało ugruntowanie koncepcji praw oraz określenie, które z nich byłyby na tyle zasadnicze, aby ich pogwałcenie przez tyrana uzasadniało prawo do zorganizowanego oporu. Pracując nad tymi zagadnieniami, de Bèze zręcznie wykorzystywał wypowiedzi Kalwina, poczynione w ostatnim okresie jego życia, na temat potrzeby ochrony praw podmiotowych jednostek. Za pierwsze i najważniejsze uznał de Bèze prawa religijne – „wolność sumienia" i „swobodę praktyk religijnych". Ludzie są przede wszystkim poddanymi Boga Stwórcy i ponad wszystko powołani są do tego, aby czcić Boga. Jeżeli urzędnik narusza te prawa religijne, nic i nigdy nie może pozostać święte i bezpieczne. Stosując zwięzłą metodę katechizmową, de Bèze nauczał, że do obrony wolności sumienia i swobody praktyk religijnych niezbędna jest możliwość życia w pełnej zgodzie z prawem Bożym. Czym jest prawo Boże? Pierwszym i najważniejszym prawem jest Dekalog, który ustanawia główne obowiązki prawego życia chrześcijańskiego. Co wynika z Dziesięciorga Przykazań? Pierwsza tablica Dekalogu ustanawia prawo do oddawania czci Bogu, przestrzegania szabatu, wystrzegania się obcych bóstw i krzywoprzysięstwa, zaś druga tablica Dekalogu chroni prawo do zawierania małżeństwa, do rodzicielstwa i posiadania domu, do życia, własności i dobrego imienia. Czy Dekalog jest jedynym prawem bożym? Nie, prawo naturalne, wypisane przez Boga w sercach wszystkich ludzi, uczy również praw, które w istotny sposób chronią poszczególne osoby i wszystkich ludzi. De Bèze wzmiankował wiele takich praw naturalnych: do swobodnego realizowania misji religijnej, do oświaty, do wolności organizacji kościelnej i emigracji, do wolności wypowiedzi, zgromadzeń, zwracania się do władz, do małżeństwa, do rozwodu i do zawierania prywatnych umów. Jednakże de Bèze nie podjął się pogłębienia i usystematyzowania tych praw naturalnych, jak również nie wyjaśnił, które z nich uważał za fundamentalne na tyle, aby ich przekroczenie mogło usprawiedliwić podjęcie zorganizowanego oporu. Położył jednak podstawy pod logikę rachunku praw podstawowych, który miał zostać szerzej opracowany i rozbudowany przez jego kalwińskich następców.

Rozdział trzeci wyjaśnia, w jaki sposób kluczowa argumentacja de Bèze'a na temat przymierza politycznego i praw podstawowych dała początek niekończącym się rozwinięciom tego tematu w okresie kolejnych dwustu lat, zwłaszcza w środowiskach kalwińskich walczących z tyranią w Niderlandach, Szkocji, Anglii, a następnie także w Ameryce. Argumenty tego rodzaju znajdowały praktyczne zastosowanie w czasie powstania kalwinistów niderlandzkich przeciw hiszpańskiej tyranii. Podobnie jak rządy Ameryki dwieście lat później, rządy Niderlandów spoczywały wówczas w rękach zagranicznego władcy, króla Hiszpanii Filipa II. W latach sześćdziesiątych XVI wieku hiszpańskie rządy w Niderlandach stawały się coraz bardziej uciążliwe, głównie za sprawą wysokich podatków, ograniczeń w handlu, przymusowego poboru do służby wojskowej, obowiązku kwaterowania żołnierzy i wielu innych obowiązków, naruszających dawniejsze karty przywilejów i swobód. Filip ustanowił ponadto w Niderlandach hiszpańską inkwizycję, odpowiedzialną za śmierć tysięcy kalwinistów i przedstawicieli innych wyznań oraz konfiskatę olbrzymich dóbr prywatnych, w celu wykorzenienia protestanckiej herezji i narzucenia Niderlandom świeżo przyjętych dekretów Soboru Trydenckiego. W końcu lat sześćdziesiątych i w latach siedemdziesiątych XVI wieku, dzięki Wilhelmowi Orańskiemu i innym przywódcom, Holendrzy wprowadzili w czyn wiele wczesnych zasad kalwinizmu odnoszących się do oporu i rewolucji. Wezwani do działania płomiennymi kazaniami i tysiącami pamfletów, zwolennicy kalwinizmu i inni mieszkańcy Niderlandów w krótkim czasie pozbyli się hiszpańskich ciemiężców. Ogłosili deklarację niepodległości, uzasadniając swoje powstanie przeciw Hiszpanom siłą „oczywistych prawd" na temat „naturalnych praw i wolności". Ustanowili konfederację złożoną z siedmiu niezależnych prowincji i rządu narodowego, posiadających własne konstytucje i własne karty praw. Niektóre z tych konstytucji zawierały najbardziej wówczas postępowe gwarancje ochrony praw, co uczyniło z Niderlandów bezpieczną przystań dla wielu, aczkolwiek nie dla wszystkich, dysydentów kulturowych i religijnych z całej Europy.

Powstanie w Niderlandach przyciągnęło uwagę wielu potężnych teoretyków kalwinizmu. Najbardziej oryginalne dzieła wyszły spod płodnego pióra kalwińskiego jurysty niemieckiego pochodzenia, Johannesa Althusiusa (1557–1638). Opierając się na źródłach biblijnych, klasycznych, katolickich i protestanckich, Althusius usystematyzował i poszerzył w znacznym stopniu dorobek w dziedzinie nauk politycznych i prawnych Kalwina, de Bèze'a i innych pisarzy reformacji. Dorobek ten opierał się na tezie, że u podstaw republiki leży zawarte wobec Boga przymierze między władcami a ludem; że fundamentem tego przymierza jest prawo Boże i naturalne; że Dekalog najpełniej wyraża te najwyższe prawa; że Kościół i państwo są formalnie rozdzielone, lecz łączy je wspólna funkcja; że rodziny, Kościoły i państwa powinny w jednakowym stopniu bronić praw i wolności obywateli; oraz że naruszenie tych praw i wolności lub Bożych i naturalnych praw, które je umacniają, jest wyrazem tyranii, która musi napotkać zorganizowany opór konstytucyjny.

Do tej kalwińskiej spuścizny Althusius dodał liczne nowe idee o fundamentalnym znaczeniu. Rozbudował teorię prawa naturalnego, nadal opartą na Dekalogu jako najbardziej wiarygodnym źródle oraz syntezie prawa naturalnego, lecz jednocześnie rozwinął jego nakazy na podstawie nauczania biblijnego, klasycznego i chrześcijańskiego. Stworzył teorię prawa pozytywnego, która umożliwiała ocenę obowiązywania i przydatności każdego innego typu prawa ludzkiego, w tym Mojżeszowego prawa pozytywnego i prawa kanonicznego, zarówno wobec prawa naturalnego ujętego w Piśmie Świętym oraz tradycji, jak i wobec fundamentalnego prawa państwa. Nawoływał do stworzenia szczegółowej konstytucji pisanej jako podstawowego prawa wspólnoty oraz do wprowadzenia trwałej ochrony „rządów prawa" i „rządów praw". Rozwinął obszerną teorię powszechnej suwerenności, będącej wyrazem Bożej suwerenności, znajdującej odbicie w każdej ludzkiej istocie stworzonej na podobieństwo Boga. Stworzył szczegółową i udoskonaloną teorię naturalnych praw: religijnych i społecznych, publicznych i prywatnych, merytorycznych i proceduralnych, dotyczących umów i własności. Wykazał, w jaki sposób każde z tych praw znajduje ugruntowanie w Dekalogu i w innych formach prawa naturalnego oraz w jaki sposób każde z nich powinno korzystać z ochrony prawa publicznego, prywatnego i karnego oraz procedur ustanawianych przez państwo. Znamienne były jego nawoływania do tolerancji religijnej i absolutnej wolności sumienia dla wszystkich ludzi, jako naturalnego odpowiednika i konsekwencji nauki Kalwina o absolutnej suwerenności Boga, w którego relacje ze stworzeniem nie wolno ingerować.

Jeszcze bardziej interesująca była stworzona przez Althusiusa „symbiotyczna teoria" natury ludzkiej i „teoria przymierza" społeczeństwa i państwa. Uznając tradycyjne nauczanie kalwińskie o całkowitym skażeniu istoty ludzkiej, Althusius podkreślał jednocześnie, że Bóg stworzył wszystkich ludzi jako istoty moralne, kochające, rozumne i społeczne, spełniające się w symbiotycznych relacjach z innymi ludźmi, w których uczestniczą oni dzieląc wzajemnie ciała i dusze, życie fizyczne i duchowe, dobra i prawa. A zatem – choć ludzie rodzą się wolni, równi i jednostkowi – z natury i z konieczności są skłonni do tworzenia związków – małżeńskich i rodzinnych, towarzyskich i korporacyjnych, miast i prowincji, państw i cesarstw. Każdy z tych związków, od najmniejszego ogniska domowego do najpotężniejszego cesarstwa, powstaje na podstawie wzajemnego porozumienia lub umowy, którą zawierają wszyscy członkowie tego związku między sobą i z Bogiem. Każdy tego rodzaju związek stanowi *locus* władzy i wolności, jednocząc rządzących i poddanych za sprawą właściwej umowy założycielskiej oraz prawa Boga i natury. Każdy związek potwierdza i broni suwerenności oraz tożsamości tworzących go członków, jak również ich naturalnych praw i swobód.

Althusius najpełniej zastosował tę chrześcijańską teorię umowy społecznej w swoich opisach państwa. Opierając się na przykładach z historii starożytnego Izraela, wykazał ugruntowany historycznie i filozoficznie, stopniowy rozwój państwa, poczynając od rodzin poprzez klany i miasta do prowincji, narodów i cesarstw. Tworzywem każdej kolejnej warstwy suwerenności politycznej są umowy zawierane wobec Boga przez reprezentantów mniejszych jednostek społecznych, a następnie umowy te stają się spisanymi konstytucjami poszczególnych formacji. Konstytucje określają i wyznaczają zakres władzy wykonawczej, ustawodawczej i sądowniczej w danej zbiorowości oraz regulują stosunki między władcami i poddanymi, duchowieństwem i urzędnikami państwowymi, stowarzyszeniami i osobami indywidualnymi. Określają one również stosunki między poszczególnymi państwami, prowincjami i miastami oraz stowarzyszeniami prywatnymi i publicznymi. Ogół tych stosunków Althusius opatrywał mianem „federalizmu" (od słowa *foedus*, które w języku łacińskim oznacza przymierze lub związek). Konstytucja określa także, jakie działania lub zaniechania znamionują tyranię, oraz wyznacza procedury i środki zaradcze dla poszkodowanych. Dziełem Althusiusa była więc najbardziej wszechstronna wczesnonowożytna kalwińska teoria prawa, religii i praw człowieka, a wiele z jego intuicji okazało się zapowiedziami aksjomatów zachodniego konstytucjonalizmu i praw człowieka.

Rozdział czwarty wyjaśnia znaczenie, jakie John Milton (1608–1674) nadał pojęciu „reformowania reformacji" praw w siedemnastowiecznej Anglii. Również tym razem katalizatorem nowego ruchu reformacji praw miała okazać się tyrania – tym razem skierowana przez monarchię angielską nie tylko przeciw wzrastającej populacji angielskich kalwinistów, lecz także przeciw całemu narodowi angielskiemu. W 1640 roku kalwiniści przyłączyli się do powstania przeciwko nadużyciom Korony. Rewolucja angielska miała wiele złożonych przyczyn. Arystokracja ziemska i kupcy mieli dość wyniszczających podatków i wzrastających opłat na pokrycie kosztów niepopularnych wojen prowadzonych przez Karola I oraz rozrzutnego trybu życia monarchy. Wielu chrześcijan cierpiało z powodu surowości nowych ustanawiających anglikanizm jako religię państwową praw, które zmusiły tysiące kalwinistów i innych dysydentów do porzucenia domów i kościołów, a wkrótce Anglii. Wzrastało oburzenie wywołane represyjnością zarządzeń królewskich wprowadzonych przez nowo ustanowione sądy królewskie i kościelne. Kiedy ostatecznie, po jedenastu latach przerwy, w 1640 roku zwołano sesję parlamentu, jego przywódcy użyli siły zbrojnej w celu przejęcia władzy. Wybuchła wojna domowa między zwolennikami parlamentu i zwolennikami króla. W 1649 roku, gdy zwycięstwo przechyliło się na stronę parlamentu, ustanowiono „republikę i wolne państwo". Parlament obalił monarchię, a Karol został postawiony przed specjalnym trybunałem, oskarżony o zdradę i publicznie stracony. Parlament zniósł również arystokratyczną Izbę Lordów i ogłosił, że „najwyższa władza" należy do ludu i jego przedstawicieli. Anglikanizm pozbawiony został statusu religii państwowej, a struktury organizacji kościelnej zostały zastąpione przez formy typowe dla kalwinizmu. W wyborach przedstawicieli do parlamentu zagwarantowano zasadę „równej i proporcjonalnej reprezentacji". Anglia znalazła się pod „demokratycznymi rządami" parlamentu i protektoratem Olivera Cromwella.

Śmierć Cromwella w 1658 roku doprowadziła do upadku rządów republikańskich. Karol II, syn straconego monarchy, powrócił do Anglii, wstąpił na tron w 1660 roku, przywracając tradycyjne rządy monarsze, status wyznania anglikańskiego i prawa sprzed rewolucji. Okres Restauracji nie trwał jednak długo, gdy bowiem jego następca, król Jakub II, kolejny syn Karola I, zaczął wzorem ojca nadużywać prerogatyw monarszych, parlament zmusił go w 1688 roku do abdykacji na rzecz dynastii Wilhelma i Marii. Wydarzenia te, zwane Chwalebną Rewolucją, na trwałe doprowadziły do ustanowienia rządów Króla w parlamencie, a także do ustanowienia nowych gwarancji praw dla poddanych angielskich, z których najważniejsze znalazły wyraz w Deklaracji praw (*Bill of Rights*) i Akcie tolerancji (*Toleration Act*) z 1689 roku.

Rewolucja angielska wywołała lawinę piśmiennictwa i aktów prawodawczych mających na celu umocnienie i egzekucję praw i swobód Anglików. Częściowo wysiłek ten skierowany był na przyznanie tradycyjnych praw do życia, wolności i własności, zawartych już w Wielkiej Karcie Swobód (*Magna Carta*) z 1215 roku, wszystkim Kościołom i obywatelom, a nie jedynie anglikanom i arystokracji. Starania te w jakimś zakresie odwoływały się do Petycji o prawo (*Petition of Right*) z 1628 roku, w której ujęto wiele publicznych, prywatnych i proceduralnych praw obywateli i ich reprezentantów w parlamencie. Jednakże najbardziej radykalnym i pamiętnym osiągnięciem rewolucji angielskiej były liczne petycje i mowy wygłaszane w latach czterdziestych i pięćdziesiątych, wzywające do ustanowienia demokratycznego rządu, mającego na celu ochronę pełnego katalogu praw i swobód obywateli. Należeć do nich miały prawa dotyczące wolności religijnej, wypowiedzi, druku, zgromadzeń, prawo do odmowy składania przysięgi, oddawania dziesięciny i służby wojskowej, prawo do zwolnienia od obowiązku kwaterowania żołnierzy i marynarzy, do posiadania własności prywatnej oraz prawo do ochrony przed bezprawną konfiskatą mienia, prawo chroniące przed nakładaniem nadmiernych podatków i ograniczeń, wolność umów prywatnych, dziedziczenia, zawierania małżeństwa, rozwodu, prawo do sądu przysięgłych w sprawach cywilnych i karnych oraz wiele innych zabezpieczeń proceduralnych, takich jak zakaz stosowania *ex post facto* ustaw oraz aktów orzekających utratę praw obywatelskich lub konfiskatę majątku, zakaz bezzasadnych aresztowań, nielegalnych rewizji i konfiskaty mienia, prawo do poręczenia majątkowego, prawo do uczciwego i szybkiego procesu sądowego, prawo do konfrontacji ze stroną obwiniającą, prawo do reprezentacji w sądzie, przywilej odmowy składania zeznań mogących narazić na odpowiedzialność, ochrona przed okrutnymi metodami śledztwa i karami, prawo do wniesienia odwołania. Chociaż większość postulowanych praw nie miała na razie doczekać się realizacji – ani w okresie protektoratu Cromwella, ani po Restauracji w 1660 roku – stały się one symbolicznym wzorcem, jaki z czasem urzeczywistnić miała praktyka *common law*. Już w czasie Chwalebnej Rewolucji 1689 roku doszło do częściowego wprowadzenia wolności religii, wypowiedzi i zgromadzeń oraz niektórych gwarancji proceduralnych w procesie karnym. Wiele spośród postulowanych praw miało stać się przedmiotem ożywionych dyskusji i eksperymentów wśród kolonistów angielskich w Ameryce Północnej.

Choć w siedemnastowiecznej Anglii można było spotkać wielu poważnych kalwińskich teoretyków praw, myślicielem, który przedstawił najbardziej interesującą i spójną teorię praw i swobód, okazał się sławny poeta John Milton. Co prawda niektóre z jego koncepcji odbiegały od standardów kalwińskich, lecz większość jego idei politycznych pozostawała w kręgu tej tradycji, a wręcz ją poszerzała. Opierając się na pracach Kalwina, de Bèze'a i wielu kalwinistów niderlandzkich, szkockich i angielskich, Milton dowodził, że każdy człowiek stworzony jest na obraz boży z „odwiecznym pragnieniem" miłości Boga, bliźniego i samego siebie. W sercu, umyśle i sumieniu każdego człowieka wypisane jest prawo boże, powtórnie ujęte w Piśmie Świętym, a w sposób najbardziej oczywisty w Dekalogu. Każdy człowiek jest istotą upadłą i skłonną do upadku, potrzebującą stałej pomocy łaski Bożej i przebaczenia, które są darowane hojnie każdemu, kto o nie prosi. Każdy człowiek jest istotą społeczną, z natury skłonną do tworzenia związków prywatnych, domowych, kościelnych i politycznych. Każdy taki związek powstaje na podstawie wzajemnego przymierza lub kontraktu, definiującego jego formę i funkcję, a także prawa i zakres władzy jego członków i tych wszystkich, którzy podlegają mu w granicach prawa naturalnego. Każdym związkiem kieruje władza, sprawując rządy w imieniu poddanych, a w razie nadużyć lub tyranii należy stawić jej opór. Wszelkie formy oporu powinno wyrażać się w możliwie umiarkowanej formie, z zachowaniem porządku publicznego i pokoju, lecz gdyby wymagała tego sytuacja polityczna, opór może przerodzić się w bunt i królobójstwo.

Tworząc własną koncepcję reformacji praw, Milton oparł się na tym, co uznał za najważniejszą lekcję wyciągniętą z kalwinizmu: reformacja powinna postępować nieprzerwanie, powinna być *semper reformanda*. Zdaniem Miltona w Anglii nie powinno się idealizować lub stawiać na piedestał żadnych określonych nauk protestanckich, w tym również dorobku Kalwina i ojców genewskich. Anglia powinna raczej rozwijać i pogłębiać te nauki w nieustannym wysiłku reformowania Kościoła, państwa i społeczeństwa. „Nie może być wytłumaczenia dla naszej opieszałości w reformowaniu", pisał Milton już w 1642 roku. Milton przejął również kardynalną tezę kalwinizmu o powołaniu każdego człowieka do bycia prorokiem, kapłanem i królem oraz o związanych z tym powołaniem naturalnych praw i obowiązkach głoszenia, sprawowania kultu i uczestnictwa w rządzeniu Kościołem i państwem, rodziną i społeczeństwem. W przekonaniu Miltona siłą wiodącą angielskiej nieustannej reformacji nie miało być wyłącznie duchowieństwo lub urzędnicy, uczeni lub arystokracja. Prawdziwymi reformatorami mieli być w równym stopniu zwykli ludzie, gospodarze, rzemieślnicy, rolnicy i wszyscy inni szanujący pokój. Stwarzając człowieka, Bóg obdarzył go wolnością sumienia, rozumu i woli. Bóg wezwał wszystkich ludzi do wypełniania osobistego powołania chrześcijańskiego i społecznej odpowiedzialności jako wyrazu miłości do Boga, bliźniego i samego siebie. Tego rodzaju podejście nosiło znamiona chrześcijańskiego populizmu i doktryny suwerenności ludu, których wcześniejsza tradycja kalwińska nie podkreślała tak wyraźnie.

W swej charakterystyce praw i swobód religijnych, obywatelskich i domowych należnych każdemu człowiekowi wypełniającemu posłannictwo proroka, kapłana i króla, Milton wykroczył jeszcze dalej poza tradycyjne nauczanie kalwińskie. Zdecydowanie stawał w obronie wolności sumienia, praktyk religijnych, kultu, zgromadzeń, publikacji, równych praw członków różnych wyznań opartych na Biblii, rozdziału Kościoła od państwa, zniesienia religii państwowej. Z kolei pośród swobód prywatnych kładł szczególny nacisk na prawo do zawierania związku małżeńskiego i rozwodu na podstawie wyraźnych nakazów Pisma Świętego i powiązanego prawa do wychowania i kształcenia własnych dzieci, do nienaruszalności domostwa, wolności od rewizji i konfiskaty dokumentów, i dóbr. W odniesieniu do swobód obywatelskich przedstawił błyskotliwą obronę wolności wypowiedzi i druku, a także gorąco bronił prawa do demokratycznych wyborów, reprezentacji, petycji i posiadania własnych opinii, a także praw do zawierania umów, do stowarzyszania się oraz do sądu przysięgłych.

Milton oparł swoją logikę wolności na żarliwej wierze w pisaną wielką literą Prawdę – Prawdę Boga i Pisma Świętego, Prawdę rozumu i natury, odkrywaną na drodze wolnego, rzetelnego nauczania i dociekań, eksperymentowania i debaty. Boską, naturalną i ludzką Prawdę można ostatecznie odkryć i rozwijać tylko wówczas, gdy uwolniona zostanie od tyranii dostojników kościelnych i monarchów, od tradycji i zwyczaju, ignorancji i błędu, cenzorów i licencjodawców. W równym stopniu Milton opierał swoją logikę wolności na żarliwej wierze we wrodzoną dobroć i potencjał każdego Anglika i Angielki. Ufał, że każdy Anglik wyzwolony od tyranii Kościoła i państwa, umysłu i serca, wstąpiwszy na drogę cnót Pisma i natury, nauki i literatury, doceni z zapałem i uniesieniem Prawdę, która wyniesie go na nowe wspaniałe wyżyny pojmowania i działania. By osiągnąć te ambitne cele, Anglia potrzebuje „drugiej reformacji", opartej na osiągnięciach szesnastowiecznej reformacji Kalwina, lecz wykraczającej poza nią. Miała to być „reformacja zewnętrzna", oczyszczająca rdzeń instytucji rodziny, Kościoła i państwa ze wszystkich pozostałości tyranii i zmurszałej tradycji, urzeczywistniająca prawdziwą wolność w wymiarze indywidualnym, obywatelskim i duchowym. „Druga reformacja" powinna jednak również stać się „reformacją wewnętrzną", oczyszczającą serce, rozum i sumienie od uporczywej i męczącej tyranii, wyzwalającą zdrowego ducha dociekań i kształcenia się, prowadzącą do prawdziwego umiłowania cnoty i dobroci, rozwoju wrodzonego talentu do panowania nad własnym życiem i kierowania nim. W następnych dziesięcioleciach te silne przekonania stały się podstawowymi składnikami licznych kalwińskich koncepcji demokracji i powszechnej suwerenności.

Rozdział piąty odpowiada na pytanie o to, jak doszło do gwałtownego rozprzestrzenienia się niektórych idei angielskiej reformacji w dziedzinie prawa, religii i praw jednostki na terenach kolonii amerykańskich, a szczególnie w purytańskim Massachusetts i innych koloniach Nowej Anglii w latach 1620–1780. Dokumenty lokacyjne gwarantowały purytanom w koloniach pełną wolność eksperymentowania z najbardziej nawet radykalnymi projektami i koncepcjami, propagowanymi przez rewolucyjnych kalwinistów angielskich. Sposobność do obrony praw i wolności w ramach demokratycznego rządu przyjęli ze szczególnym zapałem. W swoim sławnym Kodeksie swobód (*Body of Liberties*) z 1641 roku kalwiński jurysta i teolog Nathaniel Ward zawarł dwudziestopięciostronicową kartę praw przeznaczoną dla kolonii Massachusetts Bay, umieszczając w niej wszystkie prawa i wolności proponowane przez Kalwina, de Bèze'a, Althusiusa, Miltona i purytańskich autorów pamfletów, a ponadto wzbogacił je o wiele praw i wolności, zwłaszcza dotyczących ochrony kobiet, dzieci i zwierząt. Kodeks swobód stał się podstawowym tekstem konstytucjonalizmu kolonialnej Nowej Anglii, zapowiadającym wiele postanowień prawnych konstytucji Massachusetts z 1780 roku i innych konstytucji stanowych Nowej Anglii. Choć te instrumenty prawne często bywały łamane i lekceważone przez autokratycznych i teokratycznych przywódców kolonialnych, stały się one istotnym substratem dla późniejszych praw, które miały przetrwać próbę czasu.

Wielu purytanów wywodzących się z Nowej Anglii – a zwłaszcza John Winthrop (1588–1649), John Cotton (1584–1652), Thomas Hooker (1586–1647), Samuel Willard (1640–1707) oraz Richard (1596–1669), Increase (1639–1723) i Cotton (1663–1728) Matherowie – przetwarzało dominującą kalwińską wizję osoby w podstawową teorię władzy i wolności oraz społeczeństwa i polityki. Z jednej strony utrzymywali oni, że każdy człowiek został stworzony na podobieństwo Boga i usprawiedliwiony poprzez swoją wiarę w Boga. Każdy jest powołany do wypełnienia odmiennego posłannictwa, którego godność i świętość jest u wszystkich taka sama. Każdy człowiek jest prorokiem, kapłanem, królem i ponosi odpowiedzialność za nauczanie, pełnienie obowiązków duszpasterskich i kierowanie wspólnotą. Wszyscy ludzie są zatem równi przed Bogiem, a także wobec bliźnich. Każdemu człowiekowi przysługuje naturalne prawo do życia, wyznawania wiary, miłości oraz służenia Bogu i bliźniemu. Każdy ma prawo do zapoznawania się z Pismem Świętym w języku ojczystym, do kształcenia się i wykonywania pracy zgodnej z powołaniem. Z drugiej strony każdy człowiek jest grzeszny, podatny na pokusy zła i własny egoizm. Każdy człowiek potrzebuje ograniczeń, narzucanych przez prawo, które chroniłoby go przed złem i wzbudzało poczucie żalu z powodu popełnianych wykroczeń. Każdy człowiek potrzebuje wspólnoty z innymi ludźmi, którzy upominaliby go, podtrzymywali i kierowali nim w zgodzie z prawem i miłością. Toteż każdy człowiek jest niezaprzeczalnie istotą społeczną. Każdy człowiek należy do rodziny, Kościoła i wspólnoty politycznej.

Purytanie Nowej Anglii, czerpiąc od swoich europejskich współwyznawców, przetwarzali ich doktryny teologiczne, nadając im formy demokratyczne, stojące na straży, między innymi, praw jednostki. Z jednej strony sięgali oni po koncepcje odnoszące się do jednostki i społeczności, przetwarzając je na demokratyczne formy społeczne. Wobec faktu, że wszyscy ludzie są równi przed Bogiem, muszą oni być jednakowo traktowani przez urzędników reprezentujących Boga w państwie. Ponieważ Bóg obdarzył wszystkich ludzi naturalnym prawem do życia i wyznawania wiary, państwo powinno zapewnić im podobne wolności obywatelskie. Ze względu na to, że Bóg wezwał wszystkich ludzi, aby pełnili posłannictwo proroków, kapłanów i królów, państwo powinno zabezpieczyć im swobodę wypowiedzi, nauczania i udziału w kierowaniu wspólnotą. Ponieważ Bóg stworzył ludzi istotami społecznymi, państwo musi chronić i zachęcać do pluralizmu instytucji społecznych, a zwłaszcza Kościoła i rodziny.

Z drugiej strony purytanie z Nowej Anglii nadawali doktrynie grzechu demokratyczne formy polityczne. Należy chronić urzędy publiczne przed grzesznym postępowaniem urzędników. Władza w państwie powinna być podzielona na wzór władzy kościelnej między wzajemnie kontrolujące się organy wykonawcze, ustawodawcze i sądownicze. Urzędy powinny być kadencyjne, prawa skodyfikowane, a dyskrecjonalność powinna podlegać ścisłym regulacjom. Gdyby urzędnicy nadużywali swojej władzy, należy wypowiedzieć im posłuszeństwo, a gdyby mimo sprzeciwu obstawali przy swoich niegodziwościach, powinni zostać usunięci, nawet na drodze rewolucji lub królobójstwa.

Te tradycyjne wskazania nauk kalwińskich teolodzy Nowej Anglii wzbogacili o własną, szczególną teorię przymierza. Posłużyli się w tym celu biblijną koncepcją przymierza, rozumianego zarówno w sposób teologiczny, jak i socjologiczny. Przymierze określało w ich ujęciu nie tylko wzajemne stosunki między ludźmi i Bogiem, lecz także różnorodne stosunki w Kościele, państwie i społeczeństwie. Przymierze łaski definiowało stosunki między każdą osobą a Bogiem. Początkowo purytanie postrzegali to przymierze jako swego rodzaju „boską umowę adhezyjną", w której Bóg pełni funkcję strony ustalającej wszystkie warunki, a nawet dyktującej, na drodze predestynacji, kogo dopuścić do tego przymierza i obietnicy zbawienia. Gdy pierwsi koloniści, tacy jak Anne Hutchinson i Roger Williams, podali w wątpliwość sens tej idei, zostali w trybie nagłym wygnani z kolonii. Jednakże już w XVIII wieku purytanie postrzegali przymierze łaski raczej jako negocjacje w sprawie korzystnego interesu zbawienia – każdy człowiek wybierał własny sposób oddawania należnej sprawiedliwości Bogu, bliźniemu i samemu sobie, na podstawie własnego rozumu, sumienia, doświadczenia i medytacji biblijnej. Takie pojmowanie osobistej wolności religijnej znalazło swoje wyraźne odbicie w pierwszych konstytucjach Nowej Anglii, ustanawianych od lat siedemdziesiątych po lata dziewięćdziesiąte XVIII wieku.

Purytanie z Nowej Anglii posługiwali się doktryną przymierza nie tylko do opisu relacji między Bogiem a ludzkością, lecz także w celu określania stosunków międzyludzkich. Wyróżniali oni 1) przymierza społeczne, takie jak Umowa Mayflower (*Mayflower Compact*) (1620) oraz jej liczne kolonialne odpowiedniki; 2) przymierza polityczne i przysięgi towarzyszące obejmowaniu urzędów, które w latach następnych uznane zostały za teksty konstytucyjne oraz 3) przymierza kościelne, w tym sławne Przymierze Kościoła w Charleston (*Charleston Church Covenant*) (1630) i wywodzące się z niego teksty. Umowa społeczna tworzyła społeczeństwo lub wspólnotę jako całość. Określała ona daną wspólnotę jako wybrany lud boży, ustanawiając wysokie standardy moralne, dzięki którym wspólnota miała stawać się „miastem na górze" i „światłem narodów". Przymierza polityczne i kościelne tworzyły dwa ośrodki władzy wewnątrz wspólnoty – kościelny i państwowy. Purytanie podkreślali, że Kościół i państwo stanowią dwie niezależne instytucje oparte na umowach w obrębie szerszej wspólnoty przymierza. Każda z nich powołana była do wywiązywania się z odrębnych obowiązków przewidzianych w umowie, zgodnie z nakazami praw Boga i natury wyszczególnionych w przymierzu, na którym opierały się państwo i Kościół. Każda z nich miała zachowywać odrębność, co do formy i funkcji oraz urzędów i zajmujących je osób, przy zachowaniu wzajemnej odpowiedzialności za dobro wspólne i w zgodzie z warunkami umowy społecznej.

Choć urzędnicy kościelni i państwowi sprawują władzę z woli Boga, pozostają oni jednak ludźmi grzesznymi w rozumieniu purytańskim, a pozostawieni własnym zamiarom, nieodmiennie przekształcą swe urzędy w narzędzia zysku i tyranii. Tego typu nadużycia i urzędowa samowola będą z kolei nieodwracalnie prowadziły do powszechnego buntu i kary bożej. Kierujący się tym przekonaniem purytanie stali się zwolennikami różnorodnych zabezpieczeń konstytucyjnych, mających zapobiegać autokratyzmowi oraz nadużyciom wewnątrz Kościoła i państwa. Urzędnicy kościelni i państwowi powinni być ludźmi „prawego charakteru", dającymi przykład cnót duchowych i moralnych wspólnocie, wobec której przyrzekali wierność Bogu i Biblii. Urzędnicy kościelni i państwowi mieli pełnić swoje funkcje kadencyjnie i rotacyjnie, dożywotnie pełnienie urzędu wiązałoby się bowiem ze zbyt dużym niebezpieczeństwem. Kościół i państwo powinny przeprowadzać demokratyczne wybory urzędników oraz okresowe zebrania kongregacji i rady miejskiej, w których uczestniczą urzędnicy i poddani. Kościół i państwo powinny posiadać „republikańską" formę rządu, zapewniającą podział władzy na niezależne gałęzie, dysponujące władzą kontrolowania nadużyć pozostałych. Kościół i państwo powinny także dysponować „federalistycznymi" strukturami zarządzania: Kościół powinien być podzielony na niezależne kongregacje, z których każda posiadałaby własną wewnętrzną strukturę władzy duszpasterskiej, oświatowej i doktrynalnej oraz własne zasady dyscypliny, natomiast luźną łączność zapewniać miał kongregacjom synod. Państwo z kolei powinno być podzielone na powiązane w ramach prowincji niezależne gminy miejskie, a każda z nich powinna posiadać niezależną strukturę władzy wykonawczej, ustawodawczej i sądowniczej.

Z takiego podłoża purytańskich praktyk i koncepcji teologiczno-politycznych wyrosnąć miał później konstytucjonalizm amerykański. Wiele spośród głównych idei i koncepcji przymierzy społecznych, kościelnych i politycznych zapisano bezpośrednio w konstytucjach Nowej Anglii, począwszy od 1780 roku, i otwarcie propagowano. Tego rodzaju działalnością zasłynęli liczni purytańscy kaznodzieje i konserwatywni politycy młodej republiki – a wśród nich najbardziej wyróżniający się, znany prawnik i polityk z Massachusetts, kalwinista z urodzenia, John Adams (1735–1826). Zarówno „liberalne", jak i „republikańskie" szkoły z końca XVIII i z XIX wieku przechowały znaczną część purytańskiego dziedzictwa ideowego. „Liberalni" myśliciele odnaleźli w tych ideach koncepcję człowieka naturalnego i prawa naturalnego, uznając je za ważne źródło własnych poglądów na temat stanu natury i naturalnej wolności. Z purytańskich idei przymierza społecznego i przymierza politycznego uczynili prototyp dla teorii umowy społecznej i umowy politycznej. Na bazie doktryny przymierza kościelnego oraz rozdziału Kościoła od państwa formułowali koncepcje odrzucające religię państwową oraz postulujące wolność indywidualnych i grupowych praktyk religijnych. Z kolei myśliciele „republikańscy" przekształcili purytańską ideę narodu wybranego w rewolucyjną teorię narodu amerykańskiego. Purytański wzorzec wspólnoty opartej na przymierzu miał znaleźć odzwierciedlenie w teorii cnót obywatelskich, porządku i ładu. Nadali także purytańskiej wizji odrodzenia duchowego i reformacji formę ogólnego wezwania do „reformacji moralnej" i „odnowy republikańskiej".

Podstawowe purytańskie instytucje konstytucyjne przetrwały także w postaci federalnych i stanowych konstytucji młodej republiki amerykańskiej. Od rządzących oczekiwano jednoznacznego manifestowania moralności, prawości i pobożności oraz wiązania się przysięgami na rzecz tych zasad. Od większości urzędników wymagano, by do stanowisk dochodzili drogą demokratycznych wyborów, a ich urzędy były zwykle kadencyjne. Władzę polityczną rozdzielano na wykonawczą, ustawodawczą i sądowniczą, a każda z nich dysponowała prawem kontroli pozostałych. Federalizm uzyskał status zasady konstytucyjnej. Dokonano obszernego wyszczególnienia swobód obywatelskich. Kościół i państwo zostały rozdzielone, a jednocześnie zapewniono im możliwość współpracy.

Tak pokrótce przedstawia się treść tej książki. Nie jest moim zamierzeniem przekonywanie, że postacie poddane w niej bliższej analizie są jedynymi reprezentantami kalwińskiej refleksji w dziedzinie prawa, religii i praw jednostki, lub że właśnie ci nowożytni myśliciele wypowiedzieli ostatnie słowo w „kalwińskich" lub „reformatorskich" debatach na temat praw[3]. Zwięzły klasyczny przegląd dokonany przez Johna T. McNeilla w *The History and Character of Calvinism*[4] lub nowsze dzieło Philipa Benedicta *Christ's Churches Purely Reformed*[5] świadczą dobitnie o wielości stanowisk, jakie w nowożytnej tradycji kalwińskiej – amerykańskiej, austriackiej, kanadyjskiej, holenderskiej, angielskiej, francuskiej, niemieckiej, węgierskiej, szkockiej, południowoafrykańskiej, szwajcarskiej i innych – przedstawiono na temat tych fundamentów prawa, religii i praw człowieka. Także współcześnie myśliciele kalwińscy różnych denominacji na całym świecie rozwijają powiązane z nimi zagadnienia, a szczególnym asumptem dla ich działalności okazało się powstanie międzynarodowego ruchu praw człowieka. Obszerne i szczegółowe studia dotyczące każdego z omawianych myślicieli mogłyby bez trudu wypełnić wiele

---

[3] Wyrażeń „kalwiński" i „reformowany" używam zamiennie, ze świadomością, że znaczenie tych terminów może być odczytywane w zróżnicowany i kontrowersyjny sposób. Obecnie większość badaczy korzysta z wyrażenia „reformowany", co jest uzasadnione tym, że wcześniej używano terminu „kalwiński" w znaczeniu pejoratywnym, mając na myśli teologów „pietystycznych" lub „scholastycznych", którzy przeciwstawiali się naukom Kalwina lub od nich odeszli; poniekąd z powodu tradycyjnego wzywania do wieczystej reformacji, a poniekąd dlatego, że wielu szesnastowiecznych myślicieli współczesnych Kalwinowi, takich jak Ulrich Zwingli, Martin Bucer, Guillaume Farel, Pierre Viret, Jacques Lefevre, Heinrich Bullinger i Théodore de Bèze, także formułowało wpływowe i wyróżniające się doktryny i idee, które błędnie zwano tradycją „kalwińską". Por. w szczególności: R.A. Muller, *After Calvin. Studies in the Development of a Theological Tradition*, Oxford 2003; D.R. McKim, *Introducing the Reformed Faith*, Louisville 2001. Przypatrując się ich mądrości, pragnę w tej książce przedstawić tradycję debaty prawnej rozwijającej się niezależnie od podstawowych założeń ideologicznych Jana Kalwina, a także jej przekazywanie i przeobrażanie się w okresie kolejnych dwustu lat. Mimo swoich niedoskonałości dawne określenie „tradycji kalwińskej" wydaje się najbardziej odpowiadać tego typu dociekaniom. Praca ta miałaby inną treść i inny tytuł, gdyby stanowiła kontynuację szesnastowiecznej tradycyjnej debaty prawnej zakorzenionej w pracach uczonych współczesnych Kalwinowi. Podczas gdy obecnie określenie „reformowany" jest ogólnie przyjęte wśród znawców protestantyzmu, określenie to nie jest tak oczywiste dla uczonych spoza tradycji protestanckiej, a zwłaszcza tych spoza tradycji chrześcijańskiej, którzy także posługują się określeniem „reformowany" dla opisania własnej tradycji. Mając to na względzie, nie przychylam się ku jednemu lub drugiemu wyrażeniu i stosuję je zamiennie. Przepraszam jednocześnie tych, którym bliskie jest jedno lub drugie, bądź inne jeszcze określenie.

[4] J.T. McNeill, *The History and Character of Calvinism*, Oxford 1954.

[5] P. Benedict, *Christ's Churches Purely Reformed. A Social History of Calvinism*, New Haven–London 2002.

wysokich na pięć stóp szaf bibliotecznych, znanych z pracy Eliota*. Ponadto bliższe analizy oddziaływania tej twórczości na instytucje prawne, polityczne i społeczne oraz na lokalną i codzienną praktykę mogłyby z łatwością wypełnić kolejne biblioteki. W tej sytuacji złem koniecznym stało się selekcjonowanie i okrawanie materiału, aby w rezultacie stworzyć dogodne pod względem rozmiaru i – jak ufam – treściowo spójne opracowanie tematu.

Postanowiłem zatem ograniczyć się w swojej analizie historii praw kalwińskich do okresu nowożytnego, obejmującego XVI, XVII i XVIII wiek, pozostawiając okres historii współczesnej i postmodernistycznej jako temat dla przyszłych opracowań badawczych. Nowożytną tradycję kalwińską cechują ciągłość, logika i koncentracja myśli na temacie praw, jakich trudniej doszukać się w kalwinizmie współczesnym i postmodernistycznym, z którymi miałem okazję zapoznać się zaledwie wyrywkowo. Wczesnonowożytną tradycję kalwińską charakteryzuje także wysoki poziom refleksji na temat praw i instytucji, rzadziej spotykany w przypadku fragmentarycznego i epizodycznego kalwińskiego dyskursu na temat praw w okresie ostatnich dwustu lat.

Dokonany przeze mnie wybór kilku najsilniej oddziałujących myślicieli podyktowany był zamiarem dokonania bliższej analizy, nie zaś pobieżnego przeglądu dorobku każdej z setek postaci zasługujących na wspomnienie. Wcześniejsze próby dokonania takiego przeglądu przekonały mnie, że stopniowo zamieniał się on w wiele odrębnych narracji; ten pokaźny rękopis spoczywa teraz na wielkiej stercie zarzuconych prac. Mój wybór padł ostatecznie na tych myślicieli, którzy niezachwianie obstawali przy swoich poglądach w czasach kryzysu i przeciwności, i którzy w obliczu nowych wyzwań z pełną świadomością przypominali i odnawiali tradycyjne nauczanie kalwińskie dotyczące prawa, religii i praw jednostki. Metoda tego opracowania niewątpliwie rozczaruje tych czytelników i te czytelniczki, których ulubieni kalwińscy bohaterowie zostali tu pominięci. Posiadamy jednak już wystarczająco dużo szczegółowych przeglądów tradycyjnej kalwińskiej myśli politycznej i zgromadziliśmy już wystarczająco dużo miarodajnych próbek, aby wiedzieć, gdzie ukryte są głębokie źródła jej idei. Z większym pożytkiem dla nas będzie, jeżeli odkopiemy niektóre z nich, zagłębiając się pod powierzchnię i dokładniej badając wszystko to, co wydobyliśmy na światło dzienne. Jeżeli książka

* *Dr. Eliot's Five Foot Shelf*, pod red. Charlesa W. Eliota, to 51-tomowa antologia klasyki literatury światowej, wydana po raz pierwszy w roku 1909 [przyp. tłum.].

ta zachęci do podjęcia dalszych badań na temat innych, zasługujących na analizę reformatorów praw od XVI wieku do chwili obecnej, będzie to dla niej najwyższym wyróżnieniem.

Ku nowej historii praw Zachodu

Historia tej książki może zdziwić, a nawet zaskoczyć badaczy i studentów zajmujących się zagadnieniami praw człowieka i kalwinizmu. Nasze podręczniki szkolne od dawna już uczą, że historia praw człowieka bierze początek w schłkowych latach XVII i w XVIII wieku. Zwykle dowiadujemy się, że prawa człowieka były wytworem zachodniego oświecenia, powołanym do życia przez takich myślicieli jak Grocjusz i Pufendorf, Locke i Rousseau, Monteskiusz i Wolter, Hume i Smith, Jefferson i Madison. Prawa człowieka stały się nową skuteczną bronią wynalezioną przez amerykańskich i francuskich rewolucjonistów walczących w imię demokracji, osobistej niezależności i wolności religijnej przeciw zdezaktualizowanym koncepcjom chrześcijańskiej monarchii absolutnej, arystokratycznej dominacji i religijnego establishmentu. Prawa człowieka stały się kluczem, wynalezionym przez zachodnich liberałów, aby samych siebie ostatecznie uwolnić z kajdan tysiącletniego chrześcijańskiego ucisku i konstantyńskiej hegemonii. Począwszy od końca XVIII wieku prawa człowieka stały się podstawowym składnikiem nowego, demokratycznego eksperymentu konstytucyjnego. Jedynymi chrześcijanami mającymi wpływ na ten rozwój wydarzeń, jak nas uczono, było kilku pierwszych Ojców Kościoła, potępiających pogańskie prześladowania dokonywane przez Rzymian, kilku odważnych myślicieli średniowiecznych, potępiających tyranię papiestwa i kilku nowożytnych anabaptystów, demaskujących prześladowania katolickie i protestanckie[6].

Rzecznicy takiej konwencjonalnej historiografii przyznawali, że klasyczni autorzy greccy i rzymscy często stosowali termin „prawo" lub „prawa" (w języku łacińskim *ius* i *iura*). Konwencjonalna argumentacja wskazuje jednak, że przed oświeceniem termin „prawo" bywał używany raczej w sensie „obiektywnym" aniżeli „subiektywnym". „Prawo obiektywne" (lub „prawość")

[6] Por. odnośne piśmiennictwo w: V. Kahn, *Early Modern Talk*, „Yale Journal of Law and Humanities" 2001 (13), s. 391.

oznacza, że coś jest obiektywnie słuszne w określonych okolicznościach. Coś jest obiektywnie prawe ze względu na odniesienie do słuszności ustaleń uznanych za właściwe lub odpowiednie, sprawiedliwe lub stosowne, według obiektywnych lub zewnętrznych norm. Wyraz „prawo" nie pełni tutaj funkcji rzeczownika, lecz przymiotnika: oznacza, że coś jest poprawne lub właściwe – „należne i powszechnie przyjęte" (*due and meet*) – mówiąc językiem wiktoriańskiej Anglii. Zatem gdy myśliciele działający przed XVII wiekiem wypowiadali się o „prawach naturalnych" osoby, w rzeczywistości mieli oni na myśli „naturalne obowiązki" osoby – wypełnianie przez nią tego, co oceniano jako słuszne na podstawie zewnętrznych norm wyznaczonych przez naturę lub rozum naturalny. Jak wyraził to znakomity wykładowca Uniwersytetu Chicago Leo Strauss:

> Prawo naturalne w klasycznym ujęciu wiąże się z teleologicznym poglądem na wszechświat. Wszystkie istoty naturalne mają naturalny cel i naturalne przeznaczenie determinujące rodzaj działania dla nich najlepszy. W przypadku człowieka, do rozeznania tych działań potrzebny jest rozum i rozum decyduje, co jest z natury słuszne, z ostatecznym uwzględnieniem naturalnego celu człowieka[7].

Filozofowie oświecenia, począwszy od Hobbesa i Locke'a, jako pierwsi – zdaniem Straussa – użyli określenia „prawo naturalne" w jego subiektywnym, a nie obiektywnym znaczeniu. Terminu „prawo" zaczęto po raz pierwszy pod koniec XVII wieku regularnie używać jako rzeczownika, nie zaś w znaczeniu przymiotnikowym. „Prawo subiektywne" (podmiotowe) zaczęto rozumieć jako roszczenie, kompetencję lub wolność, którymi natura obdarzała osobę jako podmiot. Obywatel może dochodzić swoich praw wobec innego obywatela lub suwerena i domagać się realizacji tych praw przez odpowiednią władzę, jeżeli są one zagrożone, pogwałcone lub nierespektowane. Uważa się, że przyjęcie takiej subiektywnej interpretacji praw daje początek nowoczesnemu dyskursowi praw człowieka. Mówiąc o „prawach naturalnych" lub o „prawach człowieka zgodnych z prawem naturalnym", myśliciele wczesnego oświecenia mieli na myśli to, co obecnie rozumiemy jako „prawa" – zapośredniczone w podmiotowości jednostki roszczenia dotyczące rozmaitych dóbr naturalnych, takich jak życie, wolność i własność. Była to, jak pisał Strauss, „całkowicie nowa doktryna polityczna".

[7] L. Strauss, *Prawo naturalne w świetle historii*, tłum. T. Górski, Warszawa 1969, s. 14.

Dawne doktryny prawa naturalnego uczyły o obowiązkach człowieka; jeśli w ogóle zwracały jakąkolwiek uwagę na prawa człowieka, to pojmowały je zasadniczo jako pochodne obowiązków. Jak często się mówi, w XVII i XVIII wieku o wiele większy nacisk kładziono na prawa naturalne aniżeli kiedykolwiek przedtem. Można mówić o przesunięciu akcentu z naturalnych obowiązków na naturalne prawa[8].

Historyczne objaśnienie Straussa dotyczące praw zawiera więcej podobnych niuansów, podobnie jak w późniejszych komentarzach historycznych autorstwa niektórych spośród jego najlepszych uczniów, zajmujących się wczesnonowożytnymi teoriami chrześcijańskimi[9]. Należy ponadto pamiętać, że sam Strauss (i niektórzy jego uczniowie) pisali swoje historie praw po części w celu uwypuklenia braku równowagi między prawami obiektywnymi a subiektywnymi i stanowiącego jego konsekwencję obumierania nowożytnego dyskursu, przekształcającego się w długą listę subiektywnych życzeń, pozbawionych obiektywnych podstaw. Także sam Strauss w niektórych późniejszych pismach poświęcał sporo miejsca bogactwu teologii i filozofii w bliskiej mu tradycji judaistycznej[10]. Mimo to spopularyzowane przez „straussianistów" rozmaite wersje tezy o oświeceniowym rodowodzie zachodniej koncepcji praw przetrwały w różnych środowiskach do dziś.

Jednym z tych środowisk, co zakrawa na ironię, są konserwatywni protestanci. Wielu konserwatywnych kalwinistów oraz przedstawicieli innych wyznań protestanckich nadal odnosi się do praw człowieka z podejrzliwością, a nawet z odrazą. Niektórzy spośród nich postrzegają prawa człowieka jako składnik i wytwór niebezpiecznych katolickich koncepcji prawa naturalnego, które kalwiniści zawsze zdecydowanie odrzucali. Większość natomiast uznaje prawa człowieka za niebezpieczny wymysł oświecenia, głoszącego

[8] Tamże, s. 168. Por. też: L. Strauss, *The Political Philosophy of Hobbes. Its Basis and its Genesis*, tłum. E. Sinclair, Chicago 1952; tegoż, *What is Political Philosophy? And Other Studies*, Glencoe 1959, zwł. s. 197 i n.

[9] Por. w szczególności: M.P. Zuckert, *The Natural Rights Republic. Studies in the Foundation of the American Political Tradition*, Notre Dame 1996; tegoż, *Natural Rights and the New Republicanism*, Princeton 1994; tegoż, *Launching Liberalism. On Lockean Political Philosophy*, Lawrence 2002. Pragnę podziękować Johnowi Perry'emu z Uniwersytetu Notre Dame za objaśnienia dotyczące różnych kierunków myślowych Straussa.

[10] L. Strauss, *Jewish Philosophy and the Crisis of Modernity. Essays and Lectures in Modern Jewish Thought*, red. K.H. Green, Albany 1997. Por. też: C.H. Zuckert, M.P. Zuckert, *The Truth about Leo Strauss. Political and American Democracy*, Chicago 2006.

zwycięstwo rozumu nad objawieniem, chciwości nad miłosierdziem, natury nad Pismem Świętym, jednostki nad wspólnotą oraz uzurpowanej suwerenności człowieka nad absolutną suwerennością Boga[11]. Krytycy ci tłumaczą sporadyczne w pismach Kalwina i innych wczesnych reformatorów wzmianki na temat prawa naturalnego i praw jako scholastyczne naleciałości, później szczęśliwie wymazane z tradycji dzięki wolnej od tych obciążeń lekturze Pisma Świętego[12]. Na pewnym poziomie abstrakcji tego rodzaju krytyka ze strony konserwatywnych protestantów współbrzmi z pewnymi historiograficznymi tendencjami „straussianizmu", dopatrującego się oświeceniowej genezy praw. Niektórzy straussianiści odrzucają przednowoczesny chrześcijański dyskurs praw na temat praw, traktując go jako zdradę ideałów oświecenia, zaś niektórzy protestanci odrzucają nowoczesny oświeceniowy dyskurs praw jako zdradę chrześcijaństwa.

Bez względu na filozoficzną i teologiczną doniosłość każdego z tych stanowisk nie da się już utrzymać takiego odczytywania historii, na jakim się one opierają. Nie jest to wyłącznie moja opinia. Współcześnie bardzo rozwinięta machina twórczości naukowej wytwarza dowody na poparcie tezy o „wolności przed

---

[11] Stanowisko to często kojarzone jest z wybitnym szwajcarskim teologiem protestanckim Karlem Barthem. Por. szczegółowe źródła na ten temat w niedawno opublikowanej pracy: S.J. Grabill, *Rediscovering the Natural Law in Reformed Theological Ethics*, Grand Rapids 2006, s. 21–53. Barth był negatywnie ustosunkowany wobec debat na temat teologii naturalnej i praw naturalnych, jednak – choć bywa tak przedstawiany – nie był przeciwnikiem praw człowieka. Na przykład jako proboszcz w Safenwil dokładał wszelkich starań, aby zabezpieczyć prawa pracowników i związków zawodowych, prawo do lepszych płac i warunków pracy, prawa gwarantujące zatrudnienie odpowiadające powołaniu danej osoby i poszanowaniu „godności ludzkiej". Jako chrześcijański socjalista był zagorzałym rzecznikiem praw ubogich, wdów, sierot, cudzoziemców. Barth wyraził swoje przekonanie w następujących słowach: „Bóg stoi zawsze i niezmiennie po jednej stronie, zawsze przeciw wywyższającym się i po stronie poniżonych, zawsze przeciw tym, którzy posiadają już swoje prawa i po stronie tych, którzy zostali z nich obrabowani i którym zostały one zabrane". Barth, jako główny autor śmiałej Deklaracji z Barmen z 1934 roku, skierowanej przeciw nazizmowi, nadał nowy wyraz podstawowym prawom tradycji kalwińskiej – prawu do wolności religijnej i prawu zezwalającemu przywódcom religijnym – na wzór proroków, na potępianie tyranów, którzy łamią pierwotne prawa do wolności religii. Por. cyt. i analizowane źródła w: G. Hunsinger, *Karl Barth*, w: J. Witte Jr., F.S. Alexander (red.), *Modern Christian Teachings on Law, Politics, and Human Nature*, New York 2005, t. 1: s. 352–380, t. 2: s. 280–306.

[12] Por. źródła oraz dalsze rozważania na ten temat w: J. Witte Jr., *A Dickensian Era of Religious Rights*, „William and Mary Law Review" 2000 (42), s. 707, 719–724, 768–770. A.D. Hertzke utrzymywał niedawno, że konserwatywni amerykańscy protestanci ewangelikalni powoli przekonują się do współczesnej dyskusji na temat praw. Zob. tegoż, *Freeing God's Children. The Unlikely Alliance for Global Human Rights*, Lanham 2004.

liberalizmem"[13] oraz o faktycznej roli praw człowieka w czasach poprzedzających demokratyczne ruchy walczące pod sztandarem tych praw. Jako oczywistość przyjmuje się, że oświecenie nie było źródłem praw na Zachodzie, stanowiąc co najwyżej zbiornik, do którego wpadały liczne nurty refleksji na temat praw, mające początek tysiąc lat wcześniej. Praca nad całościową historią praw człowieka na Zachodzie daleka jest od ukończenia, a poważni badacze nadal spierają się na temat podstawowych źródeł i mechanizmów rozwoju tych praw, choć coraz wyraźniejszy staje się sam zarys historii rozwoju. W historii tej zarówno reformacja, jak i oświecenie zajmują ważne miejsca, lecz dopiero w późniejszych etapach, a każdy z nich jest w jakiś sposób dłużnikiem tradycji starożytnego Rzymu i średniowiecznej katolickiej Europy. Wydaje się wręcz, że główni myśliciel reformacji i oświecenia odziedziczyli znacznie więcej praw i swobód, aniżeli sami wynaleźli. Chociaż mieli oni również własny, istotny wkład w budowanie koncepcji praw, rola teologów protestanckich i filozofów oświecenia polegała głównie na tworzeniu teoretycznej podbudowy, która następnie pozwoliła przekształcić tradycyjne formuły praw w twierdzenia o powszechnej ogólności i stosowalności.

Szkic chronologii kluczowych momentów zachodniej tradycji praw pomoże umiejscowić w niej i docenić szczególny wkład tradycji kalwińskiej. Pierwszy ważny moment w zachodniej tradycji praw wiąże się z rozwojem klasycznego prawa rzymskiego – zarówno w okresie przed-, jak i pokonstantyńskim[14]. Rzymscy prawnicy używali łacińskiego terminu *ius* na określenie „prawa" w znaczeniu przedmiotowym oraz podmiotowym (*ius* oznaczało także prawo lub porządek prawny w ogólniejszym znaczeniu). Obiektywne znaczenie *ius* – rozumianego jako to, co odpowiednie, jako działanie właściwe i wymagane, jako „oddawanie każdemu, co do niego należy" (*ius suum cuique tribuere*) – dominowało w rzymskim piśmiennictwie. W tekstach tych

---

[13] Q. Skinner, *Liberty Before Liberalism*, Cambridge 1998. Por. też: V. Mäkinen, P. Korkman (red.), *Transformations in Medieval and Early-Modern Rights Discourse*, Dordrecht 2006; R.W. Davis (red.), *The Origins of Modern Freedom in the West*, Stanford 1995; J.C.D. Clarke, *The Language of Liberty 1660–1832. Political Discourse and Social Dynamics in the Anglo-American World*, Cambridge 1994.

[14] Por. źródła i omówienie w: C.A. Donahue, *Ius in the Subjective Sense in Roman Law. Reflections on Villey and Tierney*, w: D. Maffei (red.), *A Ennio Cortese*, t. 1, Rome 2001, s. 506–535; M. Kaser, *Ius Gentium*, Cologne 1993; tegoż, *Ausgewählte Schriften*, t. 1–2, Napoli 1976–1977; tegoż, *Zum „Ius" Begriff der Römer*, „Acta Juridica" 1977 (19), s. 63; T. Honoré, *Ulpian. Pioneer of Human Rights*, wyd. 2, Oxford 2002; C. Wirszubski, *Libertas as a Political Idea at Rome During the Late Republic and Early Principate*, Cambridge 1950.

niekiedy używano terminu *ius* także w znaczeniu podmiotowym, związanym z „posiadaniem prawa" przysługującego danej osobie (*ius habere*), które można chronić i egzekwować. Wiele spośród praw podmiotowych uznawanych w klasycznym prawie rzymskim odnosiło się do własności, np. prawo własności lub współwłasności, prawo do posiadania, dzierżawy lub użytkowania własności, prawo do budowania lub zakazywania budowania na własnym terenie, prawo do korzystania z dostępu do wody, prawo do niezakłóconego korzystania z własności, prawo do przeniesienia prawa własności, prawo do pochówku i wiele innych. Liczne wypowiedzi odnoszą się do praw osób indywidualnych: praw spadkodawcy i spadkobiercy, praw patronów i opiekunów, praw ojców i matek wobec dzieci lub praw właścicieli wobec niewolników. W innych tekstach mowa o prawach publicznych: prawach władzy do wymierzania kary lub określonych sposobów postępowania wobec poddanych, prawach do delegowania władzy, prawach do mianowania i nadzorowania niższych urzędników. Jeszcze inne odnosiły się do praw proceduralnych w sprawach karnych i cywilnych. Charles Donahue dokonał niedawno identyfikacji 191 tekstów odnoszących się do praw podmiotowych w samych tylko *Digestach* (jednej z czterech ksiąg *Corpus Iuris Civilis* Justyniana z VI wieku) i przypuszcza, że setki, jeżeli nie tysiące, podobnych tekstów można odnaleźć w innych księgach należących do klasycznego prawa rzymskiego[15].

Także klasyczne prawo rzymskie powoływało się na prawa jednostek, używając łacińskiego słowa *libertas*, którego sens można wyrazić przy użyciu takich terminów jak swoboda, wolność, przywilej lub niezależność. W podstawowym znaczeniu *libertas* była, jak określił to Justynian, „naturalną zdolnością (*facultas*) do czynienia tego, czego człowiek pragnie, chyba że jest to zabronione prawem lub siłą"[16]. W prawie rzymskim *libertas* osoby częściowo przekładała się na jej status społeczny: mężczyzna dysponował szerszym zakresem *libertatis* niż kobieta, mężatka posiadała jej więcej niż konkubina, dorośli więcej niż dzieci, ludzie wolni więcej niż niewolnicy itd. Każdej osobie na gruncie prawa rzymskiego przysługiwał jednak jakiś poziom *libertatis* zależny od statusu społecznego, w tym podstawowy poziom ochrony przed próbami podporządkowania ze strony tych, którzy nie dysponowali w stosunku do niej prawem (*ius*) lub roszczeniami posesoryjnymi (*dominium*). Zatem żonie przysługiwała *libertas* odmowy stosunków seksualnych ze wszystkimi osobami

---

[15] C.A. Donahue, *Ius in the Subjective Sense in Roman Law*.

[16] *Institutio*, I.III.

z wyjątkiem męża. Dziecko posiadało *libertas* odmowy posłuszeństwa wobec wszystkich osób z wyjątkiem *paterfamilias* i jego przedstawicieli. Nawet niewolnik miał *libertas* w zakresie posłuszeństwa wobec wszystkich z wyjątkiem właściciela. Praw tych można było dochodzić, korzystając z powództw akcyjnych przed sędzią lub innym wyznaczonym urzędnikiem bezpośrednio lub, w przypadku osób o niższym statusie społecznym, poprzez przedstawicieli.

Korzystanie z niektórych *libertates* prawo rzymskie określało w sposób bardziej ogólny, nie warunkując go przez korelatywne obowiązki innych podmiotów. Dobrym przykładem była wolność wyznania, zagwarantowana chrześcijanom i wyznawcom innych religii w Edykcie mediolańskim (313 rok) Konstantyna. Gwarantował on „wolność (*libertas*) wyznawania religii, jaką kto chce"; „daliśmy także chrześcijanom wolną i bezwzględną możność (*facultas*) wyznawania ich religii. [...] również i dla innych podobnie wolna i otwarta przyznana została możność w naszych spokojnych czasach wybrania sobie przedmiotu kultu"[17].

Ponowne odkrycie i podjęcie badań nad prawem rzymskim pod koniec XI i w XII wieku zapoczątkowało ożywienie debaty na temat praw podmiotowych na Zachodzie. Brian Tierney wykazał, że już w XII wieku średniowieczni kanoniści (juryści zajmujący się prawem kościelnym, zwanym prawem kanonicznym) rozróżniali wszystkie formy praw (*iura*) i wolności (*libertates*)[18]. Te prawa i wolności wywodzili z prawa natury (*lex naturae*) lub z prawa naturalnego (*ius naturale*) i łączyli je w rozmaity sposób z możnością (*facultas*) tkwiącą w ludzkiej naturze rozumnej oraz z własnością (*dominium*) lub z władzą (*potestas*) przysługującą osobie lub urzędowi (*officium*). W pracach pierwszego pokolenia kanonistów powtarzają się i stanowią przedmiot glos liczne prawa podmiotowe i wolności przyjmowane w prawie rzymskim. Dotyczy to zwłaszcza publicznych praw i kompetencji władczych, prywatnych praw i wolności związanych z własnością oraz tego, co sławny kanonista Gracjan około 1140 roku nazwał „prawami wolności" (*iura libertatis*), przysługującymi ludziom różnych stanów i urzędom władzy[19]. Kanoniści rozpoczęli wplatanie tekstów prawa rzymskiego

---

[17] W: Ehler i Morrall, s. 4–6, włącznie z oryginałem w: Lactantius, *De Mortibus Persecutorum* [c. 315], 48.2–12, cyt. za: Laktancjusz, *Pisma wybrane*, tłum. J. Czuj, Poznań 1933.

[18] B. Tierney, *The Idea of Natural Rights. Studies on Natural Rights, Natural Law, and Church Law, 1150–1625*, Grand Rapids 1997. Zob. też: P. Landau, *Zum Ursprung des „Ius ad Rem" in der Kanonistik*, „Proceedings of the Third International Congress of Medieval Canon Law" 1971, s. 81–102.

[19] Sprawa (*causae*) 16, pyt. 3, dictum post causae 15, cyt. w: B. Tierney, *The Idea of Natural Rights*, s. 57.

w gęste płótno tego, co dziś nazywamy prawami, wolnościami, kompetencjami, immunitetami, zabezpieczeniami prawnymi i upoważnieniami przysługującymi różnym grupom i osobom.

Dla średniowiecznych kanonistów najistotniejsze były prawa niezbędne do ochrony „wolności Kościoła" (*libertas ecclesiae*). „Wolność Kościoła" od władzy świeckiej i podległości feudalnej oraz zepsucia była głównym postulatem papieża Grzegorza VII, który zapoczątkował papieską rewolucję z 1075 roku[20]. W obronie tej rewolucji kanoniści średniowieczni szczegółowo określali prawa Kościoła do stanowienia własnego prawa, posiadania odrębnego sądownictwa, przyjmowania własnej doktryny i liturgii oraz obsadzania i opróżniania stanowisk kościelnych. Domagali się także wyjęcia dóbr kościelnych spod obciążeń podatkami i daninami, a także prawa duchowieństwa do kontrolowania i używania dóbr kościelnych bez ingerencji i przeszkód ze strony władzy świeckiej i feudalnej. Żądali dla duchownych gwarancji immunitetu od odpowiedzialności cywilnej, służby wojskowej i obowiązku składania zeznań oraz praw kościelnych osób prawnych (parafii, opactw, stowarzyszeń dobroczynnych i gildii) do przyjmowania i wykluczania członków oraz ustanawiania reguł porządku dyscypliny. W dekretach z końca XII i z XIII wieku prawo kanoniczne określiło uprawnienia soborów i synodów do uczestnictwa w wybieraniu i nadzorowaniu piastunów wyższych godności kościelnych. Wyszczególniono też prawa niższego duchowieństwa wobec przełożonych. Określono prawa laikatu do uczestnictwa w obrzędach religijnych, ewangelizacji, do posiadania symboli religijnych, korzystania z sakramentów, pielgrzymek religijnych i kształcenia dzieci. Uporządkowano prawa ubogich, wdów i potrzebujących wsparcia, pomocy i schronienia w Kościele. Zdefiniowano prawa małżonków, rodziców i dzieci, panów i służby na terenie domostwa. Prawo kanoniczne sformułowało także (ograniczone co do zakresu) prawa chrześcijan prawosławnych, Żydów, muzułmanów i heretyków w społeczeństwie chrześcijańskim[21].

---

[20] H.J. Berman, *Prawo i rewolucja. Kształtowanie się zachodniej tradycji prawnej*, tłum. S. Amsterdamski, Warszawa 1995.

[21] B. Tierney, *The Idea of Natural Rights*; tegoż, *Rights, Law, and Infallibility in Medieval Thought*, Hampshire 1997; tegoż, *Religion, Law, and the Growth of Constitutional Thought, 1150–1650*, Cambridge 1982; M.J. Roca, *Der Toleranzbegriff im kanonischen Recht*, „ZSS (KA)" 2004 (121), s. 548; U. Wolter, *Amt und Officium in mittelalterlichen Quellen vom 13. bis 15. Jahrhundert: Ein begriffsgeschichtliche Untersuchung*, „ZSS (KA)" 1988 (78), s. 246; C.J. Reid, Jr., *Rights in Thirteenth Century Canon Law. An Historical Investigation*, rozprawa doktorska, Cornell University 1994; tegoż, *Thirteenth Century Canon Law and Rights. The Word ius and its Range of Subjective Meanings*,

Średniowieczne przepisy prawa kanonicznego zostały wprowadzone do praktyki przez instancyjne sądy kościelne, a także inne urzędy administracyjne Kościoła, dysponujące oddzielnymi i złożonymi regułami postępowań odwoławczych – w ostatecznej instancji do Roty rzymskiej. Między XIV a XVI wiekiem formuły tych praw uzyskiwały coraz bardziej rozwiniętą i wyrafinowaną postać za sprawą takich myślicieli jak Wilhelm Ockham, John Wycliffe, Conrad Summenhart, Richard Fitzralph, Jean Gerson, Francisco de Vitoria, Fernando Vázquez, Francisco Suarez i inni[22].

Ujęcie praw i wolności w średniowiecznym prawie kanonicznym miało swoje odpowiedniki w prawie zwyczajowym i prawie cywilnym. Na szczególną uwagę zasługują powstałe między XI a XVI wiekiem źródła obejmujące tysiące traktatów, konkordatów, przywilejów i innych aktów prawnych sporządzanych przez różne organy władzy kościelnej i świeckiej. Znajdują się wśród nich szczegółowe i wyrażane niekiedy kwiecistym językiem wyliczenia praw i wolności różnych grup duchowieństwa, szlachty, baronów, rycerstwa, rad miejskich, obywateli, uniwersytetów, klasztorów i innych. Ich oddziaływanie bywało zwykle raczej lokalne, lecz niekiedy odnosiły się też do większych terytoriów i grup ludności. Znanym przykładem aktów ostatniego typu jest Wielka Karta Swobód (1215), wydana przez Koronę angielską dla Kościoła i baronów Anglii. Karta gwarantowała, że „Kościół angielski ma być wolny (*libera*) i zachować wszystkie swoje uprawnienia (*iura*) i swobody (*libertates*)", oraz że wszystkim „ludziom wolnym" (*liberis hominibus*) będą przysługiwały liczne wolności (*libertates*)[23]. Na wolności te składały się rozmaite prawa, m.in. do własności, małżeństwa, dziedziczenia, odmowy bezzasadnej służby wojskowej oraz do zaspokajania wierzycieli z dóbr wskazanych przez dłużnika. Wielka

„Studia Canonica" 1996 (30), s. 295; tegoż, *Roots of a Democratic Church Polity in the History of the Canon Law*, „Canon Law Society of America Proceedings" 1998 (60), s. 150; tegoż, *Power Over the Body, Equality in the Family. Rights and Domestic Relations in Medieval Canon Law*, Grand Rapids 2004; J. Muldoon, *The Great Commission and the Canon Law*, w: J. Witte, Jr., R.C. Martin (red.), *Sharing the Book. Religious Perspectives on the Rights and Wrongs of Proselytism*, Maryknoll 1999, s. 158.

[22] A.S. Brett, *Liberty, Right, and Nature. Individual Rights in Later Scholastic Thought*, Cambridge–New York 1997; R.W. Davis (red.), *The Origins of Modern Freedom in the West*, Stanford 1995; R. Tuck, *Natural Rights Theories. Their Origins and Development*, Cambridge–New York 1979; M. Villey, *La formation de la pensée juridique moderne*, Paris 1968; tegoż, *Le droit et les droits de l'homme*, Paris 1983; tegoż, *Leçons d'histoire de la philosophie du droit*, wyd. wzn., Paris 1977.

[23] *The Statutes at Large of the United Kingdom of Great Britain and Ireland*, 45 tomów, London 1786–1869 [tłum. pol. w: A. Gulczyński, B. Lesiński i in., *Historia państwa i prawa. Wybór tekstów źródłowych*, Poznań 2013 – przyp. tłum.].

Karta Swobód ustanawiała także rozmaite prawa miast, sądów lokalnych, prawa i prerogatywy króla i sądów królewskich oraz wiele praw proceduralnych (w tym prawo do sądu z ławą przysięgłych). Średniowieczne karty praw stały się prototypami, na które powoływać się miały późniejsze ruchy rewolucyjne, by uzasadnić opór przeciwko arbitralnej i tyrańskiej władzy. Wszyscy wczesnonowożytni rewolucjoniści kalwińscy we Francji, Szkocji, Niderlandach, Anglii i Ameryce nawiązywali do takich kart praw, uzasadniając swój sprzeciw wobec tyranii, by ostatecznie sięgnąć do praw naturalnych i oraz ich fundamentów.

Podstawy rewolucyjnych idei szesnastowiecznej reformacji wykraczały oczywiście poza dawne karty praw, wspierając się w dużej mierze na źródłach biblijnych. W Nowym Testamencie można znaleźć wiele różnego rodzaju wypowiedzi na temat wolności: „Ku wolności wyswobodził nas Chrystus" (Ga 5, 1). „Wy zatem, bracia, powołani zostaliście do wolności" (Ga 5, 13). „[...] a gdzie jest Duch Pański – tam wolność" (2 Kor 3, 17). „[...] i poznacie prawdę, a prawda was wyzwoli" (J 8, 32). „Będziecie rzeczywiście wolni" (J 8, 36). Otrzymaliście „chwalebną wolność dzieci Bożych" (Rz 8, 21). Te i inne ustępy z Biblii niewątpliwie inspirowały Marcina Lutra, gdy podejmował reformację w Niemczech w 1517 roku, w imię wolności (*libertas*, *Freiheit*) – wolności Kościoła od tyranii papieskiej, wolności świeckich od hegemonii duchowieństwa, wolności sumienia od rygorów prawa kanonicznego, wolności państwa od władzy Kościoła. „Wolność chrześcijan" stanowiła okrzyk bojowy wczesnej reformacji. Inspirowała w jednakowym stopniu teologów i jurystów, duchowieństwo i ludzi świeckich, książęta i chłopstwo do występowania z niespotykanym zapałem przeciw średniowiecznej władzy kościelnej i prawu kanonicznemu. Palono księgi prawa kanonicznego, zamykano sądy kościelne, konfiskowano klasztory i dobra ziemskie, odbierano beneficja, przywileje duchownych, zniesiono celibat, handel odpustami, obowiązek płacenia annaty, zerwano więzi z papiestwem i zakazano wnoszenia odwołań do Roty rzymskiej. Każdy naród, każdy Kościół i każdy chrześcijanin miał być wolny.

Ten pierwszy protestancki zew wolności, pozostawiony w swojej surowej i radykalnej formie, okazał się przepisem na bezprawie i gwałt, czego Luter sam w przykry sposób doświadczył podczas wojny chłopskiej w 1525 roku. On i inni protestanci wkrótce przekonali się, że bez struktur prawa i władzy nie jest możliwa ochrona porządku publicznego i pokoju, jakkolwiek istotne byłyby prawa i wolności z punktu widzenia realizacji haseł reformacji i zachowania jej impetu. Wyzwaniem dla pierwszych protestantów okazało się znalezienie na podstawie nauczania biblijnego nowej równowagi między władzą i wolnością oraz porządkiem i prawami.

Protestancki wkład w zachodni dyskurs praw polegał w pierwszym rzędzie na wspólnym dla pierwszych pokoleń luteranów, kalwinistów, anglikanów i anabaptystów zapale do wertowania Biblii w poszukiwaniu nowego sposobu określenia władzy w rodzinie, Kościele i państwie, zarówno we wzajemnych relacjach, jak i w stosunku do podległych podmiotów. Większość reformatorów uznawała te trzy instytucje za fundamentalne porządki stworzenia, równe wobec Boga i względem siebie oraz obdarzone naturalnymi obowiązkami i funkcjami, w które żadna z pozostałych instytucji nie powinna ingerować. *Paterfamilias*, *patertheologicus* i *paterpoliticus* mogą przejawiać skłonności do tyranii i nadużyć, zaś czytelne określenie zakresów ich władz miało służyć osłabieniu tych skłonności. Przyczyniło się także do sprecyzowania praw i wolności poddanych każdej z tych władz oraz warunków sprzeciwu lub nieposłuszeństwa wobec niej[24].

Drugą wielką zasługą reformatorów protestanckich było z punktu widzenia dyskursu praw ugruntowanie ich w przykazaniach Dekalogu i biblijnego nauczania moralnego. Pierwsza tablica Dekalogu wyszczególnia obowiązki miłości wobec Boga – czczenia Boga i Jego imienia, przestrzeganie szabatu i kultu, powstrzymywania się od bałwochwalstwa i krzywoprzysięstwa. Druga tablica wyznacza obowiązki miłości wobec bliźnich – szacunek dla rodziców i innych władz, zakaz zabijania, cudzołóstwa, kradzieży, składania fałszywego świadectwa. Reformatorom udało się przełożyć obowiązki człowieka względem Boga na formuły nienaruszalnych praw do praktyk religijnych: do oddawania czci Bogu i Jego imieniu, prawo do odpoczynku i uczestniczenia w nabożeństwach religijnych w dniu szabatu, prawo do odrzucania fałszywych bogów i fałszywych przysiąg. Z kolei obowiązki człowieka względem bliźnich ujęto jako ich prawa do realizacji określonych obowiązków. Obowiązek powstrzymywania się od zabijania, cudzołożenia, kradzieży czy fałszywych zeznań przekształcał się odpowiednio w prawo innej osoby do życia, posiadania mienia, dobrej reputacji i dochowania wierności.

Biblijne formuły praw rozpowszechniły się wśród wszystkich czterech odłamów reformacji. Na wspólnym fundamencie protestantyzmu kalwiniści rozwinęli wiele odrębnych formuł, kładąc nacisk na przymierze, potrójną funkcję prawa, doktrynę całkowitego zepsucia, powołanie kapłańskie, prorockie

---

[24] J. Witte, Jr., *Law and Protestantism. The Legal Teachings of the Lutheran Reformation*, Cambridge 2002.

i królewskie wszystkich wiernych, oraz inne doktryny szczegółowo omówione w kolejnych rozdziałach.

O ile średniowieczni kanoniści opierali prawa na prawie naturalnym i tradycji prawnej, a reformatorzy uzasadniali je tekstami biblijnymi i antropologią teologiczną, pisarze oświecenia w Europie i Ameryce Północnej budowali swoje koncepcje praw na ludzkiej naturze i umowie społecznej. Częściowo odwołując się do Cycerona czy Seneki i innych stoików, rozwijających koncepcje stanu przedspołecznego, a także na podstawie kalwińskich idei przymierzy społecznych, politycznych, kościelnych i małżeńskich, John Locke, Jean Jacques Rousseau, Thomas Jefferson i inni postulowali nową, kontraktualistyczną teorię praw człowieka i porządku politycznego. Twierdzili, że wszyscy ludzie, poprzez akt stworzenia bądź z racji samej natury, są równi pod względem cnót i godności oraz przyrodzonych i niezbywalnych praw do życia, wolności i własności. Każdy człowiek jest z natury zdolny do wyboru własnych sposobów i kryteriów osiągania szczęśliwości i nie potrzebuje w tym zakresie powoływać się na zewnętrzne źródła lub Dekalog. W stanie naturalnym lub w „stanie natury" wszyscy ludzie mogli swobodnie i w pełni korzystać ze swoich praw naturalnych, lecz życie takie było co najmniej „niewygodne" – zdaniem Locke'a – czy wręcz „samotne, biedne, bez słońca, zwierzęce i krótkie" wedle określenia Hobbesa. W stanie tym nie można było ustalić, jaki jest zakres praw jednostki wobec ogółu, brak gwarancji prawa własności hamował zaś rozwój, przedsiębiorczość i dotrzymywanie umów, a mechanizmy zabezpieczające prawa dzieci, osób słabych i niepełnosprawnych nie istniały. Dlatego też praktycznie myślący ludzie porzucili stan naturalny na rzecz nowego życia w społeczeństwie o stabilnym systemie rządów. Dokonywali tego, przystępując do umowy społecznej i ratyfikując konstytucje rządzące ich nowo utworzonym społeczeństwem. Przez podporządkowanie godzili się poświęcić lub ograniczyć w imię porządku publicznego i pokoju pewne swoje prawa naturalne. Godzili się także przekazać prawa do kierowania sobą na rzecz wybieralnych urzędników, którzy mieli uosabiać i sprawować władzę wykonawczą, ustawodawczą i sądowniczą w ich imieniu. Zarazem jednak umowy społeczne i polityczne wyszczególniały wiele „niezbywalnych" praw, którymi powinni cieszyć się wszyscy bez wyjątku, oraz warunki „rzetelnego procesu prawnego", w toku którego „zbywalne" prawa mogą zostać ograniczone lub odebrane. Tego rodzaju umowy określały także prawa ludu do wyboru lub zmiany przedstawicieli w rządzie oraz prawa do sądu przysięgłych we wszystkich sprawach sądowych.

Te nowe tendencje oświeceniowe znalazły szczególne odzwierciedlenie w konstytucji amerykańskiej i francuskiej. Na przykład Deklaracja praw Virginii (*Virginia Declaration of Rights*) (1776) w artykule 1 gwarantowała, że „wszyscy ludzie z natury są równi, wolni i niezależni, i posiadają pewne przyrodzone prawa, z których, gdy wchodzą w ramy organizmu publicznego, nie mogą zrezygnować w drodze żadnej umowy, która prowadziłaby do pozbawienia lub wyzucia z tych praw ich potomnych". Deklaracja wyszczególniała prawa obywateli do głosowania i do ubiegania się o urzędy, ich „niepozbywalne i niewzruszone prawo do poczynienia reform, dokonania zmiany lub obalenia go [własnego rządu], w taki sposób, jaki zostanie uznany za najbardziej odpowiedni dla dobra publicznego", do tradycyjnych zabezpieczeń proceduralnych w postępowaniu karnym, prawa do sądu przysięgłych w sprawach cywilnych i karnych, wolności druku i rozmaitych swobód religijnych. Artykuły 15 i 16 Deklaracji odzwierciedlały także przekonania chrześcijańskie: „żaden wolny rząd czy błogosławieństwo wolności nie mogą być zachowane dla jakiegoś narodu inaczej, jak tylko w drodze usilnego trzymania się sprawiedliwości, umiaru, powściągliwości, oszczędności i cnoty oraz przez ustawiczne postępowanie w zgodzie z podstawowymi zasadami". Ponadto „wzajemnym obowiązkiem wszystkich jest [...] praktykowanie chrześcijańskiej wyrozumiałości, miłości i miłosierdzia w stosunku do każdego"[25]. Jeszcze bardziej tradycyjne chrześcijańskie sformułowania można odnaleźć pośród oświeceniowych idei w Konstytucji Massachusetts z 1780 roku.

Karta praw (*Bill of Rights*) z 1791 roku, będąca zbiorem poprawek do Konstytucji Stanów Zjednoczonych z 1787 roku, ustanowiła nowy zbiór praw określających status obywatela. Zadanie wcielania go w życie powierzono sądom federalnym. O ile sama konstytucja mówiła tylko ogólnie o „błogosławieństwach wolności", a odrębne „przywileje i immunitety" przyznawała w artykułach I i IV, do Karty praw należało sporządzenie szczegółowego wykazu praw obywateli amerykańskich. Karta praw gwarantowała wolność religii, wypowiedzi, zgromadzeń i druku, prawo do posiadania broni, zwolnienie od przymusowego obowiązku kwaterowania wojska, ochronę przed nielegalną rewizją i konfiskatą mienia, różne proceduralne zabezpieczenia w sprawach karnych (prawo do oskarżenia i procesu sądowego prowadzonego przed ławą przysięgłych, prawo do sprawiedliwego i szybkiego procesu sądowego, prawo do konfrontacji z powodem i zmuszenia go do stawiennictwa, prawo do ochrony przed powtórnym pociągnięciem do odpowiedzialności za to samo przestępstwo, prawo do ochrony przeciw samooskarżeniu, ochronę przed

[25] W: Thorpe 7, s. 3813 [tłum. pol. w: B. Lesiński, J. Walachowicz, *Powszechna historia państwa i prawa. Wybór tekstów źródłowych*, Poznań 1975, s. 130 – przyp. tłum.]

obciążaniem nadmierną kaucją oraz przed okrutnymi i nadzwyczajnymi karami), prawo do procesu przed ławą przysięgłych w sprawach cywilnych, prawo zakazujące pozbawiania życia, wolności i mienia bez właściwego postępowania prawnego i prawo chroniące przed konfiskatą mienia prywatnego dla celów publicznych bez odpowiedniej rekompensaty. Oryginalną Kartę praw uzupełniano następnie licznymi poprawkami, z których najważniejsze wprowadzały zakaz niewolnictwa, prawo do równej ochrony prawnej i rzetelnego procesu oraz prawa wyborcze wszystkich dorosłych mężczyzn i kobiet[26].

Przyjęcie Karty praw w Konstytucji Stanów Zjednoczonych uzasadniano wówczas na różne sposoby – najbardziej znane argumenty opierały się na ideach oświecenia. Każda z gwarancji wymienionych w Karcie została już sformułowana w okresie poprzednich dwustu lat, także przez kalwińskich teologów i jurystów. Niektóre spośród tych praw formułowane były już przez Teodora de Bèze'a a także francuskich i szkockich dysydentów z końca XVI wieku. Znaczący był w tym zakresie dorobek Johannesa Althusiusa i niderlandzkich konstytucjonalistów przełomu XVI i XVII wieku, a także Johna Miltona i angielskich purytanów z połowy XVII wieku. Należy także pamiętać o bogatej spuściźnie purytanów z Nowej Anglii, począwszy od Johna Winthropa i Nathaniela Warda w XVII wieku po Elisha Williamsa i Johna Adamsa w kolejnym stuleciu. Ponadto wiele podstawowych idei konstytucjonalizmu amerykańskiego – suwerenności ludu, federalizmu, podziału władzy i mechanizmów gwarantujących zachowanie równowagi politycznej (*checks and balances*), relacji między Kościołem a państwem oraz wielu innych – zostało wcześniej dość dokładnie sformułowanych w pismach myślicieli kalwińskich z Niderlandów, Anglii i Nowej Anglii. Oczywiście nie oznacza to, że myśliciele ci posiadali monopol na rozwój amerykańskiego konstytucjonalizmu, lecz wskazuje, że kalwiniści wprzędli sporo mocnej teologicznej przędzy w tkaninę wczesnego amerykańskiego konstytucjonalizmu.

Tezy oświecenia wywarły znacznie większy wpływ na treść francuskiej Deklaracji praw człowieka i obywatela (1791). W tym słynnym dokumencie, który zrewolucjonizował dużą część Europy Zachodniej, wyszczególniono różne „naturalne, niezbywalne i święte prawa", takie jak wolność, własność, bezpieczeństwo, opór wobec przemocy, „wolność do podejmowania każdego działania, które nie szkodzi innemu człowiekowi", prawo do uczestniczenia

[26] Konstytucja Stanów Zjednoczonych, preambuła, art. 1.9, 1.10, IV; Poprawki 1–8, 13–15, 19, 24, 26, wzn. z wieloma pierwowzorami i uzasadnieniami w: P.B. Kurland, R.S. Lerner (red.), *The Founders' Constitution*, 5 tomów, Chicago 1987.

w tworzeniu prawa, gwarancje równości wobec prawa i możliwość pełnienia funkcji publicznych, zajmowania wszelkich stanowisk i wykonywania zawodów zgodnie z umiejętnościami i posiadaną wiedzą. W Deklaracji znalazły się również podstawowe gwarancje proceduralne w dziedzinie prawa karnego, swobody przekonań (religijnych), wolności wypowiedzi i druku oraz prawa własności[27]. Przez kolejnych dwieście lat francuskie i amerykańskie konstytucje i deklaracje miały stanowić prototyp dla wielkiej liczby dokumentów konstytucyjnych i umów międzynarodowych poświęconych prawom.

Choć tradycyjne oświeceniowe podstawy i formuły praw nadal cieszą się wśród teoretyków pewną popularnością, współcześnie – nie tylko na Zachodzie – pojęcie powszechnych praw opartych na „godności ludzkiej" oddziaływa z coraz większą siłą. W połowie XX wieku świat doświadczył horroru hitlerowskich obozów zagłady i stalinowskich gułagów, w których brutalnie pogwałcono sens człowieczeństwa i godności ludzkiej. Reakcją na to było ponowne odkrycie starożytnego pojęcia godności człowieka oraz próba uczynienia z niej zasady założycielskiej (*Ur-principle*) nowego porządku świata[28]. Przedmowę do Powszechnej deklaracji praw człowieka z 1948 roku rozpoczynają znamienne słowa: „uznanie przyrodzonej godności oraz równych i niezbywalnych praw wszystkich członków wspólnoty ludzkiej jest podstawą wolności, sprawiedliwości i pokoju na świecie"[29].

Z Organizacji Narodów Zjednoczonych, a następnie z wielu krajów członkowskich wyszły liczne przełomowe akty normatywne dotyczące praw człowieka. Do najbardziej znanych należą dwa międzynarodowe Pakty praw, przyjęte przez ONZ w 1966 roku. Obie te umowy przyjmują za punkt wyjścia „przyrodzoną godność osoby ludzkiej" oraz „równe i niezbywalne prawa wszystkich członków wspólnoty ludzkiej", a także przekonanie, że wszystkie te „prawa wywodzą się z niezbywalnej godności osoby ludzkiej"[30]. W Międzynarodowym Pakcie Praw Gospodarczych, Społecznych i Kulturalnych (1966) jako fundamentalne dla ludzkiej godności uznano prawa do samostanowienia, do możliwości uzyskania środków do utrzymania się, pracy, dobrobytu,

---

[27] W: L. Duguit, *Les Constitutions et les Principales Lois Politiques de la France Depuis 1789*, Paris 1952, s. 1.

[28] Określenie „Ur-principle" zapożyczone zostało z: L. Henkin i in., *Human Rights*, New York 1999, s. 80. Por. też: M.J. Perry, *Toward a Theory of Human Rights. Religion, Law, Courts*, Cambridge 2007, rozdz. 1.

[29] I. Brownlie (red.), *Basic Documents on Human Rights*, wyd. 3, Oxford 1992, s. 21.

[30] Por. preambuły w obu dokumentach w: tamże, s. 114, 125.

bezpieczeństwa, oświaty i różnych form uczestniczenia w życiu kulturalnym. Międzynarodowy Pakt Praw Obywatelskich i Politycznych (1966) ustanowił długą listę praw do życia i bezpieczeństwa osoby oraz posiadania własności, gwarancji ochrony przed niewolnictwem i okrucieństwem, praw do podstawowych zabezpieczeń proceduralnych dotyczących prawa cywilnego i karnego, do podróżowania i pielgrzymowania, wolności wyznania, wypowiedzi, zgromadzeń, zawarcia związku małżeńskiego i życia rodzinnego a także wolność od dyskryminacji z powodu rasy, koloru skóry, płci, języka i pochodzenia etnicznego. Wiele innych regulacji międzynarodowych i wewnętrznych skupia się szczególnie na dyskryminacji na tle rasowym, religijnym i płciowym w dziedzinie oświaty, zatrudnienia, programów pomocy społecznej oraz innych form i płaszczyzn życia publicznego oraz na ochronie dzieci, migrantów, pracowników i ludności rdzennej[31]. Późniejsze instrumenty prawne, jak Deklaracja w sprawie eliminacji wszelkich form nietolerancji i dyskryminacji opartych na religii lub przekonaniach, wydana przez ONZ w 1981 roku, i Dokument końcowy konferencji wiedeńskiej z 1989 roku, a także Deklaracja w sprawie osób należących do mniejszości narodowych lub etnicznych, religijnych i językowych wydana przez ONZ w 1992 roku, stworzyły ważny fundament ochrony praw wyznaniowych jednostek i grup[32].

Język praw zdominował współczesną debatę polityczną, prawną i moralną nie tylko w świecie zachodnim – niekiedy nawet zagłuszając inne ważne formy dialogu moralnego i politycznego[33]. Zachodni prawnicy i filozofowie wypracowali wiele rozróżnień poszczególnych grup praw[34]. Jedno z powszechnych rozróżnień obejmuje podział praw na publiczne lub konstytucyjne (dotyczące relacji z państwem) oraz prywatne lub osobiste (dotyczące relacji osób prywatnych). Według kolejnego rozróżnienia prawa mogą być indywidualne albo zbiorowe lub grupowe (mogą to być zbiorowości prywatne, jak np. grupy interesu lub Kościoły, albo publiczne, jak np. społeczności lokalne lub partie polityczne). Trzecie rozróżnienie odnosi się do podziału praw na naturalne (oparte na prawie naturalnym lub naturze ludzkiej) i pozytywne (oparte na

---

[31] Por. reprezentatywne dokumenty w: tamże, s. 148, 162, 169.

[32] N. Lerner, *Religion, Secular Beliefs, and Human Rights. 25 Years After the 1981 Declaration*, Leiden 2006.

[33] M.A. Glendon, *Rights Talk. The Impoverishment of Political Discourse,* New York 1991.

[34] Pośród wielu innych opracowań zob.: W.N. Hohfeld, *Fundamental Legal Conceptions*, New Haven 1919; C. Wellman, *An Approach to Rights*, Hague–Boston 1997; M.J. Perry, *The Idea of Human Rights. Four Inquiries,* New York–Oxford 1998; J. Feinberg, *Rights, Justice, and the Bounds of Liberty*, Princeton 1980.

prawie pozytywnym państwa). Czwarte rozróżnienie obejmuje podział praw na substancjalne (ustanawiające lub potwierdzające pewne dobra lub tytuł prawny do takich dóbr) i proceduralne (gwarantujące zainteresowanym odpowiednie postępowanie ze strony instytucji państwowych). Piąte rozróżnienie odnosi się do podziału na prawa człowieka (przyrodzone człowiekowi jako takiemu) i prawa obywatelskie (dotyczące obywateli lub podmiotów prawa). Według szóstego rozróżnienia wyróżnia się prawa niezbywalne lub nienaruszalne (te, które nie mogą być ani nadane, ani odebrane) oraz zbywalne lub naruszalne (te, które mogą zostać dobrowolnie zbyte lub odebrane w wyniku odpowiedniego postępowania sądowego). Siódme rozróżnienie odnosi się do praw na gruncie teorii woli (podkreślających zdolność do racjonalnego wyboru i posiadania pragnień) oraz praw na gruncie teorii interesu (skupiających się na potrzebach osoby indywidualnej i obowiązkach społeczeństwa mających na celu zaspokojenie tych potrzeb). Prawnicy zajmujący się międzynarodowym prawem praw człowieka łączą ponadto przeciwstawne człony powyższych rozróżnień w grupy praw, wyodrębniając „pierwszą generację" praw obywatelskich i politycznych, „drugą generację" praw społecznych, kulturalnych i ekonomicznych i „trzecią generację" praw do zachowania pokoju, ochrony środowiska naturalnego i do rozwoju.

Tym odmiennościom klasyfikacyjnym praw odpowiadają różne rodzaje sytuacji i stosunków prawnych. Niektórzy teoretycy odróżniają uprawnienia (rozumiane jako sytuacje generujące skorelowane z nimi obowiązki innych podmiotów) od przywilejów (rozumianych jako sfera, do której nie mogą odnosić się niczyje uprawnienia). Inni odróżniają prawa czynne (kompetencje lub możności działania lub formułowania twierdzeń) od praw biernych (rozumianych jako tytuł prawny lub roszczenie do określonego świadczenia lub dokonania czynności, będące wynikiem działania innego podmiotu lub zdarzenia). Jeszcze inni odróżniają prawa lub przywileje (roszczenia lub tytuły prawne do czegoś) od wolności lub immunitetów (zakresu swobody lub ochrony przed ingerencją). To ostatnie rozróżnienie jest niekiedy interpretowane jako przeciwstawienie wolności pozytywnej (prawo do czynienia czegoś) oraz wolności negatywnej (prawo do bycia pozostawionym samemu sobie). Jednakże we wszystkich tych sformułowaniach termin „prawo" i jego przeróżne synonimy i odpowiedniki użyte zostały w sensie subiektywnym – zwanym także „prawem podmiotowym".

W kolejnych rozdziałach przedstawiono wkład wczesnonowożytnej tradycji kalwińskiej we wznoszenie wielkiej budowli zachodniej koncepcji i instytucji praw człowieka – zaprojektowanej częściowo na podstawie klasycznych i siedemnastowiecznych katolickich prototypów, częściowo zaś będącej wynikiem współpracy z ówczesnymi humanistami, neoscholastykami i filozofami wczesnego oświecenia. Kalwin i wczesnonowożytni kalwiniści, których dzieła poddano tu analizie, posługiwali się terminem „prawa" zarówno w jego subiektywnym, jak i obiektywnym znaczeniu. Oceniali oni obiektywną słuszność na podstawie norm Pisma Świętego i tradycji, rozumu i sumienia, prawa naturalnego i prawa zwyczajowego. W zakresie praw subiektywnych ich rozważania dotyczyły głównie tego, co Kalwin nazywał „wspólnymi prawami rodzaju ludzkiego", „prawami wspólnej natury" i „równymi prawami i swobodami" dla wszystkich ludzi. Nowożytni myśliciele kalwińscy nie zdołali rozwinąć spójnej taksonomii i nomenklatury praw: skłonni byli raczej utożsamiać takie terminy i określenia, jak „prawa", „swobody", „wolności", „przywileje", „immunitety", „kompetencje", „możności" i inne, często stosując je w podobnym kontekście i wzajemnie zastępując. Dopiero w XX wieku kalwińscy prawnicy, jak Herman Dooyeweerd i Johan van der Vyver, zapoczątkowali dokładne porządkowanie poszczególnych terminów, rozwijając bardziej usystematyzowaną i dopracowaną pod względem językowym kalwińską naukę o prawach[35].

Spośród siedmiu wspomnianych wcześniej dychotomii praw wczesnonowożytni myśliciele kalwińscy najwięcej uwagi poświęcili trzem pierwszym parom – praw publicznych i prywatnych, praw indywidualnych i grupowych oraz praw naturalnych i pozytywnych. Szczególnie zdecydowanie bronili prawa do życia, wolności, własności i dążenia do szczęścia, praw do demokratycznych wyborów i reprezentacji, do wyrażania odrębnych przekonań politycznych i oporu obywatelskiego, wolności wyznania, wypowiedzi, druku, petycji, zgromadzeń, swobody umów i stowarzyszania się, praw do zawierania małżeństwa, posiadania rodziny, do rozwodu, dziedziczenia, praw do zawiązywania i rozwiązywania korporacji, zakładania spółek i innych dobrowolnych stowarzyszeń. Kalwiniści wczesnonowożytni występowali zdecydowanie w obronie praw zbiorowych – zwłaszcza praw Kościoła, rodziny i szkoły, które uważali za najistotniejsze z punktu widzenia utrzymania wiary i porządku we wspólnocie oraz poskramiania tyrańskich tendencji państwa wobec jednostek.

---

[35] Por.: J.D. van der Vyver, *Seven Lectures on Human Rights*, Cape Town–Wynberg–Johannesburg 1976; tegoż, *The Doctrine of Private-Law Rights*, w: S. Strauss (red.), *Huldigingsbundel vir W A Joubert*, Durban 1988, s. 201; tegoż, *Leuven Lectures on Religious Institutions, Religious Communities and Rights*, Leuven 2004. Na temat Dooyeweerda por. szczegółowe źródła w: J. Witte, Jr., *The Development of Herman Dooyeweerd's Concept of Rights*, „South African Law Journal" 1993 (110), s. 543–562.

Postrzegali te indywidualne i grupowe prawa jako zarazem naturalne i pozytywne, osobiste i obywatelskie. Prawa te uważali za zakorzenione w porządku naturalnym i w ludzkiej naturze, lecz na poziomie prawa państwowego należało je sformułować i egzekwować jako prawa pozytywne, ponieważ wywodziły się z przymierza zawartego między ludźmi i Bogiem. Jeszcze w XVI i na początku XVII wieku kalwiniści starali się dochodzić swoich praw opartych na Dekalogu jako praw niezbywalnych, których pozbawienie mogło niechybnie doprowadzić do buntu i przewrotu politycznego. W XVII i XVIII wieku, posługując się zarówno antropologią teologiczną, jak i teologią przymierza, próbowali rozstrzygnąć, które prawa były zbywalne lub niezbywalne i jakie warunki społeczne i polityczne były konieczne dla trwałego ich zabezpieczenia i egzekwowania.

Zainteresowania kalwińskich myślicieli wczesnej nowożytności obejmowały w większości te prawa, które współcześnie w języku prawa międzynarodowego nazywane są „pierwszą generacją" praw obywatelskich i politycznych. Nie wszystkie jednak prawa „pierwszej generacji" spotykały się z ich uwagą. Na przykład mimo ogólnych zainteresowań kwestią „rzetelnego postępowania sądowego" kalwiniści nowożytni w niewielkim stopniu przyczynili się do postępu i stworzenia odrębnej teorii postępowania prawnego, procedury cywilnej i karnej lub postępowania dowodowego. Co się tyczy tych zagadnień prawnych, kalwiniści byli ogólnie zgodni, że należy przyjąć i dostosować prawa i swobody ukształtowane gdzie indziej – w filozofii greckiej, w prawie rzymskim i w średniowiecznym prawie cywilnym, w prawie kanonicznym i prawie zwyczajowym. Anegdota mówi, że w dedykacji wydania *Institutio* z 1536 roku Kalwin założył całą serię odpowiednich gwarancji prawnych, umożliwiających mu korzystanie z przywileju zażądania od Franciszka I tolerancji wobec nowej wiary protestanckiej.

Mimo podkreślania szczególnej wagi praw obywatelskich i politycznych, zaliczanych obecnie do praw „pierwszej generacji" idee myślicieli kalwińskich nie stały w sprzeczności z wieloma prawami „drugiej generacji", odnoszącymi się do społeczeństwa, kultury i gospodarki (lub „praw opartych na teorii interesu") oraz z „trzecią generacją" praw do pokoju, rozwoju i ochrony środowiska naturalnego. Troska o ubogich i potrzebujących, o zapewnienie pracy i godnego życia, troska o środki do egzystencji i oświatę oraz podobne wartości, stanowiące główny przedmiot praw drugiej generacji, były wszak rdzeniem nauczania i praktyk kalwinistów wczesnonowożytnych. Kalwiniści szeroko znani byli ze dociekliwości w intymnych sprawach „łoża i stołu", uzasadnianej dyscypliną religijną i porządkiem, lecz nie mniejszą sławą cieszyli się dzięki rozbudowanej sieci zabezpieczeń pomocy diakońskiej, nauczania dzieci i opieki społecznej. Także sprawy dotyczące środowiska oraz spokojnego, uporządkowanego i zdyscyplinowanego rozwoju wspólnoty, w obronie których tak często występuje się w czasach obecnych, miały duże znaczenie dla kalwinistów w czasach wczesnonowożytnych. Co prawda od czasów Maksa Webera, kojarzono kalwinistów z rozwojem nowoczesnego kapitalizmu i powszechną industrializacją, jednak akcent położony przez nich na budowanie porządku oraz wypełnianie podstawowego powołania każdego człowieka do „uprawiania i doglądania ogrodu" (Rdz 2,15), uczyniło z nich ludzi wrażliwych na zagadnienia środowiska na długo jeszcze zanim bycie „zielonym" stało się modne.

Aż do XX wieku tylko nieliczni myśliciele kalwińscy wyrażali te treści w formie i języku praw. Pomoc ubogim, działalność dobroczynną, oświatę itp. pojmowano przede wszystkim jako obowiązki Kościoła, państwa, rodziny i osób indywidualnych, nie zaś w kategoriach drugiej generacji praw, na które mogłyby powoływać się osoby zainteresowane. Rzecz jasna, nawet w czasach Kalwina konsystorz genewski stosował prawa proceduralne wobec stron, którym niesprawiedliwie odmawiano dostępu do szpitali, szkół, środków diakonii i wielu innych. Archiwa konsystorskie i sądowe wspólnot kalwińskich w Europie i Ameryce Północnej wypełnione są po brzegi przykładami pomyślnie zakończonych petycji o udzielenie tego rodzaju zezwoleń i postanowień. Lecz ani znane mi archiwa historyczne kalwińskiego konsystorza, ani rozważania teoretyczne na temat pomocy ubogim, działalności dobroczynnej i oświaty prowadzone przez wczesnonowożytnych autorów kalwińskich nie wskazują na istnienie usystematyzowanego dyskursu praw. Powstanie takiego dyskursu co do drugiej generacji praw miało na gruncie kalwinizmu czekać aż do XX wieku – na myślicieli tej miary, co Walter Rauschenbusch, Emil Brunner, Nicholas Wolterstorff i inni[36].

Jeszcze odleglejsze od doświadczeń historycznego kalwinizmu są wyraźne stanowiska odnoszące się do trzeciej generacji praw – do pokoju, postępu i ochrony środowiska naturalnego. Również w tym przypadku myśliciele kalwińscy doceniali te wartości i dobra społeczne, podobnie jak większość ludzi im współczesnych, lecz nie wyrażali swoich przekonań w kategoriach praw. Kalwin i wielu nowożytnych jurystów kalwińskich, a wśród nich szczególnie Althusius, włączyli do praw związanych z własnością prawo do korzystania

[36] Por. np.: E. Brunner, *Justice and the Social Order*, tłum. M. Hottinger, New York 1945; W. Rauschenbusch, *Selected Writings*, red. W.S. Hudson, New York 1984; N.P. Wolterstorff, *Until Justice and Peace Embrace*, Grand Rapids 1983.

z własności osobistej bez ingerencji i przeszkód ze strony innych osób oraz prawo do odszkodowania i restytucji w wypadku celowego uszkodzenia lub zniszczenia nieruchomości, trzody, upraw lub lasów. Jednakże w tym przypadku debata wyraźnie dotyczyła własności prywatnej, nie zaś praw środowiska lub samej natury. Nikt z grona nowożytnych myślicieli kalwińskich, o których mi wiadomo, nie wspominał o podmiotowych prawach przyrody, zwierząt lub roślin. Mając na względzie rozbudowaną antropologię teologiczną, z której korzystali późniejsi kalwiniści w swoich koncepcjach praw, prawa podmiotowe przyrody wymagałyby całkowicie odrębnego opracowania. Stanowi to interesujące zagadnienie, do którego chciałbym powrócić w przyszłości – w opracowaniu, dotyczącym nowożytnych kalwińskich teorii praw. Książka ta dotyczy jednak fundamentów kalwińskiej debaty na temat praw, prowadzonej między XVI a XVIII wiekiem. Omawianie tych zagadnień rozpoczynamy od oryginalnego eksperymentu prawnego przeprowadzonego przez Kalwina w Genewie.

Wyobrażone spotkanie przywódców Reformacji zapalających światło ewangelii, Kalwin i Luter (rycina, szkoła holenderska, XVII w.)

ROZDZIAŁ 1

Umiarkowana wolność religijna w teologii Jana Kalwina: oryginalny eksperyment genewski

Nie istnieje rząd, który cieszyłby się większym uznaniem aniżeli ten, w którym wolność sprawowana jest prawidłowo z zachowaniem umiaru i która jest słusznie ustanowiona na trwałych podstawach.

Jan Kalwin, Institutio religionis Christianae (1543)[1]

Kandydatura Jana Kalwina do zaszczytnego miejsca w poczcie twórców wolności religijnej na Zachodzie jest kontrowersyjna. Zarówno jego teologia, jak i praktyka polityczna w dziedzinie wolności religijnej, a zwłaszcza udział w skazaniu Miguela Serveta, są przedmiotem surowej oceny i krytyki. Nie brakło też obrońców Kalwina. John Adams stanowczo nawoływał: „Genewy nie wolno zapomnieć ani wzgardzić. Wolność religijna zawdzięcza jej wiele, mimo sprawy Serveta"[2]. Jean Jacques Rousseau, przy całej swojej niechęci do religii, był pełen pochwał wobec rodaka:

> Ci, którzy w Kalwinie widzą tylko teologa, nie doceniają jego geniuszu. Zredagowanie naszych mądrych edyktów, w którym brał żywy udział, tyle samo mu czyni zaszczytu, co jego *Institutio*. Jakiekolwiek zmiany nastąpią w naszej religii, pamięć o tym wielkim człowieku nie przestanie nigdy być szanowana, dopóki nie wygaśnie wśród nas miłość ojczyzny i wolności[3].

Charles Borgeaud uznał Genewę w czasach Kalwina za „pierwszy bastion" wolności religijnej i politycznej w czasach nowożytnych[4]. Zarówno Émile

---

[1] CO I, 1105.

[2] Adams 6, s. 313 i n.

[3] J.J. Rousseau, *Umowa społeczna*, tłum. A. Peretiatkowicz, Kęty 2002, s. 38, przyp. 47.

[4] Cyt. za J.T. McNeill, History and Character of Calvinism, s. 196.

Doumergue, jak i Walter Köhler opisywali Kalwina jako „pioniera wolności sumienia i praw człowieka", których konstytucjonalizacja dokonała się po osiemnastowiecznych rewolucjach we Francji i w Ameryce[5]. Z kolei Abraham Kuyper wyraził przekonanie, iż „każdy kompetentny historyk bezwarunkowo zgodzi się ze słowami [amerykańskiego historyka George'a – przyp. *J.W.*] Bancrofta, że fanatyczne umiłowanie kalwinizmu było fanatycznym umiłowaniem wolności, a także, iż w walce moralnej [Kalwina] o wolność wiara była jego najwierniejszym doradcą i nieugiętym sojusznikiem"[6].

Jednocześnie wielu uznanych historyków zdecydowanie odrzucało tego typu sądy. Ernst Troeltsch charakteryzował Kalwina jako „znanego z braku elastyczności", a jego „osobiste poglądy jako w najwyższym stopniu niedemokratyczne i autorytarne"[7]. Zdaniem George'a Sabine'a kalwinizm „był z gruntu nieprzychylny wobec liberalizmu, konstytucjonalizmu oraz zasady władzy przedstawicielskiej [i] [...] zasadniczo nieliberalny, opresyjny i reakcyjny"[8]. Stefan Zweig zarzucał Kalwinowi „fanatyczny dogmatyzm" i „zarzynanie wolności sumienia w czasach reformacji"[9]. Z opisu Pereza Zagorina Kalwin wyłania się jako „człowiek o surowym i nieustępliwym charakterze", „jawnie nietolerancyjny" wobec wszystkich form wyrażania poglądów innych niż jego własne[10]. Roland Bainton wyrażał przekonanie, że „reformacja w początkowym okresie nie przyniosła korzyści dla wolności religijnej. A wręcz przeciwnie"[11], szczególnie w czasach Kalwina „arcyinkwizytora protestantyzmu" i „dyktatora Genewy"[12]. „Jeśli Kalwin kiedykolwiek napisał coś na rzecz wolności religijnej" – pisał Bainton – „był to błąd drukarski"[13].

Oba przedstawione wyżej typy stanowisk opierają się na tendencyjnej interpretacji pism Kalwina i nadmiernej skłonności do łączenia w jedną

---

[5] W. Köhler, *Book Review*, „Theologische Jahrbericht" 1904 (24), s. 579; E. Doumergue, *Jean Calvin. Les hommes et les choses de son temps*, 7 tomów, Lausanne 1899–1927, t. 5, s. 465–569.

[6] *Stone Lectures*, s. 78, cyt. za: G. Bancroft, *History of the United States of America*, 2 tomy, Boston 1853, t. 1, s. 319.

[7] E. Troeltsch, *The Social Teaching of the Churches*, tłum. O. Wyon, 2 tomy, London 1949, t. 2, s. 628.

[8] Cyt. za R.M. Kingdon, R.D. Linder, *Calvin and Calvinism. Sources of Democracy?*, Lexington 1970, s. XIII.

[9] S. Zweig, Strijd rond een brandstapel. Castellio tegen Calvijn, Amsterdam 1936, s. 6.

[10] P. Zagorin, How the Idea of Religious Toleration Came to the West, Princeton 2003, s. 77–82.

[11] R.H. Bainton, *The Struggle for Religious Liberty*, „Church History" 1941 (10), s. 96.

[12] R.H. Bainton, *The Travail of Religious Liberty*, London s. 53.

[13] R.H. Bainton, *Concerning Heretics. An Anonymous Work Attributed to Sebastian Castellio*, New York 1935, s. 74.

całość jego własnych idei z poglądami następców. W odniesieniu do wolności religijnej Kalwina powinno się odczytywać raczej jako teologa i duszpasterza, niż jako teoretyka polityki lub prawnika. Wprawdzie w młodzieńczych latach, we Francji, Kalwin studiował prawo oraz klasycznych pisarzy politycznych i lektury te odcisnęły piętno na jego stylu, a poniekąd także na treści niektórych jego dzieł[14]. Prawdą jest również to, że działając jako duszpasterz i członek Konsystorza w Genewie od 1541 roku aż do śmierci w 1564 roku, Kalwin często poruszał zagadnienia prawne i polityczne – zarówno w Genewie, jak i w wielu innych miejscach w Europie. Spod jego pióra nie wyszedł jednak nigdy traktat polityczny ani żadne systemowe dzieło o wolności religijnej, o stosunkach między państwem a Kościołem albo list o tolerancji religijnej. Jego pisma poświęcone wolności religijnej i obywatelskiej miały głównie charakter teologiczny; koncentrowały się na podstawowych problemach chrześcijaństwa: na Bogu i człowieku, grzechu i zbawieniu, prawie i Ewangelii. Prowadzone przez Kalwina rozważania na temat wolności pozostały rozproszone w wielu wydaniach *Institutio*, a także w komentarzach biblijnych, kazaniach, wykładach, listach i zaleceniach.

Nietrudno spośród tych rozproszonych myśli dobrać odpowiedni fragment, aby poprzeć cytatem zarówno pozytywne, jak i negatywne opinie na temat poglądów Kalwina o wolności religijnej i prawach człowieka. W jego pismach nie brakuje kwiecistej retoryki, a w chwilach uniesienia lub gdy poruszał szczególnie istotne tematy, z łatwością przyjmował wzniosły i bogaty w hiperbole styl charakterystyczny dla szesnastowiecznej literatury humanistycznej[15]. Zwolennicy Kalwina mogą odnaleźć w jego pismach wiele mocnych tez na temat rozdziału Kościoła i państwa, wolności sumienia, swobody praktyk religijnych i tolerancji religijnej, dowodzących, że Kalwin jest ojcem nowożytnej idei wolności religijnej i demokracji. Krytycy Kalwina mogą zgromadzić równie obszerny zbiór cytatów, ukazujących fanatyzm religijny, szowinizm, uprzedzenia, represyjność i nadgorliwość ich autora – surowego i nieugiętego teokraty.

---

[14] Kalwin, *Seneca*. Na temat humanizmu Kalwina por.: G. Beyerhaus, *Studien zur Staatsanschauung Calvins mit besonderer Berücksichtigung seines Souveränitätsbegriffs*, Aalen 1973, s. 26–47; J. Bohatec, *Budè, und Calvin. Studien zur Gedankenwelt des französischen Frühhumanismus*, Graz 1950, s. 127–148; Q. Breen, *John Calvin. A Study in French Humanism*, Grand Rapids 1931, s. 40–66, 86–99.

[15] Q. Breen, *John Calvin and the Rhetorical Tradition*, „Church History" 1957 (26), s. 14; J. Bohatec, *Budé und Calvin*, s. 257–263.

Żadna z tych interpretacji nie oddaje Kalwinowi sprawiedliwości. Całość jego poglądów na temat wolności religijnej, ujętych w szesnastowiecznych terminach teologicznych, ujawnia dwie odrębne fazy. We wczesnych pismach z lat trzydziestych i czterdziestych XVI wieku Kalwin koncentruje się na relacjach między indywidualną wolnością duchową a prawem Bożym oraz między wolnością polityczną jednostki a prawem cywilnym ustanowionym przez władzę publiczną. Przedmiotem zainteresowania Kalwina było rozróżnienie tych dwóch form wolności oraz zdefiniowanie dopuszczalnych ograniczeń, jakie mogą na nie nakładać Kościół i państwo. W okresie dojrzałej twórczości, począwszy od lat czterdziestych XVI wieku do śmierci w 1564 roku, na skutek konfrontacji z realiami genewskiego życia kościelnego i politycznego, Kalwin znacząco zmodyfikował swoje stanowisko. Jego myśl koncentrowała się w mniejszym stopniu na wolności jednostki, w większym zaś na odpowiednim rozdzieleniu systemów prawnych oraz na obowiązkach Kościoła i państwa. Efektem pracy Kalwina nad dokonaniem rozdziału obowiązków i praw państwa oraz Kościoła było stworzenie mocnych podstaw dla zbiorowej wolności religijnej, a znacznie słabszych dla indywidualnej wolności religijnej – zwłaszcza takiej, jak reprezentowana przez Miguela Serveta i niebezpieczna dla Kościoła wolność heretycka.

W obu fazach refleksji Kalwińskiej niezmienne pozostaje przekonanie, że niezależnie od przyjmowanej formy praktykę wolności religijnej powinien cechować „odpowiedni umiar”[16]. Kalwin uważał, że wolność i prawo, swoboda i porządek, tolerancja i dyscyplina powinny podlegać ciągłemu i wzajemnemu równoważeniu się w dążeniu do osiągnięcia ideału „umiarkowanej wolności”.

Wczesne poglądy Kalwina

Jan Kalwin urodził się w 1509 roku w Noyon we Francji, w pobożnej rodzinie katolickiej, należącej do niższej warstwy arystokratycznej. Jego ojciec Gerard pracował jako prawnik kanonista oraz sekretarz miejscowego biskupa i kapituły katedralnej. Około 1521 roku Kalwin został wysłany na studia do Paryża, gdzie kształcił się w duchu typowego dla czasów mu współczesnych humanizmu, zgłębiając teologię, historię klasyczną i języki obce. Następnie

[16] „Umiarkowanie” (*moderatio*) jest według Kalwina cnotą kardynalną. Po raz pierwszy pisał na ten temat w: Kalwin, *Seneca*, 1.2.

ojciec skierował go na studia prawnicze na uniwersytetach w Bourges i Orleanie, gdzie studiował m.in. pod kierunkiem Andreasa Alciatusa i Pierre'a L'Estoile'a. Po uzyskaniu licencjatu z prawa (stopień naukowy w przybliżeniu odpowiadający obecnemu tytułowi magistra) powrócił do Paryża z zamiarem kontynuowania studiów prawniczych, tym razem pod kierunkiem sławnego humanisty i prawnika Guillaume'a Bude'a. W 1531 roku zmarł ojciec Kalwina – uprzednio ekskomunikowany na skutek sporu z biskupem i kapitułą katedralną. Kalwin i jego rodzina bezskutecznie próbowali dokonać pochówku Gerarda w poświęconej ziemi, wchodząc w ostry spór z miejscowymi władzami religijnymi, co zdecydowanie zaostrzyło niechęć Kalwina do Kościoła katolickiego. W ciągu kolejnych kilkunastu miesięcy Kalwin uległ, jak to sam ujmował, „gwałtownemu nawróceniu" na protestantyzm. W 1533 roku, na krótko przed swoim nawróceniem lub tuż po nim, musiał uciekać z Paryża wraz ze swoim przyjacielem Nicolasem Copem, rektorem Uniwersytetu Paryskiego, wygnanym za wyrażanie swoich nowych protestanckich sympatii. Kalwin pozostał na wygnaniu poza Francją do końca życia[17]. W ciągu następnych dwóch lat, podczas pobytu w Bazylei, przygotował pierwsze wydanie *Institutio*, opublikowane w 1536 roku, tuż przed przybyciem do Genewy.

Jako młody neofita protestancki Kalwin w naturalny sposób pozostawał pod wpływem pierwszego pokolenia przywódców protestanckich. Zapoznał się z pismami Marcina Lutra, Filipa Melanchtona, Martina Bucera i innych pisarzy protestanckich, a także z treścią licznych protestanckich katechizmów, formuł wyznania wiary, praw kościelnych oraz stanowiącego ich podstawę piśmiennictwa apostolskiego i patrystyki[18]. Jego wczesne teksty na temat wolności religijnej – a zwłaszcza zasługujące na uwagę obszerne rozważania w *Institutio* z 1536 roku – ujawniają wyraźne powinowactwo z tradycją luterańską.

Dwa królestwa

Podobnie jak luteranie, Kalwin pragnął stworzyć teorię wolności religijnej wolną od skrajności radykalnego antynomianizmu anabaptystów oraz

[17] Por. J. Kalwin, Przedmowa do *Commentary on Psalms* (1557), w: CO XXI, 22 i n. Spośród wielu współczesnych biografii por. W.J. Bouwsma, *John Calvin. A Sixteenth Century Portrait*, New York–Oxford 1988; B. Cottret, *Calvin. A Biography*, tłum. M.W. McDonald, Grand Rapids 2000.

[18] B. Cottret, Calvin. A Biography, s. 3–24, 53–106; A. Ganoczy, Le jeune Calvin. Genése et evolution de la vocation réformatrice, Wiesbaden 1966.

radykalnego katolickiego legalizmu. Odrzucał twierdzenia niektórych anabaptystów przekonanych, że wierni nie podlegają odpowiedzialności przed prawem i władzą[19]. Zarazem przeciwstawiał się niektórym katolickim poglądom głoszącym, że wierni mogą być wolni tylko dzięki poddaniu się prawom i władzy. Pisał:

> kiedy tylko wspomni się o „wolności chrześcijańskiej", rozpala się namiętność albo podnosi się dziki zgiełk [...]. Pod pretekstem tej wolności niektórzy zaprzestają wszelkiego posłuszeństwa wobec Boga i popadają w nieokiełznaną swobodę, podczas gdy inni, gardząc nią, myślą, iż taka wolność wyklucza wszelki umiar, porządek i dokonywanie wyboru [...]. Te bezmyślne nastroje, które w przeciwnym razie w najbardziej bezbożny sposób powodują zepsucie tego, co najlepsze, muszą zostać z czasem zwalczone[20].

Kalwin podejmował próby pogodzenia takiej dialektyki liberalizmu i legalizmu, wykorzystując luterańską teorię dwóch królestw. Według tradycji luterańskiej Bóg ustanowił dwa królestwa lub sfery, w których przypadło żyć ludzkości: królestwo ziemskie lub polityczne oraz królestwo niebieskie lub duchowe. Królestwo ziemskie jest dziedziną stworzenia, życia naturalnego i obywatelskiego, w którym osoba kieruje się przede wszystkim rozumem, prawem i namiętnością. Królestwo niebieskie to z kolei dziedzina odkupienia, życia duchowego i wiecznego, w którym osoba kieruje się przede wszystkim wiarą, nadzieją i miłością. Te dwa królestwa równolegle obejmują doczesne i duchowe formy sprawiedliwości i moralności, prawdy i wiedzy, prawa i porządku, lecz pozostają od siebie oddzielone i odrębne. Królestwo ziemskie jest upadłe i zniekształcone przez grzech, królestwo niebieskie natomiast cieszy się zbawieniem – odnawia je łaska i zapowiada ono przyjście doskonałego królestwa Chrystusowego. Chrześcijanin jest obywatelem obu królestw jednocześnie i niezmiennie pozostaje w ich strukturach oraz podlega wymogom każdego z nich[21].

Kalwin wielokrotnie powoływał się na teorię dwóch królestw w swoich pismach z lat trzydziestych XVI wieku, za każdym razem z wyraźną aprobatą dla tej doktryny[22].

---

[19] W. Balke, *Calvin and the Anabaptist Radicals*, tłum. W. Heynen, Grand Rapids 1981.

[20] *Institutio* (1536), 6.1; 6.14; Por. też: tamże, 1.30; 6.35; Komentarz do Rz 13, 1; CLSK, s. 581–633.

[21] J. Witte, *Law and Protestantism*, s. 87–118.

[22] Por. m.in. *Institutio* (1536), 6.13–14; 6.35. Kalwin używał wielu terminów do opisu tych dwóch królestw, w tym m.in. Królestwo Niebieskie, Królestwo Chrystusowe, królestwo duchowe, duchowa

W człowieku istnieje podwójna władza: pierwsza, duchowa, dzięki której sumienie jest kształtowane w pobożności i czci dla Boga oraz druga, polityczna, dzięki której człowiek kształci się w służbie dla ludzkości i w koniecznym do zachowania życiu obywatelskim. Są one zazwyczaj nazywane jurysdykcją „duchową" i jurysdykcją „doczesną" (określenia raczej odpowiednie), co oznacza, że pierwszy rodzaj władzy odnosi się do życia duszy, drugi zaś do życia doczesnego, nie ograniczając się tylko do zabiegania o pożywienie i ubranie, lecz także troszcząc się o ustanowienie takich praw, które pozwolą człowiekowi na godne i umiarkowane życie pośród innych. Pierwsza władza ma siedzibę wewnątrz ludzkiego umysłu, podczas gdy druga reguluje tylko widoczne zachowania zewnętrzne. Jedną można nazwać królestwem duchowym, drugą zaś królestwem politycznym [...]. Innymi słowy, w człowieku istnieją dwa światy rządzone przez różnych władców i podlegające różnym prawom[23].

W niektórych fragmentach prac z tego wczesnego okresu Kalwin wydaje się utożsamiać królestwo niebieskie z Kościołem, a królestwo ziemskie z państwem. Na przykład deklaruje wprost, że „Kościół jest królestwem Chrystusa", a ziemskie królestwo jest „politycznym porządkiem praw i prawodawców"[24]. Tego typu fragmenty należy jednak odczytywać we właściwym kontekście. Wczesna Kalwińska teoria dwóch królestw była nie tylko polityczną teorią instytucji, lecz także stanowiła teologiczną podbudowę projektu służącego rozdzieleniu nie tylko władztwa Kościoła i państwa, lecz także duszy i ciała, życia wewnętrznego i zewnętrznego, sumienia i rozumu, zbawienia i świata doczesnego.

Wczesne poglądy Kalwina na temat wolności religijnej stanowiły część tej teologicznej podbudowy. Kalwin odróżnił (1) „wolność duchową" lub „wolność sumienia" osoby wierzącej w królestwie niebieskim od (2) „wolności

---

jurysdykcja. W stosunku do królestwa ziemskiego: Królestwo z tego świata, królestwo polityczne, sfera domowa, jurysdykcja doczesna. W późniejszych pismach Kalwin opisywał te dwa królestwa również w bardziej tradycyjnych kategoriach katolickich, jako forum wewnętrzne i forum zewnętrzne, które są kategoriami uboższymi z punktu widzenia antropologii. Por. m.in. *Institutio* (1559), 3.19.15. Aby zrozumieć znaczenie tego zawężenia dwóch królestw w zrozumieniu Kalwińskiej koncepcji wolności religijnej zob. s. 86–89. Por. też: D. VanDrunen, *The Two Kingdoms. A Reassessment of the Transformationist Calvin*, „Calvin Theological Journal" 2005 (40), s. 248–266, dla porównania ze stanowiskiem strasburskiego reformatora, Martina Bucera, por. W. van 't Spijker, *The Kingdom of Christ According to Bucer and Calvin*, w: P. de Klerk (red.), *Calvin and the State*, Grand Rapids 1993, s. 121–122.

[23] *Institutio* (1536), 6.13.

[24] Tamże, 6.14, 20.

politycznej" lub „wolności cywilnej" osoby wierzącej w królestwie ziemskim. Określeń tych używano wówczas powszechnie w kręgach katolickich i protestanckich, jednak Kalwin podszedł do nich w znamienny sposób. Uważał, że obie formy wolności, podobnie jak inne cechy dwóch królestw, są całkowicie odrębne. Podkreślał również, że te dwie formy wolności są nieprzerwanie ograniczane i utrzymywane w równowadze przez obowiązujące prawa i zarządzenia każdego z królestw. Według Kalwina wolność i porządek, swoboda i prawo zawsze tworzą całość.

Wolność duchowa

W królestwie niebieskim prawa moralne i wolność sumienia pozostają we wzajemnej równowadze. Bóg ustanowił „prawo duchowe" lub „prawo sumienia", aby kierować mieszkańcami królestwa niebieskiego. Prawo to uczy „tych rzeczy, których Bóg od nas wymaga lub nam zabrania zarówno wobec [nas samych], jak i wobec innych". Jego wymogi są wpisane w serce i sumienie każdego człowieka, a ponownie spisane na kartach Pisma Świętego i streszczone w Dziesięciu Przykazaniach. Przestrzeganie tych praw moralnych prowadzi do wiecznego błogosławieństwa i szczęścia w życiu wiecznym, a nieposłuszeństwo wobec nich jest przyczyną wiecznej klątwy i potępienia. Kalwin uważał, że od chwili popełnienia grzechu pierworodnego żaden człowiek nie jest zdolny do doskonałego przestrzegania tego prawa. Zmaza grzechu pierworodnego zakaża wszystkich, nawet najbardziej pobożnych świętych. Dlatego też prawo duchowe samo w sobie staje się „wielkim oskarżycielem, potępiając nas w naszym sumieniu i skazując nas na wieczne przekleństwo"[25].

Mocą łaski Bóg wyzwala sumienie od tego typu przekleństwa i potępienia, obdarzając „duchową wolnością" wierzących, obywateli królestwa niebieskiego. Wolność ta ma dwa wymiary. Z jednej strony poprzez wiarę i przyjęcie łaski Bożej wierni są zwolnieni od obowiązku zdobywania zbawienia przez doskonałe przestrzeganie prawa. Wiara i łaska zapewniają im alternatywną drogę, prowadzącą do błogosławieństwa i szczęścia. Wierzący stają się sprawiedliwi i prawi, mimo swojej niezdolności do posłuszeństwa prawu. Z drugiej strony wierzący zostają zwolnieni od obowiązku życia zgodnie z prawem,

[25] Tamże, 1.4; 1.7–24; 1.33; 6.47; 6.49.

bez obawy o potępienie. Choć Bóg odwołał potępienie na podstawie prawa, nie odwołał swoich przykazań. Prawo zachowuje aktualność „jako zachęta dla wierzących" do prowadzenia pobożnego życia. Nie jest ono „ustanowione, aby ich sumienia wystawiać na próbę pod groźbą przekleństwa", lecz stanowi dla nich pomoc, „aby każdego dnia mogli lepiej poznawać wolę Bożą". Wraz z usunięciem żądła prawa wierni zachowują swoją wolność sumienia i, choć w sposób niedoskonały, mogą jednak przestrzegać przykazań Bożych[26].

Wolność sumienia stanowi przeciwwagę nie tylko wobec Bożego prawa duchowego, lecz także wobec prawa kanonicznego Kościoła katolickiego. Podobnie jak pierwsi myśliciele protestanccy, Kalwin we wczesnym okresie swojej działalności nie darzył zaufaniem obszernego systemu przepisów prawa kanonicznego oraz struktur, dzięki którym średniowieczny Kościół zarządzał życiem duchowym i większością dziedzin życia świeckiego w świecie zachodniego chrześcijaństwa. Spod jego pióra wychodziły tyrady przeciw wykorzystywaniu przez Kościół argumentów zaczerpniętych z Pisma Świętego, tradycji i nauki o sakramentach dla wspierania swojego systemu prawnego. „Władza tworzenia praw nie była znana apostołom, a Słowo Boże nieraz odmawiało jej duchownym Kościoła", pisał Kalwin. Dowodził także, iż „nie jest zadaniem Kościoła przekraczanie granic Słowa Bożego, zabawianie się tworzeniem nowych praw i wymyślaniem nowych rzeczy" w życiu duchowym[27].

Kościół powinien szanować wolność sumienia, którą Bóg obdarzył wiernych, choć oczywiście, dodawał Kalwin, powołując się na św. Pawła, „wszystko powinno przebiegać zgodnie z obyczajem i porządkiem". Określone reguły i struktury „są niezbędne do zachowania wewnętrznej dyscypliny [i] utrzymania pokoju, uczciwości i należytego porządku w zgromadzeniu chrześcijan". Kościołowi nie przysługuje jednak władza nakładania praw, które wiązałyby w „sumieniu w tych sprawach, od których zostało ono uwolnione przez Chrystusa", a więc w sprawach określanych jako *adiafora* – „tj. w kwestiach dotyczących rzeczy zewnętrznych, samych z siebie «obojętnych» z punktu widzenia zbawienia". Mimo że Kalwin nie dokonał systematycznej charakterystyki takich spraw, w jego mniemaniu obejmowały one m.in. kwestie jedzenia, picia, sposobu ubierania się, dni świętych, spowiedzi, pielgrzymek, stosunków małżeńskich i tym podobnych spraw, które Kościół katolicki tradycyjnie

---

[26] Tamże, 1.30; 1.33; 6.2–3.

[27] Tamże, 6.14–32.

regulował bardzo szczegółowo, ustanawiając *pro foro interno* reguły dotyczące pokuty dla penitentów oraz *pro foro externo* przepisy prawa kanonicznego. Prawo kanoniczne, regulujące te kwestie, uważał Kalwin za pozbawioną mocy prawa „ludzką tradycję", niewłaściwie „ustanawiającą inną służbę Bogu, aniżeli ta, której on wymaga według swojego prawa duchowego, zmierzając tym samym do zniszczenia wolności chrześcijańskiej". Tego typu prawa „tyranizują", „usidlają", „wprowadzają zamieszanie" i „niszczą spokój" sumienia przez wszelkiego rodzaju „pułapki i przesądy". W istotnych sprawach wiary i życia duchowego chrześcijanie są oczywiście zobowiązani do przestrzegania Bożego prawa duchowego, lecz w sprawach obojętnych dla życia duchowego (*adiafora*) sumienie chrześcijańskie „powinno być wolne od wszelkich więzów i nie powinno się zamykać go w jakichkolwiek granicach". Chrześcijanie mogą natomiast nakładać na siebie dobrowolne ograniczenia w tego typu kwestiach, mając na względzie ochronę wrażliwego sumienia innych wierzących. Takie ograniczenie nie jest jednak konieczne ani nie powinno być przedmiotem przepisów kościelnych[28].

Kościół powinien także respektować wolność sumienia Żydów, Turków, muzułmanów, heretyków oraz osób o innych przekonaniach. Przywódcom Kościoła wolno oczywiście wykluczyć „wrogów religii" ze wspólnoty, a wiernym – wyłączyć ich z własnych relacji społecznych i ekonomicznych. Żaden przywódca lub członek Kościoła nie może jednak zmuszać wyznawców innych religii do chrztu, prześladować ich, prowadzić przeciw nim krucjat, dochodzenia lub wywierać jakichkolwiek form nacisku religijnego praktykowanego w przeszłości. Chrześcijan powinny cechować „łaskawość i umiar" w stosunku do osób innego wyznania, „abyśmy wkrótce nie zeszli z drogi [religijnej] dyscypliny na drogę rzeźni"[29]. Kalwin pisał w *Institutio* z 1536 roku:

Powinniśmy dążyć za pomocą wszelkich dostępnych środków, czy to poprzez upomnienia i nauki, czy też przez praktykowanie miłosierdzia i łagodności lub poprzez nasze modlitwy do Boga, aby zwrócili się ku życiu bardziej cnotliwemu i powrócili do społeczeństwa i jedności w Kościele. Przy czym powinno się w ten

---

[28] Tamże, 6.4; 6.6–8; 6.13–14; 6.32; *Geneva Confession* (1536), poz. 17, *Human Traditions*, w: A.C. Cochrane (red.), *Reformed Confessions of the Sixteenth Century*, Philadelphia 1966; wzn. Louisville 2003, s. 117 i n. Na temat ewolucji koncepcji adiafory u Kalwina zob. J.L. Thompson, *John Calvin and the Daughters of Sarah*, Geneva 1992, s. 227 i n.

[29] *Institutio* (1539), w: OS, V: 221–222.

sposób traktować nie tylko osoby ekskomunikowane, lecz także Turków i Saracenów oraz innych wrogów religii. Powinniśmy trzymać się z dala od popierania tych metod, za pomocą których do tej pory wielu próbowało zmusić niewiernych do przyjęcia naszej wiary, zabraniając im korzystania z ognia i wody oraz wspólnych dóbr, odmawiając im wszelkich ludzkich dobrodziejstw, prześladując ogniem i mieczem[30].

Stosowanie tego typu łagodnych środków może ostatecznie stać się dla niewiernych inspiracją do podjęcia życia według prawa i wolności w wierze chrześcijańskiej.

Widać zatem, że w swych wczesnych pismach Kalwin traktował wolność sumienia w dość wąskich kategoriach teologicznych. Wolność sumienia jest „we wszystkich jej aspektach, sprawą duchową", pisał. Jest wolnością przestrzegania przykazań Bożych zgodnie z wolnym sumieniem. W swoich przykazaniach Bóg określa obowiązki człowieka, lecz do ludzi należy wolność wyboru w sprawie przestrzegania tych przykazań. „Cała siła" wolności sumienia „polega na uspokojeniu sumienia wylęknionego przed Bogiem, czy to na skutek niepokoju i troski o przebaczenie grzechów, czy na skutek trwogi o to, czy starania niedokończone i skażone słabością ciała będą miłe Bogu, bądź z powodu zadręczania się używaniem rzeczy obojętnych"[31].

Wolność polityczna

Jednocześnie z ustanowieniem duchowej wolności w celu zrównoważenia prawa moralnego w królestwie niebieskim Bóg ustanowił wolność polityczną w celu zrównoważenia prawa politycznego w królestwie doczesnym. Tych bliźniaczych form duchowej oraz politycznej wolności i prawa nie powinno się ze sobą mylić. „Niektórzy ludzie, kiedy słyszą, że Ewangelia obiecuje wolność [...], myślą, że nie mogą czerpać korzyści z wolności dopóty, dopóki podlegać będą

[30] *Institutio* (1536), 2.28. W kolejnych wydaniach *Institutio* Kalwin opuścił dwa ostatnie zdania tego tekstu – w ten sposób uniknął rozciągnięcia tego typu „łask" na „Turków i Saracenów" i potępienia jawnych tradycyjnych form przymusu religijnego. Por. *Institutio* (1559), 4.12.10. Por. też ten sam tekst z 1560 roku z wydaniem francuskim *Institutio*, które przywraca sformułowania tekstu z 1536 roku w przytoczonym fragmencie. Krytyk Kalwina Sebastian Castellio naświetlił tę zmianę tekstu w swoim potępieniu udziału Kalwina w egzekucji Miguela Serveta, argumentując, że Kalwin w efekcie zdradził własne założenia. Por.: *De haereticis an sint persequendi* (1553), Geneva 1954, s. 108; i dalsze rozważania, s. 80–82.

[31] *Institutio* (1536), 6.5.

jakiejkolwiek władzy [...]. Jednakże każdy, kto potrafi odróżnić ciało od duszy, obecne ulotne życie od przyszłego życia wiecznego, zrozumie bez trudności, że duchowe królestwo Chrystusa i jurysdykcja cywilna są sprawami zupełnie odmiennymi". „Duchowa wolność może doskonale współistnieć z polityczną niewolą". Duchowa niewola może doskonale współistnieć z wolnością polityczną[32].

W tym wczesnym okresie działalności Kalwin pisał o władcach politycznych i o prawach królestw ziemskich w sposób ogólny i homiletyczny. Bóg wyznaczył władców politycznych na swych „namiestników", „wikariuszy" i „ministrów" w królestwie ziemskim. „Zaiste" – pisał Kalwin, cytując Psalm 82 – „ci, którzy służą jako sędziowie nazywani są «bogami»". Bóg obleka ich we władzę i dostojeństwo. Są oni „powołani" na urząd, który jest „nie tylko święty i prawowity przed obliczem Boga, lecz stanowi także najbardziej uświęcone i najbardziej zaszczytne ze wszystkich powołań w życiu śmiertelników". Mają ucieleśniać i dawać przykład wyrozumiałości, uczciwości, miłosierdzia, łagodności, pokory, łaski, niewinności, powściągliwości oraz wielu innych Boskich cnót[33].

Przywódcy polityczni powinni rządzić królestwem ziemskim według spisanych praw politycznych, nie zaś poprzez osobiste *fiat*. Tworzone przez nich prawa powinny opierać się na biblijnych zasadach miłości Boga i bliźniego, choć nie muszą obejmować samych praw biblijnych jako takich. „Sama sprawiedliwość powinna stanowić cel, zasadę i granicę wszelkich praw" – pisał Kalwin, odwołując się do klasycznego Arystotelesowskiego sensu sprawiedliwości, korygującej niewłaściwe rozstrzygnięcie w sprawie indywidualnej, a także posługując się własnym rozumieniem sprawiedliwości jako dostosowywania się systemu prawnego do zmieniających się okoliczności i potrzeb danej społeczności. Dzięki takim spisanym i sprawiedliwym prawom władcy polityczni powinni pełnić swą służbę na rzecz pokoju i porządku w królestwie ziemskim, karząc za przestępstwa i wykroczenia, chroniąc życie i własność prywatną, „umożliwiając ludziom prowadzenie nienagannego współżycia" w duchu „obywatelskiej prawości". Prawa polityczne winny także, dodawał

---

[32] Tamże, 6.35.

[33] Tamże, 6.33–35; 6.39; *Geneva Catechism* (1536), w: *Tracts and Treaties in Defence of theh Reformed Faith*, tłum. H. Beveridge, red. T.F. Torrance, 3 tomy, Grand Rapids 1958, poz. 21 w „Magistrates". Por. też: J.T. McNeill, *John Calvin on Civil Government*, w: G.L. Hunt (red.), *Calvinism and Political Order*, Philadelphia 1965, s. 30 i n.; H. Höpfl, *The Christian Polity of John Calvin*, Cambridge 1982, s. 43 i n.

Kalwin, „zapobiegać bałwochwalstwu, bluźnieniu przeciw imieniu Boga, obrażaniu Jego prawdy i innym publicznym przestępstwom przeciwko religii". Natychmiast jednak wyjaśniał, że nie pragnie, aby „władza cywilna przejmowała obowiązki właściwego ustanawiania religii, które [...] znajdują się [...] poza zasięgiem ludzkich decyzji". Prawo polityczne, stwierdzał Kalwin w podsumowaniu swego stanowiska, służy jedynie zapewnieniu, „aby chrześcijanie mogli publicznie manifestować swą religię oraz aby wśród ludzi człowieczeństwo mogło być zachowane"[34].

Te nadane przez Boga obowiązki i ograniczenia określają nie tylko sposób wykonywania władzy politycznej, lecz także korzystanie przez chrześcijan z wolności politycznej w królestwie ziemskim. Według Kalwina wolność polityczna i władza polityczna „współkonstytuują się". Wolność polityczna wierzących jest nie tyle ich prawem podmiotowym, ile raczej funkcją urzędu politycznego[35]. Kiedy urzędnicy państwowi przestrzegają obowiązków i ograniczeń wynikających ze sprawowanych urzędów, wierzący korzystają z wystarczającej wolności politycznej, umożliwiającej im „publiczne manifestowanie swojej wiary". Gdy natomiast urzędnicy państwowi nie przestrzegają obowiązków swojego urzędu, na skutek zaniedbania, niesprawiedliwości, nieuczciwości lub tyranii, wolność polityczna osoby wierzącej jest ograniczana albo wręcz niszczona. Oznacza to, stwierdzał Kalwin, że „ci, którzy pragną, aby każda osoba mogła zachować swoje prawa i aby wszyscy ludzie mogli żyć wolni od krzywd, powinni w miarę swoich możliwości występować w obronie porządku politycznego"[36].

Kalwin podkreślał, że na „osobach prywatnych" ciąży ustanowiony przez Boga obowiązek posłuszeństwa wobec tyranii urzędników państwowych aż po granice chrześcijańskiego sumienia[37]. Na poparcie swoich słów przytaczał znane cytaty biblijne. „Władza jest ustanowiona przez Boga", a Biblia wielokrotnie

---

[34] *Institutio* (1536), 1.33; 6.36–37; 6.48–49. Na temat klasycznego poglądu Arystotelesa o sprawiedliwości dostosowanej do przypadków indywidualnych por.: Arystoteles, *Etyka nikomachejska*, 1,5; tegoż, *Retoryka*, 1,12. Por. też: Kalwin, *Seneca* (tekst łac., s. 111; tłum., s. 371). Na temat poglądu Kalwina o sprawiedliwości jako dostosowaniu ogólnych norm miłości do systemu prawnego danej społeczności por. *Institutio* (1536), 6.49. Por. też: G. Haas, *The Concept of Equity in John Calvin's Ethics*, Waterloo 1997.

[35] Kalwin omawiał prawa podmiotowe głównie w ciągu ostatniej dekady swojej twórczości. Por. s. 66–68, i rozdz. 2, s. 160–161. Na temat relacji praw podmiotowych do praw obiektywnych zob. s. 23–24.

[36] *Institutio* (1536), 6.54; Kom. Rz 13, 10; Por. też: CLSK, s. 109–116; CR, s. 81–82.

[37] *Institutio* (1536), 6.55–56.

nakazuje nam posłuszeństwo wobec niej. Poddani mają być posłuszni władzy (Rz 13, 1–7; T 3, 1; 1 P 2, 13). Dzieci powinny szanować swoich rodziców (Wj 20, 12; Kpł 19, 5; Pwt 5, 16; Mt 15, 4; Mk 7, 10; Ef 6,1–2). Żony powinny być poddane swoim mężom (1 Krn 14, 34–36; Ef 5, 21–33; Kol 3, 18). Słudzy powinni słuchać swoich panów (1 Krn 29, 17; Ef 6, 5; Kol 3, 22; 1 Tm 6, 1; Flp 2, 12). Członkowie kongregacji powinni szanować swoich przywódców duchowych (Dz 5, 1–11).

Kalwin radził, aby przestrzegać obowiązku posłuszeństwa nawet wtedy, kiedy władze popełniają nadużycia i samowolę. Wymóg ten jest szczególnie doniosły w sferze politycznej, która zapewnia porządek i stabilność osób prywatnych, rodzin, kościołów, handlu i innych struktur społecznych, umożliwiając im rozwój. Jakikolwiek ład polityczny jest lepszy niż całkowity brak porządku, a nieposłuszeństwo jednostek zwykle staje się przyczyną jeszcze większego nieładu. Nawet w najgorszej tyranii panuje jakaś sprawiedliwość i równość, a i te bywają zagrożone, gdy jednostki biorą prawo w swoje ręce. Czasami tyrania jest Bożą próbą naszej wiary albo karą za nasze grzechy, my zaś obrażamy Boga, opierając się Jego narzędziom. Jednostki powinny więc być posłuszne, a cierpienie znosić w modlitwie, Bogu pozostawiając zemstę i karę. Lepiej dla sumiennego chrześcijanina, aby „nadstawił drugi policzek", niż uderzył w policzek swojego władcę. Lepiej modlić się cierpliwie, niż grzeszyć zuchwale[38].

Jednakże – dowodził dalej Kalwin – szacunek do władzy ziemskiej nie może oznaczać braku szacunku wobec Boga. Jeżeli ziemscy władcy zmuszają swoich poddanych do nieposłuszeństwa Bogu, do lekceważenia Pisma Świętego lub naruszania nakazów sumienia, poddani nie tylko mogą się nie podporządkować, lecz wręcz powinni okazać nieposłuszeństwo. Nasze „posłuszeństwo nigdy nie powinno prowadzić nas do porzucenia posłuszeństwa wobec Tego, którego woli powinny być podporządkowane pragnienia wszystkich królów i którego rozkazom powinna być poddana ich władza", pisał Kalwin w *Institutio* z roku 1536. „Jeżeli ich rozkazy są przeciw Niemu, traktujcie je bez szacunku"[39], gdyż pierwszym i największym przykazaniem jest miłość i szacunek do Boga.

---

[38] Tamże; Kom. Rz 12, 17–19; 13, 1–10. Por. jego późniejszy Kom. T 3, 1; Kom. 1 P 2, 13; Kom. *Harm. Gosp.*, Mt 5, 38–41, Łk 6, 29–30, powtórzone w *Institutio* (1559), 4.20.31–32; por. też: Kom. 1 Kor 7, 14–15; Kaz. Pwt 5, 16; Kom. *Harm. Law*, Pwt 5, 16.

[39] *Institutio* (1536), 6.56.

Zalecenia te zachowywały swą moc także w odniesieniu do władzy w rodzinie i Kościele. Dzieci mogą odmówić posłuszeństwa rodzicom, którzy nauczają fałszywych doktryn, zmuszają je do niechcianych małżeństw lub wydziedziczają z naruszeniem prawa Bożego i wolności. Żony mogą opuścić mężów, którzy zagrażają ich duszom lub wziąć rozwód z tymi, którzy odeszli od wiary i w następstwie tego je porzucili. Służba może opuścić panów, którym służy, jeżeli ci nakazują jej popełnić grzech lub sami dopuszczają się ciężkiego grzechu przeciwko niej. Parafianie mogą opuścić kościoły, w których naucza się fałszywej doktryny. W ten sam sposób poddani mogą okazać nieposłuszeństwo władzom naruszającym prawo i autorytet boski[40].

Wszelką władzę, która sprzeniewierza się swemu urzędowi, działając na szkodę lub powodując obrazę Boga, powinno się – jak utrzymywał Kalwin – traktować jak osobę prywatną. Nie przysługuje jej już autorytet urzędu, lecz staje się zwykłym „rozbójnikiem" i „przestępcą"[41]. „Dyktatury i niesprawiedliwe władze nie są władzą uświęconą przez Boga", pisał Kalwin w 1540 roku w komentarzu do 13. rozdziału Listu do Rzymian. „Ci, którzy praktykują bluźnierczą tyranię", nie są już „sługami Bożymi"[42]. Kalwin rozwinął ten wątek w komentarzu do Dziejów Apostolskich, wskazując, że zarówno władze publiczne, jak i prywatne tracą swój urząd w wyniku nieposłuszeństwa względem Boga:

> Gdy tylko władcy poczną odciągać nas od posłuszeństwa Bogu i walczyć przeciwko Bogu ze świętokradczą zuchwałością, natychmiast ich pycha musi być wykorzeniona, aby Bóg zachował władzę nad nimi. W takiej chwili przepadają wszelkie zaszczyty. Bóg nie powierzył bowiem ludziom zaszczytnych tytułów, aby przyćmić własną chwałę. Jeżeli więc ojciec, który nie jest zadowolony z własnej pozycji, próbuje przywłaszczyć sobie najwyższe zaszczyty należne Bogu Ojcu, nie zasługuje na miano ojca. Jeśli król, władca lub sędzia staje się tak wyniosły, że uszczupla godność i autorytet Boga, staje się zwykłym człowiekiem. Podobnie pasterz, który nadużywa swojego urzędu, sprzeciwiając się Bogu, musi zostać pozbawiony swej godności, tak aby jego rojenia nie zwodziły nas dalej[43].

---

[40] Por.: J. Witte, Jr., *From Sacrament to Contract. Marriage, Religion, and Law in the Western Tradition,* Louisville 1997, s. 75 i n. (na temat opuszczania osób dopuszczających się tyrańskich nadużyć w rodzinie); CO VI, 537–588 (na temat opuszczania osób dopuszczających się nadużyć w Kościele).

[41] Por. *List dedykacyjny* do *Institutio* (1536) i Kom. Rz 13, 1.

[42] Kom. Rz 13, 1, 5.

[43] Kom. Dz 5, 29.

Nieco później, w tym samym komentarzu do Dziejów Apostolskich, Kalwin odpierał zarzuty krytyki katolickiej:

> Nie ma absolutnie żadnych podstaw dla zarzutów, które oni przeciw nam wysuwają, iż zakłócamy porządek polityczny, kładziemy kres prawu, dochodzeniom sądowym i podważamy władzę królów [...]. [Ale] gdy religia zmusza nas, aby oprzeć się tyrańskim edyktom, które zabraniają oddawania należnej czci Chrystusowi i kultu należnego Bogu, możemy wtedy słusznie zaświadczyć, że nie naruszamy autorytetu królów. Bo nie zostali oni wyniesieni tak wysoko, by podobnie jak olbrzymy mogli usiłować strącić Boga z jego tronu. Obrona Daniela była prawdziwa. „Nie uczyniłem nic złego przeciw królowi", prócz tego, że nie zastosował się on do bezbożnego edyktu, nie wyrządził żadnej szkody śmiertelnikowi, ponieważ przedkładał Boga nad króla (Dn 6, 22). A więc w dobrej wierze płaćmy książętom prawidłowo to, co im należne, lecz bądźmy gotowi do wszelkiego rodzaju obywatelskiego nieposłuszeństwa, bo jeśli oni [władze], będąc niezadowoleni ze swojego własnego urzędu, pragną odebrać nam bojaźń i służbę Bożą, wówczas nikt nie może nam zarzucić, że ich lekceważymy, ponieważ władza i majestat Boga mają dla nas większe znaczenie[44].

Pytanie, na które pozostało Kalwinowi odpowiedzieć, dotyczyło sposobu, w jaki powinno się okazywać nieposłuszeństwo wobec władz tyrańskich lub dopuszczających się nadużyć oraz środków, jakie powinny być dostępne dla ich ofiar. Kalwin wyraźnie wskazywał, że w nagłych wypadkach osoby prywatne mogą stosować samoobronę, gdy zostaną zaatakowane przez inne osoby (w tym być może także przez władze przekraczające swe prerogatywy i tym samym tracące swe urzędy polityczne, odtąd występujące po prostu jako osoby prywatne). Głównym wyznacznikiem postępowania ofiar powinny być wówczas, zdaniem Kalwina, „umiar i sprawiedliwość". Ofiary nie powinny doprowadzać do eskalacji, walcząc z większą siłą niż to potrzebne, aby „odeprzeć niezasłużony atak", a na pewno nie powinny następnie atakować w odwecie. Jeśli nie brać pod uwagę nagłych wypadków, Kalwin zalecał korzystanie z drogi sądowej i wniesienie oskarżenia jako najlepsze metody postępowania w przypadku dopuszczających się nadużyć lub despotycznych rodziców, małżonków, panów lub ministrów. Kalwin poświęcił sporo uwagi opracowaniu zasad postępowania cywilnego i karnego, które należałoby stosować w tych przypadkach. Jeszcze więcej czasu poświęcił na wydawanie decyzji w tych sprawach

[44] Kom. Dz 17, 7.

dla Konsystorza w Genewie oraz udzielanie Radzie miejskiej zaleceń co do przywracania porządku między skłóconymi stronami lub rozdzielania ich, gdyby zachodziła taka potrzeba. Także w tym przypadku „umiar i sprawiedliwość" powinny być najlepszą dewizą. Nawet ci, którzy we właściwy sposób postanawiają zrezygnować z odwetu osobistego i zamiast tego złożyć pozew sądowy w słusznej sprawie, nie powinni się poddawać „szalonemu pragnieniu zemsty". „Człowiek, który szuka pomocy w urzędzie, a którego serce jest wrogie i pragnie zemsty, nie zasługuje na większe względy, niż gdyby sam przygotowywał zemstę"[45].

Gdyby sam wysoki urzędnik popełniał nadużycia, Kalwin ponownie zalecał „umiarkowane i sprawiedliwe" rozwiązanie – tym razem z udziałem niższych urzędników mających władzę sądową oraz urzędników kościelnych. Kalwin wiedział wystarczająco dużo o rozruchach i zamieszkach wywołanych przez radykalnych anabaptystów w czasach mu współczesnych i zapamiętał lekcje z historii klasycznej na temat niebezpieczeństw związanych z rozpętaniem rozruchów przeciw tyranom[46]. Jako miłośnik ładu i umiaru nie był zwolennikiem tego typu rozwiązań. Poszukiwał więc bardziej uporządkowanej i konstruktywnej reakcji, zarówno ze strony władz państwowych, jak i kościelnych. Żaden reżim polityczny nie jest zarządzany przez „jedną tylko osobę", dowodził Kalwin. Nawet monarchowie mają całe rzesze niższych urzędników – doradców, sędziów, kanclerzy i namiestników – odpowiedzialnych za stosowanie prawa. Wiele społeczności ma ponadto „urzędników ludowych, wyznaczonych do ograniczania samowoli królów (podobnie jak w czasach starożytnych ustanawiano eforów, by ograniczali samowolę królów spartańskich, trybunów ludowych w celu kontrolowania konsulów rzymskich, a demarchów, by kontrolowali ateński senat; i może – jak to się dzieje w naszych czasach – w formie trzech władz, działających w swoich dziedzinach, gdy sprawują swe

[45] Por.: Kaz. Pwt 22, 25–30; Kom. Rdz 14, 1–9; 16, 12; 22, 9; 32, 34; 34, 1–3; Kom. *Harm.* Mt. 5, 39; Kom. Rz 12, 19. Por. reguły procedur określone w Kalwina *Ecclesiastical Ordinances* (1541), *Edict of Officers* (1543) i *Marriage Ordinance* (1546), w: SMF, t. 1, s. 51–61, 80–93. Kalwin także naszkicował lub w każdym razie zamierzał naszkicować szczegółowe kody procedury cywilnej i karnej w Genewie. Co pozostało z jego starań, jest zapisane w CO X/I, 125–146. Por. analiza w: CR, rozdz. 1.

[46] Por. Kalwin, *Seneca*, 1.13.2, gdzie Kalwin wydaje się dopuszczać powszechny oporu przeciwko obcemu „tyranowi, który łamie publiczną wolność i gwałtownie zaburza spokój miasta, a następnie, aby utrzymać w posiadaniu własność, którą zawładnął, jest on zmuszony do usunięcia z miasta tych wszystkich, którzy mogą pobudzić lud do odzyskania wolności. Kiedy popełnił on te czyny, pilnuje aby mściciele lub obrońcy nie powstali przeciw niemu".

zgromadzenia)". Ci niżsi urzędnicy, w szczególności pochodzący z wyboru, zasiadający w radach miejskich i w parlamentach lokalnych lub krajowych, zobowiązani są chronić ludność przed nadużyciami władzy lub tyranią wysokich urzędników – ze zdwojoną siłą zaś, jeżeli podważają oni autorytet i prawo Boże. W *Institutio* z 1536 roku Kalwin ujął to zagadnienie następująco:

> Daleki jestem od zakazywania im zgodnego z ich obowiązkiem przeciwstawiania się niepohamowanemu zepsuciu królów, jeśli będą bowiem przymykać oczy na [zachowanie] królów, którzy z przemocą napadają i atakują prosty, skromny lud, oświadczam, że ich obłuda jest nikczemna i perfidna, bo swym postępowaniem zdradzają oni nieuczciwie wolność ludu, której, jak dobrze wiedzą, powołani są bronić z Bożego nakazu[47].

Przywódcy Kościoła powinni natomiast dobitnie występować przeciw niesprawiedliwej tyranii i wzywać tyrańskich urzędników, aby okazali skruchę z powodu swoich nadużyć, aby powrócili do swoich obowiązków politycznych i przywrócili wolność polityczną wierzącym. We wstępie do wydania *Institutio* z 1536 roku Kalwin zamieścił takie właśnie wezwanie do króla Francji Franciszka I, sformułowane w imieniu prześladowanych protestantów francuskich[48]. W liście zadedykowanym władcy pisał, że jako wierzący zmuszony był „bronić Kościoła przed [politycznymi] furiami", aby „ochronić wspólną sprawę wszystkich wierzących"[49]. W obliczu „nieznośnej tyranii", pisał dalej, chrześcijanin powinien „śmiało domagać się własnej wolności"[50].

---

[47] *Institutio* (1536), 6.55.

[48] Według niektórych tłumaczy mogło to być jednym z celów towarzyszących powstaniu Komentarza do *De clementia* Seneki. Por. G. Beyerhaus, *Calvins Staatsanschauung*, 29 (nazywając traktat „*Tendenzschrift*", który zwracał uwagę na niecierpiące zwłoki problemy wynikające z prześladowania i politycznych nadużyć w czasach Kalwina); E. Doumergue, *Jean Calvin*, t. 1, s. 211 i n. (argumentując, że komentarz Kalwina był protestem przeciwko prześladowaniom religijnym, odwołaniem do królewskiej łaski i powściągliwości, oraz że jako taki był „wspaniałym manifestem wolności" dla prześladowanych protestantów). Por. jednak krytycznie u Breena, *John Calvin*, s. 80 i n. Jakakolwiek była rzeczywista intencja Kalwina w 1532 roku, na pewno przejął wiele z tego samego stylu argumentacji w swojej dedykacji w *Institutio* z 1536 roku o politycznej wolności chrześcijan. Ponadto wiele miejsc *Komentarza* doradzających władzom, aby respektowały swoje urzędy, a tym samym aby chroniły wolności swoich poddanych, wykazuje bliskie podobieństwa w różnych wydaniach *Institutio* Kalwina. Por. instruktywną tabelę w: Kalwin, *Seneca*, dodatek 4, s. 393–395.

[49] [List dedykacyjny] do Najbardziej Potężnego i Najbardziej Znamienitego Monarchy Franciszka, Arcychrześcijańskiego Króla Francji, Mego Dostojnego Księcia i Pana, w: *Institutio* (1536).

[50] *List do Melanchtona* (28 czerwca 1545), w: CO XII, 98–100. W swojej przedmowie do Komentarza do Psalmów (1557) Kalwin wyraźnie informuje, że napisał dedykację dla Franciszka jako protest przeciwko prześladowaniom religijnym protestantów. CO XXXI, 24.

W liście do króla Franciszka Kalwin nie przedstawił deklaracji o wolności. W klimacie politycznym tamtych czasów byłoby to przedsięwzięcie samobójcze. Rozmyślnie natomiast wyszczególnił te nadużycia wobec protestantów, które sprzeciwiały się powszechnie uznawanym wówczas prawom i wolnościom, a zwłaszcza prawom proceduralnym. Kalwin protestował przeciw rozpowszechnionym i niekontrolowanym przykładom „krzywoprzysięstwa", „fałszywych oszczerstw", „podłych oskarżeń" i „podłości złych ludzi", podsycających „publiczną nienawiść" i „nieskrywaną przemoc" wobec wierzących. Zwracał uwagę, że „sprawę" protestantów „prowadzono niezgodnie z porządkiem prawnym i wśród gwałtownego podniecenia, bez zachowania powagi prawa". Protestował przeciw różnym formom bezprawnego pozbawienia wolności i znęcania się nad więźniami. „Niektórzy z nas są skuci żelazem, inni bici rózgami, wystawiani na pośmiewisko, wyjęci spod prawa, jeszcze inni bestialsko torturowani lub zmuszani do ucieczki". Zwracał uwagę na liczne uchybienia proceduralne. Protestanci są „nieuczciwie i bezpodstawnie oskarżani o zdradę i występki", skazuje się ich za przestępstwa zagrożone najwyższym wymiarem kary „bez przyznania się do winy lub przeprowadzenia uczciwego dowodu z zeznań świadków". „Krwawe wyroki wymierza się przeciwko tej doktrynie bez przeprowadzania rozprawy". Krytykował uprzedzonych sędziów i stronniczość postępowań sądowych. „Ci, którzy zasiadają w sądzie [...] zamiast wyroków dają upust uprzedzeniom, jakie wynieśli z domu". Sprzeciwiał się ingerowaniu w kościelną wolność zgromadzeń i wolność słowa. „Nieszczęsny, mały Kościół wyniszczono okrutną rzezią lub skazano na wygnanie i tak przytłoczono groźbami i strachem, że nie odważył się nawet otworzyć ust". Wszystkie te posunięcia stanowiły skrajne zaprzeczenie podstawowych swobód politycznych uznawanych w tym czasie zarówno w Cesarstwie, jak i we Francji. „Nasuwa się ważne pytanie" – pisał Kalwin do króla Franciszka – „jak zabezpieczyć chwałę Bożą na ziemi, w jaki sposób prawda Boża ma zachować swe czcigodne miejsce, jak utrzymać wśród nas Królestwo Chrystusowe"[51].

Kalwin nie dążył do absolutnej wolności politycznej dla wierzących, w pełni zdając sobie sprawę z ryzyka nadużyć wiążącego się z praktykami religijnym. Wzywał swoich współwyznawców, „aby w umiarkowany sposób korzystali ze wszystkich wolności obiecanych i podarowanych nam w Chrystusie". Wzywał

[51] *Institutio* (1536), list dedykacyjny. Ogólnie na temat ówczesnego postępowania karnego zob. J.H. Langbein, *Prosecuting Crime in the Renaissance. England, Germany, France*, Cambridge 1974; A. Esmein, *A History of Continental Criminal Procedure with Special Reference to France*, South Hackensack 1968.

także króla Franciszka i innych urzędników do wyrwania z korzeniami bezbożnego zwodziciela: „Jeżeli ktokolwiek podnosi tumult pod pretekstem Ewangelii [...] jeżeli ktokolwiek przedstawia zgodę na własne wady jako wolność z Bożej łaski, to istnieją przepisy prawne i kary, które z całą surowością mogą ich powstrzymać, w zależności od przewinienia. Byle nie bluźniono przeciw Ewangelii Bożej", a jej zwolenników nie spotkała niesława[52].

Wczesne tezy Kalwina o wolności religijnej ujawniły śmiałość i błyskotliwość młodego, twórczego umysłu. Kalwin opanował zawiłości luterańskiej teorii dwóch królestw i zaadaptował je na własny użytek. Wyznaczył granicę między radykalnym antynomianizmem i radykalnym legalizmem. Stworzył teorię, która wyznaczała równowagę między swobodą a ładem oraz wolnością a prawem, zarówno w Kościele, jak i w państwie. Kalwin dokonał przekonywającej i erudycyjnej obrony wolności religijnej i innych powiązanych z nią wolności, inspirując wiele pokoleń protestantów w kolejnych stuleciach. Było to niemałym osiągnięciem młodego, dwudziestoletniego człowieka, niedawno nawróconego na protestantyzm.

We wczesnych tezach na temat wolności Kalwin przejawiał jednak skłonność do kazuistyki. W pismach z tego okresu potrafił wprawdzie godzić dialektykę prawa i wolności, legalizmu i antynomianizmu, lecz aby wypracować jedną spójną dialektykę, wprowadził wiele innych. Wytyczył jasne i proste granice między królestwem niebieskim a ziemskim, życiem duchowym a politycznym, między przymusem a regulacją prawną, między istotnymi a obojętnymi kwestiami wiary, pobożnymi a bezbożnymi kanonami kościelnymi, sprawiedliwymi a niesprawiedliwymi ustawami państwowymi, między zarządzaniem „zewnętrznymi przejawami" religii, lecz nie jej istotą, między nakazem posłuszeństwa urzędowi a prawem do urzędowej petycji. Rzecz jasna tego typu podziały zawdzięczał Kalwin metodologii humanistycznej stosowanej przez współczesnych mu czołowych teologów i prawników[53]. Był przekonany, że jego „czytelnicy, zachęceni samą klarownością tego porządku, będą w stanie lepiej zrozumieć" temat[54]. Podziały te nie zaowocowały jednak stworzeniem miarodajnej syntezy wolności religijnej, do której dążył Kalwin. Dlaczego

---

[52] Tamże; *Institutio* (1536), 6.35.

[53] Por. ogólnie N.W. Gilbert, *Renaissance Concepts of Method*, New York 1960. Współczesny Kalwinowi Peter Ramus (1515–1572), który miał duży wpływ na późniejszych kalwinistów, rozwinął tę metodę podziałów do takiego poziomu wyrafinowania, że śledzenie niekończącej się serii podwójnych przeciwieństw wymagało sporego wysiłku. Por. s. 178–179.

[54] *Institutio* (1536), 6.38.

granice wyznaczone przez młodego Kalwina miałyby stać się bardziej wiarygodne niż efekt tysiącletnich prób demarkacji podejmowanych w Kościele katolickim? W jaki sposób pobożny wierny, duchowny czy urzędnik, niewykształcony w dialektyce humanistycznej mógłby analizować i praktykować te subtelne różnice w swoim życiu prywatnym i zawodowym? O tym Kalwin nie wspomniał.

Wczesne prace Kalwina na temat wolności religijnej były nie tylko kazuistyczne, lecz także niepełne. Pisarze katoliccy i protestanccy tamtego okresu przedstawiali wolność religijną zarówno w kategoriach indywidualnych, jak i instytucjonalnych. Kalwin koncentrował się głównie na osobie ludzkiej i jej wolności duchowej w stosunkach z Kościołem oraz na wolności politycznej w stosunkach z władzą. Miał raczej niewiele do dodania o samych stosunkach między Kościołem i państwem, duchowieństwem i urzędnikami, prałatami i książętami. W tym wczesnym okresie podejście Kalwina do relacji między Kościołem i państwem było pochodną jego teorii jednostkowej wolności religijnej. Wydawał się zadowolony z ograniczenia wpływu Kościoła na rzecz zwiększenia uprawnień państwa. Skłaniał się ku przypisywaniu Kościoła do królestwa niebieskiego, a państwa do królestwa ziemskiego oraz ku przekonaniu, że ontologiczne rozróżnienie tych dwóch królestw wystarczająco wskazuje kierunek i zasady rozdziału władz kościelnych i politycznych.

Dojrzałe tezy Kalwina

Późniejsze tezy Kalwina o wolności religijnej charakteryzowały się przeciwną tendencją. W miarę jak dojrzewały jego idee, w czasie sprawowania obowiązków duszpasterskich i politycznych w Genewie, Kalwin zaczął ujmować zagadnienia w kategoriach bardziej integralnych i instytucjonalnych. Zatarł granice między królestwem ziemskim a królestwem niebieskim, między życiem duchowym a politycznym, prawem a wolnością, kierując uwagę na konkretne instytucjonalne obowiązki i relacje Kościoła z państwem. O ile w latach trzydziestych XVI wieku wolność religijna jednostki była głównym przedmiotem zainteresowań Kalwina, w późniejszym okresie wolność religijna Kościoła wysunęła się na pierwszy plan jego zainteresowań – aż do momentu, w którym wolność religijna jednostki miała w przypadku konfliktu podporządkować się wolności Kościoła. Ujawnienie tego nowego priorytetu nie mogło dokonać się czytelniej niż w postępowaniu Kalwina w sprawie Serveta.

Należy podkreślić, że w późniejszych pismach Kalwin wiernie powtarzał swoje wczesne tezy na temat religijnych i politycznych swobód jednostki. Nadal kładł nacisk na zasadnicze rozróżnienie „królestwa duchowego" i „królestwa politycznego"[55], opowiadając się po stronie duchowej wolności wiernych wobec przymusu ze strony prawa i zabobonnych tradycji ludzkich, a także wzmacniając wcześniejszą argumentację odniesieniami biblijnymi. Domagał się poszanowania wolności politycznej osób wierzących przez urzędy państwowe i prawo cywilne. W późniejszych kazaniach i komentarzach przemycał postulaty wolności politycznej zarówno dla wierzących, jak i niewierzących. „Nie ma nic bardziej pożądanego niż wolność". Wolność jest „nieocenionym dobrem", „szczególnym dobrodziejstwem i skarbem, który jest bezcenny", jest warta „więcej niż pół życia". „Jak wielkie dobro stanowi wolność, którą Bóg obdarza człowieka". Kalwin podkreślał znaczenie praw wyborczych oraz praw do głosowania we wspólnocie politycznej. „Prawo do głosowania" – stwierdzał – jest „najlepszym sposobem zachowania wolności". „Niech ci, których Bóg obdarzył wolnością i prawem do głosowania, korzystają z niego". „Przyczyną zaistnienia tyranii na świecie, z której powodu ludzie wszędzie tracą swoją wolność [...] jest to, że ci, którzy mieli prawa wyborcze, nadużyli tego przywileju". „Szczerze przyznaję" – pisał Kalwin w podsumowaniu swojego wywodu – „że nie istnieje bardziej zbawienny rząd aniżeli ten, w którym wolność jest wykonywana stosownie z właściwym umiarem i należycie uprawomocniona na trwałej podstawie"[56]. Wiele tego typu fragmentów występuje w późniejszych pismach Kalwina, zarówno formalnych, jak i nieformalnych. Kalwin nigdy nie zaprzestał dążeń na rzecz duchowej i politycznej wolności jednostki.

W późniejszych latach Kalwin wspominał także o podmiotowych „prawach" (*iura*, *droits*) jednostek jako o ich dodatkowych „swobodach" lub

---

[55] *Institutio* (1559), 3.19.15; 4.20.1. Należy zauważyć, że w omawianym okresie Kalwin wykazuje skłonność do ujmowania teorii dwóch królestw po prostu jako wyrazu tradycyjnej katolickiej koncepcji forum wewnętrznego (regulowanego przez zasady dotyczące postępowania z penitentami) wobec koncepcji forum zewnętrznego (regulowanego przepisami prawa kanonicznego). Por. przyp. 22 na s. 50. Na temat antecendencji katolickich por. W. Trusen, *Forum internum und gelehrtes Recht im Spätmittelalter*, „ZSS (KA)" 1971 (57), s. 83.

[56] *Institutio* (1559), 3.19.1–8, 14; Kaz. Rdz 39, 11; Kaz. 1 Sm 8, 17; Kom. *Harm. Law* Pwt 15, 1–11; 17, 14–18; 24, 7; Kom. Pwt 16, 18–19; 18, 14–18; *Institutio* (1543), 20.7. Por. dodatkowe tego typu ustępy u Höpfla, *Christian Polity*, s. 156–160; J.T. McNeill, *The Democratic Element in Calvin's Thought*, „Church History" 1949 (18), s. 153.

„wolnościach" (*libertates, libertés*)[57]. Niekiedy używał ogólnych sformułowań, takich jak „wspólne prawa ludzi" (*iura commune hominum*), „prawa naturalne" (*iura naturalia*) jednostek, „prawa wspólnej natury" (*communis naturae iura*) lub „równe prawa i wolności" (*pari iura et libertates*) dla każdego[58]. Zwykle odwoływał się do bardziej szczegółowych praw. Mówił na przykład o „prawach chrześcijańskiej wolności", „prawach obywatelskich" w Królestwie Bożym lub w Niebieskim Jeruzalem, a jednym z jego ulubionych pojęć było „prawo przybranych dzieci", którym chrześcijanie cieszą się jako nowi synowie i córki Boga oraz jako bracia i siostry w Chrystusie[59]. Powoływał się na „prawo do zamieszkiwania", „prawo do pobytu" oraz na „prawo i przywilej domagania się terytorium", które Jahwe nadał narodowi wybranemu – Izraelowi[60]. Kalwin przytaczał „Pawłowe prawo do obywatelstwa rzymskiego"[61]. Często wspominał, jak przystało na znawcę prawa rzymskiego, o prawach związanych z własnością: „prawie do ziemi" i innych dóbr, „prawie do korzystania i używania tego, co się posiada", „prawie do zwrotu" i „prawie do przywrócenia (stanu poprzedniego – przyp. tłum.)" zagubionego lub ukradzionego mienia, „prawie do wynagrodzenia" za pracę, prawie „do sprzedaży", „do przekazania w spadku" i „dziedziczenia" własności, zwłaszcza zgodnie z „naturalnymi prawami pierworództwa"[62]. Pisał o „prawie do pochówku" własnych rodziców lub krewnych[63]. Często wypowiadał się

[57] Pragnę wyrazić szczególne słowa wdzięczności dla mojego przyjaciela Davida Little'a, który słusznie skrytykował mnie za nieuwzględnienie w moich wcześniejszych pracach wielu odniesień na temat praw podmiotowych w późniejszych pismach Kalwina. Profesor Little opracował swoje badania na temat kalwińskich i innych protestanckich nauk z zakresu prawa, polityki i praw człowieka w znakomitej nowej pozycji *Protestantism and World Order* (w druku). [Do 2015 roku książka ta nie ukazała się drukiem – dop. tłum.]. Por. też: D. Little, *Reformed Faith and Religious Liberty*, w: D.R. McKim, *Major Themes in the Reformed Tradition*, Grand Rapids 1992, s. 196. Kilka istotnych fragmentów omawianych w tym akapicie wymieniono też w: CLSK, s. 91–118.

[58] Kom. Rdz 4, 13; Kom. *Harm. Law* Lb 3, 5–10, 18–22, Pwt 5, 19; Kom. Ps 7, 6–8; Wykł. Jr 22, 1–3; 22, 13–14; Wykł. Ez 8, 17; Kom. 1 Kor 7, 37.

[59] Kom. Ps 87, 6; Kom. 1 Kor 10, 23; Kom. *Harm. Law* Wj 19, 9–15; Kom. J 1, 12; Kom. J 3, 16; 8, 33; Kom. Dz 9, 16; Kom. Rz 3, 30, 5, 17; Kom. Ga 5, 21; Kom. Hbr 2, 5, 17, 6, 12; Kom. Jk 1, 18.

[60] Kom. Rdz 45, 5; Kom. *Harm. Law* Pwt 3, 12–20, 34, 1–29; Kom. Joz 14, 13; Wykł. Iz 22, 1–25; Wykł. Dn 11, 41–42; Kom. Hbr 7, 10.

[61] Kom. Rz 1, 1; Flm 9, 13, 17.

[62] Kom. Rdz 6, 5; 9, 3; 27, 1; 33, 3; 49, 8; Kaz. Rdz 27, 3–9; Kom. *Harm. Law* Wj 1, 15–22; 17, 8–16; 20, 3; 22, 1–4; 29–30, 23, 20–23; 23, 25–31, Kpł 25, 44; 27, 8, Lb 36, 1–5; Pwt 5, 19; 20, 5–8; 21, 14–17; 25, 17–19; Lb 1, 20; Kaz. Pwt 25, 1–4; Kom. Joz 16, 1; Kaz. 1 Sm 8, 11–22; Kom. Ps 47, 7; 68, 9; 69, 36; 74, 2; 81, 5; 89, 19; 105, 6–11; 44; Wykł. Iz 2, 5; 54, 17; Wykł. Jr 24, 10; Wykł. Oz 13, 15; Kom. J 8, 11; Kom. Dz 13, 46; Kom. Rz 9, 12–13; Kom. 2 Tes 3, 6.

[63] Kom. *Harm. Law* Wj 21, 18–32; Wykł. Am 8, 3–4.

również na temat „cywilnych" lub „małżeńskich" praw męża i żony oraz „świętych", „naturalnych" i „wspólnych" „praw" rodziców do swoich dzieci – a w szczególności o „prawie" i „władzy" ojca do „nadania imienia dziecku", do „wychowania dziecka" i decydowania o jego małżeństwie[64]. Wspominał także o „prawie świętej gościnności" przysługującej przybyszom, o „prawie azylu" lub „schronienia" dla tych, którzy są zmuszeni do ucieczki, o „prawie wykupu" podczas roku jubileuszowego, „prawach naturalnych" i „słusznych prawach" ubogich, potrzebujących, sierot i wdów[65].

W późniejszych pismach Kalwina rozważania na temat praw i wolności indywidualnych pozostają jednak rozproszone i nieusystematyzowane, służąc jedynie za oznaczenie tonacji w jego nowej orkiestracji prawa i porządku. Stale podkreślał, że wolność i prawo, swoboda i porządek – a obecnie prawa i reguły – są ze sobą związane. W późniejszych pismach, w których podejmował próby określenia funkcji oraz wzajemnych zależności praw i struktur moralnych, politycznych i kościelnych zarówno w królestwie ziemskim, jak i niebieskim, na plan pierwszy wysunęły się zagadnienia dotyczące prawa i porządku. Wydając *Institutio* w 1559 roku, Kalwin faktycznie nałożył na luterańską teorię dwóch królestw własny wariant katolickiej teorii dwóch mieczy. Przypisał Kościołowi rolę prawną w zarządzaniu królestwem ziemskim, a państwu rolę moralną w zarządzaniu królestwem niebieskim. Zarazem uznał posłuszeństwo wobec urzędników kościelnych i prawa za obowiązek duchowy i obywatelski, a posłuszeństwo wobec urzędników i praw politycznych za powinność obywatelską i duchową. Te nowe tony sprawiły, że jego wcześniejsze poglądy na temat indywidualnej wolności religijnej pozostały rozproszone i straciły na wyrazistości. W kolejnych podrozdziałach zebrano i uporządkowano rozrzucone rozważania Kalwina na temat stosunku wolności religijnej do (1) prawa moralnego, (2) pozytywnego prawa państwa oraz (3) pozytywnego prawa Kościoła.

Wolność i prawo moralne

U podstaw późniejszych tez Kalwina leży nowo rozwijana teoria prawa moralnego, którego Bóg używa zarówno w królestwie niebieskim, jak

---

[64] Kom. Rdz 16, 1; 20, 9; 21, 14; 20; 34, 4; Kom. *Harm. Law* Wj 20, 9; 12; 21, 7–11, 15, 17; Kpł 20, 9; Lb 30, 1–16; Pwt 5, 16; Wykł. Iz 7, 1–25; Kom. *Harm.* Łk 15, 20; Kom. J 3, 29; Kom. 1 Kor 7, 10, 11, 37.

[65] Kom. Rdz 18, 2; 19, 6; Kom. *Harm. Law* Wj 23, 10–11; Kpł 25, 23–34; Kom. Ps 72, 4; 82, 3; Wykł. Iz 30, 1; 58, 7; Wykł. Jr 22, 1–3; 41, 1–3; Wykł. Am 5, 12.

i w królestwie ziemskim. Kalwin opisywał „prawo moralne" – podobnie jak wcześniej „prawo duchowe" – jako przykazania moralne wyryte w sumieniu, powtórzone w Piśmie i streszczone w Dekalogu. Wypowiadając się na temat „prawa moralnego", korzystał z wielu rozmaitych określeń, takich jak: „głos natury", „prawo wyryte", „prawo natury", „prawo naturalne", „wewnętrzny zmysł", „reguła słuszności". Kalwin najczęściej używał tych terminów jako synonimów opisujących normy stworzone i przekazane przez Boga w celu rządzenia ludzkością i ustanowienia właściwego porządku w życiu indywidualnym i społecznym. Za najpełniejszy wyraz prawa moralnego uważał Dekalog[66], lecz wielu innym ludzkim nawykom i zwyczajom także przypisywał ugruntowanie w prawie moralnym.

Kierując ludzkością, Bóg „używa prawa moralnego na trzy różne sposoby" – pisał Kalwin, odwołując się do klasycznej protestanckiej doktryny „użycia prawa", o której wspominał we wcześniejszych pracach[67]. Po pierwsze, Bóg używa prawa moralnego w sensie teologicznym – aby potępić wszystkich ludzi w ich sumieniu i zmusić ich do szukania Jego wyzwalającej łaski. Kalwin rozszerzył tutaj swoje wcześniejsze rozważania na temat dialektyki prawa duchowego i wolności duchowej. Ustanawiając model idealnej sprawiedliwości, prawo moralne „ostrzega, informuje, skazuje i w ostateczności potępia każdego człowieka za jego własną nieprawość". Rani tym samym próżność człowieka, poniża jego pychę i prowadzi go do rozpaczy. Kalwin uważał, że ten rodzaj rozpaczy jest koniecznym warunkiem wstępnym, aby grzesznik szukał pomocy Bożej i uwierzył w łaskę Bożą. „Jest to tak, jak gdyby cała twarz

[66] *Institutio* (1559), 2.7.1; 2.8.1; 4.20.15; CO XXIV, 262–724; CO XXVI, 236–432. Por. E. Wolf, *Theologie und Sozialordnung bei Calvin*, w: E. Wolf, *Rechtstheologische Studien*, Frankfurt am Main 1972, s. 3, 12–15; I.J. Hesselink, *Calvin's Concept of the Law*, Allison Park 1992, s. 18–24, 51–85; H. Höpfl, *Christian Polity*, s. 179–180; J. Baur, *Gott, Recht und weltliches Regiment im Werke Calvins*, Bonn 1965, s. 26–75; J.T. McNeill, *Natural Law and the Teaching of the Reformers*, „Journal of Religion" 1946 (26), s. 168.

[67] *Institutio* (1536), 1.33; Kalwin, *Seneca*, 1.2.2 (tekst łac., s. 24–25; tłum., s. 73–77); 1.22.1 (tekst łac., s. 124–126; tłum., s. 301–307). Tekst późniejszy sugeruje, że Kalwin wywodzi swą teologię użycia prawa moralnego nie tylko ze studiów biblijnych i teologicznych, ale również ze swoich wcześniejszych studiów prawniczych i politycznych. W pracy z 1532 roku Kalwin aprobuje klasyczne greckie i rzymskie doktryny zamiaru, celów lub zastosowania przepisów prawa karnego i kary. Zarówno Platon, jak i Seneka określali je jako „odpłatę", „odstraszenie" i „poprawę", co odpowiada w ogólnym zarysie pojęciu Kalwina o „teologicznym", „cywilnym" i „edukacyjnym" użyciu prawa moralnego. Por. Platon, *Prawa*, 9.6 862E, 11.11 932C; tegoż, *Gorgias*, 81, 525B; *The Collected Dialogues Including the Letters*, red. E. Hamilton, H. Cairns, Princeton 1961; Kalwin, *Seneca*, 75, 305; 1, 22.1 (tekst łac., s. 124–126; tłum., s. 301–307). Por. też przypisy tłumacza tamże, s. 137.

człowieka została naznaczona w taki sposób, by każdy, kto go ujrzy, musiał się z niego naśmiewać. On sam jednak nie zdawałby sobie sprawy ze swojego stanu. Gdyby jednak przyniesiono mu lustro, byłby sobą zawstydzony, widząc, jaki jest brudny i ukryje się, aby się obmyć". Tym lustrem jest prawo moralne. Kieruje ono ludzi do poszukiwania oczyszczającej „duchowej wolności", dostępnej dzięki wierze w Bożą łaskę – wolności sumienia od potępienia przez prawo moralne[68].

Po drugie, Bóg używa prawa moralnego w aspekcie społecznym, aby ograniczyć grzechy niewierzących, którzy nie przyjęli Jego łaski. „Prawo jest jak uzda – pisał Kalwin – do powstrzymania rozszalałych i w przeciwnym razie bezgranicznych żądz cielesnych [...]. Powstrzymywanym przez strach i wstyd grzesznikom brak odwagi, by wykonać to, co obmyślali w swoich umysłach i otwarcie dyszeć żądzą". Prawo moralne narzuca im „ograniczającą i wymuszoną prawość" lub „prawość obywatelską". Chociaż ich sumienia są „nietknięte przez jakiekolwiek troski o to, co słuszne i prawe", samo zagrożenie karą Bożą zmusza grzeszników do przestrzegania podstawowych obowiązków prawa moralnego – do bojaźni Bożej, do święcenia dnia szabatu, do unikania bluźnierstwa, bałwochwalstwa i profanacji, do posłuszeństwa władzom, do szacunku wobec bliźnich, własności, pokrewieństwa, do powściągliwości seksualnej, do mówienia prawdy o sobie i bliźnich[69].

Bóg zmusza grzeszne sumienie do przyjęcia tej „obywatelskiej prawości" w celu zachowania porządku i wolności w skażonym grzechem królestwie ziemskim. „Bez jakichkolwiek ograniczeń, życie dzikich bestii byłoby lepsze i bardziej pożądane niż nasze", pisał Kalwin. Ludzie potrzebują danych przez Boga ograniczeń sumienia, aby przetrwać w „społeczności ludzkiej". „Wolność zawsze niosłaby z sobą zgubę, gdyby nie powściągał jej umiar" zrodzony z prawa moralnego. Pouczał także: „Możemy być prawdziwie i autentycznie szczęśliwi nie tylko wtedy, kiedy jesteśmy obdarzeni wolnością, lecz także wtedy, kiedy Bóg nakłada określoną regułę i ustala określony porządek publiczny między nami, by chronić nas od zamętu"[70].

Po trzecie, Bóg używa prawa moralnego w celach wychowawczych – by nauczyć tych, którzy przyjęli Jego łaskę sposobów i środków uświęcenia się

[68] *Institutio* (1559), 2.7.6–9; 3.19.3–6; CO XXIV, 725–727; Kom. Gal 5, 13; Kom. Gal 3, 19; *Institutio* (1559), 2.7.8. Kalwin przedstawiał również obraz grzesznika jako dłużnika niezdolnego do zwrócenia swego długu. Por. np. Kaz. Pwt 5, 23–27.

[69] *Institutio* (1559), 2.7.10; 2.8.6–10; 4.20.3; por. też: CO XXIV, 725–727; CO XXVI, 236 i n.

[70] Wykł. Jr 30, 9; *Institutio* (1559), 2.7.10.

i rozwoju duchowego. „Nie należymy do siebie" – mówi Kalwin, cytując św. Pawła – „wiernym nie dano swobody czynienia czegokolwiek, co wydaje im się dobre oraz podążania za własnym pragnieniem". Nawet najwięksi święci, choć wolni od potępienia przez prawo moralne, nadal muszą przestrzegać przykazań, „aby uczyć się lepiej wypełniać [...] wolę Pana [i] być skorym do posłuszeństwa". Prawo uczy ich nie tylko „prawości obywatelskiej", wspólnej wszystkim ludziom, lecz także „duchowej prawości", będącej celem uświęconych chrześcijan. Nauczając, prawo nie tylko nakłania, by przeciwstawiali się przemocy i wykroczeniom, lecz także rozwija w nich dobroczynność i miłość. Nie tylko karze za morderstwa, kradzieże i cudzołóstwo, lecz także zakazuje złych myśli – nienawiści, chciwości i pożądania. Takie obyczaje „duchowej prawości" nie powinny ograniczać się tylko do sfery królestwa niebieskiego. Wszystkie aspekty życia osoby wierzącej – duchowe i doczesne, kościelne i polityczne, prywatne i publiczne – powinny znajdować się pod ich wpływem. Kalwin podkreślał, że chrześcijanie powinni praktykować prawdy wiary i sumienia bezpośrednio w życiu politycznym, publicznym oraz zewnętrznym królestwa ziemskiego, „jako ambasadorzy i zarządcy skarbu zbawienia, przymierza z Bogiem [...] tajemnic Boskich". Postępując w ten sposób, przyczyniają się nie tylko do tego, by chwała Boga i Jego obraz jaśniały w królestwie doczesnym, lecz także wzbudzają wśród grzesznych obywateli pragnienie łaski Bożej[71].

Stworzona przez Kalwina rozszerzona teoria użycia prawa moralnego w ludzkim sumieniu stała się podatnym gruntem dla ekspansji idei wolności politycznej i praw obywatelskich. We wcześniejszych pismach Kalwin dowodził, że Bóg nakłada różne obowiązki na władzę polityczną, a obowiązki te „konstytuują" wolności polityczne poddanych w ziemskim królestwie. Kiedy urzędnicy państwowi szanują nadane przez Boga obowiązki swoich urzędów, wolności polityczne ich poddanych korzystają z wystarczającej ochrony. Tymczasem w późniejszych pismach Kalwin twierdził, że Bóg nakłada różne obowiązki nie tylko na urzędników państwowych, lecz także na wszystkich ludzi w królestwie ziemskim. Należą do nich powinności moralne określone w Dekalogu, nakazujące poszanowanie osoby, własności, dobrego imienia i stosunków z bliźnimi. Jeżeli członkowie ziemskiego królestwa respektują nadane przez Boga obowiązki w życiu wspólnym, wolności obywateli i ich bliźnich są odpowiednio chronione.

[71] Kaz. Pwt 5, 4–7, 22; *Institutio* (1559), 2.7.12; 2.8.6; 2.8.51; 3.3.9; 3.6.1; 3.17.5–6; Kom. 1 P 1, 14.

Zaledwie krok dzielił wspomniane teorie obowiązków politycznych i obywatelskich od teorii podmiotowych praw obywatelskich i swobód politycznych. Obowiązek człowieka względem bliźniego można z łatwością przedstawić jako prawo bliźniego do tego, by w stosunku do niego wywiązano się z wykonania tego obowiązku. Obowiązek urzędnika państwowego, by sprawiedliwie sprawował rządy nad obywatelami, można wyrazić jako wolność obywatela od podlegania niesprawiedliwej władzy. Pod koniec życia Kalwin zaczął posługiwać się tymi terminami, zwłaszcza w rozważaniach o „prawie do wolności chrześcijańskiej" oraz o „naturalnych" lub „powszechnych" „prawach" do własności, małżeństwa, rodzicielstwa i integralności osobistej[72]. Te wstępne ustalenia Kalwina stały się ważnym punktem wyjścia w rozwoju reformacyjnej teorii praw podmiotowych. Poczynając od jego bezpośredniego następcy, Teodora de Bèze'a, kalwiniści wykorzystali teologię prawa moralnego jako fundament pod budowę gmachu praw obywatelskich i wolności politycznych – początkowo tylko dla chrześcijan, a ostatecznie dla wszystkich ludzi miłujących pokój.

Kalwińska rozszerzona teoria użycia prawa moralnego wyznaczyła również ramy dla rozwoju wolności duchowej i praw religijnych. Wcześniej Kalwin w dużej mierze poprzestawał na ujmowaniu dialektyki prawa duchowego i wolności duchowej z perspektywy królestwa niebieskiego. Wolność sumienia ujmował wówczas jako „sprawę całkowicie duchową", a tym samym niedającą się interpretować jako wolność polityczna. Później jednak, kładąc większy nacisk na wszechmoc Bożej władzy, rozciągnął duchową dialektykę prawa i wolności także na królestwo ziemskie. Boże prawo moralne działa zarówno w królestwie niebieskim, jak i ziemskim. Chrześcijanie otrzymali wolność sumienia, by kierowali się prawem moralnym jako obywatele obu królestw. Jak pisał Kalwin: „Wolność otrzymujemy po to, abyśmy mogli prędzej i łatwiej spełniać wolę Bożą we wszystkich rzeczach" duchowych i doczesnych. Na podstawie takich założeń łatwo dojść do wniosku, że wolność sumienia powinna być absolutnie zagwarantowana w obu królestwach, niebieskim i ziemskim, dla wszystkich osób lub przynajmniej dla chrześcijan. Kalwin wahał się w tej sprawie, częściowo ograniczony własną retoryką skierowaną przeciwko antynomianizmowi anabaptystów, a także z powodu wyłącznie duchowego charakteru wolności

[72] Zob. przypisy na s. 65–68.

chrześcijańskiej[73]. Jego następcy także zmagali się z tą kwestią, lecz ostatecznie stworzyli teorię wolności religijnej dla wszystkich pokojowo nastawionych wyznań.

Wolność i prawo państwowe

W późniejszych pismach Kalwin poszerzył miejsce i cel wyznaczone w obu królestwach nie tylko dla prawa moralnego, lecz także dla prawa pozytywnego. Wcześniej za prawo pozytywne uznawał wyłącznie państwowe „prawa polityczne", których autorytet wywodzi się z prawa moralnego, a jurysdykcja ogranicza się ściśle do królestwa ziemskiego. W późniejszym okresie za prawo pozytywne Kalwin uznał zarówno prawa polityczne państwa, jak i prawa kościelne. Twierdził, że zarówno państwo, jak i kościół mają osobowość prawną[74]. Każda z instytucji posiada własne formy organizacji i porządku oraz własne normy dyscypliny i władzy. Każda jest też powołana do odegrania odrębnej roli we wprowadzaniu w życie rządów zgodnych z wolą Bożą i dyscypliny w ramach danej wspólnoty. Każda dostarcza „zewnętrznych środków lub pomocy, dzięki którym Bóg zaprasza nas do jedności z Chrystusem i zachowuje nas w niej". Każda instytucja uczestniczy w wypracowywaniu prawa moralnego zgodnego z wolą Bożą i w egzekwowaniu jego odpowiedniego „używania". Każda z instytucji pomaga wreszcie określać i wyznaczać przestrzeń wolności religijnej.

Zdaniem Kalwina Bóg obdarzył państwo „doczesną władzą miecza". Podobnie jak we wcześniejszych pismach, utrzymywał, że sprawujący władzę jest zastępcą Boga, że powinien rządzić za pomocą spisanego prawa pozytywnego, opartego na tradycji, moralności oraz zasadach słuszności i sprawiedliwości, a także że obywatele powinni być posłuszni jemu i jego prawom aż po granice

[73] Kom. 1 P 2, 16; por. też: *Institutio* (1559), 3.17.1–2; cf. *Institutio* (1559), 3.19.14–16 z tamże, 4.10.5.

[74] *Institutio* (1559), podtytuł ks. 4 (*de externis mediis vel adminiculuis quibus deus in Christi societatem nos invitat et in ea retinet*). Dopiero w ostatnim wydaniu *Institutio* Kalwin wyraźnie zdefiniował Kościół i państwo „jako zewnętrzne środki" łaski, tym samym usuwając na drugi plan teorię dwóch królestw. W wydaniu z 1536 roku w kolejnym rozdziale omawiał zagadnienia „chrześcijańskiej wolności", „władzy kościelnej" i „administracji politycznej", kładąc duży nacisk na organiczne połączenie między nimi. Por. *Institutio* (1536), rozdz. 6. W kolejnych wydaniach *Institutio* rozdzielił te trzy tematy między osobne rozdziały – omawiając „chrześcijańską wolność" w kontekście soteriologii, „władzę kościelną" w kontekście sakramentów, „administrację polityczną" w kontekście życia chrześcijańskiego. Por. wyd. z 1539, 1543, 1545, 1550, 1553 i 1554 roku w: CO I, 252–1151.

chrześcijańskiego sumienia[75]. Jednakże w późniejszych pracach Kalwin zaproponował pewne modyfikacje, dotyczące zarówno struktury, jak i celów władzy politycznej i prawa państwowego. Choć z modyfikacji tych nie wyłoniła się całościowa teoria polityczna, okazały się one brzemienne w skutki polityczne, jakie wydobyli z nich późniejsi myśliciele protestanccy.

Według Kalwina strukturę władzy politycznej powinno cechować „samoograniczenie", aby „władcy byli szachowani przez własnych urzędników" i urzędy. Kalwin uważał, że takie wewnętrzne ograniczenia polityczne rzadko występują w monarchiach, ponieważ monarchom zwykle brak samodyscypliny i samokontroli, a rzadko zdradzają oni pragnienie sprawiedliwości, roztropności i cnót chrześcijańskich. „Gdyby odkryć serca monarchów" – pisał Kalwin w latach późniejszych – „trudno byłoby pośród stu znaleźć jednego, który nie gardziłby wszystkim, co boskie". A zatem „jest bezpieczniej i znośniej, by rząd znajdował się w rękach wielu osób, które pomagają sobie wzajemnie", jak w systemie arystokratycznym, a jeszcze lepiej, w „systemie [mieszanym – *J.W.*] polegającym na arystokracji, miarkowanej przez demokrację". Kalwin miał w tym przypadku na myśli rządy sprawowane przez ludzi o „najlepszym charakterze", przez elity duchowe i moralne wybierane na swoje urzędy przez lud. Sam podział władzy politycznej nie był jednak wystarczającym zabezpieczeniem przed tyranią polityczną. Kalwin zachęcał zatem wszystkich urzędników do rządzenia za pośrednictwem lokalnych przedstawicielstw, przestrzegania uprzednio spisanych reguł prawa, dzielenia swojej władzy między różne samokontrolujące się gałęzie, poddawania się okresowej ocenie wyborców, regularnego zwoływania zgromadzeń ludowych, by zdać sprawę z własnych dokonań i dać sposobność do publicznego wyrażania powszechnych trosk[76]. Mimo że Kalwin nigdy nie dokonał syntezy tych różnorodnych „elementów demokratycznych" swej teorii politycznej[77], jego zwolennicy we Francji, Holandii, Anglii i Nowej Anglii włączyli je w całościową teorię demokracji politycznej, o czym będzie mowa w dalszych rozdziałach.

---

[75] Por. ogólnie *Institutio* (1559), 4.20.

[76] Kaz. 2 Sm 1–4; Kaz. Hi 10, 16–17; 19, 26–29; 34, 138; Kaz. Pwt 17, 16–20; 18, 14–18; *Institutio* (1559), 4.20.9–11, 31; Kom. Rz 13, 1–10. Por. też: CLSK, s. 116 i n., 619 i n.; H. Höpfl, *Christian Polity*, s. 160 i n.; J.T. McNeill, *John Calvin on Civil Government*, s. 24 i n.; M.E. Chenevière, *La pensèe politique de Calvin*, wyd. wzn. Genève 1970, s. 181 i n.

[77] Por. J.T. McNeill, *The Democratic Element*, i R.M. Kingdon, *Calvinism and Democracy*, w: J.H. Bratt (red.) *The Heritage of John Calvin*, Grand Rapids 1973, s. 177.

Celem rządu politycznego i prawa jest w istocie pomoc Bogu w osiągnięciu społecznego użycia prawa moralnego – poprzez wspieranie powściągliwości i prawości we wzajemnych relacjach, w razie potrzeby przy użyciu przymusu. Kalwin opisywał tę funkcję na wiele sposobów. Urzędnicy są „wyświęconymi obrońcami i egzekutorami publicznej niewinności, skromności, obyczajności i spokoju, a ich jedynym dążeniem powinno być zapewnienie wspólnego bezpieczeństwa i pokoju dla wszystkich". „Wyznaczonym celem" stojącym przed urzędnikami jest „dostosowanie naszego życia do społeczności ludzkiej, kształtowanie naszych zachowań społecznych według prawości obywatelskiej, wzajemne jednanie i wspieranie powszechnego pokoju i ładu"[78].

Kalwin nie zostawia żadnych wątpliwości co do wewnętrznych ograniczeń wpisanych w czynienie przez urzędników cywilnego użytku z prawa:

> Prawdą jest, że gdy władze tworzą prawa, czynią to odmiennie niż Bóg. Wówczas cele ich dotyczą jedynie sposobu, w jaki kierujemy sobą, zachowując zewnętrzny porządek cywilny, aby nikt nie był ofiarą przemocy, a prawa każdego były chronione i wszyscy ludzie mogli żyć w pokoju i zgodzie. To jest ich intencją, gdy tworzą prawa. Dlaczego? Ponieważ są śmiertelnikami i nie potrafią zmienić wewnętrznych i ukrytych skłonności. To należy do Boga[79].

Zdaniem Kalwina najlepszym środkiem pozostającym do dyspozycji władz w celu doskonalenia cywilnego użycia prawa moralnego jest bezpośrednie egzekwowanie przepisów i zasad Dekalogu. Władza jest bowiem, jak powiadał, „strażnikiem obu tablic" Dekalogu[80]. Ponosi odpowiedzialność za kierowanie zarówno stosunkami między ludźmi a Bogiem, na podstawie pierwszej tablicy Dekalogu, jak i stosunkami między ludźmi – na podstawie tablicy drugiej. Władza ma więc za zadanie obwieszczanie przepisów przeciwko naruszaniu szabatu, przeciwko bluźnierstwu, herezji, „bałwochwalstwu, świętokradztwu wobec imienia Bożego, wbrew jego prawdzie i innym publicznym przestępstwom przeciwko religii", które naruszają zasady pierwszej tablicy. Władza ma „bronić kultu Boga i wymierzać pomstę tym, którzy bluźnierczo Go lekceważą, oraz tym, którzy dążą [...] do zafałszowania prawdziwej doktryny na skutek

---

[78] Tamże, 4.20.2, 9.

[79] Kaz. Pwt 5, 17.

[80] *Institutio*, 4.20.9. Por. też: tamże, 2.8.11–12; Kom. *Harm. Law* Pwt 10, 12–13, Pwt 6, 5; 19, 18. Dla porównania dokonanego przez Kalwina podziału przykazań Bożych pomiędzy te tablice z podziałami dokonanymi przez innych pisarzy chrześcijańskich i żydowskich zob. B. Reicke, *Die Zehn Worte in Geschichte und Gegenwart*, Tübingen 1973, s. 9–42.

swoich błędów". Władza ma także ustanawiać przepisy karzące za morderstwo, kradzież, cudzołóstwo, krzywoprzysięstwo, przygotowanie do popełnienia przestępstwa i inne formy niemoralności, naruszające zasady drugiej tablicy. Czyniąc to, władza przymusza wszystkich, niezależnie od ich wiary, do poszanowania i zachowania „prawości obywatelskiej" lub „moralności publicznej" wyznaczonej przez Boże prawo moralne[81].

Kalwin był przekonany, że wypełniając funkcję pochodzącego od Boga autorytetu moralnego, władza państwowa poszerza zakres wolności religijnej. Ucząc każdego podstaw moralności chrześcijańskiej, nawet przy użyciu siły, władza sprawia, że ci, którzy w przyszłości przyjmą Chrystusa, będą „częściowo przygotowani, [...] niezupełnie pozbawieni wiedzy i wtajemniczenia w dyscyplinę chrześcijańską". Nakładając minimalne standardy moralności chrześcijańskiej, władza chroni „publiczne wyznawanie religii" i zapewnia publiczną i spokojną przestrzeń dla rozwoju chrześcijaństwa i Kościoła. Oczyszczając wspólnotę z jawnych heretyków, bałwochwalców i bluźnierców, władza chroni religijny charakter wspólnoty oraz świętość Kościoła i jego członków. W ten sposób poszczególni chrześcijanie i Kościół jako całość cieszą się większą swobodą praktykowania wiary chrześcijańskiej[82].

Kalwin nie wzmacniał jednak jurysdykcji cywilnej w sprawach religijnych i moralnych bez ustanowienia odpowiednich zabezpieczeń. Po pierwsze, urzędnikom nie wolno „tworzyć prawa [...] dotyczącego religii i oddawania czci Bogu"[83]. Ich zadaniem było jedynie egzekwowanie prawa Bożego w sprawach religii i kultu, a zwłaszcza wyraźnych postanowień pierwszej tablicy Dekalogu oraz ich interpretacji dokonanej przez Kościół. Zasada ta stała w wyraźnej sprzeczności ze stanowiskiem luteranów i anglikanów, którzy w tym samym czasie upoważniali urzędników do ogłaszania wszelkiego rodzaju praw cywilnych w dziedzinie kultu religijnego, liturgii, modlitw i innych praktyk religijnych. Kalwin nie popierał tego rodzaju prawnych form ustanawiania religii państwowej.

Po drugie, chrześcijanie powinni przeciwstawiać się władzy, która nakładałaby obowiązki religijne i moralne bezpośrednio naruszające Pismo, a szczególnie wskazania pierwszej tablicy Dekalogu. „Ziemscy książęta pozbawiają się całej swojej władzy, gdy powstają przeciw Bogu", pisał Kalwin. „Powinniśmy

[81] *Institutio* (1559), 4.20.3; Wykł. Dn. 4, 1–3.
[82] *Institutio* (1559), 2.8.10; 4.20.3.
[83] Tamże, 4.20.3.

raczej pluć im w twarz, aniżeli być im posłuszni, gdy są tak krnąbrni i chcą okradać Boga z jego praw"[84]. Zarazem jednak Kalwin wskazywał, że

> Powinniśmy być posłuszni książętom ustanowionym nad nami. Nawet gdy dręczą nasze ciała, stosując wobec nas tyranię i okrucieństwo, trzeba to wszystko znosić, jak mówi św. Paweł. Kiedy jednak powstają przeciw Bogu, należy ich zdjąć i nie dbać o nich, podobnie jak czynimy ze zużytymi butami [...]. Kiedy książęta zakazują sprawowania służby i oddawania czci Bogu, kiedy nakazują swoim poddanym, aby kalali się bałwochwalstwem i chcą, ażeby godzili się na uczestnictwo we wszelkich obrzydliwościach sprzecznych ze służbą Bogu, nie są oni godni, by uznawano ich za książęta lub przypisywano im jakąkolwiek władzę. Dlaczego? Ponieważ jest tylko jedna podstawa wszelkiej władzy książąt – ta mianowicie, iż Bóg wyznaczył im te miejsca. Gdy chcą strącić Boga z tronu, czyż mogą być poważani?[85]

„Chociaż dany jest nam nakaz, abyśmy byli posłuszni wobec naszych przełożonych" – oświadczał Kalwin ze swej genewskiej ambony – „nie dotyczy on wyjątku, gdy [posłuszeństwo] odwracałoby nas od którejkolwiek z prerogatyw należnych Bogu, które zostały już zapisane w pierwszej tablicy [Dekalogu]. Wiemy bowiem, że obrzędy, w których Bóg jest czczony, muszą mieć pierwszeństwo przed wszystkim innym". Dla chrześcijanina działającego zgodnie z sumieniem „opór przeciw tyrańskim edyktom i nakazom, które zabraniają nam należycie czcić Chrystusa i wielbić Boga", nie oznacza bycia

[84] Wykł. Dn. 6, 22. Szczególnie w późniejszych pismach Kalwin często mówił o „prawach Bożych" (jako dodatkowych w stosunku do Bożej mocy, władzy, suwerenności i innych). Zdaniem Kalwina ludzkie nieposłuszeństwo, bałwochwalstwo i grzech „rabują, kradną, oszukują, profanują i zdradzają" prawa Boże, a Bóg będzie dochodził swoich praw w drodze wyroku, a w razie potrzeby poprzez kary. Kalwin jasno wyraził również, że nawet powołując swych kapłanów i proroków w Starym Testamencie lub swych ministrów i urzędników w Nowym Testamencie, Bóg nigdy nie „porzuca, abdykuje i rezygnuje, albo zdradza" swoich praw dotyczących ludzi, ale zawsze zastrzega sobie ostateczne prawo i autorytet. Por.: Kom. *Harm. Law* Wj 1, 15–22; 10, 21–29; 12, 4–14; 20, 1–6; 23, 13, 20–23, 25–31; 28, 1–43; 33, 1–23; Lb 31, 1–54; Pwt 5, 8–10; 13, 12–17; 17, 12–13; 21, 23; 23, 9–14; Kom. Ps 2, 12; 16, 2–3; Wykł. Iz 10, 1–34; 26, 1–21; 41, 1–29, 44, 1–28; 45, 1–25; 57, 1–21; 58, 5; 60, 1–23; Wykł. Jr 12, 14; 18, 18; 25, 7; 28, 4; 34, 17; Wykł. Ez 1, 3; 5, 11; 13, 17–18; 16, 21; 18, 5–9; 20, 18–19, 27–28, 34, 37, 39; Wykł. Dn, *List dedykacyjny*, 4, 17; 6, 16, 21–22; 8, 11; 9, 27; Wykł. Oz 13, 4–5; Wykł. Am 7, 16; Wykł. Jon 2, 8–9; Wykł. Mi 2, 7; Wykł. Ha 2, 3, 19; Wykł. So 1, 5; Wykł. Ma 2, 1–6, 9; Kom. J 2, 4; 5, 22; 18, 11; Kom. Rz 12, 19; Kom. Dz 15, 4; 22, 1; Kom. 1 Kor 4, 15; Kom. Ef 5, 6; Kom. Flp 2, 6; Kom. Hbr. 2, 5, 17. Zob. rozdz. 2, s. 134–136.

[85] Wykł. Dn 6, 22.

„zbuntowanym przeciwko królom, bo nie zostali oni tak wyniesieni, aby mogli się zachowywać jak giganci i strącać Boga z jego miejsca i tronu”[86].

Po trzecie, władzom nie wolno przekraczać lub ograniczać ustanowionych przez Boga praw i wolności swoich poddanych. Wprost przeciwnie, zdaniem Kalwina, „Bóg upoważnił władzę do ochrony praw każdego” i wezwał ją do „tworzenia jednolitego i spójnego prawa” w celu zagwarantowania, aby „nikt nie doznawał naruszenia własnej osoby lub własności”. „Nikczemną perfidią”, pisał Kalwin w wydaniu *Institutio* z 1559 roku, „jest gwałtownie napadać i atakować prosty lud” i „nieuczciwie zdradzać wolność ludu, do obrony której, o czym wiedzą, zostali powołani z rozporządzenia Bożego”[87].

Po czwarte, władcy nie powinni egzekwować Boskich praw w sposób bezrefleksyjny. Jak twierdził Kalwin, „nie zawsze musimy osądzać człowieka za jego kłótliwość, jeżeli nie zgadza się on z naszymi decyzjami lub odważa się z nami spierać”. „Musimy zachować umiar, żeby nie uznawać od razu każdego człowieka, który nie zgadza się z naszym zdaniem, za «heretyka». Są sprawy, wobec których chrześcijanie mogą różnić się opinią, bez dzielenia się na sekty”[88].

Wreszcie urzędnicy powinni zawsze egzekwować Boże prawa, kierując się słusznością. Muszą oni dostosować wymierzane kary do możliwości danej osoby i do szkodliwości popełnionego przez nią przestępstwa. „Wszyscy nauczyciele znają [...] w tej kwestii regułę, której powinni przestrzegać [...] z umiarem i życzliwością, dostosować się do możliwości ignorantów i niewykształconych”[89].

> [Izajasz] to właśnie miał na myśli, używając metafory nadłamanej trzciny, której nie pragnie złamać ani zmiażdżyć do końca, lecz przeciwnie, podnieść i wesprzeć, tak aby utrzymać i wzmocnić to, co jest w niej dobre. Nie powinniśmy ani nadmierną surowością niszczyć umysłów słabych, ani nakłaniać ich naszą zachęcającą mową do zła. Lecz ci, którzy hardo i uparcie się opierają [...], muszą zostać złamani i zmiażdżeni[90].

---

[86] Kom. *Harm. Law* Pwt 5, 16; Kom. Dz 17, 7. Por. też: Kom. Dz 5, 29 (opór wobec tyranów, którzy próbują zniszczyć Ewangelię); Kaz. 1 Sm 26, 22–25 (opór wobec cudzoziemców, którzy starają się zniszczyć Kościół). Zob. rozdz. 2, s. 134–136.

[87] Kaz. Pwt 25, 1–4; *Institutio* (1559), 4.20.31. Por. też: Kaz. 1 Sm 8, 11–22; i dyskusję w CLSK, s. 94–97; D. Little, *Protestantism and World Order*.

[88] Kaz. 1 Kor 11, 6; Kom. TT 3, 10.

[89] Kom. Rz 1, 14.

[90] Wykł. Iz 42, 3.

Osobą, którą Kalwin pomógł „zmiażdżyć" władzy, rozpętując to, co zostało nazwane „jedną z najbardziej znanych nowożytnych kontrowersji dotyczących wolności religijnej", był Miguel Servet[91]. Stan faktyczny sprawy Serveta jest bezsporny. Ten wybitny hiszpański uczony i teolog był w swoim czasie znany za sprawą dwóch niepowiązanych ze sobą osiągnięć: odkrycia krążenia krwi w płucach i publikacji traktatu z 1531 roku *O błędach Trójcy*[92]. Drugie osiągnięcie okazało się bardziej kontrowersyjne, gdyż w swym traktacie Servet zarzucał Kościołowi wszelkiego rodzaju wypaczenia i zamęt wynikające z rozwijania doktryny o Bogu jako Ojcu, Synu i Duchu Świętym. Książka została powszechnie potępiona zarówno w środowiskach katolickich, jak i protestanckich. Kiedy Servet wysłał egzemplarz swego dzieła do biskupa Saragossy, ten wskazał go Inkwizycji, która zażądała jego stawiennictwa. Servet zniknął i pojawił się ponownie w 1545 roku; wtedy również posłał Kalwinowi list z kilkoma pytaniami na temat Trójcy. W odpowiedzi Kalwin ofiarował mu egzemplarz *Institutio*, by przekonać Serveta o jego błędach. Servet niezwłocznie zwrócił Kalwinowi dzieło z licznymi poprawkami i obraźliwymi uwagami na marginesach[93]. Kalwin zerwał korespondencję, w 1546 roku złowróżbnie zwierzając się przyjacielowi: jeżeli Servet „poważy się przybyć" do Genewy, „nigdy nie pozwolę mu ujść z życiem"[94].

W 1553 roku Servet opublikował *Restitutio* swojego dzieła na temat Trójcy, które ponownie spotkało się z ostrym potępieniem ze strony protestantów i katolików. Tym razem władze katolickie aresztowały Serveta i oddały go w ręce Inkwizycji. Kalwin dostarczył sądowi inkwizycyjnemu dokumenty mające świadczyć o herezji i bluźnierstwie Serveta, załączając egzemplarz *Institutio* opatrzony uwagami Serveta. Wezwał także duchownych i księgarzy w Genewie i za granicą, aby spalili *Restitutio*[95]. Servetowi udało się uciec przed inkwizytorami. Podczas ucieczki zatrzymał się w Genewie – było to jedno, choć na pewno nie jedyne dogodne miejsce postoju na jego drodze.

---

[91] J. Lecler, *Toleration and the Reformation*, London 1960, t. 1, s. 325. Na temat Serveta por.: R.H. Bainton, *Hunted Heretic. The Life and Death of Michael Servetus*, Boston 1953; R.H. Bainton, *Travail*, s. 72 i n.; R. Nürnberger, *Calvin und Servet. Eine Begegnung zwischen reformatorischem Glauben und modernem Unglauben im 16. Jahrhundert*, „AFR" 1958 (49), s. 196; J. Friedman, *Michael Servetus. A Case Study in Total Heresy*, Geneva 1978.

[92] R.H. Bainton, *Documenta Servetiana*, „AFR" 1953 (44), s. 223; tamże, 1954 (45), s. 99.

[93] CO VIII, 645–720.

[94] *List do Farela* (luty 1546), w: CO XII: 282–284.

[95] *List do pasterzy Kościoła we Frankfurcie* (6 września 1553), w: CO XIV, 599–600; *List do Sulzera* (5 września 1553), w: CO XIV, 614–616.

W niedzielę rano wziął udział w nabożeństwie w genewskim Kościele, w którym nauczał Kalwin. O jego obecności doniesiono Kalwinowi, a ten kazał władzom miasta aresztować go. Servet został oskarżony przez genewską Radę o „okropne, szokujące, skandaliczne i zaraźliwe" herezje, naruszające miejscowe prawa, jak również ogólne zasady prawa cywilnego. Kalwin był jego pierwszym oskarżycielem i jako jeden z wielu zeznawał przeciw niemu. Servet, nie korzystając podczas procesu z pomocy adwokata, odpowiadał swoim oskarżycielom zarówno bezpośrednio w sądzie, jak i poprzez adnotacje na dowodach przedstawionych przeciwko niemu. Nakazano mu wyrzec się swoich przekonań i okazać skruchę, a gdy odmówił, został skazany na śmierć przez spalenie w wolnym ogniu na stosie. Kalwin poparł prośbę Serveta o bardziej miłosierną formę egzekucji. Władze sądowe odmówiły jednak Servet spłonął na stosie 27 października 1553 roku[96].

W połowie XVI wieku egzekucje skazanych za herezje nie były nowością, podobnie jak w wiekach poprzednich. W tej samej dekadzie, w której przeprowadzono egzekucję Serveta, Maria, królowa Anglii, dokonała egzekucji na prawie 273 protestantach, którzy opierali się jej powrotowi do katolicyzmu. W kolejnej dekadzie książę Alva dokonał egzekucji tysięcy holenderskich protestantów, próbując (ostatecznie bez skutku) uspokoić reformacyjny ferment w Niderlandach. W 1572 roku co najmniej 10 tysięcy francuskich kalwinistów zginęło w ciągu miesiąca fanatycznego religijnego ludobójstwa, znanego za sprawą masakry w noc św. Bartłomieja. Egzekucje za herezje nie odbywały się jednak w protestanckiej Genewie, która w czasach Kalwina stała się swego rodzaju przystanią dla nonkonformistów protestanckich z całej Europy[97]. Spośród 139 przestępców skazanych w Genewie między 1542 a 1564 rokiem, w stosunku do których wykonano wyroki, Servet był jedynym straconym za herezję[98]. Trudno było uzasadnić tego typu egzekucje za pomocą ściśle biblijnej logiki, na którą Kalwin zazwyczaj się powoływał. Wygnanie i inne niż śmierć kary dla heretyków z łatwością mogły znaleźć uzasadnienie w Piśmie; egzekucji nie da się uzasadnić[99].

Krytycy Kalwina, zwłaszcza Sebastian Castellio, dopatrywali się w wykonaniu wyroku na Servecie nieuchronnego rezultatu dokonanego przez Kalwina

---

[96] Na temat przebiegu procesu zob. CO VIII, 721–832, oraz RCP, s. 223–284.

[97] Por.: W.C. Innes, *Social Concern in Calvin's Geneva*, Allison Park 1983, s. 205–219 (na temat uchodźców religijnych w Genewie).

[98] E.W. Monter, Crime and Punishment in Calvin's Geneva, 1562, „AFR" 1973 (64), s. 281.

[99] H. Höpfl, *Christian Polity*, s. 172 i n., s. 201 i n.

wzmocnienia władzy państwowej w sprawach „publicznego manifestowania przekonań religijnych". W jaki sposób urzędnik ma rozróżnić między Bożym prawem odnoszącym się do religii, które zobowiązany jest wprowadzać w życie, a ludzkim prawem odnoszącym się do religii, do którego wprowadzania nie jest zobowiązany? W jaki sposób władza może decydować, czy nauczanie doktrynalne jest bluźniercze, bałwochwalcze lub heretyckie? W jaki sposób władza powinna bronić się przed nieodpowiednimi wpływami teologów i duszpasterzy tak potężnych jak Kalwin? Jakiemu celowi służy obywatelska dyscyplina takiej osoby? Castellio pisał:

> Ja także nienawidzę heretyków – zarówno bluźnierców, bałwochwalców jak i innych apostatów. Jednakże [...] dostrzegam dwa wielkie niebezpieczeństwa. Pierwszym jest to, że ten będzie uznany za heretyka, kto nie jest heretykiem. Było tak w dawnych czasach, gdy Chrystus i jego uczniowie zostali skazani na śmierć jako heretycy, a istnieje poważny powód do obaw przed powrotem do tego samego w obecnym wieku [...]. Należy zachować wielką ostrożność, aby odróżnić tych, którzy są prawdziwymi podżegaczami, od chrześcijan. Na zewnątrz postępują tak samo i są uznani za winnych tych samych przestępstw przez tych, którzy tego nie rozumieją. Chrystus został ukrzyżowany pośród łotrów. Innym niebezpieczeństwem jest to, że ten, kto naprawdę jest heretykiem, zostanie ukarany bardziej surowo lub w inny sposób, niż wymaga tego chrześcijańska dyscyplina[100].

Castellio ze szczególną zaciekłością potępił Kalwina za jego wsparcie dla skazania Serveta z powodu przyjęcia doktryny heretyckiej. „Zabijając człowieka, nie zabija się doktryny, lecz zabija się człowieka [...]. Doktryna religijna nie jest sprawą urzędów, lecz teologów. Co miecz ma wspólnego z doktryną?"[101].

Tego rodzaju krytyki Kalwin nie uważał za przekonującą, a w latach późniejszych – wraz ze wzrostem liczby jego krytyków w Genewie i wybuchami sprzeciwu[102] – bronił swoich poglądów z coraz większą zaciekłością. Właśnie wśród tych wypowiedzi krytycy Kalwina odnaleźć mogą pozbawione umiaru sformułowania skierowane przeciw wolności religijnej, rzucające cień na jego

---

[100] S. Castellio, *Concerning Heretics* (1554), red. R.H. Bainton, New York 1935, s. 126 (cyt. w: *Dedication by Martin Bellius to Duke Christoph of Württemberg*).

[101] Cyt. za: R.H. Bainton, *Sebastian Castellio. Champion of Religious Liberty*, New York 1951, s. 75.

[102] Por. np.: RCP, s. 295–304; *Letter from the Pastors of Geneva to their Colleagues in Berne* (4 października 1554), w: CO XV, 250–252; *Letter to Farel* (25 maja 1554), w: CO XV, 140–141.

skądinąd wyważone ujęcie tej wolności. Interpretacja fragmentu o ukamienowaniu fałszywych proroków ilustruje nowy, napuszony styl Kalwina:

> Prawo to z początku wydaje się zbyt surowe. Czy ktoś powinien być ukarany w ten sposób jedynie za to, że przemówił? Lecz jeżeli ktoś szkaluje śmiertelnika i za to jest karany, czyż powinniśmy pozwalać, aby bluźnierstwa przeciw Bogu żywemu pozostawały bezkarne? Jeśli książę jest ranny, śmierć wydaje się niewystarczającą zemstą. A jeżeli Bóg, suwerenny władca, jest piętnowany słowami, czyż nie ma na to rady? Chwała Boża i zbawienie są tak połączone, iż zdrajca Boga jest także wrogiem ludzkości, gorszym niż morderca, ponieważ prowadzi biedne dusze na zatracenie. Niektórzy twierdzą, że przestępstwo to polega jedynie na słowach, nie widzą więc potrzeby takiej surowości. My natomiast nakładamy psom kaganiec, więc czy powinniśmy pozostawiać ludziom wolność, aby otwierali usta, jak im się podoba? Ci, którzy się sprzeciwiają, są jak psy i świnie. Szemrzą miedzy sobą, że wyruszą do Ameryki, gdzie nikt już nie będzie im przeszkadzał. Bóg jasno mówi, że fałszywego proroka należy ukamienować bez litości. Powinniśmy zmiażdżyć naszą piętą wszystkie ludzkie uczucia, kiedy trzeba bronić Jego czci. Ojciec nie powinien oszczędzić dziecka, ani brat swojej siostry lub brat swojego brata, ani mąż własnej żony lub przyjaciela, który jest mu droższy niż życie. Żaden ludzki związek nie ma większej wartości od związku zwierząt, jeżeli nie opiera się na Bogu[103].

Podobnie gorzkie słowa wypełniają manifest Kalwina z 1554 roku pt. *Defensio orthodoxae fidei de sacra Trinitate, contra prodigiosos errores Michaelis Serueti Hispani*[104]. Te późne wypowiedzi świadczą o ponurym i defensywnym nastroju Kalwina i mogą ukazywać jego samego oraz jego poglądy na temat wolności religijnej w bardzo mrocznym i złowrogim świetle.

Wolność i prawo kościelne

Zdaniem Kalwina Bóg oddał w ręce państwa władzę miecza, Kościołowi zaś powierzył duchową władzę Słowa. Bóg wzywa członków Kościoła, aby stali się jego kapłanami i prorokami: aby głosili Ewangelię, udzielali sakramentów, nauczali młodych, gromadzili świętych, troszczyli się o potrzebujących oraz przekazywali Słowo Boga i Jego wolę całemu światu. Kościół ma być znakiem światła i prawdy, bastionem służby i misji. Podobnie jak pobożni

---

[103] Cyt. za R.H. Bainton, *Travail*, s. 68–69.
[104] CO VIII, 453–644.

chrześcijanie powinni nieść wiarę światu, ukazując obraz i chwałę Boga, tak też Kościół powinien prowadzić swoją posługę dla świata, aby wszyscy poznali posłanie i majestat Boga[105].

Bóg – utrzymywał Kalwin – ustanowił swój Kościół jako odrębną i niezależną społeczność. Zadania w Kościele powinno rozdzielać się między wiele urzędów i urzędników. Duszpasterze powinni głosić Słowo i udzielać sakramentów. Uczeni mają katechizować młodych i kształcić parafian. Starsi są odpowiedzialni za utrzymanie dyscypliny i porządku oraz rozstrzyganie sporów. Diakoni mają kontrolować finanse kościelne oraz koordynować kościelną opiekę nad ubogimi i potrzebującymi[106]. Kalwin uważał, że każdy z tych urzędów kościelnych powinien być obieralny, a każdy wybrany urzędnik podlegać ograniczeniom własnego urzędu i nadzorowi innych urzędników. Każdy z nich powinien brać udział w okresowych zgromadzeniach kongregacji, które umożliwiałyby jej członkom dokonanie oceny działalności urzędników i omówienie zagadnień doktrynalnych i dyscyplinarnych. Taką formę ustroju kościelnego, którego wewnętrzne funkcjonowanie Kalwin opracował w szczegółach, późniejsi kalwiniści opisywali jako „demokrację kościelną"[107].

Zgodnie z naukami Kalwina w społeczności kościelnej Bóg ustanowił trzy formy władzy prawnej (*potestas*). Po pierwsze, Kościołowi przysługuje władza doktrynalna, oparta na „autorytecie ustanawiania artykułów wiary i autorytecie ich objaśniania". Jej składnikiem jest władza ustanawiania własnej doktryny, wyznania wiary, katechizmów lub innych wiążących zasad wiary chrześcijańskiej oraz władza ich przekazywania z katedry i ambony. Po drugie, Kościół ma władzę prawodawczą, władzę ogłaszania własnej „uporządkowanej konstytucji" zapewniającej (1) „właściwy porządek i organizację", „bezpieczeństwo i ochronę" w zarządzaniu Kościołem oraz (2) „właściwą obyczajność" i „stosowną godność" w sprawach kultu, liturgii i rytuałów. „Kiedy Kościoły pozbawia się [...] praw skierowanych ku tym rzeczom" – pisał Kalwin – „pękają łączące je ścięgna, stają się całkowicie okaleczone i zdeformowane. Nakaz Pawła, aby «wszystkie rzeczy wykonywano z zachowaniem obyczaju i należytego porządku», może być spełniony tylko wtedy, kiedy sam porządek i *decorum* są ustanowione poprzez dodatkowe obrzędy, które tworzą więź jedności". Po trzecie, a zdaniem Kalwina najważniejsze, Kościół

[105] *Institutio* (1559), 4.1.1–17; Kaz. Pwt 5, 22.

[106] Tamże, 4.3; *Ordonnances ecclésiastiques* (1541), w: CO X/I, 15–30.

[107] *Cambridge Synod and Platform* (1648), s. 8, w: W. Walker (red.), *The Creeds and Platforms of Congregationalism*, New York 1960, s. 217–218.

ma władzę sądowniczą, władzę egzekwowania praw, które pomagają utrzymać dyscyplinę i zapobiec zgorszeniu jego członków"[108].

Kalwin domagał się, by zakres kościelnej władzy sądowniczej, wywodzącej się z władzy kluczy, pozostał „całkowicie duchowy". Jej przepisy dyscyplinarne powinny „opierać się na Bożym autorytecie, zaczerpniętym z Pisma Świętego, a więc całkowicie boskim". Zestaw kar należy ograniczyć do upomnienia, pouczenia, a w ciężkich przypadkach do zakazu i ekskomuniki, sankcje cywilne i karne pozostawiając do uznania i wykonania władzom świeckim. Ich wymierzanie zawsze powinno być „umiarkowane i łagodne; nie wolno również pozostawiać go „decyzji jednego człowieka, lecz zgodnego z prawem zgromadzenia" – najlepiej sądu konsystorza, z zachowaniem odpowiednich procedur i właściwego szacunku dla rządów prawa[109].

W pismach z lat czterdziestych XVI wieku Kalwin ujmował kompetencje sądownicze Kościoła dość wąsko, jako środek do oczyszczania go z jawnego grzechu i grzeszników oraz zachowywania czystości Wieczerzy Pańskiej lub Eucharystii[110]. Jednakże pod koniec jego życia dało się zaobserwować odrodzenie znacznej części norm dyscyplinarnych opartych na tradycyjnym katolickim prawie kanonicznym i przywrócenie tradycyjnego autorytetu sądom konsystorza, czemu Kalwin i inni protestanci tak gorąco sprzeciwiali się trzydzieści lat wcześniej. Na przykład w poprawkach z 1560 roku wprowadzonych przez Kalwina do *Ordonnances ecclésiastiques* można przeczytać:

> Materie i sprawy, jakie najczęściej wnosi się przed konsystorze, obejmują przypadki bałwochwalstwa i innego rodzaju przesądów, braku szacunku wobec Boga,

---

[108] *Institutio* (1559), 4.1.5; 4.8.1; 4.10.27–38; 4.11.1; Por. następnie: *De Scandalis*, w: CO VIII, 1–84.

[109] Tamże, 4.10.5, 30; 4.11.1–6; 4.12.1–4, 8–11. Por. też porady Kalwina w: CO X/I, 207–208, 210–211 (wezwanie do konsystorza, „aby trzymał się własnych granic i limitów" oraz, że „nadmierna surowość powinna być trzymana w ryzach"); *Ordonnances ecclésiastiques* (1541), w: CO X/I, 15–30 (podkreślenie, że dyscyplina „powinna być praktykowana z takim umiarem i bez narzucania siłą, skutkiem której ktoś mógłby być zraniony; lub nawet mógłby porzucić postanowienie nawrócenia się").

[110] CO X/I, 15–30 wymienia „osoby, które powinny być upominane przez starszych": „ci, którzy dogmatyzują wbrew przyjętym doktrynom", „każdy, kto zaniedbuje obecność w kościele w sposób, który zdradza pogardę dla jedności wiernych", niejawni grzesznicy, których należy upomnieć prywatnie, jawni grzesznicy, którzy powinni zostać potępieni i, jeśli to konieczne, ekskomunikowani i przekazani władzom cywilnym. Zarządzenia te wprowadzono jako ograniczenia, aby „duszpasterze nie dysponowali jurysdykcją cywilną, ani niczym innym poza duchowym mieczem Słowa Bożego, jak im nakazuje Paweł; Konsystorz nie powinien też naruszać [praw] Rady [miasta Genewy] lub zwykłego wymiaru sprawiedliwości; władza świecka ma pozostać nienaruszona".

herezji, nieposłuszeństwa wobec ojca i matki lub wobec władzy, podżegania do buntu, okaleczenia, napaści, cudzołóstwa, nierządu, kradzieży, chciwości, uprowadzenia, gwałtu, oszustwa, krzywoprzysięstwa, fałszywego świadectwa, pijaństwa, hazardu, niepohamowanego biesiadowania i innych skandalicznych występków: a ponieważ władze zwykle nie sprzyjają tego typu zachowaniom, konsystorz będzie stosował zwykłe nagany, a mianowicie: braterskie upomnienie, odpowiednio do sytuacji poważne i surowe, zawieszenie prawa przystępowania do Wieczerzy Pańskiej, zakaz przystępowania do Wieczerzy Pańskiej na określony czas; a imiona notorycznych przestępców zostaną podane do publicznej wiadomości, aby ludzie wiedzieli, kim oni są[111].

Nie były to puste słowa. Badania dotyczące życia w Genewie za rządów Kalwina wykazują, że tamtejszy Konsystorz odgrywał coraz większą rolę w utrzymaniu dyscypliny duchowej i moralnej wszystkich poddanych genewskich. Konsystorz działał w porozumieniu z Radą, funkcjonował jako ława przysięgłych i jako instytucja dokonująca wstępnych przesłuchań sądowych w przypadkach różnych przestępstw duchowych i moralnych. Brał także udział w egzekwowaniu praw dotyczących nie tylko bluźnierstwa, herezji, świętokradztwa i innych uchybień duchowych, lecz także małżeństwa, rozwodu i opieki nad dziećmi, edukacji, dobroczynności i pomocy dla biednych oraz wielu innych spraw i problemów społecznych[112].

O ile prawo państwowe służyło pomocą Bogu w realizacji cywilnego użycia prawa moralnego, prawo kościelne pomagało Bogu w osiągnięciu każdego spośród trzech rodzajów użycia prawa moralnego. Zachowując czystość Bożej doktryny i prawa, Kościół dokonuje teologicznego użycia prawa, by skłonić grzeszników do uświadomienia sobie własnej nieprawości i do poszukiwania łaski Bożej. Zachowując strukturalny porządek i obyczajność, Kościół podtrzymuje cywilne użycie prawa, by powstrzymać grzeszne postępowanie oraz zachowywać miary publicznej prawości i wolności pośród swoich członków. Utrzymując dyscyplinę duchową, Kościół czyni z prawa narzędzie użycia wychowawczego, naucza świętych o znaczeniu i środkach uświęcania się oraz prawości duchowej.

Ponadto egzekwowanie przez Kościół dyscypliny duchowej służyło realizowaniu we wspólnocie wiernych tych samych celów odpłaty, odstraszania

---

[111] SD, t. 3, poz. 992.

[112] CR, s. 94–131; W. Köhler, *Zürcher Ehegericht und Genfer Konsistorium*, 2 tomy, Leipzig 1942; R.M. Kingdon, *Adultery and Divorce in Calvin's Geneva*, Cambridge–London 1995; SMF.

i poprawy, jakie państwowe prawo karne osiągało w społeczeństwie obywatelskim[113]. Wykorzystując dyscyplinę duchową, Kościół wymierzał grzesznikom odpłatę, by chronić cześć Bożą, prawo i sakramenty. Przyczyniało się to do zniechęcania zarówno grzeszników, jak i innych członków Kościoła do naruszania słowa i woli Bożej. Służyło naprawieniu błędów oraz poprawie grzesznika, przywracając go na łono wspólnoty wyznawców[114]. Kalwin nie dostrzegał trudności w egzekwowaniu w stosunku do chrześcijan zarówno odpowiedzialności cywilnej, jak i kościelnej, ani w powtórnym sądzeniu ich za ten sam czyn. Wielorakość form i celów dyscypliny były właściwe moralnemu prawu Bożemu, a kara wymierzana przez państwo nie wykluczała dyscypliny kościelnej i odwrotnie[115].

W późniejszych pismach i praktyce Kalwin radykalnie rozbudował prawo i autorytet Kościoła widzialnego, co służyło równocześnie ograniczeniu i poszerzeniu przestrzeni wolności religijnej. Z jednej strony Kalwin ograniczył praktykowanie indywidualnej wolności duchowej do obszaru Kościoła. Powtórzył dosłownie treść swoich wczesnych panegiryków na temat wolności sumienia od potępiającego prawa moralnego i zabobonnych tradycji[116]. Podtrzymał również pogardę dla „niezliczonych ludzkich tradycji Romanistów – tak wielu sieci usidlających nieszczęsne dusze [...] i wiążących sumienie, które Chrystus wyzwolił”[117]. Dając jedną ręką, drugą Kalwin odbierał. Choć chrześcijanie mogą cieszyć się dostateczną wolnością sumienia, to z pewnością jako członkowie Kościoła nie mają zbyt wielu okazji do jej praktykowania. Powinni „dobrowolnie” zobowiązać się do przestrzegania kościelnej „dobrze uporządkowanej konstytucji” i całościowego kodeksu duchowej dyscypliny[118]. Muszą

---

[113] Por. *Institutio* (1559), 4.11.1: „Cała jurysdykcja kościelna odnosi się do dyscypliny moralnej [...]. Bo przecież żadne miasto czy okręg nie mogą funkcjonować bez władz i ustroju, podobnie więc Kościół Boży [...] potrzebuje duchowego ustroju. Jest on jednak zupełnie odrębny od ustroju cywilnego, lecz nie przeszkadza mu ani zagraża, ale raczej bardzo mu pomaga i go umacnia. Dlatego ta władza jurysdykcyjna będzie niczym innym, jak tylko porządkiem utworzonym dla zachowania ustroju duchowego”.

[114] Tamże, 4.11.3–5; 4.12.

[115] Por. np.: tamże, 4.11.3 (przykład pijaka lub rozpustnika, którzy musieliby być przedmiotem jednocześnie praw i kar). Por. liczne przykłady w SMF oraz rozwinięcie tego tematu przez Johannesa Althusiusa w odniesieniu do prywatnych procesów sądowych na s. 209–211.

[116] *Institutio* (1559), 3.19.1–16.

[117] Tamże, 4.10.1–2.

[118] Tamże, 4.10.27–31. Por. np.: wymuszona logika we fragmencie 4.10.31: „Jest obowiązkiem chrześcijan, aby zachowali [kościelne] obrzędy, które zostały ustanowione zgodnie z wolnym sumieniem, bez przesądów, ale z pobożną i gotową skłonnością do posłuszeństwa, nie gardzili nimi ani ich

„ochoczo" podporządkować się ustanowionym formom i zwyczajom kultu, rytuałom i liturgii, aby nie narażać dobrych kościelnych zwyczajów, dyscypliny i godności. Powinni „chętnie" ograniczyć własną wolność duchową, nawet w sprawach pozostawionych im do własnego uznania, aby nie narażać lub nie wprowadzać w błąd słabszych członków Kościoła. Indywidualna wolność religijna i podejmowanie swobodnych decyzji muszą w Kościele ustąpić miejsca wspólnemu porządkowi religijnemu i organizacji. Ci, którzy nie byli w stanie podporządkować się wymogom kościelnym, mogli oczywiście swobodnie opuścić Kościół, powołując się na „prawo do emigracji" zapewnione w 1555 roku przez pokój religijny w Augsburgu[119]. Jednakże w tak małej społeczności jak genewska utrata statusu członka w jednej kongregacji prowadziła do rozmaitych ograniczeń praw cywilnych w całym mieście. Osoby objęte zakazami lub ekskomunikowane nie mogły występować w roli rodziców chrzestnych, brać ślubu, korzystać z pomocy dla biednych i były przedmiotem różnych nieoficjalnych form wykluczenia[120]. „O jakim rodzaju wolności sumienia można mówić przy zachowywaniu takiej dbałości i tak niezmiernej uwadze skierowanej na detale?" – Kalwin pytał retorycznie[121]. Jego krytycy byli zdania, że trudno mówić o jakiejkolwiek wolności, mimo obszernych polemicznych wywodów Kalwina.

Wraz z ograniczaniem jednostkowej wolności religijnej Kalwin wyraźnie poszerzał wolności religijne – prawa i władzę – Kościoła[122]. Domagał się autonomii dla Kościoła oraz podstawowego rozdziału instytucji i urzędów Kościoła od państwa. „Istnieje wielka różnica i odmienność między władzą kościelną i cywilną", Kościołem i państwem – stwierdzał Kalwin. „Należy zawsze widzieć różnice między tymi dwoma – wyraźnie odmiennymi – zakresami odpowiedzialności

---

nie pomijali w beztroskim zaniedbaniu. Musimy trzymać się z dala od otwartego łamania ich z powodu dumy i uporu".

[119] W: Ehler i Morrall, s. 164.

[120] T.A. Lambert, *Preaching, Praying, and Policing in Sixteenth-Century Geneva*, praca doktorska, Wisconsin 1998, s. 255–263; W. Köhler, *Zürcher Ehegericht*, t. 2, s. 504 i n.

[121] *Institutio* (1559), 4.10.31.

[122] W późniejszych pismach Kalwin częściej wspomina o „prawach" (*iura; droits*) Kościoła – „prawach" i „przywilejach" urzędu kapłańskiego, prawach do głoszenia wiary, przepowiadania i nauki Słowa, prawie do sakramentów, prawie do opieki nad biednym i potrzebującym, prawie Starego Testamentu Lewitów do składania ofiary i całopalenia, do przebywania w przybytku świątyni, prawie do rytualnych obmyć, prawie do ściągania i korzystania z dziesięcin.

Por.: Kom. Rdz 14, 19; Kom. *Harm. Law* Wj 6, 16–18, 7, 1–7, 13, 1–59; Kpł 27, 30–33, Lb 5, 8; 8, 6; 11, 1–35; 13, 1–30; 18, 20–24; 28, 8–19; Pwt 12, 19; 18, 1–8; Kom. Ps 24, 1–4; Kom. 1 Tm 2, 12; Kom. T 1, 5–6; 3, 10; Kom. Hbr 7, 5–12; Kom. Jud 1–2.

cywilnej i kościelnej". Kościół nie ma władzy karania przestępców, naprawiania krzywd między obywatelami, pobierania podatków, wypowiadania wojny lub ingerowania w wewnętrzne sprawy państwa. Państwu z kolei nie przysługuje władza głoszenia Słowa, udzielania sakramentów, egzekwowania dyscypliny duchowej, zbierania dziesięciny, ingerowania we własność kościelną, powoływania lub odwoływania duchownych, anulowania kar kościelnych lub ekskomuniki bądź ingerowania w wewnętrzne sprawy kongregacji. Kiedy urzędnicy kościelni działają jako członkowie społeczeństwa, powinni podporządkować się państwowemu prawu cywilnemu i karnemu; nie mogą domagać się cywilnych immunitetów, zwolnień podatkowych lub przywilejów w sprawach sądowych. Kiedy zaś urzędnicy państwowi działają jako członkowie Kościoła, powinni podporządkować się konstytucji i dyscyplinie Kościoła: nie mogą powoływać się na królewskie przywileje i immunitety suwerenów. Przyzwolenie na jakąkolwiek tego typu ingerencję lub immunitet w stosunkach między Kościołem a państwem byłoby według Kalwina „nierozsądnym połączeniem tych dwóch [instytucji] mających zupełnie odmienną naturę"[123].

Kalwińska zasada rozdziału Kościoła od państwa wykazywała pewne podobieństwo do współczesnego amerykańskiego pojęcia „wysokiego i nieprzekraczalnego muru między Kościołem a państwem"[124]. Mimo wczesnego flirtu z radykalnymi politycznymi implikacjami teorii dwóch królestw Kalwin ostatecznie nie dopuścił wizji „świeckiego społeczeństwa" jako złożonego z wielu całkowicie oddzielonych od siebie urzędników religijnych i politycznych. Nie był także zwolennikiem państwa neutralnego, które nie dokonywałoby wyborów preferencyjnych między rywalizującymi koncepcjami dóbr duchowych i moralnych. Według Kalwina każda wspólnota powinna być jednolitą społecznością chrześcijańską, miniaturą *corpus Christianum* pod bożą władzą i bożym prawem[125]. W tym jednolitym społeczeństwie Kościół i państwo występują jako władze skoordynowane. Bóg wyznaczył każdą z nich, aby pomagała w osiągnięciu Boskiego porządku i dyscypliny we wspólnocie oraz w pomyślnej realizacji wszystkich trzech sposobów użycia prawa moralnego.

---

[123] *Institutio* (1559), 4.11.3–16; 4.20.1–4; *Consilia*, w: CO X/I, 215–217, 223–224; *Ordonnances ecclésiastiques* (1541), w: CO X/I, 15–30. Por. też: *Institutio* (1559), 3.19.15, gdzie Kalwin nalega, aby „polityczne królestwo" i „królestwo duchowe" „były zawsze rozpatrywane oddzielnie; gdy o jednym myślimy, drugie musimy unieważnić i odsunąć na bok w umyśle". W następnym akapicie Kalwin wydaje się utożsamiać te dwa królestwa z „cywilnym rządem" i „ustawami kościelnymi".

[124] Sprawa *Everson v. Bd. of Education*, 330 US 1, 16 (1947).

[125] H. Butterfield, *Toleration in Early Modern Times*, „Journal of the History of Ideas" 1977 (38), s. 573, 576.

Tego typu połączenie obowiązków nieuchronnie wymaga od Kościoła i państwa, duchowieństwa i władz, wzajemnej pomocy i wzajemnego dostosowania się na różnych poziomach. Te instytucje i urzędnicy, jak pisał Kalwin, „nie są sobie przeciwne, jak woda i ogień, lecz stanowią rzeczy połączone”[126]. „Społeczność duchowa, choć różni się od cywilnej, nie przeszkadza ani nie zagraża, lecz raczej bardzo jej pomaga i ją umacnia”[127]. Z drugiej zaś strony „celem wyznaczonym władzy cywilnej jest [...] pielęgnowanie i ochrona zewnętrznych form oddawania czci Bogu, obrona zdrowej doktryny pobożności i miejsca Kościoła [...] oraz publicznych praktyk religijnych”.

Zasady głoszone przez Kalwina w równym stopniu przypominały średniowieczne formy stosunków Kościół–państwo, co zapowiadały formy nowożytne. Kalwin przewidział wiele spośród nowożytnych koncepcji rozdziału, dostosowania i współpracy Kościoła i państwa, jakie miały później zdominować zachodni konstytucjonalizm. Sporo zaczerpnął także z teorii „dwóch władz” papieża Gelazego i z teorii „dwóch mieczy” z okresu rewolucji papiestwa. Podobnie jak jego średniowieczni poprzednicy, Kalwin zdawał sobie sprawę, że warunkiem wolności Kościoła jest przede wszystkim stworzenie organizacji prawnej i politycznej oraz zachowanie własnej jurysdykcji i odpowiedzialności. Powinien on władać swoim „mieczem”, zachować swoją „władzę”. Kalwin różnił się jednak od średniowiecznych poprzedników w domaganiu się bardziej demokratycznych form ustroju kościelnego i cywilnego, bardziej ograniczonej jurysdykcji kościelnej oraz równości państwa i Kościoła przed Bogiem[128].

Podsumowanie i wnioski

Reformacja była w swej istocie walką o wolność – wolność indywidualnego sumienia od ingerencji prawa kanonicznego i kontroli ze strony duchowieństwa, o wolność urzędników politycznych od kościelnej władzy i przywilejów, o wolność duchowieństwa lokalnego od papieskiego centralizmu i ucisku ze strony książąt. „Wolność chrześcijan!” – brzmiał wspólny okrzyk wczesnej reformacji. Ogłoszenie 95 tez Marcina Lutra w 1517 roku i spalenie przez niego

[126] Kaz. 1 Sm 11, 6–10, w: CO XXIX, 659.

[127] *Institutio* (1559), 4.11.1.

[128] Tamże, 4.20.2–3.

ksiąg katolickiego prawa kanonicznego trzy lata później było dla przywódców reformacji katalizatorem gorliwego odrzucenia katolickiego prawa i władzy kościelnej oraz wezwaniem do radykalnych reform politycznych na podstawie nowej siły teologii protestanckiej.

Ostatecznie reformacja ustabilizowała się na kontynencie europejskim jako luteranizm, kalwinizm i anabaptyzm oraz jako anglikanizm, stanowiący *via media* między nią a katolicyzmem w Wielkiej Brytanii. Te cztery nurty reformacji wspólnie przełamały jedność chrześcijaństwa zachodniego, kładąc tym samym fundamenty pod nowożytny zachodni pluralizm polityczny i religijny. Przełamały one także zwierzchnictwo władzy duchownej i prawa kanonicznego, wyposażając tym samym władze cywilne i prawo cywilne w nowy autorytet. Zniosły prymat zbiorowego chrześcijaństwa, kładąc nacisk na rolę jednostki w ekonomii zbawienia oraz prawa indywidualne, jakie powinny jej przysługiwać.

Jan Kalwin odegrał dużą rolę w tej transformacji zachodniej teologii i prawa. Jego teoria sumienia chrześcijańskiego stanowi kamień węgielny konstytucyjnej ochrony wolności sumienia i wolności religii, propagowanych przez późniejszych protestantów we Francji, Niderlandach, Anglii, Szkocji i Ameryce. Jego teoria praw i obowiązków moralnych stała się źródłem inspiracji dla licznych teorii prawa naturalnego i praw naturalnych późniejszych kalwinistów. Odwoływanie się przez niego do „wspólnych praw rodzaju ludzkiego", „praw wspólnej natury" oraz „równych praw i wolności" dla wszystkich, dostarczyło normatywnego „napędu" dla późniejszego rozwoju kalwińskiej teorii i prawa publicznego, prywatnego i proceduralnego dla jednostek i grup. Jego kongregacjonalistyczna koncepcja ustroju Kościoła przełamała centralną władzę synodu i episkopatu, a w ostateczności została wykorzystana do wsparcia koncepcji pluralizmu wyznaniowego i religijnego w państwie. Jego teoria równości i współpracy między duchowieństwem i władzą świecką dostarczyła mocnych podstaw dla późniejszych gwarancji konstytucyjnych, zarówno w dziedzinie rozdziału, jak i współistnienia Kościoła i państwa, a teoria obowiązków moralnych wobec wspólnot – zarówno kościelnych, jak i państwowych – leży u podstaw późniejszych chrześcijańskich teorii społecznego pluralizmu i obywatelskiego republikanizmu.

Kalwin obrał kurs między luterańskim erastianizmem, który podporządkował Kościół państwu, a ascetyzmem anabaptystów, który usuwał Kościół z państwa i społeczeństwa. Podobnie jak luteranie, Kalwin i jego zwolennicy podkreślali, że każda społeczność lokalna powinna być republiką chrześcijańską, przestrzegającą ogólnych zasad prawa naturalnego i przekładającą je na szczegółowy język prawa pozytywnego w dziedzinie kultu religijnego, przestrzegania szabatu, moralności publicznej, małżeństwa i życia rodzinnego, opieki społecznej, oświaty i wielu innych. Z kolei podobnie jak anabaptyści, Kalwin i jego zwolennicy kładli nacisk na podstawowy rozdział urzędów i działalności Kościoła od państwa, pozostawiając Kościołowi rządy w zakresie jego własnej doktryny i liturgii, ustroju i mienia, bez ingerencji państwa. W przeciwieństwie jednak do obu wspomnianych nurtów Kalwin domagał się, aby urzędnicy kościelni i państwowi pełnili uzupełniające się role prawne w tworzeniu lokalnej wspólnoty chrześcijańskiej oraz w doskonaleniu się obywateli chrześcijańskich.

Kalwin kładł nacisk na sposoby używania prawa we wspólnocie chrześcijańskiej oraz na współpracę Kościoła i państwa w realizowaniu tego zadania. Twierdził, że prawo naturalne i prawo pozytywne wyznaczają dwa tory moralności: „normy cywilne", które są wspólne dla wszystkich, i „normy duchowe", które są charakterystyczne dla chrześcijan. Normy te z kolei tworzą dwa tory moralności: zwykłej – „moralności obowiązku", wymaganej od ludzi niezależnie od ich wiary, oraz wyższej – „moralności dążeń", wymaganej od wiernych jako odzwierciedlenie ich wiary. Według Kalwina można w ten sposób odróżniać przykazania i rady, obowiązki i powinności, absolutne wymogi i *adiafora*.

Zdaniem Kalwina ten dwutorowy system moralności odpowiadał w pewnym sensie właściwemu podziałowi jurysdykcji między Kościołem a państwem. Obowiązkiem Kościoła było nauczanie norm dążeń duchowych, państwo zaś miało egzekwować obowiązujące normy cywilne. Ten podział odpowiedzialności dość dokładnie pokrywa się z proceduralnym podziałem zadań między Konsystorzem a Radą w Genewie czasów Kalwina. W większości przypadków, które nie były poważnymi wykroczeniami, Konsystorz najpierw wzywał strony do wypełnienia obowiązków wyższej natury duchowej, powołując się na dyscypliną duchową. Jeśli tego typu wezwanie nie przyniosło zamierzonego rezultatu, strony odsyłano do Rady, która miała je zmusić przy użyciu sankcji cywilnych i karnych, aby spełniły one przynajmniej podstawowe obowiązki cywilne.

Jednym z najbardziej oryginalnych i trwałych przejawów wkładu Kalwina do zachodniej tradycji prawnej jest dokonane przez niego przekształcenie wolności i porządku w Kościele. W swojej eklezjologii Kalwin genialnie połączył zasady rządów prawa, demokracji i wolności. Po pierwsze, wymagał szacunku dla rządów prawa w Kościele. Opracował zasady określające kościelne doktryny i normy dyscyplinarne, prawa i obowiązki urzędników kościelnych i parafian, procedury ustawodawcze i sądowe. W ten sposób chronił Kościół przed ingerencją prawa państwowego i grzeszną chwiejnością własnych członków. Urzędnikom kościelnym przysługiwała ograniczona swoboda, a parafianie rozumieli swoje duchowe obowiązki. Gdy wydawano nowe przepisy, były one omawiane, publikowane i dobrze znane wszystkim zainteresowanym. Kwestie wymagające rozpatrzenia były rozstrzygane przez odpowiednie trybunały. Strony, które miały sprawy do osądzenia, wyczerpywały środki przysługujące według prawa kościelnego. Niezadowolone jednostki i rodziny, które odeszły od Kościoła, pozostawiały swoje prywatne ławy kościelne i osobiste mienie. Odrębne kongregacje, które odłączały się od owczarni, oddawały swoją własność w ręce kongregacji. Nie zapominajmy, że ta zasada rządów prawa w Kościele była ideałem, często naruszanym w czasach Kalwina i pokoleń, które nastąpiły po nim. Zasada rządów prawa przyczyniła się jednak do zapewnienia porządku, organizacji i prawowierności w obrębie Kościoła reformowanego.

Po drugie, Kalwin wzywał do szacunku dla procesu demokratycznego w Kościele. Pastorzy, starsi, nauczyciele i diakoni mieli być wybierani na swoje urzędy przez członków kongregacji przystępujących do Wieczerzy Pańskiej. Kongregacje okresowo odbywały zgromadzenia, gdzie oceniano działalność funkcjonariuszy kościelnych, omawiano nowe inicjatywy w ramach poszczególnych ciał, dyskutowano na temat pojawiających się kontrowersji. Delegaci na synody i rady kościelne mieli być wybierani przez równych sobie. Posiedzenia rady miały być otwarte dla publiczności i umożliwiać parafianom przedstawienie ich poglądów. Ten demokratyczny proces zakładał gotowość do podejmowania zmian w doktrynie, liturgii i działaniu społeczności, otwartość na nowe wizje i intuicje oraz odrzucanie idei i instytucji, których użyteczność i wiarygodność zostały podważone[129]. Oczywiście zasada ta nie zawsze chroniła Kościół czasów Kalwina i kolejnych pokoleń od wojującego dogmatyzmu, choć przyczyniła się do zapewnienia stałej refleksji, odnowy i reformy w Kościele – *semper reformanda ecclesia* (Kościół stale się reformujący).

Po trzecie, Kalwin wzywał do poszanowania wolności w ramach Kościoła. Chrześcijanie powinni mieć prawo przynależności do Kościoła i opuszczania go, powinni móc swobodnie obejmować funkcje i uczestniczyć w obrzędach w Kościele, bez obawy przed przymusem fizycznym i prześladowaniem, powinni mieć wolność zgromadzeń, kultu, modlitwy i przystępowania do

[129] Por. np.: *Consilium*, w: CO X/I, 220 (wzywająca do „stałych reform i odnowy", ale ostrzegająca przed „pochopnymi zmianami i ciągłymi innowacjami").

sakramentów bez lęku przed represjami politycznymi, wolność wyboru duszpasterzy, starszych, diakonów i nauczycieli, wolność dyskutowania w sprawach wiary i dyscypliny, wolność do podejmowania swobodnych decyzji w sprawach wiary, adiafory bez zbędnych przepisów i struktur. Nie zapominajmy, że również ta zasada, stanowiła ideał, który Kalwin i jego zwolennicy narazili na kompromis, w szczególności na skutek działań wobec Serveta oraz nadmiernego wzmocnienia pozycji sądów Konsystorza w późniejszych latach rządów Kalwina. Zasada ta przyczyniła się jednak do zapewnienia nieprzerwanych działań, jedności i gorliwości w nakłanianiu do reform ze strony poszczególnych członków Kościoła.

Geniusz Kalwina polegał na zdolności zintegrowania tych trzech kardynalnych zasad w ramach nowej eklezjologii. Procesy demokratyczne chroniły regułę praworządności przed promowaniem skostniałej i przestarzałej ortodoksji. Rządy prawa zaś chroniły zasady demokracji przed propagowaniem wiary pod wpływem przelotnych trendów i opinii publicznej. Indywidualna wolność zabezpieczała zarówno zbiorowe rządy, jak i zasady demokratyczne przed tyranią kościelnych mniejszości. Łącznie zasady te umożliwiły więc Kościołowi osiągnięcie unikalnej i trwałej równowagi między prawem i swobodą, strukturą i duchem, porządkiem i innowacją, dogmatyzmem i adiaforą. Ta delikatna maszyneria kościelna nie uodporniła jednak kościołów kalwińskich na odstępstwa i schizmy. Kościoły te, podobnie jak wszystkie inne, doświadczały podziałów, nietolerancji i nadużyć począwszy od czasów Kalwina. Jednakże maszyneria kościelna pomogła kościołowi kalwińskiemu w zachowaniu odrębności na przestrzeni wieków, w różnych krajach i kulturach.

Owa integralna teoria Kościoła miała oczywiste implikacje dla teorii państwa. W swoich pismach Kalwin obszernie wzmiankował, że podobne połączenie rządów prawa, procesów demokratycznych i indywidualnej wolności może równie dobrze służyć państwu. Uważał, że tego typu połączenie zapewniłoby najlepszą ochronę wolności Kościoła i jego poszczególnych członków. Projekt zarysowany przez Kalwina dopracowywali jego zwolennicy. W ciągu następnych dwóch stuleci kalwiniści europejscy i amerykańscy wpletli Kalwińskie wątki zasad rządów zbiorowych w materię żywej teorii konstytucyjnej republikanizmu, która spocząć miała na filarach rządów prawa, procesów demokratycznych i wolności indywidualnej.

Powstanie Machabeuszy, w: Nicholas Fontaine, *L'histoire du vieux et du noveau Testament* (Paris 1699)

ROZDZIAŁ 2

Obowiązki sumienia i swobodne korzystanie z wolności chrześcijańskiej: Teodor de Bèze i powstanie kalwińskiej teorii praw i oporu

Odkąd przyznano prawo do swobodnego praktykowania prawdziwej religii [...], władca jest o tyle silniej zobowiązany do jego przestrzegania, że gdyby postępował inaczej, oświadczam, że dopuszcza się jawnej tyranii, a [jego poddani] będą mieli tym pełniejsze prawo, aby mu się sprzeciwić. Powinniśmy bowiem większą wagę i wartość przywiązywać do zbawienia naszych dusz i wolności naszego sumienia aniżeli do jakichkolwiek innych spraw, jakkolwiek godnych pożądania.

Teodor de Bèze (1574)[1]

Noc św. Bartłomieja

Wczesnym rankiem 24 sierpnia 1572 roku uzbrojeni żołnierze, działając z polecenia króla, wdarli się do paryskiej sypialni przywódcy francuskich kalwinistów, admirała Gasparda de Coligny i zasztyletowali go. Żołnierze wyrzucili jego ciało na dziedziniec, gdzie zaczynał gromadzić się tłum. Zwłoki poćwiartowano i zbezczeszczono, a następnie po odcięciu głowy, rąk i genitaliów wleczono po ulicach Paryża. Bicie dzwonów klasztoru Saint-Germain l'Auxerrois zapowiadało początek pogromu. Na ten sygnał żołnierze i rosnący tłum katolików zaczęli włamywać się do domów i sklepów kalwińskich, mordując i grabiąc dobytek bez opamiętania. Fala powszechnej przemocy i barbarzyństwa rosła z każdym

[1] *Rights of Rulers*, s. 85.

tygodniem, ogarniając nie tylko Paryż, lecz także kilka innych francuskich miast. W ciągu dwóch miesięcy wymordowano tysiące francuskich kalwinistów, w tym wielu przywódców intelektualnych, politycznych i wojskowych. Szacowana liczba ofiar waha się, według współczesnych danych, od 10 000 do 100 000. Kolejne tysiące ofiar tych prześladowań skazano na opuszczenie Francji lub zmuszono do pojednania się z Rzymem[2].

Pogrom ten, znany pod nazwą nocy św. Bartłomieja, okazał się momentem zwrotnym w tradycji kalwińskiej. Zaledwie dekadę wcześniej wydawało się, że kalwinizm wyprze katolicyzm z serc i dusz Francuzów. Do 1562 roku około dwóch milionów Fracuzów przeszło na kalwinizm, tworząc w całej Francji ponad dwa tysiące kościołów. Liczba wyznawców i wspólnot kalwińskich rosła gwałtownie we wszystkich warstwach społeczeństwa francuskiego, a zwłaszcza wśród arystokracji. Wzrost ten był w znacznej mierze wynikiem prowadzonej przez kalwinistów zdyscyplinowanej kampanii misyjnej, działalności wydawniczej, zakładania kościołów, rozwijania szkolnictwa i dzieł charytatywnych. Konwersjom sprzyjał także przejmowany z Genewy stabilny system regulujący funkcjonowanie lokalnych państw-miast oraz dyscyplina duchowa, idealnie odpowiadające potrzebom wielu francuskich miast i miasteczek przechodzących na kalwinizm[3].

Rozpowszechnianie się francuskiego kalwinizmu po 1560 roku było także wynikiem jego rosnącej potęgi militarnej, tworzonej przez konwertytów, m.in. admirała de Coligny. W tym samym roku, mimo wyraźnych protestów Genewy, grupa kalwinistów podjęła próbę obalenia młodego króla Francji Henryka II. Działania te doprowadziły do ostrych represji skierowanych przeciwko wspólnotom kalwińskim oraz ustanowienia francuskiego trybunału inkwizycyjnego wymierzonego przeciw kalwinistom. Okazało się jednak, że tego rodzaju akty odwetowe tylko utwierdzały determinację kalwinistów, zwiększając atrakcyjność tego wyznania dla neofitów rozczarowanych rozprzężeniem panującym w Kościele francuskim i słabością francuskiej monarchii. W 1561 roku

---

[2] D.R. Kelley, *François Hotman. A Revolutionary's Ideal*, Princeton 1973, s. 213 i n.; S.M. Manetsch, *Theodore Beza and the Quest for Peace in France, 1572–1598,* Leiden 2000, s. 30 i n. Zob. szczegółowe wyjaśnienia w: B. Diefendorf, *Beneath the Cross. Catholics and Huguenots in Sixteenth-Century Paris*, New York–Oxford 1991; J. Garrison-Estèbe, *Tocsin pour un Massacre, la saison des Saint-Barthélemy*, Paris 1968.

[3] R.M. Kingdon, *Geneva and the Coming of the Wars of Religion in France 1555–1563*, Geneva 1956; P.S. Gorski, *The Disciplinary Revolution. Calvinism and the Rise of the State in Early Modern Europe*, Chicago 2003; H. Heller, *The Conquest of Poverty. The Calvinist Revolt in Sixteenth-Century France*, Leiden 1986.

królowa-matka Katarzyna Medycejska podjęła próbę powstrzymania eskalacji konfliktów religijnych, doprowadzając do wspólnego zgromadzenia przywódców katolickich i protestanckich, znanego pod nazwą kolokwium w Poissy, by nakłonić ich do pokonania dzielących ich różnic teologicznych. Próby te okazały się jednak daremne. W 1562 roku francuskie oddziały katolickie wymordowały członków zboru kalwińskiego, zgromadzonych na modlitwie w miasteczku Vassy. Wydarzenie to zapoczątkowało dekadę krwawych wojen między siłami katolickimi i kalwińskimi w wielu częściach Francji.

W 1572 roku obie strony były już wycieńczone dekadą brutalnej, lecz nieprzynoszącej rozstrzygnięcia wojny religijnej. Pokój, choćby tylko stanowiący wynik niechętnej rezygnacji, wydawał się w zasięgu ręki. Po spokojnym lecie 1572 roku wielu kalwińskich arystokratów zebrało się w sierpniu w Paryżu, aby uczcić ślub protestanckiego księcia Henryka z Nawarry z siostrą nowego katolickiego króla, Karola IX. Zawarcie tego małżeństwa miało zapewnić pokój religijny. Admirał de Coligny, który przybył do Paryża na ślub, próbował utrwalić ten pokój, nakłaniając Karola do wojny z Hiszpanią. Liczył na zjednoczenie zwalczających się francuskich sił katolickich i kalwińskich w obliczu odwiecznego i znienawidzonego rywala. Katarzyna Medycejska, podejrzewając, że Coligny pośrednio pragnie wspomóc kalwinistów prześladowanych w hiszpańskich Niderlandach, była przeciwna tym namowom. Królowa lub jeden z jej doradców przekonali króla, że admirał Coligny przygotowuje kolejny zamach stanu, a kalwiniści, licznie zgromadzeni na weselu, zebrali się w Paryżu, by jako tajna armia pozbawić go tronu. W odpowiedzi Karol (lub inna osoba działająca w jego imieniu) wydał rozkaz rozpoczęcia masakry.

Teodor de Bèze, następca Kalwina w Genewie, podejrzewał, że noc św. Bartłomieja przedstawiano jako „ujawnienie powszechnego spisku", by uwiarygodnić wykonanie „anatemy", nałożonej na protestantyzm przez Sobór Trydencki, a przy okazji całkowicie wykorzenić kalwinizm z Francji[4]. Obawy de Bèze'a zyskały uzasadnienie, gdy papież i katoliccy władcy w całej Europie z entuzjazmem przyjęli wiadomość o masakrze, a papież polecił nawet wybić z tej okazji pamiątkowy medal. Kolejnego potwierdzenia tych obaw dostarczyła strategia propagandzistów korony francuskiej i Kościoła katolickiego, którzy zaczęli wprost obwiniać kalwińskich przywódców w Genewie

[4] *List to Bullingera* (1 września 1572), w: *Correspondance de Théodore de Bèze*, red. H. Aubert i in., 21 tomów, Geneva 1960–1999), t. 13, s. 179. Zob. też jego wcześniejsze listy do Bullingera i innych na temat obaw przed prześladowaniami związanymi z Soborem Trydenckim. Tamże, t. 5, s. 96, t. 6, s. 255, t. 7, s. 328–329, t. 8, s. 170 oraz analiza w: S.M. Manetsch, *Theodore Beza*, s. 118–120.

o podżeganie do przemocy religijnej i działań wojennych. Po piętnastu latach znoszenia krwawych kampanii powstań kalwińskich, kierowanych z Genewy – jak głosiła propaganda – podjęcie zdecydowanej obrony stało się dla francuskiej korony i Kościoła koniecznością. Odpowiedzią była równie zajadła kampania kontrpropagandy ze strony apologetów i sympatyków kalwinizmu zarówno we Francji, jak i poza jej granicami[5].

Trzeba było jednak czegoś więcej niż sama kontrpropaganda, by odpowiedzieć na wydarzenia, do jakich doszło w noc św. Bartłomieja. Rzeź ta ostatecznie przerwała falę ekspansji kalwinizmu we Francji i zmusiła kalwińskich przywódców do refleksji nad nowymi strategiami misji i rozwoju[6]. Co ważniejsze masakra wymagała fundamentalnego przemyślenia kalwińskich teorii prawa, religii i polityki. Nauka Kalwina zakładała, że każda społeczność lokalna wyznaje jedną wiarę. Na jakiej więc podstawie mieliby kalwiniści aprobować pluralizm religijny i domagać się tolerancji jako mniejszość religijna? Kalwin zakładał, że Kościół i państwo będą współpracowały w zarządzaniu ludem bożym. Co jednak zrobić, jeżeli między Kościołem i państwem dochodzi do konfliktu lub co gorsza, do zmowy przeciw kalwinistom? Zdaniem Kalwina chrześcijanie powinni w granicach sumienia być posłuszni władzom politycznym i znosić prześladowania w duchu pokuty, modląc się w nadziei na nadejście lepszej władzy. Jak postępować, jeżeli prześladowania osiągają intensywność pogromu? Czy jedyną opcją dla chrześcijanina pozostaje wówczas modlitwa, ucieczka lub męczeństwo? Czy nie ma już miejsca dla oporu i buntu, a w skrajnych przypadkach nawet królobójstwa? Kalwiniści stanęli wobec tych wyzwań na przełomie lat czterdziestych i pięćdziesiątych XVI wieku. Po 1572 roku odpowiedzi na te pytania stały się sprawą życia i śmierci.

Reakcją przywódców francuskich kalwinistów był przede wszystkim bujny rozwój piśmiennictwa, prowadzący ostatecznie do powstania przeformułowanej kalwińskiej teorii prawa i religii, władzy i wolności, praw i oporu. Zgodnie z nową formułą rządy każdej społeczności politycznej tworzy się przez trójstronne przymierze między Bogiem, władcami i ludem. Na mocy tego przymierza Bóg godzi się chronić i obdarzać błogosławieństwem władców i poddany im lud w zamian za posłuszeństwo wobec praw Boga i natury, a szczególnie wobec Dekalogu. Władcy z kolei godzą się honorować te wyższe

---

[5] R.M. Kingdon, *Myths About the St. Bartholomew's Day Massacres, 1572–1576*, Cambridge 1988.

[6] P. Benedict, *Christ's Church Purely Reformed*, s. 127 i n.

prawa i chronić podstawowe prawa ludu, a zwłaszcza prawa wywodzące się z Dekalogu. Lud godzi się natomiast wykonywać wolę polityczną Boga wobec danej społeczności poprzez wybieranie władców i przedkładanie im swych spraw oraz okazywanie im czci i posłuszeństwa dopóty, dopóki honorują oni prawo Boże i bronią praw ludu. Gdyby lud naruszał warunki przymierza politycznego, dopuszczając się przestępstw, władcom wolno ich oskarżyć i odpowiednio ukarać, a w skrajnych przypadkach skazać na śmierć. Gdyby zaś władcy naruszali warunki przymierza politycznego, stając się tyranami, można sprzeciwić się im w odpowiedni sposób i usunąć z zajmowanych stanowisk, a w skrajnych przypadkach skazać na śmierć. Władza oporu i usuwania tyranów nie przysługuje jednak ludowi bezpośrednio, lecz sprawowana jest przez jego przedstawicieli – niższych urzędników, wyposażonych w konstytucyjne kompetencje do organizowania i kierowania ludem w uporządkowanym oporze wobec tyranii, w razie potrzeby przy użyciu wszelkich środków wojskowych lub rewolucji.

Patrząc z późniejszej perspektywy politycznej, powstanie teorii oporu w ramach francuskiego kalwinizmu miało okazać się zasadniczym krokiem w rozwoju zachodniej teorii rewolucji demokratycznych i rządu konstytucyjnego[7]. Niektóre z wczesnych traktatów politycznych, które wyszły spod pióra francuskich kalwinistów, staną się źródłem inspiracji i wskazówek dla ruchów rewolucyjnych w Szkocji, Niderlandach, Anglii, Ameryce, a nawet w jakobińskiej Francji[8]. Jednakże z perspektywy teologicznej tamtych czasów powstanie teorii oporu wyznaczało również punkt krytyczny w rozwoju kalwińskiej teorii praw. Pod koniec XVI wieku kalwiniści postrzegali prawa do oporu przeciw tyranom przede wszystkim jako prawa religijne, obejmujące prawo jednostki do przestrzegania obowiązków sumienia i prawo do swobodnego praktykowania religii, prawo wspólnoty do wolności od herezji, apostazji i nieprawdziwej religii, prawo samego Boga do odbierania kultu w zgodzie z Prawem i Ewangelią. W tym sensie teoria oporu wyrażała

[7] Zob. E. Doumergue, *Jean Calvin*, t. 5, s. 465 i n.; M. Walzer, *The Revolution of the Saints. A Study in the Origins of Radical Politics*, Cambridge 1965; R.R. Palmer, *The Age of the Democratic Revolution*, 2 tomy, Princeton 1959–1964; J.W. Sap, *Paving the Way for Revolution. Calvinism and the Struggle for a Democratic Constitutional State*, Amsterdam 2001; D.W. Hall, *The Genevan Reformation and the American Founding*, Lexington 2003; D.T. Ball, *The Historical Origins of Judicial Review, 1536–1803. The Duty to Resist Tyranny*, Lewiston, NY 2005.

[8] Zob. D. van Kley, *The Religious Origins of the French Revolution. From Calvin to the Civil Constitution, 1560–1791*, New Haven 1996.

podstawowe prawa jednostki i społeczeństwa do spełnienia zasadniczych obowiązków religijnych nałożonych przez Boga.

Tak ujętą teorię oporu można było z powodzeniem rozszerzyć na inne podstawowe prawa i obowiązki. Obowiązek oddawania czci Bogu, określony przykazaniami pierwszej tablicy Dekalogu, odnoszącymi się do kultu, bałwochwalstwa, bluźnierstwa i szabatu, nakładał na władzę publiczną obowiązek poszanowania i ochrony tych przykazań. Gdyby urzędnicy nie wywiązywali się z tego obowiązku, prawem i obowiązkiem chrześcijan miało być stawienie im oporu. Podobnie powinności określone w przykazaniach drugiej tablicy Dekalogu, odnoszące się do ochrony rodziny, życia, własności, małżeństwa i dobrego imienia, nakładały na urzędnika odpowiednie obowiązki, których naruszenie aktualizowałoby fundamentalne prawo wiernych do oporu.

Ta nowa logika przyczyniła się do konkretyzacji i wzmocnienia wypracowanej na gruncie francuskiego kalwinizmu teorii oporu wobec władzy. W myśli chrześcijańskiej wcześniejszych epok dominował pogląd, iż wierni mają obowiązek posłuszeństwa wobec władzy aż po granice chrześcijańskiego sumienia, a opór i bunt kierować mogą wobec uzurpatorów. Dzięki nowej teorii praw i wolności podstawowych granice chrześcijańskiego sumienia zyskały wyraźniejsze kontury i ugruntowanie, a obywatele i poddani, jako stworzeni na obraz i podobieństwo Boże, mogli domagać się ich respektowania na ziemi. Dawniejsza tradycja ujmowała ponadto opór wobec tyranów jako przede wszystkim postawę bierną: chrześcijanom wolno było w skrytości odmawiać im posłuszeństwa lub z czystym sumieniem opuścić wspólnotę. W nowym ujęciu opór przybrał bardziej czynną postać: każdemu chrześcijaninowi przyznano prawo i obowiązek nieposłuszeństwa wobec tyranii oraz podjęcia z czystym sumieniem walki przeciwko niej, o ile będzie przestrzegał warunków i procedur sformułowanych w przymierzu politycznym oraz kierował się przykładem godnych zaufania niższych urzędników.

Podobnie jak Luter w późniejszych latach życia – a także niektórzy z jego bardziej radykalnych zwolenników, m.in. autorzy wyznania magdeburskiego z 1550 roku – Kalwin podjął w swych pracach wiele spośród wskazanych idei politycznych i prawnych. Ułatwiło to francuskim kalwinistom działającym pod koniec XVI wieku przedstawianie własnych idei i działań jako kontynuacji i szerzenia reformacji. Nie ulegało jednak wątpliwości, że po nocy św. Bartłomieja we francuskim kalwinizmie doszło do przekształcenia pierwotnego, Kalwińskiego sposobu rozumienia Kościoła i państwa, prawa i religii oraz praw i wolności.

Wczesne poglądy de Bèze'a

Teodor de Bèze (1519–1605) odegrał kluczową rolę we wprowadzaniu myśli Kalwina na nowe tory. Ten ulubieniec i następca Kalwina w Genewie[9] także był Francuzem pochodzącym z niższej warstwy arystokratycznej. Podobnie jak Kalwin studiował prawo na uniwersytecie w Orleanie. Po ciężkiej i niemal śmiertelnej chorobie de Bèze doznał nawrócenia i zmienił wyznanie na protestanckie. W wyniku konwersji pozbawiony został praw przez francuski parlament, który odebrał mu nieruchomości i beneficja oraz polecił spalić jego kukłę. De Bèze przybył jako uchodźca do Genewy w 1548 roku. Dwa lata później przeniósł się do pobliskiej Lozanny, gdzie przez kolejnych osiem lat uczył greki w Akademii Lozańskiej i zajmował się pisaniem poezji, dramatów i wczesnego dzieła o predestynacji. W 1558 roku powrócił do Genewy, a rok później został rektorem nowej Akademii Genewskiej, które to stanowisko piastował przez trzy lata. Został także mianowany profesorem teologii, co zapewniło mu możliwość intelektualnego oddziaływania na Akademię Genewską i świat kalwiński aż do zakończenia aktywnej działalności w 1599 roku.

De Bèze piastował także funkcję pastora Kościoła genewskiego. Po śmierci Kalwina w 1564 roku został wybrany moderatorem Towarzystwa Pastorów, co zapewniło mu decydujący głos jako przedstawicielowi duchownych w Konsystorzu genewskim. Wybierano go na to stanowisko aż do 1580 roku, gdy ustąpił ze względu na stan zdrowia. De Bèze był wreszcie skutecznym doradcą prawnym i politycznym oraz dyplomatą genewskim. Podobnie jak Kalwin przygotował wiele ważnych ustaw i opinii prawnych dla władz miasta oraz był autorem doniosłej dwutomowej rozprawy porządkującej zagadnienia nowego zreformowanego prawa dotyczącego małżeństwa, rozwodu i jego unieważnienia. Pozostawał w stałym kontakcie z przywódcami politycznymi i wojskowymi protestantów francuskich i często spotykał się z nimi za granicą. Jego głos miał decydujące znaczenie podczas kolokwium francuskich kościołów reformowanych w Poissy w 1561 roku. W czasie wojen religijnych de Bèze wstąpił w szeregi armii kalwińskiej, gdzie pełnił funkcję kapelana wojskowego. Brał również udział w kilku ważnych synodach i innych wydarzeniach

---

[9] Zob. S.M. Manetsch, *Theodore Beza*; P. Geisendorf, *Théodore de Bèze*, Geneva 1967; E. Choisy, *L'État chrétien calviniste a Genève au temps de Théodore de Bèze*, Geneva 1902; H.M. Baird, *Theodore Beza. The Counselor of the French Reformation, 1519–1605*, New York 1899; W. Klingenheben, *Der demokratisierte Staat und die herrschaftsfreie Kirche bei Theodor Beza*, praca doktorska, Göttingen 1974.

kościelnych jako moderator na krajowym synodzie francuskiego Kościoła Reformowanego w La Rochelle w 1571 roku.

De Bèze cieszył się długim życiem i sprawnością pióra. Był autorem doniosłych dzieł na temat wielu kontrowersyjnych doktryn teologicznych – herezji, predestynacji, sakramentów, małżeństwa, poligamii, ekskomuniki i eklezjologii. Opublikował kazania i komentarze na temat kilku ksiąg biblijnych, zwięzłe streszczenie zasad wyznania reformowanego, francuski psałterz, wielki zbiór listów, kilka przemówień, biografię Kalwina, słynne wyznanie wiary i tłumaczenie Nowego Testamentu z komentarzem. Niektóre z jego pism wznawiano jeszcze w XVII wieku we wszystkich ważniejszych językach europejskich, co zapewniło im kluczową rolę w definiowaniu i obronie reformowanego dogmatu[10].

W licznych dziełach de Bèze'a można znaleźć wątki prawne i polityczne, lecz jego najważniejszym wkładem do kalwińskiej refleksji nad prawem, religią i prawami człowieka okazały się dwa traktaty: (1) *De haereticis a civili magistratu puniendis, adversus martini belli farraginem, & novorum academicorum sectam* (1554)[11], zawierający jego wczesne poglądy na temat Kościoła, państwa, wolności i prawa, oraz (2) *De iure magistratum* (1574)[12], w którym sformułował kalwińską teorię oporu, opartą częściowo na powstających wówczas teoriach praw naturalnych i przymierza politycznego, które dzięki de Bèze'owi włączono i dostosowano do tradycji kalwińskiej.

Rzecz jasna, de Bèze nie działał w odosobnieniu. Korzystał z dorobku pięciu dekad nauczania protestanckiego oraz pięciu wieków katolickiej nauki o prawie, polityce i społeczeństwie, jak również z pełnego arsenału źródeł klasycznych i patrystycznych. Inspirował się i korzystał z prac niektórych spośród współczesnych mu autorów protestanckich – zwłaszcza uchodźców z Anglii

---

[10] Większość ważnych prac de Béze'a zgromadzono w jego TT (w moim tłumaczeniu); dla naszych celów najważniejsze z nich (oprócz tych, które zostały wymienione w następnym przypisie), to: *Confessio christiane fidei, & eiusdem collatio cum Papisticis haeresibus* (1559/1560), w: TT 1, s. 1–84; *De Pace Christianarum ecclesiarum consilium*, w: TT 2, s. 138–151 (1566); *De veris et visibilus Ecclesiae Catholicae notis Tractatio*, w: TT 3, s. 132–148. Tłumaczenie Nowego Testamentu z komentarzem cytowane będzie jako NTAnn. Zob. *Wykaz skrótów bibliograficznych.*

[11] *De haereticis a civili magistratu puniendis, adversus martini belli farraginem, & novorum academicorum sectam* (1554), w: TT 1, s. 85–169. „Martinus Bellus" to pseudonim Sebastiana Castellio, którego nauczanie o predestynacji było atakowane także przez de Béze'a w: TT 1, s. 337–506.

[12] Zob. *Rights of Rulers* oraz *Du Droit des Magistrats*, red. R.M. Kingdon, Geneva 1970. Zapewne z powodu kontrowersyjnych treści de Bèze nie umieścił tej księgi w swoich dziełach zebranych.

i Szkocji, Johna Poneta, Johna Knoxa i Christophera Goodmana, a także rodaków, w tym Antoine'a de Chandieu, Lamberta Daneau, Simona Goularta, Françoisa Hotmana, Huberta Langueta, Philippe'a Duplessis Mornaya i Petera Martyra Vermiglia oraz szwajcarskich reformatorów Heinricha Bullingera i Pierre'a Vireta, a także kilku holenderskich autorów pamfletów i paru innych, których nazwiska pojawią się na marginesie tego oraz następnych rozdziałów[13]. W tym rozdziale skupię się jednak na dorobku de Bèze'a, a zwłaszcza na wpływie dialogu i sporu z innymi myślicielami protestanckimi na utrwalenie oraz zmianę niektórych spośród fundamentalnych idei Kalwina na temat prawa, religii i praw człowieka. Biorąc pod uwagę jego pozycję jako następcy Kalwina, a także spójność przetworzonych przez niego idei prawnych i politycznych, pragnę dowieść, iż de Bèze był czołową postacią nowej reformacji praw.

Kościół i państwo

De Bèze rozpoczął swoje rozważania prawne i polityczne w miejscu, w którym zakończył je Kalwin. Jego pierwsza ważna rozprawa polityczna – *De haereticis a civili magistratu puniendis, adversus martini belli farraginem, & novorum academicorum sectam* (1554) – zawierała zdecydowaną obronę egzekucji Miguela Serveta, wymierzoną przeciwko podjętej przez Sebastiana Castellio krytyce Kalwina i władz genewskich[14]. De Bèze uważał egzekucję tak „podstępnego i wyrachowanego" „heretyka" i „bluźniercy" jak Servet nie tylko za uzasadnioną, lecz wręcz za konieczną. Z kolei współpracę Kościoła i urzędników państwowych w Genewie w doprowadzeniu tej egzekucji do skutku uznawał nie tylko za konieczną, lecz także za wzorcową dla utrzymywania porządku i dyscypliny w lokalnej społeczności chrześcijańskiej. Na poparcie tego stanowiska de Bèze przedstawił w traktacie z 1554 roku dość skomplikowaną apologię genewskiego modelu prawa, władzy i dyscypliny, poszerzoną następnie w kilku pismach z lat pięćdziesiątych i sześćdziesiątych.

Wczesne poglądy de Bèze'a, podobnie jak dojrzałe poglądy Kalwina, wyrażają wiarę w jednolite społeczeństwo chrześcijańskie – „Miasto Boże na ziemi", „republikę kościoła chrześcijańskiego", „widzialną postać niewidzialnego ciała Chrystusa" (*corpus Christianum*) – wedle różnych przyjmowanych

[13] Zob. Ch. Strohm, *Ethik im frühen Calvinismus*, Berlin–New York 1996.
[14] Zob. s. 80–82, oraz P. Zagorin, *Religious Toleration*, s. 93–144.

przez niego określeń[15]. „Naszym celem, naszym pragnieniem i naszym zamiarem", oświadczał de Bèze, „jest odbudowanie ruin Jeruzalem, by ta duchowa świątynia mogła wznieść się ponownie, by przywrócono świetność domu Bożego zbudowanego na żywych kamieniach". De Bèze był przekonany, że z czasem i z pomocą Bożą wyznanie reformowane połączy ostatecznie wszystkich ludzi i terytoria w nowym *corpus Christianum*, w nowym zjednoczonym ciele Chrystusa i wiernych na ziemi. Tymczasem jednak ów ideał jednolitego i zintegrowanego społeczeństwa można było realizować na poziomie lokalnym, w poszczególnych miastach i regionach oddanych sprawie reformacji i wzorujących się na Genewie[16].

Według de Bèze'a każde tego typu jednolite społeczeństwo chrześcijańskie rządzi się zarówno „prawem powszechnym", opartym na Piśmie Świętym i zwyczaju, jak i „prawami lokalnymi" ogłaszanymi przez władze miasta. Prawo powszechne Pisma Świętego lub prawa Boże (*iura divina*; *iura scriptura*) najdobitniej określa Dekalog, a dookreślają liczne reguły moralne i prawne zawarte w Starym i Nowym Testamencie oraz w nauczaniu Kościoła apostolskiego. Powszechne prawo zwyczajowe (*ius gentium*; *ius commune*) kształtowało się w toku rozwoju i adaptacji – które miały wielowiekowy charakter – dzięki działalności Kościoła i władców świeckich na rzecz właściwego uporządkowania społeczeństwa chrześcijańskiego. De Bèze uważał prawo cywilne chrześcijańskiego Cesarstwa Rzymskiego oraz prawo kanoniczne Kościoła katolickiego za potencjalnie skuteczne formy wyrazu tego prawa „powszechnego" lub „zwyczajowego". Reguły lub procedury zawarte w tych prawach nadawały się do stosowania w społecznościach reformowanych, o ile są zgodne z podstawowymi naukami Pisma Świętego i oczyszczone z wszelkich wpływów „pogańskich" lub „papieskich". Dobrymi tego przykładami były liczne reguły chrześcijańskiego prawa cywilnego i katolickiego prawa kanonicznego zapożyczone przez de Bèze'a w celu uzupełnienia i uporządkowania reformowanego prawa w dziedzinie małżeństwa, jego nieważności i rozwodu[17].

„Prawa lokalne" (*iura municipale*) miały z definicji charakter prawa ludzkiego lub pozytywnego. Władze miejskie albo prowincjonalne stanowiły je

---

[15] Cyt. w: R.M. Kingdon, *The First Expression of Theodore Beza's Political Ideas*, „AFR" 1955 (46), s. 88, 90.

[16] *Second Harangue at the Colloquy of Poissy (1561)*, w: H.M. Baird, *Theodore Beza*, s. 168. Zob. też: E. Choisy, *L'État chrétien*, s. 436–450.

[17] TT 2, s. 1–159, cytowane i analizowane w: SMF; R.M. Kingdon, *Adultery and Divorce*, s. 166–174.

i ogłaszały jako zgodne z Pismem Świętym oraz prawem powszechnym lub zwyczajowym. Dwa główne typy „prawa lokalnego" obejmowały „pozytywne prawo kościelne" i „pozytywne prawo cywilne". Prawo kościelne było ustanawiane i egzekwowane przez Kościół, a prawo cywilne – przez państwo. De Bèze uważał, iż Kościół i państwo stanowią odrębne porządki prawne w ramach jednolitego społeczeństwa chrześcijańskiego. Każdy z nich dysponował osobną „jurysdykcją" – w sensie dosłownym, związanym z „przemawianiem w imieniu prawa" (*ius dicere*) – władzą tworzenia i egzekwowania prawa. Kościół posiadał „władzę duchową" Słowa, państwo zaś posiadało „cywilną władzę" miecza. Kościelna władza duchowa koncentrowała się na sprawach duchowych, tj. doktrynalnych, liturgicznych, organizacyjnych, związanych z chrześcijańską pobożnością i dyscypliną. Cywilna władza państwa zajmowała się sprawami doczesnymi, dotyczącymi własności i umów, przestępstw i wykroczeń, podatków i wojen. Kościół egzekwował swoje prawo za pomocą środków duchowych – głoszenia, nauczania, upomnień, zakazów i ekskomuniki. Państwo egzekwowało swoje prawa cywilne przy użyciu środków doczesnych – upomnienia, grzywny, pozbawienia wolności, kar cielesnych, wygnania i kary śmierci[18].

De Bèze poświęcił sporo uwagi szczegółom ustroju, kompetencjom i przywilejom kościelnym oraz wyrażeniu ich w języku prawa pozytywnego. Podobnie jak Kalwin, sformułował zasady podziału władzy w kongregacjach lokalnych między pastorów, nauczycieli, diakonów i starszych, dokonując ugruntowania każdego z tych urzędów na podstawie Nowego Testamentu i przykładów apostolskich. Te cztery urzędy kościelne łącznie tworzyły prawo i dbały o jego przestrzeganie w kościele lokalnym. Na prawo kościelne składały się dwa obszary regulacji. Pierwszy dotyczył podstaw doktryny, liturgii i moralności, opierających się bezpośrednio na Biblii i naukach Kościoła apostolskiego. Należały do nich prawa wynikające z biblijnej nauki o Bogu i człowieku, grzechu i zbawieniu, Kościele i sakramentach; ponadto prawa zawierające esencję podstawowych biblijnych norm dotyczących małżeństwa i rodziny, przysięgi i obietnicy, bluźnierstwa i przestrzegania szabatu oraz innych świąt. Prawa tego typu, dotyczące „wewnętrznej istoty" wiary, musiały z konieczności być jednolite dla poszczególnych kongregacji, wiążąc wszystkich członków lokalnych Kościołów reformowanych wzajemnie i z Chrystusem. Ostatecznie prawa te miały doczekać się kodyfikacji w formie wyznania

[18] TT 1, s. 50–53, 92–94.

wiary i katechizmów przyjmowanych przez przedstawicieli kościołów lokalnych na okresowych synodach i zgromadzeniach. Każdy kościół lokalny powinien „zapisywać" te podstawowe prawa „w sercach i sumieniach" wszystkich swoich członków poprzez głoszenie i nauczanie, dyscyplinę i pracę diakonów. Każdy lokalny konsystorz miał wymierzać kary za naruszenie podstawowych praw kościelnych – z początku udzielając przestróg i pouczeń, a gdyby to nie pomogło, uciekając się do publicznej nagany i wyznania win, zaś w ostateczności dokonując wygnania i ekskomuniki[19].

Druga grupa praw kościelnych dotyczyła zagadnień nieobjętych istotą wiary – adiafory – w tym liczby i czasu nabożeństw, szczegółów sprawowania liturgii i ceremonii, struktury i wyposażenia świątyń, przepisów dotyczących pokarmów, ubioru, szat liturgicznych, przestrzegania świąt i innych spraw. De Bèze uważał, że przepisy kościelne regulujące tego typu „rzeczy zewnętrzne mogą różnić się w zależności od okoliczności, czasu, miejsca i osoby". „Nie mogą one nigdy być uważane za bezwzględnie wieczne lub uniwersalne i nie dopuszczać wyjątków. To bowiem, co uważa się za odpowiednie i stosowne w jednym miejscu, może, lecz nie musi, być tak oceniane w innym miejscu, a nawet może być uznane za [...] szkodliwe lub niebezpieczne. Dlatego często mamy do czynienia z dużą różnorodnością wśród kanonów, gdyż konieczne jest uszanowanie tego, co dogodne" w danym miejscu. Przyzwolenie na zachowanie lokalnych odrębności między poszczególnymi kongregacjami nie przynosi szkody, bowiem przepisy kościelne regulujące tego typu sprawy, „nie dotyczą sumienia", lecz służą jedynie „zbudowaniu i spokojowi [lokalnego] kościoła". Ogłaszanie i egzekwowanie takich przepisów zapewniających względny spokój i porządek w każdym zgromadzeniu należy do kompetencji konsystorzy lokalnych. W celu utrzymania „odpowiedniości i obyczajności" wszyscy członkowie Kościoła powinni je zachowywać. Nie były to jednak prawa, których wypełnianie wymagałoby uruchamiania ciężkiego oręża kar moralnych, takich jak wygnanie lub ekskomunika[20].

---

[19] TT 1, s. 32–33, 40–41, 50–51, z późniejszym opracowaniem w: TT 3, s. 132–148; NTAnn. s.v. 1 Kor 3, 10; 12, 28; Ef 4, 11. De Bèze sformułował już niektóre z tych poglądów w *Summa totius Christianismi* (1555), w: TT 1, s. 170–205. Przedstawił on swoje poglądy w: *Sermons sur les trois premiers chaptres du cantique des Cantiques, de Salomon*, Geneva 1586, s. 614 i n. oraz w: *Tractatus pius et moderatus de vera excommunicatione & christiano Presbyterio*, Geneva 1590. Zob. T. Maruyama, *The Ecclesiology of Theodore Beza. The Reform of the True Church*, Geneva 1978, s. 20–25, 106–132, 228–242.

[20] TT 1, s. 40–42.

O ile jurysdykcja w zakresie praw kościelnych należała do miejscowej władzy kościelnej, lokalne władze państwowe sprawować ją miały w ramach praw cywilnych, działając w porozumieniu z miejscowym kościołem na rzecz zachowania i zarządzania jedności danej społeczności chrześcijańskiej. We wczesnym okresie działalności de Bèze w dużej mierze powtarzał poglądy Kalwina na temat władzy świeckiej. Bóg wyznaczył urzędników jako swych przedstawicieli, by ukazywali jego majestat i władzę, przyjmując i stosując jego prawo na ziemi. W tym sensie urzędnik był „bogiem na ziemi" – twierdził de Bèze, cytując Psalm 82 – wyposażonym w autorytet Boga, nadany przez Boga i dla chwały Boga. Jego główne zadanie polegać miało na stanowieniu i egzekwowaniu prawa cywilnego, które powinno ograniczać i karać przestępstwa publiczne i chronić pokój, porządek i sprawiedliwość społeczności lokalnej. Urzędnik powinien, zdaniem de Bèze'a, „dbać o wszelkie sprawy publiczne i prywatne, święte i świeckie, w taki sposób, aby obywatele Republiki, nad którymi sprawuje pieczę, mogli wieść życie jak najszczęśliwsze"[21].

„Dążenie do szczęścia" (*beatus*; *prospérité*) przez jednostkę nie oznaczało w ujęciu de Bèze'a dążenia do zaspokojenia indywidualnie określonych pragnień lub ambicji. Określenie *beatus* odnosiło się do „szczęścia duchowego" lub „błogosławieństwa" w rozumieniu, jakie temu określeniu przypisuje się w psalmach: „szczęśliwym" lub „błogosławionym" jest człowiek „który się boi Pana i wielką radość znajduje w jego przykazaniach"[22]. Urzędnik miał obowiązek pomagać lokalnej społeczności i każdej jednostce w dążeniu do „szczęścia" w tym szerokim biblijnym znaczeniu. De Bèze dowodził, iż ochrona „pokoju i zgody wśród poddanych" nie powinna dla urzędnika stanowić celu samego w sobie, „lecz głównym celem powinny być pokój i zgoda przyczyniające się ku chwale i czci Bożej". Powinien on troszczyć się o to, „by wszyscy ludzie żyli nie tylko według określonych zasad uczciwości obywatelskiej, lecz także, aby żyli w pobożności i prawdziwym kulcie Boga". Postępując w ten sposób, urzędnik przyczyniał się do tego, „by religia była doskonała i święta, a w całym Kościele panował ład zgodny ze Słowem Bożym"[23].

Podobnie jak Kalwin, de Bèze wywodził podstawy jurysdykcji urzędnika z Biblii. On także charakteryzował urzędnika jako „strażnika obu tablic

---

[21] TT 1, s. 91–92.

[22] Ps 112, 1.

[23] TT 1, s. 53–54, 84; zob. *Sermons sur la Cantique*, s. 449 i n.

Dekalogu"[24]. Ujął to w *Confessio christiane fidei* z 1559 roku w następujący sposób:

> Wierzymy, że Bóg pragnie, aby świat rządzony był przez prawa i urzędników po to, by nałożono pewne ograniczenia na nieuporządkowane pragnienia. I podobnie jak ustanowił królestwa, republiki i wszelkiego rodzaju księstwa dziedziczne lub inne oraz wszystko to, co należy do sprawiedliwego rządu i pragnie być uznawanym za ich Autora, tak też ustanowił władzę miecza w rękach urzędników, aby stłumić występki przeciwko pierwszej i drugiej tablicy Bożych przykazań[25].

Jako strażnik pierwszej tablicy Dekalogu urzędnik powinien ogłaszać prawa cywilne regulujące stosunki między ludźmi i Bogiem – prawa wymierzone przeciw „publicznym" przejawom herezji, bałwochwalstwa i bluźnierstwa oraz prawa chroniące szabat i oddawanie publicznej czci Bogu oraz chroniące Kościół, jego pastorów i ich posługę. Jako strażnik drugiej tablicy Dekalogu urzędnik powinien wprowadzać prawo cywilne regulujące stosunki między osobami – dotyczące małżeństwa, rodziny, osób i własności, ochrony dobrego imienia i porozumień wzajemnych, reguł proceduralnych i dowodowych – w celu wzmocnienia przykazań nakazujących szacunek wobec rodziców, zakazujących zabijania, kradzieży, pożądliwości, cudzołóstwa lub składania fałszywego świadectwa.

Tego rodzaju odpowiedzialność urzędników za stanowienie prawa cywilnego celem stosowania i umacniania pierwszej tablicy Dekalogu musiała powodować ścisłe zbliżenie państwa i kościoła. We wczesnych pismach de Bèze twierdził nawet, że urzędnik jest „funkcjonariuszem" Kościoła – szybko jednak zarzucił ten pogląd jako zbyt niebezpieczny dla wolności Kościoła[26]. Jako współpracownik Kościoła lub wręcz jego funkcjonariusz urzędnik był powołany do tego, by opiekować się wspólnotą kościelną, chronić ją i jej dobra oraz ułatwiać i wspierać praktyki religijne i dyscyplinę. Wzorem do naśladowania

---

[24] TT 1, s. 94, 144; zob. T. de Bèze, *Lex Dei, Moralis, Ceremonialis et Civilis*, Geneva 1577, s. 61 i n., gdzie de Bèze przytacza wszystkie fragmenty z Pięcioksięgu, które świadczą o roli urzędnika jako „strażnika obu tablic Dekalogu".

[25] TT 1, s. 53–54.

[26] Por. *Wyznanie* (*Confessio christiane fidei*) z 1559 roku w: TT 1, s. 53–54 (nazywa tam urzędników kościelnych „porucznikami i urzędnikami, którym Bóg zlecił wykonywanie praworządnej i świętej władzy") razem z *Wyznaniem* (*Confessio christiane fidei*) z 1560 roku w TT 1, s. 80–84, gdzie język ten jest złagodzony. Zob. praca z okresu dojrzałej twórczości w: T. de Béze, *Psalmorum davidis et aliorum prophetarum libri quinque*, London 1580, s.v. Ps 82, 6.

mieli być dla urzędników wielcy królowie starożytnego Izraela – Dawid, Salomon i Jozue – a także wielcy cesarze chrześcijańscy – Konstantyn, Teodozjusz i Justynian[27].

De Bèze podkreślał jednak, że stanowione przez urzędników pozytywne prawo cywilne miało uzupełniać pozytywne prawo kościelne, a nie konkurować z nim. Urzędnikowi nie wolno tworzyć praw cywilnych, które regulowałyby doktrynę kościelną, liturgię, status pastorów lub zasady ich posługi, wyznaczając jej formy i funkcje. Nawet sprawy „nieistotne", adiafora życia kościelnego, pozostawały poza zasięgiem władzy urzędnika. Były to „wewnętrzne" i „prywatne" sprawy pozostawione kościołowi do rozwiązania na podstawie własnego prawa. Władzy urzędnika podlegać mogły jedynie „zewnętrzne" formy wyrażania wiary – „publiczne praktyki" lub „zewnętrzne przejawy" religii, mające wpływ na szerszą wspólnotę chrześcijańską. Urzędnik miał sądzić i karać bluźnierstwo, przejawy idolatrii, praktyki heretyckie, rażące naruszenia szabatu i inne jawne, publiczne wystąpienia przeciwko nakazom pierwszej tablicy Dekalogu. Były one nie tylko grzechami przeciw Bogu i Jego Kościołowi, lecz także przestępstwami przeciw ludowi Bożemu w lokalnej społeczności chrześcijańskiej[28].

Wolność sumienia i herezja

Oskarżenie, wydanie wyroku i stracenie Miguela Serveta dostarczyły de Bèze'owi kontekstu, w którym mógł bronić współpracy między genewskimi władzami kościelnymi i państwowymi. Broniący Serveta Sebastian Castellio dowodził, że nie powinno się karać heretyków, a z całą pewnością władze państwowe nie powinny karać ich śmiercią. De Bèze tak podsumował argumentację Castellio: heretycy, podobnie jak wszyscy inni ludzie, posiadają wolność sumienia. Nie wolno przymuszać ich do wierzenia w doktryny, do których nie są przekonani. Pozwalamy żyć bezkarnie wielu innym, którzy odrzucają zarówno Chrystusa, jak i doktryny chrześcijańskie; reformowani chrześcijanie nie podejmują krucjat przeciw Żydom, Turkom, niewiernym i innym. Dlaczego więc heretycy mieliby być wyróżniani tylko dlatego, że proponują inną interpretację doktryny chrześcijańskiej? Dlaczego mieliby oni być zmuszani do wyznawania określonej formy wiary chrześcijańskiej? Dlaczego ich poglądy

[27] TT 1, s. 53, 93–94.
[28] Tamże oraz TT 1, s. 138–140.

mają podlegać osądowi ludzkiego trybunału? Czy nie lepiej byłoby poczekać na Sąd Ostateczny, aby Bóg sam oddzielił pszenicę od kąkolu? Jeśli zaś trzeba sądzić i karać heretyków, dlaczego angażować w to władze świeckie i sankcje karne? Ostatecznie herezja dotyczy przecież doktryny religijnej, należącej do wyłącznej kompetencji Kościoła. Kościół zaś z definicji dysponuje tylko sankcjami duchowymi, polegającymi na upominaniu i ekskomunice, a nie na torturowaniu i wymierzaniu kary śmierci. Dlaczego więc taki heretyk jak Servet za sprawą genewskich władz cywilnych został spalony na stosie przygotowanym przez Kalwina i innych przywódców kościelnych? Takie metody walki duchowej, wyrażającej się w krucjatach, inkwizycji i pogromach, były od dawna domeną reżimów katolickich i doprowadziły protestantów do opuszczenia Kościoła katolickiego. Czy tortury i egzekucje naprawdę wskazują drogę reformowanej wierze protestanckiej, która troszczy się o wolność sumienia? – pytał Castellio[29].

De Bèze stawił czoła temu wyzwaniu. Heretycy z definicji dysponują sumieniem znającym prawdziwą doktrynę religijną, którą dobrowolnie odrzucają. Nie pozostają oni po prostu poza obrębem religii, jak Żydzi czy muzułmanie, którzy jeszcze nie ujrzeli światła. Nie są oni tylko gnuśnymi chrześcijanami, rezygnującymi z niesienia ciężarów. Nie są też jedynie grzesznikami, którzy nie dopełniając prawa Bożego, gasną jak słabe płomyki. Heretykami są ci, którzy świadomie postanowili zniszczyć Kościół i wspólnotę chrześcijańską od wewnątrz. Mimo wielokrotnych upomnień nie zrezygnowali ze swych poglądów ani nie opuścili Kościoła. Pozostając jego członkami, „jak rak toczyli żywą tkankę Kościoła". Stali się „narzędziami diabła", używającego ich do łamania szkieletu doktryny religijnej, która nadaje Kościołowi kształt, pozycję i siłę. Taki niebezpieczny nowotwór należy wyciąć z ciała Chrystusa, nawet gdyby powodowało to ból i rozlew krwi. Zgoda na niepohamowany rozrost nowotworu herezji byłaby równoznaczna ze skazaniem ciała Chrystusa na powolną i długotrwałą śmierć[30].

O ile obowiązkiem Kościoła jest wykluczenie heretyka ze zgromadzenia wiernych, państwo powinno usunąć go ze wspólnoty chrześcijańskiej. De Bèze twierdził, że Kościołowi przysługuje „władza Słowa", umożliwiająca osąd w sprawach doktrynalnych, oddzielanie prawdy religijnej od błędów, a ortodoksji od herezji. Tylko Kościół ma prawo osądzać, czy nauczanie religijne lub praktyki naruszają Słowo Boże. Państwu nie przysługuje pierwotna kompetencja

---

[29] Zob. s. 80–82, gdzie szerzej mowa o Castellio.

[30] TT 1, s. 128–167.

do orzekania w sprawach doktryny i herezji. Do czasu wydania przez Kościół wyroku w sprawach doktrynalnych i uznania danej osoby za heretyka państwu nie wolno prowadzić postępowania przeciw heretykowi. Gdy jednak Kościół stwierdzi herezję, państwo może i powinno podjąć działanie. Wyłączenie heretyka z miejscowej kongregacji przy jednoczesnym pozwalaniu mu na swobodne poruszanie się w szerszej społeczności chrześcijańskiej byłoby bowiem niebezpieczne. Heretyk powodowałby w niej wówczas niezgodę i rozłamy. Żerowałby na tych, którzy są słabi i łatwo ulegają wpływom oraz podejmowałby próby gromadzenia zwolenników. Jeżeli powiedzie się jednemu heretykowi, inni pójdą w jego ślady i dołączą do nich kolejni. W krótkim czasie to, co było kiedyś jednolitą i spokojną społecznością chrześcijańską, oddającą Bogu należną chwałę, stanie się zlepkiem skłóconych stronnictw, odstępujących od nauki Bożej i prawdziwego kultu. W opinii de Bèze'a był to przepis na anarchię. Powołaniem państwa jest utrzymywanie pokoju oraz ochrona prawdziwego i należnego kultu Boga w kościele. Na państwie ciąży obowiązek zapobiegania takim niepożądanym sytuacjom, a najlepszym sposobem wypełnienia tego obowiązku jest ukaranie heretyka.

Od państwa wymaga się, aby co najmniej potępiło, uwięziło lub nałożyło zakazy na heretyka, chroniąc tym samym lokalną społeczność chrześcijańską przed długotrwałym zamętem doktrynalnym lub narastaniem podziałów wewnętrznych. Niektórzy heretycy zasługują na jeszcze surowszą karę. De Bèze przypominał, że do normalnych zadań państwa należy karanie śmiercią za poważne przestępstwa, takie jak morderstwo, gwałt lub kradzież. W takich przypadkach ofiarami są osoby i ich własność. Przestępstwo herezji jest znacznie poważniejsze, gdyż jego ofiarą pada sam Chrystus i cała wspólnota kościelna, która reprezentuje ciało Chrystusa na ziemi. Jeżeli władzom wolno pozbawić życia mordercę, z pewnością wolno im uczynić to samo z heretykiem.

Chwała Boża winna bowiem od wszystkich doznawać tak wielkiej czci po wszystkie wieki, że ten, kto jej urąga – ponieważ drwi z samego Dawcy życia – najsłuszniej zasługuje na śmierć. Mówię o tym i głośno napominam, opierając się na prawdzie Bożej i świadectwie sumienia[31].

De Bèze wyraźnie podkreślał, że ukaranie heretyka nie narusza wolności jego sumienia, lecz chroni wolność Kościoła. „Urzędnikom nie wolno wywierać

[31] TT 1, s. 155.

większego przymusu w sprawach wiary niż duchownym". „Tylko Bóg jest Panem sumienia" i żadne ludzkie prawo, cywilne lub kościelne, nie może interweniować w Bożą suwerenność. Heretyk jednak z definicji nie tylko rozważa niebezpieczne poglądy we własnym sumieniu, lecz także na ich podstawie działa publicznie, ze szkodą dla Kościoła i jego członków. To właśnie ze względu na publiczne wyrażanie herezji, a nie prywatne myśli heretyckie, kary duchowe i cywilne stają się konieczne[32].

De Bèze powracał do tego argumentu w kontekście działań podejmowanych wobec domniemanych heretyków, którzy opierając się na wolności sumienia rozwijali lub praktykowali nauki religijne sprzeczne z reformacyjną ortodoksją. Znamiennym przykładem było potępienie przez de Bèze'a spekulacji Bernarda Ochino na temat poligamii. Ochino był wybitnym włoskim uczonym i kaznodzieją oraz byłym przełożonym franciszkanów. W 1542 roku przeszedł na protestantyzm i na pewien czas zamieszkał w Genewie. W liście z 1545 roku, zezwalającym mu na swobodne przemieszczanie się między różnymi miastami protestanckimi, Kalwin gorąco rekomendował Ochino[33]. W napisanym w późniejszym okresie życia dziele pt. *Trzydzieści dialogów* (1563) Ochino zawarł wiele sokratejskich przemyśleń na temat wartości różnych typowych doktryn teologicznych. Znalazł się wśród nich dialog o tym, „czy w niektórych wypadkach mężczyzna pod natchnieniem Boga Wszechmocnego może podjąć decyzję o poślubieniu drugiej żony". Fikcyjni rozmówcy Ochino sugerowali, by – ze względu na brak wyraźnego biblijnego zakazu poligamii i liczne jej przykłady – decyzję o stosowności poligamii pozostawić indywidualnej ocenie chrześcijańskiego sumienia pouczonego przez Boga[34].

Spekulacje te okazały się ryzykowne. Kiedy pisma Ochino dotarły do Genewy, de Bèze natychmiast odpowiedział na jego poglądy druzgocącym atakiem, włączonym później do *Tractatio de Polygamia, et divortiis* (1568)[35]. Sprawie Ochino nie pomogło również to, iż Sebastian Castellio, obrońca Serveta, przetłumaczył *Trzydzieści dialogów* na łacinę i chwalił je w obszernej przedmowie. Po dokładnym sprawdzeniu biblijnej egzegezy dokonanej przez

[32] TT 1, s. 98–99, 151–161; T. de Bèze, *Sermons sur l'histoire de la passion et Sepultre de nostre Seigneur Iesus Christ, descrite par les quatre Evangelistes*, Geneva 1592, s. 62 (gdzie nazywa Chrystusa „jedynym ustawodawcą naszych sumień").

[33] *List do Oswalda Myconiusa* (15 sierpnia 1545), w: CO XII, 136–137.

[34] *Bernardini Ochini Senensis Dialogi XXX*, Basel 1563, s. 186 i n. Zob. R. Bainton, *Bernardino Ochino*, Florence 1941; SMF, t. 1, rozdz. 7.

[35] TT 2, s. 1–63. O poglądach Kalwina oraz de Bèze'a na temat poligamii zob.: SMF 1, s. 220–261.

Ochino, de Bèze potępił go jako „apostatę" i „heretyka". W opinii de Bèze'a sam akt opublikowania heretyckich spekulacji był wystarczającym dowodem herezji; Ochino nie praktykował ani nie popierał poligamii. Atak de Bèze'a na rozważania Ochino wykorzystany został rok później przez władze Zurychu jako kluczowy dowód w wytoczonym mu procesie. Uznano go za winnego herezji i w środku zimy skazano na wygnanie wątłego 76-letniego starca i jego czworo dzieci. W poszukiwaniu schronienia wędrował przez Niemcy i Polskę i zmarł w następnym roku na Morawach.

Nawet drobny błąd doktrynalny – złowróżbnie dotyczący wolności w Kościele lokalnym – doprowadził do ekskomuniki, wygnania i ocenzurowania pism Jeana Morély'ego[36]. Morély był wykształconym francuskim arystokratą, który przeszedł na protestantyzm i przeniósł się do Genewy w 1554 roku. Stał się zagorzałym zwolennikiem nowej doktryny reformacyjnej, którą uważał za prawdziwe wskrzeszenie „złotego wieku" nauczania biblijnego i apostolskiego. Morély wyraził jednak swoje wątpliwości dotyczące władzy genewskiego konsystorza w sprawach dyscypliny duchowej. W 1562 roku opublikował on długi i uczony *Traicté de la discipline & police Chrestienne*, w którym wzywał do większej wolności i demokracji w ramach kościołów lokalnych[37].

Morély zdecydowanie opowiedział się za jednolitością lokalnej społeczności chrześcijańskiej pod skoordynowaną władzą kościelną i państwową – za „republiką świętą i chrześcijańską", ujmowaną w duchu pism de Bèze'a. Jednoznacznie popierał utrzymanie zdecydowanej dyscypliny chrześcijańskiej oraz ekskomunikowanie i karanie nieugiętych heretyków – w skrajnych przypadkach włącznie z karą śmierci, gdyby podsycali zamieszki lub gromadzili wielu zwolenników. Jednakże zagadnieniem szczególnie interesującym Morély'ego był zakres władzy kościoła lokalnego w osądzaniu i karaniu heretyków oraz procedury stosowane w takich przypadkach. Morély wyrażał pogląd, że „sercem", „duszą" i „żywym głosem" władzy i autorytetu kościelnego jest miejscowa kongregacja – nie zaś lokalny konsystorz, a już na pewno nie rada kościoła lub rada miejska. Orzeczenia dotyczące herezji i kary

---

[36] Zob. Ph. Denis, J. Rott, *Jean Morély (1524 –1594) et l'utopie d'une démocratie dans l'Eglise*, Geneva 1993; R.M. Kingdon, *Geneva and the Consolidation of the French Protestant Movement 1564–1572. A Contribution to the History of Congregationalism, Presbyterianism and Calvinist Resistance Theory*, Madison 1967, s. 43–137.

[37] J. Morély, *Traicté de la discipline & police Chrestienne*, Lyon 1562, wyd. facs., Geneva 1968.

dla heretyków powinny zatem należeć do decyzji komunikujących członków danej kongregacji lokalnej[38].

Chrystus jest głową Kościoła – pisał Morély – jego najwyższym „prorokiem, kapłanem i królem". Wszyscy członkowie kongregacji lokalnej są zaś „kapłanami Chrystusa", należą do „kapłaństwa wiernych", a ich zadaniem jest służba i troska o bliźnich. Są oni także „prorokami Chrystusa", działającymi pod natchnieniem Ducha Świętego, by „wszystkie narody uwierzyły, ucząc je zachowywać wszystko" co nakazał Chrystus. Wszyscy członkowie kongregacji są wreszcie „królami", którzy powinni kierować Kościołem i zachowywać jego duchową dyscyplinę, idąc za przykładem Kościoła apostolskiego[39].

Dla Morély'ego taki był właściwy sens władzy kluczy, o której mowa w Ewangelii Mateusza: „I tobie dam klucze królestwa niebieskiego; cokolwiek zwiążesz na ziemi, będzie związane w niebie, a co rozwiążesz na ziemi, będzie rozwiązane w niebie" (Mt 16, 19). Zdaniem Morély'ego Chrystus przekazał tę władzę „wiązania i rozwiązywania" kongregacji jako całości, a nie samemu urzędowi konsystorza. Pogląd ten uzasadniał, zestawiając powyższy fragment z innym zapisem Mateusza:

> Gdy brat twój zgrzeszy, idź i upomnij go w cztery oczy. Jeśli cię usłucha, pozyskasz swego brata. Jeśli zaś nie usłucha, weź z sobą jeszcze jednego albo dwóch, żeby na słowie dwóch albo trzech świadków oparła się cała sprawa. Jeśli i tych nie usłucha, donieś Kościołowi! A jeśli nawet Kościoła nie usłucha, niech ci będzie jak poganin i celnik! Zaprawdę, powiadam wam: Wszystko, co zwiążecie na ziemi, będzie związane w niebie, a co rozwiążecie na ziemi, będzie rozwiązane w niebie (Mt 18, 15–18).

W przytoczonym fragmencie słowo „Kościół" według Morély'ego „nie oznacza rady starszych lub konsystorza", lecz odnosi się do „zgromadzenia członków, jedności ciała Chrystusowego". Zdroworozsądkowe odczytanie wypowiedzi Chrystusa wskazuje, iż w sprawach dyscypliny chrześcijanie powinni upominać siebie nawzajem najpierw indywidualnie, następnie w małej grupie, a ostatecznie na forum całego zgromadzenia, nie zaś jedynie w kolejnej małej grupie, jaką jest konsystorz. Tak więc, według Morély'ego, prawem i obowiązkiem całej kongregacji było wykonywanie władzy kluczy, polegające na wydawaniu pod natchnieniem Ducha Świętego orzeczeń w sprawach

---

[38] Tamże, s. 32, 41, 96, 106, 186, 188.

[39] Tamże, s. 28, 30, 33, 48–49, 60, 270, 277–279.

doktrynalnych i dyscyplinarnych. Szczególna doniosłość tej władzy ujawniała się w poważnych przypadkach herezji, które mogły wiązać się z koniecznością ekskomunikowania członków Kościoła. „Zgoda całego Kościoła jest źródłem zarówno decyzji o wykluczeniu, jak również o przywróceniu do wspólnoty" – pisał Morély. „Władza wykluczania ze wspólnoty, odłączania od komunii i odcinania od tego ciała Pańskiego bądź przyjmowania w poczet wiernych tego Kościoła oraz przywracania do zgromadzenia i komunii, jest suwerenną władzą, należącą do każdego Kościoła". „Prawo to nie może przysługiwać duchownym, lecz całej kongregacji"[40].

Morély nazywał to „demokratyczną" formą rządów Kościoła, uważając tego rodzaju instytucję za najlepszą gwarancję „wolności Kościoła". Twierdził, iż lokalne kościoły oddane na rzecz demokracji znajdują się w idealnej sytuacji, „aby przywrócić dawną dyscyplinę i obyczaje". Tam, gdzie jest „demokracja", „wszystkie rzeczy wykonywane są z większą mądrością, z większą dojrzałością i rozwagą, aniżeli pod innymi rządami, jakimikolwiek by one były". Demokratyczne zarządzanie Kościołem sprawia, iż każdy jego członek może swobodnie uczestniczyć w spełnianiu podstawowych funkcji głoszenia, nauczania i dyscypliny, nawet wtedy, gdy „urzędnikom" Kościoła przypisuje się główną odpowiedzialność za ich wykonywanie. Gwarantuje także swobodne działanie Ducha Świętego w sercach i umysłach wszystkich członków Kościoła, czyniącego z nich skuteczniejszych przedstawicieli Chrystusa, którego ciało Kościół reprezentuje jako całość[41].

Morély nie nawoływał do demokracji bezpośredniej w Kościele, polegającej na podejmowaniu decyzji przez ogół członków oraz głosowaniu nad każdą kwestią. Uznawał przydatność lokalnych konsystorzy do zarządzania codziennymi sprawami Kościoła, majątkiem i świadczeniem pomocy ubogim. Nie negował konieczności zwoływania okresowych synodów regionalnych i krajowych synodów w celu kodyfikowania zasadniczych zagadnień doktrynalnych i moralnych, dotyczących wszystkich kościołów lokalnych. Kościelne urzędy i organy musiały jednak zachowywać formy demokracji przedstawicielskiej. Funkcjonariusze kościelni zasiadający w konsystorzu i radzie powinni być wybierani na stanowiska przez członków zgromadzenia i odpowiadać przed nimi za swoje działania. Kościoły, w których nie przeprowadzano takich wyborów, powinny je wprowadzić, naśladując zwyczaje Kościoła apostolskiego. Z kolei

[40] Tamże, s. 127, 168–169.

[41] Tamże, s. 175–177, 183. Zob. też: T. Maruyama, *Ecclesiology*, s. 91–92.

kościoły cierpiące na skutek nadużyć, niewiedzy czy niezgody pastorów, nauczycieli, starszych lub diakonów, powinny usunąć te osoby ze stanowisk na drodze głosowania. Tym kościołom, które nie są w stanie przestrzegać zaleceń ogólnego synodu lub rady kościelnej, powinno się zagwarantować prawo do opuszczenia wspólnoty[42].

Dzieło Morély'ego z 1562 roku w sposób nowatorski uprzedzało argumentację na rzecz wolności i demokracji, która miała później stać się kanonem dla kalwińskich kongregacjonalistów po obu stronach Atlantyku. Morély jednak znacznie wyprzedził własną epokę – przynajmniej w lokalnych kręgach reformacyjnych Genewy i we Francji. Jego poglądy natychmiast potępiono jako wyrachowaną napaść na władzę konsystorza wzorowaną na rozwiązaniach genewskich oraz na większe synody i rady kościołów reformowanych. Synod Prowincji Orleanu (1562) potępił jego dzieło za „nikczemne doktryny", które „prowadzą do zamieszania i rozproszenia Kościoła"[43]. Jeszcze w tym samym roku Konsystorz genewski wezwał Morély'ego, by odniósł się do zarzutów kierowanych pod adresem jego „szkodliwych" i „oszczerczych" poglądów[44]. Morély'emu udało się uciec w obawie o życie. Ostatecznie około ośmiu miesięcy później ujawnił się, po kilku kolejnych wezwaniach do stawienia się przed sądem. Konsystorz upomniał go za „skandaliczne" poglądy i nakazał ich odwołanie. Gdy Morély nie ustępował, Konsystorz ponownie usiłował zmusić go do wyrzeczenia się poglądów. Morély poprosił więc o czas potrzebny do przygotowania odpowiedzi na piśmie. Konsystorz znał jednak sprawę wystarczająco dobrze. Ponieważ Morély „został wysłuchany, lecz nie odpowiedział w należyty sposób", czytamy w protokołach, a także ponieważ „może on w międzyczasie podtrzymywać swoje błędy", szkodząc i zagrażając Kościołowi, Konsystorz nałożył na niego ekskomunikę. De Bèze (wraz z Kalwinem) otrzymał „zaszczytny obowiązek" przedstawienia sprawy Radzie Miejskiej oraz nakłonienia jej do nałożenia sankcji karnych na Morély'ego[45]. Kierując się zaleceniem de Bèze'a, Rada zaocznie skazała Morély'ego za herezję oraz za obrazę sądu, „aby było to przykładem dla innych". Nakazano, aby wszystkie egzemplarze jego pism zostały publicznie spalone, aby wszystkich jego zwolenników dokładnie przesłuchano i upomniano, a jego samego

[42] R.M. Kingdon, *Consolidation*, s. 54–57.

[43] Cyt. za tamże, s. 63.

[44] *Registres du Consistoire de Genève au Temps de Calvin*, red. R.M. Kingdon, 21 tomów, Geneva 2001–, t. 20 (niepublikowany), folio 115 (26 sierpnia 1563).

[45] Tamże, folio 120v (31 sierpnia 1563).

wydalono z miasta na zawsze. Konsystorz podjął również kroki nadzwyczajne, publikując szczegółowy zapis swoich postępowań przeciwko Morély'emu, by powstrzymać dalsze rozprzestrzenianie się tego rodzaju „schizmatyckich i wywrotowych" idei[46].

Przez całą kolejną dekadę poglądy Morély'ego na temat demokratycznego ustroju Kościoła stanowiły wyzwanie dla przywódców francuskiego Kościoła reformowanego. Ostatecznie jego koncepcje trafiły na zdolnego kontynuatora w osobie Petera Ramusa, wybitnego filozofa kalwińskiego, który wraz z kilkoma przywódcami protestanckimi we Francji, Niemczech i Szwajcarii zręcznie nadawał bieg sprawie. Chociaż propagowanym przez niego ideom stawiano zaciekły opór w postaci uczonych ksiąg i pamfletów, to demokratyczne poruszenie mogło zapoczątkować poważniejsze reformy w szesnastowiecznej eklezjologii kalwińskiej, gdyby Ramusa i wielu jego zwolenników nie zamordowano w noc św. Bartłomieja w 1572 roku[47].

Argumentacja tego rodzaju nie mogła jednak liczyć na sympatię de Bèze'a. Wszelkie podobne „proste demokratyczne poglądy" na temat Kościoła potępiał on jako „haniebne błędy"[48]. Przewodził także krajowym synodom w La Rochelle (1571) i Nîmes (1572), zwołanym w celu potępienia nowego eksperymentu demokratycznego i nauk niektórych lokalnych kościołów francuskich. Chociaż popierał „wolne i prawowite wybory" funkcjonariuszy kościelnych dokonywane przez członków kongregacji „tak dalece, jak to jest możliwe i jak Bóg pozwoli", de Bèze uważał samą demokrację za „najbardziej kłopotliwą i najbardziej buntowniczą" formę rządów kościelnych[49]. Kościelną demokrację uważał za „kłopotliwą", ponieważ pozostawiała ona decyzje doktrynalne i dyscyplinarne „kaprysowi" zgromadzenia. Z pewnością o zasadach wiary nie należy sądzić na podstawie liczby głosów tych, którym brakuje wykształcenia. Chwała Chrystusa i świętość Jego Słowa w żadnym razie nie może zależeć tylko od zmiennych nastrojów większości[50]. Kościelna demokracja była „buntownicza" – pisał dalej de Bèze – ponieważ pozostawała w wyraźnej sprzeczności z nauczaniem Pisma Świętego. Konsystorz nie jest „nowym rodzajem

---

[46] Wzn. w: P. Denis, J. Rott, *Jean Morély*, s. 261–265.

[47] Zob. dokumenty tamże, s. 266–362; R.M. Kingdon, *Consolidation*, s. 203–219.

[48] NTAnn., 1, 83.

[49] *List do Bullingera* (13 listopada 1571), wzn. w: R.M. Kingdon, *Consolidation*, s. 212; zob. też: TT 1, s. 47. Zwrot „tak dalece jak to możliwe i jak Bóg pozwoli" pochodzi z *Confessio christiane fidei* z 1559 roku, art. 31

[50] *List* (ok. 1571/1572), w: TT 3, s. 307. Zob. też: T. Maruyama, *Ecclesiology*, s. 117–125.

instytucji, sprzecznym ze Słowem Bożym"[51]. Był on zawsze częścią struktury i dyscypliny kościelnej. W Kościele apostolskim konsystorz lub rada stanowiły odpowiednik żydowskiego Sanhedrynu (Dz 15). Od początku posiadał władzę ekskomunikowania, władzę wypędzania z Kościoła niegodziwców, takich jak Ananiasz i Safira (Dz 5, 1–11), podobnie jak wcześniej czynił to Chrystus, który wypędzał przekupniów ze świątyni (Mt 21, 12–17)[52]. Tak więc gdy Chrystus przekazywał Kościołowi władzę kluczy – „by związywał i rozwiązywał" – powierzył ją kierownictwu Kościoła, konsystorzowi, nie zaś zgromadzeniu jako całości. „Nie ma nic bardziej niebezpiecznego i niesprawiedliwego, a także niestosownego wobec Słowa Bożego, jak uzależnienie całego zgromadzenia jedynie od głosowania samych duchownych, bądź podporządkowywanie orzeczeń duchownych i starszych [w konsystorzu] kaprysom tłumu"[53].

Konsystorz jest, zdaniem de Bèze'a, „instytucją arystokratyczną" z definicji, a rządy Kościoła charakteryzują się połączeniem trzech klasycznych form władzy[54]. Podobnie jak Kalwin wzywający do ustanowienia władzy państwa, która byłaby „reżimem mieszanym skłaniającym się ku arystokracji", de Bèze pragnął władzy kościelnej, która łączyłaby monarchię, arystokrację i demokrację w „złotym środku" (*aurea mediocratis*), pod kierownictwem arystokratycznego konsystorza – formy rządów zrównoważonych, sprawowanych przez najlepiej do tego przygotowanych. De Bèze ujął to później w następujących słowach:

> Myślę, że Kościół chrześcijański, zarówno w jego obecnej formie, jak i w jego antycznej formie izraelskiej, powstał z boskiego ustanowienia jako potrójny porządek. Głową Kościoła jest jedyny Władca [sam Chrystus], nasz wieczny Arcykapłan, który sprawuje rządy wszędzie i nad wszystkimi księstwami. Jego miejsce jest w niebie, chociaż, poprzez swojego Ducha, jest On obecny i swoją mocą wskazuje drogę podległym Mu kongregacjom. Po Nim jest konsystorz, zwany powszechnie najbardziej świętą arystokratyczną instytucją. Na koniec to, co nazwane zostało powszechnym zgromadzeniem wiernych, które stanowi doskonały przykład boskiego państwa demokratycznego. W wyniku jego zgody ustanowiony

---

[51] NTAnn. s.v. Mt 18, 16; Dz 15, 22; 1 Tm 3, 1, opracowane później w: T. de Bèze, *De veris & visibilus Ecclesia*, w: TT 3, s. 132–147.

[52] NTAnn. s.v. Dz 15, 22; TT 3, s. 138 i n.; T. de Bèze, *Traicté des vrayes essencielles et visibiles marques de la vraye Eglise Catholique*, Geneva 1592, s. 28–33.

[53] TT 3, s. 306–307.

[54] *List do Bullingera*, wzn. w: R.M. Kingdon, *Consolidation*, s. 212.

został arystokratyczny konsystorz. Strażnikami tej zbiorowości są chrześcijańscy urzędnicy, którzy wszędzie powołani są przez Boga i którzy reprezentują Boga na całym świecie[55].

Źródła i rozwój nowych teorii praw

W tym, co dotąd przedstawiono, trudno odnaleźć zapowiedź rozwoju reformacyjnej teorii praw. Wiele spośród wczesnych propozycji de Bèze'a stanowi skuteczną apologię genewskiej rzeczywistości w stosunkach państwo-Kościół oraz dowód wprowadzania w życie najbardziej zdecydowanych poglądów Kalwina na temat wolności i herezji. Jego teoria zakładała istnienie jednolitej lokalnej społeczności chrześcijańskiej, jednomyślnie oddanej sprawie reformacji. Zakładała ona współpracę lokalnego Kościoła z władzami państwowymi, szczególnie w dziele zachowania doktryny i dyscypliny chrześcijańskiej, jak również w karaniu błędów i herezji. Przyjmowała także, że heretyk był przewrotnym członkiem lokalnego kościoła lub społeczności, pragnącym zniszczyć jego jedność i przeciwstawić się jego władzy.

We wczesnych tezach de Bèze'a niewiele jest miejsca dla indywidualnej wolności. Servet utrzymywał, że wolność sumienia powinna prowadzić do pluralizmu religijnego. Ochino eksperymentował z granicami wolności słowa. Morély testował demokratyczne implikacje protestanckiej teorii, zgodnie z którą wszyscy chrześcijanie są prorokami, kapłanami i królami. Żadnej z tych tez nie znajdzie się u de Bèze'a. Poszczególne jednostki, w myśl jego wczesnych poglądów, dysponowały zasadniczą wolnością wybierania swoich przedstawicieli i stosowania lokalnych przepisów w zakresie doktryny i dyscypliny religijnej – lub opuszczenia Kościoła pod groźbą czekającej ich kary za przestępstwo. W życiu prywatnym jednostkom przysługiwała wolność postępowania zgodnie z własnym sumieniem; w przeciwnym razie dochodziłoby do ingerencji w suwerenność Chrystusa, który jest „władcą sumienia". Jednakże w życiu publicznym jednostki miały dostosować swe życie do praw lokalnego Kościoła i państwa, których przywódcy ponosili odpowiedzialność za „kształtowanie sumień obywateli" oraz za „utrzymywanie [ich] należnych

[55] T. de Bèze, *Tractatus pius et moderatus de vera Excommunicatione et christiano presybterio*, Geneva 1590, s. 113.

poglądów", jak ujął to de Bèze[56]. Publiczne wyrażanie podejrzanych opinii narażało na przesłuchanie przed konsystorzem. Publikowanie dzieła, w którym eksperymentowano z podejrzanymi doktrynami, zasługiwało na ekskomunikę i wygnanie. Bezpośrednie kwestionowanie ortodoksyjnej doktryny narażało na skazanie za herezję przez radę i egzekucję w przypadku obstawania przy błednych poglądach.

Należało jednak zastanowić się nad sytuacją, w której lokalnej społeczności nie łączyłaby jedna wiara, a wyznanie reformowane byłoby w mniejszości, pośród wielu wyznań. Co stanie się, gdy państwo nie będzie współpracowało z lokalnymi kościołami, pozostawiając je własnemu losowi? Jak postąpić, gdyby heretykiem okazał się nie zwykły obywatel, lecz przywódca polityczny danej społeczności – cesarz, król, książę, dziedzic czy burmistrz? Do czego dojdzie, gdy heretycki przywódca podejmie próbę „szkolenia sumień obywateli" w myśl swojej herezji i zacznie szerzyć „obowiązujące poglądy" na poparcie swojej fałszywej nauki? A gdyby, co gorsza, przywódca polityczny uznał Kościół reformowany i jego władze za heretyckie i wydał przeciw nim wyrok, używając dokładnie tych samych argumentów, które de Bèze uważał za niezbędne dla ochrony społeczności lokalnej przed groźbą niebezpiecznego buntu i podziałów? Jakimi środkami obrony dysponowaliby wówczas praktykujący wierny i cała społeczność Kościoła reformowanego w obliczu takiej opresji?

W obliczu takich ponurych dylematów stanęli francuscy kalwiniści po masakrze w noc św. Bartłomieja w 1572 roku. Jednakże nawet w początkach lat pięćdziesiątych, gdy de Bèze pisał *De haereticis a civili magistratu puniendis, adversus Martini Belli Farraginem, & novorum academicorum sectam*, trudno byłoby uznać te pytania za czysto hipotetyczne. Wszak katolickie władze francuskie uznały samego de Bèze'a za heretyka i zdrajcę – na skutek przejścia na protestantyzm w 1548 roku – konfiskując jego majątek oraz dokonując symbolicznego spalenia jego wizerunku. Inni władcy katoliccy – Święty Cesarz Rzymski oraz monarchowie i książęta Francji, Hiszpanii, Anglii, Szkocji, Niderlandów oraz innych krajów – dopuszczali się rozmaitych okrucieństw wobec heretyków protestanckich, torturując i zabijając co najmniej kilkuset z nich oraz zmuszając tysiące ludzi do ucieczki w kierunku Genewy i innych miast reformacyjnych, takich jak Lozanna, gdzie znalazł mieszkanie de Bèze. W czasie gdy de Bèze kończył pisać *De haereticis*, z Anglii i Szkocji

[56] Tłum. w: R.M. Kingdon, *First Expression*, s. 90–91.

dotarła nowa fala uchodźców protestanckich, ratujących się ucieczką przed krwawymi pogromami wznieconymi w 1553 roku przez obie królowe Marie.

De Bèze podejmował te zagadnienia na końcowych kartach *De haereticis* z 1554 roku. Jego zdaniem najlepiej byłoby, gdyby urzędnikiem była osoba „za publicznym przyzwoleniem obywateli ogłoszona opiekunem zgody i spokoju. Tego typu zgoda oparta jest na przestrzeganiu prawa, które gwarantuje bezpieczeństwo wszystkich obywateli"[57]. Niekiedy jednak urzędnicy łamią własne prawa. Zdarza się również, że ich prawa nie przyczyniają się do „zgody i spokoju", lecz raczej do „prześladowań i wojen". Urzędnicy bywają też chciwi, lekkomyślni i niebezpieczni, doprowadzają swoich poddanych do nędzy i wyrządzają im krzywdy, stosują przemoc wobec ich żon i dzieci, zmuszają młodych mężczyzn do udziału w nieodpowiedzialnych wojnach, by powiększyć własne terytoria i wzbogacić swoje skarbce. Zdarza się, że „oczywistym okrucieństwem lub jaskrawą ignorancją" urzędnicy „walczą przeciw królowaniu Chrystusa". Jak należałoby w takiej sytuacji postąpić?

> Po pierwsze, cały Kościół powinien pogrążyć się w modlitwie i łzach oraz poprawić własne życie. Jest to bowiem oręż wiernych w walce przeciw okrucieństwom tego świata. Niższy urzędnik powinien jednak w miarę swoich możliwości, z rozwagą i umiarem, lecz wytrwale i mądrze zachowywać czystą religię na obszarze sobie podległym. Znakomitym tego przykładem w naszych czasach jest Magdeburg, to miasto nad Łabą [...]. Gdyby więc książęta nadużywali swoich urzędów, zarzuciłbym temu, kto chciałby odrzucić chrześcijańskich urzędników, danych przez Boga do obrony przed zewnętrzną przemocą ze strony niewiernych lub heretyków, że pozbawia Kościół Boży najbardziej przydatnej i (o ile tylko jest to miłe Panu) potrzebnej obrony[58].

De Bèze podjął to zagadnienie w *Confessio christiane fidei*, ukończonym równocześnie z francuskim wydaniem *De haereticis* w Genewie w 1560 roku. Posłużył się tradycyjnym rozróżnieniem na tyranów-uzurpatorów, którzy przywłaszczyli sobie urzędy, oraz legalne władze, które stały się tyrańskie. Uzurpatorom należało stawić zdecydowany opór, najlepiej wykorzystując do tego celu uprawnionych niższych urzędników. Zaś gdyby ci urzędnicy zawiedli, nawet osoby prywatne, idąc za przykładem starożytnych Machabeuszy, mogły stawiać opór, jeżeli Bóg wskaże im właściwą drogę. Prawowitym władcom

[57] Tamże, s. 89.
[58] Tamże, s. 92.

przemienionym w tyranów mogą natomiast przeciwstawić się jedynie niżsi urzędnicy, np. książęta elektorzy Świętego Cesarstwa Rzymskiego lub Stany Generalne w królestwie Francji. Osoby prywatne mogą i powinny sprzeciwiać się niesprawiedliwym zarządzeniom i prawom lub opuścić obszar danej jurysdykcji. Nie wolno im jednak walczyć lub stawiać oporu na własną rękę[59]. „Nie przestajemy prosić naszych braci, aby uzbrajali się jedynie w cierpliwość, dopóki Bóg nie przyjdzie im z pomocą lub wesprze w inny sposób, bądź poprzez nadanie im [nowego] księcia”[60].

W tych wczesnych rozważaniach znaleźć można – jak pisze Robert Kingdon – „zarodkowe uzasadnienie rewolucji demokratycznej”. Zwięzłe ujęcie argumentacji de Bèze'a wychodzi od tezy, że same urzędy polityczne są „nadane przez Boga i reprezentują Boga na ziemi”. Jednakże autorytet urzędników sprawujących dany urząd zależy od „publicznej zgody obywateli”. Gdy zaś przedstawiciel władzy nie szanuje już swego urzędu i nie reprezentuje Boga na ziemi, „publiczna zgoda” może ustąpić miejsca „publicznemu sprzeciwowi”. Jeżeli sprzeciw ten wyrażony został w sposób odpowiedni przez niższych urzędników, przedstawiciel władzy traci autorytet i należy mu się przeciwstawić, a jeśli zajdzie potrzeba, usunąć go z urzędu[61].

Rzecz jasna nie było to jeszcze rewolucyjne wezwanie do walki. De Bèze nadal doradzał pojedynczym obywatelom i poddanym cierpiącym pod władzą tyranów, by szukali pocieszenia w wytrwałości, modlitwie i pokucie. Nadal uważał niższych urzędników za jedynych upoważnionych do korzystania z prawa „odmowy” i „oporu”. Nadal ograniczał praktykowanie tego prawa oporu do przypadków, w których wyżsi urzędnicy naruszali „władzę Chrystusa”, „rządy czystej religii na danym obszarze”. Nadal nalegał, by z prawa oporu korzystać „ostrożnie”, „z umiarem” i „pod nadzorem” oraz „dla dobra Kościoła Bożego”.

---

[59] TT 2, s. 53–55. Zob. też: Wyznanie (*Confessio christiane fidei)* z 1559 roku, art. XL, który de Bèze i Kalwin w dużej mierze wstępnie przygotowali, w: A.C. Cochrane (red.), *Reformed Confessions of the Sixteenth Century*, Louisville 2003, s. 158. De Bèze utrzymywał to samo stanowisko w swoich wystąpieniach na kolokwium w Poissy w 1561 roku, cyt. obszernie w: H.M. Baird, *Theodore Beza*, s. 164–183; i w swoim *Letter to the Dutch Regugee Church in London* (25 czerwca 1568), w: J.J. van Toorenenbergen, *Gheschiedenissen ende Handelingen die voornemelick aengaen de nederduystche natie ende gemeynten wonende in Engelant ende uit bysonder tot Londen*, Amsterdam 1873, s. 67–77. Zob. E. Doumergue, *Jean Calvin*, t. 5, s. 532 i n.

[60] T. de Bèze, *List do Bullingera* (1560), w: CO XVIII, 1–3.

[61] R.M. Kingdon, *First Expression*, s. 92–93; tegoż, *Calvinism and Resistance Theory, 1550–1580*, w: J.H. Burns (red.), *The Cambridge History of Political Thought, 1450–1700*, Cambridge 1991, s. 193–218.

Nie wskazał kryteriów, które pozwoliłyby stwierdzić, czy opór był konieczny. Nie określił procedur, jakich należałoby przestrzegać w przypadku, gdy opór uznano za stosowny. Nie określił, jakiego rodzaj opór był dopuszczalny – bierny czy czynny, werbalny czy fizyczny, pokojowy czy zbrojny. Jednakże każdy z tych zarodkowych argumentów doczeka się rozwinięcia w formy rewolucyjne w ciągu kolejnych dwóch dziesięcioleci, a następnie z wielką siłą po nocy św. Bartłomieja w 1572 roku.

Wyznanie magdeburskie

De Bèze wskazał wyznanie magdeburskie (1550) jako „znakomity przykład" odpowiedzi na nadużycia władzy politycznej i tyranię. Wyznanie magdeburskie stanowiło bowiem w owym czasie destylat najbardziej rozwiniętych luterańskich teorii oporu, które przyswojone zostały przez tradycję kalwińską[62]. Przywódcy małego saksońskiego Magdeburga spisali Wyznanie w odpowiedzi na zarządzenie cesarza [Karola V – przyp. tłum.] dotyczące przyjęcia nowego dekretu o religii zwanego *interim* augsburskim. Jego celem było narzucenie za pomocą prawa cywilnego jednolitej doktryny i liturgii katolickiej, ustanowionych przez Sobór Trydencki. *Interim* służyć miało także do wyeliminowania „szalejącej herezji luterańskiej", która „zarażała" i „rozpalała" niemieckie obszary Świętego Cesarstwa Rzymskiego. W *interim* określano herezję luteranizmu – w retoryce podobnej do używanej przez de Bèze'a w argumentacji przeciwko Servetowi – jako „złośliwą chorobę" pustoszącą i wystawiającą na niebezpieczeństwo Kościół katolicki. Choroba ta, której pozwolono rozwijać się przez trzy dziesięciolecia, spowodowała „powszechną niezgodę" i „tarcia", nieuchronnie prowadzące do „klęski i wyniszczenia" ciała Chrystusowego. Mimo wielu pokojowych prób nakłonienia ich do powrotu do wiary, luterańscy heretycy wciąż jawnie gwałcili „prawa i obrzędy Powszechnego Kościoła Katolickiego", powodując poważne

[62] MC. Jestem wdzięczny Davidowi M. Whitfordowi, że zaopatrzył mnie w niepublikowany rękopis wstępnego tłumaczenia tego dokumentu, który jest tu wykorzystany na podstawie przeglądu oryginalnego tekstu niemieckiego. Zob. analiza w D.M. Whitford, *Tyranny and Resistance. The Magdeburg Confession and the Lutheran Tradition*, St. Louis 2001. Pozostaje kwestią sporną, jak silne było bezpośrednie oddziaływanie wyznania magdeburskiego na de Béze'a. Zob. C. Zwierlein, *The Importance of „Confessio" in Magdebourg (1550) for Calvinism. A Historiographical Myth*, „Bibliothèque d'Humanisme et Renaissance" 2005 (68), s. 27–46.

zagrożenie dla „chrześcijańskiej zgody i umiaru", a także dla „sprawiedliwości, pokoju i jedności" w Cesarstwie[63].

Interim miało położyć temu kres, przywracając jedną i jednolitą wiarę katolicką w Cesarstwie pod skoordynowaną władzą papieża i cesarza. Terytoriom luterańskim niezamierzającym dobrowolnie wcielać w życie przepisów interim zagrożono podbiciem i zniszczeniem. Niektóre obszary luterańskie i ich przywódcy skapitulowali już wcześniej, lecz Magdeburg nie zamierzał ustąpić. Wojska cesarskie zagroziły oblężeniem miasta. Władze Magdeburga trwały na niezmiennym stanowisku, podejmując liczne wysiłki w celu pisemnego wykazania zasadności własnych działań. Wyznanie z 1550 roku było najważniejszym z ponad setki broszur i kazań, opracowanych z myślą o obronie własnego stanowiska. W wyznaniu powtórzono istotne ustalenia doktryny luterańskiej, niedające się zdaniem duchownych luterańskich pogodzić z postanowieniami zawartymi w interim. Zebrano w nim także argumenty uzasadniające odmowę podporządkowania się nowym prawom cesarskim oraz opór wobec ich realizacji – w razie potrzeby przy użyciu siły. Główny wniosek znalazł się w preambule:

> Jeżeli wysoka władza nie powstrzyma się od niesprawiedliwych i brutalnych prześladowań, skierowanych nie tylko przeciwko życiu swoich poddanych, lecz wręcz przeciw ich prawom wynikającym z prawa Bożego i naturalnego, a także jeżeli wysoka władza nie zaniecha wykorzeniania prawdziwej doktryny i prawdziwego kultu Bożego, wówczas niższa władza wraz ze swoimi poddanymi zmuszona będzie, według świętego nakazu Bożego, sprzeciwić się takim zwierzchnikom w miarę swoich możliwości. Obecne prześladowania, jakich doświadczamy z rąk naszych zwierzchników, są przede wszystkim próbą stłumienia prawdziwej religii chrześcijańskiej i prawdziwej czci oddawanej Bogu oraz przywrócenia papieskich kłamstw i obrzydliwego bałwochwalstwa. Dlatego Rada [Magdeburga] i wszelka władza chrześcijańska jest zobowiązana do ochrony własnej i powierzonego jej ludu[64].

W pewnym sensie wyznanie magdeburskie było powtórzeniem formułowanych przez Marcina Lutra wezwań do oporu, które zrewolucjonizowały zachodnie chrześcijaństwo trzydzieści lat wcześniej. W swoich pismach z końca

---

[63] Preambuła do *The Interim, or Declaration of Religion of His Imperial Majesty Charles V*, w: T.F. Torrance (red.), *Tracts and Treaties in Defense of the Reformed Faith*, tłum. H. Beveridge, 3 tomy, Grand Rapids 1958, t. 3, s. 190–194.

[64] MC, A1v.

pierwszej dekady i wczesnych lat dwudziestych XVI wieku Luter wielokrotnie zwalczał papieża jako „duchowego tyrana", prawdziwego „antychrysta", „wszetecznicę babilońską", „wilka" grasującego w Bożej winnicy na zgubę niewinnych chrześcijan. Zarzucał papiestwu zniszczenie Ewangelii przez fałszywe doktryny i nadużycia prawa, styranizowanie chrześcijańskiego sumienia i gwałt zadany oblubienicy Chrystusa. Zdaniem Lutra papież obrabował lud z jego własności, bezlitośnie wykorzystując do tego celu prymitywną duchową komercję, zaprzęgniętą do realizacji kosztownych projektów. Luter wzywał także władców niższego szczebla – książąt i szlachty oraz miasta niemieckie – aby powstali i pozbyli się tego duchowego tyrana w imię wolności Ewangelii[65].

Przeciwstawienie się i odrzucenie tyranii papieża i innych duchownych było tylko jednym z problemów. Ostatecznie papież, w przekonaniu Lutra, uzurpował sobie pochodzący od Boga autorytet chrześcijańskiego władcy i naruszył daną przez Boga wolność chrześcijańskiego sumienia. Odrębnym zagadnieniem była natomiast kwestia oporu wobec władzy cywilnej i odrzucenia tyranii cesarza i innych urzędników. Wszak w jednej z najsłynniejszych wypowiedzi Chrystus nakazuje: „Oddajcie więc Cezarowi to, co należy do Cezara, a Bogu to, co należy do Boga" (Mt 22, 21; Mk 12, 17; Łk 20, 25). Św. Paweł ujął to w następujący sposób:

> Każdy niech będzie poddany władzom, sprawującym rządy nad innymi. Nie ma bowiem władzy, która by nie pochodziła od Boga, a te, które są, zostały ustanowione przez Boga. Kto więc przeciwstawia się władzy – przeciwstawia się porządkowi Bożemu. Ci zaś, którzy się przeciwstawili, ściągną na siebie wyrok potępienia. Albowiem rządzący nie są postrachem dla uczynku dobrego, ale dla złego. [...] Należy więc jej się poddać nie tylko ze względu na karę, ale ze względu na sumienie (Rz 13, 1–5).

Św. Piotr podkreślił to jeszcze dobitniej:

> Bądźcie poddani każdej ludzkiej zwierzchności ze względu na Pana: czy to królowi jako mającemu władzę, czy to namiestnikom jako przez niego posłanym celem karania złoczyńców, udzielania zaś pochwały tym, którzy dobrze czynią. [...] Jak ludzie wolni [postępujcie], nie jak ci, dla których wolność jest usprawiedliwieniem zła, ale jak niewolnicy Boga. Wszystkich szanujcie, braci miłujcie, Boga się bójcie, czcijcie króla! (1 P 2, 13–17).

---

[65] Patrz J. Witte, *Law and Protestantism*, s. 53–65.

Biblia poucza wielokrotnie: „czcij ojca swego i matkę swoją", a w konsekwencji każdą inną władzę, „abyś długo żył na ziemi, którą Pan, Bóg twój, da tobie" (Wj 20, 12; Kpł 19, 5; Pwt 5, 16; Mt 15, 4; Mk 7, 10; Ef 6, 1–2). Wszystkie te wypowiedzi, wyposażone w niewzruszony i oczywisty autorytet biblijny, zdają się wskazywać, że świadomy chrześcijanin powinien szanować władzę i okazywać jej posłuszeństwo, a gdyby władze nadużywały urzędów lub stały się tyrańskie, należało znosić to cierpliwie i z modlitwą.

W wyznaniu magdeburskim zestawiono te teksty biblijne z argumentacją zaczerpniętą z Biblii, historii i prawa, skupiając się na oporze wobec tyranii, a zwłaszcza na naruszaniu przez państwo „podstawowych praw religii". W wyznaniu dominowały argumenty biblijne. Magdeburscy duchowni szczególnie dużo wysiłku włożyli w zwalczanie tego, co uważali za błędną interpretację znanych biblijnych nakazów posłuszeństwa nawet za cenę męczeństwa[66]. Owszem, powinniśmy szanować przełożonych, „aby długo trwały nasze dni". Jeżeli jednak nasze dni ulegają skróceniu, nie powinniśmy poważać tej władzy, która je skróciła. To prawda, że władza polityczna została „powołana przez Boga, aby czynić dobro". Jeżeli jednak nie czyni dobra, być może Bóg wcale jej nie powołał. To prawda, że urzędnicy nie „są postrachem dla uczynku dobrego, ale dla złego". Jeżeli jednak staje się on postrachem tych, którzy postępują dobrze, musi być złym urzędnikiem. Z pewnością trzeba oddawać „Cezarowi to, co należy do Cezara, a Bogu to, co należy do Boga", lecz jeśli cesarz pragnie lub przywłaszcza sobie to, co należy do Boga, powinniśmy go powstrzymać lub odzyskać, co należne Bogu. To prawda, że „kto [...] przeciwstawia się władzy – przeciwstawia się porządkowi Bożemu". Jeżeli jednak władze sprzeciwiają się Bogu, musimy pomścić naruszoną cześć Boga. Wprawdzie Bóg mówi: „zemsta należy do mnie", lecz „my jesteśmy jego narzędziami" w czynieniu dobra, a „Bóg karze w taki sposób, że ci, którzy wykonują kary nie czynią źle, lecz wykonują wolę i polecenie Boże"[67].

Przekaz biblijny wskazuje jednoznacznie, że Bóg ustanowił władze w Kościele, państwie i rodzinie, aby zachować ład i pokój w grzesznym świecie oraz aby Ewangelia rozkwitała, a każdy człowiek wypełniał powołanie, jakim został przez Boga obdarzony. Żadne z tych władz nie powinny „wzajemnie łączyć się ze sobą" lub ingerować w zakres posiadanego mandatu. Żadnej z nich nie wolno porzucić, zdradzić lub nadużyć nadanego przez

[66] MC, G3r–H1r; K1r–K3r, L2r–L4r.
[67] Tamże, M1r, J1r, L4r–M1r.

Boga urzędu. A co najważniejsze, żadnej z władz nie wolno naruszyć suwerenności Bożej. Panowanie wszystkich władz jest zatem jedynie warunkowe. Gdyby więc którakolwiek

> próbowała wykorzenić religię i przykładne obyczaje, prześladowała prawdziwą wiarę i uczciwe życie, wówczas straci własną godność i nie będzie się już jej uważać za władzę lub rodziców ani przed Bogiem, ani w sumieniu tych, którzy są jej poddani. Staje się ona narzędziem w rękach szatana zamiast Boga, porządkiem, któremu wszyscy mogą i powinni przeciwstawić się z czystym sumieniem, każdy zgodnie z własnym powołaniem[68].

Biblia wyraźnie stanowi, że do oporu wobec władzy politycznej nadużywającej swych prerogatyw powołani są przede wszystkim niżsi urzędnicy. Bóg nie ustanowił pojedynczej władzy, lecz wiele odrębnych władz. Wszystkie władze państwowe dysponują siłą miecza, aby czynić dobro i karać zło. Siła ta powinna być wykorzystywana wewnątrz samego rządu, jak również poza nim – we wspólnocie. Jeżeli niższy rangą urzędnik postępuje źle, na urzędniku równym lub wyższym mu rangą ciąży obowiązek poprawienia go lub złożenia z urzędu. Gdyby zaś wyższy rangą urzędnik źle czynił, inni urzędnicy powinni go skorygować i udzielić mu upomnienia, zawsze jednak z zachowaniem szacunku, na jaki zasługuje jego urząd (Wj 22, 28; Dz 23, 5). Jeżeli wyższy urzędnik popełnia tylko drobne lub prywatne wykroczenie, niżsi urzędnicy powinni upomnieć go poufnie i taktownie, naśladując przykłady biblijne (Rdz 9, 23). Jeżeli jednak niesprawiedliwie zagraża on „życiu i zdrowiu", „kobietom i dzieciom" oraz „swobodom miejscowego ludu", wówczas urzędnicy niżsi rangą „mogą skorzystać ze swojego prawa do samoobrony" i obrony swoich poddanych, zwłaszcza wtedy, gdyby poddani zwrócili się do nich o pomoc. Gdyby wreszcie wyższy urzędnik podniósł rękę na „najwyższe i zasadnicze prawa ludu" – atakując „samego Pana naszego, twórcę tych praw" – wtedy nawet „najmniej znaczni i najsłabsi urzędnicy" powinni powstać przeciwko niemu. W razie konieczności urzędnicy powinni wezwać „każdego pobożnego i rozumnego chrześcijanina" do włączenia się do oporu „z głębokim przekonaniem", że wszyscy oni uczestniczą w wykonywaniu dzieła Bożego. W takich okolicznościach „mamy prawo, obowiązek i wolę [...], by podjąć wysiłek, walczyć i toczyć wojnę, z narażeniem życia i zdrowia oraz z ufnością pokładaną w łasce Boga, stojącego po naszej stronie"[69].

---

68 Tamże, G3r, G4v, L1r.

69 Tamże, J4r–K1r, K2R–L1r, M1r–M2r, P2r–P3r.

Wyznanie magdeburskie nie definiuje „swobód miejscowego ludu" ani „najwyższych i zasadniczych praw ludu", których naruszenie mogłoby uruchomić stopniowalny opór i bunt. Autorzy wyznania dali do zrozumienia, że groźba ustanowienia „nienaturalnych" i „niezgodnych z Biblią" katolickich praw w zakresie małżeństwa i celibatu mogłaby stanowić przykład takiego naruszenia. Jednocześnie wyraźnie wskazali, że pogwałcono przysługujące im „prawa proceduralne": „prawo boskie, naturalne i świeckie" jednakowo uznaje, że przestępca ma prawo do publicznego wysłuchania przed sądem. Nas natomiast „oskarżono tylko na podstawie zasłyszanych dowodów", nie dając możliwości „stanięcia przeciw naszym oskarżycielom". Uległość innych miast luterańskich nie oznacza, że i nas powinno się pozbawić praw. „Nasza sprawa musi być osądzona zgodnie z zasadami sprawiedliwości"[70].

Szczególnym powodem troski wyrażonej w wyznaniu magdeburskim było naruszanie przez cesarza „zasadniczych praw" ludu dotyczących religii, co z pewnością domagało się bardziej zdecydowanej reakcji. „Nie szukamy niczego innego, jak tylko wolności do zachowania i pozostawania przy jedynie prawdziwej religii, przy jedynej świętej i zbawczej Ewangelii". Nasza działalność jest pokojowa. Wychowujemy nasze dzieci na dobrych i użytecznych obywateli. Modlimy się codziennie za naszych władców. Płacimy podatki i daniny. Rejestrujemy nasze posiadłości. „Nie pragniemy niczyjej ziemi ani ludzi i nie pożądamy niczyjego dobytku ani dóbr". „Wasza Cesarska Wysokość pozwala zarówno Żydom, jak i poganom wyznawać ich religię i nie zmusza ich do odstępowania od swojej religii i poddawania się władzy papiestwa", lecz „nam nie dano nawet tej samej wolności religijnej, którą przyznaje się niechrześcijanom". Cesarz dąży natomiast „do ponownego wprowadzenia papieskiego bałwochwalstwa, do zdławienia lub wyniszczenia czystej doktryny Ewangelii świętej [...] z naruszeniem nie tylko prawa Bożego, ale również spisanego prawa cywilnego"[71].

W tych okolicznościach Biblia wymaga od „niższych bogobojnych urzędników i wszystkich tych, nad którymi roztaczają oni władzę, aby przeciwstawiali się tej niesprawiedliwej sile oraz aby zachowywali prawdziwą doktrynę i kult, a także ciało i życie, duszę i honor". Niżsi urzędnicy, którzy nie wywiązaliby się z tego obowiązku, ignorują nakaz zawarty w Księdze Przysłów (24, 11): „Ratuj wleczonych na śmierć, wstrzymaj rózgi, by nie zabijały". Także inni

[70] Tamże, H2r, K4r.

[71] Tamże, H4r–J2r, K1r.

powinni przyjść im z pomocą, aby nie lekceważono nauki z Księgi Sędziów (5, 23), w której Bóg zagroził przekleństwem, „bo nie przybyli na pomoc Panu, na pomoc Panu wśród bohaterów". To Bóg „ustanowił moc" i wymaga, aby z niej korzystać w celu „szerzenia i obrony Jego słowa, prawdziwego kultu Bożego i szacunku należnego Bogu"[72].

Nie tylko Biblia, lecz także historia dostarcza niezliczonych dowodów, że opór względem tyranów, zwłaszcza gdy naruszają normy religijne swojego ludu, jest nie tylko prawem, lecz i obowiązkiem wiernych. W historii biblijnej nie brak odpowiednich przykładów: Jonatan i Dawid stawili opór królowi Saulowi, podobnie jak słudzy Saula, kiedy ten stał się tyranem. Przywódcy Zabulona i Neftalego przeciwstawili się Jabinowi, królowi Kananejczyków. Eliasz, Jehu i Nabot odmówili posłuszeństwa królowi Achabowi. Asa pozbawił władzy swą despotyczną matkę, królową Maakę. Daniel nie posłuchał króla Dariusza. Machabeusze zaatakowali Rzymian. W wyznaniu magdeburskim wielokrotnie powracano do tych przykładów, ilustrując w ten sposób obowiązki osobiste ciążące na jednostce w obliczu tyranii. Historia chrześcijaństwa także obfituje w podobne przykłady. Należy przypomnieć sobie Ambrozjusza odmawiającego posłuszeństwa Justynianowi, opór przeciwko Maksyminowi, Ambrożego upominającego Teodozjusza, Laurencjusza sprzeciwiającego się rozkazom Decjusza oraz inne przykłady[73]. Nawet pogański władca rzymski Trajan wręczył swojemu zastępcy miecz ze słowami: „Dopóki będę wydawał słuszne rozkazy, władaj tym mieczem przeciwko moim wrogom, lecz jeśli zrobię coś przeciwnego, obróć go przeciwko mnie"[74].

Przykłady z historii religijnej i świeckiej służyły w zamyśle autorów wyznania magdeburskiego do wykazania „uniwersalnego" i „naturalnego" obowiązywania „prawa do samoobrony"[75]. Obrona przed atakiem siebie i innych, połączona z koniecznym użyciem siły, była znana doktrynie prawnej europejskiego *ius commune*. W przypadku niesprawiedliwej napaści ofiara ma prawo do obrony, do stosowania oporu – biernego, w postaci ucieczki, lub czynnego, poprzez podjęcie walki przy użyciu siły proporcjonalnej do odpieranego ataku. Innym osobom, zwłaszcza krewnym lub opiekunom ofiary, również przysługuje prawo do interwencji na rzecz poszkodowanego – biernej, polegającej na pomocy w ucieczce lub czynnej, poprzez zbrojne odegnanie napastnika.

---

[72] Tamże, K1r, L3r, P2v.

[73] Tamże, J3r, L1r–L4r, M4r–N1r, O3r–O4r.

[74] Tamże, M4r.

[75] Tamże, K1r, N.

Posługując się analogią, twórcy wyznania głosili, że urzędnik przekraczający zakres przysługującej mu władzy pozbawia się swego urzędu i staje się osobą prywatną. Jeżeli używa siły w celu dokonania nadużyć, ofiarom i innym osobom wolno przeciwstawić się takiemu urzędnikowi w sposób bierny lub czynny, podobnie jak stawia się opór przestępcy. Ponadto jeżeli wyższy urzędnik wydaje rozkazy, wykraczając poza swe kompetencje, wszyscy niżsi urzędnicy, ministrowie i wojskowi, którzy wykonują jego polecenia, również dopuszczają się nadużycia władzy, stając się wspólnikami w przestępstwie byłego wyższego urzędnika, a obecnie osoby prywatnej. W konsekwencji także i oni wszyscy stają się jedynie osobami prywatnymi i współsprawcami przestępstwa. Zarówno ofiarom, jak i osobom postronnym przysługuje wówczas prawo do oporu biernego lub czynnego wobec takich napastników.

Wnioski, jakie autorzy wyznania magdeburskiego wyciągnęli z doktryny prawa do samoobrony, przełożyły się na ich poglądy na temat obrony przed cesarzem i jego sojusznikami politycznymi, podejmującymi próby zmuszenia luteranów do powrotu do katolicyzmu. Po pierwsze, wszystkich, którzy działali na rzecz tyrana, uznano za wspólników jego zbrodni, przypisując im winę wobec Boga. Do winowajców zaliczano także wszystkich niższych urzędników, którzy wprowadzali w życie jego rozkazy, w tym żołnierzy i sojuszników, obywateli i poddanych płacących podatki na rzecz tyrana, chrześcijan, którzy świadomie modlili się za powodzenie tyrana oraz innych. Wszyscy oni, jak stwierdzano w wyznaniu magdeburskim, są wspólnikami „prześladowania" i „zamordowania" Chrystusa i Jego Ewangelii, godnymi „straszliwej kary w Dniu Sądu". Oni bowiem „ponownie krzyżują naszego Pana"[76].

Po drugie, wszyscy ci, którzy są powołani do opieki nad innymi, powinni wspierać swoich podopiecznych w oporze wobec napaści tyrana. Niżsi urzędnicy, sędziowie i strażnicy powinni chronić miejscową ludność. Pastorzy, starsi i słudzy kościelni powinni chronić członków swych kongregacji. Ojcowie, matki i przełożeni powinni chronić swoje dzieci, sługi i podopiecznych. Nauczyciele i wychowawcy powinni chronić uczniów. W wyznaniu magdeburskim sugestywnie przypominano, że gdyby ktokolwiek spośród podlegających opiece padł na ulicy ofiarą ataku ze strony zwykłego przestępcy, interwencja byłaby obowiązkiem opiekunów. Z kolei zaniechanie uczyniłoby z nich współsprawców. Tyrani zaś są zwykłymi przestępcami, przed którymi należy bronić niewinne ofiary. „Bóg uzna za winnych nie tylko tych, którzy

[76] Tamże, N4r–O1r, P3r–P4r.

sami niesprawiedliwie zabijają, lecz również tych, którzy, stosownie do swych możliwości, nie pomogli w obronie i ratowaniu prześladowanych”[77].

Po trzecie, powołując się na luterańską doktrynę o powszechnym kapłaństwie wiernych, w wyznaniu magdeburskim stwierdzano dobitnie, że „wszyscy pobożni chrześcijanie powinni niepokoić się wspólnym zagrożeniem, brać je sobie do serca i postępować wobec niego z taką powagą, jak gdyby chodziło o każdego z nich z osobna”. Wszyscy chrześcijanie powołani są do bycia kapłanami wobec równych sobie oraz dobrymi Samarytanami dla nieznajomych znajdujących się w niebezpieczeństwie. Wszyscy zatem chrześcijanie ponoszą odpowiedzialność za podjęcie działania, gdy ofiara zaatakowana zostaje przez zwykłego przestępcę lub gdy tyran-przestępca pustoszy wspólnotę. Nakaz ten ma podwójną moc, gdy ofiarą tej napaści staje się ostatecznie sam Chrystus, którego lud i nauki stają się obiektem niesprawiedliwej napaści. „Cokolwiek uczyniliście jednemu z nich, mnieście uczynili” – według słów Chrystusa[78].

Wyznanie magdeburskie niebezpiecznie zbliżyło się do sformułowania koncepcji głoszącej, iż wszyscy razem i każdy członek wspólnoty chrześcijańskiej z osobna może i powinien dążyć do obalenia tyranów przy użyciu siły. Ponieważ koncepcja taka stanowiłaby przepis na anarchię, magdeburscy kaznodzieje dołożyli starań, by przeciwdziałać tak radykalnym wnioskom. Wzywano więc do bardziej uporządkowanej reakcji, polegającej na tym, że wyżsi urzędnicy przekazywaliby instrukcje na niższe szczeble hierarchii urzędniczej, a ostatecznie do lokalnych opiekunów. W jednym tylko sformułowaniu zawartym w wyznaniu zezwalano, aby „w sytuacji zagrożenia jednostka sama rozwiązała problem”[79]. Jednakże przy braku szczegółowego rozwinięcia tę sugestywną uwagę należy odczytywać jako potwierdzenie tradycyjnej doktryny samoobrony w bezpośredniej konfrontacji z napastnikiem. W obliczu tyranii politycznej zalecano przede wszystkim modlitwę i zachowanie cierpliwości, następnie bierne nieposłuszeństwo wobec fałszywych władz oraz udzielanie innym rady o tym, w jaki sposób odmawiać posłuszeństwa. W dalszej kolejności proponowano zwracanie się o pomoc do niższych organów władzy i usilne dochodzenie swoich podstawowych praw, które zostały naruszone. Dopiero po wyczerpaniu środków pokojowych oraz po otrzymywaniu od prawowitego niższego organu władzy polecenia, aby przyłączyć się do sprawiedliwej wojny lub buntu, osoba prywatna upoważniona była do nieposłuszeństwa z użyciem

[77] Tamże, P1r. Zob. tamże, P2r–P4r.

[78] Tamże, N3r–N4r, P1r, P4r.

[79] Tamże, G1r.

przemocy. Po otrzymaniu takiego upoważnienia mogła jednak walczyć z całym oddaniem, a podjęte działania nie naruszały wówczas indywidualnych obowiązków chrześcijańskich wobec Boga i własnego sumienia:

> Prawa i wolności naszego Cesarstwa Niemieckiego są takie, że chrześcijanie mogą z nich korzystać w zgodzie z sumieniem, podobnie jak korzystają oni z innych świeckich przepisów, które nie są skierowane przeciwko Bogu. W istocie, jeśli chrześcijanie z nich nie korzystają, okrywają się hańbą przed światem i działają na szkodę swoich następców[80].

Wyznanie magdeburskie stanowiło wyraźnie oczyszczoną i poszerzoną syntezę najbardziej radykalnych nauk luteranizmu na temat oporu wobec tyranii politycznej. Jak dowiódł Quentin Skinner i inni autorzy, niektóre z tych argumentów przedstawili już wcześniej protestanccy teologowie i prawnicy – Martin Bucer, Johannes Bugenhagen, Gregor Brück, Andreas Osiander, Lazarus Spengler, Johann Oldendorp, Johannes Eisermann i inni[81]. Także Luter przeszedł długą drogę, by dojść do podobnego stanowiska w latach trzydziestych XVI wieku[82]. Nie zmienia to w niczym oceny syntezy argumentów na rzecz teorii oporu dokonanej w wyznaniu jako imponującego osiągnięcia intelektualnego. Było to także spore osiągnięcie polityczne, ostatecznie prowadzące do przechylenia się szali opinii publicznej przeciwko cesarzowi i *interim* augsburskiemu. Po roku oblężenia Magdeburga wspierający cesarza książę Maurycy Saski przeszedł na stronę luteranów, a groźba zdobycia Magdeburga zmieniła się w sytuację patową. Prowadziło to do postępującego niepowodzenia innych kampanii wojsk cesarskich przeciwko luteranom oraz do odstąpienia od egzekwowania *interim* w całym Cesarstwie. Ostatecznie w 1555 roku cesarz przystał na pokój w Augsburgu, zezwalając każdemu księstwu w Niemczech na przyjęcie własnego wyznania religijnego, katolickiego bądź luterańskiego, w myśl zasady *cuius regio, eius religio*[83].

---

[80] Tamże, G1r, H2r–J3r, 04r.

[81] H. Scheible, *Das Widerstandsrecht als Problem der deutsche Protestanten 1523–1546*, Gütersloh 1969; E. Wolgast, *Die Religionsfrage als Problem des Widerstandsrechts im 16. Jahrhundert*, Heidelberg 1980; G. Strauss, *Law, Resistance and the State. The Opposition to Roman Law in Reformation Germany*, Princeton 1986; Q. Skinner, *Foundations*, t. 2, s. 195–206.

[82] Zob. M. Luter, *Warning to His Dear German People* (1531), oraz tegoż, *Disputation Concerning the Right to Resist the Emperor* (1538), w: WA 39/2, 60; LW 47, 6.

[83] W: Ehler i Morrall, s. 164–173.

Kalwin i wygnanie protestantów z Anglii i Szkocji

Trzy główne kierunki argumentacji zawartej w wyznaniu magdeburskim z 1550 roku – opartej na Biblii, historii i prawie – stały się w kolejnych dziesięcioleciach standardowym narzędziem de Bèze'a i innych twórców kalwińskich teorii oporu wobec tyranii. Argumenty te w znacznej części pokrywały się z dorobkiem kalwinizmu, a sam Kalwin podnosił podobne argumenty w *Institutio* z 1536 roku i w kazaniach oraz w komentarzach z lat czterdziestych i wczesnych lat pięćdziesiątych[84]. Również Kalwin dokonywał własnej interpretacji wielu fragmentów biblijnych, w których zalecano bezwzględne posłuszeństwo wobec władzy, zwłaszcza gdy władcy atakowali prawdziwą chrześcijańską religię wspólnoty. Wskazywał też, że historia biblijna i chrześcijańska nakazują opór wobec przywódców Kościoła, państwa i rodziny naruszających Pismo Święte i sumienie. Wzywał niższych urzędników i duchownych do podejmowania „umiarkowanego" i „uporządkowanego" oporu wobec tyranów naruszających Pismo Święte i sumienie: urzędników do wykorzystania siły, a duszpasterzy do głoszenia Słowa. Wprowadzając w życie własne nauki, w 1548 roku Kalwin zdecydowanie potępił interim augsburskie, nazywając je „wyparciem się" i „deformacją prawdziwej doktryny", wprowadzającym wśród chrześcijan „tyranię grzechu i szatana"[85]. Ganił on także następcę Lutra, Filipa Melanchtona, za zaniechanie silniejszego oporu wobec cesarza w jego sporze z magdeburskimi duchownymi[86].

Nauki Kalwina odbiegały natomiast od wyznania magdeburskiego w trzech zasadniczych punktach. Po pierwsze, Kalwin nie opierał swej argumentacji na rzecz oporu na teorii suwerenności ludu lub na prawach jednostki. W wyznaniu wspominano o „lokalnych wolnościach ludu", o „najwyższych i najbardziej podstawowych prawach" religii, o należnych ludowi „prawach wynikających z prawa Bożego i naturalnego", których przekroczenie mogło wywołać zorganizowany opór. Kalwin zwykle nie posługiwał się tego typu określeniami – chociaż w późniejszym okresie życia wspominał niekiedy o prawach podmiotowych (zob. s. 66–58). Rozważania dotyczące praw podmiotowych prowadził on niezależnie od rozważań na temat oporu wobec

[84] Zob. s. 59–65. Kilka z tych argumentów zostało również opracowanych przez Martina Bucera, zwolennika Kalwina w Strasburgu, którego poglądy również cieszyły się popularnością w kręgach kalwińskich. Zob. H. Baron, *Calvinist Republicanism and its Historical Roots*, „Church History" 1939 (8), s. 30.

[85] Zob. „Antidotum" Kalwina na interim (1548), w: CO VII, 545–674.

[86] *List do Melanchtona* (18 czerwca 1550), w: CO XIII, 593–596.

tyranii. Omawiając kwestie związane z oporem, Kalwin wolał określać wolność obywateli nie jako prawo podmiotowe lub jako naturalne roszczenie suwerennej jednostki, lecz raczej jako funkcję władzy przywódców politycznych. Gdyby władze przestrzegały ograniczeń wyznaczonych przez sprawowane urzędy, wolność ich poddanych korzystałaby z odpowiedniej ochrony. Gdyby zaś władze nadużywały urzędów ze szkodą dla życia, zdrowia i wolności osób prywatnych, osoby te miały spokojnie wypowiedzieć posłuszeństwo, oddalić się prędko lub cierpliwie i z modlitwą znosić prześladowania do czasu, gdy niżsi urzędnicy udzielą im wskazań i pomocy[87].

Po drugie, Kalwin zawęził zakres podstaw oporu wobec tyranii. Od początku dopuszczał on czynny zorganizowany opór, kierowany przez niższych urzędników – „eforów". Jeśli chodzi o podstawy oporu, w *Institutio* z 1536 roku i w *Komentarzu do Listu św. Pawła do Rzymian z* 1540 roku doradzał go w sytuacji, gdyby wyżsi urzędnicy naruszali „Pismo i sumienie", „Słowo i Prawo Boże", „prawdziwą wiarę" lub „prawdziwą doktrynę i pobożność". Podstawy te wydają się dość szerokie, ponieważ w ujęciu Kalwina Pismo Święte i sumienie oraz Słowo i Prawo Boże obejmują wszystkie dziedziny życia chrześcijańskiego. Z pewnością jednak Kalwin nie twierdził, że każdy akt władzy stanowiący naruszenie lub zagrożenie dla chrześcijańskiego życia wiary, mógłby prowadzić do zorganizowanego oporu. W swoich *Komentarzach do Dziejów Apostolskich* z 1552 roku i w *Kazaniach na temat Księgi Powtórzonego Prawa* z 1555 roku Kalwin uściślił swoje rozważania. Wzywał do oporu wobec władz, które „umniejszają którekolwiek z prerogatyw należnych Bogu, [...] o których poucza pierwsza tablica Dekalogu". „Wiemy, że służba, w której oddaje się cześć Bogu, musi przewyższać wszystkie inne" oraz że obowiązki określone w pierwszej tablicy wyznaczają podstawy takiej służby[88]. Kalwin szczegółowo rozwinął te poglądy w *Wykładach na temat Księgi Daniela* z 1561 roku, opisując w nich pierwszą tablicę nie tylko jako wyliczenie ludzkich obowiązków w zakresie kultu religijnego, lecz także jako „uprawnienia Boga" do odpowiedniej czci i posłuszeństwa: „Ziemscy książęta porzucają całą swoją władzę, gdy powstają przeciw Bogu. Powinniśmy raczej splunąć im w twarz, aniżeli być im posłuszni, gdy stają się tak pyszni i chcą okraść Boga z Jego praw". „Kiedy książęta zabraniają służby i czci Bożej, gdy nakazują swoim

---

[87] Zob. s. 59–65; *Institutio* (1559), ks. I, rozdz. 15–18. Zob. też: V. Heise, *Der calvinistische Einfluss auf das humanistische Rechtsdenken exemplarisch dargestellt an den* „Commentarii de iure civili" *von Hugo Donellus (1527–1591)*, Göttingen 2004, s. 274–289.

[88] Kom. Pwt 5, 16; CO XXVI, 309 (1555).

poddanym, aby skazili się bałwochwalstwem i chcą ich zgody na uczestnictwo we wszystkich obrzydliwościach, które są sprzeczne ze służbą Bogu, nie są oni godni, by traktowano ich jako książąt lub by posiadać jakąkolwiek przypisaną im władzę"[89].

W ten sposób wyjaśniono podstawy oporu wobec tyranii politycznej. Gdyby władze nakazywały poddanym czcić fałszywych bogów, narzucały kult obrazów, bluźnierstwo i łamanie szabatu – otwarcie naruszając przykazania pierwszej tablicy, a zatem naruszając „prawa Boże" – opór byłby dozwolony. Jednocześnie Kalwin znacznie zawęził podstawy uzasadniające opór. Jak postąpić, gdyby urzędnik naruszył drugą tablicę przykazań? Jak postąpić, gdyby zrywał małżeństwa i więzy rodzinne, a także mordował, gwałcił, kradł, dokonywał rozbojów, zniesławiał lub fałszywie oskarżał swoich poddanych z rażącym naruszeniem przykazań drugiej tablicy? Czy niżsi urzędnicy mogliby wówczas podjąć jakieś działania? Gdyby zaś nie przyniosły one rozwiązania, czy wówczas osoby prywatne mogłyby podjąć czynny opór, argumentując, że pogwałcenie drugiej tablicy narusza „prawa ludu", podobnie jak pogwałcenie pierwszej tablicy skierowane jest przeciw „prawom Bożym"?

Odpowiedź Kalwina była przecząca. Czynny opór, nawet zorganizowany przez niższych urzędników, był dozwolony tylko w przypadku dopuszczenia się przez wyższych urzędników rażącego naruszenia praw Bożych i obowiązków człowieka wobec Boga określonych w pierwszej tablicy. Nawet najbardziej rażące naruszenia obowiązków określonych w drugiej tablicy nie stanowiły dostatecznych podstaw uzasadniających czynny opór. Osoby prywatne mogły zaś okazać swoje nieposłuszeństwo wobec takich niesprawiedliwych praw w sposób pokojowy i opuścić obszar jurysdykcji, nie zakłócając porządku publicznego. Godząc się zaś na bierny opór lub ucieczkę, powinny one znosić nieszczęścia, które spadły na nie, ich własność, rodzinę i reputację z chrześcijańską cierpliwością i modlitwą – na wzór Chrystusa. Dla przykładu warto wsłuchać się w apel Kalwina skierowany do jego zwolenników w przedmowie do *Wykładów na temat Księgi Daniela* z 1561 roku:

Doskonale zdaję sobie sprawę, jak wielu upokorzeń padliście ofiarą w ciągu ostatnich sześciu miesięcy – nie mówiąc już o tym, co spotkało was w ostatnich trzydziestu latach. Wiem, że w wielu miejscach często doznawaliście przemocy szalejącego tłumu, gradu kamieni i napaści żelazem. Wiem, jak wasi wrogowie przypatrywali się temu i czekali, by z nagłą przemocą zakłócić wasze pokojowe

[89] Wykł. Dn 6, 22 (1561). Zob. też: Kom. 2 Sm 1, 1–4 (1562).

zgromadzenia. Wiem, że niektórzy zostali zabici we własnych domach, inni na ulicach; że zwłoki ciągano dla uciechy, kobiety gwałcono, wielu mężczyzn pobito, nawet brzemienne kobiety i nienarodzone dzieci przebijano ostrzem; domy zniszczono i splądrowano. Jednakże, choć przed wami wiele gorszych może okrucieństw, powinniście okazać, że jesteście uczniami Chrystusa, dobrze wykształconymi w Jego szkole; powinniście starać się, aby żadna wściekłość, niepohamowane ataki bezbożnych nie wyrwały was z umiarkowania, które dotąd okazywaliście i które samo już pokonało i przełamało wszystkie napaści[90].

W ostatniej dekadzie życia Kalwin powtarzał w licznych prywatnych listach te wezwania do cierpliwości i praktykowania ducha pokuty w przyjmowanym cierpieniu[91].

Po trzecie, w kierowanych do niższych urzędników wezwaniach do przestrzegania odpowiednich procedur przy ocenianiu przypadków oporu oraz do „umiarkowania" w podejmowaniu działań zbrojnych w sytuacji koniecznego oporu Kalwin wykazywał większą gorliwość niż kaznodzieje z Magdeburga. Na przykład w liście z 1561 roku do admirała de Coligny Kalwin dokonał rozróżnienia między obowiązkami urzędów arystokratycznych i ludowych oraz przedstawił niezbędne gwarancje proceduralne dla różnych typów oporu. Gdyby król Francji – pisał – dopuszczał się „nieludzkich praktyk w celu zniesienia religii", a prawowici „książęta krwi" stawiali opór w celu „ochrony swoich praw na rzecz wspólnego dobra" i gdyby „sądy Parlamentu dołączyły się do ich sprawy", wtedy i tylko wtedy wolno wszystkim „wiernym poddanym wesprzeć ich zbrojnie" i podatkami oraz zaopatrzyć w wyposażenie wojskowe i pomoc na rzecz sprawiedliwego przedsięwzięcia zbrojnego[92]. Jednakże nawet wówczas niżsi urzędnicy, dowódcy wojskowi oraz indywidualni żołnierze powinni dołożyć wszelkich starań, aby zapewnić powszechne „umiarkowanie" i by „nie dochodziło do nadużyć"[93]. Kalwina zdruzgotała wieść o bitwie w Lyonie w 1562 roku, w której armia kalwińska pomściła rzeź zgromadzenia z Vassy. Siły kalwińskie nie tylko pokonały katolickich rywali, lecz także zbezcześciły katolicką katedrę oraz zniszczyły i splądrowały wiele katolickich obiektów religijnych. Był to „okropny skandal, który zniesławił Ewangelię".

---

[90] Wykł. Dn, Wstęp.

[91] CO XV, 759; 16, 112–113; 17, 180, 378, 437, 580–581, 715–716; 18, 82, 208, 218, 255, 268, 270, 427–428; 19, 121, 409–412. Zob. E. Doumergue, *Jean Calvin*, t. 5, s. 486–495.

[92] *List do Coligny'ego* (kwiecień 1561), w: CO XVIII, s. 425–431.

[93] *List do Kościoła w Lyonie* (13 maja 1562), w: CO XIX, s. 409–411.

Kalwin potępił protestanckiego dowódcę wojsk. Skutek bitwy był tym gorszy, że miejscowi duchowni protestanccy przyłączyli się do żołnierzy. „Nie jest obyczajnym czynem, jeżeli duchowny zostaje żołnierzem lub kapitanem, jednak jeszcze gorszym czynem jest porzucenie ambony na rzecz broni"[94].

O ile w późnych latach pięćdziesiątych i na początku kolejnej dekady de Bèze podzielał zastrzeżenia Kalwina wobec pewnego radykalizmu i konsekwencji wyznania magdeburskiego, wielu reformatorów było przeciwnego zdania. Należeli do nich zwłaszcza wygnańcy, zmuszeni do opuszczenia Anglii i Szkocji z powodu prześladowań dokonywanych przez Marię Tudor w Anglii i Marię de Guise w Szkocji. Przyjęli oni tę radykalną logikę oporu, poszerzając wynikające z niej uprawnienia.

John Ponet, były biskup Winchester, przebywając na wygnaniu w Strasburgu, w swym traktacie z 1556 roku o władzy politycznej z zapałem bronił idei suwerenności ludu. Sformułował w nim własną koncepcję oporu wobec tyranów, nie cofając się nawet przed tyranobójstwem[95]. Ponet zgadzał się z Kalwinem, że należące do urzędnika „autorytet i moc tworzenia praw, jak również egzekwowania tych praw, pochodzą od Boga". Bóg jednak przekazał swojemu ludowi władzę wybierania przedstawicieli, mających zajmować ustanowione przez Boga urzędy polityczne. Jak wykazywał Ponet, „królowie, książęta i rządcy opierają się na autorytecie ludu". Żaden władca „nie może postanowić nic przeciw swojemu ludowi bez jego zgody". Urzędnicy dzierżą władzę przekazaną im „w powiernictwo", „warunkowo", w ramach „pełnomocnictwa" ludu. Otrzymują „w ramach powiernictwa miejsca w sądach i parlamentach, aby ustanawiali prawa i statuty dla szerzenia chwały Bożej i zachowania wolności i dobrostanu swego kraju"[96].

Zdaniem Poneta nie tylko urzędnicy, lecz także wszyscy obywatele są przedstawicielami Boga na ziemi, ponieważ każdy nosi w sobie obraz Boga. Konsekwencją tego przedstawicielstwa jest postulat, by uznać, że wszyscy obywatele, podobnie jak urzędnicy, w imieniu Boga spełniają obowiązki

---

[94] Tamże, s. 410.

[95] J. Ponet, *A Shorte Treatise of Politike Power* (1556), wyd. facs. dołączone do W.S. Hudson, *John Ponet (1515?–1556). Advocate of Limited Monarchy*, Chicago 1942. Pisownia uwspółcześniona. Pomocne opracowania: B.L. Beer, *John Ponet's* Short Treatise of Politike *Power Reassessed*, „Sixteenth Century Journal" 1990 (21), s. 373; B. Reardon, *The Politics of Polemic. John Ponet's Short Treatise on Politic Power and Contemporary Circumstances, 1553–1556*, „The Journal of British Studies" 1982 (22), s. 35; M. Walzer, *Revolutionary Ideology. The Case of the Marian Exiles*, „The American Political Science Review" 1963 (57), s. 643.

[96] J. Ponet, *A Short Treatise*, s. 8–11, 18, 27, 61, 67, 106–107, 110, 162.

polityczne, z czego będą musieli zdać sprawę „przed tronem Najwyższego" w dniu Sądu Ostatecznego. Dlatego obywatelom przysługuje prawo i obowiązek wyboru właściwej osoby, która ma rządzić w imieniu Boga. Co ważniejsze od obywateli wymaga się, aby „ważyli ludzkie nakazy, nim pochopnie podejmą się ich spełnienia, poznawszy wcześniej, czy nie są one niemiłe Bogu lub sprzeczne z Jego przykazaniami i sprawiedliwością". „Nikt nie powinien słuchać swoich przełożonych, jeżeli nakazują czynić cokolwiek niezgodnego ze słowem Bożym lub z prawem natury [...] lub sprzecznego z ludzką sprawiedliwością bądź szkodliwego dla całego państwa". „Wszyscy ludzie powinni mieć więcej szacunku dla swojego kraju niż dla księcia: dla wspólnoty niż dla jakiejkolwiek osoby [...]. Wspólnoty i królestwa mogą przetrwać nawet, gdy głowa zostanie odcięta i mogą obrać sobie nową głowę"[97].

Ponet nie wahał się jasno głosić, że „składanie królów z tronów i pozbawianie życia tyranów" naruszających prawa Boże jest „zgodne z wyrokiem Boga". Uważał też za bardziej pożądane, aby tego rodzaju pouczanie i wymierzanie kar wobec tyranów dokonywało się za pośrednictwem parlamentu reprezentującego lud na wzór starożytnych spartańskich eforów. Większość swej rozprawy poświęcił jednak ubolewaniu, iż parlament angielski nie wziął na siebie odpowiedzialności w obliczu oczywistej tyranii królowej Marii. Ponet wzywał przywódców kościelnych do ekskomunikowania władców, gdyby ci „psuli, okradali, rujnowali i zabijali swoich nieszczęsnych poddanych bez oglądania się na sprawiedliwość lub dobre prawa". Przy okazji wezwał każdą „osobę prywatną" do sięgania po „dwa rodzaje broni", w które Bóg wyposażył każdego człowieka „przeciw największej tyranii: są nimi pokuta i modlitwa". Uznając te duchowe środki za właściwe sposoby reagowania na tyranię, Ponet podkreślał jednocześnie, że „osoba prywatna [może] odczuwać wewnętrzny nakaz lub całkowitą pewność Bożego poruszenia [...] lub pozostawać w inny sposób wezwaną lub upoważnioną przez wspólną władzę, aby zważywszy na odpowiednią okazję i wspólną konieczność, dokonać zabójstwa"[98].

Ponet nie dokończył swych rewolucyjnych spekulacji na temat prywatnego królobójstwa i zmarł zanim nadarzyła się okazja do wprowadzenia ich w czyn. John Knox, zapalczywy ojciec szkockiego prezbiterianizmu, posunął się dalej. Knox już w 1546 roku skazany został na śmierć jako heretyk za głoszenie nauk protestanckich. Wprawdzie uniknął egzekucji, lecz spędził

---

[97] Tamże, s. 53–61.

[98] Tamże, s. 11–12, 18, 67, 75, 101, 110, 112–113, 117–118, 124, 162.

dwa lata jako więzień na francuskich galerach. Doświadczenie to umocniło w nim postanowienie, by walczyć przeciw tyranii religijnej władców katolickich. Gdy dwie królowe Marie rozpoczęły przywracanie mieczem katolicyzmu na Wyspach Brytyjskich, Knox namawiał swych współwyznawców do ucieczki lub podjęcia walki przeciw tyranii i bałwochwalstwu[99]. Całkowitą bierność uznawał za współudział w tyranii, a pośrednio także za podstawę do odpowiedzialności za bałwochwalcze przestępstwa przeciwko Bogu. Powołując się na różne opowieści zaczerpnięte ze Starego Testamentu, w których Bóg karał całe plemię lub cały lud Izraela za grzeszne czyny lub zaniedbania jednego lub dwóch członków społeczności – np. Achana, o którym mówi siódmy rozdział Księgi Jozuego – pisał Knox w 1554 roku: „[Czy ktoś, kto nie] zaprzeczy, że tacy ludzie, którzy codziennie towarzyszą niegodziwcom, zarazem nigdy nie oświadczając, iż gorszą lub smucą ich niegodziwości, nie wyraża sam zgody na niegodziwość?". „Prorocy Boży uczą niekiedy przebiegłości wobec królów, a jednak ani oni, ani ci, którzy uwierzyli słowu wypowiedzianemu w imię Pańskie, nie obrażają Boga". „A ponieważ wszyscy ci, którzy odciągają nas od Boga (czy to królowe, czy królowie), mając naturę diabelską, są wrogami Boga, dlatego Bóg [nas osądzi], jeśli nie oświadczymy, iż jesteśmy ich wrogami". „Nie możemy zachować nienaruszonego przymierza z [Bogiem], sprzyjając, naśladując lub z litością odnosząc się do bałwochwalców"[100].

Wkrótce potem Knox przybył do Genewy, by osobiście dowiedzieć się od Kalwina, „czy trzeba podporządkować się urzędnikowi, który wymusza bałwochwalstwo, a potępia prawdziwą religię? Czy osoby zajmujące wysokie stanowiska, posiadające zamki i miasta, mają prawo do samoobrony i obrony swoich zwolenników z użyciem siły przeciwko tej bezbożnej przemocy?"[101]. Kalwin dopuszczał ucieczkę, lecz nie walkę. „Jeżeli dochodzi do buntu z przyczyn religijnych" – relacjonował później Kalwin – „oświadczyłem, iż za lepsze i bezpieczniejsze uważam zachowanie spokoju, aż do wyraźnego pojawienia się jakiegoś szczególnego wezwania do działania. Obowiązkiem naszym jest

---

[99] *The Works of John Knox*, red. D. Laing, 6 tomów, Edinburgh 1846; wyd. wzn. New York 1966, t. 2, s. 453. Zob. J.G. Ridley, *John Knox*, Oxford 1968; W.S. Reid, *John Knox's Theology of Political Government*, *„Sixteenth Century Journal"* 1988 (19), s. 529.

[100] J. Knox, *Works*, t. 3, s. 184, 187.

[101] *Bullinger do Kalwina* (26 marca 1554), w: CO XV, 89–93; *Kalwin do Bullingera*, w: CO XV, 123–126.

raczej prosić Boga o ducha umiarkowania i roztropności, aby przyszedł nam z pomocą w krytycznym momencie, aniżeli prowadzić próżne dociekania"[102].

Knox wkrótce odrzucił wezwania Kalwina do zachowania umiaru. Uczynił to w dziele pt. *First Blast of the Trumpet Against the Monstrous Regiment of Women* oraz w serii listów otwartych do królowej, szlachty i zwykłych obywateli Szkocji, opublikowanych w Genewie w 1558 roku[103]. Z nieskrywanym mizoginizmem pisał Knox o „nienaturalnych rządach" i „haniebnej gynokracji" dwóch królowych Marii. Używał przy tym argumentów, które wprawiały w zażenowanie Kalwina i de Bèze'a, a także zraziły do kalwinistów królową Marię Tudor i jej następczynię Elżbietę I, mimo wysiłków Kalwina i de Bèze'a, zmierzających do wyparcia się obelg miotanych przez Knoksa[104]. W istocie przyczyną, która skłoniła Knoksa do ataków na Marię i do nawoływania niższych urzędników i osób prywatnych do jej usunięcia, a nawet egzekucji, nie była jej płeć, lecz prowadzona przez nią polityka przywracania katolickiego „bałwochwalstwa". We fragmencie o dalekosiężnych konsekwencjach napisał:

> Nie obawiam się twierdzić, że było obowiązkiem szlachty, sędziów, władców i ludu, aby nie tylko okazać opór i sprzeciwić się Marii, tej Jebel, którą zwą swoją królową, ale również ukarać ją śmiercią wraz ze wszystkimi jej bałwochwalczymi kapłanami i tymi wszystkimi, którzy udzielali jej poparcia w czasie, gdy ona wraz z nimi otwarcie zaczęła prześladować Ewangelię Chrystusa, rozlewać krew Bożych świętych i przywracać to najbardziej diabelskie bałwochwalstwo [...], które kiedyś najsłuszniej za wspólną przysięgą wygnano z tego królestwa[105].

O ile Ponet i Knox kładli nacisk na ustanowione przez Boga prerogatywy obywateli do wybierania i obalania swych władców, Christopher Goodman, były profesor z Cambridge, przebywajacy na wygnaniu w Genewie, skoncentrował się na ustanowionych przez Boga prawach i wolnościach ludu. Do swojej rozprawy z 1558 roku, *How Superior Powers Ought to be Obeyd*, włączył niektóre spośród znanych już mizoginicznych napaści na władczynie.

---

[102] *List do Bullingera* (28 kwietnia 1554), w: CO XV, 123–126.

[103] J. Knox, *Works*, t. 4, s. 429–540.

[104] Zob. Kalwin, *List do Williama Cecila* (maj 1559), w: CO XVII, 490, w którym wypiera się mizoginizmu Knoksa; de Bèze skorygował swoje Wyznanie (*Confessio christiane fidei*) z 1560 roku w TT 2, s. 80–84, wyraźnie zastrzegając, że Biblia dopuszcza sprawowanie władzy przez kobiety.

[105] J. Knox, *Works*, t. 4, s. 507.

On również wzywał do osobistego oporu, nie wyłączając tyranobójstwa[106]. Bardziej nowatorski argument Goodmana polegał na wskazaniu, że urzędnicy powinni zachowywać równowagę między przyznawaniem swoim poddanym „zbyt dużej wolności" i „zbyt małej wolności". Nadmiar wolności prowadzi jego zdaniem do buntu, „rozwiązłości", „swobody cielesnej", zamieszek, buntu i „pogardy" dla prawa i porządku, „zarówno świętego, jak i ludzkiego". Jednakże niedostatek wolności wywołuje dokładnie ten sam skutek. „Ludzi nie powinno się pozbawiać wszelkiej władzy i wolności, by nie stali się jak nierozumne zwierzęta pozbawione sądu i rozumu, uznające za zgodne z prawem wszystko bez wyjątku, cokolwiek ich władcy czynią i im nakazują". Bóg „nie ścierpi", aby „prawa i wolności, które dał wszystkim swoim poddanym [...] zostały im zabrane"[107].

Jakie są „te prawa i wolności, które Bóg dał wszystkim swoim poddanym" i które nie mogą być „im zabrane" – dosłownie, których nie mogą zostać „pozbawieni"? Są to „niezbywalne" prawa określone w Biblii, a zwłaszcza w dziesięciu przykazaniach. Goodman ujął to następująco w kluczowym fragmencie:

> Dla wszystkich poddanych jest rzeczą bez trudu wiadomą, jakie wolności należą się im według słowa Bożego, jakich mogą domagać się zgodnie z prawem jako swej własności i których praktykowanie jest ich nieustannym obowiązkiem: tam również zostało wyjaśnione, jakie rzeczy są im zabronione, jakich w żadnym wypadku nie wolno im czynić. [...] Nic nie może być wam dozwolone prawem na drodze jakiegokolwiek nakazu ludzkiego, co zabronione jest przez Pana Boga: oraz nic nie może być uznane za bezprawne lub zabronione, co należy do tablicy pierwszej lub drugiej [Dekalogu]. Jeśli tę regułę zachowacie, możecie być pewni, że spodobacie się Bogu: podobnie zaś, jeżeli będziecie czynili przeciwnie, ściągnięcie na siebie jego wzburzenie i gniew[108].

Formułę praw według Goodmana wyrazić więc można następująco: prawa i wolności, które Bóg daje każdemu człowiekowi jako „niezbywalną własność",

---

[106] C. Goodman, *How Superior Powers Ought to be Obeyd* (1558), wyd. facs., red. C.H. McIlwain, New York 1931, s. 52–53, 74–76, 97–99, 142 (pisownia uwspółcześniona). Zob. np. D.H. Wollman, *The Biblical Justification for Resistance to Authority in Ponet's and Goodman's Polemics*, „Sixteenth Century Journal" 1982 (13), s. 29; D.G. Danner, *Christopher Goodman and the English Protestant Tradition of Civil Disobedience*, „Sixteenth Century Journal" 1977 (8), s. 60.

[107] Ch. Goodman, *Superior Powers*, s. 147–154.

[108] Tamże, s. 160–161.

określone są w Dekalogu. Urzędnik nie może zabronić tego, czego Bóg wymaga w Dekalogu, ani nakazywać tego, czego Bóg w Dekalogu zabrania. Człowiek ma zatem niezbywalne prawo do „zachowywania i święcenia dnia szabatu" oraz do „pracowania przez sześć dni i odpoczynku w dzień szabatu". Człowiek ma niezbywalne prawo, aby „czcić ojca i matkę, aby ich dni mogły być długie na ziemi, którą dał im Pan Bóg twój". Korzysta też z niezbywalnego prawa do właściwego sprawowania kultu religijnego i do wypowiedzi – aby był wolny od praw nakazujących czczenie fałszywych bogów, rytych wizerunków, składanie fałszywych przysiąg lub innych postaci wzywania imienia Boga na daremno. Człowiek ma niezbywalne prawo do życia (wolności od zabijania), do własności (wolności od kradzieży), do uczciwości małżeńskiej (wolności od cudzołóstwa) oraz dobrego imienia i sprawiedliwego procesu (wolności od fałszywego świadectwa). Człowiek ma prawo do tego, by inni nie pożądali jego rodziny, domu i majątku. Jeżeli urzędnik nakazuje lub zezwala na zachowania niezgodne z tą formułą, narusza tym samym prawa i wolności każdego poddanego. Takie postępowanie jest równoznaczne z praktykowaniem tyranii i skłania do oporu w imię Boże. Takie pojęcie wolności i praw było znacznie szersze w stosunku do tego, co dotąd proponowali Kalwin lub de Bèze.

Przy wielu okazjach Goodman powoływał się na ten sposób pojmowania władzy i wolności, rządów i praw, jako części „przymierza" lub „uroczystego paktu" zawartego między władcami i ich poddanymi przed Bogiem. Sugerował on, iż przymierza te stanowiły współczesne odpowiedniki starożytnych przymierzy biblijnych, w których Mojżesz i późniejsi królowie Izraela obiecywali stać na straży Bożych praw i wolności swoich poddanych. W czasach starożytnych naruszanie tych przymierzy przez władców prowadziło zarówno do krytyki ze strony kapłanów, jak i do powszechnego oporu. Goodman wskazywał, że wydarzenia te stanowiły naukę dla czasów mu współczesnych[109]. Kalwin włączył podobnie sugestywne sformułowania na temat przymierzy politycznych do wielu późniejszych kazań, komentarzy i wykładów[110]. Choć ani on, ani Goodman nie wyprowadzili wniosków politycznych z przemyśleń na temat przymierza, stały się one punktem wyjścia dla dojrzałych tez politycznych Teodora de Bèze'a.

---

[109] Tamże, s. 72–75, 160, 164–165.

[110] Kaz. Pwt 26, 16–19, 27, 11–15, 29, 9–18; Kaz. 1 Sam 10, 25; 2 Sam 1, 4.

Dojrzałe tezy de Bèze'a o władzy i wolności

Wcześniej przedstawiono niektóre spośród rozproszonych nowych poglądów na temat oporu i praw, które pojawiły się w myśli kalwińskiej lat pięćdziesiątych i sześćdziesiątych XVI wieku, z których wiele rozwiniętych zostało przez wygnańców i ofiary prześladowań. De Bèze zapoznał się z tymi argumentami już w późnych latach sześćdziesiątych, podejmując próby zajęcia stanowiska wobec nasilającego się ucisku kalwinistów w czasach francuskich wojen religijnych. W napisanej już po wypadkach nocy św. Bartłomieja rozprawie z 1574 roku pt. *De Iure Magistratum* połączył w jedną całość wszystkie swoje przemyślenia. Tytuł tej rozprawy był ironiczny, a zarazem stanowił wybieg taktyczny. Właściwym tematem poruszanym przez de Bèze'a były bowiem *obowiązki władców* i *prawa ich poddanych*. Jednakże podanie tego do wiadomości na okładce książki gwarantowałoby jej natychmiastowe ocenzurowanie i potępienie. Mimo podjętych środków ostrożności wydanie dzieła napotkało na duże trudności. Władze genewskie nie chciały zatwierdzić publikacji w obawie przed królewskim odwetem i w rezultacie dzieło zostało opublikowane anonimowo w Heidelbergu. Podobna ostrożność i taktyka były charakterystyczne dla zawartości dzieła, obfitującej w niedopowiedzenia i zawiłe rozumowania prawnicze, przywoływane precedensy, subtelne rozróżnienia i odpowiedzi na przewidywane zarzuty. Między roztropnie rozmieszczone dygresje zręcznie wpleciono główny argument dzieła na rzecz czynnego oporu przeciw tyranii, umieszczając go w kontekście rewolucyjnego pojmowania władzy konstytucyjnej i wolności.

De Bèze wykorzystał w swojej pracy niektóre argumenty biblijne, historyczne i prawne, znane już z wyznania magdeburskiego z 1550 roku, w stopniu tak wielkim, iż w późniejszych czasach bibliotekarze traktowali niekiedy *De Iure Magistratum* jako nowe wydanie wyznania magdeburskiego[111]. Podobnie jak magdeburscy duchowni de Bèze nauczał, że odczytane w pełnym kontekście biblijnym wezwania do „podporządkowania się władzom", „nadstawiania drugiego policzka", „oddawania należności Cezarowi" oraz im podobne nie były zaproszeniem do męczeństwa w obliczu tyranii, lecz zachętą

[111] Zob. historia publikacji we wstępie do: *Rights of Rulers*, s. 1–5; R.M. Kingdon, wstęp do: T. de Bèze, *Du Droit des Magistrats*. Podtytuły niektórych wydań rozpraw de Bèze'a skłaniają do połączenia ich z wyznaniem magdeburskim: *A Treatise Essential at this Time to Advise Magistrates as well as Subjects About Their Duty, Published by Those of Magdeburg in 1550 and Now Reviewed and Augmented with Many Arguments and Examples*.

do rozważnego oporu w imię Boga[112]. Również de Bèze swobodnie korzystał z materiału biblijnego, klasycznego i chrześcijańskiego, by zobrazować właściwą reakcję urzędników i poddanych wobec okrucieństwa tyranów[113]. On także wyprowadził z Biblii i historii solidną argumentację prawniczą na rzecz prawa poddanych i niższych urzędników do oporu wobec tyranów, a w razie konieczności – do użycia siły.

O ile jednak argumentacja prawna zawarta w wyznaniu magdeburskim skupiała się na teorii samoobrony, de Bèze skoncentrował się na teorii przymierza politycznego. Prawo do samoobrony było przez niego później określane jako argument do wykorzystania jedynie „w nagłej potrzebie", jako sposób wskazania możliwych i odpowiednich działań w sytuacji, gdy struktura polityczna ulega wypaczeniu i staje się tyranią. Prawo przymierza politycznego dostarczało tymczasem trwalszego argumentu, odnoszącego się do samych urzędów politycznych, a w ich ramach – do kontroli władców i ochrony obywateli przed tyranią oraz do uporządkowania reakcji na pojawienie się tyranii, mimo strukturalnych ograniczeń[114].

Łącząc w całość rozproszone intuicje pochodzące ze źródeł klasycznych, katolickich i wczesnoprotestanckich, de Bèze twierdził, że każda wspólnota powstaje na drodze „przymierza", „umowy", „kontraktu" lub „konstytucji" – używał przy tym zamiennie różnych terminów, których nie definiował w sposób dokładny[115]. Nie ulega jednak wątpliwości, iż miał na myśli trójstronne przymierze obejmujące Boga, władców i lud. Bóg jest zdaniem de Bèze'a „twórcą" i „gwarantem" ładu politycznego i urzędów. W akcie stworzenia Bóg ustanowił urząd władzy politycznej, aby jego lud mógł cieszyć się „nie tylko ładem, zgodą i spokojem w tym życiu", lecz także po to, by prowadził lud do życia „na chwałę Boga", jego Stwórcy. Jest to w gruncie rzeczy pogląd św. Pawła, który pisał: „Nie ma bowiem władzy, która by nie pochodziła od Boga, a te, które są, zostały ustanowione przez Boga", a władza jest „dla ciebie narzędziem Boga, [prowadzącym] ku dobremu" (Rz 13, 1, 4)[116].

Chociaż władze ustanowione zostały przez Boga, są one jednak wybierane przez obywateli działających w imieniu Boga przy wyborze lub uznawaniu swoich władców. Prawo obywateli do wyboru lub udzielania przyzwolenia

---

112 Tamże, s. 77–85.

113 Tamże, s. 25, 27, 41–64, 73, 75.

114 *List do Bullingera* (grudzień 1574), w: TT 14, s. 129.

115 *Rights of Rulers*, s. 35, 37, 64, 65, 81, 85.

116 Tamże, s. 83–84. Zob. też jego późniejsze NTAnn. s.v. Dz. 5, 9; Rz 13, 1–9; 1 P 2, 13–17.

wobec władzy było według de Bèze'a niezbędne dla uprawomocnienia systemu politycznego. Wskazywał, że zarówno w całej historii, jak i we współczesnym świecie urzędnicy obejmowali swe urzędy w wyniku wyborów lub przyzwolenia ludu. Dla poparcia tego stanowiska de Bèze prowadzi czytelnika przez dwadzieścia stron tekstu poświęconych starożytnemu Izraelowi, Grecji, Rzymowi, plemionom frankońskim i dynastiom francuskim oraz rozmaitym jemu współczesnym systemom politycznym, od Hiszpanii po Polskę, od Włoch po Anglię[117]. Był to zaledwie skrót obszernych wywodów historycznych poświęconych idei wybierania lub aprobowania władców przez obywateli. Wywody te zawarte są w rozprawie pt. *Franco-Gallia* (1573) autorstwa François Hotmana – reformatora z kręgu de Bèze'a. Hotman uważał, że nawet w przypadku dynastycznego następstwa tronu królowie ostatecznie „ustanawiani byli przez obywateli, a nie na podstawie praw dziedzicznych". Lud nigdy nie godził się na tyranów, lecz na „tych, którzy cieszyli się dobrą sławą", nie na tych, którzy „posiadali nieograniczoną, absolutną i niekontrolowaną władzę, lecz na tych, którzy byli podporządkowani ustalonym prawom, po to by ich władza i moc nad ludem nie były większe aniżeli władza i moc ludu nad nimi". Hotman przekonywał, iż w całej historii Francji i w historii wielu innych narodów „zgromadzenie obywateli i powszechna rada narodowa posiadały najwyższą władzę nie tylko w sprawach dotyczących powierzenia królestwa, lecz także w sprawach cofnięcia tego powierzenia". „Ta wspaniała wolność zwoływania rad publicznych jest częścią zwyczajowego prawa ludów, a królowie, którzy planują tłumić tę świętą wolność, są gwałcicielami tego prawa, a także wrogami ludzkiego społeczeństwa i traktowani są nie jako królowie, lecz jako tyrani"[118].

Powtarzając poglądy Hotmana, de Bèze wyrażał opinię, iż nawet w wypadku dziedzicznych monarchów i cesarzy, dawnych i jemu współczesnych, niezbędna jest zgoda obywateli na obsadzanie stanowisk oraz na tworzenie praw przez monarchów w ramach danego reżimu. „Historia dawnych czasów spisywana przez autorów pogańskich poucza – a sama Natura zdaje się oznajmiać to donośnym głosem – że rządzący otrzymują swoją władzę [...] na drodze niewymuszonego i zgodnego z prawem przyzwolenia ludu". O przyzwoleniu tym świadczy przysięga, którą władca obejmujący urząd składa wobec ludu. De Bèze nazwał ceremonię składania tej przysięgi „liturgią" przymierza

[117] *Rights of Rulers*, s. 41–64.

[118] F. Hotman, *Francogallia*, w: J. Franklin (red.), *Constitutionalism and Resistance in the Sixteenth Century. Three Treatises by Hotman, Beza, and Mornay*, New York 1969, s. 55–70.

politycznego, echem uroczystego przymierza-przysięgi znanego z opisów koronacji starożytnych królów Izraela w Księgach Samuela i Królów[119].

Przymierze polityczne nie ustanawia pojedynczego władcy, lecz wielu władców, których zadanie polega m.in. na wzajemnej kontroli.

„Od początku świata nigdy jeszcze nie było króla – nawet jeśli wybrano by najlepszego z nich – który w żadnej mierze nie nadużyłby swojej władzy. Istotnie trzeba przyznać, co potwierdzają także filozofowie oświeceni samym naturalnym rozumem, że władza królewska nie przynosi ludziom ochrony i dobrobytu, lecz ruinę i zniszczenie, jeżeli nie poskramiają jej lejce".

De Bèze rozważa nawet, czy może lepiej byłoby w ogóle nie mieć króla, ponieważ „Bóg był od początku jedynym królem". Ostatecznie jednak ograniczył on swoją analizę do „niezawodnych lejców", które kontrolowałyby i hamowały skłonności króla do nadużyć i tyranii. De Bèze opowiadał się za „konstytucją mieszaną", która równoważyłaby władzę monarchy z arystokratyczną i demokratyczną władzą niższych urzędników[120]. Jego poglądy na temat tej koncepcji wyklarowały się w toku zaciekłej debaty z Tomaszem Erastusem, który głosił zasadę wyższości roli monarchy, zarówno w Kościele, jak i w państwie[121]. De Bèze nie chciał być kojarzony z „erastiańską" formą rządów. Nie tylko Kościół powinien mieć własny rząd oddzielony od państwa, lecz także władza w państwie powinna być równoważona przez władzę wielu niższych urzędników.

De Bèze wyróżnił dwie kategorie niższych urzędników, którzy tworzyć mieli zaporę przeciw tyranii i bufor „między najwyższym urzędnikiem a ludem"[122]. Do pierwszej grupy zaliczył arystokratycznych „urzędników królestwa" – sędziów, gubernatorów, książęta, markizów, hrabiów, wicehrabiów, baronów, panów i podobnych funkcjonariuszy wyposażonych w odrębne „zadania i obowiązki publiczne". Wszyscy ci niżsi urzędnicy czerpali swoją władzę z urzędu najwyższej władzy, choć nie bezpośrednio od najwyższego urzędnika. Podobnie jak najwyższy urzędnik każdy z nich składał przysięgę polityczną, która

---

[119] Tamże, s. 31, 34.

[120] Tamże, s. 49.

[121] De Bèze'a *Tractatus pius et moderatus*, opublikowany w 1590 roku, napisany w 1569 roku w odpowiedzi na atak Tomasza Erasta na eklezjologię de Bèze'a. De Bèze odrzucił wezwanie Erastusa, aby pójść za przykładem starożytnego Izraela, który powierzył ostateczną władzę religijną i polityczną królowi, łącznie z władzą do ekskomunikowania. Odrzucając to jako formę „rzymskiej tyranii", de Bèze wezwał natomiast do zachowania złotego środka pomiędzy monarchią, demokracją i arystokracją.

[122] *Rights of Rulers*, s. 38.

zobowiązywała ich do „ochrony i obrony królestwa, każdego zgodnie z jego urzędem"[123]. Druga grupa urzędników miała bardziej demokratyczny charakter. Były to lokalne zgromadzenia ludowe, które reprezentowały interesy obywateli, zwłaszcza w czasach kryzysu lub tyranii. Byli to współcześni „eforzy", o których Kalwin wspominał już w *Institutio* z 1536 roku, przedstawiciele ludu, okresowo zasiadający w radach, parlamentach oraz w zgromadzeniach prawodawczych wraz z najwyższym urzędnikiem oraz jego radą i „wyrażali zgodę" na nowe prawa. De Bèze nie określał dokładnie, którzy niżsi urzędnicy należeli do tej kategorii oraz jakie demokratyczne funkcje sprawowali oni poza czasem eksplozji tyranii. Nie ulega jednak wątpliwości, iż krajowe i regionalne parlamenty francuskie uważał on za najlepsze przykłady tej powszechnej formy władzy niższej[124].

De Bèze podkreślał, iż każdy z tych niższych urzędników został powołany do pomocy w utrzymaniu rządów prawa i porządku konstytucyjnego we wspólnocie. Ich zadaniem było stanie na straży „dobrych praw, których obronę osobiście poprzysięgli, każdy zgodnie z otrzymanym przez siebie urzędem w ramach konstytucji wspólnoty i wszyscy razem powinni dążyć do zapobiegania naruszeniom praw i zasad, na których opiera się ta konstytucja przez jakąkolwiek przemoc zewnętrzną lub wewnętrzną". Podkreślał, że „według wszelkiego prawa, boskiego i ludzkiego [słuszne jest], aby z racji złożonej przez nich przysięgi zapewniali przestrzeganie prawa"[125].

Trójstronne przymierze polityczne nakładało „wzajemne zobowiązania", z których w równym stopniu „korzystali" Bóg, rządzący i lud. Po pierwsze – dowodził de Bèze – przymierze polityczne zobowiązywało wszystkich rządzących do przestrzegania „prawa Bożego i prawa natury". Był to zasadniczy sposób uczestniczenia Boga w przymierzu politycznym i czerpania z niego korzyści. „Głównym obowiązkiem najbardziej doskonałego i pobożnego władcy jest [zatem] stosowanie wszelkich środków, uprawnień i władz przyznanych mu przez Boga, aby Bóg był prawdziwie uznany wśród jego poddanych i aby będąc uznanym, odbierał cześć i uwielbienie jako najwyższy król wszystkich królów"[126].

[123] Tamże, s. 39–40.

[124] Zob. R.M. Kingdon, *Introduction to Beza, Du Droit des Magistrats*; tegoż, *Calvinism and Resistance Theory*, s. 206–212.

[125] *Rights of Rulers*, s. 41–43, 74.

[126] Tamże, s. 28, 82.

Najlepszym źródłem i streszczeniem prawa Bożego oraz prawa naturalnego był Dekalog, którego dwie tablice stanowią podstawę konstytucji każdej wspólnoty chrześcijańskiej. W Dekalogu Bóg odbiera moc wiążącą wszelkim pozytywnym prawom państwowym, które mogą być uznane za „bezbożne lub niesprawiedliwe". „Bezbożne prawa" naruszają pierwszą tablicę przykazań skierowanych przeciw fałszywym bogom, wizerunkom, bluźnierstwu lub łamaniu szabatu. Z kolei „niesprawiedliwe prawa" są nie do pogodzenia z drugą tablicą przykazań, wymagających okazywania czci rodzicom i zabraniających zabójstwa, kradzieży, cudzołóstwa, krzywoprzysięstwa i chciwości[127]. De Bèze zawarł polityczne zobowiązanie do przestrzegania Dekalogu w pierwszym akapicie *De Iure Magistratum* i powracał do niego wielokrotnie w tym i w późniejszych pismach. Wyrażało ono jego własne przekonanie, jak również wcześniejszy pogląd Kalwina, że urzędnik jest stróżem obu tablic Dekalogu.

Dekalog nie był jedynym wyższym prawem służącym ugruntowaniu i związaniu władzy urzędników. De Bèze wzywał urzędników do przestrzegania „prawa naturalnego" i do rozwijania szerokiego „zmysłu sprawiedliwości naturalnego" i „naturalnej słuszności". „Powszechne zasady natury trwają w człowieku mimo jego upadku", podkreślał de Bèze, „mimo zepsucia", jakiemu podlega człowiek. „Ich zakorzenienie jest tak mocne i trwałe, że nic, co pozostaje z nimi w jawnej sprzeczności i jest wobec nich odrażające, nie może być wśród ludzi uznane za obowiązujące". Jest zatem nadzwyczaj właściwe – twierdził – aby w dziejach starożytnej Grecji i antycznego Rzymu oraz w obyczajach plemion germańskich i panów feudalnych poszukiwać dowodów na praktykowanie zasad prawa naturalnego, których nie wolno było naruszyć. W *De Iure Magistratum* de Bèze wymienił tylko kilka tego rodzaju historycznych przykładów naruszeń prawa naturalnego, np. obowiązkowy mord rytualny dzieci lub samookaleczania mężczyzn[128]. W niedługo wcześniej opublikowanych opracowaniach o poligamii, małżeństwie i rozwodzie wymienił on wiele innych naruszeń prawa naturalnego, sprawiedliwości i słuszności – dzieciobójstwo, kazirodztwo, sodomię, konkubinat, prostytucję, niewłaściwe małżeństwa dzieci, eunuchów lub umysłowo upośledzonych. Żadne prawo pozytywne nie mogło nakazywać lub sankcjonować tego rodzaju otwartych pogwałceń prawa natury i prawa Bożego[129].

---

[127] Tamże, s. 25.

[128] Tamże, s. 64–65.

[129] Zob. SMF, t. 1. Swoje poglądy na temat prawa naturalnego oraz jego relacji do Dekalogu oraz innych wskazań moralnych opracował de Béze w *Lex Dei moralis, ceremonialis et politica*, Geneva 1577,

Po drugie, oprócz wymogu posłuszeństwa wobec praw Boga i natury, przymierze polityczne nakładało na rządzących obowiązek ochrony i wspierania „praw i wolności" oraz „przywilejów i swobód" swoich poddanych. „Lud nie został stworzony dla władców, lecz władcy stworzeni są dla dobra ludu", głosiło znane dictum de Bèze'a[130]. Na władcach spoczywa zatem obowiązek obrony i poszanowania poddanych oraz ich podstawowych praw. Podobnie jak Goodman, de Bèze postrzegał Dekalog jako odpowiednie źródło i podsumowanie najbardziej podstawowych praw osób – do wyznania, życia, własności, małżeństwa, rodzicielstwa i dobrego imienia[131]. Sięgał on zarazem również poza treść Dekalogu – do „prawa naturalnego", „powszechnej przyzwoitości", „naturalnej słuszności" i prawa zwyczajowego narodów w celu uzupełnienia listy praw naturalnych obywateli chronionych przez przymierze polityczne.

De Bèze koncentrował się przede wszystkim na prawach naturalnych, podkreślając ich nadrzędne znaczenie dla zdrowia i szczęścia państwa. Wśród tych praw na pierwszym miejscu umieścił prawa religijne obywateli. Wyszczególnił je w różnych fragmentach *De Iure Magistratum*, a następnie poszerzył w niektórych ze swoich późniejszych dzieł. Wśród praw religijnych de Bèze podkreślał znaczenie „wolności sumienia", prawa osoby do wolności od przymusu do praktykowania niechcianej formy wiary oraz do wolności zmiany wyznania religijnego na skutek zmiany przekonań. Zaliczył do nich także „wolność misji", prawo do głoszenia Ewangelii bez użycia miecza, lecz „przy pomocy samego Ducha Bożego", „poprzez nauczanie, przekonywanie i nawoływanie". Nauczał o „swobodnym praktykowaniu religii", przez co rozumiał głównie prawa chrześcijan do „przyłączenia się do pobożnych zgromadzeń, aby tam słuchać słowa Bożego i brać udział we wspólnocie sakramentów, ustanowionej przez Chrystusa w Kościele". Nawiązywał do „wolności rządu" kościelnego, do wspólnego prawa każdej społeczności i wspólnoty religijnej do zarządzania bez ingerencji państwa – prawa tego bronił też w innych pismach. Wspominał o „wolności do nauczania", której opracowania dokonał przy innej okazji, w tym także o prawie rodziców i opiekunów do wychowywania dzieci we własnym wyznaniu religijnym w domu, szkole i w Kościele. Wskazywał wreszcie na „wolność do emigracji", prawo do przesiedlania się do miejsc,

---

oraz bardziej skrótowo w: *Propositions and Principles of Divinity, Propounded and Disputed in the University of Geneva*, tłum. R. Waldegrave, Edinburgh 1591, rozdz. 34 i n.

[130] *Rights of Rulers*, s. 30, 44.

[131] Tamże, s. 27–29, 66, 68, 74, 80, 83–85.

w którym prawa religijne byłyby respektowane bez przeszkód. Katolicy i luteranie cieszyli się tym prawem na mocy pokoju w Augsburgu (1555). Nie przysługiwało ono jednak kalwinistom, dlatego też de Bèze nie przestawał domagać się dla nich swobody pokojowej emigracji[132]. Żądania te ostatecznie przyczyniły się do zmiany przepisów emigracyjnych na korzyść kalwinistów, które znalazły swoje odbicie w edykcie nantejskim (1598), a w konsekwencji w pokoju westfalskim (1648)[133].

Rzecz jasna, wszystkie te prawa religijne należało praktykować w granicach określonych przez pierwszą tablicę Dekalogu. Według poglądu de Bèze'a nikomu nie przysługuje prawo religijne do czczenia fałszywych bogów, oddawania czci wizerunkom lub bluźnienia czy bezczeszczenia szabatu, czego, jak sądził, dopuszczali się Żydzi, muzułmanie, anabaptyści i katolicy. Jednakże żadnej władzy politycznej nie przyznawał prawa, by mieczem nawrócić te zbłąkane dusze na prawdziwą wiarę. „Nauczanie, przekonywanie i głoszenie" Słowa Bożego, a nie wojny lub rozlew krwi, były najlepszymi sposobami na pozyskanie nowych wiernych i odzyskanie krnąbrnych. Tylko wówczas, gdy władza próbuje zmusić lud do porzucenia „swobodnego praktykowania prawdziwej religii" na rzecz religii fałszywej, za dopuszczalne uważał szukanie ratunku w mieczu, i to wyłącznie w obronie własnej[134].

W poglądach de Bèze'a widać uderzające odejście od jego wcześniejszej obrony decyzji o straceniu Miguela Serveta. W dziele *De haereticis a civili magistratu puniendis, adversus martini belli farraginem, & novorum academicorum sectam* (1554) de Bèze domagał się, aby osoba uznana przez Kościół za heretyka była ukarana przez państwo, a nawet, by w przypadkach skrajnych stosowano karę śmierci. Rzeź w noc św. Bartłomieja była spektakularną ilustracją niebezpieczeństw wynikających m.in. z upoważniania urzędników do karania za samą herezję. De Bèze wyjaśniał, że heretyków można karać, jeśli na podstawie swoich herezji stwarzają fizyczne niebezpieczeństwo i wyrządzają szkody innym osobom lub całej społeczności. Nikt nie ma bowiem prawa do wyrażania swej religijności w postaci przestępstwa. Żaden zabójca nie będzie oszczędzony tylko dlatego, że działał w imię swojej heretyckiej wiary. Żadna armia nie byłaby dopuszczona do bram miasta tylko dlatego, że

---

[132] Tamże, s. 28–29, 84–86. Zob. jego wcześniejszy argument w *De Pace Christianarum* (1566), w: TT 2, s. 120–121; oraz przypisy na s. 140–141.

[133] Na temat rozwoju tych wydarzeń zob. S.M. Manetsch, *Theodore Beza*, s. 308–336.

[134] Tamże, s. 84–85.

powołuje się na imię Boga. Herezja w połączeniu z przestępstwem podlega karze, lecz herezja sama w sobie nie stanowi przestępstwa.

Oprócz praw religijnych de Bèze'a interesowały szczególnie prawa jednostki do wolności słowa i do składania petycji, a mianowicie: (1) prawo stron prywatnych „do upomnienia urzędnika z powodu niesprawiedliwości popełnionych z naruszeniem prawa"; (2) prawo osób prywatnych do „wniesienia skargi do najwyższego urzędnika w sprawie niesprawiedliwości doznanej od niższego" oraz (3) prawo osób prywatnych do składania petycji do niższych urzędników w „sprawach mających związek z konstytucją Królestwa". De Bèze wyrażał pogląd, że krytykowanie, składanie petycji lub pociągnięcie do odpowiedzialności urzędnika za jego polityczne uchybienia nie były zachowaniami niewłaściwymi, a już na pewno nie były wyrazem nieposłuszeństwa. Urzędnik „nie doznaje obrazy, jeżeli zmuszony jest spełnić swój obowiązek". Ostatecznie urząd polityczny został „mu powierzony na określonych warunkach" i nikt lepiej nie rozpozna naruszenia tych warunków niż obywatele, dla których korzyści i ochrony zawarto przymierze polityczne[135].

Formułując doktrynę przymierza politycznego, de Bèze wykazywał też niezwykłą troskę o swobodę umów, a w tym: prawa osób prywatnych do zawierania umów, układów i porozumień dotyczących małżeństwa, handlu, czynności bankowych, pracy, własności i innych transakcji. Zarówno w ramach tej doktryny, jak i we wcześniejszych pracach na temat małżeństwa i sądu konsystorza de Bèze szczegółowo określił niektóre z zasad zawierania wiążących umów, ich przekształcania i rozwiązywania, a także wymagania dotyczące zdolności prawnej i zdolności do czynności prawnych oraz ograniczenia dotyczące umów, które obejmowały lichwę, wyzysk, zawyżanie cen, nakładanie wysokich kosztów transakcji i tym podobne[136].

De Bèze wykorzystał swoją wiedzę na temat umowy małżeńskiej i innych umów prywatnych, by w drodze analogii zwrócić uwagę na niektóre spośród charakterystycznych właściwości przymierzy politycznych oraz odpowiednie warunki ich zawierania i rozwiązywania. Dowodził, iż zarówno prywatne umowy, jak i przymierza polityczne, które zawierają warunki naruszające podstawowe prawa Boga i natury, są „nieważne i bez wartości" i powinny być formalnie „unieważnione". Na przykład aby zawrzeć prywatną umowę małżeńską, obie strony muszą przestrzegać praw biblijnych i naturalnych, które

[135] Tamże, s. 28–29, 72–77, 81.

[136] Zob. T. de Bèze, *De repudiis et divortiis*, Geneva 1569; E. Choisy, *L'État chrétien*, s. 442–444.

definiują małżeństwo jako heteroseksualny związek monogamiczny, zawierany na całe życie i w nadziei na błogosławieństwo otrzymania potomstwa. Umowy małżeńskie przewidujące nienaturalne lub niestosowne zastrzeżenia – np. zezwalające każdemu z małżonków na cudzołóstwo, wyrażenie zgody na zawarcie małżeństwa przy jednoczesnym pozostawaniu w związku małżeńskim z inną osobą lub spiskowanie w celu przerwania ciąży bądź uśmiercenia niechcianych dzieci – naruszają podstawowe warunki, które konstytuują małżeństwo. Tego typu umowy powinny być automatycznie anulowane, nawet jeśli domniemane małżeństwo zostało skonsumowane i zaowocowało potomstwem[137].

De Bèze wyrażał pogląd, iż przymierze polityczne można porównać do umów prywatnych. Podobnie jak umowy prywatne, przymierza dotyczące urzędów publicznych powinny być zgodne z podstawowymi prawami Boga i natury oraz wolne od niezgodnych z sumieniem warunków, zmuszających ludzi, by „wyrzekali się prawdziwej wiary w imię ratowania życia", bądź aby „mordowali swoich rodziców lub swoje dzieci" czy brali udział w podobnym otwartym łamaniu prawa Bożego i naturalnego. Jeżeli jednak władcy i lud dobrowolnie na takich warunkach zawarli polityczne przymierze, wówczas strony te nie będą zobowiązane do przestrzegania i nie mogą domagać się spełnienia tych warunków. W prawie prywatnym bez większych problemów unieważnia się lub rozwiązuje tego typu niewłaściwe umowy, aby uchronić strony nieponoszące winy przed nadużyciami. W prawie publicznym powinno się zdaniem de Bèze'a postępować podobnie. „Nawet jeżeli naród świadomie i z własnej woli wyraził zgodę na coś, co samo w sobie jest jawnie sprzeczne z religią i sprzeciwia się prawu naturalnemu, to takie postanowienie jest nieważne i bez wartości". Byłoby „rażąco niesprawiedliwe i jawnie grzeszne", gdyby zachowywać takie przymierza polityczne, które dla „każdego, kto nie jest całkowicie pozbawiony ludzkiego rozeznania, nie mogą być ani wymagalne, ani spełniane przez kogokolwiek z czystym sumieniem"[138].

Podobnie jak umowy prywatne także przymierza polityczne muszą być zawierane dobrowolnie, a nie pod przymusem, groźbą czy na skutek podstępu. Oznacza to, że z definicji urzędnicy, którzy zdobywają władzę podbojem, poprzez przywłaszczenie sobie urzędu lub nieuczciwymi metodami, sprawują władzę bezprawnie. Nawet jeśli obywatele rzekomo zawarli przymierze

---

137 T. de Bèze, *De repudiis et divortiis*, s. 207–372.

138 *Rights of Rulers*, s. 44–45, 64–65.

polityczne w takich okolicznościach, przymierze to podlega unieważnieniu, a władzę polityczną można z łatwością uznać za tyranię. Podobnie jak niewinny małżonek, który zostaje zmuszony do małżeństwa lub zawiera je na skutek podstępu, może wybrać trwanie w małżeństwie lub wnieść pozew o stwierdzenie jego nieważności, tak samo niewinny lud, przymuszony lub nakłoniony podstępem do posłuszeństwa wobec władcy, może zaakceptować lub unieważnić zawarty z nim układ. „Jeżeli ktokolwiek dąży do przejęcia [władzy] lub jako tyran uzurpuje sobie władzę nad innymi [...], wówczas obywatele powinni przede wszystkim zwrócić się do swoich, wyznaczonych zgodnie z prawem urzędników", aby go usunęli. Jeżeli jednak wyznaczona zgodnie z prawem władza „pobłaża" lub „odmawia wykonania swoich obowiązków, wówczas każdy obywatel powinien uczynić, co w jego mocy w obronie prawowitej konstytucji swojego kraju, któremu zawdzięcza on, z Bożej łaski, całe swoje istnienie". Nawet prywatne „tyranobójstwo" jest w ostateczności uzasadnione, aby usunąć tyrana-uzurpatora[139].

Co więcej podobnie jak prywatne umowy małżeńskie, również przymierza polityczne, które zawarte zostały dobrowolnie i prawidłowo, mogą ostatecznie zakończyć się rozwodem. W małżeństwie, w którym jedna strona duchowo i fizycznie porzuca drugą lub zdradza istotę samego małżeństwa poprzez cudzołóstwo czy też dopuszcza się poważnych nadużyć moralnych wobec drugiej osoby – strona niewinna może wystąpić o rozwód. Podobnie zdaniem de Bèze'a we wspólnocie politycznej, w której urzędnik porzuca swój lud lub zdradza istotę swojego urzędu politycznego, stając się tyranem – obywatele mogą próbować pozbyć się go w sposób odpowiedni[140].

Podobnie jak rozwiązanie prywatnej umowy małżeńskiej poprzez unieważnienie lub rozwód wymaga uporządkowanej procedury, tak i rozwiązanie publicznego przymierza politycznego musi odpowiadać określonym wymaganiom. Niezadowoleni małżonkowie nie mogą po prostu porzucić swojego małżeństwa i zadeklarować rozwodu lub na własną rękę oznajmić, że ich małżeństwo zostało unieważnione. Przez błogosławieństwo kościelne i państwową rejestrację kontrakt małżeński stał się instytucją publiczną. Jako taki wykracza

[139] Tamże, s. 33–34. De Bèze ujął to stanowisko w swych późniejszych *Sermons sur l'histoire de la passion et sepulture de nostre Seigneur Iesus Christ, descrite par les quatre Evangelistes*, Geneva 1592, s. 282, 491, 501, gdzie potępił wszystkie zabójstwa dokonywane przez osoby prywatne. Zob. omówienie tego zagadnienia w: R.M. Kingdon, *Beza's Political Ideas as Expressed in His Sermons on the Passion* (nieopublikowany rękopis).

[140] T. de Bèze, *De repudiis et divortiis*, s. 299–313.

on poza interesy samych stron, implikując interes całej wspólnoty. Niezadowolony małżonek powinien więc wnieść skargę do odpowiednich urzędów, ubiegać się o interwencję i ochronę ze strony tych władz, jeśli padł ofiarą nadużyć, oraz zażądać publicznego wyroku, świadczącego o tym, że małżeństwo zostało zakończone unieważnieniem lub rozwodem. Winny małżonek musi zostać ukarany, a strona niewinna zwolniona z obowiązków. Dopóki takie publiczne orzeczenie nie zapadnie, strony pozostają związane umową małżeńską, zawartą „na dobre i na złe"[141].

Jeśli tak złożone procedury obowiązują przy rozwiązywaniu prywatnej umowy małżeńskiej, tym bardziej, zdaniem de Bèze'a, podwójnej staranności wymaga rozwiązanie publicznego przymierza politycznego. Przymierze takie dotyczy wszak znacznie większej liczby stron, a ryzyko wynikające z nieprawidłowego rozwiązania jest poważniejsze. Z pewnością nie można pozwolić na to, by osądzanie i wykonywanie decyzji w sprawie ważności przymierza politycznego pozostawione było przypadkowym osobom prywatnym. Podobnie nie można dozwolić osobom prywatnym, aby osądzały, czy przymierze polityczne, które kiedyś zatwierdzone było jako prawomocne, zostało naruszone przez władzę tyrańską. Są to orzeczenia konstytucyjne, a nie indywidualne sądy. Powinny one być podejmowane jedynie przez właściwie powołanych i upoważnionych do tego zadania niższych urzędników. I dopóki niżsi urzędnicy nie wydadzą takich decyzji, poszczególni członkowie wspólnoty są związani politycznym przymierzem.

De Bèze wielokrotnie powracał do tego argumentu analogii w celu ustosunkowania się do wezwań do obywatelskiego powstania i anarchii, które rozpętały się na nowo we francuskiej wspólnocie kalwińskiej po nocy św. Bartłomieja. „Jeżeli my, jak dotąd, przestrzegamy prywatnych kontraktów, paktów, umów i porozumień, raczej narażając się na szkodę, niż łamiąc dane słowo, o ileż bardziej jeszcze powinny mieć się na baczności osoby prywatne, ażeby w żaden sposób nie odrzucać poszanowania dla zobowiązań zawartych w uroczystym i publicznym porozumieniu?". „Nie jest stosowne, aby zwykły obywatel nadmiernie dociekał w wątpliwych sprawach, wykraczając poza swoją zdolność zrozumienia lub pozycję życiową". Dodawał również: „najbardziej pochwalam chrześcijańską cierpliwość jako chwalebną ponad wszystkie inne cnoty, [ponieważ] buntów i wszelkiego rodzaju rozruchów nienawidzę jak najgorszych obrzydliwości"[142].

---

[141] Zob. szczegółowe źródła w SMF, t. 1 i 3.

[142] *Rights of Rulers*, s. 38, 27, 31.

Nie oznaczało to jednak, by obywatele mieli praktykować męczeństwo w obliczu tyranii. Mogli i powinni oni nadal w pełni i swobodnie korzystać ze swoich praw w ramach przymierza politycznego. Korzystając ze swoich praw religijnych, mogli nadal spełniać praktyki religijne i nauczać o prawdziwym Bogu, ignorując przeciwne rozkazy władzy. Mogli też nie stosować przepisów naruszających prawo Boże i chrześcijańskie prawa sumienia. Mogli wreszcie wyprowadzić się, jeśli urzędnicy nie trwali w uporze. Korzystając ze swojego prawa do wolności słowa, nadal mogli oskarżyć urzędnika przed sądem za jego zaniedbania i domagać się od niższych urzędników podjęcia działań w celu zapewnienia ochrony im i ich prawom. Osoby prywatne, jak pisał de Bèze, „mogą i są zobowiązane do zbadania (choć dyskretnie i w sposób pokojowy), jakiego rodzaju rozumne i sprawiedliwe motywy odnaleźć można w postępowaniu" tyrana. „Jeżeli najwyższy urzędnik stał się tyranem, a obywatele słusznie bronią swoich praw przeciwko niemu, musi on być osądzony z powodu swojego krzywoprzysięstwa, tak aby obywatele zwolnieni zostali ze swojej przysięgi, a nie odwrotnie"[143].

Dopóki jednak niżsi urzędnicy nie podejmą działań w celu powstrzymania tyrana zgodnie z warunkami wynikającymi z przymierza politycznego, obywatelom nie wolno przejmować egzekwowania prawa w swoje ręce. „Żaden obywatel nie ma prawa na własną rękę sprzeciwiać się tyranowi, odpowiadając przemocą na przemoc", twierdził de Bèze. Wszelki prywatny odwet i zemsta prowadzą do „niekończących się rozruchów", powołując do życia „tysiące tyranów" w miejsce tego, który został usunięty. Zamiast tego osoby prywatne powinny złożyć petycję do niższych urzędników, którzy ponoszą odpowiedzialność za ochronę przymierza politycznego. Jeżeli zaś interwencja niższych urzędników nie powiedzie się, obywatele muszą się wyprowadzić lub cierpieć w pokorze i w modlitwie[144].

Podobnie jak duchowni magdeburscy de Bèze ustanowił hierarchię nadużyć politycznych prowadzących do tyranii, na które niżsi urzędnicy powinni reagować. W przypadku niewielkich nadużyć ze strony wyższego urzędnika, takich jak nadmierne podatki, z których płacono by za „rozrzutne lub chciwe występki" urzędnika lub niemoralne zachowanie naruszające godność urzędu, de Bèze pozostawił w dużej mierze decyzję „arystokratycznym" niższym urzędnikom, aby ci prywatnie udzielili upomnienia i nagany winnemu urzędnikowi, bez żadnych

[143] Tamże, s. 27–28, 76.

[144] Tamże, s. 27, 36–38, 72–74.

konsekwencji politycznych lub publicznych. Jednakże w przypadkach poważniejszych naruszeń „praw boskich, naturalnych i konstytucyjnych [*iura*] swojego narodu", zarówno arystokratyczni, jak i demokratycznie wybrani urzędnicy powinni „wszystkimi dostępnymi legalnymi środkami" przywołać go do porządku i zmusić, aby powrócił do swoich obowiązków[145].

De Bèze wyrażał pogląd, że do najbardziej oczywistych przypadków tyranii dochodziło, gdy urzędnik otwarcie i uporczywie łamał nakazy pierwszej i drugiej tablicy Dekalogu. Były to drastyczne naruszenia obowiązku urzędnika dotyczące przestrzegania praw Bożych i praw obywateli nadanych im przez Boga. „Od czasu, kiedy prawo do wolności religijnej zostało przyznane" społeczności zgodnie z nakazem pierwszej tablicy Dekalogu, „władca jest szczególnie zobowiązany do jego przestrzegania, [a] jeżeli działa on inaczej, oświadczam, że dopuszcza się oczywistej tyranii i [jego poddani] są tym bardziej upoważnieni, aby mu się przeciwstawić", pisał de Bèze. „Zobowiązani jesteśmy bowiem przywiązywać większą wagę i wartość do zbawienia naszych dusz i wolności naszego sumienia, aniżeli do jakichkolwiek innych spraw, jakkolwiek pożądanych"[146]. Podobna zasada obowiązuje, jeżeli urzędnik zdradza rodziców, rodziny, osoby, własność i dobre imię, które chronione są przez drugą tablicę Dekalogu. Dzieje się tak wtedy, gdy władca „plądruje własne terytorium", „brutalnie zabija rodziców swoich poddanych, gwałci ich żony i córki, rabuje ich domy i posiadłości, a na koniec morduje ich według swojego upodobania", „bez samokontroli", „niezgodnie z prawem i rozumem", „bezmyślnie naruszając złożone przez siebie obietnice"[147].

Gdyby takie agresywne i tyrańskie postępowanie utrzymywało się, a „pokojowe środki" okazywały się nieskuteczne, niżsi urzędnicy powinni „jednomyślnie i bezzwłocznie domagać się zgromadzenia stanów, a w międzyczasie tak dalece jak tylko potrafią i jest im dozwolone, bronić i chronić się przed nieskrywaną tyranią". Ten demokratyczny organ powinien z kolei chronić obywateli, organizując opór wobec tyrana i korzystając z „prawa do uzyskania wsparcia z zagranicy, zwłaszcza od sojuszników i przyjaciół królestwa". „Są oni z pewnością zobowiązani, jeśli to możliwe, nawet przy użyciu siły zbrojnej, do ochrony przed oczywistą tyranią bezpieczeństwa tych, którzy zostali powierzeni ich opiece i godności"[148].

---

145 Tamże, s. 64–65, 72–80.
146 Tamże, s. 27–29, 83–85.
147 Tamże, s. 66, 68, 74, 80.
148 Tamże, s. 27, 41, 72.

Podsumowanie i wnioski

Teodor de Bèze rozpoczynał działalność jako wierny i zdecydowany obrońca dojrzałych poglądów Jana Kalwina na temat Kościoła i państwa, prawa i wolności. Kończył ją przedstawieniem całościowego ujęcia teorii praw, wolności i koncepcji oporu, które sam Kalwin przedstawił tylko w zarysie. De Bèze doszedł do swojego dojrzałego stanowiska bez większego przekonania, zdając sobie sprawę z tego, iż wykracza poza ramy nakreślone wskazaniami swojego genewskiego mentora. Zarazem jednak wypracowując swoje dojrzałe stanowisko, zdawał sobie sprawę z tego, że nadaje wnioskom wypływającym z nauk Kalwina logiczny i praktyczny kierunek, postępując przy tym zgodnie z napomnieniem Kalwina: *semper reformanda ecclesiae* – wciąż od nowa reformując Kościół i jego nauczanie w świetle Pisma Świętego i Ducha oraz w obliczu nowych wyzwań i kryzysów.

We wczesnych latach działalności de Bèze wskazywał, że zarówno Kościół, jak i państwo stanowiły odrębne byty prawne. Każde z nich zostało powołane do stworzenia i zachowania jednolitej lokalnej wspólnoty chrześcijańskiej. Ich zadaniem była współpraca w czynieniu na podstawie Dekalogu użytku obywatelskiego, teologicznego i edukacyjnego z prawa moralnego. Kościół posiadał autorytet Słowa, państwo zachowywało władzę miecza. Kościół kierował życiem prywatnym wierzących i wewnętrznymi sprawami wiary, państwo sprawowało pieczę nad życiem publicznym obywateli i zewnętrznymi przejawami wiary. Kościół orzekał w sprawach doktryny biblijnej i dyscypliny chrześcijańskiej. Państwo osądzało w sprawach publicznych przestępstw i porządku społecznego. Wszyscy ludzie korzystali z prywatnej wolności sumienia, lecz daleko było do wolności w praktykowaniu własnej religii zarówno z punktu widzenia Kościoła, jak i państwa. Wszystkim wolno było przyjąć w wierze łaskę Bożą. Zarazem jednak słowa i czyny wiernych związane z okazywaniem i obroną własnej wiary musiały być podporządkowane surowym nakazom moralnym nałożonym przez władze kościelne i państwowe. Począwszy od 1558 roku de Bèze współpracował z Kalwinem w kierowaniu życiem duchowym Genewy, a w pierwszych latach po śmierci Kalwina w 1564 roku w niewielkim tylko stopniu odstąpił od nauk swojego mistrza.

Jednakże w miarę gwałtownego rozprzestrzeniania się kalwinizmu we Francji i nasilania się represji wobec mniejszości wyznaniowych de Bèze i jego współpracownicy starali się udoskonalić i rozbudować prawo, które zezwalało na opór wobec tyranii politycznej i podkreślało wolność religijną. Podtrzymując większość swoich wczesnych koncepcji i wczesnych nauk Kalwina, już w końcu lat sześćdziesiątych XVI wieku de Bèze rozpoczął wprowadzanie pewnych zmian, uwzględniając istniejącą rzeczywistość, w której państwo okazywało się niekiedy wrogiem Kościoła, a społeczności lokalne nie tworzyły bynajmniej jednolitych chrześcijańskich wspólnot oddanych sprawie reformacji. Po wydarzeniach nocy św. Bartłomieja w 1572 roku de Bèze postanowił poszerzyć wąską teorię oporu Kalwina oraz zakres pojęcia wolności religijnej i pokrewnych jej praw. Zadanie to wymagało od niego nowego podejścia do niektórych nauk Kalwina na temat władzy i wolności. Przyswajając i poszerzając bardziej radykalną logikę oporu, którego przykłady dawali duchowni magdeburscy i uchodźcy spod rządów królowej Marii, stworzył gruntowną teorię przymierza na temat władzy i wolności, zawartą w dziele *De Iure Magistratum* z 1574 roku.

De Iure Magistratum przypominało nieco kobierzec utkany z połączenia wielu nici w jedną całość. Dzieło to powstało bowiem z połączenia argumentów rozproszonych w różnych źródłach klasycznych, patrystycznych, scholastycznych i protestanckich. De Bèze otrzymał wykształcenie klasyczne i humanistyczne, znał więc źródła, z których należało korzystać, i wiedział, jak czynić z nich użytek. Przez czterdzieści lat piastował stanowisko profesora Akademii Genewskiej i posiadał własną obszerną bibliotekę oraz dostęp do bibliotek uniwersyteckich. Jego nowy główny argument na rzecz przymierza, porozumienia lub kontraktu wiążącego ze sobą obywateli, rządzących i Boga, oparty był częściowo na starożytnych ideach hebrajskich i na klasycznych ideach stoickich, których echa można było odnaleźć w pracach wielu średniowiecznych pisarzy katolickich, a zwłaszcza u Marsyliusza z Padwy i Mikołaja z Kuzy[149]. Także sam Kalwin zajmował się politycznymi implikacjami doktryny przymierza, podobnie jak czynili to Ulrich Zwingli, Martin Bucer, Heinrich Bullinger, Peter Martyr Vermigli, Pierre Viret, John Knox, Christopher Goodman i inni. Argument de Bèze'a, że obywatele powinni wybierać swoich władców i godzić się na nich, posiadał liczne starożytne i średniowieczne odpowiedniki, co, jak trafnie zauważył Walter Ullmann, wiązało się z „rodzącą się teorią suwerenności"[150]. Orędownikami tej koncepcji już w czasach de Bèze'a byli John Ponet, John Knox, François Hotman i inni, którzy uważali powszechne wybory lub wyrażanie akceptacji dla władzy politycznej za starożytne prawo, przyrodzone

---

[149] Zob. w szczególności J.W. Gough, *The Social Contract. A Critical Study of its Development*, wyd. 2, Oxford 1957.

[150] W. Ullmann, *Medieval Political Thought*, wyd. wzn., Harmondworth 1975; tegoż, *Principles of Government and Politics in the Middle Ages*, wyd. 3, London 1974.

wszystkim obywatelom, oraz za naturalny wyraz bycia osobą noszącą wizerunek Boga na ziemi. Podkreślana przez de Bèze'a szczególna rola Dekalogu jako wzorca dla określania obowiązków władcy i praw obywateli wskazywana była już przez Christophera Goodmana, a także przez niektórych wcześniejszych luterańskich znawców prawa[151]. Wprowadzone przez de Bèze'a rozróżnienie między aktywnym oporem obywatelskim (nie wyłączając tyranobójstwa), na który zasłużył obcy tyran-uzurpator, a uporządkowanym oporem konstytucyjnym, wymaganym nawet wobec legalnie powołanych urzędników stających się tyranami, opierało się na powszechnie znanym prawie rzymskim i średniowiecznej filozofii prawa, ze szczególnym uwzględnieniem prac Jana z Salisbury, Bartolousa de Saxoferrato i Baldusa de Ubaldis. Argument de Bèze'a głoszący, że niżsi arystokratyczni i demokratycznie wybierani urzędnicy byli związani „konstytucją mieszaną" i powinni wspólnie działać w celu koordynowania konstytucyjnego oporu przeciw wyższym urzędnikom, którzy stali się tyranami, był podejmowany już przez Kalwina, a także przez innych reformatorów, takich jak Pierre Viret, Peter Martyr Vermigli i protestanckich interpretatorów pism Arystotelesa i Cycerona[152].

Geniusz de Bèze'a polegał natomiast na połączeniu wszystkich nurtów argumentacji w spójną teorię polityczną. Wyznanie magdeburskie z 1550 roku uszeregowało dorobek trzydziestu lat rozproszonej tradycji luterańskiej w godny podziwu manifest na temat oporu politycznego, który ocalił luteranizm w mieście, a ostatecznie także w sporej części Świętego Cesarstwa Rzymskiego. *De Iure Magistratum* de Bèze'a z 1574 roku stanowiło podsumowanie czterdziestu lat reformacyjnej refleksji na temat praw oporu, tworząc nową mocną konstrukcję przedstawiającą naturę władzy politycznej i wolności osobistej. Co prawda de Bèze nie rozwinął pełnej teorii konstytucyjnej, która obejmowałaby szczegółową doktrynę podziału władzy oraz kontroli i wzajemnego równoważenia się władz czy obszernego katalogu praw. Nigdy nie opracował szczegółowych warunków równowagi między monarchią, arystokracją i demokracją, które odpowiadałyby jego ideałowi „złotego środka". Uniknął jednak tendencji charakterystycznych dla niektórych hugenotów z końca XVI wieku, przyjmujących teorie promonarchistyczne i wykluczające opór, w sytuacji,

---

[151] Zob. s. 131–132.

[152] Zob. przyp. 82 i 84 w tym rozdziale i ogólnie J.H. Burns (red.), *The Cambridge History of Political Thought*, s. 159–245; O. Jászi, J.D. Lewis, *Against the Tyrant. The Tradition and Theory of Tyrannicide*, Glencoe 1957; Q. Skinner, *Foundations*, t. 2, s. 189–349; A. London Fell, *Origins of Legislative Sovereignty and the Legislative State*, 6 tomów, Königstein–Cambridge 1983.

w której tron obejmowałby władca kalwiński[153]. Prawdą jest również to, że de Bèze nie zaproponował w odniesieniu do prawa, polityki i społeczeństwa w pełni rozbudowanej teorii przymierza, która definiowałaby w szczegółach pochodzenie, charakter i cel władzy i autorytetu, praw i wolności, godności i równości oraz inne tematy. Mimo to dzieło *De Iure Magistratum* pomogło w wyznaczeniu trwałego kierunku tradycji kalwińskiej, a większość kalwińskich twórców dzieł politycznych po obu stronach Atlantyku podążała tą drogą przez dwa kolejne stulecia.

Dla rozwoju kalwińskiej debaty na temat praw podmiotowych szczególnie doniosła okazała się de Bèze'a teoria przymierza politycznego, zawieranego przed Bogiem przez lud i jego władców w celu zachowania prawa Bożego i naturalnego oraz praw i wolności obywateli. Teoria ta stała się wzorcowym argumentem w kalwińskich teoriach prawa, religii i praw człowieka, których echa nadal pobrzmiewają wśród współczesnych protestantów. W szesnastowiecznej Francji najbardziej znane sformułowania i rozwinięcia tego argumentu pochodzą od Stephanusa Brutusa Juniusa, występującego pod pseudonimem literackim jako Philippe Duplessis-Mornay, prawdopodobnie autora *Vindicae, Contra Tyrannos: sive, de Principis in Populum, Populique in Principem, legitima potestate*[154]. W Szkocji najważniejszym przykładem recepcji prac de Bèze'a i Knoksa było dzieło George'a Buchanana *De Jure Regni apud Scotos* (1601). Nieco później pojawiła się rozprawa Samuela Rutherforda z 1644 roku, której długi tytuł mówi sam za siebie: *Lex, Rex, or The Law and the Prince; A Dispute for The Just Prerogative of King and People: Containing The Reasons and Causes of the Most Necessary Defensive Wars of the Kingdom of Scotland* (*Lex*, *Rex* albo Prawo i Książę; Rozprawa o sprawiedliwej prerogatywie Króla i Ludu, zawierająca racje i przyczyny koniecznych wojen obronnych Królestwa Szkocji)[155]. W Niderlandach, Anglii i Ameryce, o czym będzie mowa w kolejnych rozdziałach, wielu uczonych i autorów pamfletów na podstawowym założeniu przymierza politycznego oprze argumenty na rzecz rewolucji politycznej i konstytucjonalizacji w imię praw człowieka. Później chrześcijańska teoria przymierza w polityce i w społeczeństwie zostanie przekształcona w coraz wyraźniej

---

[153] Zob. M. Wolfe, *The Conversion of Henry IV. Politics, Power, and Religious Beliefs in Early Modern France*, Cambridge 1993, s. 31 i n., oraz komentarz w Manetsch, *Theodore Beza*, s. 135 i n.

[154] Stephanus Junius Brutus, *Vindiciae, Contra Tyrannos: Or Concerning the Legitimate Power of the Prince Over the People, and of the People Over the Prince*, red. i tłum. G. Garnett, Cambridge 1994.

[155] Wzn. razem w facs., Harrisonburg 1982.

zlaicyzowanej debacie o umowie społecznej i politycznej w czasach oświecenia i w okresie pooświeceniowym przez takich sławnych myślicieli kalwińskich jak John Locke i Jean Jacques Rousseau.

Drugą innowacją de Bèze'a było wykorzystanie umowy małżeńskiej jako prototypu dla przymierza politycznego. Znany pogląd, że małżeńskie gospodarstwo domowe było historyczną i ontologiczną podstawą polis, głoszony był już w starożytności, w najbardziej znanej postaci przez Arystotelesa w *Polityce* i *Etyce*. Inni Grecy i rzymscy stoicy nazywali małżeństwo „fundamentem republiki" i „prywatnym źródłem cnoty publicznej". Ojcowie Kościoła i średniowieczni scholastycy opisywali miłość małżeńską i rodzinną jako „zaczątek miasta", „siłę, która spaja społeczeństwo". Jeszcze inni wcześni protestanci nazywali domostwo „małym Kościołem", „małym państwem", „małym seminarium", „małą republiką"[156]. Kalwin miał swój udział w tych rozważaniach, nazywając małżeństwo „źródłem życia", „najświętszym ze wszystkich na świecie rodzajem umowy", „zasadniczym i najświętszym [...] ze wszystkich urzędów należących do społeczeństwa ludzkiego". „Bóg króluje w małym domu, nawet w skrajnej nędzy, gdy mąż i żona wzajemnie oddają sobie należne obowiązki. Tutaj świętość jest nawet większa i bliższa królestwu Bożemu, aniżeli w klasztorze"[157]. De Bèze powtarzał wiele z tych opinii w swoich cieszących się popularnością dziełach na temat unieważnienia małżeństwa, rozwodu i poligamii opublikowanych w końcu lat sześćdziesiątych XVI wieku.

Nowością w dziele de Bèze'a pt. *De Iure Magistratum* z 1574 roku był argument, iż przymierze małżeńskie stanowi nie tylko ontologiczną podstawę, lecz także metodologiczny pierwowzór dla umowy politycznej. Podobnie jak umowa małżeńska przyrzeczona między mężem i żoną przed Bogiem, przymierza polityczne były uroczystymi przysięgami, składanymi przez władców i lud przed Bogiem. Podobnie jak umowy małżeńskie również przymierza polityczne wymagały dobrowolnej zgody wszystkich stron oraz zdolności i wolności wszystkich stron do ich zawierania. Podobnie jak umowy małżeńskie również przymierza polityczne w wielu swoich podstawowych postanowieniach opierały się na Bogu i naturze, obejmując także warunek stanowiący, że zarówno władcy, jak i obywatele szanują prawa Boże i prawa natury, prawa i wolności obywateli, wiarę i porządek

[156] Zob. szczegółowe źrodła w: J. Witte Jr., *God's Joust, God's Justice. Law and Religion in the Western Legal Tradition*, Grand Rapids 2006, s. 295–385.

[157] Kom. Rdz 2, 18, 21, 24; 6, 2; Kaz. Pwt 21, 10–14; Kom. Mal 2, 14, 16; Kom. *Harm. Gosp.* Mt 19, 11; Kom. 1 Kor 7, 14; 9, 11; Kaz. 2 Tm 5.

wspólnoty. Podobnie jak umowy małżeńskie, również przymierza polityczne mogłyby zostać unieważnione, gdyby naruszono warunki ich zawarcia. Zgodnie z analogią jedna ze stron umowy mogłaby starać się o odstąpienie od umowy, gdyby druga strona naruszyła zaufanie lub podstawowy warunek ich związku. Jednakże podobnie jak umowy małżeńskie, przymierza polityczne nie mogą być rozwiązywane przypadkowo, przez dowolną osobę, a na pewno nie poprzez powszechny bunt. Ponieważ przymierza te były publicznymi zobowiązaniami obejmującymi różne strony, dotyczyły przeszłości, teraźniejszości i przyszłości, można było je rozwiązać tylko przy wykorzystaniu formalnych i publicznych procedur i mechanizmów, na które strony wyrażały zgodę jeszcze przed zawarciem tej umowy politycznej. Tego rodzaju podkreślanie symetrii i synergii między powoływaniem do życia małżeństwa i państwa oraz między rozwodem i zmianą polityczną stanie się typową cechą kalwińskiej teorii polityki w XVII i XVIII wieku – być może najznakomiciej wyrażoną w teorii umowy społecznej i politycznej Johna Locke'a, w jego *Dwóch traktatach o rządzie*[158]. Podkreślanie symetrii między związkiem małżeńskim i politycznym stanie się zresztą podstawową cechą protestanckiej teorii małżeństwa – z jednej strony używanej do obrony zasady naturalnej władzy męża nad żoną, a z drugiej strony do uzasadnienia możliwości rozwodu i ponownego małżeństwa.

Trzecią innowacyjną propozycją de Bèze'a było przekształcenie teorii Kalwina na temat władzy i wolności politycznej w teorię praw podmiotowych. Kalwin twierdził, że władza i wolność zostały „ustanowione łącznie". Traktował on prawa polityczne obywateli jako konsekwencję dobrej władzy. Jeśli urzędnik mający władzę sędziowską zarządza prawidłowo, zgodnie z wolą Bożą, prawa obywateli będą zachowywane. Jeśli zaś urzędnik przekracza swoje uprawnienia, obywatele będą znosić jego despotyczne akty przemocy z chrześcijańską godnością i cierpliwością, z pokornym przekonaniem, iż Bóg doświadcza ich karą za grzechy. De Bèze w podobnym duchu podkreślał, że władza i wolność zostały „ustanowione łącznie", a także wskazywał na to, że powszechny opór i bunt nie stanowią rozwiązania problemu tyranii politycznej. Jednakże de Bèze przedstawiał polityczne prawa obywateli nie jako konsekwencję, lecz jako warunek dobrego rządu. „Lud nie jest stworzony dla władców, lecz władcy dla ludu", pisał,

[158] Zob. J. Locke, *Two Treatises of Government*, red. P. Laslett, Cambridge 1960, I.9, 47, 98, II.77–83 [wyd. pol.: *Dwa traktaty o rządzie*, tłum. Z. Rau, Warszawa 1992; ze względów redakcyjnych, związanych z cyt. przez autora krótkich urywków z dzieł Locke'a, zrezygnowano z cyt. z przekładów polskich – przyp. tłum.].

powtarzając słowa protestanckich uchodźców z Anglii. Jeżeli władca rządzi właściwie, obywatele powinni go słuchać. Jeżeli jednak urzędnik przekracza swoje uprawnienia, obywatele poprzez swoich przedstawicieli mają nie tylko prawo, ale i obowiązek sumienia, aby oprzeć się tego rodzaju tyranii. Żaden urzędnik poważnie naruszający przymierze między Bogiem a Jego ludem nie powinien być tolerowany. Znoszenie takiego tyrana obraziłoby Boga, który wezwał wszystkich władców, aby reprezentowali Jego boską istotę i władzę na ziemi oraz dążyli do boskiej sprawiedliwości i słuszności dla całego ludu Bożego.

De Bèze musiał jeszcze rozwiązać kwestię ugruntowania swej doktryny praw podmiotowych oraz rozstrzygnąć, które z praw były na tyle niezbywalne i nienaruszalne, że złamanie ich skutkowało prawem do oporu. W tym celu, opierając się na myśli protestanckich uchodźców z Anglii, de Bèze zręcznie zrewidował główne argumenty Kalwina, podążając tropem jego późnych idei dotyczących doktryny praw podmiotowych. Pierwszym i najważniejszym prawem powinno być jego zdaniem prawo „wolności sumienia" oraz „swobodnego praktykowania religii". Obywatele są przecież przede wszystkim poddanymi Stwórcy i zostali wezwani, aby ponad wszystko czcić i wielbić Boga. Jeżeli urzędnik, stworzony przez tego samego Boga i reprezentujący władzę Boga na ziemi, narusza te prawa religijne, nic nie będzie już ani święte, ani bezpieczne. Do ochrony wolności sumienia i swobodnego praktykowania religii – wyjaśniał w katechizmowej formie de Bèze – niezbędna jest możliwość życia w pełnej zgodzie z prawem Bożym. Co zatem jest prawem Bożym? Jest nim przede wszystkim dziesięć przykazań, określających różne obowiązki prawego życia, z których sumienny chrześcijanin powinien wywiązywać się poprzez skuteczne praktykowanie wiary. Do czego odnoszą się te przykazania? Do praw do oddawania czci Bogu, do przestrzegania szabatu, do unikania obcych bożków i fałszywych przysiąg zgodnie z pierwszą tablicą Dekalogu, do prawa do małżeństwa, rodzicielstwa i posiadania domu, do życia, posiadania mienia i dobrej reputacji, chronionych w drugiej tablicy Dekalogu. Czy Dekalog jest jedynym boskim prawem, które nami rządzi i prowadzi nas? Nie, jest nim także prawo naturalne, które Bóg zapisał w sercach wszystkich ludzi, a które poucza o innych prawach, niezbędnych do ochrony człowieka i ludu. De Bèze wspomniał o kilku spośród tych obszernych praw: o prawie do swobody misji religijnej i oświaty, o wolności władzy kościelnej i emigracji, o wolności słowa, zgromadzeń oraz petycji, a także swobodzie umów. Nie zgłębiał jednak istoty tych praw w sposób dokładny, nie wyraził się też jasno o tym, które z nich były do tego stopnia fundamentalne, by ich naruszenie mogło spowodować zorganizowany opór. Jednakże dokonał on odpowiedniego zestawienia podstawowych praw, które zostaną udoskonalone i rozwinięte przez kolejnych myślicieli kalwińskich.

Najbardziej uderzającą zmianę kierunku myślenia de Bèze'a, będącą wynikiem tego zestawienia praw, stanowi jego teoria wolności religijnej i tolerancji wobec różnowierców. W początkowym okresie swojej kariery de Bèze zdecydowanie bronił współpracy Kościoła i państwa w sprawie egzekucji Miguela Serveta za herezję. Brał on także czynny udział w represjach kierowanych przeciw Bernardowi Ochino, Jeanowi Morély'emu i innym za ich heretyckie spekulacje. Argument, którego używał, głosił, iż urzędnicy kościelni i państwowi powinni współpracować, aby usunąć tego typu herezje z lokalnego połączonego ciała Chrystusowego, aby ciało to nie uległo chorobie, podziałowi i rozkładowi. Noc św. Bartłomieja przekonała de Bèze'a, że takie poglądy nie były ani właściwe, ani pożyteczne. W myśl jego dojrzałych poglądów kościoły powinny nadal dysponować swobodą eliminowania heretyków i pogan ze swoich zgromadzeń. Jednakże mogły one używać jedynie duchowych środków potępienia, zakazów i ekskomuniki, bez korzystania z pomocy państwa. Państwa nadal mogły dysponować swobodą wymierzania kar dysydentom religijnym, którzy popełniali przestępstwa w imię swojej fałszywej wiary. Jednakże ich fałszywa wiara jako taka nie mogła już być postrzegana jako przestępstwo. Heretyków pragnących pokoju powinno się tolerować w społeczeństwie, a pluralizm religijny powinien zostać zaakceptowany. Heretyków i niewierzących należy nawracać na prawdziwą wiarę jedynie na drodze głoszenia odpowiednich kazań i nauczania, nie zaś przy użyciu miecza lub tortur. De Bèze nie posunął się nigdy tak daleko, aby stwierdzić, że „błąd ma także swoje prawa", bądź że heretycy, jako jednostki lub grupy, powinni otrzymać swobodę praktykowania religii. Jednakże domagał się, aby wszystkie osoby, nawet heretycy, mogli cieszyć się wolnością sumienia oraz by pozostawiono ich w spokoju w ich błędzie, jeżeli sobie tego życzą. W późniejszym okresie przekształcił on te nowe przemyślenia w elegancki apel o tolerancję wobec kalwinistów przebywających na wrogich terytoriach katolickich. Poglądy te okazały się pomocne w późniejszym tworzeniu zasad tolerancji religijnej, zawartych w edykcie nantejskim (1598) i w pokoju westfalskim (1648).

ROZDZIAŁ 3

Prawa naturalne, suwerenność ludu i polityka przymierza: Johannes Althusius, powstanie niderlandzkie i republika

Zgodnie z prawem naturalnym a także w celu obrony własnej i obrony mieszkańców naszego kraju, naszych praw, przywilejów i dawnych zwyczajów oraz wolności naszej ojczyzny, życia i honoru naszych żon, dzieci i potomności, aby nie stać się niewolnikami Hiszpanów, a posiadając pełne prawo, aby stawić opór królowi Hiszpanii, zostaliśmy zmuszeni, aby obmyślić i podjąć się innych środków, które wydają się lepiej służyć zabezpieczeniu i zachowaniu wyżej wymienionych praw, przywilejów i wolności.

Akt ogłoszenia niepodległości Zjednoczonych Prowincji Niderlandów przez Stany Generalne (1581)[1]

Powstanie w Niderlandach

Tymi słowami Stany Generalne Niderlandów ogłosiły światu, że Filip II, król Hiszpanii, książę Burgundii i władca Niderlandów, jest tyranem, któremu wypowiadają posłuszeństwo. W akcie ogłoszenia niepodległości wyłożono znane kalwińskie argumenty na rzecz prawa oporu. „Książę ustanowiony jest z łaski Boga i za przyzwoleniem swoich poddanych, aby roztaczał nad nimi opiekę i bronił ich przed krzywdą, przemocą i gwałtem, podobnie jak czyni to pasterz, do którego obowiązków należy troska o bezpieczeństwo jego owiec".

[1] H.H. Rowen (red.), *The Low Countries in Early Modern Times. A Documentary History*, New York 1972, s. 102.

Reformy Ezechiasza, 2 Krl 18, Nicholas Fontaine, *L'histoire du vieux et du noveau Testament* (Paris, 1699)

Został on ustanowiony „dla dobra swoich poddanych" i powinien „rządzić nimi sprawiedliwie i mądrze, chronić i kochać ich jak ojciec kocha swoje dzieci". „Na tych warunkach" prowincje i mieszkańcy Niderlandów „uznawali władzę swoich książąt i monarchów". Zawsze wymagali od swoich władców przysięgi, że będą wywiązywać się z „umów i porozumień" oraz że będą rządzić na podstawie „prawa i słowa Bożego", a także „zgodnie z nadanymi im przywilejami i dawnymi zwyczajami [...] prawami i wolnościami"[2].

Jednakże, co podkreślono w akcie ogłoszenia niepodległości, Filip haniebnie naruszył zasadnicze warunki powierzonej mu prawowitej władzy. Problem pojawił się już w 1559 roku, gdy władca zarządził szeroko zakrojoną reorganizację hierarchii Kościoła katolickiego w Niderlandach. W jej wyniku siedemnaście północnych i południowych prowincji podporządkowano władzy osiemnastu nowych biskupów – mianowanych przez króla, spośród których większość była bardziej lojalna wobec Hiszpanii aniżeli wobec Rzymu, bardziej biegła w sztuce rządzenia aniżeli w duszpasterstwie. Posunięcie to naruszyło wiekowe modele lokalnej władzy religijnej, potwierdzonej dawnymi konkordatami i porozumieniami między biskupami, książętami, archidiakonami i arystokracją[3]. Sytuacja uległa dalszemu pogorszeniu wraz z wprowadzeniem przez Filipa inkwizycji w Niderlandach i wyznaczeniem doświadczonych hiszpańskich inkwizytorów do zniszczenia szybko rozpowszechniającej się herezji protestanckiej. Przyczyniło się to nie tylko do wyodrębnienia poszczególnych grup protestanckich w Niderlandach, lecz także do ich połączenia się w oporze wobec nowego wroga. Działania inkwizycji wzbudziły także niezadowolenie większości miejscowych katolików, którzy nie życzyli sobie okrutnych tortur z rąk obcych fanatyków, nastawionych na korygowanie subtelności religijnych. W 1565 roku sytuacja uległa zaostrzeniu na skutek żądań Filipa, by w imię władcy, a nie papieża, ogłoszono dekrety Soboru Trydenckiego, zmuszając ludność katolicką i protestancką do ich praktykowania. Tego rodzaju postępowanie oburzyło zarówno katolików, jak i protestantów. Katolicy znienawidzili odległego władcę, który uzurpując prerogatywy papieża, nakazywał zmianę dawnych wierzeń

---

[2] Tamże, s. 92–93, 102–103.

[3] Zob. M. Dierickx, *De oprichting der nieuwe bisdommen in de Nederlanden onder Filips II, 1559–1570,* Antwerp 1950, z przykładami w: A.S. de Blecourt, N. Japiske (red.), *Klein plakkaatboek van Nederland. Verzameling van ordonnantien en plakkaten betreffende regeeringsvorm, kerk en rechtsspraak (14e eeuw tot 1749)*, Groningen 1919. Zob. też: O. Moorman van Kappen, *Stadtrechtsreformationen des 16. Jahrhunderts in den Niederlanden*, w: M. Stolleis (red.), *Recht Verfassung und Verwaltung in der frühneuzeitlichen Stadt*, Böhlau 1991, s. 141.

i praktyk pod groźbą kar. Nowo ustanowione prawo w jeszcze większym stopniu dotknęło protestantów, uznanych za zdrajców i heretyków oraz podlegających nowym, okrutnym prześladowaniom. Reakcją kalwińskich duchownych była intensywna kampania obejmująca kazania i publikacje, w których na nowych tyranów duchowych ściągano morze ognia i siarki, wzywając przy tym lud do oczyszczenia wiary i przyjęcia reformacji protestanckiej. W 1566 roku ich zagorzali zwolennicy wszczęli rozruchy na dużą skalę, niszcząc, w ramach kilku fal gwałtownego ikonoklazmu[4] witraże, ołtarze i inne przedmioty kultu katolickiego oraz budowle.

Filip podjął próbę zdławienia powstania, wysyłając do Niderlandów liczną armię pod wodzą księcia Alby, który w latach 1567–1571 bezwzględnie realizował nową politykę królewską. Szczególną goryczą napawało miejscową ludność nałożenie przez księcia na prowincje, miasta, stany i gildie nowych podatków i regulacji handlowych, a także pobór do wojska mieszkańców Niderlandów w celu wykorzystania ich w licznych wojnach prowadzonych przez Filipa oraz nadużycia związane z kwaterowaniem tysięcy żołnierzy w domach wynędzniałej ludności[5]. Wydarzeniom tym towarzyszyła eskalacja działań inkwizycji, wysyłającej na śmierć niezliczone tysiące niderlandzkich protestantów, a także wielu dysydentów katolickich oraz dokonującej masowych konfiskat własności prywatnej[6]. Szlachta i książęta licznie opuszczali kraj, udając się do Anglii i Niemiec, gdzie rozpoczęto organizowanie oporu, czemu sprzyjała rosnąca popularność księcia Wilhelma I Orańskiego. Wiosną 1572 roku grupa bojowników ruchu oporu, określanych pogardliwie przez Hiszpanów jako „żebracy morscy", przeprowadziła serię brawurowych ataków na porty w prowincjach Holandii i Zelandii. Ruch oporu zyskał szerokie poparcie zarówno wśród miejscowych katolików, jak i kalwinistów, którzy zasilali jego szeregi, stawiając opór armii księcia Alby. Poparcie to wzrosło wraz z buntem w szeregach najemników księcia Alby, niezadowolonych z coraz gorszych warunków służby oraz braku żołdu.

---

[4] M. van Gelderen, *The Political Thought of the Dutch Revolt, 1555–1590*, Cambridge 1992, s. 82 i.n.

[5] W obszernej literaturze na ten temat należy zwrócić szczególną uwagę na następujące pozycje: J. Israel, *The Dutch Republic. Its Rise, Greatness, and Fall, 1477–1806*, wyd. wzn., Oxford 1998; G. Parker, *The Dutch Revolt*, Ithaca 1977; P. Geyl, *The Revolt of the Netherlands, 1555–1609*, wyd. 2, London 1958.

[6] M. Dierickx, *De lijst der veroordeelden door de Raad van Beroerten*, „Revue belge de philologie et d'histoire" 1962 (60), s. 415; J. Israel, *The Dutch Republic*, s. 155–169.

W czasie eskalacji walk w latach siedemdziesiątych kalwiniści wspierani przez „doradców pochodzenia genewskiego”[7] zaczęli obejmować przywództwo ruchu. Książę orański i inni apologeci sięgali do coraz ostrzejszej retoryki, w niektórych przypadkach zapożyczonej bezpośrednio z prac niderlandzkich i francuskich kalwinistów na temat oporu, przedstawiając powstanie w Niderlandach jako *bataille royale* między siłami protestanckiego dobra i katolickiego zła oraz między chrześcijańską wolnością a duchową tyranią[8]. Konflikt religijny i ideologiczny szybko przerodził się w spór terytorialny. W miarę nasilania się wzajemnych ataków między przywódcami katolickimi i protestanckimi oraz wzrostu zagrożenia bezpieczeństwa, wielu katolików szukało schronienia na południu, w prowincjach, które znacznie później miały utworzyć Belgię, zaś wielu protestantów chroniło się na północy w siedmiu prowincjach, które następnie utworzyły Zjednoczone Prowincje Niderlandów. Przez krótki czas obie strony dążyły do spisania dzielących ich różnic religijnych i uwzględnienia wspólnych problemów politycznych, społecznych i ekonomicznych, narastających w wyniku hiszpańskiej okupacji[9]. W rezultacie zawartego pokoju w Gandawie (1576) zabroniono na przykład „wszelkich ataków na religię rzymskokatolicką oraz jej praktykowanie”, prałatom przywrócono ich „opactwa, diecezje, fundacje i rezydencje” oraz restytuowano uprzednio skonfiskowaną i zniszczoną własność duchownych katolickich. Jednakże pokój gandawski był powodem niezadowolenia kalwinistów, ponieważ zapewniał im jedynie wolność przekonań, nie wspominając o przywróceniu dóbr prywatnych[10]. Sytuacja uległa pogorszeniu, gdy na skutek pokoju religijnego w Antwerpii (1578) duchowieństwu katolickiemu zagwarantowano tradycyjny system jurysdykcji duchownej, a sądom cywilnym nakazano uległość wobec sądów Kościoła

---

[7] H.D. Foster, *Collected Papers of Herbert Darling Foster* (1927, niepubl.), s. 96–98.

[8] B.J. Kaplan, *Calvinists and Libertines. Confession and Community in Utrecht, 1578–1620*, Oxford 1995, s. 11. Zob. przykłady dzieł Williamsa w: E.H. Kossman, A. Mellink (red.), *Texts Concerning the Revolt of the Netherlands*, Cambridge 1974, s. 84, 93, 109, 112, 188, 211.

[9] Zob. ogólnie: O.J. De Jong, Unie en Religie, w: S. Groenveld, H.L.Ph. Leeuwenberg (red.), *De Unie van Utrecht. Wording en werking van een verbond en van een verbondsacte*, The Hague 1979, s. 155. Pozostaje nadal przedmiotem sporu, jak dalece Wilhelm Orański i inni apologeci powstania wykorzystywali kalwińską twórczość opozycyjną oraz które idee wywodziły się z Niderlandów, a które importowano z Francji, Anglii, Szkocji i Niemiec. Zob. teksty źródłowe i omówienia w: J. van der Berg, P.G. Hoftijzer (red.), *Church Change and Revolution*, Leiden 1991; M. Van Gelderen, *Political Thought*, s. 260–287; J.W. Sap, *Paving the Way for Revolution*, s. 114–128.

[10] Pacyfikacja Gandawska, art. 3–5, 20–21 (8 listopada 1576), w: A.S. Blecourt, N. Japiske, *Klein plakkaatboek*, s. 113. Zob. przykłady reakcji Petera Beuttericha i francuskiego kalwinisty Philipa du Plessis Mornaya w: E.H. Kossman, A. Mellink (red.), *Texts Concerning the Revolt*, s. 159, 163.

katolickiego w sprawach dotyczących małżeństwa, dziedziczenia, działalności dobroczynnej i moralności publicznej[11]. Nawet gdyby jakiekolwiek zbliżenie między religiami było możliwe, zostało ono udaremnione na skutek wydania w 1578 roku przez papieża Grzegorza XIII encykliki chwalącej bohaterstwo króla Filipa i księcia Alby, a jednocześnie grożącej ekskomuniką każdemu katolikowi, który odważyłby się popierać powstanie w Niderlandach. Gdy niektórzy spośród katolickich członków i przywódców ruchu oporu w Niderlandach zaczęli zbliżać się ku stanowisku zajmowanemu przez Hiszpanów, uwyraźniły się linie podziałów: Holendrzy przeciwko Hiszpanom, protestanci przeciwko katolikom, patrioci przeciwko zdrajcom, wolni przeciwko tyranowi[12].

W 1579 roku książę Parmy, nowy i zdolny dowódca armii Filipa, zjednoczył dziesięć południowych prowincji belgijskich w unię z Arras oraz ogłosił ich lojalność wobec Hiszpanii i wierność wobec Rzymu. W odpowiedzi siedem północnych prowincji Holandii, Zelandii, Geldrii, Utrechtu, Overijssel, Fryzji i Groningen dokonało zjednoczenia w unii utrechckiej[13]. Unia utrechcka skonsolidowała i koordynowała siły wojskowe, dyplomację, handel, system podatkowy w prowincjach niderlandzkich, a także przygotowywała fundament dla skonfederowanego rządu pod władzą Stanów Generalnych i dynastii orańskiej. Unia przyznała zarazem każdej prowincji niezależność polityczną i prawną. Gwarantowała poszanowanie dla „nadzwyczajnych i szczególnych przywilejów, wolności, ulg podatkowych, rozporządzeń, statutów, chwalebnych i tradycyjnych zwyczajów, praktyk i wszystkich innych praw w każdej z prowincji, każdego miasta, każdego obywatela i mieszkańca tych prowincji" i poręczała, iż jakiekolwiek pogwałcenie tych gwarancji „sądzone będzie przez sąd powszechny, arbitraż lub na drodze polubownej". Unia gwarantowała także każdej z siedmiu holenderskich prowincji niezależną władzę w sprawach religijnych i kościelnych, wymagając jedynie zachowania wolności przekonań dla wszystkich ludzi miłujących pokój[14].

---

[11] Pokój religijny w Antwerpii, art. 2–3, 8–10, 15–18 (22 lipca 1578), w: E. van Meteren, *Historien de Nederlanden VIII*, Amsterdam 1647, s. 141–142.

[12] Jak przedstawił to jeden z pamflecistów: „Prawdziwa wolność i zachowanie jedynego rzymskiego wyznania katolickiego są nie do pogodzenia. Zachowanie rzymskiej religii katolickiej i przywrócenie hiszpańskiej tyranii równa się temu samemu". P. Beutterich, *The True Patriot to the Good Patriots* (1578), w: E.H. Kossman, A. Mellink, *Texts Concerning the Revolt*, s.159, 161.

[13] P.F.M. Fontaine, *De raad van state. Zijn taak, organisatie en werkzaamheden in de jaren 1588–1590,* Groningen 1954; J. Israel, *The Dutch Republic*, s. 169–240.

[14] Traktat o unii (29 stycznia 1579), art. 1, 13, w: E.H. Kossman, A. Mellink, *Texts Concerning the Revolt*, s. 165. Mówiąc dokładniej, art. 13 upoważnił prowincje Holandii oraz Zelandii,

Powstanie w Niderlandach

W miarę jak prowincje holenderskie przechodziły na kalwinizm, zwracały się one przeciw katolicyzmowi. Wystąpienia przeciwko publicznym nabożeństwom katolickim pojawiły się początkowo w Zelandii i Holandii, a następnie także w pozostałych prowincjach. Wkrótce podjęto działania bardziej represyjne. Większość duchowieństwa katolickiego wygnano lub wymordowano, a należące do nich posiadłości zostały w większości skonfiskowane przez przywódców kalwińskich. Po powstaniu duża część świeckich katolików nadal pozostawała w Niderlandach, zwłaszcza w takich miastach jak Middelburg, Haarlem, Utrecht i Delft, gdzie stanowili oni znaczną większość. W niektórych prowincjach pozostały też duże grupy mennonitów i innych anabaptystów oraz rozproszone mniejsze grupy luteranów i innych szwajcarskich i niemieckich pietystów[15]. Mimo dość małej liczebności kalwiniści kontrolowali wówczas władzę religijną i polityczną w Niderlandach. Deklaracja z 1581 roku głosiła, że „Filip II utracił swoją władzę, księstwo i prawa dziedziczne tego kraju", oraz że Holendrzy „odtąd postanowili go nie uznawać"[16]. Chociaż wojna trwała nieprzerwanie przez kolejne dziesięć lat, a Wilhelm I Orański przypłacił ją życiem, prowincje niderlandzkie i naród uzyskały niezależność.

Powstanie w Niderlandach stało się katalizatorem dla powstania zadziwiającej liczby pamfletów, kazań, pism i rozpraw naukowych[17]. Początkowo wielu apologetów postrzegało powstanie jako odpowiedni sposób ochrony odwiecznych praw, wolności i przywilejów ludu, ustanowionych w setkach średniowiecznych kodeksów i kart, a wciąż uznawanych za obowiązujące. Do najważniejszych należały tzw. Joyeuse Entrée z Brabancji z 1356 roku oraz

aby traktowały wyznania „zgodnie ze swoimi kompetencjami" i aby pozostałe prowincje podążały za ustaleniami pokoju religijnego w Antwerpii (1578) lub aby opracowały one własny sposób postępowania wymagający ratyfikowania przez konfederację. Zob. omówienie w: O.J. De Jong, *Unie et Religie*, s. 157 i n.

[15] Zob. ogólnie: L. Rogier, *Geschiedenis van het katholicisme in Noord-Nederland in de zestiende en zeventiende eeuw*, 3 tomy, Amsterdam 1945–1947; W.P.C. Knuttel, *De toestand der nederlandsche katholieken ten tijde der republiek*, 2 tomy, The Hague 1892–1894.

[16] H.H. Rowen, *The Low Countries*, s. 102. Zob. szczegółowe studia prawnicze w: R. Feenstra, *A quelle époque les Provinces-Unies sont-elles devenues indépendantes en droit à l'égard du Saint-Empire*, „Tijdschrift voor Rechtsgeschiedenis" 1952 (20), s. 30–63, 182–218.

[17] Zob. W.P.C. Knuttel, *Catalogus van de pamflettenverzameling berustende in de Koninkje Bibliothek*, 9 tomów, The Hague 1889–1920, cyt. w tłum. ang. w oryginale w: H.H Rowen, *The Low Countries*, a także w: E.H. Kossman, A. Mellink, *Texts Concerning the Revolt*. Zob. analizę w: M. Van Gelderen, *Political Thought*; a także P.A.M. Geurts, *De Nederlandse Opstand in de Pamfletten, 1566–1584*, Nijmegen–Utrecht 1956, s. 25–45, 190–228.

Wielki Przywilej z 1477 roku, będące niewyczerpanym źródłem materiałów wykorzystywanych w przemówieniach i debatach. Te dawne przywileje, chociaż wielokrotnie poprawiane, stanowiły pewnego rodzaju streszczenie obowiązków władców i praw poddanych, włącznie z ich prawem do obywatelskiego nieposłuszeństwa i do zorganizowanej samoobrony w wypadku tyranii[18]. Często powoływał się na te dokumenty między innymi Wilhelm I Orański, ubolewając nad „nasilającymi się niezliczonymi okrucieństwami, bezprawnymi decyzjami, brutalnością i innymi zniewagami popełnianymi" mimo istnienia „wielu swobód, zobowiązań, umów i przywilejów obowiązujących na terenie kraju"[19]. Żądamy przywrócenia „przywilejów, praw i wolności, które zostały nam już nadane"[20]. „Powinniśmy chronić samych siebie, nie dopuszczając do ostatecznego zniewolenia i całkowitego zrujnowania, a także do wiecznego podporządkowania nieznośnemu poddaństwu, które czyni z nas niewolników tyrana dążącego do podporządkowania sobie naszych ciał, własności i sumienia"[21]. Wzywamy samych siebie i naszych rodaków do powstania w celu „koniecznej, słusznej, chrześcijańskiej, dozwolonej i nieuniknionej obrony innych i obrony własnej"[22].

W połowie lat siedemdziesiątych XVI wieku apologeci powstania występowali nie tylko w obronie przyznanych im wolności i „spisanych praw", lecz także tego wszystkiego, co Wilhelm nazywał ich „prawami boskimi i naturalnymi"[23]. Anonimowy autor pamfletu oświadczał w 1581 roku:

> Bóg stworzył ludzi wolnymi i pragnie, aby rządzono nimi sprawiedliwie i zgodnie z prawem, nie zaś samowolnie i okrutnie.
>
> Obywatele kraju powierzają władzę królowi lub księciu na warunkach określonych w konstytucji krajowej; a we wszystkich krajach, bez względu na ich naturę, do obowiązków króla należy wprowadzanie prawa i sprawiedliwości oraz podległość wobec prawa Bożego i praw obowiązujących w państwie. Jeżeli jednak, zamiast być ojcem, staje się on mordercą, zamiast być pasterzem,

---

[18] M. Van Gelderen, *Political Thought*, s. 25–30, 110–133. Zob. jednak zastrzeżenia w: J.J. Woltjer, *Dutch Privileges: Real or Imaginary*, w: J.S. Bromley, E.H. Kossman (red.), *Britain and the Netherlands*, London 1975, s. 19.

[19] *List do Philipa Marnixa*, Delft (28 listopada 1573), w: E.H. Kossman, A. Mellink, *Texts Concerning the Revolt*, s. 109, 111; M. van Gelderen, *Political Thought*, s. 121.

[20] *Odpowiedz na Pacyfikacje Gandawską* (19 lutego 1577), w: tamże, s. 135.

[21] *List do Philipa Marnixa*, Delft (28 listopada 1573), w: tamże, s. 109, 111.

[22] Cyt. w: M. Van Gelderen, *Political Thought*, s. 121.

[23] Cyt. tamże, s. 121.

staje się rzeźnikiem, zamiast być księciem, staje się tyranem, prowincje nie mają już względem niego obowiązku posłuszeństwa[24].

Wzorując się na francuskich kalwinistach – de Bèzem, Hotmanie i Mornayu – pamflecista Francis Coornhert wymieniał religijne i „świeckie prawa i przyczyny, które zezwalają na sprzeciw i opór wobec króla lub księcia danego kraju, jeżeli ten niezgodnie z przysięgą daną prowincjom i poddanym zamierza rabować należącą do nich własność oraz pozbawiać ich praw i przywilejów". Zdaniem Coornherta żaden król nie rządzi sam, lecz wspólnie z zarządcami oraz niższymi urzędnikami, którzy powinni kontrolować i ograniczać jego władzę. „Władcy nie wolno samowolnie naruszać praw, prześladować lub niepokoić poddanych, bądź kogokolwiek pozbawiać życia lub majątku, wyłącznie na podstawie własnego autorytetu i woli", lecz powinien on postępować w zgodzie ze „świętym prawem i przy aprobacie" swoich niższych urzędników. Jeżeli zaś ci urzędnicy „zauważą, że król lub książę prowincji nadużywa swojej władzy i w rezultacie prowincje ulegają wyniszczeniu, poddani są ciemiężeni lub naruszone zostają przywileje i prawa w prowincjach, powinni temu zapobiec i sprzeciwić się z całą stanowczością", jak dyktuje „całe prawo pisane i naturalne". „Życie nie będzie miało wartości", jeżeli zezwolimy tyranowi na „odebranie nam naszych praw i swobód"[25].

Kolejny autor poświęcał więcej uwagi obronie wolności praktykowania religii aniżeli obronie wolności samego tylko sumienia, którą chronił pokój w Gandawie. Posługując się argumentami do dziś zachowującymi aktualność, przekonywał, że prawdziwa wolność religijna wymaga swobody kultu, wypowiedzi, zrzeszania się i nauczania. Wolność sumienia bez wolności praktykowania jego wskazań jest iluzją.

Wiem, że obiecują oni wolność sumienia, zastrzegając jednocześnie, że nie będzie publicznego kultu oraz że od prawa tego nie będzie wyjątków, lecz to oznacza że zastawiają pułapkę, aby nas usidlić. Wszak dobrze wiadomo, że sumienie w umysłach ludzkich zawsze pozostaje wolne i inny człowiek nie ma do niego

[24] *A True Warning to All Worthy Men of Antwerp* (1581), w: E.H. Kossman, A. Mellink, *Texts Concerning the Revolt*, s. 228–229.

[25] F. Coornhert, *A Short Instruction ... that is Lawful to Resist a King or Lord of the Country* (28 marca 1586), w: E.H. Kossman, A. Mellink, *Texts Concerning the Revolt*, s. 267–269. Zob. podobne poglądy w: F. Vranck, *A Short Exposition of the Rights Exercised by the Knights, Nobles, and Towns of Holland and West Friesland from Time Immemorial for the Maintenance of the Freedoms, Rights, Privileges and Laudable Customs of the Country* (1587), w: tamże, s. 274–281.

wglądu, a tym bardziej nie może go kontrolować. I rzeczywiście, nikt jeszcze nie był pozbawiony życia lub prześladowany jedynie na podstawie swoich przekonań, lecz zawsze na skutek popełnienia określonego publicznego czynu lub demonstracji, bądź na skutek użycia słów uważanych za przestępstwo, bądź z powodu czynów określonych jako praktykowanie religii. Nie ma różnicy między tzw. wolnością sumienia bez możliwości publicznych praktyk religijnych a dawną surowością edyktów i hiszpańskiej inkwizycji [...].

Jak można przyznać wolność sumienia bez możliwości praktykowania religii? Jakie następstwa wynikają dla tych, którzy pragną cieszyć się dobrodziejstwem tej wolności? Jeżeli nie mogą oni organizować żadnych ceremonii i wzywać Boga na świadka pobożności i czci, którą Mu oddają, w istocie pozbawieni są jakiejkolwiek religii i bojaźni Boga [...]. Nie wspomnę już o sytuacji, gdy nikomu nie wolno wypowiadać swoich myśli; ktokolwiek zaś wypowie jakieś niekorzystne słowo na temat dostojeństwa stanu duchownego lub religii rzymskiej, oskarżony będzie o czyn skandaliczny lub o obrazę majestatu ludzkiego i boskiego. A jest to dopiero początek. Bowiem władza posunie się dalej, dokonując rewizji książek, szaf, schowków, praktykując podsłuchiwanie rozmów prywatnych, ojciec nie będzie mógł nauczać swoich dzieci, jak zwracać się do Boga, a także nie wolno nam będzie używać języka ojczystego w naszych modlitwach. Wkrótce, jak już wspomniałem, zajdzie potrzeba, aby wszędzie przywrócić edykty i inkwizycję w ich pełnej surowości[26].

Pod koniec XVII wieku apologeci związani z powstaniem w Niderlandach zaczęli ustępować miejsca architektom młodej Republiki. Tylko nieliczne nazwiska tych wybitnych budowniczych znane są dzisiaj poza kręgiem holenderskich specjalistów. Należą do nich liczni wielcy myśliciele w dziedzinie prawa i polityki z końca XVI i z XVII wieku, których pisma cieszyły się popularnością już w czasach im współczesnych i stanowiły przełom w rozwoju nowych ważnych idei i systemu prawa niderlandzkiego, polityki i społeczeństwa. Dość wspomnieć takie nazwiska jak: C.P. Hooft, Hugo Grotius, Peter Bertius, Paul Buis, Daniel Berckringer, Gisbertus Voetius, Paulus Voetius, Johannes Voetius, William Apollonius, Jacob Triglandus, Antonius Walaeus, Johannes Althusius, William McDowell, Martinus Schookius, R.H.Schele, Lambert van Velthuyzen, Arnold Vinnius, Simon van der Made, Simon van Leeuwen, Antonius Matthaeus I, II i III, Ulrich Huber, Johan i Peter de la Court i inni. Wielu z nich piastowało funkcje

---

[26] Marnix of St. Aldegonde?, *Discourse of a Nobleman* (1584), w: E.H. Kossman, A. Mellink, *Texts Concerning the Revolt*, s. 264–266. Zob. podobne poglądy prezentowane w: *A Brief Discourse Upon the Peace Negotiations* (1579), w: tamże, s. 182–187.

profesorów w niderlandzkich uniwersytetach w Lejdzie, Utrechcie, Groningen i Frankener. Zbiory ich pism wypełniają wiele półek bibliotecznych i nadal uważane są za podstawowe teksty źródłowe nowożytnego prawa rzymsko-niderlandzkiego[27].

Jednym z pierwszych i najbardziej oryginalnych myślicieli z tego grona był znakomity prawnik pochodzenia niemieckiego, Johannes Althusius (1557–1638). Jego dzieło nie tylko przyczyniło się do zintegrowania współczesnych mu niderlandzkich nauk prawnych, politycznych i społecznych w jedną całość; przysłużyło się ono także opracowaniu rodzącej się kalwińskiej teorii prawa naturalnego, suwerenności ludu oraz praw i wolności osób i stowarzyszeń. Co prawda nie reprezentował on zapewne każdego ze współczesnych niderlandzkich kalwinistów ani tym bardziej każdego Holendra, jednak dogłębne i wnikliwe dzieła Althusiusa wywarły ważny i trwały wpływ na rozwój myśli holenderskiej i kalwińskiej. W tej pracy pragnę przedstawić go jako czołowego myśliciela nowej reformacji praw.

Dzieło Johannesa Althusiusa

Johannes Althusius zyskał opinię „najbardziej wszechstronnego i twórczego myśliciela w dziedzinie wiedzy politycznej i nauk prawnych, jakiego zrodził kalwinizm"[28]. Studiował prawo, teologię, filozofię i nauki klasyczne

---

[27] Zob. m.in. E.H. Kossman, *Political Thought in the Dutch Republic. Three Studies*, Amsterdam 2000, s. 25–84; P. van Heijsbergen, *Geschiedenis der Rechtswetenschap in Nederland*, Amsterdam 1925, s. 35–119; J. Wessels, *History of Roman Dutch Law*, Cape Town 1908, s. 294–354; D. Nobbs, *Theocracy and Toleration. A Study of the Disputes in Dutch Calvinism from 1600–1650*, Cambridge 1938.

[28] C.J. Friedrich, *Introductory Remarks*, w: J. Althusius, *Politica methodice digesta atque exemplis sacris & profanis illustrata*, wyd. 3, Herborn 1614, wzn. jako *Politica Methodice Digesta of Johannes Althusius (Althaus)*, red. C.J. Friedrich, Cambridge 1932, s. xviii. Na temat pism i popularności Althusiusa zob.: H. Scupin i in. (red.), *Althusius-Bibliographie. Bibliographie zur politischen Ideengeschichte und Staatslehre, zum Staatsrecht und zur Verfassungsgeschichte des 16. bis 18. Jahrhundert*, Berlin 1973; uzupełnione w: D. Wyduckel, *Einleitung, Literaturverzeichnis*, w: J. Althusius, *Politik*, tłum. H. Janssen, red. D. Wyduckel, Berlin 2003, s. vii–xxxii. Pośród wielu studiów na ten temat zob.: C.J. Friedrich, *Introductory Remarks*, s. xv–xcix; F.S. Carney, *Translator's Introduction*, w: *Politica Johannes Althusius*, red. i tłum. F.S. Carney, Indianapolis 1995, s. ix–lxxxiii; T.O. Hueglin, *Early Modern Concepts for a Late Modern World. Althusius on Community and Federalism*, Waterloo 1999; O. von Gierke, *The Development of Political Theory*, tłum. B. Freyd, New York 1966; K.-W. Dahm, W. Krawietz, D. Wyduckdel (red.), *Politische Theorie des Johannes Althusius*, Berlin 1988; *Jurisprudenz,*

na uniwersytetach w Kolonii, Genewie, Heidelbergu i Bazylei, współpracując okresowo z tak szanowanymi kalwinistami jak François Hotman i Denis Godefroy. Stopień doktora w dziedzinie prawa kanonicznego i prawa cywilnego (*doctor juris utriusque*) uzyskał na uniwersytecie w Bazylei. W 1586 roku objął funkcję wykładowcy prawa rzymskiego i filozofii w Akademii w Herborn, nowo utworzonym kolegium kalwińskim założonym przez brata księcia Wilhelma I Orańskiego, które przyciągało zdolnych uczonych i studentów z całej Europy. Jednym z jego nowych towarzyszy w Herborn był Caspar Olevianus, współautor *Katechizmu heidelberskiego* (1568), dzieła będącego kamieniem węgielnym wyznania kalwińskiego. Althusius jako prawnik uczestniczył w pracach lokalnych sądów, a nierzadko powoływany bywał do bronienia interesów akademii w przypadkach naruszania jej praw przez miejscową arystokrację i urzędników. Doświadczenia te wzbogacały jego trwające przez całe życie zainteresowania zagadnieniem definiowania i obrony praw stowarzyszeń prywatnych. W 1594 roku Althusius otrzymał awans na stanowisko profesora prawa w Herborn, a następnie dwukrotnie, w 1597 i 1602 roku, piastował urząd rektora Akademii. Późniejsze lata pracy nacechowane były powtarzającymi się wewnętrznymi sporami. Dla nas szczególnie godne uwagi są debaty toczone przez Althusiusa z członkami Akademii na temat nowoczesnego zastosowania prawa biblijnego, któremu poświęcał wiele miejsca w swoich późniejszych pismach.

W 1604 roku Althusius przeniósł się do Emden, ważnego miasta portowego we wschodniej Fryzji, niedaleko granicy ze Świętym Cesarstwem Rzymskim i niedawno zjednoczonymi Niderlandami. Emden było ważnym ośrodkiem kalwińskich uchodźców z całej Europy oraz centrum życia intelektualnego i misyjnego rozprzestrzeniającego się kalwinizmu. Althusius objął stanowisko miejskiego radcy prawnego (*Stadtsyndicus*) i w pełni zaangażował się w liczne miejskie przedsięwzięcia prawne, handlowe i dyplomatyczne[29]. Odegrał on zasadniczą rolę, udzielając pomocy miastu Emden w jego walce o uzyskanie większej niezależności od miejscowych władców terytorialnych i arystokracji, poprzez dzieło, które wsławiło go jako miejscowego

---

Politische Theorie; E. Wolf, *Grosse Rechtsdenker der deutschen Geistesgeschichte*, wyd. 4, Tübingen 1963, s. 177–219; C. Strohm, *Recht und Jurisprudenz im reformierten Protestantismus 1550–1650*, „ZSS (KA)" 2006 (123), s. 453–493.

[29] Zob. np. *Recess vnd Accord-buch, das ist, Zusamen Verfassung aller Ordnung[en], Decreten, Recessen, Accorden, und Verträgen, so zwischen ... Herrn Edtzarden vnd Herrn Johan ... Herrn vnd Graffen zu Ostfrieszlandt* (Emden, 1612, 1656).

bohatera[30]. Mimo kontynuowania działalności wykładowcy nie piastował on w późniejszym okresie oficjalnej funkcji uniwersyteckiej, a także nie przyjął intratnych profesur w Lejdzie i Frankener. W 1617 roku Althusiusa wybrano do rady starszych w kościele reformowanym w Emden. Pracował również w lokalnym konsystorzu, orzekając w sprawach dotyczących zagadnień duchowych, moralnych i rodzinnych, podobnie jak dawniej czynili to Kalwin i de Bèze w Konsystorzu genewskim[31].

W czasach Althusiusa ceniono tego rodzaju wkład w działalność Kościoła i państwa, lecz trwalszym wkładem w kalwińską tradycję prawa, religii i praw człowieka okazały się jego pisma. Choć pozostawił po sobie mnóstwo prac[32], jego najwybitniejszym osiągnięciem jest trylogia poświęcona etyce, polityce i prawu. W dwutomowym dziele pt. *Civilis conversationis libri duo* z 1601 roku (poszerzone w 1611 roku) opracował system „nawyków i technik etycznych" w „przemawianiu i słuchaniu", „głoszeniu i ciszy", pomyślanych jako przewodnik retoryki, dialogu i perswazji w różnych instytucjach społecznych, a zwłaszcza kościelnych i państwowych[33]. W obszernej *Polityce* z 1603 roku (wydanie poprawione w 1610 i ponownie w 1614 roku) wyłożył podstawy całościowej teorii porządku społecznego, politycznego i prawnego oraz form i norm suwerenności, władzy i wolności obowiązujących w każdej z tych sfer[34]. Trzytomowe dzieło pt. *Teoria sprawiedliwości* (1617) zawiera z kolei

---

[30] Zob. np. wczesny pamflet, napisany zapewne przez Althusiusa wspólnie z jego przyjacielem Ubbo Emminusem, zatytułowany *Vindicae juris populi contra usurpationem iniquam Comitis usque ad annum 1608*, w którym protestuje przeciw oszustwom wyborczym. Nie znalazłem kopii tego traktatu i mój opis opiera się na pracy Friedricha, *Introductory Remarks*, s. xxii.

[31] H. Antholz, *Die politische Wirksamkeit des Johannes Althusius in Emden*, Aurich 1955.

[32] Zob. zwł. jego *Jurisprudentiae Romanae libri duo ad leges methodi Rameae conformati et tabellis illustrati*, Basel 1586, dzieło zawierające dialektyczny opis prawa cywilnego oraz bardziej formalne pisma prawne w *Centuria conclusionum de pignoribus et hypothecis* (Herborn, 1591); *Assertiones juridicae* (Herborn 1604); *De injuriis et famosis libellis* (Basel 1601); *Theses miscellaneae* (Herborn 1604); *Tractatus tres de poenis, de rebus fungibilibus ac de jure retentionis* (Kassel 1611); oraz późniejsza kolekcja tekstów zaczerpniętych z *Jo. Althusius aphorismi universi juris civilis vel repertorium* (Basel 1630).

[33] *Civ. conv.*

[34] *Pol.* Zob. skrócone tłum. ang. w: *Politica Johannes Althusius*, red. i tłum. F.S. Carney; niem. fragmenty z wyd. z 1603 roku w: E. Wolf (red.), *Quellenbuch zur Geschichte der deutschen Rechtswissenschaft*, Frankfurt a. Mein 1949, s. 102–144; skrócony niemieckojęzyczny tekst w edycji z 1614 roku w: J. Althusius, *Politik*, red. D. Wyduckel; oraz łac. i ang. wersja przedmowy do wydania z 1610 roku w: J. Christian Laursen (red.), *New Essays on the Political Thought of the Huguenots of the Refuge*, Leiden 1995, s. 193–201. Opierałem się na wydaniu Friedricha z 1614 roku, odwołania do innych wersji zaznaczam przypisem. Zastosowałem tłum. ang. F.S. Carney w *Pol.*

podstawy rozwiniętej teorii prawa i sprawiedliwości, a zwłaszcza praw i wolności osób prywatnych oraz tworzonych przez nie stowarzyszeń prywatnych i publicznych[35].

Althusius przedstawił te trzy wielkie traktaty z zakresu etyki, polityki i prawa jako „wszechstronne", „całościowe" i „uniwersalne" ujęcia każdej z dyscyplin. Traktaty były bogato ilustrowane „przykładami z życia religijnego i świeckiego". W każdym z nich Althusius posługiwał się metodą dialektyczną francuskiego logika kalwińskiego Petera Ramusa. Stosując się do jej wskazań, definiował pierwsze zasady każdej z trzech dyscyplin, a następnie wydzielał z nich wskazówki i praktyki uporządkowane w seriach szczegółowych przeciwstawień[36]. Każdy z traktatów wykorzystywał setki rozmaitych źródeł naukowych, czerpiąc z dzieł starożytnych Greków i Rzymian, z pism apostolskich i patrystycznych, z dzieł teologów średniowiecznych, filozofów, cywilistów, kanonistów, prawników protestanckich, współczesnych katolickich i protestanckich pisarzy politycznych o różnych poglądach oraz z wielu zbiorów prawa prywatnego, cesarskiego, feudalnego i miejskiego. Dla naszych rozważań jest rzeczą istotną, że Althusius opierał się na pracach rozmaitych pisarzy reformacji. Poglądy takich autorów jak Jan Kalwin, Teodor de Bèze, Martin Bucer, Heinrich Bullinger, Lambert Daneau, Hugo Donellus, Denis Godefroy, François Hotman, Francis Junius, William Perkins, Jerome Zanchius były przez niego często cytowane i komentowane. Powoływał się też na dzieła współczesnych sobie pisarzy katolickich, takich jak Jean Bodin, Peter Gregory Tolosanus, Fernando Vázquez i innych uczonych zgromadzonych wokół neoscholastycznej szkoły w Salamance[37]. Charakterystyczne dla Althusiusa było także oparcie się na Biblii, którą jako dobry kalwinista często cytował dla wsparcia swych argumentów[38]. Duże znaczenie miało także częste powoływanie się

[35] *Dic.*

[36] Zob. w szczególności analityczne tabele Althusiusa umieszczone we wstępie każdego z jego głównych tomów i często we wstępie każdej oddzielnej części lub księgi. Zob. też: W. Ong, *Ramus and the Decay of Dialogue. From the Art of Discourse to the Art of Reason*, Chicago 2004; i F.S. Carney, *Translator's Introduction*, w: *Pol.*, s. xii i n.

[37] Zob. lista opracowana przez D. Wyduckela w *Politik*, s. liii–lxviii, oraz we wstępie do *Dic.*, s. 3–5. Zob. też: R.M. Kingdon, *Althusius' Use of Calvinist Sources*, „Rechtstheorie" 1997 (16), s. 19; E. Reibstein, *Johannes Althusius als Fortsetzer der Schule von Salamanca*, Karlsruhe 1955. Na temat źródeł neoscholastycznych zob. *Wprowadzenie*, przyp. 23.

[38] Zob. C.J. Friedrich, *Introductory Remarks*, s. xlvii–lii; H. Janssen, *Die Bibel als Grundlage der politischen Theorie des Johannes Althusius*, Frankfurt a. Mein 1992. Althusius powoływał się również na wybrane apokryfy, co było raczej rzadko spotykane w kalwińskich kręgach tamtych czasów.

na lokalne prawa Niderlandów i doświadczenia polityczne, w tym powstanie w Niderlandach. W istocie Althusius uważany jest za twórcę „jedynej teorii powstania niderlandzkiego, jaka kiedykolwiek została napisana”[39].

Stworzona przez Althusiusa teoria oporu i buntu wobec tyranów stała się podręcznikiem kalwinizmu. Podobnie jak Kalwin, Althusius nawoływał do „umiarkowanego”, „zorganizowanego ” i „uporządkowanego” oporu wobec tyranii, bez wszczynania powszechnego powstania lub królobójstwa, które mogłyby prowadzić do anarchii. Podobnie jak de Bèze, określał on tyranów jako urzędników naruszających warunki umowy politycznej lub przymierza z Bogiem i ludem, a w szczególności prawa założycielskie Boga i natury oraz fundamentalne prawa osób i ludów. Podobnie jak większość pisarzy kalwińskiego nurtu oporu Althusius rozróżniał tyranów uzurpujących władzę od legalnych władców, którzy stali się tyranami. Uzurpatorów traktowano jak osoby prywatne, wobec których każdy obywatel mógł wyrazić swój sprzeciw w celu obrony własnych praw lub siebie samego. Inaczej przedstawiała się sprawa legalnych władców, którzy stali się tyranami i którym można było stawić opór jedynie na drodze zorganizowanego działania kierowanego przez eforów pełniących funkcje przedstawicielskie. Do nich bowiem należała władza usuwania tyranów – z zachowaniem wszelkich zasad porządku publicznego, a gdyby zaszła potrzeba – przy użyciu broni, czego „znanym przykładem” było powstanie niderlandzkie przeciwko tyranii hiszpańskiej. Eforzy, zdaniem Althusiusa, piastowali urząd „obrońców przymierza zawartego między najwyższym urzędnikiem a ludem”. Powołani byli do „ustanawiania prawa lub Boga jako [prawdziwego] pana i władcy” wspólnoty oraz do obrony „praw ludu” i „praw całego narodu” przed pojedynczymi i wszelkimi tyranami. Bowiem „lud nie przekazał tych praw w ręce najwyższej władzy, lecz zachował je dla siebie samego”, a „eforom powierzył opiekę nad tymi prawami i obronę przed gwałcicielami, burzycielami i grabieżcami, nawet gdyby byli nimi najwyżsi urzędnicy”[40].

---

[39] E.H. Kossman, *The Development of Political Theory in the Seventeenth Century*, w: J.S. Bromley, E.H. Kossman (red.), *Britain and the Netherlands*, The Hague 1971, s. 92–93. Zob. też: T.O. Hueglin, *Early Modern Concepts*, s. 25 i n.; O. Moorman van Kappen, *Die Niederlande in der „Politica" des Johannes Althusius*, w: W. Krawietz, D. Wyduckdel (red.), *Politische Theorie des Johannes Althusius*, Berlin 1988, s. 123–146.

[40] *Pol.* XVIII, s. 48–55, 73–102; *Pol.* XXXVIII, s. 1–123; *Dic.* I 113; *Civ. conv.* I.7–9, II.1. Zob. też, s. 232–235, oraz P.J. Winters, *Das Widerstandrecht bei Althusius*, w: W. Krawietz, D. Wyduckdel, *Politische Theorie des Johannes Althusius*, s. 543–556; P. Carvajal Aravena, *Human Rights in Althusius' Political Theory. The Right of Resistance*, w: *Jurisprudenz, Politische Theorie*, s. 227–242.

Teoria oporu stanowiła jednak tylko niewielką część dzieła Althusiusa – w dodatku dołączoną w późniejszym okresie. Althusius dokonał systematycznej analizy tyranii i oporu w wydaniu *Polityki* z 1614 roku, a także nieco szerzej w *Teorii sprawiedliwości* z 1617 roku. Jego opracowanie stanowiło w dużej mierze kompilację powszechnie przyjmowanych poglądów kalwińskich pochodzących z rozmaitych źródeł, w tym z bogatej twórczości broszurowej zrodzonej w okresie powstania w Niderlandach. Zainteresowania Althusiusa koncentrowały się jednak na połączeniu tych poglądów na temat prawa oporu w szerszą teorię praw i wolności, ładu i porządku, społeczeństwa i polityki, co ułatwiłoby zdefiniowanie tyranii, jej zidentyfikowanie oraz sprzeciw wobec niej. Jego dzieło było nie tylko apologią powstania w Niderlandach, lecz zawierało także przepis na sprawiedliwe społeczeństwo; nie tylko podkreślano w nim prawo do oporu, lecz także uzasadniano jego obowiązywanie jako prawa obywateli i całego ludu. Podobnie jak John Locke i John Adams, którzy pisali w kontekście rewolucji angielskiej i amerykańskiej, także Althusius uznał powstanie w Niderlandach za dogodną sposobność do zbadania założeń i podstaw prawa, polityki i społeczeństwa. Dzieła jego przeznaczone były nie tylko dla współczesnych czytelników, lecz także dla potomności. Dzięki płodnej i wydajnej pracy nad odkrywaniem i łączeniem treści rozmaitych źródeł żydowskich, greckich, rzymskich i chrześcijańskich starał się stworzyć „ogólną" i „uniwersalną" teorię, która byłaby przyjęta nie tylko przez kalwińskich myślicieli i rodaków, lecz przez każdego w świecie chrześcijańskim, kto poważnie podchodził do wiary, porządku, autorytetu i wolności.

Althusius zaproponował: (1) „teorię dowodzenia" prawa naturalnego, która koncentrowała się na zbieżnościach między chrześcijańskim i klasycznym, biblijnym i racjonalnym nauczaniem na temat prawa i władzy[41] i (2) „teorię

[41] Fragment zapożyczony od Mikołaja Hemminga, duńskiego pisarza protestanckiego, którego prace obejmowały zagadnienia dotyczące prawa luterańskiego i kalwińskiego. Piszący w latach późniejszych XVI wieku Hemming, opracował to, co nazwał „demonstratywną metodą prawa naturalnego", która miała na celu wykazać naturalną uniwersalność i wyższość Dekalogu jako źródła i podsumowania prawa naturalnego. Autor przytaczał setki starożytnych greckich i rzymskich fragmentów, które uważał za zgodne z konwencjonalną protestancką interpretacją przykazań. Zob. zwł. N. Hemming, *De lege naturae apodicta methodus*, Wittenberg 1563, oraz pozycje piśmiennicze wyszczególnione w J. Witte, *Law and Protestantism*, s. 139–140. Althusius cytował Hemminga oszczędnie, ale wydawał się zainspirowany przez jego metodologię. Był to rodzaj metody stosowanej także przez kalwińskiego prawnika Hugona Donnellusa i kalwińskiego teologa Jeromego Zanchiusa, którzy mieli znaczny wpływ na Althusiusa. Na temat tych dwóch postaci zob. kolejno: Ch. Strohm, *Althusius' Rechtslehre im Kontext des reformierten Protestantismus*, w: F.S. Cerney, H. Schilling, D. Wyduckel (red.), *Juriprudenz, Politische Theorie*, s. 71–102; S.J. Grabill, *Rediscovering the Natural Law*, s. 132–148.

symbiozy natury ludzkiej", która koncentrowała się na naturalnym i koniecznym powiązaniu człowieka z Bogiem, z drugim człowiekiem i ze społeczeństwem[42]. Jego teoria praw stanowiła część, a zarazem rezultat przyjmowanych przez niego ram prawnych i socjologicznych. W *Polityce* Althusius poświęcił uwagę „suwerennym prawom ludu", które nazywał „ożywczym duchem, duszą, sercem i życiem" każdej wspólnoty opartej na prawie. „Prawa suwerenności" należą bowiem w pełni i „niezbywalnie" do „ludu jako całości", chociaż „nadzór i zarządzanie" tymi prawami powierzone zostały urzędowi politycznemu w akcie umowy. W *Teorii sprawiedliwości* Althusius poświęcił wiele uwagi „prawom jednostek", a w szczególności „prawom wynikającym ze źródeł suwerenności". Zaliczył do nich prawa odnoszące się do sumienia i umysłu, życia i ciała, własności i umowy, procedury i postępowania dowodowego[43]. Krótko mówiąc, *Polityka* Althusiusa dotyczyła głównie praw ludu, jego *Teoria sprawiedliwości* zaś głównie praw jednostki[44].

Prawo naturalne, prawo powszechne i prawo pozytywne

Opracowując teorię prawa, Althusius podjął się próby wykazania trwałej zgodności między nauczaniem biblijnym i wiedzą racjonalną oraz chrześcijańskim i klasycznym nauczaniem na temat natury i celu prawa. Jego dojrzała teoria prawa skutecznie objęła idee dotyczące hierarchii prawa przyjmowane przez współczesnych mu znawców prawa i teologów, zarówno z kręgów katolickich, jak i protestanckich. Teoretycy prawa cywilnego i prawa kanonicznego wyróżniali trzy główne typy prawa: (1) prawo naturalne lub prawo natury (*ius naturale*, *lex naturale*), zawierające niezmienne zasady rozumu i sumienia

[42] Na temat tego terminu zob. zwł.: T.O. Hueglin, *Early Modern Concepts*, s. 85–108; D. Wyduckel, *Wstęp*, w: J. Althusius, *Politik*, s. xviii i n.

[43] Zob. zwł. *Pol.*, Wstęp (wyd. 1610, 1614); *Dic.* I.25–26.

[44] To rozróżnienie między prawami osób jako jednostek i prawami narodu jako całości reprezentowanymi przez ich przedstawicieli nie było całkowicie jasne w pracach Althusiusa, w szczególności podczas omawiania przez niego pojęcia „suwerenności ludu". Większość badaczy skupiła się na *Polityce* Athusiusa, w której podkreśla on prawa ludu, i stwierdzili oni, że Althusius nie prezentował teorii subiektywnych praw osoby. Zob. teksty źródłowe i dyskusję w: E.H. Kossman, *Popular Sovereignty at the Beginning of the Dutch Ancien Regime*, „The Low Countries History Yearbook" 1981 (14), s. 1–28; E.H. Kossman, *Development of Dutch Political Theory*, s. 92–93. Jednakże Althusius poruszył temat subiektywnych praw osoby w swojej *Polityce* i analizował te prawa obszerniej w *Teorii sprawiedliwości*.

jako najwyższe zasady władzy ludzkiej i boskiej; (2) prawo narodów lub prawo powszechne (*ius gentium, ius commune, lex communis*) obejmujące zasady i procedury prawne, które są wspólne dla wielu wspólnot politycznych oraz często stanowią podstawę umów i konwencji dyplomatycznych; oraz (3) prawo cywilne lub prawo pozytywne (*ius civile, ius positivum*) obejmujące statuty, zwyczaje i prawo sądowe poszczególnych stanów, kościołów, dóbr lennych, majątków oraz innych lokalnych wspólnot politycznych[45]. Odrębnego podziału na trzy główne typy prawa biblijnego dokonywali teolodzy i moraliści, którzy wyróżniali: (1) prawo moralne (*lex moralis*) oparte na trwałej moralności określonej w Dekalogu i Nowym Testamencie; (2) normy prawne i sądowe (*lex juridicales, ius forensi*) obejmujące reguły i procedury, za pomocą których starożytni Izraelici i chrześcijanie w czasach apostolskich kierowali społecznościami religijnymi i świeckimi oraz (3) prawo dotyczące kultu (*lex ceremonialis*), obejmujące mojżeszowe prawa odnoszące się do pokarmów, ofiar rytualnych, kapłaństwa i tym podobne reguły religijne starożytnych Izraelitów. Niektórzy teolodzy dopatrywali się podobieństw między tymi trzema typami prawa biblijnego a trzema działami współczesnego prawa Kościoła katolickiego i protestanckiego, które regulowały odpowiednio zasady doktryny i moralności, organizacji wspólnoty i dóbr kościelnych, a także różne dyskrecjonalne aspekty (adiafora) lokalnego życia kościelnego[46].

We wczesnych pismach, a zwłaszcza w zasługującym na uwagę *Jurisprudentiae Romanae* z 1586 roku, Althusius odwoływał się do tradycyjnej hierarchizacji prawa. Jednakże w późniejszych pracach, a zwłaszcza w *Teorii sprawiedliwości* z 1617 roku, połączył tradycyjne rozróżnienia prawnicze w dwa główne typy prawa: prawo naturalne i prawo pozytywne. Podporządkował także większość tradycyjnie wyróżnianych działów prawa pod te dwie kategorie. Uznał biblijne prawo moralne i powszechne prawo ludów za dwie widzialne formy tego samego niewidzialnego prawa naturalnego, ukrytego w umyśle i sumieniu każdego człowieka. Prawa starożytnego Izraela i prawa współczesnych kościołów uważał za dwie odmiany prawa pozytywnego, nieodbiegające istotnie od prawa pozytywnego państw starożytnych i nowożytnych. Współczesna moc obowiązująca tych praw pozytywnych polegać miała na ich zgodności z prawem naturalnym. Ich przydatność we współczesnym

[45] *Dic.* 1.13.6, 10. Zob. jego wcześniejsze wypowiedzi w J. Althusius, *Jurisprudentiae Romanae*, rozdz. I.

[46] *Pol.* XXI.35–40; *Pol.* XXII.1–12. Zob. też *Pol.*, Wstęp (wyd. 1603, 1610, 1614), odnoszący się do dyskusji Althusiusa o relacji między dyscyplinami teologii, prawa, etyki i politologii.

państwie miała z kolei opierać się na zgodności z prawem fundamentalnym (*lex fundamentalis*) wspólnoty[47].

Althusius uważał prawo naturalne za wyraz „woli Bożej wobec człowieka". Bóg „zapisał to prawo" w sercach, duszach, umysłach i sumieniach wszystkich ludzi, zgodnie ze sformułowaniem w Liście do Rzymian (2, 15) oraz z rozmaitymi przekazami biblijnymi i klasycznymi. Każdy człowiek dzięki swojej naturze posiada wrodzone „idee (*notitiae*) lub skłonności (*inclinationes*) dotyczące prawa naturalnego". Niektóre z tych „naturalnych skłonności" są wspólne ludziom i zwierzętom. Podobnie jak zwierzęta ludzie ze swej natury są skłonni do „obrony własnego życia i do zabiegania o środki niezbędne do jego zachowania". Są skłonni do obrony własnej w obliczu przemocy i siły wyższej (*force majeure*). Mają skłonność do sprzymierzania się z innymi oraz do gromadzenia się wokół naturalnych przywódców w celu udzielania im wsparcia w samoobronie. Zdolni są do „prokreacji w związku między mężczyzną a kobietą oraz do edukowania swoich naturalnych potomków". Cechuje ich także skłonność do troski o siebie i bliskich w chorobie lub cierpieniu. Ochrona życia, samoobrona i zachowanie ciągłości życia stanowią „naturalne skłonności" ludzi i zwierząt, o czym naucza prawo naturalne[48].

Prawo naturalne wskazuje ludziom również idee wyższe, które odwołują się już wyłącznie do ludzkiego rozumu i sumienia. Dzięki nim „człowiek rozumie, na czym polega sprawiedliwość, a naturalny ukryty instynkt mówi mu, że należy być sprawiedliwym i unikać tego, co niesprawiedliwe". Poprzez prawo naturalne Bóg nakazuje wszystkim ludziom, by prowadzili życie pobożne i święte, prawe i sprawiedliwe". Uczy ich naturalnych „obowiązków miłości, którą należy okazywać Bogu i bliźniemu". Ustanawia podstawowe „reguły życia, posłuszeństwa i sprawowania rządów", do których muszą się stosować wszyscy obywatele i stowarzyszenia. Wskazuje „powszechne zasady sprawiedliwości i słuszności, zła i grzechu", które powinny być znane każdemu człowiekowi, aby sam mógł żyć, oraz aby inni ludzie mogli żyć razem z nim. Uczy „działań i zaniechań właściwych dla zachowania dobra publicznego w społeczności ludzkiej", a także dla dobra prywatnego domu i rodziny. W podsumowaniu stanowiska wobec prawa naturalnego Althusius wyraża pogląd, że Bóg:

---

[47] Na temat jego interpretacji prawa fundamentalnego zob. s. 220–222.

[48] *Dic.* I.13.10–18; *Pol.* I.32–39; *Pol.* IX.21; *Pol.* XVIII.22; *Pol.* XXI.16–19; *Pol.* XXXVIII.37.

poucza i wypisuje w ludzkich sercach powszechne zasady dobroci, słuszności, zła i grzechu, a także poucza, zachęca i pobudza wszystkich ludzi do dobrych czynów i do unikania zła. W podobny sposób potępia w sumieniu tych, którzy te sprawy lekceważą, a wybacza tym, którzy się do nich stosują. W ten sposób prowadzi ich ku dobru i chroni przed złem. Jeżeli postępują drogą dobra, wybacza im. Jeżeli zaś nie postępują tą drogą – potępia[49].

Althusius zauważa, że prawo naturalne występuje w tradycji klasycznej i chrześcijańskiej pod wieloma nazwami – m.in. jako prawo Boże, prawo moralne, prawo naturalne, sprawiedliwość naturalna, naturalna słuszność, prawo sumienia, prawo rozumu lub prawo prawego rozumu, prawo wewnętrzne człowieka, prawo niezmienne, prawo najwyższe, prawo powszechne. Althusius nie przywiązywał większej wagi do tych określeń, zwykle traktował je jako synonimy i korzystał z nich zamiennie[50].

Zagadnieniem ważniejszym, a zarazem trudniejszym było poznanie norm, o których uczy prawo naturalne. Althusius znał tradycyjną formułę średniowiecznych scholastyków i neoscholastyków jego czasów, zgodnie z którą prawo naturalne daje wszystkim ludziom wewnętrzną i naturalną wiedzę (*synderesis*) o tym, co jest dobre, a co jest złe; że za pomocą rozumu ludzie mogą pojąć normy prawa naturalnego, a kierując się sumieniem, mogą nauczyć się, jak we właściwy sposób stosować te normy w konkretnych sytuacjach. Althusius wiedział jednak również, że w toku historii prawo naturalne w poszczególnych społecznościach i wśród osób indywidualnych było przedmiotem rozmaitych określeń i praktyk. Nawet we współczesnym chrześcijańskim społeczeństwie ludzie posiadają „na ten temat różny stopień wiedzy [naturalnej] i skłonności. Nie we wszystkich ludzkich sercach prawo to jest jednakowo zapisane. Poznanie tej wiedzy dane jest zgodnie z wolą i osądem Bożym – niektórym w obfitości, innym zaś tylko w niewielkim stopniu". Obserwacje te prowadzą go do pytania o możliwość poznania „istoty norm prawa, które zaszczepione są przez samą naturę w naszych sercach". W jaki sposób możemy mieć całkowitą pewność, że jako członkowie wspólnot lub jako ich przywódcy „postrzegamy prawdziwie" treść prawa naturalnego? W jaki

---

[49] *Dic.* I.13.1, 14–15; *Pol.* XXX.16, 19–20.

[50] *Dic.* I.13.13–18; *Dic.* I.14; *Pol.* XXI.1–20. W swojej *Jurisprudentiae Romanae* z 1586 roku, rozdz. 1, Althusius wyraźniej rozróżnił te kategorie, odnosząc je do konwencjonalnego prawodawstwa rzymskiego, lecz w *Polityce* z 1617 roku i w *Teorii sprawiedliwości* z 1614 roku nie poświęcał już temu tematowi wiekszej uwagi.

sposób możemy być pewni, która z osobistych lub wspólnotowych interpretacji prawa naturalnego jest lepsza niż pozostałe? Człowiek jest istotą omylną, odczytującą prawo naturalne zaledwie w sposób „pośredni", „zależnie od okoliczności", „poprzez przyciemnione szkło", „z migotliwych cieni", jakie rysuje odległy promień światła. Wspólnoty znacznie różnią się co do „zwyczajów, charakterów, postaw, sposobów widzenia świata", na które mają wpływ „wiek, stanowisko, okoliczności i wykształcenie" ich członków. Uniwersalny spisany kodeks prawa naturalnego nie istnieje. Jak zatem możemy być pewni norm i treści praw naturalnego?[51]

Althusius uważał, że normy prawa naturalnego można poznać dzięki pogłębionym studiom nad Biblią i tradycją oraz objawieniem i rozumem. Wiemy, że Bóg dał nam pełniejsze objawienie swojego prawa w Biblii, a w szczególności w Dekalogu oraz w nauczaniu moralnym Mojżesza i proroków, Chrystusa i św. Pawła. Nie może ono jednak stanowić nowej formy prawa naturalnego, ponieważ Bóg nie zaprzeczyłby prawu naturalnemu raz już objawionemu i poznawalnemu w naszej ludzkiej naturze. Moralne prawo biblijne jest raczej doskonalszym potwierdzeniem i rozwinięciem idei prawa naturalnego i skłonności wpisanych w serca i umysły wszystkich ludzi, zarówno wierzących, jak i niewierzących. Przez Mojżesza Bóg wyrył ponownie w kamieniu to, co było już dawniej zapisane w naszych sercach. W osobie Chrystusa Bóg ponownie zapisał prawo przez wypełnienie swoich nakazów i obietnic oraz przez nauczanie o tym, jak w prawie tym rozpoznać „rzeczy ważniejsze". Althusius podkreśla, że biblijne prawo moralne sformułowane jest wyraźniej i stawia wyższe cele niż jakakolwiek inna postać prawa naturalnego. Dostarcza ono pewniejszej wiedzy na temat woli Bożej w naszym życiu. Przygotowuje ono drogę zbawienia dla tych, którzy chcą być wierni wobec jego litery i dla tych, którzy chcą żyć jego duchem. Jednakże moralne prawo Biblii jedynie staranniej powtarza treść prawa naturalnego, która jest ukryta w sercach wszystkich ludzi[52].

Bóg i Pismo święte dokonują ponownego sformułowania prawa naturalnego, by umożliwić poznanie go przez wierzących, natomiast to samo zadanie realizowane jest w odniesieniu do niewierzących za pośrednictwem rozumu i doświadczenia. Althusius twierdził, iż w każdej znaczącej cywilizacji pojawiają się oświeceni przywódcy i urzędnicy, korzystający z rozumu naturalnego w celu

[51] *Dic.* I.6.4–6, 26; *Dic.* I.13.16–18; *Pol.* XXI.20–21; *Pol.* XXIII.1–20.

[52] *Pol.* VII.7–12; *Pol.* X.3–12; *Pol.* XVIII.32–44; *Pol.* XXI.22–29.

przełożenia poznawalnych zasad ogólnych prawa naturalnego na szczegółowe prawo pozytywne (*leges positivum*, *leges propriae*) w swoich wspólnotach. Przywódcy tacy w sposób nieunikniony dopasowywują te prawa pozytywne do „zwyczajów, natury, potrzeb, postaw, warunków i innch szczególnych okoliczności", charakterystycznych dla danego ludu. Z upływem czasu i rozwojem kultur, wraz z doprecyzowaniem ich lokalnych praw, doszło do powstania wielu odmian prawa pozytywnego. Oświeceni przywódcy uwzględniali jednak w regulacjach pozytywnych dostępne ich poznaniu normy prawa naturalnego, przekonani o ich słuszności i użyteczności. W ten sposób powstały prawa o treści wspólnej dla wielu ludów i społeczności, również tych, które nie utrzymują ze sobą żadnych powiązań. W każdej większej cywilizacji rozwinęły się, zdaniem Althusiusa, porównywalne zespoły norm regulujących sprawowanie kultu religijnego i obrzędów, ochrony małżeństwa i rodziny, zachowania posłuszeństwa wobec autorytetu władzy i uszanowania tradycji, ochrony życia ludzkiego, własności, dobrego imienia, troski o krewnych, wdowy, sieroty i ubogich, umiaru w sposobie wyrażania się wobec innych, składania prawdziwego świadectwa, przestrzegania obietnic, umów i porozumień, dochodzenia należności i karania sprawców zła, sposobu prowadzenia wojen i odpierania napaści, oddawania każdemu i wszystkim tego, co należne. Althusius dowodził, że te powszechne prawa, rozbudowywane na przestrzeni wieków i kultur niezależnie przez różne ludy i społeczności, powinno się uznać za „widzialny wyraz tego samego niewidzialnego prawa naturalnego", obecnego w każdej osobie. Należy uważać je za odzwierciedlenie „naturalnej i niezmiennie boskiej słuszności, która jest ich domieszką" jako przejaw „powszechnej praktyki prawa naturalnego"[53].

Te powszechne prawa (*iura commune*) lub prawa narodów (*iura gentium*) – zebrane w całość spośród cech wspólnych rozmaitych praw pozytywnych i powszechnych praktyk wielu wspólnot prawnych – stanowią obok biblijnego prawa moralnego drugą formę i forum prawa naturalnego. W istocie na pewnym poziomie abstrakcji biblijne prawa moralne i powszechne prawa ludów wykazują zbieżność, mimo odmienności pochodzenia, celów i języków. „Prawo jest zarówno naturalne, jak i powszechne" – pisał Althusius – „jeżeli tworzy je powszechny użytek czyniony z prawego rozumu dla potrzeb i pożytku ludzkiego życia społecznego. Można je także nazwać prawem naturalnym".

---

[53] *Dic.* I.13.4–18; *Dic.* I.14.1–14; *Dic.* I.35.22–23; *Pol.* VII.7–12; *Pol.* IX.20–21; *Pol.* X.3–12; *Pol.* XVIII.32–44; *Pol.* XXI.22–29; *Pol.* XXII passim.

„Choć niektórzy rozróżniają prawo powszechne (*ius commune*), prawo naturalne (*ius naturale*) i prawo narodów (*ius gentium*), inni w bardziej słuszny sposób nazywają każde z nich postacią tego samego prawa naturalnego [...] sam Chrystus często wskazywał jako prawo naturalne to, co należy do prawa narodów”[54].

Przekonanie o ostatecznej zgodności, a być może nawet zlaniu się prawa biblijnego, prawa naturalngo i prawa powszechnego, pozwala zrozumieć nieco zaskakujący styl argumentacji Althusiusa w *Polityce* i *Teorii sprawiedliwości*. W obu traktatach na dowód prostych twierdzeń o tym, jakie treści zawiera oraz co nakazuje prawo naturalne, Althusius gromadził niezliczone cytaty z wielu pozornie niezwiązanych źródeł. Niektóre z nich stanowiły z pewnością pedantyczne popisy prawnika-humanisty chełpiącego się nadmierną erudycją, której przykłady do dziś można spotkać w niektórych pracach z dziedziny prawa. Jednakże w wypadku Althusiusa częste powoływanie się na rozmaite teksty źródłowe miało głębszy sens. Wydawał się on bowiem sądzić, że większa częstotliwość odwołań do doktryny i praktyki w różnego rodzaju tekstach prawnych, teologicznych i filozoficznych łatwiej posłuży za dowód utrwalania w nich treści prawa naturalnego. Fakt, że starożytni Izraelici opuszczający Synaj, a także starożytni Grecy i Rzymianie opuszczający Olimp niezależnie od siebie wypracowali takie same poglądy na prawo, miał potwierdzać naturalne podstawy tych poglądów. Fakt, że Arystoteles i Mojżesz, Cyceron i Chrystus, Platon i Paweł byli zgodni co do danej zasady prawego życia i słusznych rządów, musiał nadawać tej zasadzie szczególne miejsce w procesie rozpoznawania treści prawa naturalnego. Podobnie zresztą jeżeli współcześni katolicy i protestanci, którzy kiedyś wzajemnie się mordowali, nadal zgadzają się co do spójności i pożyteczności klasycznych i chrześcijańskich poglądów na temat prawa, świadczy to dobitnie o uznawaniu tych treści za godne polecania naturalne powszechniki. Althusius wydobywał z tekstów źródłowych wszelkie możliwe dowody na poparcie własnej argumentacji. W efekcie jego pisma przypominały bardziej akta prawne niż rozprawy filozoficzne, bardziej historyczny przegląd stosowania prawa naturalnego niż logiczny wywód wyprowadzony z zasad *a priori*[55].

---

[54] *Dic.* I.13.11, 18–19.

[55] *Dic.* I.14.1–14; *Pol.* XXI.30–40; *Pol.* XXII.1–3, 10. Niektórzy czytelnicy rozpoznają ten argument wykazujący podobieństwa między naturalnym, hebrajskim, klasycznym i zwyczajowym prawem w pismach współczesnego Althusiusowi pisarza angielskiego Johna Seldena (1584–1654). Zob. J. Selden, *Opera omnia tam edita quam inedita in tribus voluminibus*, 3 tomy, London 1726, zwł.:

Althusius oparł swą argumentację na rzecz tezy o treści prawa naturalnego głównie na zbieżności Dekalogu z nauczaniem moralnym w rozmaitych tradycjach klasycznych. W jego przekonaniu Dekalog stanowił najczystszy i najpełniejszy wyraz potwierdzenia i kodyfikacji prawa naturalnego, naturalnej skłonności każdego człowieka do pobożności i sprawiedliwości, wiary i porządku, miłości Boga i bliźniego. „Dekalog został nadany, aby obwieścić wszystkim ludom potwierdzenie i wyjaśnienie powszechnego prawa naturalnego". „Przykazania Dekalogu [...] wlewają ożywczego ducha w związek i współistnienie między ludźmi".

> Dzierżą one [przykazania] pochodnię wskazującą nam drogę życia społecznego, jakiego pragniemy; są jak gwiazda przewodnia, ustanawiają drogę, wzorzec i granice dla ludzkiej społeczności. Jeżeli ktokolwiek usunąłby je z polityki, doprowadziłby ją do zniszczenia; w istocie zniszczyłby on całe współistnienie i życie społeczne wśród ludzi. Czym bowiem byłoby życie ludzkie bez pobożności z pierwszej tablicy Dekalogu i bez sprawiedliwości z drugiej [tablicy Dekalogu]? Czym byłaby wspólnota bez jedności i porozumienia w sprawach pożytecznych i niezbędnych w ludzkim życiu?[56]

Althusius wielokrotnie analizował każde z przykazań, aby wykazać zawarte w nim niezmienne nauczanie prawa naturalnego. We fragmencie *Polityki* z 1614 roku pisał:

> Pierwsze przykazanie pierwszej tablicy Dekalogu odnosi się do miłości i oddania się Bogu przez wiedzę, jaką objawił o sobie w swoim słowie i przez zjednoczenie z nim, czemu towarzyszy dyspozycja do kochania, ufności i lęku. [...] Drugie przykazanie odnosi się do zachowania i oddawania właściwej czci Bogu w duchu i prawdzie, przez modlitwę i korzystanie ze środków łaski. [...] Trzecie przykazanie dotyczy oddawania chwały Bogu we wszystkich jego dziełach, przez właściwe korzystanie z imienia Bożego, przyrzekanie posłuszeństwa Bogu, szacunku dla

---

De jure naturali et gentium juxta disciplinan Erbraeorum, t. 1, s. 66–759; *De synderesis & praefecturis juridiis veterum Ebraeorum*, t. 1, s. 766–1891; *De successionibus in bona defunctorum; & de successionibus in pontificatum Erbaeorum*, t. 2, s. 1–201; *Uxor Ebraica*, t. 2, s. 529–860. Podczas gdy pisma Seldena były zbyt późno opublikowane, aby mieć wpływ na Althusiusa, Selden wielokrotnie opierał się na pracach Althusiusa.

[56] *Pol.*, Wstęp (wyd. 1610, 1614); *Pol.* XXI.29. Zob. długotrwałą dyskusję o Dekalogu w: *Pol.* VII.7–12; *Pol.* X.3–12; *Pol.* XVIII.32–44; *Pol.* XXI.22–29, 41; *Dic.* I.13.10–18; *Dic.* I.14.1–3; oraz krótkie wzmianki w: *Pol.* XVIII.66; *Pol.* XIX.14, 31, 59, 69; *Pol.* XXVII.18; *Pol.* XXIX.1; *Pol.* XXVIII.32, 38, 77, 100.

wszystkiego, co stworzone zostało dzięki Słowu Bożemu i modlitwom wstawienniczym [...]. Czwarte przykazanie dotyczy święcenia szabatu przez uczestnictwo w obrzędach słuchania, czytania i rozważania Słowa Bożego [...]. Piąte przykazanie dotyczy obowiązków, które podwładni powinni spełniać wobec swoich przełożonych i odwrotnie [...]. Szóste [przykazanie] wymaga obrony, ochrony i zachowania życia własnego i życia bliźniego. Polecenie zachowania własnego życia jest na pierwszym miejscu i polega na obronie własnej, utrzymaniu życia i prokreacji. [...] Zachowanie życia bliźniego oznacza ochronę przez przyjaźń i inne czyny miłości, takie jak zaopatrywanie w żywność, odzież i wszelkie inne dobra niezbędne do życia. [...] Siódme przykazanie dotyczy zachowania własnej duszy i ciała oraz duszy i ciała bliźniego przez praktykowanie wstrzemięźliwości, dobrych obyczajów, umiarkowania, dyskrecji i innych odpowiednich zaleceń. [...] Ósme przykazanie odnosi się do obrony i zachowania dóbr własnych oraz dóbr należących do bliźniego, a także do właściwego korzystania z nich w handlu, na płaszczyźnie umów i praktyk zawodowych. [...] Dziewiąte przykazanie dotyczy obrony i zachowania dobrego imienia i reputacji własnej oraz bliźniego poprzez dawanie uczciwego świadectwa, podawanie prawdziwych wiadomości i praktykowanie dobrych uczynków. [...] Dziesiąte przykazanie dotyczy pożądania wszystkiego tego, o czym jest mowa w drugiej tablicy Dekalogu. [Jak pisał Cycero:] „Jesteśmy pouczani przez autorytety i związani prawem, aby mieć pod kontrolą nasze namiętności, aby okiełznać każdą naszą żądzę, aby chronić to, co należy do nas i trzymać nasze umysły, oczy i ręce z dala od tego, co należy do innych”[57].

Nauczanie moralne zawarte w Dekalogu powtarza i rozwija Biblia, zdaniem Althusiusa szczególnie w ewangelicznych wyjaśnieniach ducha Dekalogu i w naukach moralnych przekazanych przez proroków Starego Testamentu i apostołów w Nowym Testamencie. Te trwałe biblijne normy moralne powinny leżeć u podstaw prawa pozytywnego każdej współczesnej społeczności chrześcijańskiej.

Nie wszystkie jednak normy biblijne powinno się uważać za prawo naturalne ani uznawać za wskazane lub pożyteczne w naszych czasach. Wiele z praw Mojżeszowych ustanowionych w Pięcioksiągu stanowi po prostu prawo pozytywne starożytnych Izraelitów. Wiele działań prawnych i pouczeń patriarchów, sędziów i królów starożytnego Izraela było jedynie dowodem istnienia systemu prawa pozytywnego i jego stosowania. Zwłaszcza Mojżeszowe prawo i zwyczaje „obrzędowe”, dotyczące diety, ubioru, ofiar, rytuału, życia

[57] *Pol.* XXI.25–27, cytat z Cycerona: *De oratore*, I.43.

lewitów, reguł świątyni i wielu innych spraw, chociaż przypisuje się im boskie autorstwo, odnosiło się wyłącznie do czasu i miejsca, w jakim znalazły się określone starożytne plemiona wędrowne[58]. Chrystus wyraźnie odrzucił literę obrzędowego prawa Mojżeszowego, zachowując jedynie jego ducha moralnego. Dowodzą tego poglądy na temat skomplikowanego prawa szabatu: „szabat był stworzony dla człowieka, a nie człowiek dla szabatu" (Mk 2, 23–28; Łk 6, 1–5). Mojżeszowe przepisy rytualne dotyczące ceremoniału, obejmujące także późniejsze dodatki rabiniczne, nie znajdują zastosowania w nowożytnych wspólnotach – co najwyżej jako przykład realizowania przez rozwinięte społeczności starożytne naturalnych skłonności i obowiązków odnoszących się do kultu religijnego i rytuałów. Współczesny urzędnik chrześcijański mógłby w podobny sposób dostosować prawo obrzędowe do potrzeb wspólnoty lokalnej, a być może nawet naśladować niektóre starożytne prototypy biblijne, nie może po prostu „narzucić tych żydowskich praw pozytywnych, które ze swej natury sa zmienne i nieaktualne". Byłoby to „zniszczeniem chrześcijańskiej wolności", którą obdarzył nas Chrystus, i „poddaniem siebie i innych w jarzmo niewoli"[59].

Zarówno w społecznościach chrześcijańskich, jak i niechrześcijańskich bardziej użyteczne może okazać się Mojżeszowe „prawo sądowe". Są to liczne szczegółowe normy biblijne dotyczące przestępstw i deliktów, małżeństwa i rodziny, własności i handlu, procedur i postępowania dowodowego oraz innych spraw. Przepisy te są pożyteczne i uzasadnione, ponieważ dookreślają treściowo i uspójniają wskazania Dekalogu i inne normy prawa naturalnego. „Nakazy moralne Dekalogu są ogólne" – pisał Althusius – „i za ich przekroczenie nie wyznacza się określonych i stałych kar", ani tym bardziej mechanizmów proceduralnych związanych z ich sprawiedliwą i słuszną wykładnią i stosowaniem. Prawo sądowe Mojżesza „dookreśla okoliczności popełnionego czynu". Prawo naturalne nakazuje, aby „sprawcy zła zostali ukarani", lecz „nie wyznacza konkretnej kary", z wyjątkiem samego, sformułowanego w sposób oczywisty przykazania „nie zabijaj", które zresztą nie w każdych okolicznościach wydaje się słuszne. Prawo sądowe „szczegółowo nakazuje

---

[58] Althusius wyprzedził Monteskiusza, przedstawiając etnograficzne tłumaczenie wpływu „charakteru i położenia rejonu [...] czy jest to wschód, północ, zachód, czy w odniesieniu do wschodu i zachodu słońca, albo czy jest on równinny, górzysty, wietrzny lub spokojny" na kształtowanie się „natury ludu" i jego praw pozytywnych. *Pol.* XXIII.1–14.

[59] *Pol.* XXI.33–40; *Pol.* XXII.3–4; *Dic.* I.14.5–11; *Dic.* I.16.9–10; *Dic.* I.101.43; *Dic.* 115.1–36. Zob. s. 228–230 na temat praw religijnych we współczesnych systemach politycznych.

karanie śmiercią cudzołożników, morderców i podobnych przestępców, o ile inne okoliczności nie łagodzą wymiaru kary. Prawo Mojżeszowe dysponuje różnymi karami stosowanymi w tego rodzaju przestępstwach" i określa wiele procedur użytecznych z punktu widzenia oceny dowodów przestępstwa oraz wyznaczenia sprawiedliwej kary[60]. Prawo Mojżeszowe zawiera także wiele użytecznych reguł prawnych oraz procedur dotyczących nabywania, korzystania, utrzymywania własności publicznej i prywatnej, sądzenia i polubownego rozstrzygania sporów prywatnych, a także stosunków między mężem i żoną, rodzicami i dziećmi, panem i sługą, wierzycielem i dłużnikiem oraz sprzedawcą i kupującym. Jednakże żadnego z tych pozytywnych Mojżeszowych praw sądowych nie powinno się uważać za wiążące dla współczesnych chrześcijan wyłącznie ze względu na biblijny rodowód. Natomiast w takim stopniu, w jakim stanowią one część i produkt prawa naturalnego, prawa te służą zbudowaniu także w naszych czasach i mogą być uważane za przydatne przy tworzeniu współczesnych praw pozytywnych[61].

Niedocenianie naturalnego obowiązywania i użyteczności praw Mojżeszowych w czasach współczesnych spowodowane było faktem, że często posiadały one odpowiedniki w innych systemach prawnych, a zwłaszcza w klasycznym prawie rzymskim. Jak pisał Althusius, „faktem jest, że wszyscy Europejczycy nadal stosują" klasyczne prawo rzymskie, ponieważ zawarte w nim prawa szczegółowe dowiodły, że są „zarówno sprawiedliwe, jak i pożyteczne"[62]. Nie należy jednak zapominać, że niektóre rozporządzenia prawa rzymskiego częściej naruszały prawo naturalne, niż je obrazowały. Za przykład posłużyć mogą dawne prawa odnoszące się do pogańskiego kultu cesarzy, dopuszczające dzieciobójstwo, konkubinat, prostytucję, wykorzystywanie sierot, jeńców, niewolników i innych ludzi. Prawa takie, pozostające w jawnej sprzeczności z Dekalogiem i innymi zasadami prawa naturalnego, nie mogą być uznawane za obowiązujące dla kogokolwiek, co dobitnie wyjaśnili apostołowie i Ojcowie Kościoła w swoich wezwaniach do reform prawa w Rzymie. W klasycznym prawie rzymskim nie brak jednak także wartościowych rozwiązań, często podobnych do tych, które odnaleźć można w prawie Mojżeszowym, „zgodnych z prawem naturalnym oraz służących pożytkowi publicznemu i dobru wspólnemu". Niektóre spośród tych praw recypowano i dostosowywano w prawie kanonicznym średniowiecznego Kościoła oraz w prawie cywilnym

---

60 *Pol.* XXI.33; *Dic.* 1.14.5; *Dic.* I.16.9–18.

61 *Pol.* VIII.72–91; *Pol.* XXI.32–33; *Dic.* 1.14.20; *Dic.* I.15.18–21.

62 *Dic.* I.14.1–14; *Pol.* VIII.72–86; *Pol.* XXI.30–40; *Pol.* XXII.1–3, 10.

wczesnonowożytnych państw europejskich. Jeśli takie teksty starożytnego prawa rzymskiego oraz ich późniejsze adaptacje interpretowane i stosowane są „zgodnie z naturą, słusznością i sprawiedliwością", one także mogą stać się wyrazem i przykładem działania prawa naturalnego[63].

Tworząc i opracowując złożony system prawa publicznego, karnego i proceduralnego, Althusius posługiwał się swoistą metodą. Przyjmował za punkt wyjścia zasady prawa naturalnego zawarte w Biblii i tradycji. Następnie przytaczał przykłady rozwijania tych zasad w przepisach i procedurach różnych systemów prawnych, ukazując występujące między nimi zbieżności. Starannie analizował prawo biblijne i klasyczne prawo rzymskie, natomiast z większą dowolnością i selektywnością podchodził do prawa cywilnego średniowiecznego i wczesnonowożytnego, prawa kanonicznego, prawa feudalnego, wiejskiego i miejskiego. Metodologia Althusiusa pozostawia wiele do życzenia. Niekiedy omawiał te same zasady w różnych częściach swoich dzieł, przy czym komentarze te czasami istotnie się różniły. Zdarzały mu się cytaty, których wewnętrzna spójność, nie wspominając już o związku z zasadami prawa naturalnego, nie była w pełni oczywista. Bywało, że wybierał jeden ze starożytnych fragmentów, uznając go za reprezentatywny, choć wiele innych fragmentów w tym samym dziele ograniczało jego wartość lub mu zaprzeczało. Niekiedy arbitralnie dobierał pojedyncze przepisy z prawa Mojżeszowego, cywilnego lub kanonicznego i bez wykazywania analogii z innymi systemami prawnymi ogłaszał, że stanowią one przepisy powszechnego prawa narodów. W teorii Althusiusa było więcej rozumowania *a priori*, niż sam byłby skłonny przyznać. Jeśli jednak pominąć te zastrzeżenia, jego oparta na przykładach argumentacja doprowadziła do powstania zadziwiająco złożonej teorii prawa.

Z punktu widzenia prowadzonych tu rozważań najciekawsze elementy prawnonaturalnej teorii Althusiusa odnoszą się do praw i wolności. Nim omówiona zostanie jego teoria praw, przyjrzyjmy się, w jaki sposób Althusius definiował i bronił jednego z praw naturalnych – „wolność i prawa ciała" (*libertas et iura corporis*). W *Polityce* i *Teorii sprawiedliwości* Althusius opierał to prawo naturalne na przykazaniu „Nie zabijaj" oraz na jego odpowiednikach zawartych w różnych greckich i rzymskich tekstach prawnych i filozoficznych[64]. W *Teorii sprawiedliwości* starał się „wykazać" konsekwencje, jakie pociąga za sobą wolność cielesna. Ich pogłębione omówienie zawierają dwa rozdziały

---

[63] *Dic.* I.14.16–20; *Dic.* I.15.1–21; *Dic.* I.16.8.

[64] *Pol.* VII.9–10; *Pol.* X.5–6; *Pol.* XXI.27; *Dic.* I.25.7; *Dic.* 106.1–4; *Dic.* 1.117.1–2, 6, 17–24.

poświęcone „wolności i jej charakterystyce". Rozdziały te znalazły się między długimi rozważaniami na temat władzy właściciela nad niewolnikiem oraz *paterfamilias* nad domownikami. Althusius zdaje się podkreślać w swym omówieniu wolności zagadnienie naturalnych ograniczeń, które nawet pan i ojciec rodziny powinien respektować, mimo wielokrotnie powtarzanych nakazów prawa naturalnego, biblijnego i rzymskiego, by autorytetom tym okazywać „cześć, szacunek i posłuszeństwo".

We fragmencie otwierającym rozważania o wolności ciała można przeczytać: „Istnieje wolność ciała, na podstawie której prawo cywilne zezwala osobie na korzystanie z członków cielesnych, by kierowała nimi w sposób zarazem odpowiadający jej, jak i dozwolony. Jest nam to dane jako prawo naturalne, chyba że uczynione zostaną wyraźne wyjątki"[65].

Dla poparcia swych twierdzeń Althusius przytacza sześć fragmentów z *Corpus Iuris Civilis* Justyniana. Rozpoczyna od cytatu z *Institutes*, podając poszerzoną definicję „wyzwoleńca" w starożytnym Rzymie. „Wolność, z której wywodzi się wyrażenie wyzwoleniec, jest naturalną zdolnością czynienia tego wszystkiego, czego się pragnie, chyba że jest to zabronione siłą lub prawem"[66]. Następnie przytacza fragment *Digestów* z taką samą definicję wolności, lecz w tym wypadku nieograniczającą się do „wyzwoleńca" i potępiającą jednocześnie niewolnictwo jako „instytucję *ius gentium*, na skutek której człowiek wbrew naturze staje się przedmiotem posiadania innego człowieka"[67]. Kilka zdań dalej Althusius przytacza inne teksty rzymskich prawników, wyrażające poparcie dla emancypacji niewolników, służby, jeńców oraz dzieci i poszerzania swobód „wyzwoleńców" i wolno urodzonych obywateli[68]. Z takiego rozumowania autor wywodził wniosek, że wolność jest naturalnym i przyrodzonym stanem wszystkich ludzi, a ci, którzy nie są wolni, powinni w miarę możliwości zostać wyzwoleni. Rozważania te zostały w późniejszym okresie uzupełnione: „Dzisiaj, każdy «wyzwoleniec» staje się absolutnie wolny"[69]. Aby jednak czytelnik Althusiusa nie przypuszczał, że prawo rzymskie popierało pełen hedonizm, wzywając do „wolności dla każdego, do czynienia

---

[65] *Dic.* I.25.7. Zob. też: *Dic.* I.117.6.

[66] Justinian, *Institutes* I.3; zob. też *Pol.* XXXVIII.8. Jestem wdzięczny Charlesowi J. Reidowi za pomoc w odcyfrowaniu ukrytych odnieniesień Althusiusa do prawa rzymskiego w jego dyskusji o wolności cielesnej w *Teorii sprawiedliwości.*

[67] *The Digest of Justinian*, wyd. łac., red. Th. Mommsen, P. Krueger, tłum. ang. A. Watson, Philadelphia 1985, 1.5.4.

[68] Justinian, *Instutes* 1.3, 1.5, 2.1, 2.12, 2.15.

[69] J. Althusius, *Dic.* I.25.30

czegokolwiek się pragnie" w granicach wyznaczonych przez prawo, autor wskazywał na dwa inne teksty z *Digestów*, w których zalecano cnotliwe praktykowanie wolności: „Nie wszystko, co jest zgodne z prawem, przynosi zaszczyt". A także, w odniesieniu do wolności ciała w małżeństwie: „w tym związku człowiek powinien mieć na względzie nie tylko to, co jest dozwolone, lecz także to, co jest godne poważania"[70].

Althusius zestawiał klasyczne teksty prawa rzymskiego z wieloma fragmentami tekstów biblijnych odnoszącymi się do tego samego tematu. Naturalnej wolności, która powinna być udziałem każdego człowieka, przeciwstawiał nienaturalne niewolnictwo nałożone przez wrogów albo członków rodziny. Pomijając wiele innych fragmentów Starego Testamentu dotyczących niewolnictwa, wskazywał na Księgę Powtórzonego Prawa (20, 10–11) jako na ostrzeżenie przeciw niewolnictwu i poddaństwu: „Jeśli podejdziesz pod miasto, by z nim prowadzić wojnę, [najpierw] ofiarujesz mu pokój, a ono ci odpowie pokojowo i bramy ci otworzy, niech cały lud, który się w nim znajduje, zejdzie do rzędu robotników pracujących przymusowo, i będzie ci służył". Powoływał się także na apokryficzną [zdaniem niektórych protestantów – przyp. tłum.] Mądrość Syracha (33, 20), która rozszerzała to wezwanie do wolności na innych domowników: „Ani synowi, ani żonie, ani bratu, ani przyjacielowi nie dawaj władzy nad sobą za życia, nie oddawaj też twoich dostatków komu innemu, abyś pożałowawszy tego, nie musiał o nie prosić". Wskazywał wreszcie na nauczanie św. Pawła, stanowiące odbicie tekstów prawa rzymskiego, wzywając do roztropności celem uniknięcia hedonizmu. Cytował fragment Pierwszego Listu do Koryntian (6, 12): „Wszystko mi wolno, ale nie wszystko przynosi korzyść. Wszystko mi wolno, ale ja niczemu nie oddam się w niewolę" oraz (8, 9): „Baczcie jednak, aby to wasze prawo [do takiego postępowania] nie stało się dla słabych powodem do zgorszenia".

Althusius tak charakteryzował wolność cielesną w prawie naturalnym:

> Jest to władza tworzenia prawa lub lekceważenia go, porzucenia własnych spraw, gdy potrzeba im prowadzenia. To samo dotyczy wolności cielesnej lub czerpania nieograniczonej korzyści z własnego ciała, wolności naturalnej lub wolności działania, czego przeciwieństwem jest uwięzienie, zniewolenie, łańcuchy i kajdany. Wolność polega na odpowiednim korzystaniu z wolności własnej i cudzej[71].

---

[70] Justinian, *Digesta* 50.17.144, 197.

[71] J. Althusius, *Dic.* 1.25.7. O zbrodniach i czynach przeciw tej wolności cielesnej zob. *Dic.* I.117.

Na poparcie tych twierdzeń Althusius powoływał się na liczne fragmenty tekstów pochodzących z *Corpus Iuris Civilis* oraz na współczesne komentarze Antoine'a Favre'a. Umieścił wśród nich fragmenty *Instytucji* i *Digestów* na temat „praw osoby" (*iura personae*) oraz praw „ludzi wolno urodzonych", „wyzwoleńców", „wyemancypowanych" niewolników, służby i dzieci. Dodał również fragmenty na temat szczegółowych praw i wolności, odnoszących się do małżeństwa i życia rodzinnego, nabywania i używania własności oraz jej zbycia na drodze umowy, darowizny lub testamentu. Ponownie podkreślał, cytując *Kodeks* Justyniana, że „status wolnego", chociaż wysoce pożądany, „nie zwalnia z obowiązków obywatelskich" ani z „naturalnych zobowiązań"[72].

Althusius wplótł we wspomniane urywki z prawa rzymskiego dziesięć fragmentów tekstów biblijnych, by odpowiednio je zniuansować i zrównoważyć. Na przykład jako zwolennik wolności naturalnej, dzięki której „można tworzyć prawo lub lekceważyć je" oraz cieszyć się „dozwoloną korzyścią z własnego ciała", cytował jednocześnie zalecenie z Pierwszego Listu do Koryntian (7, 4–6): „Żona nie rozporządza własnym ciałem, lecz jej mąż; podobnie też i mąż nie rozporządza własnym ciałem, ale żona. Nie unikajcie jedno drugiego, chyba że za obopólną zgodą". Do zbioru tekstów dodał fragment z Listu do Efezjan (5, 29), w którym św. Paweł podkreślał, iż ciało człowieka powinno pozostać „świątynią Pana: „Nigdy przecież nikt nie odnosił się z nienawiścią do własnego ciała lecz [każdy] je żywi i pielęgnuje, jak i Chrystus – Kościół". W podobny sposób uzasadniał pogląd, iż osobie przysługuje naturalne prawo do używania własnej lub cudzej własności, powołując się przy tym między innymi na Księgę Rodzaju (50, 5–6) i Jeremiasza (40, 1–3), w których wskazuje się, że wszelkie korzystanie z własności wymaga poszanowania podstawowych nakazów prawa naturalnego – miłości Boga, bliźniego i samego siebie. Nauka wypływająca z kumulacji tych tekstów była oczywista: wolność ciała i dbałość o nie jest dobrem naturalnym, lecz należy je praktykować z umiarem i szacunkiem dla cnoty, a także mając na względzie interes osób.

W dalszych fragmentach *Teorii sprawiedliwości* Althusius powrócił do własnego omówienia zagadnienia wolności ciała, tym razem kładąc akcent na doktrynę obrony koniecznej i obrony innych:

---

[72] Justynian, *Institutes* I.3–6, 1.9; II.1; III.8–9; tegoż, *Digesta* I.5, 7; 28.1–31; 50.16.10–11; 50.17.4–15, 118, 144, 197; *The Code of Justinian*, w: S.P. Scott (red.), *The Civil Law*, 7 tomów, New York 1973, t. 6, s. 37.

Ochrona własnego ciała i życia jest działaniem natury, która czyni ciało ludzkie wolnym. Należy do władz i charakteru człowieka. Posiada bezcenną wolność używania własnych członków i dbania o nie. Z tego powodu prawo zezwala każdemu człowiekowi na obronę i zachowanie własnego ciała i życia bez uszczerbku. Dlatego zezwala mu się na posiadanie broni. Człowiek ma cieszyć się wolnością i zabezpieczeniem przed zabójstwem, napaścią, pobiciem, chłostą, zranieniem, karaniem, okaleczeniem, atakami, wypalaniem znamion i wszelkimi innymi nadużyciami, więzieniem, represjami lub przetrzymywaniem. Powinien być wolny od wszelkiej niesprawiedliwości, przemocy i niewłaściwego przymusu.

Ochrona ludzkiego życia i ciała leży w naturze ludzkiej. Uważa się ją za sprawę najwyższej wagi. Dlatego też człowiekowi dano prawo do obrony własnej przed przemocą lub zranieniem oraz w podobny sposób ma prawo do używania siły przeciw tym, którzy go ranią i stosują przeciwko niemu przemoc. Obrona taka obejmuje w pierwszej kolejności własne życie, a następnie dotyczy tego wszystkiego, co leży w interesie ludzkiego ciała i życia, jak np. dobrej reputacji, dóbr materialnych i krewnych.

Choć wolno odeprzeć przemoc i zareagować na nią, nie wolno się zabijać, gdy doszło zaledwie do niewielkiego uszkodzenia ciała lub gdy zachodzi niewielkie zagrożenie życia, biorąc pod uwagę rodzaj broni, napastnika lub napaści. Jednakże przeciwko atakowi na własne ciało całkowicie dopuszczalny jest opór przy użyciu śmiercionośnej siły. Bronić można się z siłą równą sile napaści [...], o ile siła obrony nie będzie większa i bardziej zajadła, aniżeli siła ataku. Ludzką godność i dobre imię należy natomiast chronić przed szkodą lub prowokacją, używając słów zamiast siły.

Z takiej obrony płynie korzyść polegająca na tym, że w celu zapewnienia sobie bezpieczeństwa wolno stawić opór złodziejowi, napastnikowi lub komukolwiek, kto używa siły. Dozwolona jest także ochrona członków rodziny i służby domowej[73].

Althusius zawarł w rozważaniach na temat obrony koniecznej niemal sto cytatów z Biblii i apokryfów, w tym szczegółowych przepisów i przykładów odpowiedniej ochrony życia, wolności, własności i rodziny zaczerpniętych z Mojżeszowego prawa karnego, a także objaśnień tych fragmentów, poczynionych przez Chrystusa i św. Pawła – choć z pominięciem trudnego ewangelicznego wezwania do „nadstawienia drugiego policzka" (Mt 5, 39; Łk 6, 29). Cytaty biblijne przeplatał prawie pięćdziesięcioma fragmentami z klasycznego prawa rzymskiego, a w szczególności *lex Aquilia* oraz odpowiednich glos i komentarzy autorstwa jurystów katolickich i protestanckich, m.in. Benedicta

[73] *Dic*. I.26.21–27. Zob. tamże I.106.1–4.

Aretiusa, Juliusa Clarusa, Diego Covarruviasa, Andreasa Gaila, Josepha Mascardusa, Jacoba Menochiusa, Fernando Vázqueza i Matthaeusa Wisembecke.

Althusius posuwał się w pracy, zestawiając ze sobą cytaty i dowody mające wykazać zgodność, jaką dostrzegał między biblijnymi i racjonalnymi, klasycznymi i chrześcijańskimi oraz katolickimi i protestanckimi postaciami i formułami zasad prawa naturalnego. Zapewne spędzał długie miesiące w bibliotece, ślęcząc nad stosami tekstów prawniczych i teologicznych, układając długie listy zgromadzonych fragmentów na opracowywane tematy. Po zakończeniu lektury musiał, według wskazań swej ulubionej metody Ramusa, dokonywać coraz bardziej szczegółowych podziałów, aby następnie umieszczać dobrane w ten sposób cytaty w odpowiednich częściach własnego tekstu. Efektem tej mrówczej pracy jest fascynujący, choć również nużący pokaz erudycji.

Prawa i wolności religijne i społeczne

Zastosowana przez Althusiusa metoda dowodzenia umożliwiła mu zdefiniowanie i uzasadnienie wielu praw. Do najważniejszych należały prawa i wolności naturalne (*iura et libertates naturali*). W najprostszej postaci te prawa naturalne były pozytywnymi lub negatywnymi twierdzeniami, za pomocą których zainteresowany mógł na podstawie prawa naturalnego domagać się uprawnienia, wolności lub kompetencji do własnego działania (*ius, libertas, et potestas suiipsius*) oraz uprawnienia, wolności lub kompetencji do niedziałania lub powstrzymania się od działania. Prościej rzecz ujmując, były to różnego rodzaju „prawa do wolności" (*iura libertates*)[74].

Ponieważ Althusius uznawał Dekalog za najlepsze źródło i streszczenie prawa naturalnego, korzystał on z dwóch tablic przykazań w celu podziału praw naturalnych na dwie główne kategorie: (1) prawa i wolności duchowe lub religijne (*iura et libertates religionis*) oraz (2) prawa i wolności doczesne lub obywatelskie (*iura et libertates civile*). Niekiedy nazywał je „prawami duszy" (*iura animae*) i „prawami społeczeństwa" (*iura societatis*), odpowiednio odnoszącymi się do obowiązków wobec Boga, o których mowa w pierwszej tablicy Dekalogu, i do obowiązków wobec bliźniego, zawartych w drugiej tablicy. Althusius uważał oba katalogi praw naturalnych za „prawa fundamentalne" –

[74] *Dic.* I.25.1–8; *Pol.* XXI.22–24.

nieodzowne dla przetrwania osoby i społeczności oraz stanowiące podstawę wszelkich szczegółowych praw w prawie pozytywnym.

Prawa i wolności religijne

Althusius zwięźle odtwarzał naturalne prawa religijne zakorzenione w poszczególnych przykazaniach pierwszej tablicy Dekalogu. „Wszyscy i każdy z osobna w całym królestwie powinni oddawać Bogu cześć w sposób wolny i bez lęku lub groźby niebezpieczeństwa". Osoba ma prawo do spełniania obowiązków wypływających z wiary i powinna być wolna od przymusu oddawania czci fałszywym bóstwom, od rzeźb i obrazów stworzeń, od składania fałszywej przysięgi lub wzywania imienia Bożego bez potrzeby. Osobie musi przysługiwać wolność „świętowania dnia szabatu" i „radowania się" nim oraz „pracy przez sześć dni i odpoczynku w siódmym dniu". Jeżeli władze państwa naruszają te naturalne prawa religijne, dopuszczają się tyranii i należy się im sprzeciwić. Jeżeli inne osoby lub stowarzyszenia (w tym Kościół) naruszają te prawa, popełniają przestępstwo i powinny zostać ukarane[75].

Pierwsza tablica Dekalogu nie przemawia językiem praw religijnych, lecz językiem obowiązków. Dla ich sformułowania używa się wyrazistych środków językowych: „Nie będziesz miał bogów cudzych przede mną!", „Nie będziesz brał imienia Boga twego nadaremno!", „Święć szabat jako dzień święty!". Zachowanie równowagi między tymi prawami i obowiązkami religijnymi nie jest rzeczą łatwą. Czy osobie prywatnej przysługuje prawo religijne do zmieniania, poprawiania lub nawet porzucania obowiązków religijnych wynikających z pierwszej tablicy Dekalogu na korzyść alternatywnych sformułowań prawa naturalnego? Czy urzędnikom państwowym wolno poddawać pod dyskusję, nakazywać lub choćby preferować określone formy obowiązków religijnych? Czy państwo może ustanowić religię obowiązującą i nakazać, aby poddani wyznawali ją lub choćby popierali? Czy państwo może tolerować nonkonformistów w dziedzinie religii, a jeżeli tak, to które grupy i na jakich zasadach? O ile w Europie Zachodniej pytania dotyczące wolności religijnej stawiano odwiecznie, dla społeczeństwa niderlandzkiego, doświadczonego wojnami religijnymi, prześladowaniem i inkwizycją, walczącego o określenie podstaw

[75] *Pol.* XX.12–13, 20–22; *Pol.* XXXVII.21–22, 33–34, 36; *Pol.* XXVIII.14, 53–66; *Pol.* XXXVIII.10–14, 77–78; *Dic.* I.101.32–33, 42–43; *Dic.* I.113.8–9, 12. Zob. też: *Dic.* I.115.10–36 o „profanacji rzeczy Boskich", którą Althusius przedstawiał raczej jako zbrodnię przeciw Bogu i państwu, aniżeli jako naruszenie praw jednostki lub kościoła. Zob. s. 209–211.

prawnych statusu kalwinizmu i innych wyznań, były to pytania wymagające niezwłocznej odpowiedzi.

Odpowiedzi tej udzielał Althusius, stając w obronie absolutnej wolności sumienia (*libertas conscientiae*), a jednocześnie podkreślając niezbędność praw zabezpieczających jedynie kwalifikowaną wolność praktyk religijnych (*ius religionis exercitium*)[76]. Absolutną wolność sumienia uważał Althusius za naturalny odpowiednik absolutnej suwerenności Bożej, co stanowi doktrynalny wyróżnik kalwinizmu. Suwerenność jest terminem prawnym, jak zauważał Althusius, oznaczającym prawo i władzę nakazywania i kontrolowania. W pierwszych słowach Dekalogu „Jam jest Pan, Bóg twój", Biblia wyraźnie daje do zrozumienia, że „tylko sam Bóg może kierować sumieniem". Tylko sam Bóg może człowieka „wyprowadzić z domu grzesznej niewoli" do „ziemi obiecanej" – w życiu doczesnym lub przyszłym. Bóg jedynie może odmienić serca i napełnić duszę człowieka. Żadna istota ludzka lub autorytet nie może więc wymagać od człowieka, „aby wierzył wbrew swojej woli. Wiara musi wypływać z przekonania, nie wolno jej nakazywać, musi być nauczana, a nie narzucana". Jeżeli zatem urzędnik lub ktokolwiek inny wkracza do sanktuarium sumienia, podważa tym samym suwerenność Boga. Jeżeli urzędnik „nakłada karę za ludzkie przekonania", osłabia działanie Ducha Świętego. „Prawo naturalne obdarza wszystkich ludzi wolnością duszy lub umysłu (*libertas animi*)", pisał Althusius w późniejszej pracy, streszczając swoje stanowisko. „Jest to nieograniczona siła pragnienia i wyboru [...], aby oceniać, pożądać i dokonywać wyboru", „aby czerpać nieograniczony pożytek z własnej woli i osądu". „Wykonywania tego prawa nie może utrudniać nakaz lub przepis, zastraszenie lub przymus"[77].

Gwarantowanie przez państwo tej naturalnej wolności serca, duszy i umysłu wszystkich ludzi nie stanowi zagrożenia dla wiary chrześcijańskiej, lecz poddaje ją próbie spojności. Tego rodzaju wolność nie jest obrazą Boga, lecz raczej wezwaniem Boga, by dokonywał pracy w sercu każdego człowieka. Althusius uzasadnił ten pogląd licznymi wersetami z Biblii. Np. w Ewangelii św. Jana można przeczytać, że „prawda was wyzwoli" oraz „jeżeli więc Syn was wyzwoli, wówczas będziecie rzeczywiście wolni" (J 8, 32 i 36). Można także powtórzyć za św. Pawłem: „Czyż nie jestem wolny? Czyż nie jestem apostołem? [...] znosimy wszystko, byle nie stawiać żadnych przeszkód

---

[76] Terminy można znaleźć w *Dic.* I.25.8; *Pol.* XXVIII.62.

[77] *Pol.* VII.4–7; *Pol.* XI.33–45; *Pol.* XXVIII.14, 37–73, 62–66; *Dic.* I.25.8–10.

Ewangelii Chrystusowej" (1 Kor 9, 1 i 12). Przytaczane fragmenty dowodzić mają, że sumienie, duszę i umysł osoby powinno pozostawić się w całkowitej wolności od skrępowania i przymusu, by trójjedynemu Bogu pozostawić swobodę w zbawieniu człowieka. Althusius zdecydowanie występował więc przeciw tradycyjnej praktyce prześladowań, pogromów i inkwizycji wobec osób o chwiejnych przekonaniach religijnych. Tego rodzaju napaści na duszę i ciało stanowią obrazę Boga i mogą jedynie prowadzić do zamieszek i rozruchów oraz być przyczyną fałszywego wyznawania wiary i zatwardziałości. Znacznie lepszym i bezpieczniejszym rozwiązaniem jest przyznanie wszystkim absolutnej wolności w wewnętrznych sprawach wiary[78].

O ile jednak wszyscy powinni cieszyć się absolutną wolnością sumienia, by nie naruszano suwerenności Boga, ze względu na integralność społeczeństwa nikt nie może korzystać z absolutnej „wolności praktyk religijnych". Ideałem byłoby oczywiście, gdyby wszyscy dostrzegli tę samą boską światłość i zwrócili się ku „jedynej prawdziwej religii chrześcijańskiej", za którą Althusius uważał kalwinizm. Biorąc jednak pod uwagę ludzką skłonność do grzechu, żadna tego rodzaju jedność religijna nigdy w historii nie miała i nie ma miejsca. Poszczególne rodziny i zgromadzenia, niekiedy nawet małe wioski i miasta mogą praktykować tę samą wiarę, lecz jedność taka rzadko wykracza poza granice lokalnych wspólnot. Na szczeblu prowincji, narodu, cesarstwa pluralizm religijny okazuje się nieunikniony. Problemem, przed jakim staje każdy wyższy urzędnik, jest natomiast określenie takiego poziomu tolerowania różnic religijnych i nonkonformizmu na danym obszarze, by nie dochodziło do naruszenia więzów wspólnoty obywatelskiej. Jaki zakres autonomii należy przyznać kościołom i miastom, zachowującym odrębne wierzenia oparte na różnych interpretacjach Słowa Bożego i prawa naturalnego? Jak daleko idącą tolerancją należy obdarzyć kościoły i wiernych, którzy nie wybierają wiary lub opierają ją na zupełnie innych podstawach? Według Althusiusa urzędnik powinien tolerować wszystkie formy wiary, które nie są wymierzone przeciwko Bogu, nie zagrażają integralności prawdziwego Kościoła oraz nie zagrażają dobru wspólnemu społeczeństwa jako całości[79].

Czy urzędnik podzielający opinię jednej ze stron może prześladować różnowierców ze strony przeciwnej, używając siły, jeżeli określone miasta lub terytoria w państwie różnią się w swoich wyznaniach religijnych, dla których obrony

[78] *Dic.* I.25.8–10; *Pol.* XXVIII.14, 62–66.

[79] *Pol.* XI.33–45; *Pol.* XXVIII.60–66.

każdy przytacza Słowo Boże? Uważamy, że urzędnik, który nie może bez uszczerbku dla republiki zażegnać lub przezwyciężyć niezgody w kwestiach religijnych i wyznaniowych, powinien tolerować różnowierców w imię pokoju i ładu publicznego, odwracając wzrok i zezwalając na praktykowanie niepopieranej religii, dopóki Bóg zezwoli, w obawie, aby całe królestwo, a także miłe nam miejsce Kościoła, nie zostało zniszczone [...]. Dlatego powinnien on tolerować praktykowanie różnych religii[80].

Althusius, jak się okaże, był zwolennikiem ustanowienia kalwinizmu jako religii państwowej[81]. Taki status nadawał kościołom kalwińskim szczególną ochronę polityczną i opiekę, a kalwińskim pastorom przywileje i specjalne prerogatywy w społeczeństwie. Rozwiązanie takie uważał za gwarancję odpowiedzialnego wypełniania obowiązków religijnych wynikających z pierwszej tablicy Dekalogu. Jednocześnie zachęcał do tolerowania w społeczeństwie protestantów, Żydów, katolików i innych „heretyków", którzy w odmienny sposób interpretowali pierwszą tablicę Dekalogu. Różnowiercy, chociaż tolerowani, mieli jednak ograniczone prawa do swobodnego praktykowania religii. Żydzi byli tolerowani, o ile nie wznosili synagog, żyli w wydzielonych dzielnicach, ubierali się w charakterystyczny sposób, nie zawierali mieszanych małżeństw oraz nie uczestniczyli we wspólnych nabożeństwach z chrześcijanami. Sytuacja ta była nieco tylko lepsza od średniowiecznej polityki pogromów, przymusowych chrztów, wygnania i morderstw popełnianych na Żydach. Katolikom powodziło się niewiele lepiej: wprawdzie nie musieli żyć w gettach lub odznaczać się zewnętrznie, nie mogli jednak posiadać własnych świątyń, uczestniczyć w nabożeństwach, zawierać mieszanych małżeństw lub utrzymywać stosunków z niekatolikami. „Heretyków" popełniających „błędy" tylko w doktrynie, liturgii lub praktykach religijnych albo ludzi „niepobożnych lub oziębłych, co do których istnieje nadzieja na poprawę" powinno się otwarcie tolerować, chronić przed zniewagami lub przemocą oraz zapewnić wolność wchodzenia w interakcje z wierzącymi, w nadziei, że kiedyś także oni ujrzą światło prawdy. Lokalnym kongregacjom i konsystorzom wolno dyscyplinować, a nawet ekskomunikować heretyków, lecz „dopóki zachowane są fundamenty prawdziwej

[80] *Pol.* XXVIII.66, adaptacja tłumaczenia J. Chupp, C.J. Nederman, *The Calvinist Background to Johannes Althusius's Idea of Religious Toleration*, w: *Jurisprudenz, Politische Theorie*, s. 243, 252.

[81] Zob. s. 228–230, oraz J. Witte Jr., *The Plight of Canon Law in the Dutch Republic*, w: R.H. Helmholz (red.), *Canon Law in Protestant Lands*, Berlin 1992, s. 135–164.

religii", ich „heretycką" wiarę należy tolerować w granicach wspólnoty politycznej. Biblia wyraźnie bowiem naucza, że kościół Boży zawsze będzie wypełniony „słabymi, grzesznymi, nieugiętymi, niedoświadczonymi i błądzącymi wiernymi". Rozległe pole religii zawsze rodzić będzie „pszenicę i kąkol", które tylko Bóg może ostatecznie rozdzielić w Dniu Sądu. Dla państwa nie jest konieczne, aby żądać jednomyślności w najdrobniejszych szczegółach wiary, ponieważ „żaden jeszcze sposób myślenia, który kiedykolwiek się pojawił, nie był do tego stopnia doskonały, aby osąd wszystkich mądrych ludzi był co do niego zgodny"[82].

Surowa ręka prawa powinna dotykać tylko tych, którzy są „otwartymi i notorycznymi" heretykami, odszczepieńcami, bluźniercami, ateistami, epikurejczykami, libertynami, poganami, Arminianami[83], sekciarzami, alchemikami, okultystami i innymi bezbożnikami, którzy rozpowszechniają zdradę i wojnę w imię fałszywego bożka, którzy „terroryzują ogół" swoim złem, „podrywają fundamenty wiary", zwodzą słabych, profanują szabat, „mają w pogardzie Boga i jego kościół", a także „zaprzeczają, łamią i nakłaniają do wątpienia w wymogi niezbędne do zbawienia". Wszystkich tych wrogów prawdziwego Kościoła i zdrajców społeczności chrześcijańskiej można poddać „surowej karze". Można ich co najmniej powstrzymać od tworzenia stowarzyszeń, posiadania własności, publikowania pism oraz publicznego propagowania swoich własnych poglądów, choć jeśli są „wykształceni" i nastawieni pokojowo, zezwala się im na nawiązywanie „prywatnych kontaktów" z ortodoksyjnymi teologami w nadziei, że przekonają się o swoich błędach. Członków takich grup nie wolno dopuszczać do sprawowania urzędów politycznych i kościelnych. Gdyby zaś ci wrogowie religii publicznie głosili swoje przekonania i podejmowali działania zagrażające Kościółowi i państwu, dzieląc społeczeństwo, można ich wygnać, uwięzić i „ukarać mieczem". Nie jest to sąd nad ich wiarą, podkreślał Althusius, lecz potępienie ich przestępstwa[84].

---

[82] *Pol.* IX.41–45; *Pol.* XXVIII.50–58; *Dic.* I.101.11–19.

[83] Sprzeciw Althusiusa wobec arminianizmu poprzedził potępienia Synodu w Dordt w 1618 roku. Althusius nazwał arminianizm herezją, która „niszczy fundamenty wiary". Czuł się szczególnie urażony tym, że jego holenderski towarzysz, prawnik Hugo Grotius, popierał arminian. Nazwał go „czyhającym wilkiem", którego „diabelskie" nauki o religii i polityce mogłyby tylko zniszczyć „wolność Kościoła". *List do Sibrandusa Lubbertusa* (9 stycznia 1614), wzn. w: C.J. Friedrich (red.), *Politice Methodice Digesta*, s. cxxix.

[84] *Pol.* IX.41–45; *Pol.* XXVIII.56–58, 68–72; *Pol.* XXX.1-6; *Pol.* XXXI.1–6; *Dic.* I.101.20–35; *Dic.* I.115.10–36.

Oceniając teorię praw i swobód religijnych Althusiusa wedle współczesnych standardów, należałoby uznać ją za mało wyszukaną, mimo dających nadzieję wstępnych zapewnień, jakoby „każda osoba i cały lud królestwa powinien w sposób wolny i pełny uczestniczyć w nabożeństwach religijnych bez jakiejkolwiek obawy i groźby"[85]. Tolerował on protestantów różnych grup wyznaniowych, w tym luteranów, mennonitów, spirytualistów i inne grupy Wolnego Kościoła, chociaż nie byli oni popierani przez władze. Tolerował Żydów i katolików, pod warunkiem, że trzymali się z boku i nie posiadali własnych świątyń. Tolerował pokojowo nastawionych heretyków i niewierzących, o ile nie organizowali się i nie rozgłaszali swoich przekonań. Jednakże w czasie, gdy dokonywał spisu wszystkich grup heretyckich, które uważał za zbyt niebezpieczne i buntownicze, aby można było je tolerować, niewielu pozostało spośród tych, którzy mogli domagać się choćby ograniczonej ochrony.

Gdyby natomiast oceniać teorię wolności i tolerancji religijnej Althusiusa na podstawie standardów obowiązujących w jego czasach, można uznać ją za całkiem wspaniałomyślną. Były to bowiem czasy surowych rozwiązań prawnych w dziedzinie religii, a władze państwowe wyraźnie ograniczały możliwości działania różnowierców, o ile nie zajmowały się mordowaniem lub skazywaniem na wygnanie osób o niepewnych lub niejasnych przekonaniach religijnych. Po Soborze Trydenckim Hiszpania i Portugalia przyjęły katolickie dekrety, mające obowiązywać wszystkich pod groźbą miecza. Pokój augsburgski (1555) upoważniał urzędników do ustanawiania jako religii państwowej katolicyzmu lub luteranizmu w Świętym Cesarstwie Rzymskim, a dysydentom religijnym (w tym kalwinistom) zezwalał jedynie na spokojne i szybkie opuszczenie terytorium. Dzięki pokojowi westfalskiemu (1648) kalwinistów w Cesarstwie zrównano z katolikami i luteranami, lecz dla wszystkich innych chrześcijan oraz osób wyznania niechrześcijańskiego utrzymano w mocy prawo do opuszczenia terytorium. Edykt nantejski (1598) przywrócił katolicyzm we Francji, a tolerancją objął jedynie kalwinistów, pod warunkiem, że pozostaną w obrębie wyznaczonego terytorium. W czasach Althusiusa nawet te ograniczone prawa stopniowo traciły moc, nim ostatecznie zostały odebrane edyktem z Fontainbleau (1685). Zarówno Elżbieta I, jak i Jakub I nadali serię równie represyjnych aktów prawnych skierowanych przeciw „papistom", „sekciarzom" i innym odstępcom od anglikanizmu, a w późniejszych latach dwudziestych i trzydziestych XVII wieku prawa te doprowadziły do poważnych

[85] *Pol.* XXVIII.14.

prześladowań osób niebędących anglikanami[86]. Na tym tle Niderlandy jawiły się jako spokojna przystań dla odstępców religijnych i nonkonformistów, nawet wziąwszy pod uwagę, że w większości prowincji kalwinizm był wyznaniem oficjalnym, synod krajowy w Dordrechcie (1618) rozprawiał się z arminianami, a słynnego prawnika Grotiusa uwięziono za herezję.

Althusius uważał połączenie religii państwowej i umiarkowanej tolerancji religijnej w Niderlandach za „najlepszy przykład" stosowania w życiu społecznym zasad ogólnych i poszczególnych przykazań pierwszej tablicy Dekalogu. Swoją teorię umiarkowanej tolerancji religijnej oparł na doktrynie Kalwina o absolutnej suwerenności Boga, zaś teorię religii państwowej na rozwijającej się kalwińskiej doktrynie przymierza religijnego, o której mowa w dalszych rozważaniach. O ile różni współcześni mu protestanci i katolicy stawali w obronie mniej lub bardziej radykalnych teorii tolerancji[87], o tyle poglądy Altusiusa cechowała znaczna postępowość. Zgodnie ze znamienną anegdotą sławny *List o tolerancji* z 1689 roku, w większej części naszkicowany przez Locke'a w liberalnych holenderskich kawiarniach, był znacznie bardziej restrykcyjny niż *Polityka* opublikowana przez Althusiusa siedemdziesiąt pięć lat wcześniej. W przekonaniu Locke'a dla katolików, muzułmanów i innych ludzi wierzących, „którzy oddają się w służbę i pod opiekę innego władcy", nie ma miejsca w społeczeństwie. Żydzi rzadko figurują w jego ramach tolerancji, a „ci, którzy zaprzeczają istnieniu Boga, w ogóle nie będą tolerowani", ponieważ „obietnice, przymierza i przysięgi, które tworzą więzi w społeczeństwie ludzkim, nie mogą być wiążące dla ateisty"[88].

Prawa i wolności społeczne

Pierwsza tablica Dekalogu służyła ugruntowaniu praw religijnych każdej osoby, natomiast druga tablica odnosiła się do praw społecznych. Althusius,

---

[86] Zob. źródła w: J. Witte Jr., *Religion and the American Constitutional Experiment*, wyd. 2, Boulder–London 2005, s. 9–21.

[87] Zob. np.: R. Po-Chia Hsai, H. van Nierop (red.), *Calvinism and Religious Toleration in the Dutch Golden Age*, Cambridge 2002; C. Berkvens-Stevelink, J. Israel, G.H.M. Posthumus Meyjes (red.), *The Emergence of Tolerance in the Dutch Republic*, Leiden 1997; D. Nobbs, *Theocracy and Toleration*.

[88] J. Locke, *Letter Concerning Toleration* (1689), w: *The Works of John Locke*, wyd. 12, 9 tomów, London 1824, t. V, s. 47 [wyd. pol. *List o tolerancji*, tłum. L. Joachimowicz, Warszawa 1963 – przyp. tłum.]. Zob. s. 318–320, oraz J. Waldron, *God, Locke, and Equality. Christian Foundations of John Locke's Political Thought*, Cambridge 2002.

podobnie jak w przypadku praw dotyczących religii, najpierw wylicza podstawowe prawa naturalne, o których naucza druga tablica i paralelne teksty z tradycji jusnaturalistycznej, a następnie streszcza wybrane prawa pozytywne, stanowiące rozwinięcie owych praw naturalnych.

Druga tablica Dekalogu obejmuje pięć grup naturalnych praw osoby w społeczeństwie oraz odpowiadające im obowiązki, które osoby lub grupy osób, w tym Kościół i państwo, powinny spełniać wobec uprawnionych. Jak wspomniano, po pierwsze, każdy posiada prawo do „naturalnego życia" oraz do „wolności i ochrony ciała". Althusius nazywał je „najważniejszymi" i podstawowymi prawami osoby. Zaliczał do nich prawo do pożywienia, ochrony, troski o własne życie i ciało, prawo do posiadania, prawo do proporcjonalnej obrony koniecznej własnej osoby i dóbr potrzebnych do życia, wolność od zabójstwa, napaści i zranienia, wolność od niesprawiedliwej kary, uwięzienia, represji i aresztowania. Przykazanie „Nie zabijaj" nakłada na każdego odpowiednie obowiązki, by „nie ranić, nie bić lub nie traktować w nieludzki sposób własnego ciała" oraz by nie „ograniczać czy uniemożliwiać korzystanie z ciała". Ponadto w ramach rodziny przykazanie to nakłada na każdego obowiązek ochrony i troski o rodziców, rodzeństwo, dzieci, a także krewnych, o ile to możliwe. Po drugie, każdy „ma prawo do czystości i skromności" (*ius castitus et pudicitia*) – prawo do świętości, skromności i czystości duchowej i cielesnej oraz do ograniczenia lub stawiania oporu wobec działań innych osób zagrażających lub naruszających te wartości. Przykazania zabraniające cudzołóstwa i pożądania własności bliźniego nakazują każdemu odstąpienie od nierządu i pożądliwości oraz postępowanie wobec bliźnich w sposób „wolny od namiętności naszych żądz i przewrotnych pragnień". Po trzecie, każdy ma prawo do własności (*ius dominium*), „do owoców swojej pracy" i „do dóbr, z których korzysta i którymi się cieszy". Przykazanie zabraniające kradzieży wymaga od każdego poszanowania i troski o należące do innych „tytuły, własność i wynikające z nich korzyści" oraz tego, by nie niszczono, pomniejszano lub szkodzono własności. Po czwarte, każdy człowiek ma prawo do korzystania z dobrego imienia – prawo do posiadania „honoru", „dobrego imienia", „reputacji, zalet, godności, sławy, autorytetu, do bycia szanowanym i cenionym", co stanowi o jego lub jej statusie i pozycji społecznej, odpowiednio do natury, zwyczajów, prawa i okoliczności. Ten zbiór praw odnoszących się do reputacji Althusius nazwał „drugim ja" lub „osobowością cywilną". Honor, dane słowo i prawość człowieka uznawał za niezbędne dla trwania i rozkwitu społeczeństwa. Przykazanie „nie mów fałszywego świadectwa" nakłada na każdego obowiązek dbałości o reputację i dobre imię innych oraz niedopuszczania do zniewagi, okłamywania, zniesławiania i obmowy. Po piąte, każdy ma „prawo do rodziny" (*ius familiae*) – prawo do małżeństwa, posiadania potomstwa, wychowania i edukacji swoich dzieci oraz otaczania szacunkiem i ochroną swojego małżeństwa, rodziny i domostwa. Przykazania mówiące o szacunku wobec rodziców, zabraniające cudzołóstwa i pożądania żony bliźniego, nakładają na każdego obowiązek poszanowania „honoru, autorytetu, godności, wyższości i w rzeczy samej praw rodziny"[89].

Tych pięć podstawowych naturalnych praw życia społecznego, biorących początek w drugiej tablicy Dekalogu, stanowić miało punkt wyjścia dla różnych praw publicznych, prywatnych i proceduralnych, które miały być „ustanowione" w ramach pozytywnego prawa państwowego. W czasach Altusiusa prawa publiczne umożliwiały wysuwanie żądań konstytucyjnych, z którymi osoba lub grupa osób mogła występować wobec państwa lub przedstawicieli władzy. Prawa prywatne umożliwiały wysuwanie żądań przez strony prywatne wobec innej strony prywatnej na podstawie umowy, małżeństwa, poniesionej szkody, własności, testamentu itp. Prawa proceduralne obejmowały reguły działania sądów i innych urzędów w sprawach stron uczestniczących w procesach prywatnych lub w postępowaniu karnym; niekiedy nosiły one nazwy odpowiednio praw proceduralnych cywilnych i karnych. Althusius objaśniał kolejno każdą grupę praw, kładąc nacisk na prawa prywatne i proceduralne i poświęcając szczególną uwagę wspólnej treści rozmaitych praw pozytywnych, co ułatwiać miało opracowanie powszechnego prawa narodów.

Mniej uwagi poświęcał Althusius prawom „publicznym", z wyjątkiem omówionych już praw i wolności religijnych. Skrótowo odniósł się do praw publicznych dotyczących miejsca zamieszkania, głosowania, przedstawicielstwa i sprawiedliwego traktowania. Każda osoba urodzona w mieście lub przebywająca w nim zgodnie z prawem ma „prawa i władzę, aby w nim mieszkać lub ustanowić swoje miejsce pobytu albo dom, sprowadzić tam swoją rodzinę i dobytek, ustanowić tam miejsce do pracy, należeć do prywatnego stowarzyszenia, które odpowiada jej powołaniu i profesji oraz brać udział w działalności handlowej". Każdemu wolno też „korzystać i cieszyć się z posiadanych praw, korzyści i dobrodziejstw, które miasto ustanowiło dla swoich mieszkańców i przyjęło w powszechnej zgodzie". Najważniejszym z nich jest „prawo do powszechnego głosowania (*ius suffragii*) w sprawach wspólnych związanych z zarządem i administracją miasta oraz formą i sposobem, w jaki miasto jest

---

[89] *Dic.* I.25–26; *Dic.* I.117–122; *Pol.* X.5–7; *Civ. conv.* II.1.

kierowane i zarządzane według praw, które są zaaprobowane przez władzę i poparte zgodą obywateli". Każda osoba posiada także prawo do tego, aby jej interesy były reprezentowane wobec władz i w ich działaniu oraz prawo do „sprawiedliwego traktowania" przez władze: „Spokój jest zachowany, a sprawiedliwość chroniona, jeżeli każdy obywatel może korzystać z prawa do prawdy, wolności i honoru zgodnie z ustalonym porządkiem i różnicą w zasługach bądź w statusie"[90].

Ten ostatni zwrot – „zgodnie z ustalonym porządkiem i różnicą w zasługach bądź w statusie" – podkreślał, że w opinii Althusiusa prawa publiczne powinny odpowiadać realiom społecznym. Choć zdarzało mu się wyrażać ogólne poglądy o równości wszystkich ludzi wobec prawa, Althusius nie był zwolennikiem powszechnej równości. Uważał, że różnice między ludźmi, oparte na urodzeniu i płci, majątku i zdolnościach, statusie i zajmowanym urzędzie, możliwościach i osiągnięciach, stanowią ważny element przyczyniający się do zachowania społecznej spójności. W *Civilis Conversationis* z 1601 roku sporo miejsca poświęcił na określenie właściwych zasad i zwyczajów dotyczących interakcji i komunikacji między osobami zajmującymi różne stanowiska i urzędy w życiu społecznym oraz podkreślał „szczególną godność" duchownych i urzędników oraz szlachty i arystokracji[91]. W *Polityce* powracał do tego rozróżnienia i potrzeby istnienia określonego porządku prawnego i politycznego, który mógłby ją gwarantować. „Równe traktowanie" (*aequabilitas*) wszystkich obywateli nie było dla niego tożsame z „równością" (*aequalitas*) wszystkich obywateli. Bowiem „zrównywanie wszystkich obywateli", bez względu na ich zdolności, osiągnięcia, zajmowane urzędy lub zobowiązania, jest nie tylko „niesłuszne" i „niesprawiedliwe", lecz także stanowi przyczynę jawnego „zamieszania"[92].

Poglądy Althusiusa na temat praw publicznych nie zostały obszerniej sformułowane, natomiast zajmował on wyraźne stanowisko odnośnie do praw prywatnych. Prawa te uważał za najważniejsze „dobro" i „ochronę" osoby, wskazując na nieodzowność zaangażowania się prawa państwowego w zapewnienie szczegółowej ochrony prywatnych praw osoby[93]. Na poziomie najbardziej elementarnym Althusius dokonuje redukcji prawa prywatnego

[90] *Pol.* VI.43–44; *Pol.* IX.5–9; *Dic.* I.81.8–15.

[91] Zob. zwłaszcza: *Civ. conv.* I.1, 7–9; *Civ. conv.* II.1–2, 5–7.

[92] *Pol.* VI.47; *Dic.* XXVI.10–19, 33; *Dic.* I.81.7–18.

[93] *Dic.* I.25.10. Na temat protestanckich poprzedników zajmujących się zagadnieniem prawa prywatnego, a zwłaszcza luterańskich prawników z Wittenbergi, zob. H.J. Berman, *Law and*

do trzech podstawowych obszarów: (1) własności lub rzeczy – zarówno powszechnych, jak i osobistych, materialnych lub niematerialnych, ruchomych lub nieruchomych (2) osób – zarówno stanu wolnego, jak i grup utworzonych w naturalny sposób, dobrowolnie lub w wyniku umowy, działających na własną odpowiedzialność lub z upoważnienia grupy lub urzędu oraz (3) czynów będących przedmiotem działania lub zaniechania – dobrowolnie lub pod przymusem, w sposób zamierzony lub niezamierzony – odnoszących się do rzeczy, osób lub ich rozmaitych związków. Prawa prywatne podzielić można na dwie główne klasy, które łączą trzy obszary prawa prywatnego. Podstawą tych praw jest (1) własność lub rzeczy (*dominium*) albo (2) dobrowolne lub niedobrowolne zobowiązanie (*obligatio*). Prawo regulujące prawa prywatne dotyczy (1) sposobu, w jaki te oparte na własności lub zobowiązaniu prawa zostają nabyte, rozdzielane i zbywane (co Althusius określa jako *dicaeodotica*) oraz (2) sposobu ich przestrzegania, rozwiązywania lub dochodzenia przy zastosowaniu odpowiednich procedur prawnych (czemu nadawał nazwę *dicaeocritica*)[94].

Zawiłe i długie rozważania Althusiusa na temat praw opartych na własności (*dominium*) świadczą o jego pogłębionej znajomości prawa rzymskiego. Wyróżniał on prawa związane z tytułem i posiadaniem, nabyciem i użytkowaniem, zbyciem i zapisaniem na wypadek śmierci, a także inne prawa rzeczowe i osobiste oraz odnoszące się do dóbr materialnych i niematerialnych. Każde z tych dóbr nabyć można czasowo lub trwale, w całości lub w części i na drodze różnych tytułów i czynności prawnych kierowanych odrębnymi regułami: tradycji lub zwyczaju, umowy lub darowizny, zasiedzenia lub używania, zakupu lub pożyczki, sukcesji testamentowej lub nietestamentowej. Następnie wykazywał, w jaki sposób z każdym z tych dóbr związane są różne kompetencje i wolności przysługujące osobom indywidualnym lub dobrowolnym grupom osób, spajanych więzami małżeństwa, rodziny, partnerstwa, korporacji, szkoły, bractwa i innymi[95].

Prawa prywatne wywodzą się nie tylko z własności, lecz także ze zobowiązań między osobami (*obligationes*). Althusius wyróżniał zobowiązania naturalne i kontraktowe. Zobowiązania naturalne charakteryzował jako oparte na „naturalnych powiązaniach", które są nam dane raczej przez naturę lub

Revolution II. The Impact of the Protestant Reformations on the Western Legal Tradition, Cambridge 2003, s. 111–126.

[94] Zob. szczegółową tabelę umieszczoną na początku Księgi I w *Dic.*

[95] *Dic.* I.18–24, 27–33, 36–63, 78–81, 130; *Dic.* II.12–23.

okoliczności, aniżeli na umowie lub porozumieniu. Zobowiązania takie zachodzą m.in. między rodzicem i dzieckiem, bratem i siostrą, sąsiadami itp. Z powiązań wynikają wzajemne prawa i obowiązki dotyczące troski, wspierania, lojalności oraz innych wykonywanych i podejmowanych w dobrej wierze zadań i spraw wynikających z naturalnych relacji między ludźmi[96]. Na przykład rodzice mają naturalne zobowiązania do wychowywania i edukacji swoich dzieci oraz prawo do uniemożliwiania innym osobom ingerencji, a także do interweniowania w takich wypadkach. Małżonkowie mają z kolei prawo do wzajemnych roszczeń związanych z wykonywaniem obowiązków wobec dzieci[97].

Obowiązki wynikające z umów opierają się na dobrowolnej obietnicy lub faktycznych działaniach, dając początek prawom stron takich umów do domagania się spełniania podjętych obowiązków. Althusius wyszczególnił umowy prywatne i publiczne, pisemne i ustne, nazwane i nienazwane, pośrednie i bezpośrednie, dwustronne i wielostronne, aktualne i przyrzeczone darmowe i odpłatne, o różnym stopniu ryzyka oraz zawierane w sprawach osobistych, handlowych, bankowych, w związku z pracą, służbą itd. Althusius był zwolennikiem „swobody umów", którą nazwał „fundamentalną zasadą wspólnoty" i obszernie rozważał przesłanki zgody, zdolności do czynności prawnych i kompetencji, warunkujące rzeczywisty wymiar tej wolności. Jeśli strona wyposażona w zdolność i kompetencje przystępuje do umowy dobrowolnie, rodzi to uprawnienia drugiej strony do domagania się wypełnienia obowiązków określonych w umowie[98].

Althusius nie przedstawiał tych prywatnych praw opartych na własności i zobowiązaniu w sposób abstrakcyjny. Uważał, że praw tych można i powinno się dochodzić oraz chronić przed naruszeniami ze strony innych jednostek lub zbiorowości. Funkcję ochronną w stosunku do umów spełniają prawo deliktów i prawo karne, w których doprecyzowane zostają prawa proceduralne osób. W procesie cywilnym, w prawie deliktów (w prawie karnym zwanych przestępstwami), osoba lub grupa osób może domagać się przywrócenia stanu sprzed naruszenia, odszkodowania pieniężnego lub zadośćuczynienia z powodu naruszenia praw przez pozwanego. W przypadku postępowania karnego

---

[96] *Dic.* I.81.4, 7, 18.

[97] *Dic.* I.5, 7, 9–10, 13, 25, 28–30. Zob. też: *Dic.* I.80 oraz *Dic.* III.9.38–44 na temat praw dzieci adoptowanych oraz na temat tych dzieci, a także *Pol.* III.37–41. Zob. też s. 214–218, o domostwie chrześcijańskim.

[98] *Dic.* I.64–97; *Dic.* II.11–22.

państwo może także nałożyć kary pieniężne, uwięzienie lub jeszcze poważniejsze obciążenia na tego samego oskarżonego. Niekiedy, na podstawie kościelnych przepisów dyscyplinarnych, oskarżonego dodatkowo mogą spotkać sankcje duchowe. Jednostkowe naruszenie praw prywatnych może zatem dać początek wielu procedurom i sankcjom. Na przykład mężczyzna dopuszczający się cudzołóstwa z mężatką ponosi ryzyko odpowiedzialności za szkodę wyrządzoną mężowi i rodzinie, kary chłosty lub wygnania za przestępstwo cudzołóstwa (w skrajnych wypadkach pozbawienia życia), a jeżeli jest członkiem kościoła, duchowe sankcje dotyczyć mogą pokuty lub objęcia zakazem (w skrajnych wypadkach ekskomuniką) za grzech cudzołóstwa. Każdy ze wskazanych rodzajów odpowiedzialności jest przedmiotem odrębnej regulacji, z własnymi procedurami i sankcjami. Althusius nie akceptował w tym zakresie zasady *ne bis in idem*, zabraniającej wielokrotnego pociągania do odpowiedzialności za ten sam czyn[99].

Opracowana przez Althusiusa systematyka prawa deliktów lub naruszeń prywatnych była odbiciem systematyki praw prywatnych[100]. Rozróżniał on delikty popełniane przez jednostki lub grupy osób, polegające na groźbie, szkodzie, zniszczeniu, niewłaściwym użytkowaniu (1) interesów związanych z własnością; (2) praw osobistych do własnego ciała, umysłu, reputacji, czystości lub (3) relacji i zobowiązań naturalnych lub kontraktowych przysługujących innej osobie lub grupie. Dodał do nich czwartą kategorię wykroczeń przeciw integralności, działalności i władzy różnych społecznych związków naturalnych i prywatnych, a zwłaszcza rodziny, Kościoła i spółek. Wobec każdego z tych naruszeń prawo proceduralne upoważnia poszkodowanych do zaskarżenia strony, która dopuściła się wykroczenia oraz domagania się odpowiedniego usunięcia naruszeń. Althusius zajmował się zawiłymi zagadnieniami winy, przyczynowości, odpowiedzialności, szkody i innymi problemami prawa deliktów, a także prawem skargowym, proceduralnym, dowodowym oraz środkami odwoławczymi, a więc wszystkim, co wiązało się z warunkami pomyślnego przebiegu procesu w sprawach wykroczeń[101].

Wiele deliktów uznawano nie tylko za przejawy prywatnego naruszenia praw osoby poszkodowanej, lecz także za publiczne przestępstwa przeciw prawom wynikającym z suwerenności (*iura majestatis*) wspólnoty. Althusius uważał tylko poważniejsze wykroczenia przeciw prawom naturalnym małżeństwa,

[99] *Dic.* I.98–100, 126, 142.
[100] Zob. tabela na początku *Dic.* I.98.
[101] *Dic.* I.111–130, 135–146; *Dic.* III.1–57; *Pol.* XXIX.29–60.

życia, wolności i reputacji za godne ścigania przez państwo. Stanowiły one bowiem jawne pogwałcenie drugiej tablicy Dekalogu i jego rozwinięcia w innych prawach naturalnych[102]. Prawo karne ścigało także naruszenia nakazów pierwszej tablicy Dekalogu, które Althusius nazywał „obrazą Bożego majestatu" (*laesae majestatis divinae*). Należały do nich przestępstwa herezji, apostazji, bałwochwalstwa, zabobonów, bluźnierstwa i naruszenia szabatu, które nazywał „naruszeniami większymi", a także demonologia, uprawianie czarów, gusła i inne, nazywane przez niego „mniejszymi wykroczeniami"[103]. Należały do nich także napaści na wspólnotę jako całość w postaci zdrady, buntu, oszustwa lub wielokrotnego nadużywania stanowisk politycznych lub wojskowych, a także sprzeniewierzenie funduszy publicznych i własności zarządzanej w imieniu wspólnoty[104].

Społeczeństwo i polityka

Teoria społeczeństwa i polityki, którą zbudował Althusius, okazała się dla niego pomocnym narzędziem do tworzenia teorii prawa i praw podmiotowych. W dotychczasowych rozważaniach ujawniły się już częste odwołania Althusiusa do prawa pozytywnego i do fundamentalnych praw państwa, do formalnych struktur, a także do procedur prawnych i sądowych, do zrzeszeń, wspólnot, stowarzyszeń prywatnych i publicznych. Odwołania te nie są przypadkowe, ponieważ ujął on te zagadnienia w pełny i systematyczny sposób, zwłaszcza w *Polityce*, a także w kilku rozdziałach *Teorii sprawiedliwości* i *Civilis conversationis*.

Punktem wyjścia dla formułowanej przez Althusiusa teorii społeczeństwa i polityki jest stan natury – tym razem jednak jest to natura ludzka, a dokładniej natura osoby jako stworzenia i obrazu Bożego. Bóg stworzył ludzi jako istoty moralne, zapisując w ich sercach i sumieniach prawo naturalne wraz z „wewnętrzną skłonnością", „ukrytym impulsem" i „naturalnym instynktem" do „przestrzegania prawa i sprawiedliwości". Bóg stworzył osoby jako podmioty praw, wyposażone w naturalną suwerenność zakorzenioną w nadprzyrodzonej suwerenności Boga, którego obraz każdy człowiek nosi w sobie od urodzenia.

---

[102] *Dic.* I.104–106.

[103] *Dic.* I.101–103.

[104] *Dic.* I.81, 101–106, 113, 131–134.

Bóg stworzył ludzi jako istoty wytrzymałe, posiadające naturalną zdolność do zachowywania życia, samoobrony oraz prokreacji. Bóg stworzył człowieka „cnotliwego" i „rozumnego", powołując go do „świętego, sprawiedliwego, wygodnego i szczęśliwego" życia. Bóg stworzył ludzi jako istoty społeczne, posiadające „skłonność do symbiotycznego życia we wspólnocie", „instynkt do życia z innymi i budowania społeczeństwa obywatelskiego". Bóg stworzył ludzi jako istoty kochające, z natury obdarzone potrzebą dawania i przyjmowania miłości, by tym samym osiągać pełnię człowieczeństwa i wypełniać podstawowy nakaz prawa naturalnego miłości Boga, bliźniego i samego siebie. Bóg stworzył wreszcie ludzi jako „użytkowników języka", jako „istoty porozumiewające się", zdolne do nauki, kształcenia się i tworzenia rozwiniętych zespołów norm, zwyczajów, systemów porozumiewania się i współdziałania w domu, Kościele, państwie, szkole, interesach handlowych i innych formach organizacyjnych[105].

Chociaż każda osoba została stworzona jako wyposażona w te własności i skłonności, każdy rodzi się nagi, słaby i całkowicie zależny od troski rodziców i opiekunów. Gdy człowiek odłącza się od matki i dorasta, stopniowo przekonuje się, że potrzebuje związków z innymi ludźmi, ich umiejętności i pracy, aby „rozbudzić" swój umysł i sumienie, osiągnąć to, co w życiu niezbędne i spełnić się jako istota zdolna do kochania, współdziałania i porozumiewania się z innymi. Stopniowo uczy się, że osoba ma „różne stopnie wiedzy i skłonności" wobec prawa moralnego i różny „zapał do wypełniania" jego przepisów – a także, że niektórzy ulegają zepsuciu i skłonności do bezprawia, stając się zagrożeniem dla otoczenia. Uczy się, że ludzie różnią się uzdolnieniami i siłą, przez co mogą dopełniać siły innych, łącząc je i koordynując. Dowiaduje się, że „ludzie zjednoczeni w grupie mogą sobie wzajemnie pomagać, a duża grupa może łatwiej zdobyć rzeczy konieczne do życia niż człowiek działający osobno, a także, iż wszyscy razem mogą czuć się pewniej, zabezpieczeni przed atakiem dzikich zwierząt i nieprzyjaciela". Uczy się najważniejszej lekcji, że jest stworzony do symbiozy, gdyż „żaden człowiek nie jest zdolny do dobrego i szczęśliwego życia w samotności i tylko dla siebie". Tak więc każdy dojrzały człowiek „zgadza się" na przystąpienie do różnych stowarzyszeń, aby w ten sposób urzeczywistniać własny charakter, zdolności, powołanie, chronić integralność własnej osoby, własność i dobre imię, zdobywać to, co niezbędne i potrzebne do życia naturalnego, obywatelskiego i moralnego[106].

---

[105] *Pol.* I.1–35; *Pol.* XX.19–28; *Dic.* I.7; *Civ. conv.* I.1, 7–11; *Civ. conv.* II.2–6, 9–10.

[106] *Pol.*, Wstęp (wyd. 1610, 1614); *Pol.* I.1–10; *Pol.* XXI.16–21; *Dic.* 1.81.1–7.

Althusius rozróżnił trzy główne typy stowarzyszeń występujących w cywilizacjach rozwiniętych: (1) prywatne stowarzyszenia naturalne oparte na więziach małżeńskich i rodzinnych; (2) prywatne stowarzyszenia dobrowolne (*collegia*), utworzone przez strony spokrewnione lub niespokrewnione oraz (3) stowarzyszenia publiczne lub polityczne – lokalne (wiejskie i miejskie) lub regionalne (księstwa, prowincje, terytoria), bądź „uniwersalne" (narody lub imperia). Każde z tych stowarzyszeń powstaje, zdaniem Althusiusa, na podstawie „cichej lub wyraźnej" umowy bądź przymierza – „więzi stowarzyszenia i wspólnej zgody" dotyczącej „własności, pracy i wspólnych praw" członków stowarzyszenia. Na mocy tej „więzi", „umowy" lub „przymierza" członkowie zgadzają się „porozumiewać się i dzielić" co do części swoich dóbr, pracy i praw z innymi członkami stowarzyszenia, „z każdym, uczciwie i stosownie do jego zdolności". W ten sposób można zaspokoić różnorodne i wyjątkowe potrzeby każdej osoby w kontekście tworzenia wspólnoty i wspólnego życia. Althusius nazywał taką dobrowolną umowę społeczną „statutem założycielskim" lub „zgodną konstytucją" naturalnych i dobrowolnych i stowarzyszeń politycznych, które razem tworzą wspólnotę[107].

Każdy taki statut założycielski, umowa czy przymierze podlegają „ogólnemu prawu wspólnoty, stowarzyszenia lub symbiozy" (*lex communis*, *lex consociatios*, *lex symbiosis*), które Althusius zaliczał do wspólnego prawa naturalnego, ostatecznie wynikającego z przykazania „czcij ojca swego i matkę swoją"[108]. Prawo wspólnoty poucza, że w każdym takim stowarzyszeniu umownym jedni członkowie sprawują rządy, inni zaś powinni zachować posłuszeństwo. To „prawo sprawowania rządów" (*ius majestatis*) zostaje przypisane odpowiednio do stopnia uzdolnień naturalnych i intelektualnych, zaś obowiązek posłuszeństwa przyjmuje się stosownie do potrzeb indywidualnych i społecznych. Althusius był przekonany, że choć struktury autorytetu i posłuszeństwa są „nienaturalne", są one jednak „niezbędne" dla rozwoju osobistego i porządku społecznego. „W prawie naturalnym wszyscy ludzie są równi i nie podlegają niczyjej jurysdykcji, chyba że poddają się czyjemuś autorytetowi zgodnym aktem woli, w którym przekazują swoje prawa innym". Większość ludzi zgadza się na przekazanie swych praw i podleganie owym „nienaturalnym" strukturom i ograniczeniom nakładanym przez autorytet, ponieważ zdają sobie sprawę, że bez nich nawet ich najbardziej elementarne

---

[107] *Pol.* I.1–10, 19, 25, 27, 29–35; *Pol.* II.1–6; *Dic.* I.7, 90.

[108] *Pol.* XXI.19; *Dic.* 1.14.

stowarzyszenia nie przetrwają długo, a ich podstawowe prawa okażą się mało znaczące[109].

Ogólne prawo stowarzyszenia wyznacza jednak granice działalności każdego autorytetu – zarówno w domu, kościele, państwie, jak i w każdym innym stowarzyszeniu dobrowolnym. Każdy autorytet powinien rządzić „dla dobra" poddanych, by umożliwić im poszukiwanie celu ostatecznego, jakim jest prowadzenie życia „świętego, sprawiedliwego, wygodnego i szczęśliwego". Każdy autorytet powinien troszczyć się o dusze i ciała swoich poddanych, nauczając i „napełniając ich dusze" prawdziwą doktryną oraz „wiedzą o rzeczach pożytecznych w życiu doczesnym", zaś ciałom zapewniając pożywienie, opiekę i bezpieczeństwo. Obowiązkiem każdego autorytetu jest zapewnienie, by w ramach stowarzyszenia stosowano „prawo moralne" z zachowaniem „słuszności i sprawiedliwości", stale dbając o zachowanie równowagi między zdecydowaniem i bezstronnością, rządzeniem i prawami jednostek, sprawiedliwością i miłosierdziem, zgodnie z „naturalną słusznością" (*aequitas naturalis*). Każdy autorytet powinien stworzyć system prawa wewnętrznego (*leges propriae*) dla danego stowarzyszenia, dostosowany do „natury, przeznaczenia, warunków i innych szczególnych okoliczności" stowarzyszenia i jego członków. Każdy autorytet powinien wcielać w życie „wspólne prawo naturalne", które rządzi wszystkimi ludźmi, oraz „wskazywać, w jaki sposób poszczególni członkowie tego stowarzyszenia mogą dążyć do stanu naturalnej słuszności", do której mają prawo[110]. W przekonaniu Althusiusa wszystkie związki rodzinne, prywatne i polityczne stanowiły w jednakowym stopniu odrębne sfery prawa i miłości oraz sprawiedliwości i słuszności. Każde stowarzyszenie opiera się na prawie naturalnym i podlega ogólnemu prawu stowarzyszania się. Z kolei każde stowarzyszenie miało być źródłem prawa pozytywnego lub prawa właściwego. Każde tworzyć miało specyficzne prawa w dążeniu do sprawiedliwości i słuszności, a także w celu ochrony praw i wolności swoich członków[111].

Stowarzyszenia prywatne

Podstawowym i najistotniejszym związkiem w każdej dużej wspólnocie jest gospodarstwo domowe – związek męża i żony oraz rodziców i dzieci,

---

[109] *Pol.* I.10–18; *Pol.* XVIII.18.

[110] *Pol.* I.3, 10–18; *Pol.* IX.1–8; *Pol.* XX.24–30; *Dic.* I.13.

[111] Pojęcie „sfer" zostało szerzej przedstawione przez późniejszych holenderskich pisarzy kalwińskich takich jak Abraham Kuyper i Herman Dooyeweerd. Zob. s. 377–378.

którym towarzyszy niekiedy służba, dziadkowie, wnuki i inni krewni. Tego rodzaju „wspólnota domowa", pisał Althusius za Arystotelesem, jest „zalążkiem wszelkich związków w życiu prywatnym i publicznym", „kamieniem węgielnym" wszystkich innych wspólnot i przedsięwzięć zbiorowych[112]. Rodzina jest zarazem naturalna i dobrowolna. Już w raju Bóg połączył pierwszego mężczyznę i pierwszą kobietę i polecił im, aby „byli płodni i rozmnażali się". Bóg stworzył ich jako istoty społeczne, wyposażone w naturalne skłonności i wzajemne przyciąganie. Bóg obdarzył je fizycznymi zdolnościami łączenia się, płodzenia potomstwa oraz polecił im miłować się, pomagać sobie, wychowywać swoje dzieci, napełniając je i siebie miłością Boga, bliźniego oraz szacunkiem dla własnej osoby. Choć małżeństwo należy do porządku natury, powstaje na podstawie dobrowolnej umowy małżeńskiej między mężczyzną i kobietą, którzy osiągnęli przewidziany przez prawo wiek oraz zdolność do wywiązania się z tej umowy. W związku tym dzieci przychodzą na świat nie z własnej woli lub za własną zgodą, lecz stopniowo uzyskują prawo do pozostania w rodzinie lub opuszczenia jej, kiedy dochodzą do odpowiedniego wieku. Chociaż małżeństwo powstaje na podstawie dwustronnej umowy między mężczyzną a kobietą, posiadającymi równe prawa wyrażenia zgody na przystąpienie lub odstąpienie od związku, małżeństwo posiada strukturę hierarchicznego porządku, podlegającego łagodnemu autorytetowi *paterfamilias*:

Życie małżeńskie jest dla męża i żony źródłem określonych korzyści i obowiązków. Kierownikiem i rządcą we wspólnych sprawach związku małżeńskiego jest mąż. Żona i rodzina są mu posłuszni i wykonują jego polecenia. Odpowiednie korzyści i obowiązki należą do jednego z nich lub do obojga. Do własnych korzyści i obowiązków należą te, których mąż udziela swojej żonie lub te, których żona udziela mężowi. Mąż udziela żonie własnego nazwiska, rodziny, dobrego imienia, pozycji życiowej, statusu majątkowego. On także roztacza nad nią opiekę, ochronę prawną i broni ją przed przemocą i krzywdą oraz zaopatruje ją we wszystko, co niezbędne, a więc zapewnia jej kierownictwo, troskę, żywność i odzież [...]. Żona zaś odpowiada mężowi posłuszeństwem, uległością, zaufaniem, służbą, pomocą, szacunkiem, poważaniem i skromnością. Obdarza go dziećmi i opiekuje się nimi. Dzieli z nim niedolę lub nieszczęście i pociesza go. Dostosowuje się do jego zwyczajów oraz nie podejmuje żadnych działań bez porozumienia się z nim i bez jego zgody. W ten sposób czyni jego życie przyjemnym i spokojnym.

---

[112] *Pol.* II.14, 42; *Dic.* I.79.

Wiele jest wspólnych korzyści i obowiązków świadczonych sobie wzajemnie przez małżonków. Należą do nich życzliwość, oddanie cielesne dla uniknięcia nierządu i celem posiadania dzieci, wspólne zamieszkiwanie z wyjątkiem sytuacji, kiedy konieczna jest rozłąka, towarzystwo najbliższej rodziny, wzajemna miłość, wierność i cierpliwość, wzajemne oddawanie sobie posług, informowanie się o wszystkich rzeczach i sprawach [...], kierowanie rodziną, zarządzanie obowiązkami domowymi, nauczanie dzieci prawdziwej wiary, ochrona, pomoc w niebezpieczeństwie i żałoba po zmarłych [...]. Rodzice powinni [razem] edukować swoje dzieci, nauczać je prawdziwej wiedzy o Bogu, kierować nimi i bronić je, a nawet gromadzić dla nich dobra, zezwalać im na branie udziału we wszystkich swoich przedsięwzięciach, włączywszy sprawy rodziny i pozycji społecznej, umożliwić im odpowiednie małżeństwo we właściwym czasie, a przy końcu życia uczynić je spadkobiercami i zabezpieczyć je w najwłaściwszy sposób.

Althusius był przekonany, że gospodarstwo domowe jest kolebką prawa, polityki i społeczeństwa. Dla społeczeństwa stanowi ono pierwszy i najlepszy przykład autorytetu i dyscypliny, miłości i jedności oraz troski i opieki nad ciałem i duszą jego członków. Jest pierwszą szkołą sprawiedliwości, miłosierdzia, pobożności, dobroci, cnoty i obywatelskości[113].

Gospodarstwo domowe znajduje się w samym sercu wszystkich ludzkich więzi naturalnych między członkami rodzin, klanów, plemion i innych grup połączonych więzami krwi i małżeństwa. Głową tej rozbudowanej sieci rodzinnej jest zazwyczaj najstarszy *paterfamilias* z najbardziej szanowanej rodziny, który dysponuje szczególnym „prawem stosowania przymusu" lub dyscypliny (*ius coercendi*) wobec swoich krewnych, w celu zapewnienia ich współpracy i wypełniania obowiązków rodzinnych. Z kolei wszyscy członkowie korzystają z „praw wynikających z pokrewieństwa i przynależności do rodziny" (*iura sanguinis*), obejmujących prawa do „czułości, miłości i dobroci" ze strony własnej rodziny oraz do pomocy, wsparcia i schronienia w potrzebie[114].

Naturalne związki prywatne wywodzą się z więzów krwi i związków małżeńskich, natomiast dobrowolne związki prywatne (*collegia*) powstają najczęściej na podstawie umów między spokrewnionymi lub niespokrewnionymi stronami. Gildie, spółki, przedsiębiorstwa handlowe, banki, sklepy, gospodarstwa rolne, korporacje, szkoły, uniwersytety, towarzystwa, kluby,

---

[113] *Pol.* II.38–49; *Pol.* III.37; *Pol.* XVIII.105; *Pol.* XXXVIII.84; *Dic.* I.7, 27–30, 79, 142. Zob. też J. Althusius?, *De Matrimonio contrahendo et dissolvendo*, Basel 1593.

[114] *Pol.* I.16–36; *Pol.* III.1–36; *Dic.* I.7; *Dic* I.78.

„synagogi"[115] – wszelkie formy związków dobrowolnych tworzy się na podstawie wzajemnej zgody co najmniej dwóch osób. Na podstawie dobrowolnych umów członkowie związków godzą się wzajemnie dzielić „własność, pracę i prawa" dla wspólnego celu – świeckiego lub religijnego, handlowego lub dobroczynnego, czasowego lub trwałego. Godzą się oni na wewnętrzny system zarządzania, formalny lub nieformalny, spisany lub zwyczajowy, nadany lub umowny. Ustanawiają własne systemy i procedury dotyczące sprawowania władzy, własności, umów, wolności i przywilejów dla swoich dobrowolnych członków. Pod warunkiem, że te dobrowolne związki stosują się do prawa naturalnego i jego dookreślenia w państwowym prawie karnym i prywatnym, mogą się one cieszyć ogólną swobodą umów[116].

Odpowiednio utworzone związki nabywają osobowości prawnej i tożsamości, wykraczającej poza osobowość prawną i tożsamość poszczególnych członków. Jednostki zostają w ten sposób określone przez członkostwo w stowarzyszeniu. Posiadają obowiązki i prawa oraz kompetencje i przywileje już nie jako osoby prywatne, lecz jako przełożeni i podwładni, funkcjonariusze i członkowie stowarzyszenia. Jako osoby prywatne zachowują „prawo do wystąpienia" (*ius emigrandi*) z dobrowolnego związku na zasadach określonych w umowie (np. w regułach dotyczących zatrzymania własności lub możliwości domagania się wynagrodzenia z tytułu wykonanej pracy). Jeżeli pozostają dobrowolnymi członkami danego stowarzyszania, muszą podporządkować się jego wewnętrznym normom i zwyczajom oraz stosować się do wszelkich zmian dotyczących wewnętrznych procedur i przepisów. Stowarzyszenie jako

---

[115] *Pol.* IV.4. Zob. s. 228–230, gdzie wskazuję, że Althusius nie wzywa do tworzenia synagog. Althusius nie wypowiadał się jednoznacznie o politycznym statusie i pozycji kościołów i innych związków wyznaniowych. Traktował je jako różnorodne związki naturalne, prywatne związki umowne i publiczne stowarzyszenia polityczne. Niektóre z tych kwestii zostały ostatecznie rozwiązane przez następną generację w eklezjologicznym arcydziele Gisbertusa Voetiusa, *Politica Ecclesiastica*, 4 tomy, Leiden 1663–1676, w skrócie jako *Gisberti Voetii, Tractatus selecti de Politica Ecclesiastica*, red. F.L. Rutgers, Amsterdam 1885. W pracy tej Voetius przedstawił obszerną teorię przymierza Kościoła, która dowiodła, że ma on jednocześnie charakter publiczny i prywatny, dobrowolny i naturalny. Zob. zwł. Część I, księgi I i IV, oraz Część II, księga I. Dzieło to, którego wyrafinowany styl porównać można do wspaniałych *Laws of Ecclesiastical Polity* anglikanina Richarda Hookera, stanie się standardem wśród późniejszych siedemnasto- i osiemnastowiecznych kalwinistów holenderskich. Zob. też: E. Conring, *Kirche und Staat nach der Lehre der niederländischen Calvinisten in der ersten Hälfte des 17. Jahrhundert*, Berlin 1965; J. Bohatec, *Das Territorial- und Kollegialsystem in der holländischen Publizistik des XVII. Jahrhunderts*, „ZSS (KA)" 1948 (66), s. 1; D. Nobbs, *Theocracy and Toleration*, s. 130–212.

[116] *Dic.* 1.78.3–10.

całość dysponuje prawem posiadania własności i zawierania umów, prawem do pozywania i bycia pozywanym, obowiązkiem płacenia podatków i podporządkowania się regułom nakładanym przez odpowiednie władze. W *Teorii sprawiedliwości* Althusius przedstawił szczegółowo regulacje i struktury spółek, korporacji i niektórych innych dobrowolnych stowarzyszeń[117]. W późniejszych wiekach tacy myśliciele, jak Otto von Gierke, Max Weber i inni nowożytni teoretycy nauk społecznych podkreślali wkład Althusiusa w tworzenie ram pojęciowych umożliwiających poruszanie się w gąszczu stowarzyszeń, rozrastającym się w średniowiecznej i wczesnonowożytnej Europie, na podstawie fundamentalnej zasady dobrowolnej umowy[118].

Stowarzyszenia polityczne

Althusius dostrzegał w rozwoju cywilizacji tendencję do łączenia się grup stowarzyszeń prywatnych (naturalnych lub dobrowolnych) w stowarzyszenia publiczne (polityczne). Najprostszą i najwcześniejszą formą takich stowarzyszeń politycznych są osady i wioski, a następnie większe miasta, hrabstwa i miasta. Małe stowarzyszenia lokalne sprzymierzały się, tworząc większe stowarzyszenia publiczne – księstwa, prowincje, terytoria i biskupstwa. Nierzadko te stowarzyszenia publiczne średniego stopnia łączyły się w republiki, narody i królestwa – „uniwersalne stowarzyszenia publiczne", jak nazywał je Althusius[119].

Tego rodzaju ewolucję polityczną, od prywatnych do publicznych stowarzyszeń politycznych, można obserwować w historii wielu narodów, jednak zdaniem Althusiusa jej „najwcześniejszy", „najlepszy", „najmądrzejszy" i „najdoskonalszy" przykład utrwaliła historia polityczna biblijnego Izraela[120]. Lud Izraela wywodził się z gospodarstwa domowego Abrahama i Sary, dając początek dużym rodom Izaaka i Jakuba, a następnie dwunastu plemionom założonym przez dwunastu potomków Jakuba, dalej miasteczkom i miastom rządzonym przez Jozuego, a następnie Sędziów, aby ostatecznie utworzyć jeden naród Izraela rządzony przez królów. Zgodnie

---

[117] *Pol.* IV.1–30; *Dic.* I.8, 78, 81.

[118] Zob. T.O. Hueglin, *Early Modern Concepts*, s. 15–28, 197–232.

[119] *Pol.* VI.1; *Pol.* XVIII; *Pol.* XXXVIII.84–86; *Dic.* I.32, 81.

[120] *Pol.*, Wstęp (wyd. 1610, 1614); *Pol.* XVIII.18–40; *Pol.* XIX.79; *Pol.* XXII.15–19. Por.: M. Bodian, *The Biblical „Jewish Republic" and the Dutch „New Israel" in Seventeenth-Century Dutch Thought*, „Hebraic Political Studies" 2006 (1), s. 186–202.

z interpretacją przyjętą przez Althusiusa każdy etap ewolucji politycznej Izraela wyznaczany był przez „przymierze konsensualne" zawierane między władcami i ludem a Bogiem jako trzecią stroną występującą w roli poręczyciela i władcy. Kiedy lud i plemiona potrzebowały sędziów, aby sprawowali rządy nad ich nowymi miastami, Bóg nakazał im: „Ustanowisz sobie rządców i urzędników we wszystkich miastach, które ci daje Pan, Bóg twój, dla wszystkich pokoleń. Oni sądzić będą lud sądem sprawiedliwym" (Pwt 16, 18). Gdy następnie plemiona połączyły się, by utworzyć jeden naród Izraela, zawarły one przymierze z królem Dawidem. Biblia utrwaliła ten końcowy, decydujący etap ewolucji politycznej Izraela:

Wszystkie pokolenia izraelskie zeszły się u Dawida w Hebronie i oświadczyły mu: „Oto myśmy, kości twoje i ciało. Już dawno, gdy Saul był królem nad nami, tyś odbywał wyprawy na czele Izraela. I Pan rzekł do ciebie: «Ty będziesz pasł mój lud – Izraela, i ty będziesz wodzem nad Izraelem»". Cała starszyzna Izraela przybyła do króla do Hebronu. I zawarł król Dawid przymierze z nimi wobec Pana w Hebronie. Namaścili więc Dawida na króla nad Izraelem (2 Sm 5, 1–3)[121].

Podobne obrzędy przymierza politycznego powtarzano w przypadku króla Salomona, króla Reboama i innych władców (1 Krl 1, 34–40; 12, 1–20).

Althusius wyprowadzał wiele nauk z historii politycznej starożytnego Izraela, a także z historii innych narodów, na którą często się powoływał. Uznał po pierwsze, że zarówno prawo biblijne, jak i prawo naturalne przyjmuje doktrynę suwerenności ludu, którą definiował jako naturalne uprawnienie i upoważnienie ludu do rządzenia sobą lub do wybierania przedstawicieli, którzy rządziliby w jego imieniu. „Bóg obdarzył wszystkich ludzi wynikającą z prawa naturalnego wolną władzą ustanawiania dla siebie książąt, królów, i urzędników". Zdaniem Althusiusa „oznacza to, że jeżeli wspólnota podlegająca boskiemu kierownictwu przez prawo natury posiada władzę cywilną, może ona przenieść tę władzę na inną osobę lub inne osoby, które posiadając tytuł królów, książąt, konsulów lub innych urzędników, podejmują się kierowania życiem wspólnym". To naturalne uprawnienie do rządzenia sobą jest

[121] Zobacz także fragment Pwt 17, 14–15, który Althusius również cytował wielokrotnie: „Gdy wejdziesz do ziemi, którą Pan, Bóg twój, ci daje, obejmiesz ją w posiadanie, osiądziesz w niej i powiesz sobie: Ustanowię nad sobą króla, jak wszystkie narody wokół mnie; to możesz ustanowić nad sobą króla, którego Pan, twój Bóg, wybierze. Ustanowisz nad sobą króla spośród swoich braci. Nie możesz ustanowić nad sobą męża obcego, który nie jest twoim bratem".

tak potężne i powszechne, że nawet sam Bóg uszanował je, gdy starożytni Izraelici domagali się realizacji tego prawa. „Bóg kierował tym ludem w cudowny sposób przez cztery stulecia, postępując tak, jak gdyby on sam był ich królem". Jako twórcy prawa natury Bogu przysługuje doskonałe uprawnienie naturalne do tego, by stale kierować Izraelem. Lud jednak „domagał się własnego króla. Początkowo Bóg gniewał się i dał im Saula, którego sam wyznaczył i wybrał" oraz którego koronował rękami swojego proroka Samuela. Lud nie był zadowolony z Saula, ponieważ za króla chciał mieć Dawida. Bóg przychylił się do tego wyboru. „Przez swoje słowo ustanowił potomków Dawida władcami królestwa. Jednakże Bóg dokonywał tych rzeczy w taki sposób, aby nie pominąć ludu przy wyrażaniu swojego poparcia i zgody". Choć pierwszych królów koronowano z pomocą Boga, by rządzili w Jego imieniu, „królów uważano za wybrańców ludu obdarzonych przez lud prawem sprawowania władzy królewskiej (*ius regis*)" w imieniu ludu[122].

Jeżeli nawet Bóg honorował naturalne prawa ludu do wybierania władców politycznych, tym bardziej każdy z ziemskich władców powinien honorować te prawa naturalne. „Władcy stworzeni są dla ludu, nie lud dla władców", pisał Althusius, przytaczając słowa de Bèze'a i innych wczesnych kalwinistów. „Lud może istnieć bez władzy, władza zaś nie może istnieć bez ludu". „Z natury rzeczy i ze względu na okoliczności, lud ma pierwszeństwo przed władzą, jest ważniejszy i zajmuje wyższą pozycję niż władcy". Lud wybiera władców w celu przekazania im władzy tworzenia prawa, której sam nie może z łatwością wykonywać. Władcy ci powinni rządzić w imieniu ludu oraz kierować się jego interesem. Nie mogą w stosunku do ludu wykonywać władzy większej od tej, którą sam lud ma nad sobą, ani wykraczać poza zakres władzy, którą im delegowano. Władcom, podobnie jak ludowi, w szczególności nie wolno wykraczać poza prawo i uprawnienia naturalne. Ponadto władcom nie wolno nigdy używać urzędu politycznego jako instrumentu do „czerpania korzyści osobistych i prywatnych zamiast działania na rzecz pożytku i dobra wspólnego". Za środek ostrożności przeciwko takim nadużyciom uważał Althusius zakaz powierzania urzędów politycznych ateistom, heretykom, bękartom oraz ludziom bezbożnym, przewrotnym lub niemoralnym[123].

Kolejny wniosek, jaki Althusius wyprowadzał z historii politycznej starożytnego Izraela, dotyczył stowarzyszeń politycznych, takich jak stowarzyszenia

[122] *Pol.*, Wstęp (wyd. 1603); *Pol.* IX.3–4; *Pol.* XVIII.8, 18–20, 58–59; *Pol.* XIX.8–10, 15–18, 73; *Dic.* I.32.15–19.

[123] Zob. s. 200–204.

naturalne i prywatne, tworzone na drodze dobrowolnej umowy lub przymierza zawieranego przed Bogiem między ludem a jego władcami. Althusius określał te umowy, podobnie jak de Bèze pół wieku wcześniej, jako wzajemne obietnice, składane przez lud i władców w celu zachowania praw Boga i natury, praw i wolności ludu oraz wiary i porządku publicznego. Obejmując urząd, władcy składają przysięgę przed ludem i Bogiem, „że będą rządzić królestwem lub republiką zgodnie z prawem Boga, prawego rozumu i powierzonej im wspólnoty". Przyrzekają, że będą „uosabiać i reprezentować całe królestwo, wszystkich poddanych i Boga, od którego pochodzi cała władza". Ślubują, że zachowają nienaruszalność duszy i ciała, pobożność i sprawiedliwość oraz wiarę i porządek ludu i wspólnoty na podstawie duchowych i doczesnych przykazań Dekalogu. Lud ze swej strony, na drodze „powszechnej zgody" przyrzeka dopóty „zachować posłuszeństwo i stosować się do woli najwyższego urzędnika, który zarządza wspólnotą według spisanych praw", dopóki te prawa pozytywne „nie znajdą się w konflikcie z prawem Bożym i prawem królestwa". Nadto przysięgają oni prawowitym urzędnikom „zaufanie, podporządkowanie, służbę, pomoc i radę", modlitwę w intencji zachowania ich życia, mądrości, pomyślności i szczęścia oraz że będą płacić nałożone podatki, rejestrować swoją własność, stawiać się w czasie poboru do wojska i spełniać wszystkie inne sprawiedliwe prawa i przepisy, które przyczyniają się do zachowania pokoju, porządku i powodzenia we wspólnocie[124].

Na poziomie całego państwa przymierze polityczne miało po części charakter przymierza religijnego (*pactum religiosum*), wzorowanego na przymierzu starożytnego Izraela między władcami, ludem i Jahwe (Pwt 4–6, 29–30). Althusius twierdził, że, podobnie jak w starożytnym Izraelu, współcześni urzędnicy oraz lud przyrzekają, że „wszyscy w królestwie" będą oddawać cześć Bogu szczerze i całym sercem oraz uznają Boga za „najwyższego Pana" narodu. Podejmują zobowiązanie na rzecz utworzenia „bożej republiki" na chwałę Bożą, dla czci Jego imienia i rządów Jego prawa. Bóg zaś obiecuje błogosławić i chronić lud, który przestrzega zobowiązań przymierza, grozi zaś przekleństwem i srogą karą tym, którzy nie wywiązują się z podjętych zobowiązań. W takim przymierzu Bóg jest „wierzycielem" – zgodnie z określeniem Althusiusa – lud zaś jest „dłużnikiem". Przymierze nakłada na lud prawa i obowiązki indywidualne i zbiorowe, a także odpowiedzialność łączną i jednostkową.

---

[124] *Pol.* VI.30–31; *Pol.* VII.4–12; *Pol.* XVIII.18; *Pol.* XIX.6–7, 14, 98; *Pol.* XX.1–2; *Pol.* XXVIII.30–32.

„Jeden dłużnik ponosi odpowiedzialność za zaniedbania innego i uczestniczy w jego grzechu, jeśli nie powstrzyma tego, kto narusza przymierze i nie przeciwstawi się [jego grzeszności] wszelkimi dostępnymi środkami". Zatem sprawą najwyższej wagi było, aby każdy z osobna i wszyscy członkowie wspólnoty, a nie tylko sami urzędnicy, stosowali się do litery i ducha przymierza oraz doradzali bliźnim czynić to samo[125].

Althusius wyróżnił poszczególne typy, fazy i wymiary przymierza politycznego. Pierwszym było porozumienie samego ludu, który bezpośrednio lub przez wybranych przedstawicieli postanawiał utworzyć stowarzyszenie polityczne, bez względu na typ rządów. Porozumienie drugiego typu, zawierane między władcami a ludem, dotyczyło form i zasad rządów stowarzyszenia politycznego oraz praw, obowiązków, kompetencji i przywilejów stron. W ramach porozumienia trzeciego typu władca miał zobowiązywać się wobec Boga do władania Bożą społecznością na chwałę Boga i dla zachowania błogosławieństwa wolności ludu i jego stowarzyszeń. Stronami porozumienia czwartego typu byli niżsi urzędnicy oraz najwyższy urzędnik. Na tej podstawie każda ze stron godziła się kontrolować i równoważyć drugą stronę w celu zapobieżenia tyranii. Althusius nie określił wyraźnie, czy były to postaci i funkcje tego samego przymierza politycznego, czy też odrębne przymierza, ulegające następnie połączeniu. Wyraźnie natomiast wskazywał, że wszystkie te porozumienia łącznie służą za „prawo fundamentalne", „konstytucję założycielską" oraz „umowny mandat" wspólnoty politycznej[126].

Althusius uważał przymierza polityczne – na poziomie miasta, prowincji i państwa – za najlepszą gwarancję „ostatecznych rządów prawa (*leges*) i praw (*iura*) w społeczeństwie ludzkim". „Rządy przez prawo" i „rządy prawa" oparte na prawie natury i ujęte w przymierzu politycznym uważał za „światło wskazujące drogę życia obywatelskiego, szale sprawiedliwości, zabezpieczenie swobód, bastion porządku publicznego i dyscypliny, schronienie dla słabych, uzdę dla mocarzy, normę i narzędzie naprawy rządzenia". Althusius nie uważał przymierzy politycznych za konstrukty mityczne, metafizyczne lub metaforyczne. Widział je w spisanych kartach i konstytucjach, na które władcy i lud uroczyście przysięgali wobec Boga. Wyszczególniano w nich wzajemne prawa, obowiązki, kompetencje i prerogatywy władców i ludu oraz zasady i procedury tworzenia i stosowania prawa pozytywnego. „Spisaną konstytucję"

[125] *Pol.* XXVIII.22; *Pol.* XXXVIII.31–35, 40. Na temat szerzenia się tej teorii wśród purytanów z Nowej Anglii zob. s. 335–342.

[126] *Pol.* X.4; *Pol.* XIX.6, 15, 23, 29, 49; *Pol.* XX.18; *Pol.* XXVIII.30–32; *Dic.* I.13.3, 6–8.

uważał Althusius za najlepsze „umocnienie, straż, zaporę lub granicę dla naszego życia, prowadzącą nas po wyznaczonej drodze do osiągnięcia mądrości, szczęścia i pokoju w ludzkiej społeczności"[127].

Trzeci wniosek wywiedziony przez Althusiusa z historii politycznej starożytnego Izraela polegał na dostrzeżeniu, że w wyniku realizacji przymierza politycznego powstaje nowy byt prawny i polityczny. Każde stowarzyszenie polityczne – czy to na poziomie miasta, prowincji, czy narodu – staje się oddzielną jednostką prawną, niezależnym żywym ciałem politycznym, dysponującym własną osobowością prawną i polityczną, własnym życiem i duchem. Na czele każdego stowarzyszenia politycznego formalnie stoi najwyższy urzędnik – burmistrz miasta, zarządca prowincji lub monarcha w państwie. Członkami są natomiast stowarzyszenia niższego rzędu, których przywódcy przystąpili do przymierza powołującego do życia stowarzyszenie wyższego rzędu, tj. rodziny i dobrowolne związki, które przystąpiły do przymierza tworzącego miasta; gildie, majątki ziemskie, zakony oraz miasta związały się przymierzem, by utworzyć prowincje; wreszcie miasta i prowincje sprzymierzają się, by utworzyć państwo. Zdaniem Althusiusa na poziomie prowincji i państwa członkami stowarzyszenia politycznego nie są już „indywidualne osoby, rodziny lub poszczególne stowarzyszenia prywatne", lecz obejmujące te podmioty stowarzyszenia polityczne niższego stopnia, w których reprezentowane są jednostki i ich interesy. „Osoby indywidualne wewnątrz tych grup członkowskich nazywa się odtąd tuziemcami, mieszkańcami oraz synami i córkami królestwa". „Należy ich odróżniać od cudzoziemców i ludzi obcych, którzy nie mają praw do królestwa. Można powiedzieć, że poszczególni obywatele, pojedyncze rodziny i [prywatne dobrowolne] stowarzyszenia nie są członkami królestwa, podobnie jak drewno, gwoździe i kołki nie stanowią części okrętu". Oczywiście bez tych osób i stowarzyszeń prywatnych okręt państwa musiałby się rozpaść. Podobnie jednak jak okręt poznaje się po jego większych częściach – takich jak maszt, rufa, ster i pokład – tak i okręt państwa poznaje się po zbiorowościach indywidualnych obywateli, stowarzyszonych w rozmaitych grupach politycznych i urzędach[128].

Nie oznacza to jednak, że lud pozbywa się suwerenności wraz z powstaniem stowarzyszenia politycznego. Na każdym poziomie rządów lud pozostaje suwerenem i zwierzchnikiem, gdyż jednostki zachowują swoje prawa podstawowe

---

[127] *Dic.* I.13.3, 6–8.

[128] *Pol.* V.5–11; *Pol.* IX.4–6; *Dic.* I.81.8–9, 17–18.

jako osoby i jako członkowie stowarzyszeń prywatnych. Nawet „prawo suwerenności państwa" należy ostatecznie do ludu jako całości, nie zaś do jakiejkolwiek należącej do niego osoby, szczególnie zaś nie do króla lub innego wyższego urzędnika, który został głową państwa. Zdaniem Althusiusa wszyscy, którzy tworzą naród, są w znaczeniu dosłownym „właścicielami praw suwerennych państwa". Zawierając przymierze narodowe lub konstytucję, lud jako całość zgadza się delegować władzę zarządzania w ręce króla. W wyniku dokonanej delegacji „król reprezentuje lud, nie zaś lud króla". Król musi ponosić odpowiedzialność przed ludem, reprezentowanym w rozmaitych stowarzyszeniach.

Uprawnienie władcy polega na wiernej i starannej trosce w sprawowaniu zarządu nad republiką powierzoną mu przez naród. [...] Król dzierży, korzysta i cieszy się tym bogactwem [...] podobnie jak [dzierżawca] posiadający prawo do korzystania z niego. Po śmierci króla lub legalnym pozbawieniu go tronu prawa te powracają do ludu, do którego należą. Lud przekazuje je wówczas ponownie, mając na względzie najlepiej pojęte dobro republiki. A zatem, prawo króla to jedna rzecz, a prawo ludu to druga rzecz. To pierwsze jest czasowe i związane z osobą, drugie zaś jest trwałe. Pierwsze jest mniejsze, drugie większe. Pierwsze polega na użyczeniu w drodze umowy z upoważnionym władcą, drugie jest niepodzielną własnością [ludu][129].

Nie tylko lud zachowuje swoją fundamentalną suwerenność i prawa; także stowarzyszenia polityczne niższego rzędu zachowują swoją fundamentalną tożsamość i suwerenność jako części większej struktury politycznej. Każde lokalne stowarzyszenie polityczne zachowuje własne „prawo do suwerenności" (*ius majestatis*), a także „uprawnienia, przywileje, dobrodziejstwa i prerogatywy" nadane im przez lud. Oznacza to siłę polityczną do egzekwowania władzy dotyczącej osób i spraw w ramach stowarzyszenia politycznego, do dokonywania czynności prawnych z upoważnienia i w interesie członków, do „rozporządzania, nakazywania, zarządzania i administrowania wszystkim, co pożyteczne i niezbędne" dla zachowania i rozkwitu stowarzyszenia politycznego i ludu. Oczywiście prawo miasta do suwerenności podporządkowane jest wyższemu prawu do suwerenności prowincji i narodu, podobnie jak prawo do suwerenności prowincji jest podporządkowane najwyższemu prawu suwerenności narodu. Lokalne prawa polityczne w dziedzinie suwerenności zachowują

[129] *Pol.* Wstęp (wyd. 1603 i 1610); *Pol.* IX.4, 15–24; *Pol.* XVIII.102–104; *Pol.* XXIV.29–50; *Pol.* XXXVIII.31, 39–40.

jednak, zdaniem Althusiusa, swoją moc i powinny być respektowane tak dalece, jak tylko to jest możliwe. Im bardziej bowiem lokalny jest zakres władzy, tym bardziej „zindywidualizowana jest piecza, której udziela się poszczególnym osobom i grupom ludzi". Zgoda wyrażona przez miasto, aby połączyć się z prowincją, lub zgoda miasta i prowincji na połączenie się z większą republiką nie pozbawia ich tożsamości politycznej lub suwerenności, lecz potwierdza je. Stanowi także gwarancję reprezentowania ich lokalnych interesów w polityce wyższego szczebla oraz zapewnia im ochronę i pomoc w wypadku napaści lub niebezpieczeństwa. Ponadto potwierdza, że stowarzyszenia polityczne wyższego rzędu zawdzięczają im swoje istnienie, bowiem złożone są z tych mniejszych stowarzyszeń i od nich zależy ich trwałość. Stowarzyszenia polityczne niższego stopnia pełnią zasadniczą rolę jako fundament dla wyższych stopni zorganizowania, a bez nich prowincja lub państwo narodowe uległyby rozbiciu[130].

Podkreślanie przez Althusiusa konieczności zachowania lokalnej suwerenności politycznej, nawet gdyby trzeba było bronić praw i władzy suwerennego państwa narodowego, stanowiło przełomowy argument w obronie ówczesnego niderlandzkiego konstytucjonalizmu, a w konsekwencji przesądziło o rozwoju nowoczesnej teorii federalizmu politycznego. W czasach Althusiusa miało to poważne implikacje dla procesu porządkowania złożonych stosunków politycznych między rozmaitymi organizmami w Świętym Cesarstwie Rzymskim, a zwłaszcza w mieście Emden. Jego poglądy w tym zakresie pozostawały w sprzeczności z teoriami monarchicznego absolutyzmu oraz suwerenności narodowej, wysuwanymi przez Jeana Bodina czy przez Jakuba I i innych, których poglądy spotykały się z ostrą krytyką ze strony Althusiusa. Suwerenność stanowiła jego zdaniem powszechne dobrodziejstwo należące do wszystkich ludzi w ramach ich poszczególnych stowarzyszeń, nie zaś niepodzielny przywilej dziedzicznego monarchy. Federalizm stanowił zasadniczą gwarancję suwerenności ludu oraz stowarzyszeń prywatnych i politycznych niższego rzędu, stanowiących zaporę przeciw nieuniknionej tendencji wyższych urzędników do tyranii politycznej i narodowego absolutyzmu[131].

---

[130] *Pol.* VI.39–44; *Pol.* VIII.3, 40, 50–67; *Pol.* XVII.24–31; *Dic.* I.33.1–8, 24, 31–35

[131] Zob. T.O. Huegelin, *Early Modern Concepts*, s. 109–135; O. v. Gierke, *Development*, s. 266–276; C.J. Friedrich, R.G. McCloskey (red.), *From the Declaration to the Constitution. The Roots of American Constitutionalism*, New York 1954, s. xxiii i n.; F. Lomonaco, *Huguenot Critical Theory and „Ius Maiestatis" in Huber i Althusius*, w: J.Ch. Laursen, *New Essays*, s. 171–192.

Federalizm nie był jedyną zaporą tego typu. Podział i współpraca władz służyły temu samemu celowi. Althusius był zwolennikiem „rządu mieszanego", który łączyłby elementy monarchistyczne, arystokratyczne i demokratyczne, lecz także wyodrębniałby władze wykonawcze, ustawodawcze i sądownicze. Każda z władz powinna sprawować kontrolę nad pozostałymi oraz być kontrolowana przez inną władzę, zaś wszystkie one powinny podlegać prawu samego państwa, a zwłaszcza prawu podstawowemu, które władze te konstytuuje. Wszystkie władze powinny wykazywać „umiar", tak „aby zachowane były prawa każdego z członków wspólnoty i aby nie uległy one ograniczeniu lub poszerzeniu ze szkodą dla pozostałych". Szczególnie ważne jest zapewnienie, „by władza króla nie sięgała tak daleko, aby mogła zdławić wolność ludu"[132]. Althusius opracował szczegółowo system urzędów sprawowanych na poziomie miejskim, prowincjonalnym i narodowym, a także poszczególne procedury, zadania i prerogatywy odnoszące się do nich. W *Polityce* dokonał szerokiego analitycznego opracowania tych zagadnień, koncentrując się szczególnie na kompetencjach poszczególnych urzędów władzy wykonawczej i ustawodawczej w dziedzinie religii i moralności, praw i swobód, edukacji i gwarancji obywatelskich, wojny i przestępstw, własności i umów, podatków i handlu, pieniądza i tytułów, dyplomacji i negocjacji oraz innych[133]. W *Teorii sprawiedliwości* dodał ponadto wiele rozdziałów poświęconych władzy sądowniczej oraz związanych z nią regułom postępowania dowodowego i sądowego, obrony i apelacji oraz przedstawicielstwa i adwokatury[134].

Dokonane przez Althusiusa podsumowanie zakresu władzy zarządcy prowincji ilustruje zarówno szczegółowość wyliczenia kompetencji na każdym poziomie rządzenia, jak i zakres władzy, jaką przyznawał prowincjom w ramach państwa:

> Na terenie swoich prowincji zarządcy prowincji sprawują pełną jurysdykcję i władzę, zwaną także królewską. Z wyjątkiem spraw zarezerwowanych dla wysokiego urzędnika [państwowego], przysługują mu: I. Zwierzchnictwo i pierwszeństwo w sprawowaniu ogólnej jurysdykcji we wszelkich sprawach związanych z zarządzaniem prowincją; II. Uniwersalne prawo do umacniania i obrony całego królestwa i poszczególnych prowincji; III. Prawo do zwoływania ogólnych zgromadzeń i rad; IV. Prawo do prowadzenia wojny i do zawierania pokoju; V. Prawo

[132] *Pol.* XXIX.2; *Pol.* XXXVIII.1–16; *Dic.* I.32.20–22.

[133] *Pol.* VII–XXXVII.

[134] *Dic.* I.33.7; *Dic.* I.81–82; *Dic.* III.1–5.

powszechnego nauczania i zakładania szkół; VI. Prawo mianowania książąt, markizów, hrabiów, baronów, szlachty, sekretarzy oraz do zatwierdzania władzy króla; VII. Prawo do ustanawiania podatków; VIII. Prawo wyznaczania i aprobowania dni targowych; IX. Prawo ustanawiania kolejności obejmowania urzędów publicznych; X. Prawo ustanawiania wspólnot; XI. Prawo legitymizowania i przywracania rodzicom dzieci; XII. Prawo przywracania dobrego imienia i honoru; XIII. Prawo łaski; XIV. Prawo udzielania immunitetu i przywilejów; XV. Prawo bezpieczeństwa publicznego; XVI. Prawo bicia monety; XVII. Prawo kontrolowania obcokrajowców; XVIII. Sądzenie spraw książąt i hrabiów oraz innych osób wysokiego stanu; XIX. Prawo wydawania obwieszczeń i powszechnych ogłoszeń. Każde z tych praw zarezerwowane zostało dla najwyższego księcia i nie może być z nikim dzielone lub przekazane do zakresu kompetencji prowincji ani uzurpowane lub wykonywane przez jakąkolwiek inną osobę. Do tych wszystkich wyszczególnionych praw dodaję także prawo prowadzenia dochodzenia i wymierzania kary, które może być wykonywane przez najwyższego urzędnika prowincji[135].

Aby czytelnik nie odniósł wrażenia, że powyższy katalog zawiera przepis na absolutyzm książęcy w prowincjach, Althusius stworzył równie szczegółową listę kompetencji koordynujących i równoważących dla pozostałych gałęzi władzy na poziomie prowincji i państwa. Szczególnie godny uwagi jest zakres władzy i pozycja przypisana „eforom" w ramach mechanizmu rozdziału i współpracy władz oraz skutecznego i wydajnego zarządzania republiką. Eforowie w koncepcji Althusiusa nie byli już bliżej nieokreślonymi „niższymi urzędnikami" i „funkcjonariuszami stanów nadzwyczajnych" znanymi z rozwiązań politycznych wprowadzonych przez Kalwina i de Bèze'a. Althusius przypisywał im wiele ważnych funkcji ustawodawczych i wykonawczych na szczeblu miejskim, prowincjonalnym i krajowym. Uwzględniając niektóre zawiłości polityczne Świętego Cesarstwa Rzymskiego w jego czasach, Althusius wyróżniał poszczególne funkcje eforów i należące do nich zakresy zadań. Niektórzy eforowie sprawowali władzę dziedziczną i trwałą, niektórych zaś wybierano na czas kadencji. Niektórzy byli duchownymi piastującymi funkcje kościelne, inni świeckimi wykonawcami funkcji państwowych. Jednych eforów wyposażał w ogólną władzę na poziomie królestwa, władzę innych ograniczał do prowincji i miast. Najważniejszym wspólnym zadaniem eforów było „zarządzanie, kierowanie i zachowywanie ogółu praw" poszczególnych prowincji, miast, gildii, majątków ziemskich i stowarzyszeń prywatnych

[135] *Dic.* I.33.6–7.

wchodzących w skład prowincji. W związku z tym Althusius nazywał eforów „rektorami, zarządcami, dyrektorami, administratorami, regentami, pastorami, przywódcami, wyzwolicielami i ojcami" królestwa. Eforowie wyposażeni w jurysdykcję na poziomie krajowym byli także powoływani do wybierania i zatwierdzania najwyższego urzędnika państwa. Mieli służyć mu radą i wyrażać zgodę na wszystkie stanowione przez niego prawa powszechne oraz pozostawać do jego dyspozycji w razie potrzeby. Do ich zadań należała obrona najwyższego urzędnika przed niesprawiedliwymi atakami, lecz także upominanie go i kontrolowanie, aby „powściągając i hamując jego wolność w podejmowaniu decyzji, które grożą dobru społecznemu i rujnują je, ograniczać jego władzę do granic wyznaczonych przez urząd i ostatecznie przyczyniać się do bezpieczeństwa i troski o republikę". Eforzy mogli także stawić mu opór i usunąć go z urzędu, gdyby stał się tyranem[136].

Kościół i państwo

Althusius przypisywał duchowieństwu pewną rolę w zapewnieniu rozdziału oraz współpracy władz politycznych. Obraz Kościoła i jego stosunku do państwa wyłaniający się z jego pism nie jest jednak spójny. Kościół z jednej strony przedstawiany jest jako dobrowolne stowarzyszenie prywatne, którego członkowie wybierają własne władze, kierują się wewnętrzną doktryną i dyscypliną oraz zarządzają swą organizacją i dobrami bez ingerencji państwa lub jego pomocy. Był to obraz, jaki Althusius przedstawiał w debacie na temat tolerancji wobec mniejszości religijnych – luteranów, spirytualistów, mennonitów, katolików, Żydów i innych pokojowo nastawionych grup religijnych[137].

Z drugiej jednak strony Althusius przedstawiał Kościół jako ramię państwa, poddane jego patronatowi, opiece i prerogatywom. Wizja taka wyłania się z charakterystyki zadań głównych urzędników prowincji i państwa, którzy ponoszą „ostateczną odpowiedzialność" za „ustanowienie i zachowanie prawdziwej religii chrześcijańskiej i oddawanie Bogu prawdziwej czci" na terenie swoich królestw oraz za „organizację kościelną i stosunki" ze swoimi poddanymi. Na wzór starożytnych królów Izraela i chrześcijańskich cesarzy rzymskich najwyższy urzędnik prowincji lub kraju jest powołany przez Boga, „aby sądzić w sprawach wiedzy, rozeznania, kierunku, definiowania i ogłaszania doktryny

[136] *Pol.* XVIII.2–9, 48–49, 63–91, 107–110.

[137] Zob. s. 214–218.

wiary" zgodnie z Pismem Świętym. W swoim królestwie „powinien on ustanowić i zezwalać tylko na jedną religię". W całym królestwie powinien wprowadzić takie prawo, które pozwoli na zachowanie prawdziwego kultu religijnego i wymierzanie kar za praktykowanie fałszywego kultu. Jego obowiązkiem jest „nadawanie mocy obowiązującej" prawowiernym kanonom, wyznaniom wiary i katechizmom, a także czuwanie nad tym, by nauczano ich oraz przestrzegano we właściwy sposób. Powinien „ustanowić regularną jurysdykcję kościelną, rady starszych, synody i konsystorze" oraz „poprzez ich działanie ustanawiać prawa" dotyczące duchowieństwa i społeczności wiernych na poziomie prowincji, miasta i kongregacji. Winien dbać o to, aby duchownych powoływano, wybierano i zatwierdzano zgodnie z prawem, by wywiązywali się oni ze swoich zadań i przestrzegali dyscypliny oraz aby pozbawiono ich stanowisk, gdyby ich postępowanie okazało się „szkodliwe i bezużyteczne". Do obowiązków urzędnika należy też zakładanie uniwersytetów, w których prawdziwa religia, sztuka i nauka będą rozwijane i przekazywane. Powinien nadzorować regularne zwoływanie i zakres kompetencji lokalnych konsystorzy i rad starszych. Wolno mu zwoływać synody i zgromadzenia kościelne w razie konieczności podjęcia rozstrzygnięć w istotnych sprawach doktrynalnych lub administracyjnych, zapewnić porządek w sprawach religijnych na obszarze swojej jurysdykcji oraz dbać o obsadzenie stanowisk kościelnych i dostępność publikacji religijnych. Obowiązany jest regularnie delegować inspektorów i superintendentów, by zapewnić posłuch wobec litery i ducha prawa. Musi wysyłać inkwizytorów i cenzorów, by „karać" i „piętnować" tych, którzy hołdują „takiemu postępowaniu i zbytkom, których wprawdzie nie zabrania prawo, lecz które deprawują dusze poddanych lub bezproduktywnie marnotrawią ich dobra". Powinien rozpoznać i wyplenić „herezję, fałsz, schizmy i inne formy gangreny, która [...] zakrada się, ogarnia i niszczy ciało" Chrystusa[138]. W powyższych fragmentach Althusius daje się poznać jako wyraziciel idei surowej i oznaczonej terytorialne organizacji kościelnej, niedopuszczającej sprzeciwu i nietolerującej dysydentów.

Althusius starał się złagodzić tę wizję, przedstawiając także trzeci obraz Kościoła jako odrębnego ośrodka prawa i autorytetu, który współpracuje z urzędnikami w zarządzaniu sprawami duchowymi i religijnymi republiki. Rolę tę Althusius wyraźnie rezerwował jedynie dla „prawdziwych" i „ortodoksyjnych" Kościołów reformowanych; inne pokojowo usposobione wspólnoty

138 *Pol.* VIII.39; *Pol.* XXVIII.27–49, 51; *Pol.* XXIX.9; *Pol.* XXX.1–30; *Dic.* I.32.6.

religijne miały były tolerowane, lecz mogły zaledwie cieszyć się statusem prywatnych stowarzyszeń, nieodgrywających roli publicznej lub politycznej[139]. Natomiast Kościoły reformowane, jako stowarzyszenia zarazem prywatne i publiczne, miały wykonywać zadania zarówno duchowe, jak i doczesne, kościelne i polityczne. Kościoły te powinny przestrzegać reguł ustanowionych w *Ordonnances ecclésiastiques* Kalwina z 1541 roku, a mianowicie duchowni, starsi, diakoni i nauczyciele powinni być wybierani przez własne kongregacje. Osoby piastujące te urzędy powinny pełnić służbę w ramach hierarchii ciał przedstawicielskich Kościoła – w lokalnych konsystorzach, regionalnych radach starszych lub zgromadzeniach i synodach krajowych – współpracując na rzecz zachowania doktryny religijnej i dyscypliny moralnej na obszarze lokalnych i większych wspólnot kościelnych. Powinni oni korzystać z władzy duchowej, nauczając Słowa Bożego, udzielając sakramentów, sprawując opiekę diakonatu, katechizując młodzież, edukując wspólnotę, napominając grzeszników, nakładając zakazy i ekskomunikę na opornych.

Zarazem jednak Althusius uważał, że przełożeni Kościoła reformowanego powinni postępować podobnie jak „duchowi eforowie"[140], którzy służą spełnianiu potrzeb duchowych, moralnych i oświatowych szerszej wspólnoty – podobnie jak pozostali eforowie służą spełnianiu potrzeb politycznych, militarnych i materialnych. Opisując publiczne funkcje religijne, Althusius wyznaczał reformowanemu duchowieństwu wiele obowiązków podobnych do tych, które przypisywał wyższym urzędnikom: ustanawianie prawdziwego kultu religijnego, liturgii, doktryny, dyscypliny; zakładanie szkół, bibliotek, domów opieki społecznej, urzędów cenzorskich i tym podobnych. W późniejszych pismach Althusius wyjaśniał, że choć najwyższy urzędnik jest ostatecznie odpowiedzialny przed Bogiem za życie duchowe wszystkich swoich poddanych, powinien „w sprawach tego rodzaju postępować ostrożnie, powierzając je

---

[139] Jednakże w *Dic.* III.1.26; *Dic.* III.3.14, 18, 26 omawia on jurysdykcję kościelnych sądów katolickich i tradycyjnych zasad prawa kanonicznego, w tym przywilej forum, gwarantujący duchownym katolickim, że w przypadku oskarżenia mogą być postawieni jedynie przed sądem kościelnym, nie zaś przed sądem cywilnym. W *Dic.* I.81.28 pisał ogólnie: „Do zadań kapłanów należy m.in. przestrzeganie prawa, włączając w to odpowiedź na wszelkie wnioski sądowe, zachęcanie do edukacji, służbę w roli strażników moralności, troskę o biednych, o więźniów, o niesprawiedliwie prześladowanych, oraz nadzorowanie sierot, dzieci nowo narodzonych, dzieci z innych krajów, przybyszów z innych miast i [opiekę] nad starszymi itp.".

[140] Nie spotkałem się z fragmentem, w którym Althusius mówiłby o tym otwarcie, lecz daje on do zrozumienia, że społeczność potrzebuje kościelnych eforów, oraz przypisuje dużą odpowiedzialność polityczną zreformowanemu duchowieństwu.

raczej duchowieństwu". Bowiem codzienna „troska i zarządzanie sprawami Kościoła oraz jego funkcjonowaniem należą nie do urzędnika cywilnego, lecz do prywatnego stowarzyszenia (*collegium*) kapłańskiego"[141].

W sprawach kościelnych istnieje podwójny system zarządzania. Jedna jego część pozostaje w rękach urzędników, druga zaś pozostaje w rękach duchowieństwa. Każda z władz kieruje pozostałą, jest jej posłuszna i każda pomaga drugiej w wykonywaniu powierzonego jej odmiennego zadania, na wzór Mojżesza i Aarona. Najwyższy urzędnik może kierować duchowieństwem na tyle, na ile umożliwia mu udział w służbie Słowu Bożemu, a także zlecać inne sprawy, które są konieczne dla ustanowienia, zachowania i przekazywania dla potomności prawdziwej czci oddawanej Bogu. Z drugiej strony najwyższy urzędnik podlega administracji i władzy duchowieństwa w zakresie cenzury i napomnień w sprawach dotyczących życia wiecznego i zbawienia. W zarządzaniu sprawami kościelnymi urzędnik nie podejmuje działań bez konsultacji i zgody duchowieństwa opartych na Słowie Bożym. Obowiązek ten jest nałożony na urzędnika jako nakaz Boży [...] i poparty przykładami ludzi pobożnych oraz argumentami rozumu[142].

Ten sposób argumentacji odpowiadał tradycyjnej kalwińskiej wizji jednolitej wspólnoty chrześcijańskiej, podporządkowanej religijnemu autorytetowi duchowieństwa oraz doczesnemu autorytetowi urzędu. Tego typu wizja pozostaje w sprzeczności z innymi wypowiedziami Althusiusa na temat stosunków między Kościołem a państwem. Pozostawia także bez odpowiedzi wiele ważnych pytań. W jaki sposób pogodzić taką wizję jednolitej wspólnoty chrześcijańskiej z wolnością sumienia i swobodnym praktykowaniem wszelkich pokojowo nastawionych religii? Jakie prawa, funkcje i reguły zostają nadane członkom wspólnot niereformowanych oraz w jaki sposób pogodzić ich naturalne prawa do wolności sumienia z obowiązkami politycznymi zachowania jednej religii obowiązującej? Jaki zakres władzy mają duchowni Kościoła reformowanego nad dysydentami religijnymi i co uzasadnia przyznanie im takiej władzy politycznej? W jaki sposób urzędnicy i duchowni dzielą się obowiązkami duchowymi oraz w jaki sposób i przez kogo rozstrzygane mają być nieuniknione spory między tymi władzami? Co urzędnik zyskuje w zamian za patronat i opiekę nad wyznaniem reformowanym i duchowieństwem: czy ma wpływ na obsadę stanowisk duchownych, czy wydaje normy dyscyplinarne,

[141] *Pol.* VIII.31–33; *Pol.* XXVIII.5–7, 48; *Dic.* I.81.27–28.

[142] *Pol.* XXVIII.5–7.

czy korzysta z poparcia kleru, czy kontroluje dobra kościelne lub decyduje o podziale administracyjnym, czy określa doktrynę kościelną lub zasady dyscypliny?

Nie były to bynajmniej oderwane od rzeczywistości pytania o tolerancję i relacje między Kościołem a państwem. Przez dziesięciolecia po powstaniu w Niderlandach kwestie te wywoływały gorycz i podziały w kościołach i poszczególnych prowincjach. Podobne pytania nieraz musiały nurtować Althusiusa jako rajcę miejskiego, a później jako starszego konsystorza w Emden. Choć wiele jego dzieł poświęconych prawu, polityce i teorii społeczeństwa opracowano dogłębnie i szczegółowo, jego wizja stosunków między Kościołem i państwem pozostaje niekompletna i po części niespójna.

Tyrania

Pomijając ostatnie zastrzeżenie – wnikliwość refleksji Althusiusa nad prawem, wolnością, społeczeństwem i polityką ułatwiła mu jasne zdefiniowanie tyranii. Tyranem jest, jego zdaniem, ten, kto „gwałci, zmienia, obala lub niszczy" „fundamentalne prawo i uprawnienia (*lex et iura fundamentalis*) wspólnoty lub „prawo i uprawnienia naturalne" (*leges et iura naturali*), na których opierają się fundamentalne prawa i uprawnienia[143]. Definicja ta była już wówczas powszechnie przyjmowana w kręgach kalwinistów i innych wyznań chrześcijańskich. Uzupełniając ją jednak w szczegóły dotyczące owych fundamentalnych i naturalnych praw i uprawnień, Althusius stworzył znacznie dokładniejsze narzędzie do osądzania, czy dane działania polityczne lub ich sprawca noszą cechy tyranii.

Althusius posłusznie powtórzył argumenty wczesnych autorów kalwińskich w sprawie oporu wobec tyranii. Biblijne wezwanie do posłuszeństwa wobec „władz ustanowionych przez Boga" zawsze opiera się na założeniu, że władcy ci są prawowitymi przedstawicielami Stwórcy. Tyrani, którzy obrażają Boga i przeciwstawiają się prawdziwej religii, nie reprezentują już Boga i powinno się ich usunąć zarówno przez wzgląd na Boga, jak i ze względu na ludzi. Tyrani tracą prawo do swoich urzędów politycznych i stają się osobami prywatnymi, wobec których można zastosować naturalne prawa do samoobrony. Lud powinien zawsze uznawać swoich władców, lecz nie powinien i nie może uznawać władzy tyrana. Tyranami są ci, którzy naruszają dawne karty swobód

[143] *Pol.* IX.21; *Pol.* XXXVIII.5–7, 37; *Dic.* I.113.1–3.

i przywileje ludu, w których nierzadko zawarte są warunki legalności władzy oraz zasady korzystania z prawa oporu. Nie można tolerować tyrana, który grozi rozbiciem okrętu państwa o skały. Historia jest pełna przykładów odważnych przywódców, którzy stawiali czoła tyranom. Althusius przytaczał także tradycyjne reguły i uzasadnienia, dla których słuszniejsze jest oddanie osądu i działań zmierzających do stawienia oporu w ręce wyznaczonych eforów i innych urzędników niż w ręce tłumu. Jeżeli osoby prywatne mają samodzielnie sądzić tyranów i stawiać im opór, dojdzie do niekontrolowanego powstania. Osąd należy tymczasem pozostawić władzom konstytucyjnym, które zdolne są orzec, czy urzędnik postępuje jak tyran oraz jakiego rodzaju środki zaradcze należy podjąć wobec tyrana – upomnienie, ograniczenie funkcji, odsunięcie od władzy, bunt lub królobójstwo. Wszystkie te i inne argumenty były dobrze znane w ówczesnych kręgach protestanckich i katolickich, zaś Althusius zgromadził je i uzupełnił odpowiednimi cytatami[144].

Szczególny wkład Althusiusa w opracowanie tego zagadnienia polegał natomiast na wykazaniu, że tyrania w swojej istocie jest „pogwałceniem konstytucji", naruszeniem przymierza politycznego, na podstawie którego ustanowiona została sama wspólnota; pogwałceniem konstytucyjnych obowiązków władców oraz fundamentalnych praw ludu ustanowionych w przymierzu politycznym, a na głębszym poziomie sprzeniewierza się prawu i uprawnieniom naturalnym, które znajdują się u podłoża wszelkich konstytucji i przymierzy. Althusius uważał, że tyran jest urzędnikiem podejmującym działania „nielegalne i sprzeczne z naturą" (*contra legem et naturam*), naruszającym obowiązki wynikające z umowy i przymierza objętych ślubowaniem wobec Boga i ludu. Każde „oczywiste", „trwałe", „uporczywe", „zakrojone na szeroką skalę", „świadome", „celowe" i „wszechstronne" łamanie obowiązków wynikających z konstytucji, nadużycie władzy konstytucyjnej, zaniedbanie wobec urzędu, przywłaszczanie sobie innych urzędów konstytucyjnych lub gwałcenie konstytucyjnych praw i wolności ludu w opinii Althusiusa stanowiło *prima facie* przypadek tyranii. Oczywiście „nie każdy tego typu zły czyn pozbawia władcę urzędu". Powołując się na podaną przez de Bèze'a analogię między umową małżeńską a umową polityczną, pisał: „Małżeństwo nie zostaje rozwiązane na skutek złego czynu popełnionego przez jednego z małżonków wobec drugiego małżonka – chyba że jest to taki czyn jak cudzołóstwo, które uderza bezpośrednio w samą istotę

[144] *Pol.* VIII.91–92; *Pol.* XVIII.69–86; *Pol.* XIX.35–37; *Pol.* XX.12–21; *Pol.* XXXVIII.30, 36–40, 43–76; *Dic.* I.113.25.

małżeństwa". Podobnie nie ulega rozwiązaniu stowarzyszenie polityczne wyłącznie na skutek jakiegoś fałszywego kroku urzędnika, lecz dopiero wtedy, gdy tyrańska działalność urzędnika „sprzeciwia się fundamentalnym zasadom i istocie współpracy między ludźmi", gdy „zaczyna ona wstrząsać podstawą i niszczyć więzy połączonego w jedną całość organizmu wspólnoty" lub „niszczyć życie obywatelskie i polityczne [...] i najważniejsze dobro wspólnoty, jakim jest pokój, porządek, cnota, sprawiedliwość i szlachetność". „Czyż nie istnieje równie ważna przyczyna, aby uznać prawo do rozwodu między królem a wspólnotą z powodu nieznośnego i nieuleczalnego okrucieństwa króla, przez które uczciwe wspólne życie i związek z nim ulegają zniszczeniu?"[145].

Posługując się taką formułą, dokonał Althusius przeglądu najważniejszych kompetencji i obowiązków konstytucyjnych, z których każdy przedstawiciel władzy wykonawczej, ustawodawczej i sądowniczej powinien się wywiązywać. Szczególną uwagę poświęcił kompetencjom rządu w odniesieniu do pokoju i porządku, wojny i dyplomacji, zbrodni i przestępstw, podatków i handlu, własności i pieniądza, banków i interesów, religii i moralności oraz edukacji i dobrobytu. W opinii Althusiusa oczywiste, trwałe, uporczywe, zakrojone na szeroką skalę i celowe nadużycia, niewłaściwe korzystanie z posiadanej władzy lub zaniedbywanie jej, będące „poważną szkodą" dla wspólnoty, stanowią potencjalnie przejaw tyranii. Takie postępowanie władzy co najmniej upoważnia poddanych do pokojowego nieposłuszeństwa, zaś publicznych eforów do podjęcia konstytucyjnych środków zaradczych[146]. W poważniejszych przypadkach zezwala się na sankcje, restrykcje lub usunięcie ze stanowiska urzędników wykraczających przeciwko prawu, wykorzystując w tym celu nawet radykalną reorganizacją rządu jako całości.

Inną jawną formą tyranii było systematyczne „naruszanie lub ograniczanie praw członków wspólnoty i ich stowarzyszeń". Za szczególnie godne potępienia uznał Althusius działania rządu naruszające naturalne prawa ludu: takie, które „stają na przeszkodzie ortodoksyjnym praktykom religijnym", prowadzą do likwidacji szkół i oświaty, które „chronicznie zaniedbują chorych, słabych i niewinnych" lub „nieprzerwanie są przyczyną nadużyć wobec osób prywatnych", ich życia i ciała, ich ziemi i dóbr, ich statusu i reputacji, ich domów i krewnych oraz ich umów i stowarzyszeń. Wszystkie te „prawa i obowiązki dane od Boga, są starsze i potężniejsze" niż którekolwiek z tych

---

[145] *Dic.* I.113.9–17; *Pol.* XVIII.105; *Pol.* XXXVIII.3–27.

[146] *Pol.* XXXVIII.10–28; *Dic.* I.36.38, *Dic.* I.113.17–21.

określanych przez konstytucję lub przymierze polityczne. „Nawet jeżeli nie wylicza ich dokładnie konstytucja" lub nie są w odpowiedni sposób interpretowane, te prawa naturalne „muszą być rozumiane jako skuteczne. Bóg jest panem i władcą zarówno rządzących, jak i ludu", a prawa i obowiązki ustanowione w prawie naturalnym muszą mieć pierwszeństwo przed wszystkimi innymi. Ponadto przymierze polityczne „między ludem a jego władcą nie tworzy obowiązków ważniejszych niż te, które istnieją między [...] żoną i mężem, dziećmi i rodzicami, panem i sługą, patronem i klientem" oraz w innych relacjach naturalnych. Wobec tych prywatnych stowarzyszeń prawo państwowe służy jedynie do „odstraszania i karania nieuczciwych, niemoralnych i bezbożnych ludzi [...], którzy obalają struktury istniejącego autorytetu lub (legalnych) piastunów władzy wewnątrz tych struktur". Jeżeli władze państwa same obalają te struktury społeczne, sprzeciw jest zarówno naturalny jak i konieczny[147].

Althusius poświęcił także sporo uwagi naruszeniom praw proceduralnych ludu. Dokonał uszeregowania aktów skierowanych przeciwko ważnym prawom procedury karnej – bezzasadnych aresztowań, fałszywych oskarżeń, skazywania osób niewinnych, bezprawnych uwięzień lub przetrzymywania w areszcie przed sprawą sądową, torturowania, głodzenia, zniewalania więźniów, wykorzystywania anonimowych oskarżeń i niedowiedzionych świadectw, odmowy prawa do obrony, reprezentacji, przesłuchania świadków oskarżenia, przedstawiania dowodów niewinności lub nawet stawienia się przed sądem według przepisowych procedur, ustanawiania trybunałów nadzwyczajnych lub praw *ex post facto*, wykorzystywania stronniczych, przekupnych lub niekompetentnych sędziów, nakładania niesprawiedliwych, niesłusznych lub nadmiernych kar, odmowy przyjęcia odwołania od postanowień lub wyroków, wymierzania kar niesprawiedliwych, niesłusznych, niewspółmiernych do winy, nazbyt wysokich grzywien. W przypadku każdego z tych nadużyć i pogwałceń praw proceduralnych osoby poszkodowane powinny móc skorzystać z konstytucyjnie zagwarantowanego prawa do zadośćuczynienia, a wielokrotnie powtarzające się nadużycia wobec licznych ofiar stanowią *prima facie* dowód tyranii wymiaru sprawiedliwości, która wymaga bardziej systemowej odpowiedzi[148].

---

[147] *Dic.* I.113.8–9 12, 18; *Pol.* X.5–10; *Pol.* XXXVII.21–22, 33–34, 36.

[148] *Dic.* I.113.20–83; *Pol.* XXIX.47–60.

Podsumowanie i wnioski

„Jestem przekonany, że powstanie w Niderlandach i zwycięstwo Holandii dały początek nowożytnym naukom politycznym i nowożytnej cywilizacji [...]. Dla tych, którzy prawdziwie cenią wolność, Holandia jest ziemią świętą nowożytnej Europy”[149]. Tak pisał entuzjastyczny amerykański historyk w 1894 roku. Jego zachwyt podzielali liczni ówcześni pisarze amerykańscy, którzy sławili wczesnonowożytną Holandię jako przystań tolerancji religijnej, sanktuarium kolonistów amerykańskich i kolebkę zachodniego konstytucjonalizmu. Niektórzy zwracali szczególną uwagę na wyraźną analogię między powstaniem w Niderlandach a rewolucją amerykańską, między Aktem ogłoszenia niepodległości z 1581 roku a Deklaracją niepodległości z 1776 roku, między unią w Utrechcie z 1579 roku a Aktem konfederacji z 1781 roku. Inni jeszcze podkreślali uderzające podobieństwa między „oczywistymi prawdami” księcia Wilhelma, dotyczącymi „praw, wolności i przywilejów” opartych na „naturalnym i boskim prawie”, a Thomasa Jeffersona ideą „prawd oczywistych” o „życiu, wolności i dążeniu do szczęścia”, opartych na „prawach natury i Bogu natury”[150].

Przeszło sto lat żmudnych dociekań historyków przyczyniło się zarówno do uzasadniania, jak i do podważania takich wymownych stwierdzeń. Analogie między powstaniem w Niderlandach a rewolucją amerykańską pozostają uderzające również dla historyków współczesnych, a faktem niezaprzeczalnym jest, że holenderskie doświadczenie inspirowało wielu twórców amerykańskiej niepodległości. Dla przykładu, John Adams pisał: „Pochodzenie tych dwóch republik ma tak wiele wspólnego, że historia jednej wydaje się być zapisem historii drugiej”[151]. Thomas Jefferson sławił holenderskich bojowników o wolność: „Miłość wolności i odwaga w jej obronie były dla nas wielkim przykładem”[152]. James Madison przekonywał, że „przykład Holandii dowiódł, iż tolerancja sekt różniących się poglądami od ustanowionego wyznania była

149 T. Rogers, *Review of William E. Griffis „Brave Little Holland”*, „The New England Magazine” (n.s.) 1894 (10), s. 517, 520.

150 Zob. np. J.L. Motley, *The Rise of the Dutch Republic. A History*, 3 tomy, New York 1877; G.A. Henty, *By Pike and Dyke. A Tale of the Rise of the Dutch Republic*, New York 1894. Zob. źródła i analiza w: J.W. Nordholt Schulte, *The Dutch Republic and American Independence*, tłum. H.H. Rowen, Chapel Hill 1982.

151 Cyt. w: „The New England Magazine” (n.s.) 1894 (10), s. 517, 521.

152 Cyt. tamże, s. 518.

bezpieczna, a nawet pożyteczna"[153]. Ponadto w młodej republice holenderskiej rozwinęło się wiele ważnych idei prawnych i politycznych oraz instytucji – konfederacja i federalizm, katalog praw i kompetencji, podział władzy i przywilejów – uderzająco podobnych do rozwiązań przyjętych w konstytucjach stanowych i w konstytucji federalnej młodej republiki amerykańskiej.

Trudno jednak wykazać holenderski rodowód tych amerykańskich idei i instytucji. W postawie osiemnastowiecznych amerykańskich ojców założycieli dominowały eklektyzm i tendencja do przywoływania najrozmaitszych źródeł klasycznych, biblijnych i wczesnonowożytnych dla uzasadnienia własnych zapatrywań[154]. Choć wielokrotnie powoływali się na holenderskie przykłady, większość z nich miała jedynie ograniczony dostęp do kiepskich tłumaczeń traktatów politycznych, dostarczających zaledwie powierzchownych wiadomości na temat funkcjonowania wczesnego konstytucjonalizmu holenderskiego. Ci, którzy posiadali większą wiedzę, jak Adams, Madison i Alexander Hamilton, wyrażali zaniepokojenie monarchią, religią państwową i hierarchią społeczną oraz ograniczoną reprezentatywnością instytucji, które nadal istniały w republice niderlandzkiej w czasach im współczesnych[155]. Ponadto trwalsze i donioślejsze idee rewolucji holenderskiej – suwerenność ludu, prawa naturalne, umowa społeczna, pisana konstytucja, prawa fundamentalne, wolności konstytucyjne – miały zupełnie inny wydźwięk i zastosowanie w rewolucyjnej Ameryce[156]. Szesnastowieczne powstanie w Niderlandach zrodziło niewątpliwie pewną liczbę trwałych idei i instytucji prawnych i politycznych. W ciągu następnych dwustu lat rozwinęło się wiele innych doktryn i pojawiły się inne źródła oddziaływania, z których korzystali amerykańscy ojcowie założyciele.

Podobne okoliczności należałoby brać pod uwagę w rozważaniach nad trwałością dziedzictwa Althusiusa w ramach zachodniej tradycji prawa, polityki i społeczeństwa. W momencie ponownego odkrycia jego prac przed stuleciem

[153] Cyt. w: A.P. Stokes, *Church and State in the United States*, 3 tomy, New York 1950, t. 1, s. 120.

[154] Zob. D.S. Lutz, *The Origins of American Constitutionalism*, Baton Rouge, LA 1988.

[155] Zob. szczegółowe źródła w: W.H. Riker, *Dutch and American Federalism*, „Journal of History of Ideas" 1957 (18), s. 495; W.H. Riker, *Federalism. Origin, Operation, Significance*, Boston 1964 oraz listę holenderskich rozpraw prawnych dostępnych amerykańskim ojcom założycielom w: H.A. Johnson, *Imported Eighteenth Century Law Treatises in American Libraries, 1700–1799*, Knoxville 1978.

[156] E.H. Kossman, *Development of Dutch Political Theory*, w: J.S. Bromley, E.H. Kossman, *Britain and the Netherlands*, s. 1–25, 99–100.

obwoływano Althusiusa ojcem wielu nowoczesnych idei i instytucji. Np. Otto von Gierke, którego prace wskrzesiły Althusiusa z mroków zapomnienia, widział w nim głównego protestanckiego teoretyka umowy społecznej, zapowiadającego poglądy Jeana Jacques'a Rousseau i francuskich filozofów. Carl Friedrich oceniał teorię pluralizmu politycznego i podzielonej suwerenności jako przełom w rozwoju konfederacjonizmu i federalizmu. Heinz Antholz upatrywał w zainteresowaniach Althusiusa politycznymi wpływami geografii i klimatu zapowiedzi wnikliwych intuicji Monteskiusza. Peter Winters wyczuwał w solidnym kalwińskim republikanizmie Althusiusa przedsmak filozofii politycznej Edmunda Burke'a. Abraham Kuyper uważał go za wczesnego proroka odległej teorii sfer suwerenności. Robert Nisbet i Daniel Elazar dostrzegli w nim jednego z ojców współczesnego konsocjonalizmu. Także wielu innych uczonych widziało w nim założyciela polityki przymierza i proroka europejskiej unii politycznej[157]. Różnorodna i bogata w interpretacje spuścizna twórcza wydaje się nie do uniknięcia w przypadku teoretyka równie płodnego i oryginalnego, jak Althusius, żyjącego w Niderlandach w przededniu ich złotego wieku. Przy zachowaniu należytego szacunku dla rozwoju jego doktryny i dla różnorodności jej oddziaływań, trzeba przyznać, że poglądy Althusiusa miały duży wpływ na wiele późniejszych nurtów w zachodnim prawie, polityce i społeczeństwie – jeżeli ich nie zapoczątkowały, to z pewnością na nie oddziaływały.

Odmienne zagadnienie poruszane w tym tomie dotyczy nie tylko samego oddziaływania Althusiusa na zachodnią politykę, lecz także wpływu jego wizji reformacji na zachodni kalwinizm. Althusius przez całe życie pozostawał żarliwym kalwinistą – jako student Akademii Genewskiej, jako profesor akademii kalwińskiej w Herborn i jako starszy kościoła kalwińskiego oraz członek kalwińskiego konsystorza w Emden. Znał dogłębnie tradycję kalwińską i obficie cytował współwyznawców, nie tylko Kalwina i Teodora de Bèze'a. W swojej pracy posługiwał się popularną wówczas wśród kalwinistów metodą, czerpiąc argumenty prawne i polityczne z Biblii, a także za przykładem późniejszego kalwińskiego zwyczaju rozbudowując argumentację za pomocą dialektyki Ramusa. Wiernie powtarzał także istotne intuicje polityczne, wyrażone już wcześniej przez kalwinistów szwajcarskich, francuskich, szkockich, holenderskich i niemieckich, w tym m.in., że republika powstaje w wyniku

[157] Zob. źródła i przykłady: G. Menk, *Johannes Althusius und die Reichsstaatsrechslehre*, w: W. Krawietz, D. Wyduckdel (red.), *Politische Theorie des Johannes Althusius*, Berlin 1988, s. 255–300; T.O. Hueglin, *Early Modern Concepts*, s. 15–28, 197–232; E.H. Kossman, *Popular Sovereignty*. Zob. też s. 334–335.

przymierza między władzą a ludem przed Bogiem, że podstawą tego przymierza jest prawo Boże i prawo naturalne, że Dekalog jest najlepszym wyrazem tego najwyższego prawa, że małżeństwo jest kamieniem węgielnym wspólnoty, że Kościół i państwo są rozdzielne w formie lecz złączone w funkcji, że rodziny, Kościoły i narody muszą w jednakowy sposób chronić prawa i wolności oraz że naruszanie tych praw i wolności lub ożywiającego je prawa Bożego i prawa naturalnego jest przejawem tyranii, która musi doprowadzić do zorganizowanego konstytucyjnego oporu.

Althusius rozwinął i pogłębił wiele spośród tych przejętych koncepcji. Rozbudował teorię dowodzenia prawa naturalnego, w której nadal uznawał Dekalog za najlepsze źródło i streszczenie prawa naturalnego, lecz uzupełnił jego nakazy na podstawie źródeł biblijnych, klasycznych i chrześcijańskich. Rozwinął teorię prawa pozytywnego umożliwiającą ocenę słuszności i użyteczności każdego prawa ludzkiego, w tym prawa pozytywnego Mojżesza i prawa kanonicznego, zarówno w zestawieniu z prawem naturalnym Pisma Świętego i tradycji, jak i z fundamentalnym prawem państwa. Domagał się stworzenia szczegółowej konstytucji pisanej i trwałej ochrony „rządów prawa" i „rządów praw" w obrębie każdej wspólnoty. Rozbudował rozległą teorię powszechnej suwerenności oraz zasad wyborczych i przedstawicielstwa politycznego. Rozwinął szczegółową teorię praw naturalnych – religijnych i społecznych, publicznych i prywatnych, materialnych i proceduralnych, kontraktowych i własności – oraz wykazał, w jaki sposób prawom tym nadać konkretny wyraz w prawie publicznym, prywatnym, karnym i proceduralnym. Szczególnie znamienne było opowiedzenie się przez Altusiusa za tolerancją religijną i pełną wolnością sumienia jako bezpośrednim wynikiem i konsekwencją kalwińskiego nauczania o absolutnej suwerenności Boga, w którego relacje ze stworzeniem nie wolno ingerować.

Jeszcze bardziej uderzająca była jego symbiotyczna teoria natury ludzkiej oraz teoria przymierza społecznego i politycznego. Przychylając się do tradycyjnych nauk kalwińskich na temat skażenia natury ludzkiej, Althusius podkreślał, że Bóg stworzył wszystkie istoty ludzkie jako istoty moralne, kochające, zdolne do porozumiewania się i przygotowane do życia w społeczeństwie, których bytowanie staje się pełniejsze dzięki bogactwu symbiotycznych relacji z innymi ludźmi. Dzięki tym relacjom mogą one wzajemnie dzielić dusze i ciała, życie biologiczne i duchowe oraz swoje dobra i prawa. Choć zatem ludzie rodzą się wolni, równi oraz jednostkowi, są oni z natury i potrzeby skłonni do tworzenia związków – małżeństw i rodzin, klubów i korporacji, miast i prowincji oraz państw i imperiów. Każdy z tych związków, począwszy od najmniejszego domostwa, a skończywszy na potężnym cesarstwie, powstaje na podstawie wzajemnego przymierza lub kontraktu przyrzeczonego przez wszystkich członków tego związku przed Bogiem. Każdy taki związek jest ogniskiem autorytetu i wolności, który zobowiązuje zarówno władców, jak i poddanych do spełniania warunków zawartych w umowie założycielskiej oraz wypełniania nakazów prawa Bożego i prawa naturalnego. Każdy związek potwierdza i broni suwerenności i tożsamości swoich konstytutywnych członków oraz ich naturalnych praw i swobód.

W opisie państwa Althusius korzystał w szerokim zakresie z teorii chrześcijańskiej umowy społecznej. Wykorzystując biblijne przykłady formowania się starożytnego Izraela jako państwa, wykazywał, w jaki sposób stopniowo rozwija się państwo narodowe, począwszy od rodzin, poprzez plemiona, miasta i prowincje. Każdy kolejny poziom suwerenności politycznej ma źródło w przymierzu zawieranym wobec Boga przez przedstawicieli mniejszych jednostek organizacyjnych, a przymierza stają się następnie pisanymi konstytucjami państwa. Konstytucje definiują i dokonują rozdziału urzędów władzy wykonawczej, prawodawczej i sądowniczej w obrębie organizacji i regulują stosunki między przełożonymi i podwładnymi, duchowieństwem i urzędnikami, związkami i osobami indywidualnymi. Określają również działania i zaniedbania, które mogą prowadzić do tyranii, a także dostępne procedury i środki zaradcze dla tych, którzy zostali poszkodowani.

Była to obszerna teoria chrześcijańskiego kontraktualizmu, odnosząca się do prawa, społeczeństwa i polityki, oparta na źródłach biblijnych, klasycznych, patrystycznych, scholastycznych oraz na ówczesnych źródłach protestanckich i katolickich. Podobnie jak dawniej Kalwin i de Bèze, Althusius dobrze zapoznał się z tradycją myśli zachodniej. Bardziej interesowała go siła idei niż rodowód jej autora. Althusius wierzył, że prawo naturalne wskazuje drogi Boże każdemu człowiekowi, co czyniło go mniej podatnym na wpływy elitaryzmu wyznaniowego w doborze źródeł, jak to bywało w przypadku niektórych jego współwyznawców. Posługując się założeniami kalwińskimi, Althusius dążył do stworzenia uniwersalnej teorii prawnej, politycznej i społecznej, która byłaby do przyjęcia nie tylko dla społeczności kalwińskiej, lecz także dla wszystkich wierzących ludzi dobrej woli.

Althusius nie pokładał zaufania w tych, których określał jako pozbawionych dobrej wiary lub dobrej woli, przy czym lista osób podejrzanych była dość obszerna. Znaleźli się na niej zwolennicy monarchii absolutnej, makiaweliści, nacjonaliści, heretycy, apostaci, bluźniercy, ateiści, epikurejczycy, libertyni, niewierni, arminianie, sekciarze, alchemicy, okultyści oraz inni bezbożnicy, którzy popierają i zachęcają do zdrady, powstania i zamętu w społeczeństwie oraz lekceważą najbardziej podstawowe i zasadnicze przykazania Dekalogu. Wzywał do cenzurowania ich pism, zrywania ich zgromadzeń, do konfiskaty należących do nich wspólnych dóbr, pobawienia członków ich organizacji możliwości pełnienia urzędów politycznych i brania udziału w wyborach oraz do wygnania ich przywódców. Tak daleko idące pozbawienie lub ograniczenie ich praw będzie nie do przyjęcia dla późniejszych pokoleń kalwinistów, co nie przeszkodzi im w korzystaniu i rozwijaniu większości spośród jego innych koncepcji teorii prawa, religii i praw człowieka.

Oliver Cromwell (1599–1658) nauczający w zgromadzeniu purytanów (rycina, szkoła angielska, XVII w.)

ROZDZIAŁ 4

Prorocy, kapłani i królowie wolności: John Milton, reformacja praw i wolności Anglików

Z natury bowiem ludzie rodzą się z jednakowym umiłowaniem własności, swobód i wolności, a ponieważ przychodzimy na świat stworzeni przez Boga za sprawą natury, każdy z naturalną, wrodzoną wolnością i własnością (niejako wyrytymi na tablicy każdego ludzkiego serca, by nigdy nie zostały zatarte), tak również powinniśmy żyć, wszyscy jednakowo korzystając z praw i przywilejów urodzenia; a także z tego, że Bóg z natury uczynił każdego wolnym [...]. *Każdy człowiek jest z natury królem, kapłanem i prorokiem we właściwym dla siebie zakresie, w jakim nikt inny nie może uczestniczyć, chyba że z upoważnienia i wolnej zgody tego, do kogo należy uprawnienie i wolność.*

Richard Overton (1646)[1]

Bóg postanowił rozpocząć nowy i wspaniały okres w swoim Kościele, aby reformować nawet samą reformację, [w celu] *stworzenia ludu, Narodu Proroków, Mędrców i Świętych.*

John Milton (1644)[2]

[Jesteśmy] *teraz, w Chrystusie, królewskim kapłaństwem, 1 P 2, 9, podobnie jak jesteśmy wraz z Nim współdziedzicami, królami i kapłanami.*

John Milton (1659)[3]

---

[1] R. Overton, *An Arrow Against All Tyrants and Tyranny* (1646), s. 3–4, w: W. Haller, *Tracts in the Puritan Revolution, 1638–1647*, 3 tomy, New York 1934, t. 1, s. 113. W rozdz. 4 wyd. ang. pisownia cytowanych fragmentów dawnych angielskich źródeł została zmodernizowana, oryginalna pisownia tytułów jest zachowana [podobnie w języku pol., o ile nie zaznaczono inaczej – przyp. tłum.].

[2] CPW 2, s. 553–554.

[3] CPW 7, s. 286.

W 1640 roku angielski „świat stanął na głowie"[4]. Gdy po jedenastoletniej przerwie Karol zwołał sesję parlamentu, jego członkowie z niespotykanym dotąd wzburzeniem zareagowali na dwie poprzednie dekady agresywnej polityki królewskiej, która pozostawiła naród w całkowitym zamęcie. W pewnej mierze gniew parlamentarzystów wywołała polityka religijna władcy. Po objęciu tronu w 1625 roku Karol zaostrzył i tak już surowe prawa ustanowione na korzyść anglikanizmu przez jego ojca i wzmógł prześladowania kalwinistów (często zwanych purytanami) oraz innych dysydentów religijnych, zmuszając ich do ucieczki w kierunku Niderlandów i Ameryki – prawie 20 000 osób w samym tylko 1632 roku. W 1633 roku arcybiskupem Canterbury został William Laud, który rozpoczął usuwanie sympatyków kalwinizmu ze stanowisk kościelnych, obsadzając je konserwatywnymi duchownymi, lojalnymi wobec Korony i treści podręcznikowego anglikanizmu, zawartego w *Book of Common Prayer*, *Thirty-Nine Articles of the Faith* (Trzydzieści Dziewięć Artykułów Wiary) i *Authorized or King James Version of the Bible* (Wersja Autoryzowana Biblii Króla Jakuba). Karol i Laud znacznie wzmocnili kompetencje i przywileje biskupów anglikańskich oraz sądów kościelnych. Podobne próby zaprowadzenia anglikańskich porządków w Szkocji doprowadziły do wszczęcia kosztowej i ostatecznie bezowocnej wojny z prezbiterianami szkockimi. Dysydentów angielskich krytycznych wobec takiej polityki religijnej poddawano prześladowaniom i torturom, a wobec kilku z nich zastosowano karę obcinania uszu. Kiedy ostatecznie zwołano parlament w 1640 roku, otwarła się droga dla burzliwej fali protestów, co doprowadziło do przyjęcia słynnej petycji *Root and Branch* oraz Wielkiej Remonstracji (*The Grand Remonstrance*), które wzywały do zniesienia dużej części praw Kościoła Anglii, uważanych za niepodważalne i święte[5].

W pewnej mierze oburzenie parlamentu wywołane było również królewską polityką represji politycznych i gospodarczych. Idąc w ślady swojego ojca, Jakuba I, Karol nie traktował parlamentu jako przedstawicielstwa ludu, lecz raczej jako urząd podległy Koronie, który można zwoływać i zawieszać zgodnie z wolą monarchy. Po 1629 roku monarcha zawiesił parlament w odwecie za brak współpracy i sam rozpoczął wydawanie zarządzeń podatkowych i gospodarczych, tradycyjnie wymagających zgody parlamentu, a co najmniej jego współudziału. Zarządzenia te były wdrażane przez wielu nowo powołanych

---

[4] Dz 17, 6. Zob. C. Hill, *The World Turned Upside Down. Radical Ideas During the English Revolution*, wzn. wyd., New York 1988.

[5] Zob. odpowiednie dokumenty w: CPW 1, s. 954–998; J.L. Malcolm, *The Struggle for Sovereignty. Seventeenth-Century English Political Tracts*, 2 tomy, Indianapolis 1999, t. 1, s. 21–144.

urzędników królewskich, a zwłaszcza przez powszechnie znienawidzonego księcia Thomasa Strafforda. Znalazłszy się w trudnej sytuacji finansowej z powodu prowadzonych przez siebie niepopularnych wojen i rozrzutnego trybu życia, Karol zmuszał obywateli do płacenia wyniszczających podatków. Wprowadził także stan wojenny, by wzmocnić własne prerogatywy i umożliwić ustanowienie trybunałów wojskowych wymierzających surowe kary wobec buntowników oraz stworzyć system powszechnego opodatkowania. Nakładał na mieszczan kary finansowe za zaniedbania związane z przechodzeniem do stanu rycerskiego oraz rzekome naruszenia na terenie lasów królewskich. Czterokrotnie podniósł podatek od spadku i dochodów z tytułu sprawowania opieki. Przyznawał monopole handlowe tym, którzy oferowali najwyższą stawkę, tworząc oligarchię i przyczyniając się do masowych nadużyć wobec pracowników i konsumentów, narażonych na wzrost cen. Konfiskował własność prywatną oraz zmuszał rolników i drobnych przedsiębiorców do udzielania pożyczek, które nigdy nie miały zostać spłacone. Na kupcach i rzemieślnikach wymuszał przystępowanie do gildii, podlegających ścisłej kontroli, rozbudowanej biurokracji i wymagających wnoszenia wysokich opłat. W celu wyegzekwowania restrykcyjnych obowiązków Karol poszerzył prerogatywy urzędów i trybunałów królewskich – Izby Gwiaździstej (*Star Chamber*), Admiralicji (*Admiralty*), Wysokiej Komisji (*High Commission*), Komisji Odwołań (*Requests*), Tajnej Rady (*Privy Council*) i innych – które bezlitośnie wcielały w życie nakazy królewskie, odmawiając wielu zabezpieczeń proceduralnych i zwyczajowych przestrzeganych w tradycyjnym sądownictwie (*Inns of Court*). Urzędnicy królewscy ingerowali również w działalność rad miejskich, od wieków bez większego udziału króla samodzielnie regulujących sprawy lokalne. Dodatkowym problemem osłabionej gospodarki okazały się niskie zbiory zbóż i upadek lukratywnego handlu tkaninami oraz wzrost inflacji[6].

Na sesji parlamentu w 1640 roku doszło do bezprecedensowego zgromadzenia wielkiej liczby arystokratów, ziemian, prawników, kupców i rzemieślników, a także dysydentów religijnych, zjednoczonych w dążeniu do przejęcia władzy. Parlament, podburzany przez kaznodziejów kalwińskich, zsyłających ogień i siarkę na tyranię Kościoła i rządu angielskiego, usiłował zneutralizować

[6] Zob. L. Stone, *The Causes of the English Revolution, 1629–1642*, San Francisco 1972, s. 135–144; C. Hill, *The Century of Revolution, 1603–1714*, London 1974. Analiza polityki królewskiej w: J.P. Kenyon (red.), *The Stuart Constitution*, Cambridge 1986.

działania podejmowane przez władcę[7]. Akty przyjęte przez parlament w latach 1640–1642 doprowadziły do zniesienia Izby Gwiaździstej, Trybunału Wysokiej Komisji (*Court of High Commission*) i innych uprzywilejowanych sądów królewskich. Władza sądownicza cywilna i karna także została przekazana sądom *common law*. Parlament ograniczył podatek okrętowy (*ship money*), przymusowe pożyczki i inne znienawidzone podatki, a ponadto zażądał wyłącznej kompetencji w zakresie ustanawiania podatków w przyszłości. Posunięcie to zwolniło arystokrację i mieszczan z wielu nowych obciążeń finansowych, przywróciło tradycyjny system korzystania z lasów królewskich i zlikwidowało niektóre monopole i gildie. Doprowadziło również do poważnego uszczuplenia świeckiej władzy biskupów anglikańskich i wyłączenia duchownych z Izby Lordów. Gorliwość Strafforda i Lauda została ukarana przez sąd, który skazał Strafforda na szubienicę, a Lauda na wieżę. Od tego czasu na mocy prawa król miał obowiązek zwoływać parlament nie rzadziej niż raz na trzy lata, lecz najlepiej raz do roku[8].

Reakcja Karola i próba rozwiązania parlamentu oraz aresztowania jego przywódców doprowadziła do wybuchu wojny domowej. W latach 1642–1646 i ponownie w 1648 roku siły królewskie i parlamentarne ścierały się na polu bitwy. Większość wojsk kalwińskich stanęła po stronie parlamentu, natomiast wielu anglikanów zachowało wierność wobec króla. Jednakże ujawnienie faktu, że Karol potajemnie dążył do uzyskania poparcia wojskowego Szkotów w zamian za obietnicę otoczenia prezbiterianizmu szczególną ochroną, przyczyniło się do osłabienia jego pozycji. Karolowi zaszkodziła również nieudana próba stłumienia powstania irlandzkiego w 1641 roku, wznieconego przez irlandzkich katolików przeciw osadnikom protestanckim w Irlandii[9]. Nieudolne postępowanie Karola wobec Irlandczyków, jego małżeństwo z katoliczką i próby sprzymierzenia się z francuskimi i hiszpańskimi siłami katolickimi zdawały się potwierdzać krążące już plotki o jego zamiarach przywrócenia

---

[7] Zob. W.R. Haller, *The Rise of Puritanism, Or, the Way to the New Jerusalem as Set Forth in Pulpit and Press from Thomas Cartwright to John Lilburne and John Milton, 1570–1643*, wyd. 4, New York 1965; C. Hill, *Puritanism and Revolution. Studies in Interpretation of the English Revolution of the Seventeenth Century*, London 1965.

[8] H.J. Berman, *Law and Revolution*, s. 201–224, oraz dokumenty w: S.R. Gardiner, *The Constitutional Documents of the Puritan Revolution, 1625–1660*, wyd. 3 popr., Oxford 1906, s. 137–261; C. Hill, E. Dell (red.), *The Good Old Cause. The English Revolution of 1640–1660, Its Causes, Course, and Consequences. Extracts from Contemporary Sources*, London 1940.

[9] C. Gribben, *The Irish Puritans. James Ussher and the Reformation of the Church*, Darlington 2003.

rządów katolickich w Anglii. Umocniło to jedynie wzburzenie wśród sił parlamentarnych i stało się niewyczerpanym źródłem tematów wykorzystywanych w protestanckiej działalności propagandowej. Ostatecznie parlament pokonał wojska królewskie, zaś Karola w 1647 roku uwięziono.

Chociaż tzw. Długi Parlament (*Long Parliament*) zbierał się regularnie w latach czterdziestych XVII wieku, jego prace paraliżował wzrost radykalizmu niektórych członków i sekciarskie podziały między partiami separatystów, independensów i levellerów. Dopiero w 1649 roku, po ostatecznym siłowym usunięciu bardziej radykalnych elementów, tzw. Parlament Kadłubowy (*Rump Parliament*) rozpoczął bardziej skoordynowane rządy krajem. W tym samym roku Parlament Kadłubowy wydał akt „ogłaszający i ustanawiający Lud Anglii wolną republiką". Ustawa ta zniosła monarchię i arystokratyczną Izbę Lordów, a ponadto głosiła, że „władza najwyższa" należy do ludu i jego przedstawicieli. Anglikanizmowi odebrano status religii państwowej, oddzielając struktury kościelne od państwowych i konfiskując znaczną cześć własności ziemskiej. Najdonioślejszym aktem parlamentu było niewątpliwie osądzenie odsuniętego od władzy króla Karola, skazanie go za zdradę i publiczne ścięcie. Anglia miała być odtąd republiką – wolną od dziedzicznej monarchii, arystokratycznej Izby Lordów, państwowego Kościoła Anglikańskiego, oraz podporządkowaną „demokratycznym rządom" parlamentu[10].

Eksperyment demokratyczny okazał się jednak krótkotrwały. W latach 1649–1653 centrum władzy politycznej przeniosło się do arystokratycznej Rady Państwa, liczącej 41 członków i sprawującej rządy wraz z Parlamentem Kadłubowym. Nowa władza zliberalizowała prawo małżeńskie i zasady dopuszczalności rozwodów oraz otworzyła znaczne obszary własności ziemskiej należącej do Kościoła i korony. Zarazem jednak parlament uchwalił surowe prawa przeciwko cudzołóstwu, bluźnierstwu, kwakrom oraz głoszeniu Ewangelii bez zezwolenia, a na obywateli nałożył wiele niepopularnych podatków. W 1653 roku Oliver Cromwell – wkrótce po odniesieniu zwycięstw nad zbuntowanymi irlandzkimi katolikami i szkockimi prezbiterianami, którzy uznali Karola II za swojego króla – rozwiązał Parlament Kadłubowy i ogłosił nowe wybory. Nowy, tzw. Krótki Parlament (*Barebones Parliament*) powołał rząd protektoratu pod przewodnictwem Cromwella. Rządy protektoratu okazały się jeszcze bardziej represywne, a surowa polityka moralna, wojskowa i gospodarcza Cromwella wyjątkowo nieskuteczna. Po śmierci

[10] S.R. Gardiner, *Constitutional Documents*, s. 262–417; J.L. Malcolm, *Struggle*, t. 1, s. 367–390.

Cromwella w 1658 roku władzę przejął jego syn Richard, który okazał się zbyt słaby, by utrzymać rząd republiki, ostatecznie doprowadzając do jego upadku[11].

W 1660 roku Karol II, syn straconego władcy, powrócił do Anglii i przywrócił tradycyjną monarchię oraz uprzywilejowaną pozycję anglikanizmu. Ten etap restauracji nie trwał jednak długo. Kiedy okazało się, że jego następca Jakub II, drugi syn Karola I, wzorem ojca nadużywa prerogatyw królewskich i zdradza sympatie wobec katolicyzmu, parlament w 1688 roku zmusił go do abdykacji na rzecz Wilhelma Orańskiego. Wydarzenie to nazwano chwalebną rewolucją (*Glorious Revolution*). W jej wyniku ustanowiono rządy króla w parlamencie i przyjęto dwa ważne akty konstytucyjne – Deklarację praw (*Bill of Rights*) oraz Akt tolerancji (*Toleration Act*) z 1689 roku – zawierające gwarancje prawne postulowane przez rewolucjonistów jeszcze w latach czterdziestych i pięćdziesiątych[12].

Rewolucja, która dokonała się w Anglii między 1640 a 1660 rokiem, podobnie jak wydarzenia nocy św. Bartłomieja oraz powstanie w Niderlandach, zaowocowała powstaniem publikacji kalwińskich skierowanych do szerokiego grona odbiorców. W ciągu dwóch dekad opublikowano ponad 22 000 broszur, kazań i traktatów potępiających tyranię dawnego reżimu, uzasadniających odsunięcie od władzy i egzekucję monarchy i wzywających do zdecydowanej ochrony „praw i wolności narodu"[13]. Angielscy kalwiniści, podobnie jak pierwsze pokolenie uczniów Kalwina, podkreślali znaczenie swoich historycznych „nadanych praw i wolności", które uległy ograniczeniu na skutek tyranii. Tekstem wzorcowym była dla nich Wielka Karta Swobód z 1215 roku, do której wydania Kościół i baronowie Anglii zobowiązali Koronę. *Magna Carta* gwarantowała, że „Kościół w Anglii jest wolny, a wszystkie jego prawa i wolności

---

[11] S.R. Gardiner, *History of the Commonwealth and Protectorate, 1649–1656*, 4 tomy, wyd. wzn., Aldestope, Gloucestershire, 1988–1989; B. Worden, *The Rump Parliament 1648–1653*, Cambridge 1974; J.C. Davis, *Oliver Cromwell*, Oxford 2001.

[12] W: Stephenson i Markham, s. 599–605, 607–608.

[13] Zob. *Catalogue of the Thomason Tracts in the British Museum*, London 1906, oraz przykłady w: W. Haller, *Tracts*; D.M. Wolfe (red.), *Leveller Manifestoes of the Puritan Revolution*, New York 1944; A.S.P. Woodhouse, *Puritanism and Liberty Being the Army Debates (1647–9)*, wyd. 2, Chicago 1951; J.L. Malcolm, *Struggle for Sovereignty*. Zob. dyskusje na ten temat w: W.R. Haller, *Liberty and the Reformation in the Puritan Revolution*, New York 1955; G. Yule, *Independents in the English Civil War*, Cambridge 1958; H.N. Brailsford, *The Levellers of the English Revolution*, Stanford 1959; analizy nowszych badań w: D. Wooton, *Leveller Democracy and the Puritan Revolution*, w: J.H. Burns (red.), *Cambridge History of Political Thought*, s. 412–442.

pozostaną nienaruszalne". Gwarantowała ona także wszystkim „wolnym ludziom" możliwość korzystania ze swojej „wolności" – zwłaszcza z praw do własności, małżeństwa i dziedziczenia, do zwolnienia z obowiązku niekoniecznej służby wojskowej, do sądu z ławą przysięgłych w sprawach karnych, a także do korzystania z wolności do podejmowania własnej decyzji w sprawach źródeł spłaty długów i podatków od własności[14]. W niektórych siedemnastowiecznych broszurach podjęto po prostu próbę rozciągnięcia zakresu tych dawnych praw i wolności na wszystkie pokojowo nastawione wyznania, a nie wyłącznie na anglikanizm, oraz na wszystkich obywateli i poddanych angielskich, a więc poza wąską arystokratyczną kategorię „ludzi wolnych"[15]. Postulat ten nie był utopijny. Sir Edward Coke, najwybitniejszy siedemnastowieczny prawnik angielski, znakomicie udokumentował stopniowe poszerzanie zakresu gwarancji zawartych w Karcie w procesie kształtowania się prawa precedensowego i stanowionego w ciągu poprzednich czterech stuleci. Do jego dzieła pt. *Institutes of the Lawes of England* z 1628 roku odwoływali się autorzy broszur z lat czterdziestych i pięćdziesiątych[16].

Równie ważnym punktem odniesienia dla autorów broszur była Petycja o prawo (*Petition of Right*) z 1628 roku, w dużej części zaprojektowana przez Coke'a. Dokument ten zawierał spis „różnych praw i wolności" Anglików, nie tylko zawartych w Wielkiej Karcie Swobód. Parlament nakłonił niechętnego Karola do zatwierdzenia tego aktu w zamian za zgodę na nałożenie nowych podatków na pokrycie kosztów prowadzonych przez niego wojen. Petycja miała zapobiec dalszemu nadużywaniu władzy królewskiej. Wzywano w niej, by nie nakładano podatków bez „dobrej woli" i „wspólnej zgody" parlamentu, nie wymuszano pożyczek, nie pozbawiano życia lub wolności inaczej „jak tylko na podstawie legalnego wyroku odpowiedniego sądu lub prawa krajowego"; by nie konfiskowano niczyjej ziemi, nie pozbawiano wolności i praw dziedziczenia bez „rzetelnego procesu sądowego", aby nie ograniczano stosowania zakazu aresztowania bez nakazu sądowego (*habeas corpus*), aby nie kwaterowano żołnierzy w domach prywatnych; by nie ścigano lub karano przestępstw innych niż wyraźnie zakazane w ustawach parlamentarnych; a także aby nie nadużywano prawa do wprowadzania stanu wojennego. Petycja głosiła,

---

[14] W: Stephenson i Markham, s. 115–126.

[15] Zob. omówienie w: W. Haller, *Tracts*, t. 1, s. 102–107, 111–113, 177–178, 182, wraz z pomocnymi przykładami tamże, t. 2, s. 170 i n., t. 3, s. 263–265, 305, 311–315, 365–366.

[16] W: *The Selected Writings of Sir Edward Coke*, red. S. Sheppard, 3 tomy, Indianapolis 2003, t. 2, wraz z analizą w: H.J. Berman, *Law and Revolution II*, s. 214–216, 238–245, 257–260, 263–269.

że wszystkie te „prawa i wolności" powinny być zachowane i wprowadzane w życie „zgodnie z prawami i statutami królestwa", bez „uszczerbku" dla ludu lub parlamentu[17].

Obszerne wyliczenie praw nie przeszkodziło rządowi królewskiemu w systematycznym ingerowaniu w prawa i wolności ludu w okresie kolejnych jedenastu lat oraz w zawieszeniu działalności parlamentu. Pytanie, przed którym publicyści stanęli w latach czterdziestych i pięćdziesiątych XVII wieku, można ująć następująco: jak przywrócić prawa narodu oraz zreformować rząd, opierając się na podstawach mocniejszych niż tylko zakurzone statuty i precedensy, które monarcha może z łatwością ignorować? Zgodnie z udzielaną przez nich odpowiedzią Anglia potrzebowała nowej, silnej konstytucji demokratycznej, gwarantującej rządy prawa i poszanowanie praw.

Jedne z najklarowniejszych propozycji w tym zakresie wyszły spod piór purytańskiego trio autorskiego: Johna Lilburne'a, Richarda Overtona i Williama Walwyna[18]. Każdy z nich samodzielnie napisał wiele broszur oraz nosił blizny po karach chłosty i więzienia, poniesionych za przekonania wyrażane w pismach i przemówieniach[19]. Wszyscy trzej współdziałali z Thomasem Princem w tworzeniu pracy pt. *An Agreement of the Free People of England* (1649), stanowiącej projekt nowej konstytucji angielskiej. Autorzy ubolewali w jej preambule nad „długotrwałymi i wyczerpującymi prześladowaniami wynikającymi z najbardziej nienaturalnej i okrutnej wojny domowej", wywołanej przez „sprawowanie nieograniczonej lub arbitralnej władzy". Ubolewali także nad „mnogością krzywd i uciskiem nie do zniesienia", które spadły na lud. Powołując się na Ewangelię – „Błogosławieni, którzy wprowadzają pokój" (Mt 5, 9) – wzywali rodaków, aby „dobrze skorzystali z szansy danej przez Boga i uczynili ten naród wolnym i szczęśliwym, aby pokonali dzielące ich różnice i raz jeszcze zawarli między sobą zgodę i przyjaźń doskonałą,

---

[17] W: Stephenson i Markham, s. 450–453.

[18] Zob. P. Gregg, *Free-Born John. The Biography of John Lilburne*, wyd. wzn., London 2000; J. Frank, *The Levellers. A History of the Writings of Three Seventeenth-Century Social Democrats, John Lilburne, Richard Overton, and William Walwyn*, New York 1969; H.N. Brailsford, *The Levellers of the English Revolution*, red. Ch. Hill, London 1961, zwł. s. 49–142; D.B. Robertson, *The Religious Foundations of Leveller Democracy*, New York 1951; J.R. McMichael, B. Taft (red.), *The Writings of William Walwyn*, Athens, GA 1989.

[19] Zob. przykłady podane w: W. Haller, *Tracts*; D.M. Wolfe (red.), *Leveller Manifestoes of the Puritan Revolution*, New York 1944. Zob. też indeks w Library of Union Theological Seminary w Nowym Jorku, C.R. Gillett, *Catalogue of the McAlpin Collection of British History and Theology. Index*, New York 1930.

a w ten sposób stanęli przed Bogiem Wszechmogącym z czystym sumieniem [jak] wolni obywatele Anglii"[20].

Wspomniane dzieło z 1649 roku dotyczyło głównie formy i funkcji rządu. Zdaniem jego autorów centrum rządu powinien być parlament oparty na przedstawicielstwie, w skład którego wchodziliby dorocznie wybierani członkowie, pozbawieni możliwości sprawowania kolejnej kadencji. Każdy – z wyjątkiem katolików i cudzoziemców – miał prawo starać się o urząd. Zakłócanie wyborów miało stać się poważnym wykroczeniem. Parlamentowi przyznano ściśle określone kompetencje, obejmujące kierowanie polityką zagraniczną i dyplomacją oraz nakładanie podatków od „wszystkich nieruchomości i dóbr prywatnych" „wedle równej miary". Parlamentowi zakazano interweniowania w działania krajowej i lokalnej władzy sądowniczej lub wykonawczej, a każda z władz miała ponosić odpowiedzialność przed ludem. Parlament nie mógł także ingerować w sprawy wojskowe, z wyjątkiem mianowania generałów i w razie potrzeby zwiększania przychodów wojskowych; inne sprawy wojskowe pozostawiono do decyzji władzy lokalnej, na której obszarze stacjonowało wojsko. Autorzy projektu z 1649 roku już wcześniej nawoływali do daleko idących zmian i kodyfikacji prawa angielskiego, a także do sporządzania nowych ustaw w języku powszechnie zrozumiałym, dostępnym dla obywateli[21]. Domagali się również zniesienia Izby Lordów i monarchii. Po obaleniu Izby Lordów przez Parlament Kadłubowy i egzekucji monarchy w 1649 roku w późniejszych pamfletach formułowano bardziej szczegółowe plany utworzenia rządu demokratycznego[22].

W *Agreement* z 1649 roku domagano się „zachowania wszelkich możliwych gwarancji i zabezpieczeń życia, ciała, wolności, własności i dóbr ziemskich", o których wspominano w Petycji o prawo z 1628 roku oraz dodawano propozycje kolejnych gwarancji. Znalazła się wśród nich klauzula dotycząca wolności religijnej, zakazująca ustanawiania „wszelkich praw, przysiąg lub przymierzy, które, pod groźbą kary lub w inny sposób, zmuszałyby do jakichkolwiek działań w sprawach wiary, religii lub kultu religijnego albo powstrzymywałyby kogokolwiek od wyznawania własnej wiary lub praktykowania religii zgodnie z własnym sumieniem". Przewidziano także zwolnienie z dziesięciny i nadawania stanowisk kościelnych, a członkom każdej parafii

---

[20] W: D.M. Wolfe, *Leveller Manifestoes*, s. 400–410. Zob. też oryginały: tamże, s. 223–234, 291–303.

[21] Tamże, s.139, 317.

[22] J.L. Malcolm, *The Struggle for Sovereignty*, s. 369 i n.

obiecywano wolność wybierania pastorów i zawierania z nimi umów. We wcześniejszych broszurach ci sami autorzy wzywali również do zwolnienia od obowiązku składania przysięgi i służby wojskowej przeciwnej przekonaniom osobistym, do zniesienia przymusu „jednej formy władzy kościelnej" pod groźbą ekskomuniki, oraz do zagwarantowania, by nie można było nikogo „skazać lub prześladować jako heretyka" „za głoszenie i publikowanie swoich przekonań w sprawach religii, w sposób pokojowy"[23]. Ich wcześniejsze pisma postulowały również większą wolność „słowa, pisma, druku i publikowania" oraz powszechną wolność „formułowania, rozpowszechniania lub przedstawiania na forum Parlamentu wszelkich petycji" dotyczących „skarg lub swobód"[24].

Oprócz wolności w sferze wyznania i wypowiedzi autorzy *Agreement* przewidzieli pewne gwarancje proceduralne w sprawach karnych: zakaz oskarżania lub wymierzania kar bez „uprzedniej podstawy w prawie", ochronę przed obowiązkiem dostarczania dowodów przeciwko sobie, prawo do powoływania świadków obrony w sprawach karnych, prawo do procesu sądowego z ławą przysięgłych, zakaz kary śmierci „z wyjątkiem morderstwa" lub „podobnie odrażającego przestępstwa", m.in. zdrady; w przypadkach przestępstw niepodlegających karze śmierci prawo do takiej kary, która byłaby „adekwatna do przestępstwa"; oraz zakaz więzienia za długi prywatne. We wcześniejszych broszurach trzej autorzy wzywali też do zapewnienia „sprawiedliwego, szybkiego, jednoznacznego i nieuciążliwego" rozwiązywania „konfliktów i sporów prawnych", do obecności co najmniej dwóch „uczciwych" świadków przy zagrożeniu karą śmierci oraz do zakazu zatrzymywania lub więzienia bez nakazu aresztowania[25].

Agreement miał także otaczać ochroną handel, działalność gospodarczą i własność prywatną. W ramach takiej ochrony wymieniano gwarancje wolnego od podatku i akcyzy handlu wewnętrznego i zagranicznego, jak również wolności od ustanowionych przez rząd monopoli handlowych, często potępianych we wcześniejszych pamfletach. Zakazywano jakichkolwiek działań rządu prowadzących do „niszczenia posiadłości i własności lub przekazywania rzeczy do użytku wspólnego" oraz wymagano od urzędników wprowadzenia świadczeń dla ubogich i przywracania majątków prywatnych rodzinom przestępców,

---

[23] D.M. Wolfe, *Leveller Manifestoes*, s.122–123, 139. W odniesieniu do tego i pięciu kolejnych przypisów zob. też szczegółowe przykłady w: W. Haller, *Tracts*, indeks rzeczowy w t. 3.

[24] D.M. Wolfe, *Leveller Manifestoes*, s. 195, 329.

[25] Tamże, s. 139–140.

z wyjątkiem tych, którzy zostali skazani za zdradę. Była to skrócona wersja obszernych żądań, wysuwanych przez wspominanych autorów, którzy domagali się także m.in. systemu szkół publicznych, szpitali, wspólnych miejsc rekreacji i dobrze finansowanych programów pomocy dla ubogich[26].

Omówiona lista praw i swobód była charakterystyczna dla poglądów dominujących w publicystyce purytańskiej w połowie XVII wieku. Dla zawartości owej listy domagano się nie tylko statusu praw pozytywnych ustanowionych przez państwo, lecz także „praw naturalnych", danych przez Boga i potwierdzonych w konstytucji. Autorzy pamfletów uważali, że każdej osobie z natury przysługuje równe i naturalne prawo do życia, wolności i własności. Każda osoba jest jednakowo powołana przez Boga do bycia „prorokiem, kapłanem i królem", a także obdarzona jest naturalnym prawem i obowiązkiem wypowiadania się, głoszenia i rządzenia w społeczności. W 1646 roku Richard Overton dokonał znanego podsumowania:

> Z natury bowiem ludzie rodzą się z jednakowym umiłowaniem własności, swobód i wolności, a ponieważ przychodzimy na świat stworzeni przez Boga za sprawą natury, każdy z naturalną, wrodzoną wolnością i własnością (niejako wyrytymi na tablicy każdego ludzkiego serca, by nigdy nie zostały zatarte), tak również powinniśmy żyć, wszyscy jednakowo korzystając z praw i przywilejów urodzenia; a także z tego, że Bóg z natury uczynił każdego wolnym [...]. Każdy człowiek jest z natury królem, kapłanem i prorokiem we właściwym dla siebie zakresie, w jakim nikt inny nie może uczestniczyć, chyba że z upoważnienia i wolnej zgody tego, do kogo należy uprawnienie i wolność[27].

Charakterystyczny zwrot, w którym określa się każdego człowieka jako „proroka, kapłana i króla" wyposażonego w naturalne prawa i obowiązki do wypowiadania się, głoszenia i rządzenia we wspólnocie, stał się hasłem przewodnim odrębnej kalwińskiej teorii praw i wolności w siedemnastowiecznej Anglii. W określeniu tym mieszczą się zarówno prawa i swobody przejęte z tradycji *common law*, jak i nowe prawa i wolności uznane przez angielskich kalwinistów za niezbędne w demokracji konstytucyjnej. Zwrotu tego nie wymyślili jednak angielscy autorzy broszur. Wiek wcześniej stał się on znany dzięki

[26] Tamże, s. 268–270, 288–289.

[27] Zob. podobne opinie, np. Roberta Browne'a, ucznia Thomasa Cartwrighta, późniejszego ojca Angielskiej Niezależności i Kongregacjonalizmu (*English Independency and Congregationalism*), omówione w: G.P. Gooch, *English Democratic Ideas in the 17th Century*, wyd. 2, New York 1959, s. 43.

manifestowi Marcina Lutra z 1520 roku *De libertate christiana*[28]. W traktacie tym Luter przypuścił frontalny atak na średniowieczne, hierarchiczne poglądy na temat społeczeństwa, a zwłaszcza na formułowany w katolicyzmie pogląd o wyższości duchowieństwa nad świeckimi – z natury i z powołania. Luter uważał ten pogląd za niezgodny z Biblią. Opierając się na Liście św. Piotra (1 P 2, 9), Apokalipsie (5, 10; 20, 6) i innych tekstach biblijnych, podawał racje na rzecz kapłaństwa, prorokowania i królowania wszystkich wierzących: każdy chrześcijanin powinien być kapłanem i sługą w stosunku do innych, każdy powinien głosić i prorokować o prawdzie i sprawiedliwości Bożej wobec bliźnich, każdy powinien wykonywać swe zadania, przyczyniając się do kierowania i rządzenia sprawami królestwa ziemskiego. W szesnastowiecznej Europie była to idea rewolucyjna, ponieważ nie tylko podważała tradycyjną władzę kleru nad świeckimi, lecz w konsekwencji wzruszała wszelkie tradycyjne autorytety – władców w stosunku do poddanych, mężów nad żonami, rodziców nad dziećmi, panów nad sługami itd. Idea Lutra przełamała wprawdzie hegemonię duchowieństwa w świecie protestanckim, lecz zarazem dostarczyła przepisu na anarchię i antynomianizm, gdyż każdy nowo nawrócony protestant uznawał samego siebie za źródło prawa, niezależne od reguł Kościoła, państwa i rodziny. Nauczeni doświadczeniem powstania chłopskiego w 1525 roku luteranie starali się nieco złagodzić radykalną wymowę tej idei, podkreślając naturalny autorytet głowy rodziny, Kościoła i państwa nad ich poddanymi oraz potrzebę korzystania przez wszystkich ludzi z praw natury i uzdolnień, lecz jedynie w granicach osobistego powołania chrześcijańskiego[29]. Do tej zmodyfikowanej wersji doktryny o proroku, kapłanie i królu nawiązali kalwińscy reformatorzy[30]. Dlatego gdy w 1562 roku genewski pisarz Jean Morély powołał się na ideę proroka, kapłana i króla, aby wezwać do bardziej demokratycznej formy samorządu kościoła lokalnego, wolnego od mocnej ręki konsystorza, został ekskomunikowany i wygnany za głoszenie „szkodliwych", „oszczerczych", „skandalicznych", „schizmatyckich" i „obrazoburczych" poglądów. Jego książki zostały publicznie ocenzurowane i spalone, a tych, którzy je drukowali lub czytali, uznano za współuczestników herezji (zob. s. 113–119).

---

[28] *De Libertate Christiana* (1520), w: WA 7, s. 49–73, tłum. w: LW 31, s. 327–377. Wyd. niem. skrócone: *Die Freiheit eines Christenmenschen*, opublikowane w: WA 7, s. 20–38.

[29] Zob. J. Witte, *Law and Protestantism*, s. 87–117; tegoż, *God's Joust, God's Justice*, s. 49–62.

[30] Zob. *Institutes* (1559), 4.18.16–17; 4.19.28; Kom. 1 Tes. 4, 3.

To, co w XVI wieku kalwiniści uważali za herezję, w kolejnym stuleciu stało się ich ortodoksją polityczną. Angielscy kalwiniści, przytłoczeni coraz bardziej uciążliwymi ograniczeniami w zakresie publikacji, głoszenia wiary oraz uczestniczenia w życiu parlamentarnym i publicznym, w zmaganiach z przeciwnikami powrócili do protestanckiego hasła o „proroku, kapłanie i królu". Dowodzili, że wprowadzone w stosunku do nich ograniczenia naruszają ich prawo do wiernego wypełniania obowiązków prorokowania, sprawowania kapłaństwa i królowania, do których Bóg wezwał wszystkich chrześcijan. Kilka radykalnych grup kalwińskich, takich jak diggerzy (*Diggers*) i rantersi (*Ranters*), zajęło stanowisko radykalne[31]. Większość angielskich kalwinistów korzystała jednak z koncepcji człowieka jako proroka, kapłana i króla po to, by dochodzić swoich naturalnych i konstytucyjnych praw do wolności słowa, praktyk religijnych i demokratycznego uczestnictwa w angielskim życiu religijnym i społecznym.

Najbardziej wymownym i pomysłowym obrońcą tej koncepcji był sławny angielski poeta i filozof John Milton (1608–1674). W tym rozdziale ukazano go jako przedstawiciela nowej kalwińskiej reformacji prawa w siedemnastowiecznej Anglii. Należy pamiętać, że w swoim podejściu Milton wykazywał niekiedy większą skłonność do indywidualizmu i szczególnej wrażliwości niż wielu współczesnych mu reformatorów[32]. Co więcej, wstrzymywał się od okazywania lojalności wyznaniowej, której oczekiwano przecież w Anglii od kalwinistów, z łatwością obracał się w kręgach walczących independensów, prezbiterian, separatystów, lewellerów i innych ugrupowań kalwińskich, kontaktował się z arminianami, baptystami i innymi „sekciarzami" w poszukiwaniu nowych idei. Milton dokonywał jednocześnie trafnych i potężnych syntez kalwińskich poglądów na temat praw, rewolucji i królobójstwa oraz nadał tym naukom trwale angielską postać, co znalazło szczególny wyraz w jego obronie decyzji parlamentu o egzekucji Karola. Wzywał do przyjęcia w Anglii kalwińskiego modelu reformacji oraz do jej rozszerzenia na sferę polityczną i prawną. Nowe koncepcje dotyczące prawa, religii i praw człowieka – jak przystało na dobrego kalwinistę – opierał przede wszystkim na Biblii, której szczegółowe pouczenia odnoszące się do tych zagadnień były, w przekonaniu Miltona,

[31] Ch. Hill, *The World Turned Upside Down*; N. McDowell, *The English Radical Imagination. Culture, Religion, and Revolution, 1630–1660*, Oxford 2003.

[32] B.E. Meland, *John Milton: Puritan or Liberal?*, „Encounter" 1972 (33), s. 129–140; E.M.W. Tillyard, *The Miltonic Setting Past and Present*, Cambridge 1938.

niedostatecznie wykorzystywane przez współczesnych mu reformatorów[33]. Swoją teorię wolności oparł na poglądzie, że każdy chrześcijanin w społeczeństwie jest jednocześnie prorokiem, kapłanem i królem, posiadającym prawa nierozdzielnie związane z tymi trzema urzędami. Pogląd ten stał się dla niego trwałą podstawą antropologii teologicznej, wykorzystywaną do obrony wolności słowa, wyznania i zrzeszania się. Korespondował również z jego skłonnością do głoszenia potrzeby zaprowadzenia radykalniejszych reform demokratycznych w Kościele, państwie i rodzinie, chociaż w późniejszym okresie zwrócił się ku bardziej arystokratycznej wizji rządu oraz bardziej protekcjonalnej wizji jednostki[34].

Milton nie działał oczywiście w odosobnieniu ani nie reprezentował poglądów każdego angielskiego kalwinisty, a tym bardziej każdego Anglika. Lista zasłużonych proroków wolności w siedemnastowiecznej Anglii jest długa. Znajdują się na niej William Ball, John Bastwick, Richard Baxter, John Bunyan, Henry Burton, Oliver Cromwell, Thomas Edwards, John Goodwin, Thomas Goodwin, Robert Greville, Henry Ireto, John Owen, Henry Parker, Isaac Pennington, William Prynne, John Pym, Henry Robinson, Samuel Rutherford, John Saltmarsh, Roger Williams, Henry Vane, Henry Vane junior, John Wildman, Gerrard Winstanley. W opinii niektórych z nich sławy nie przyniosło Miltonowi pełnienie funkcji sekretarza do spraw korespondencji zagranicznej w czasach dyktatury Cromwella, a także uniknięcie represji nawet w okresie Restauracji w 1660 roku. Brak dowodów odwagi z jego strony był przyczyną kierowanych pod jego adresem podejrzeń o dwulicowość i oportunizm polityczny. Nawet genialne poematy Miltona, *Raj utracony* (*Paradise Lost*) i *Raj odzyskany* (*Paradise Regained*) pozostawały przez pewien czas w cieniu utopii Jamesa Harringtona pt. *Oceana* (1656), traktatu o wyraźnie demokratycznym charakterze, który przyczynił się do długiego uwięzienia Harringtona i w rezultacie do wygnania go za zdradę[35]. Jeśli jednak przyjrzeć się całokształtowi działalności Miltona, mało kto mógłby dorównać sile jego retoryki lub intuicjom zawartym w jego

---

[33] E. Tuttle, *Biblical References in the Political Pamphlets of the Levellers and Milton*, w: D. Armitage, A. Himy, Q. Skinner (red.), *Milton and Republicanism*, Cambridge 1995, s. 63–81.

[34] Zob. szczególnie w jego *Readie and Easie Way*, CPW 7, s. 340–388, 396–463. Zob. też omówienie w: CPW 7, s. 118–228.

[35] Zob. np. H.F. Russell-Smith, *Harrington and his Oceana. A Study of a 17th Century Utopia and its Influence in America*, Cambridge 1914; N. Phillipson, Q. Skinner (red.), *Political Discourse in Early Modern Britain*, Cambridge 1993; A. Fukuda, *Sovereignty and the Sword. Harrington, Hobbes, and Mixed Government in the English Civil Wars*, Oxford 1997.

poglądach. Przewidział i opisał wiele istotnych kalwińskich teorii prawa, religii i praw człowieka, które miały stać się aksjomatami *common law* i całej zachodniej tradycji prawa.

John Milton i rewolucja angielska

Z początku Milton odnosił się z niechęcią do możliwości udziału w rewolucji angielskiej[36]. Jego ojciec, który przeszedł z katolicyzmu na anglikanizm, pragnął, by syn wykształcił się w Cambridge na duchownego anglikańskiego. Przejmując jednak nastroje dominujące wśród purytańskich wykładowców, a także na skutek własnych obserwacji duchowieństwa anglikańskiego, Milton doszedł do wniosku, że „tyrania wtargnęła do kościoła" i „uznał, że najlepiej będzie, jeśli w obliczu świętego urzędu zachowa nienaganne milczenie"[37]. Uzyskawszy stopień magistra w 1632 roku, postanowił wybrać życie świeckie, aby móc prowadzić spokojne życie uczonego i poety. Jednakże długie pozostawanie poza nurtem dyskusji politycznych okazało się dla niego niemożliwe. Było to szczególnie trudne w 1640 roku, kiedy w Długim Parlamencie rozgorzały żarliwe dyskusje, a w kraju nastąpił wyraźny podział na apologetów monarchii i agitatorów rewolucyjnych. Na początku 1641 roku Milton włączył się w te spory, zdecydowanie opowiadając się po stronie rewolucji. Przytoczony tu cytat ujawnia motywy, jakimi się kierował:

> Gdy tylko wolność słowa przestała być przedmiotem kontroli, usta wszystkich ludzi otworzyły się, by przemawiać przeciwko biskupom; jedni narzekali na występki poszczególnych jednostek, inni na cały porządek. Uznali za niesprawiedliwe, że ci, jako jedyni, odchodzą od wzoru innych kościołów reformowanych; że zarząd kościoła powinien wzorować się na innych kościołach, a szczególnie na Słowie Bożym. Tym [co usłyszałem] byłem głęboko poruszony i wzbudziło to we mnie zapał.

---

[36] Pośród niezliczonych studiów poświęconych Miltonowi zob. S. Achinstein, *Milton and the Revolutionary Reader*, Princeton 1994; J. Bohatec, *England und die Geschichte der Menschen- und Bürgerrecht*, wyd. 3, red. O. Weber, Graz 1956, s. 58–116; R.T. Fallon, *Divided Empire. Milton's Political Imagery*, University Park 1995; R.T. Fallon, *Milton in Government*, University Park 1993; C. Hill, *Milton and the English Revolution*, New York 1977; M.Y. Hughes, *Ten Perspectives on Milton*, New Haven 1965; D. Saurat, *Milton. Man and Thinker*, London 1944; D.M. Wolfe, *Milton in the Puritan Revolution*, New York 1941. Zob. też szczegółowe wstępy i uzupełnienia w poszczególnych tomach CPW.

[37] CPW 1, s. 823.

Zobaczyłem, że otwarta została droga do prawdziwej wolności; że położono fundamenty pod wyzwolenie człowieka z jarzma niewoli i przesądu; że zasady religii będące głównym przedmiotem naszej troski, mogłyby okazać się zbawiennie dla zwyczajów i konstytucji republiki; a ponieważ od wczesnych lat uczyłem się o różnicach między prawami religijnymi a prawami cywilnymi, doszedłem do wniosku, że gdybym kiedykolwiek mógł służyć pomocą, przynajmniej nie powinienem być ciężarem dla mego kraju, kościoła i braci chrześcijan w czasach tak poważnego niebezpieczeństwa[38].

W ciągu następnych dwudziestu lat Milton opublikował około czterdziestu obszernych rozpraw. Dla prowadzonych tu rozważań najistotniejszych jest pięć rozpraw skierowanych przeciw anglikanizmowi jako religii państwowej[39], cztery rozprawy wzywające do zreformowania instytucji małżeństwa[40], krótki traktat na temat edukacji[41], obszerne dzieło na temat doktryny chrześcijańskiej[42], pięć traktatów o kościele, państwie i tyranii[43], sławny manifest o wolności słowa[44] oraz dwie sławne obrony praw i wolności ludu Anglii[45].

---

[38] J. Milton, *Second Defense of the People of England*, powołując się na tłumaczenie w: CPW 1, s. 107–108.

[39] *Of Reformation Touching Church-Discipline in England* (1641), w: CPW 1, s. 514–617; *Of Prelatical Episcopacy* (1641) w: CPW 1, s. 618–652; *Animadversions Upon the Remonstrants Defence Against Smectymnuus* (1641), w: CPW 1, s. 653–735; *The Reason of Church-Government* (1642), w: CPW 1, s. 736–861; *An Apology Against a Pamphlet* (1642), w: CPW 1, s. 862–953.

[40] *The Doctrine and Discipline of Divorce* (1643), w: CPW 2, s. 217–356; *The Judgement of Martin Bucer Concerning Divorce* (1644), w: CPW 2, s. 416–479; *Tetrachordon. Expositions Upon the Four Chief Places in Scripture which Treat of Mariage, or Nullities in Mariage* (1645), w: CPW 2, s. 571–718; *Colasterion. A Reply to a Nameless Answer Against the Doctrine and Discipline of Divorce* (1645), w: CPW 2, s. 719–758.

[41] *Of Education* (1644), w: CPW 2, s. 357–415.

[42] *Two Books of Investigations into Christian Doctrine Drawn from the Sacred Scriptures Alone* (ca. 1658–ca. 1660), w: CPW 6, s. 117–807.

[43] *The Tenure of Kings and Magistrates* (1649), w: CPW 3, s. 184–258; *Eikonoklastes* (1649), w: CPW 3, s. 335–601; *A Treatise of Civil Power in Ecclesiastical Causes Showing that it is not Lawfull for any Power on Earth to Compel in Matters of Religion* (1659), w: CPW 7, s. 229–272; *Considerations Touching the Likeliest Means to Remove Hirelings out of the Church* (1659), w: CPW 7, s. 273–321; *The Readie and Easie Way to Establish a Free Commonwealth* (1660), w: CPW 7, s. 340–388, wyd. 2, s. 396–463.

[44] *Areopagitica; A Speech of John Milton for the Liberty of Unlicensed Printing to the Parliament of England* (1644), w: CPW 2, s. 480–570 (wyd. polskie *Areopagitica*, tłum. J. Rzepa, Warszawa 2012 – przyp. tłum.).

[45] *A Defence of the People of England* (1651), w: CPW 4, s. 285–537; *A Second Defence of the English People* (1654), w: CPW 4, s. 538–686. Przydatny zbiór tych i innych traktatów jest dostępny

Prawie wszystkie te dzieła opublikowano w latach 1641–1660. W następnych latach Milton dokonywał jeszcze wydań poprawionych i uzupełnionych oraz wybranych prac z czasów studenckich. W ostatnim okresie oddawał się głównie kończeniu swoich dwóch dzieł poetyckich: *Raju utraconego* i *Raju odzyskanego*[46]. Oba poematy odzwierciedlały ulubione przez niego zagadnienia z dziedziny prawa i polityki, w których, aby uniknąć nieprzyjemności ze strony nowych cenzorów Restauracji, najbardziej drażliwe poglądy ukrywał pod osłoną alegorii.

W wielu pismach Miltona odnaleźć można ślady nauk kalwińskich oraz obszerne odwołania do Kalwina i reformacji genewskiej, Teodora de Béze'a, Martina Bucera, George'a Buchanana, François Hotmana, Petera Martyra, Williama Perkinsa, Pierre'a Vireta i innych kalwinistów[47]. Milton wychwalał wnikliwość i poświęcenie wczesnego reformatora angielskiego Johna Wycliffe'a i uchodźców mariańskich, Christophera Goodmana, Johna Knoksa i Johna Poneta – „ojców naszej wiary"[48]. Za źródło inspiracji uważał także teologię oporu i rewolucyjne zapatrywania polityczne współczesnych reformatorów we Francji, Szkocji i Niderlandach.

W duchu kalwinizmu Milton wierzył, że każdy człowiek jest stworzony na podobieństwo Boga z odwiecznym pragnieniem miłości wobec Niego, bliźniego i własnej osoby. W sercu, umyśle i sumieniu każdego człowieka wypisane zostało prawo Boże, następnie potwierdzone w Biblii, a szczególnie w Dekalogu. Każdy człowiek jest istotą upadłą i omylną, nieustannie potrzebującą łaski

w wyd. Liberty Fund, *Areopagitica and Other Political Writings of John Milton*, Indianapolis 1999, niekiedy powoływałem się na tłumaczenia pochodzące z tej kolekcji, jak podano w LF.

[46] Zob. B.K. Lewalski, *„To try and teach the erring Soul". Milton's Last Seven Years*, w: G. Parry, J. Raymond (red.), *Milton and the Terms of Liberty*, Cambridge 2002, s. 175–190; tegoż, *„Paradise Lost" and Milton's Politics*, w: J. Martin Evans (red.), *John Milton. Twentieth-Century Perspectives, Volume 4: Paradise Lost*, New York 2003, s. 213–240. Analizy polityczne jego utworów literackich, niebędących przedmioten badań w tym rozdziale, opracowane w: J.S. Bennett, *Reviving Liberty. Radical Christian Humanism in Milton's Great Poems*, Cambridge 1989; L. Lunger Knoppers, *„Paradise Regained" and the Politics of Martyrdom*, „Modern Philology" 1992 (90), s. 200–219 [wyd. pol. współczesne: *Raj utracony*, tłum. M. Słomczyński, wyd. wzn. Warszawa 2011, *Raj odzyskany*, tłum. M. Słomczyński, Warszawa 1959 – przyp. tłum.].

[47] Zob. np. CPW 3, s. 240–258; *Commonplace Book*, w: CPW 1, s. 452–462, 477, 484, 506–507, zob. przyp. 163–164 na s. 309–310. Zob. też: M.Y. Hughes, *Ten Perspectives*, s. 220–239; tegoż, *Milton's Treatment of Reformation History in „The Tenure of Kings and Magistrates"*, w: R.F. Jones i in. (red.), *The Seventeenth Century. Studies in the History of English Thought and Literature from Bacon to Pope*, Stanford 1951, s. 247–263.

[48] CPW 3, s. 251; zob. LF, s. 72–77, 87–95, 123–124, 177, 200–201, 258.

i przebaczenia, które dane są hojnie każdemu, kto o nie prosi. Każdy człowiek jest istotą społeczną posiadającą naturalną skłonność do zawierania związków osobistych, domowych, kościelnych i politycznych. Każdy z tych związków powstaje w wyniku zgodnego przymierza lub umowy, określających jego formę i funkcję oraz przysługujące jego członkom prawa i władze, w granicach wytyczanych przez prawo naturalne. Na czele każdego stowarzyszenia stoi władza rządząca w imieniu swoich poddanych, a której należy się sprzeciwić w przypadku przemocy lub tyranii. Opór powinien jednak być umiarkowany, uporządkowany i w miarę możliwości pokojowy, lecz w razie konieczności może prowadzić do przewrotu i królobójstwa. Milton dobitnie podsumował te znane wątki myśli kalwińskiej w sławnym fragmencie *The Tenure of Kings and Magistrates* (1649), pierwszego z serii traktatów, w którym uzasadniał złożenie z tronu i przyszłą egzekucję króla Karola:

Wszyscy ludzie z natury rodzą się wolni, na obraz i podobieństwo samego Boga, a uprzywilejowanymi swoją wyższością nad innymi istotami, stworzeni [są] aby rządzić, a nie podporządkowywać się; i w ten sposób żyć. Od czasu występku Adama, upadłszy, szerzyli pośród siebie zło i przemoc, a przeczuwając, że takie postępowanie będzie musiało doprowadzić ich wszystkich do zagłady, zawarli wspólną ugodę, zobowiązując się do zaprzestania wzajemnych napaści i do wspólnej obrony przeciwko każdemu, kto podważyłby lub sprzeciwiłby się tej ugodzie. Tak powstały wioski, miasta i państwa. A ponieważ nie posiadali tak silnej wiary, aby mogła ich połączyć, uznali za konieczne ustanowienie władzy, która przy użyciu siły i kar ograniczałaby łamanie pokoju i zasad prawa powszechnego. Taką władzę i siłę do samoobrony, która bierze początek w naturze każdego z nich i w ich połączeniu, dla wygody i porządku oraz żeby nikt nie był stronniczym sędzią własnych spraw, przekazali jednemu, ze względu na jego mądrość i prawość, lub wielu, których uznali za jednakowo godnych [...].

Władza królów i urzędników jest tylko pochodna, przekazana i powierzona im przez lud, dla wspólnego dobra tych, którym władza ta przysługuje i którym nie można jej odebrać bez naruszenia ich naturalnych praw wynikających z urodzenia [...]. Ponieważ król lub urzędnik sprawują swoją władzę od początku i z natury powierzoną im przez lud przede wszystkim dla jego dobra, a nie dla własnej korzyści, toteż lud jest upoważniony, jeżeli zajdzie potrzeba, powoływać go lub odrzucać jego kandydaturę, aprobować lub usuwać z urzędu z samej tylko wolności i prawa wolno urodzonych do bycia rządzonymi w sposób, który im samym wydaje się najlepszy[49].

[49] CPW 3, s. 198–206. Milton opracował swoją teorię oporu i królobójstwa w: *Eikonoklastes*, CPW 3, s. 335–601 oraz w *First Defence*, LF, s. 98–313. Zob. s. 292–293, 314–315 oraz S. Achinstein, *Milton and the Revolutionary Reader*; D.M. Wolfe, *Milton in the Puritan Revolution*, s. 208–248; Ch. Hill, *Milton and the English Revolution*, s. 160–188.

Te znane wątki powszechnie podejmowali w czasach Miltona autorzy należący do środowiska angielskich i szkockich reformatorów, m.in. Samuel Rutherford, Henry Parker, John Lilburne, skądinąd znacznie różniący się stosunkiem do zagadnień politycznych i teologicznych. Milton wzbogacał znane argumenty, dodając do nich dowody oparte na tekstach biblijnych, przykłady historyczne oraz kunsztowną retorykę. Zwłaszcza dwie długie i zjadliwe „Obrony ludu Anglii", uzasadniające królobójstwo i wymierzone przeciwko znanemu holenderskiemu obrońcy monarchii, Salmasiusowi, stały się częścią kanonu i uczyniły Miltona sławnym na kontynencie europejskim. Oś argumentacji Miltona pozostawała jednak w głównym nurcie myśli kalwińskiej.

Znacznie bardziej oryginalna i kontrowersyjna była Miltonowska teoria „prawdziwej i rzeczywistej wolności", jaka panować ma w społeczności szczerze oddanej „prawdziwej i świętej reformacji"[50]. Milton rozwijał teorię wolności w trzech nakładających się na siebie fazach, stopniowo rozbudowując konstrukcję logiczną i retoryczną. Pierwszym zagadnieniem, rozważanym w pięciu rozprawach antyklerykalnych z roku 1641 i 1642, była *wolność religijna* – zwłaszcza potrzeba obrony wolności sumienia i praktyk religijnych od „zachłannych bóstw" państwowego anglikanizmu i „duchowej tyranii" próżnych ceremonii, zdezaktualizowanych obyczajów i fałszywych wierzeń. Do wątku tego powracał w licznych późniejszych pismach, a szczególnie w *A Treatise on Civil Power in Ecclesiastical Causes* (1659) i w *The Likeliest Means to Remove Hirelings out of the Church* (1659). W każdym z kolejnych pism coraz głośniej nawoływał do większej wolności sumienia i wiary, większej tolerancji wobec wszystkich pokojowych religii opartych na tradycji biblijnej i do bardziej zdecydowanego rozdziału Kościoła od państwa.

Drugim zagadnieniem interesującym Miltona, przedstawionym w czterech traktatach o małżeństwie z 1644 i 1645 roku, była *wolność domowa* lub *prywatna* – ujmowana z początku jako jednostronne prawo męża do rozwodu bez konieczności przeprowadzania tradycyjnego dowodu winy lub przeszkody. Do tego tematu powracał Milton kilkakrotnie, poszerzając argumentację na rzecz bardziej ogólnej „wolności domowej" lub „prywatności", obejmującej prawa dorosłego mężczyzny i dorosłej kobiety do małżeństwa, do separacji i rozwodu, zgodnie z naturalnymi zasadami Biblii i samej natury, prawa rodziców i opiekunów do wychowania i edukacji swoich dzieci w duchu ich własnych

[50] LF, s. 365. Zob. jego wcześniejsze pisma, szczegółowo omawiające potrzebę „drugiej reformacji": CPW 1, s. 524–525, 535–536, 568–569, 601–602, 703–704, 707, 723, 795–799; LF, s. 178–80. Zob. też s. 247–288.

przekonań i wartości, prawa domowników do wolności od bezprawnego przeszukania i zajęcia rzeczy przez cenzorów i policję, a zatem tego, co uważał za „istotę praw stowarzyszenia domowego".

Gdy władze kościelne i państwowe potępiły go za radykalne poglądy, Milton rozbudował argumentację na rzecz wolności religijnej i domowej w ramach znacznie szerszej teorii *wolności obywatelskiej i politycznej*. W szkicowej formie temat ten pojawiał się już w dziele *Areopagitica* (1644), a rozwinięcia doczekał się w pierwszej i drugiej „Obronie ludu Anglii" z lat 1650 i 1654. Bronił wówczas już nie tylko wolności sumienia religijnego, lecz także pełnej wolności myśli i przekonań; nie tylko wolności praktyk religijnych, ale również pełnej swobody wypowiedzi i publicznego wyrażania własnych opinii; nie tylko swobody modlitwy do Boga, lecz także swobodnego wnoszenia petycji do władzy publicznej; nie tylko wolności do zawierania i rozwiązywania związków małżeńskich bez przeszkód, lecz także wolności do udziału i zarządzania we wszystkich stowarzyszeniach, włącznie z kościołem i państwem. U kresu swej pracy twórczej Milton dysponował całkiem obszerną teorią wolności wyznania, słowa i zrzeszania się, która stanie się podstawą angielskiego i amerykańskiego konstytucjonalizmu.

Milton osadził logikę wolności na swoim wewnętrznym niezachwianym przekonaniu o Prawdzie, pisanej z wielkiej litery – Prawdzie Boga i Biblii, Prawdzie rozumu i natury, której odkrycie umożliwia swobodna i rzetelna nauka oraz dociekanie, eksperymentowanie i dyskusja. Wierzył, że tylko w warunkach wolności od tyranii biskupów i monarchów, tradycji i obyczajów, ignorancji i błędu, cenzorów i licencjodawców, święta, naturalna i ludzka Prawda zostanie ostatecznie odkryta i rozwinięta. Milton budował także swoją logikę wolności na żarliwej wierze we wrodzoną dobroć i potencjał każdego Anglika. Każdy Anglik, który wyzwoli umysł i serce spod tyranii Kościoła i państwa oraz powróci do cnót Biblii i natury oraz nauki i literatury, skwapliwie posiądzie Prawdę i wzbije się na nowe wspaniałe wyżyny rozumu i talentu. By to osiągnąć, Anglia potrzebuje „drugiej reformacji", opartej na szesnastowiecznej reformacji protestanckiej, lecz znacznie poza nią wykraczającej. Powinna to być „reformacja zewnętrzna", oczyszczająca podstawy instytucji rodziny, Kościoła i państwa z pozostałości źródeł i odmian tyranii, a także wprowadzająca prawdziwą wolność domową, duchową i obywatelską. Zarazem jednak powinna to być „reformacja wewnętrzna", która oczyszcza serce, umysł i sumienie od tyranii zastanej i dokuczliwej tradycji, wyzwala dobrego ducha dociekań i nauki, prawdziwą miłość cnoty i sprawiedliwości, wrodzony talent panowania nad sobą i określania kierunku działania.

Prawa i wolności religijne

Prawa i wolności sumienia

Milton uznawał wolność religijną za prawo naturalne nadane i kierowane przez Boga. Jego zdaniem z racji bycia stworzonym na obraz Boży każdy człowiek posiada w sobie coś z „umysłu Bożego", „sumienie lub prawy rozum", umożliwiające dostęp do prawdy, pouczeń i woli Bożej oraz zdolność postępowania według tej wiedzy. Prawo Boże wpisane jest w sumienie, serce i umysł każdego człowieka. Dzięki temu prawu każdy człowiek zna swoje obowiązki wobec Boga, bliźnich i własnej osoby. Rozumie, co jest sprawiedliwe lub niesprawiedliwe, dobre lub złe, święte lub grzeszne. Zna kardynalne cnoty sprawiedliwości i miłości, mądrości i roztropności, szczerości i pracowitości. Dostrzega różnice między pokorą i pychą, hojnością i chciwością, zawiścią i miłością, gniewem i życzliwością, pożądaniem i wstrzemięźliwością, nieumiarkowaniem i umiarkowaniem, lenistwem i pracowitością oraz innymi cnotami i wadami[51].

Każdy człowiek został jednak stworzony z naturalną swobodą wyboru postępowania na podstawie wiedzy przekazanej przez naturalne prawo sumienia. Bóg nie stworzył ludzi na wzór maszyn, które miłują go automatycznie, ani jako służalczych poddanych, którym strach nakazuje posłuszeństwo. Zamiast utrzymywać człowieka w „nieustannym dziecięctwie przepisów" Bóg „powierzył mu dar rozumu, aby sam dokonywał wyboru". Zwierzęta i rośliny związane są jedynie prawami natury. Ludzie zaś posiadają wolność przyjmowania lub odrzucania naturalnych praw sumienia oraz wybierania spośród szerokiego zakresu zachowań pośrednich. Na tym właśnie polega bycie stworzonym na podobieństwo Boga, z naturalnym rozumem i wolą, stanowiącymi w pewnym zakresie odbicie rozumu i woli Stwórcy.

> Wielu jest głupców narzekających na Opatrzność Bożą z powodu cierpień Adama za jego grzech! Obdarzając go rozumem, Bóg dał mu przecież wolność wyboru, ponieważ rozum oznacza wybór; inaczej byłby zaledwie sztucznym Adamem, obdarzonym jedynie zdolnością ruchu. My sami nie mamy szacunku dla posłuszeństwa, miłości lub darów wymuszonych siłą: dlatego Bóg dał mu wolność i postawił go wobec wyzwania, ukazując jego oczom przedmiot pożądania, aby dokonany wybór mógł stanowić o jego zasłudze, prawie do nagrody i pochwale wstrzemięźliwości[52].

[51] CPW 2, s. 128–133; 6, s. 351–354, 514–528; 7, s. 241–244.
[52] CPW 2, s. 514–521, 527; 3, s. 198–206.

Nic nie zmieniło się od czasu grzesznego upadku Adama. Naturalne prawo sumienia pozostaje wpisane w sumienie każdego człowieka, podobnie jak naturalna wolność postępowanie w myśl jego nakazów. „Rodzaj przebłysku lub migotliwego płomyka" prawa natury „trwa nawet w sercach najgorszych ludzi" i rozjaśnia „najgłębszy mrok". Z powodu ludzkiej grzeszności samo naturalne światło i prawo sumienia są jednak zbyt słabe i rozproszone, aby wskazywać kierunek rzeczywistego poszukiwania prawdy i dobra. Droga do prawdziwej cnoty, do prawdziwej miłości Boga, bliźniego i siebie, wymaga pełniejszego duchowego światła Słowa Bożego. Do pełnego korzystania z naturalnej wolności człowiek potrzebuje nadprzyrodzonego przewodnictwa. „Gdyby nie było Boga", pisał Milton, odrzucając czysto racjonalistyczne teorie prawa naturalnego,

> nie byłoby prawdziwej granicy między dobrem a złem. To, co zwano by cnotą lub wadą, zależałoby jedynie od arbitralnych sądów. Nikt nie starałby się być cnotliwym, nikt nie powstrzymywałby się od grzechu z powodu wstydu lub z obawy przed prawem, gdyby głos sumienia lub prawego rozumu od czasu do czasu nie odzywał się w sercu każdego człowieka, przypominając mu [...], że Bóg istnieje i musi zdać Mu sprawę ze swych czynów, zarówno dobrych, jak i złych[53].

Biblia i inne źródła starożytne wyraźnie dowodzą, że na przestrzeni dziejów i kultur Bóg na różne sposoby „przypominał" ludziom o naturalnym prawie sumienia. W czasach Noego i jego potomków Bóg zezwalał powszechnie, aby ludzie kierowali się w życiu wyłącznie naturalnym prawem sumienia – sporadycznie tylko zsyłał aniołów i wyrocznie, plagi i cuda, aby za ich pomocą przypominać o swoich najważniejszych przykazaniach. Niektórzy wielcy starożytni patriarchowie biblijni – Noe, Abraham, Izaak i Jakub – dowiedli, że zwłaszcza w wyniku ingerencji Boga lub jego anioła rozumieją to prawo natury i są w stanie zgodnie z nim postępować. Lecz pozostawieni swojej własnej woli i pragnieniom nawet ci wielcy patriarchowie żyli często, ku niezadowoleniu Boga, otwarcie gwałcąc prawa natury[54].

Dlatego też w czasach Mojżesza Bóg sam postanowił nadać ludowi wybranemu pełniejsze „przypomnienie" i objawienie swojego prawa. Na górze Synaj przekazał narodowi żydowskiemu szczegółowe normy kultu, prawa i moralności, regulujące stosunek do Boga, bliźniego i samego siebie, by kierować

[53] CPW 6, s. 382–398, 514–516; 7, s. 241–246.

[54] CPW 1, s. 761–768; 6, s. 351–381, 515–520.

każdym ich krokiem na drodze cnoty. Na podstawie prawa kultowego uczył ich, jak ubierać się i spożywać posiłki, jakie rytuały wypełniać i jakie ofiary składać, jak wznosić świątynie i ołtarze. Posługując się prawem, pouczył ich o podstawowych zasadach organizowania życia domowego, politycznego i duchowego. Za pomocą prawa moralnego przekazał im wiele nakazów i zakazów odnoszących się do miłości Boga, bliźniego i samego siebie. Bóg zawarł z Żydami przymierze uczynków, obiecując im wieczne błogosławieństwo w zamian za przestrzeganie przymierza, zaś wieczne potępienie za nieposłuszeństwo. Kiedy ludzie buntowali się, Bóg w swoim miłosierdziu zsyłał im proroków, aby w ten sposób przypomnieć im prawo i przywieść ich do skruchy, a także aby zapewnić ich o swoim przebaczeniu, jeśli wrócą do przestrzegania prawa. Kolejne akty nieposłuszeństwa doprowadziły do wygnania babilońskiego, lecz garstka wiernych mogła powrócić do ziemi obiecanej, gdzie Bóg przywrócił dawne prawa Mojżeszowe i odnowił przymierze uczynków[55].

Milton wskazywał jednak, że przy bliższej analizie prawo Mojżeszowe okazuje się jedynie częściowym i tymczasowym objawieniem prawa Bożego. Prawo to obowiązywało wyłącznie naród żydowski i nie dotyczyło innych narodów. Zostało ono dostosowane do czasu i miejsca, w którym żyli starożytni Izraelici – z początku na wygnaniu, a następnie w ziemi obiecanej. Miało złamać zatwardziałość ich serc i przyzwyczajenie do grzechu, wielokrotnie okazywane, gdy ludzie kierowali się wyłącznie prawem natury. Prawo Mojżeszowe pełniło funkcję – według sformułowania z Listu do Galatów (Ga 3, 24) – tymczasowego „nauczyciela, do czasu przyjścia Chrystusa", jako elementarna postać pouczenia i dyscypliny, ze szczegółowymi regułami, procedurami i ceremoniałem, mającymi krok po kroku nauczyć Żydów miłości Boga, bliźniego i samego siebie, a tym samym przygotować ich oraz wszystkich ludzi na przyjście Chrystusa. W dziele pt. *Christian Doctrine* Milton pisał:

> Prawo Mojżeszowe było spisanym kodeksem, składającym się z wielu nakazów przeznaczonych tylko dla Izraelitów. Dawało posłusznym obietnicę życia. [...] Celem jego było umożliwienie Izraelitom odwoływania się do dobroci obiecanego Chrystusa w wyniku uznania nieprawości całego rodu ludzkiego i własnej. Miało również wszelkie inne narody nauczyć tej samej elementarnej,

---

[55] CPW 6, s. 517–519, 666–715; 7, s. 273–321.

dziecinnej i poddańczej dyscypliny, by wydźwignąć je do dojrzałości nowego stworzenia i dojrzałej wolności ewangelicznej, godnej synów Bożych[56].

Gdy wraz z Ewangelią Chrystusa nastał czas „dojrzałej wolności", prawo Mojżeszowe stało się zdaniem Miltona nieaktualne. Chrystus wypełnił to prawo w szczegółach, aby nikogo nie zmuszano już do prób wypełniania go. Przyjął na siebie karę, która w myśl Mojżeszowego przymierza uczynków groziła nieposłusznym, aby nikt nie musiał już cierpieć potępienia. Wszystkim wierzącym szczodrze ofiarował zbawienie, aby nikt nie musiał być już zbawiany na drodze prawa, przez spełnianie upokarzających i daremnych uczynków. Ewangelia Chrystusa uczy tych samych fundamentalnych cnót, co prawo Mojżeszowe i prawo natury – miłości Boga, bliźniego i samego siebie w każdym działaniu. Ponadto jednak Ewangelia i jej rozwinięcie w Listach Apostolskich zawierają pouczenia odmienne od prawa Mojżeszowego. Ewangelia poucza, podając ogólne zasady, nie zawiera określonych wskazań. Przedstawia przykłady i ilustracje życia w duchu prawa, nie podając szczegółowych reguł i procedur odnoszących się do przestrzegania każdej litery prawa. Wskazuje na Chrystusa jako doskonały przykład do naśladowania, lecz jego uczniom pozostawia wolność naśladowania tego przykładu na wiele pokojowych sposobów pod przewodnictwem Ducha Świętego[57].

Nauczanie Chrystusa jest według Miltona „znacznie doskonalsze i pełniejsze aniżeli prawo" Mojżeszowe. Jest bowiem „pulsującym, żywotnym prawem", „wpisanym w serca wierzących za sprawą Ducha Świętego", nie zaś prawem sztywnym, formalnym, zapisanym „palcem Bożym" na „kamiennych tablicach". Stanowi ono normę powszechną przeznaczoną dla wszystkich ludzi, a nie lokalne prawo konkretnego ludu. Jest ono wieczną normą, która „przetrwa do końca świata", nie zaś prawem obowiązującym tylko na czas naszej nauki. Jest to wreszcie prawo wolności, a nie prawo niewoli, przymierze łaski, a nie przymierze uczynków. Nauczanie Chrystusa pozwala każdemu lepiej zrozumieć znaczenie cnoty i miłości, o których początkowo uczyło naturalne prawo sumienia. Nauczanie to rozprasza cień grzechu, który zaciemnia właściwe zrozumienie prawa naturalnego. Każdemu, kto przyjmuje Chrystusa, przywraca swobodę korzystania z własnej naturalnej wolności, utraconej podczas upadku w grzech[58].

---

[56] CPW 6, s. 517.

[57] Tamże, s. 415–484.

[58] Tamże, s. 521–562; 7, s. 258–261.

Milton wielokrotnie powracał do zagadnienia wolności dostępnej dla wszystkich, którzy wierzą w Chrystusa.

Wolność chrześcijańska oznacza, że Chrystus, nasz wyzwoliciel, uwalnia nas z niewoli grzechu, a zatem od władzy prawa i człowieka, tak, jak gdyby wyzwalał nas z niewolnictwa. Dokonując tego, sługi przemienia w synów, z chłopców czyni dorosłych mężczyzn, abyśmy kierowani duchem prawdy, mogli służyć Bogu w miłości[59].

Rzecz jasna, Milton zachowuje szczegółowe reguły dla owych młodzieńców, którzy dopiero kształcą się w pojmowaniu Chrystusowej „wolności dojrzałego człowieka", aby mogli oni cieszyć się nią po osiągnięciu dojrzałości. Ci dorastający chrześcijanie, podobnie jak dawniej Żydzi, potrzebują reguł, by przygotować się do dojrzałego życia w Chrystusie. Jednakże celem takiego szkolenia opartego na regułach nie jest zniewolenie ich w grzechu lub zakucie w kajdany prawości opartej na uczynkach. Jego celem jest raczej „naprawa zniszczeń dokonanych przez naszych pierwszych rodziców [Adama i Ewę], poprzez ponowne poznanie Boga, a w wyniku tego poznania – umiłowanie go, naśladowanie i upodobnienie się do niego, zachowujące prawdziwą cnotę w naszych duszach, które zjednoczone w świętej łasce wiary stają się największą doskonałością"[60].

Na poparcie tezy o wolności chrześcijańskiej Milton zebrał liczne cytaty z Nowego Testamentu. „Ku wolności wyswobodził nas Chrystus" (Ga 5, 1). „Wy zatem, bracia, powołani zostaliście do wolności" (Ga 5, 13). „Gdzie jest Duch Pański – tam wolność" (2 Kor 3, 17). „Albowiem prawo Ducha, który daje życie w Chrystusie Jezusie, wyzwoliło cię spod prawa grzechu i śmierci" (Rz 8, 2). „I poznacie prawdę, a prawda was wyzwoli" (J 8, 32). „[...] będziecie rzeczywiście wolni" (J 8, 36). Wszyscy otrzymaliście „prawo wolności" (Jk 1, 25) w Chrystusie, „chwalebną wolność dzieci Bożych". Powinniście wszyscy żyć teraz jak „ludzie wolni" (1 P 2, 16)[61].

Wymowa powyższych fragmentów biblijnych dowodzi zdaniem Miltona „odrzucenia całego prawa Mojżeszowego przez Ewangelię, [ponieważ] jego cel został już osiągnięty przez miłość Boga i bliźniego, która rodzi się z wia-

---

[59] CPW 6, s. 537.

[60] Tamże oraz CPW 2, s. 366–367.

[61] Jz 8, 32, 36; Rz 6, 18, 22; 14, 4, 5, 10; 17 Kor 7, 23; 8, 13; 2 Kor 3, 17; Gd 3, 10; 4, 7; 5, 1; Hbr 2, 15; Jk 1, 25; 2,12; 1 Pz 2, 16. Wszystkie cytaty przywołano i omówiono w: CPW 6, s. 529–539; 7, s. 265–272.

ry za pośrednictwem ducha". Ewangelia uchyla nie tylko rytualne i cywilne prawo Mojżeszowe. Prawa te zalecają przecież wykonywanie rutynowych czynności, których każdy zdyscyplinowany człowiek, jeśli tylko dołoży starań, zdolny jest przestrzegać. Ewangelia uchyla również moralne prawo Mojżeszowe, zwłaszcza prawo określone w Dekalogu. Prawa tego trudniej przestrzegać, ponieważ wyznacza ono sposób życia przeciwny naszej grzesznej naturze. To właśnie Mojżeszowe prawo moralne, a nie prawo rytualne lub cywilne, „jest trudnością dla wierzących i sprawia, że chwieją się pod jego ciężarem". Prawa tego nawet najbardziej zdyscyplinowana i pobożna dusza nie jest zdolna wypełnić w każdym szczególe. To właśnie prawo moralne „zniewala", „potępia" i „zawstydza", chwyta w pułapkę własnej grzeszności i doprowadza do rozpaczy. Milton doszedł do wniosku, że jeżeli istnieje jakaś część prawa Mojżeszowego, którą Chrystus wypełnił ze względu na nas, jest nią prawo moralne. Dlaczego Chrystus miałby uwolnić nas tylko od lżejszego jarzma dających się wypełnić przepisów rytualnych i cywilnych, a pozostawić cięższe jarzmo prawa moralnego, które ostatecznie przygniecie nas z powodu naszego zepsucia moralnego. Byłoby to zdaniem Miltona „fałszywe, niedorzeczne zbawienie". „Chrystus musi nas wybawić z całego prawa Mojżeszowego"[62].

Tak radykalna interpretacja chrześcijańskiej wolności od prawa odbiegała od poglądów tradycyjnie przyjmowanych w kręgach kalwińskich. Wszyscy kalwiniści byli zdania, że Chrystus całkowicie zniósł rytualne prawa Mojżeszowe dotyczące składania ofiar, diety, obrzędów, ubioru itp. Większość zgadzała się również, że przepisy Mojżeszowe dotyczące życia domowego, politycznego i religijnego straciły moc wiążącą, choć nadal mogły być przydatnymi wskazówkami w życiu i prawie. Każdy prawdziwy kalwinista podkreślał natomiast, że Mojżeszowe prawo moralne jest dla chrześcijan wiążące i cenne[63]. Szczególnie Dekalog uznawali za najlepsze streszczenie naturalnego prawa sumienia i najczystsze źródło zasad miłości do Boga, bliźniego i samego siebie. Podstawowy „użytek" z prawa moralnego polega tym, że wyznacza ono minimalne standardy moralności opartej na obowiązku, skierowane do wszystkich, oraz wyższe standardy moralności dążeń dla prawdziwych wierzących. Chrystus zachował w mocy prawo moralne i dał przykład realizowania jego ducha, uwolnił chrześcijan od potępienia, by w sposób wolny próbowali żyć według

[62] CPW 6, s. 525–541, 704–715; 7, s. 252–256.

[63] Milton utrzymywał, że Jerome Zanchius, kalwiński teolog, miał poglądy podobne do jego własnych. Zob. CPW 6, s. 533, jednak opinia ta opiera się na zasadniczo błędnej interpretacji poglądów Zanchiusa, jak może wynikać z: S.J. Grabill, *Rediscovering the Natural Law*, s. 132–149.

danych im przykazań, bez strachu przed potępieniem z powodu nieuchronnych błędów. W westminsterskim Wyznaniu wiary (1647), stworzonym w czasach Miltona przez wiodących kalwińskich duchownych ze Szkocji i Anglii, sformułowano te poglądy w formie autorytatywnej:

> Prawo moralne na zawsze wiąże wszystkich ludzi, zarówno usprawiedliwionych, jak i innych, aby byli mu posłuszni; nie tylko przez wzgląd na zawarte w nim treści, lecz także z szacunku dla autorytetu Boga Stwórcy, który je nadał. W Ewangelii Chrystus nie unieważnia tego obowiązku, lecz znacznie go wzmacnia.
>
> Prawdziwie wierzący nie podlegają wprawdzie usprawiedliwieniu albo potępieniu przez prawo rozumiane jako przymierze uczynków; jest ono jednak przydatne dla nich i dla innych jako reguła życia, pouczająca o woli Bożej i o obowiązkach, które powinni wypełniać, wskazująca drogę i sposób kroczenia po niej; jednocześnie [prawo] ujawnia grzeszne skażenie ich natury, serca i życia; aby oparłwszy się na nich zbadawszy samych siebie, w pokorze i nienawiści wobec grzechu, mogli następnie utwierdzić się w czystym pragnieniu Chrystusa i w doskonałym posłuszeństwie wobec Niego. Podobnie, pożyteczne jest dla odrodzonych, aby powstrzymywali się od zepsucia, broniąc dostępu grzechowi: a jego groźba pozwala im zobaczyć, na jaką karę zasłużyć mogą za popełnione przez siebie grzechy i jakich nieszczęść mogą się spodziewać w tym życiu, choć uwolnieni są od potępienia, którym grozi prawo. Tak również obietnice [prawa] ukazują im Bożą nagrodę za posłuszeństwo oraz błogosławieństwa, jakich mogą się spodziewać za jego przestrzeganie[64].

Milton odrzucił znane nauczanie kalwińskie o użytku prawa moralnego. Nazywał je „fałszywą nauką" „nawróconych faryzeuszy", którzy „wierzą, że prawa moralnego należy przestrzegać nawet w czasach Ewangelii". Milton uważał, że żaden człowiek nie potrzebuje prawa, które zmuszałoby go do przyjęcia łaski lub wyznania swojego grzechu. Boża łaska jest nieodparta, a jego przebaczenie jest całkowite; w nowej ekonomii zbawienia prawo moralne nie ma wartości. Twierdzenie, że chrześcijanie są wolni od potępiającego prawa, lecz nadal powinni żyć według jego ograniczeń, jest bezsensowne. Bowiem prawo z natury, a zwłaszcza prawo moralne, potępia nieposłusznych i ich potomstwo. Przypomina o tym Dekalog: „Ja Pan, twój Bóg, jestem Bogiem zazdrosnym, który karze występek ojców na synach do trzeciego i czwartego pokolenia względem tych, którzy Mnie nienawidzą. Okazuję zaś łaskę aż do tysiącznego pokolenia tym, którzy Mnie miłują i przestrzegają moich przykazań" (Wj 20, 5–6). Ponadto

[64] Westminster Confession (1647), Article XX. Of the Law of God, w: J.R. Beeke, S.B. Ferguson, *Reformed Confessions Harmonized*, Grand Rapids 1999, s. 131–135.

prawa moralnego nie przyjmuje się dobrowolnie: „Mojżesz nadał prawo formalne lub zewnętrzne również tym, którzy nie chcieli go przyjąć dobrowolnie; tymczasem Chrystus zapisuje wewnętrzne prawo Boże w sercach wierzących przez swojego Ducha i prowadzi ich jako chętnych uczniów"[65].

Takie poglądy Miltona skłoniły wielu krytyków do uznawania go za radykalnego zwolennika antynomianizmu[66]. Duchowni z Westminsteru mieli zapewne na myśli Miltona i podobnie myślących „libertynów", gdy upominali, że duchowa wolność Ewangelii nie daje chrześcijanom licencji do grzeszenia ani nie wyłącza podległości wobec władzy[67]. W swoim Wyznaniu wiary z 1647 roku teolodzy ci zgodzili się jednomyślnie, że „Bóg sam jest Panem sumienia i pozostawia je wolnym od ludzkich doktryn i nakazów, jeżeli w czymkolwiek byłyby one sprzeczne z jego słowem". Dodawali jednak ostrzeżenie:

> Ci, którzy pod pozorem wolności chrześcijańskiej dopuszczają się jakiegokolwiek grzechu lub oddają się jakiejkolwiek pożądliwości, podważają tym samym cel wolności chrześcijańskiej, którym jest to, byśmy wyrwani z rąk naszych nieprzyjaciół mogli służyć Bogu bez trwogi, w pobożności i sprawiedliwości przed Nim, po wszystkie dni nasze.
>
> A ponieważ Bóg nie pragnie zniszczyć władzy przez siebie ustanowionej i wolności, którą nabył Chrystus, lecz pozostawia je, aby wzajemnie mogły się umacniać i zachowywać, ci, którzy pod pozorem chrześcijańskiej wolności przeciwstawią się legalnej władzy lub jej prawowitym praktykom, zarówno cywilnym, jak i kościelnym, sprzeciwią się nakazowi Bożemu[68].

Milton nie był jednak zwolennikiem antynomianizmu, choć występował przeciwko „zewnętrznemu" prawu moralnemu. Równie zdecydowanie

---

[65] CPW 6, s. 533–536.

[66] Zob. zwł. A.S.P. Woodhouse, *Puritanism and Liberty*, s. 60 i n.

[67] Istotnie, Samuel Rutherford, jeden z westminsterskich teologów, był autorem dzieła: *A Free Disputation Against Pretended Liberty of Conscience Tending to Resolve Doubts Moved by Mr. John Goodwin, Dr. Jeremy Taylor, Arminians, Socinians ... Contending for Lawless Liberty, or Licentious Toleration of Sects and Heresies*, London 1649, zawierającego 410 stron diatryb przeciw tego rodzaju poglądom. Ponieważ nie posiadam kopii tego traktatu, powołuję się na cytaty i analizę tego dzieła w: J. Coffey, *Politics, Religion, and the British Revolutions. The Mind of Samuel Rutherford*, Cambridge 1997, s. 53, 135, 153, 214–215, 224, 247. Zob. też: S, Rutherford, *Lex, Rex, or the Law and the Prince* [1644], wyd. facs., Harrisonburg 1982; tegoż, *The Divine Right of Church-Government and Excommunication*, London 1646. Podobne poglądy głosił inny westminsterski teolog, Thomas Case w kazaniu wygłoszonym przed Izbą Gmin: *Spiritual Whoredom Discovered*, London 1647, cyt. za: A.S.P. Woodhouse, *Puritanism and Liberty*, s. 51–52.

[68] *Westminster Confession (1647), Article XX. of Christian Liberty, and Liberty of Conscience*, w: J.R. Beeke, S.B. Ferguson, *Reformed Confessions*, s. 170–173.

opowiadał się zresztą przeciwko „rozpustnikom" i „libertynom", którzy pod pretekstem chrześcijańskiej wolności nie kierowali się żadnym prawem[69]. Wolność chrześcijańska nie jest dla Miltona swobodą postępowania w dowolny sposób. Jest to wolność wypełniania obowiązków miłości względem Boga, bliźniego i samego siebie – pierwotnych obowiązków naturalnych wpisanych w ludzkie sumienie, a następnie umocnionych i rozwijanych przez obowiązki duchowe określone w Piśmie Świętym. Milton pisał, że „pierwszym i najważniejszym prawem i obowiązkiem" każdego wolnego chrześcijanina jest „czytanie i wyjaśnianie Pisma Świętego; przez co rozumiem wyjaśnianie dla samego siebie", aby rozpoznać „ducha Chrystusowego". Bowiem „tylko Pismo może być ostatecznym sędzią lub wzorem w sprawach religii i to jedynie we własnym sumieniu każdego chrześcijanina". Dlatego prawo i obowiązek studiowania Pisma Świętego nie są zastrzeżone tylko dla „mądrych i uczonych", dla kaznodziejów i teologów, którzy zamykają Biblię w niezrozumiałych językach obcych i żądają wyłączności na jej interpretację. Równie ważne jest, aby „prości, ubodzy, dzieci w każdym wieku i płci" mieli dostęp do Pisma we własnym języku i mogli je studiować według swoich własnych możliwości. Bóg bowiem „wymaga od nich, że będą zdolni do poszukiwań, prób, badania wszystkich rzeczy i z pomocą Ducha Świętego rozpoznają, co jest dobre"[70].

Drugim prawem i obowiązkiem wolnego chrześcijanina jest czynienie „tego, co dobre" – prowadzenie życia zgodnego z cnotami, o których uczy Pismo Święte, których przykład daje Chrystus, a których zrozumienie objawia Duch Święty. Milton podkreślał, że każdy na swój sposób rozpoznaje i rozwija szczegółową etykę cnót. Każdy jednak, kto czyta Pismo lub tradycyjne teksty klasyczne, bez trudu pojmie ogólny sens cnoty chrześcijańskiej[71]. Cnoty chrześcijańskie najdokładniej określone są w Dekalogu i innych normach i wzorcach moralnych, o których naucza Biblia. Milton zapełnił prawie 200 stron wyliczeniem „dobrych uczynków" i „cnót etycznych" przeznaczonych dla wyzwolonych chrześcijan, które mogą i powinni oni wprowadzać w życie, w żadnym miejscu nie podejmując refleksji, jak pogodzić to wszystko z postulowanym przez niego

---

[69] CPW 1, s. 579–580.

[70] CPW 1, s. 566–567, 579, 585; 6, s. 537–539, 574–592, 583–584; 7, s. 243–245, 265–267; LF, s. 439.

[71] W *On Education* Milton przedstawiał obok Biblii klasyczne greckie i rzymskie teksty, które między innymi nauczały cnotliwego życia opartego na mocy prawa natury. Zob. CPW 2, s. 357–415 oraz omówienie w J. Scott, *Commonwealth Principles*, s.170–190.

„zniesieniem prawa moralnego" i wezwaniami do indywidualnego studiowania i interpretowania Pisma Świętego. Milton rozpoczął od opracowania tablic Dekalogu, szczegółowo określając – z powołaniem się na wiele uzupełniających tekstów biblijnych – „cnoty, które odnoszą się do Boga", „obowiązki wobec bliźnich i cnoty z nimi związane" oraz „cnoty związane z obowiązkami człowieka wobec samego siebie"[72]. W dalszej kolejności omawiał poszczególne przykazania Dekalogu, zwracając uwagę na zawarte w nich zasady i praktyki cnót. Przeprowadzana przez niego egzegeza bywała naciągana, a niekiedy skandaliczna. Na przykład Milton nie widział uzasadnienia dla przestrzegania przez chrześcijan święta szabatu lub powstrzymywania się w tym dniu od pracy, ponieważ był to jego zdaniem rytualny przeżytek Żydów Starego Testamentu, unieważniony przez Chrystusowe prawo miłości. Zarazem jednak nie przyjmował uzasadnienia monogamiczności małżeństwa, ponieważ poligamia i konkubinat były dopuszczane w Starym Testamencie, a „nic w Biblii" nie potępia tych praktyk[73]. Miltonowska hermeneutyka biblijna nie charakteryzuje się w tych rozważaniach spójnością. Często też naruszał swą pierwszą, skądinąd niedorzeczną, zasadę interpretacji, mówiącą, że „każdy fragment Biblii ma tylko jedno znaczenie"[74]. Mimo to należy przyznać, że spora część jego egzegezy Dekalogu oraz opis cnotliwego życia chrześcijańskiego pokrywa się z Katechizmem Westminsterskim i innymi powszechnie stosowanymi podręcznikami moralności i dogmatyki autorstwa angielskich kalwinistów[75].

Trzecim prawem i obowiązkiem wolnego chrześcijanina jest naśladowanie Chrystusa poprzez sprawowanie „potrójnego urzędu" proroka, kapłana i króla. Chrystus jest prorokiem – pisał Milton – bowiem Ojciec posłał go, aby „pouczyć swój Kościół o Bożej prawdzie i objawić pełnię woli swojego Ojca". Chrystus jest kapłanem, ponieważ „samego siebie ofiarował Bogu Ojcu na ofiarę za grzeszników i zawsze gotowy był wstawiać się za

---

[72] CPW 6, s. 637–807. Cytaty zaczerpnięto z tytułów rozdziału Christian Doctrine. Zob. też wiele pozycji na ten temat w jego *Commonplace Book*, t. 1, s. 344–516.

[73] CPW 6, s. 351–381, 704–715 oraz dalej s. 299–302.

[74] CPW 6, s. 581.

[75] Duży i Mały Katechizm Westminsterski to standardowe teksty kalwińskie w siedemnastowiecznej Anglii i Ameryce; zob. omówienie zawartych w nich poglądów na temat Dekalogu w: J.R. Beeke, S.B. Ferguson, *Reformed Confessions*, s. 130–170. Stanowisko Miltona opiera się często na stylu i treści podstawowego tekstu kalwińskiego teologa, Johna Wollebiusa, *Compendium Theologiae Christiniae. The Abridgement of Christian Divinity*, London 1650.

nimi"[76]. Chrystus jest królem, gdyż „rządzi i ochrania, głównie za sprawą prawa wewnętrznego i siły duchowej, Kościół, który sam nabył dla siebie". Chrześcijanie jako uczniowie i naśladowcy Chrystusa, żyjący Jego duchem, mają prawo i obowiązek sprawowania tych samych trzech urzędów. Na wzór proroków powinni głosić Kościołowi i całemu światu „prawdę Bożą", „wolę Bożą" i Słowo Boże. Na wzór kapłanów powinni poświęcać siebie dla innych, modlić się za nich i opiekować się nimi jako kochający bliźni. Na wzór królów powinni kierować się tym samym „prawem wewnętrznym" i brać udział w zarządzaniu i ochronie Kościoła Chrystusowego. „Bóg nakazuje, aby rozpocząć nowy i wspaniały okres w jego Kościele", pisał Milton. „Pod przewodnictwem Chrystusa jesteśmy teraz królewskim kapłaństwem, jak również wraz z Nim jesteśmy współdziedzicami, królami i kapłanami"[77].

Milton ostatecznie zbliżył się do tradycyjnych kalwińskich formuł praw i wolności sumienia bardziej, aniżeli mogłyby na to wskazywać jego sporadyczne deklaracje utrzymane w duchu antynomianizmu. Podobnie jak kalwiniści wierzył w radykalną grzeszność człowieka i potrzebę odkupienia w Chrystusie. Wierzył w rozdział Prawa od Ewangelii oraz życia cielesnego od życia duchowego. Uznawał doktrynę usprawiedliwienia przez samą wiarę, najwyższy autorytet Biblii, chrześcijańskie powołanie wszystkich wiernych, nieustanne wezwanie do naśladowania Chrystusa oraz absolutną władzę Boga nad wszystkim, w tym także nad ludzkim sumieniem. Wprawdzie odrzucał prawo moralne jako niewolnicze „prawo zewnętrzne", lecz zarazem akceptował je w formie „wewnętrznego prawa" cnoty. Choć odrzucał doktrynę cywilnego, teologicznego i pedagogicznego użycia prawa moralnego, faktycznie posługiwał się terminologią prawa moralnego w swoim opracowaniu chrześcijańskiej etyki cnót. Odrzucał Stary Testament jako „zapis zniewolenia", od którego chrześcijanie zostali uwolnieni, lecz faktycznie przeanalizował każdy jego werset w poszukiwaniu nauk i przykładów przydatnych dla cnotliwego życia chrześcijańskiego. W wielu zasadniczych kwestiach dotyczących praw i wolności sumienia poglądy Miltona różniły się od tradycji kalwińskiej raczej w formie aniżeli w treści.

---

[76] CPW 6, s. 430–437.

[77] CPW 1, s. 838–839, 844; 2, s. 253–254; 6, s. 570–573; 7, s. 284–286, 301–303, 319–320, cytaty z Pisma Świętego: Rdz 20, 7; Wj 15, 20; 19:6; 2 Tym 2, 2; 1 P 2, 5–9; 5, 3, Ap 1, 6.

Kościół i państwo

Poglądy Miltona na temat roli Kościoła i państwa – osobno i łącznie – w kierowaniu życiem religijnym różniły się natomiast zasadniczo od poglądów współczesnych mu kalwinistów, a tym bardziej anglikanów. Przyjmując tak zdecydowane podejście do wolności religijnej jednostki i osobistej interpretacji Biblii, z nieufnością odnosił się do wielu tradycyjnych form życia religijnego i instytucji religijnych narzucanych chrześcijanom. Jako wyznawca doktryny o prorockiej, kapłańskiej i królewskiej funkcji wszystkich chrześcijan sceptycznie przyglądał się wszelkim regulacjom, które ograniczały prawo i obowiązek chrześcijan do wypowiedzi, praktykowania religii i zarządzania w sprawach Kościoła. Okazało się, że argumenty na rzecz indywidualnej wolności religijnej oraz potrójnego urzędu chrześcijan przełożone na propozycje zdecydowanych reform Kościoła i państwa odnoszą się także do sfer życia wykraczających poza stosunki Kościoła z państwem oraz do praw wykraczających poza swobody religijne. W dalszych rozważaniach wykażę, że to, co z początku zdawało się być odmiennym w porównaniu z konwencjonalnym kalwinizmem rozłożeniem akcentów, przerodziło się w wyraźną różnicę koncepcji dotyczących reformacji społeczeństwa, polityki i prawa. Początkowo argumenty Miltona dotyczyły jedynie Kościoła – w pierwszym rzędzie ustanowionego Kościoła anglikańskiego, a następnie także Kościoła prezbiteriańskiego.

Milton przypuścił atak na instytucjonalny Kościół Anglii w pięciu wczesnych, wybitnie krasomówczych traktatach z lat 1641 i 1642 i opracował później ich główne tematy w tonie bardziej umiarkowanym i ogólnym. Po pierwsze, Milton zajął się ustanowionymi na mocy prawa doktrynami anglikańskimi, liturgią i moralnością. Był przekonany, że wiele z nich opierało się na starych tradycjach katolickich, przejętych przez „na wpół papistowski" Kościół anglikański, stworzony wiek wcześniej przez Henryka VIII. Zamiast żyć według „prostej Prawdy" Pisma Świętego i „nieskażonego chrześcijaństwa" Chrystusa i jego apostołów, anglikanizm w ocenie Miltona wytworzył potężną sieć „próżnych i bałwochwalczych doktryn", „fałszywych i niedorzecznych zwyczajów", „błędnych i przesadnych tradycji", stworzonych, aby „pomieszać" i „zdławić" wolne sumienie chrześcijańskie. Zamiast prowadzić chrześcijan w pokornym i cichym życiu miłosierdzia, modlitwy i medytacji biblijnej, Kościół ten przejął wszelkiego rodzaju liturgie, msze, kulty i ceremonie cuchnące „odrażającym pogaństwem zmysłowego bałwochwalstwa". Zamiast pozwolić poszczególnym chrześcijanom na osobiste studiowanie Biblii pod przewodnictwem Ducha

Świętego, Kościół spętał i przywiązał ich do kalendarza i liturgii, rytuałów i lekcjonarzy, szabatów i innymi dni świątecznych, dusząc każdy oddech osobistego natchnienia chrześcijańskiego, wyobraźni i pomysłowości. Te zaś nauki chrześcijańskie, które powinny pozostać obojętne, zostały wyniesione do rangi zasadniczych, a kwestie dyskrecjonalne stały się przedmiotem dogmatów. Milton oskarżał cały ten fałsz i bałwochwalczą maskaradę chrześcijaństwa o spowodowanie poważnego „rozdarcia i wykrzywienia tekstu" Pisma Świętego, potężnego ucisku i stłumienia nauczania o chrześcijańskiej wolności[78].

Z jeszcze większą zaciekłością krytykował Milton duchowieństwo anglikańskie, które biorąc przykład ze średniowiecznych duchownych katolickich, prześcigało świeckich w pogoni za światowym luksusem i upadkiem moralnym. „Aby dokonać dzieła Ewangelii, Chrystus przybrał postać sługi", pisał Milton z nutą ironii. „Jakże więc jego sługa w posługiwaniu może przybrać postać pana?". Bez wątpienia anglikańscy duchowni stali się panami – nie tylko dostojnicy zasiadający w Izbie Lordów. W każdym zgromadzeniu religijnym duchowieństwo anglikańskie zajmowało pozycje arystokracji ziemskiej, z własnymi posiadłościami, władzą i przywilejami. Milton z odrazą wyrażał się o ówczesnym duchowieństwie anglikańskim. To „zgraja tyranów", „gromada oszustów", „niezdecydowanych i grających na zwłokę"; „egipscy mistrzowie ceremonii", „stos obrzydliwych nieczystości", „gniazdo skorpionów", „ślepi i nieuczeni przewodnicy", „rozrzutna banda złodziei", „notoryczni rabusie i grabieżcy", „wieczna hydra krzywdy i udręczenia", „natrętne wilki", „dzikie świnie", „szarańcza i skorpiony", „udręczeni wasale potępienia" i tak dalej[79].

Odrębny nurt prowadzonej przez Miltona krytyki dotyczył przywilejów i zwyczajów duchowieństwa, irytujących również kalwinistów angielskich i innych dysydentów. Należało do nich zwolnienie duchowieństwa anglikańskiego z obowiązku płacenia podatków i immunitet sądowy, wysoka dziesięcina i podatki kościelne przeznaczane na opłacanie ozdobnych świątyń, synekur, cmentarzy, szaty liturgiczne, komże, kapy, ornaty zdobione podobiznami świętych, dzieła sztuki i ołtarze niedostępne dla świeckich. Atakował angielskie sądy kościelne, znienawidzone i wszechwładne trybunały, które kontrolowały życie osobiste i rodzinne świeckich, oraz „przerażające praktyki świętej dyscypliny, cenzury, nakładania pokuty, ekskomunik i rozgrzeszania", nie wspominając o pobieranych przez nie grabieżczych opłatach i grzywnach. Te klerykalne

[78] CPW 1, s. 520–527, 561, 584–585, 592–593. Zob. też odniesienia w: CPW 1, s. 108–128 oraz w: D.M. Wolfe, *Milton in the Puritan Revolution*, s. 45–49.

[79] CPW 1, s. 113–115.

„pijawki" „wysysają królestwa" z żywotnej krwi. „Jaka masa pieniędzy wypływa w ten sposób z żył królestwa do jego wrzodów; przez ich zdzierstwa; jawną korupcję; żarłoczność niesytych harpii". Cóż za „bijący odór chciwości, świętokradztwa" bucha z tych „namaszczonych i epikurejskich kałdunów" uważających siebie za pokorne sługi Chrystusa w jego Kościele, choć prowadzą rozrzutne życie panów, żerując jak chciwi złodzieje. Cały ten klerykalny wyzysk narusza nie tylko wolność religijną, lecz także „wszystkie posiadane przez nas prawa do naszych ciał, dóbr i swobód", gwarantowane od czasów *Magna Carta*[80].

Wyzysk ze strony duchownych jest zdaniem Miltona tym bardziej dojmujący, że urzędy kościelne obsadza się bez zgody i kontroli ze strony wiernych. Selektywnie przytaczając źródła starożytne, Milton przekonywał, że „wczesny Kościół" był „organizacją demokratyczną". Pierwsi chrześcijanie uważali duchownych i świeckich za równych przed Bogiem kapłanów, pełniących odrębne urzędy chrześcijańskie i realizujących powołanie w większej wspólnocie. Naśladując wzory biblijne, wybierali na urzędy swoich kapłanów, diakonów, prezbiterów lub biskupów, a pochodzące z wyboru duchowieństwo ponosiło wobec świeckich odpowiedzialność za zaniedbania lub nadużycia. W trzecim wieku „głos ludu w wyborach biskupa" i zarządu Kościoła „był tak donośny", że nawet pogański cesarz rzymski „zapragnął, aby jego zarządcy prowincji wybierani byli w ten sam sposób"[81].

Między czwartym a szóstym stuleciem miało dojść do dramatycznej zmiany, gdy rzymski cesarz Konstantyn i jego następcy wraz z chrystianizacją cesarstwa dokonali romanizacji Kościoła. Szczególnie szkodliwe było uczynienie z biskupów „duchownych monarchów", powoływanych przez cesarzy na własne podobieństwo. Jeszcze bardziej szkodliwe stało się wprowadzenie przez nich zwyczaju mianowania i odwoływania dostojników kościelnych jako wyłącznego przywileju, co zakończyło trwający trzysta lat okres wybierania i kontrolowania duchowieństwa przez członków Kościoła. „Monarchia i prałatura" złączyły się odtąd w „najbardziej bezbożnym związku", którego nieuniknionym potomstwem stanie się tyrania duchowa. Wkrótce mianowani przez państwo biskupi przestali służyć swojej owczarni z miłością i „równością braterską, niezrównaną łagodnością, częstymi postami, nieustanną modlitwą i nauczaniem, stałym czuwaniem i wysiłkami". Natomiast „zdradzając swoją pierwszą miłość, w jej miejsce ustanowili mamonę i brzuch jako swoje

---

[80] CPW 1, s. 537, 545, 547–548, 554–558, 568–569, 576–577, 589–593, 603, 606, 610–614, 617; 3, s. 239–241.

[81] CPW 1, s. 114–115, 539–549, 573–577, 624–652; 6, s. 795–796; 7, s. 319–320.

bóstwa, a następnie korzystając z władzy duchowej, którą posiedli nad ludzkim sumieniem, zaczęli także rozglądać się za władzą nad ciałem i rzeczami materialnymi”[82].

Mimo częściowej demokratyzacji państwa w wyniku wyborów parlamentarnych, zdaniem Miltona monarchia absolutna i tyrania mają się dobrze w Kościele. Dlaczego członkowie Kościoła nie mogą wybierać lokalnych dostojników kościelnych w ten sam sposób, w jaki wybierają przedstawicieli do Izby Gmin? „Czyż nie można zaufać pobożności i sumieniu Anglików podczas wyboru pastorów do funkcji, która w niczym nie dotyczy władcy” – zwłaszcza że obdarza się ich zaufaniem, gdy wybierają parlamentarzystów, których funkcje zbliżone są do funkcji władców? Skoro „mamy już system wyborów w naszym państwie [na wzór] Kościoła apostolskiego i starożytnego”, czy nie powinno się ich wprowadzić także w lokalnym „Kościele państwowym”?[83]

Dlaczego w ogóle miałby istnieć „Kościół państwowy” i „religia ustawowa”, zapytywał Milton, rozciągając dotychczasową krytykę na rosnący w siłę instytucjonalny prezbiterianizm angielski[84]. Dlaczego chrześcijaństwo miałoby być ustanawiane przez jakiekolwiek ludzkie prawa? Dlaczego jego duchowieństwo musi być rządzone przez świeckich urzędników? Wszak najbardziej znana przestroga polityczna Chrystusa brzmi: „Oddajcie więc Cezarowi to, co należy do Cezara, a Bogu to, co należy do Boga” (Mt 22, 21). Kościół pierwszych wieków żył w zgodzie z naukami Ewangelii przez trzysta lat, wzrastając mimo prześladowań ze strony „odrębnej władzy cesarskiej”. To Konstantyn, także cesarz, który w IV wieku przyjął wiarę chrześcijańską, jako pierwszy zlekceważył podstawowe nauczanie polityczne Chrystusa. Konstantyn – oskarżał dalej Milton – przejął „to, co należy do Boga” i przekształcił tę należność w „to, co cesarskie”. To Konstantyn zatwierdzał doktrynę i liturgię Kościoła oraz karał jego wrogów i heretyków. To Konstantyn zwoływał sobory i synody Kościoła, a także kontrolował jego organizację i dobra. To Konstantyn wyznaczał biskupów i duchowieństwo oraz ściągał dla nich

---

[82] CPW 1, s. 576–577 oraz cytaty w: D.M. Wolfe, *Milton in the Puritan Revolution*, s. 48. Zob. CPW 1, s. 823–834.

[83] CPW 1, s. 600.

[84] Już w 1646 roku przedstawił to w pamiętny sposób, protestując przeciw ustanowieniu państwowego prezbiterianizmu: „New Presbyter is but Old Priest writ Large” („Nowy Prezbiter jest w sposób oczywisty Dawnym Kapłanem”). Cyt. za: D.M. Wolfe, *Milton in the Puritan Revolution*, s. 82–83. Zob. następnie jego: *Observations Upon the Articles of Peace* (1649), w: CPW 3, s. 259–334 *passim* oraz w *The Tenure of Kings and Magistrates* (1649), CPW 3, s. 238. Zob. też odesłania w: CPW 3, s. 1–9, 92–97, 130–136, 196.

dziesięcinę i podatki. To, co Konstantyn, a potem jego następcy ustanowili w starożytnym Rzymie, przetrwało w Kościele, z chlubnymi wyjątkami kilku odważnych Ojców Kościoła i wczesnych reformatorów, przez ponad tysiąc lat. Do dnia dzisiejszego większość protestantów i katolików „zniewolonych" i „owładniętych" „szczodrze opłacanym zabobonem" Konstantyna, kłamie, że prawne ustanowienie państwowego chrześcijaństwa i zarządzanie Kościoła przez państwo są niezbędne dla przetrwania każdego z nich[85].

Chrześcijaństwo tymczasem nie potrzebuje praw, aby przetrwać, podobnie jak Kościół nie potrzebuje państwa, aby się rozwijać. Prawda jest zdaniem Miltona zupełnie inna. Rozdział i odrębność – nie zaś „zmieszanie i zamęt" – Kościoła i państwa oraz prawa i wiary stanowią właściwą drogę Chrystusową. „Nie powinniśmy znosić [sytuacji], gdy dwie tak całkowicie odrębne władze, kościelna i cywilna, wspólnie dopuszczają się nierządu, a przez przemieszane i fałszywe bogactwa pozornie wzmacniają, choć w rzeczywistości wzajemnie podrywają swój autorytet, a ostatecznie go obalają". Milton powracał wielokrotnie do tego tematu, za „absurd" uznając fakt, że chrześcijanie „nie nauczyli się jeszcze odróżniać władzy cywilnej od kościelnej we właściwy sposób". Biblia uczy wyraźnie, że królestwo Chrystusowe nie jest z tego świata, a jego Kościół „nie popiera siły i przymusu stosowanego przez światowych władców". Kościół Chrystusa nie jest podobny do „winorośli", „bowiem może istnieć, nie wspinając się po pniu światowej władzy", ani do budowli, bowiem może on utrzymać się „bez podtrzymywania i podpory władzy świeckiej". Przeciwnie, przekonywał Milton, „ponieważ państwo i Kościół pomieszały swoje jurysdykcje", „całe chrześcijaństwo" zebrało „gorzki plon" wypraw krzyżowych i wojen, inkwizycji i pogromów, przelewu krwi i prześladowań. Doszło do tego, ponieważ Kościół i państwo złączyły swoje władze i urzędy w taki sposób, że Kościół przybrał postać „papieskiego despotyzmu, udekorowanego pozorami religii, obsadzającego wysokie stanowiska władzy świeckiej, obejmując je dla własnych korzyści w sprzeczności z nauczaniem samego Chrystusa"[86].

---

[85] CPW 1, s. 551–557, 573–577; 2, s. 257–258; 7, s. 260–268, 279–280, 290–294, 307–308; LF, s. 157–158, 162–165, 197–198.

[86] LF, s. 111–112, 406–407; CPW 6, s. 798–799; 7, s. 253, 255, 262–268; 1, s. 554; LF, s. 111–112. Milton w swoim dziele *Commonplace Book*, powołując się na Machiavellego, pisał: „Bowiem połączenie rządu kościelnego i politycznego (czego wynikiem jest to, że urzędnik pełni funkcje pastora Kościoła, a pastor Kościoła działa jako urzędnik) jest dla obu stron równie destrukcyjne [...]. Pod rządami republiki lub dobrych książąt ludzie powinni mieć prawo do wyrażania opinii na temat religii". CPW 1, s. 476.

„Nauczanie samego Chrystusa" wskazuje zaś Biblię jako „główny fundament" Kościoła i „tekst zupełny" wiary chrześcijańskiej. Dodanie lub usunięcie czegokolwiek z Biblii za sprawą ludzkich praw i tradycji w toku ludzkiego zarządu Kościołem i wiarą chrześcijańską jest bluźnierstwem. Chrystus uczy również, że rządcą tego Kościoła nie jest potężny urzędnik lub wyniosły dostojnik kościelny, lecz każdy pokorny chrześcijanin, który przeżywa i rozważa „prostą Prawdę". Każdy chrześcijanin jest powołany przez Chrystusa nie tylko do bycia jego prorokiem i kapłanem, lecz także królem i rządcą wewnątrz Kościoła. Każdy chrześcijanin ma „przed sobą Słowo Boże", „nosi w sobie zamysł Chrystusa", a „Duch Boży" kieruje jego rozeznaniem. „W obecnych czasach żaden człowiek lub grupa ludzi nie może być w sprawach religii nieomylnym sędzią sumienia innego człowieka, lecz tylko swojego własnego". Stanowi to „dar urodzinowy od samego Boga dla nas", „prawdziwe przyrodzone prawo każdego wierzącego", „najwyższy przywilej" każdej „królewskiej osoby" powołanej do kierowania Kościołem Chrystusa[87].

Kościół jest czymś więcej niż tylko zgromadzeniem kierujących się sumieniem królewskich członków, podobnie jak państwo jest czymś więcej niż zgromadzeniem jego indywidualnych suwerennych poddanych. W tym miejscu Milton odwołał się do znanej teorii umowy państwowej, odnosząc ją także do Kościoła. Podobnie jak każde państwo powstaje jako dobrowolne i zgodne przymierze jednostek mających podobne interesy, każdy Kościół powstaje w wyniku „wspólnej zgody" między „wiernymi o podobnych przekonaniach", którzy „połączyli się dobrowolnie przymierzem jedności". Podobnie jak poddani państwa godzą się na przekazanie części swych praw naturalnych wybranym władzom państwa w celu zachowania pokoju, porządku i rządów prawa we wspólnocie, tak też członkowie Kościoła godzą się dzielić swoje prawa religijne z innymi członkami Kościoła, by zapewnić właściwe nauczanie, dyscyplinę i posługę diakonatu w swoich wspólnotach. Podobnie jak obywatele państwa mogą usuwać wybranych urzędników politycznych, którzy sprzeniewierzą się swym urzędom i staną się tyranami, członkowie Kościoła mogą wydalić wybieranych urzędników kościelnych, którzy zdradzą Pismo Święte, staną się tyranami lub heretykami. Podobnie jak jednostki mogą, bez przymusu i zastraszenia, decydować o tym, czy wstąpić, wystąpić bądź powstrzymać się od udziału w lokalnej wspólnocie politycznej, indywidualni członkowie

[87] CPW 1, s. 844; 6, s. 797–799; 7, s. 242–247, 262; LF, s. 157.

Kościoła mogą, bez przymusu i groźby kary, podejmować decyzje o tym, czy wstąpić, wystąpić lub pozostać na uboczu lokalnego kościoła[88].

Analogia między umowami konstytuującymi Kościół i państwo nie jest oczywiście doskonała. Milton podkreślał, że każdy Kościół ma obowiązek przestrzegania szczegółowego nauczania i przykładów biblijnych, zaś na państwie obowiązek taki nie spoczywa. W jego interpretacji Biblia dopuszczała funkcje kaznodziejów, prezbiterów i diakonów, lecz już nie prałatów, biskupów i zakonników. Oznaczało to konieczność przeprowadzania w kongregacjach wyborów na urzędy kościelne oraz niedopuszczalność powoływania kleru na urzędy duchowne lub polityczne, a ponadto nieodzowność zwoływania zebrań kongregacji bez konieczności zwoływania soborów. Oznaczało to również akceptację dobrowolnych składek do skarbony kościelnej i zakaz przymusowej dziesięciny[89]. Miltonowska interpretacja dopuszczała małżeństwa duchownych i nie pociągała za sobą obowiązkowego celibatu. Wskazywała na przydatność wypowiadania się duchownych w sprawach sprawiedliwości, lecz odrzucała „mieszanie się kleru w sprawy cywilne". Współpraca Kościoła z państwem była dopuszczalna, lecz uzależnianie pierwszego od drugiego było „trucizną". Duchowe środki dyscyplinujące w postaci pokuty, a nawet „straszliwego wyroku" ekskomuniki miały być dopuszczalne w Kościele, lecz środki skierowane przeciwko życiu lub ciału bądź wszelkim dobrom ziemskim należącym do członków Kościoła miały być w nim ściśle zakazane[90].

Na kartach rozproszonych dzieł ogłaszanych w ciągu dwudziestu lat Milton starał się dowieść, że każda ze wskazanych praktyk ma uzasadnienie w Piśmie Świętym i w nauczaniu Chrystusa skierowanym do Kościoła. Polecał jednak, aby szczegółowe zestawienie i dopracowanie tych nauk biblijnych pozostawić pełnej władzy dyskrecjonalnej poszczególnych kongregacji. Domagał się także, aby wszystkim chrześcijanom pozostawić wolność bycia „jednoosobowym Kościołem", pod warunkiem że prowadzą życie zgodne z Biblią[91]. Przypominał swoim czytelnikom, że choć Kościół instytucjonalny

---

[88] CPW 3, s. 240–247; 6, s. 563–574; LF, s. 111–112. Zob. też V. Kahn, *Wayward Contracts. The Crisis of Political Obligation in England, 1640–1674*, Princeton 2004 oraz tegoż, *The Metaphorical Contract in Milton's „Tenure of Kings and Magistrates"*, w: D. Armitage, A. Himy, Q. Skinner (red.), *Milton and Republicanism*, s. 82–105.

[89] Milton był szczególnie oburzony faktem, że prezbiteriański zarząd próbował zbierać dziesięcinę od wszystkich Anglików. Już wcześniej wiele razy potępiał obowiązkową dziesięcinę, a w 1659 roku napisał druzgocący pamflet przeciw tej praktyce, w: CPW 7, s. 273–321.

[90] CPW 1, s. 835–847; 3, s. 240–241; 6, s. 573–613; 7, s. 244–247, 258.

[91] CPW 6, s. 568.

jest pożyteczną instytucją ustanowioną przez Chrystusa, „samemu Kościołowi, a tym bardziej państwu, nie wolno ustanawiać lub nakładać jednej religii [...], lecz może on jedynie zachęcać lub poddawać ją dobrowolnemu rozstrzygnięciu naszych sumień". „Żaden człowiek, synod lub zgromadzenie ludzkie, choćby zwane kościołem, nie może wydawać ostatecznych sądów na temat znaczenia Pisma w sumieniu innego człowieka", pisał w 1659 roku Milton. W młodości anglikanin, a później prezbiterianin – stał się zaangażowanym kongregacjonistą, zdecydowanie opowiadającym się za demokracją kościelną i pluralizmem chrześcijańskim, niechętnym wobec kościołów hierarchicznych i soborowych – zarówno anglikańskich, prezbiteriańskich, jak i katolickich[92].

Milton sądził, że Kościół może oddziaływać jedynie na „człowieka wewnętrznego" i wyłącznie poprzez „perswazję", zaś sferą oddziaływania państwa, któremu nie wolno kierować się racjami religijnymi, jest „człowiek zewnętrzny". Państwo zostało ustanowione przez Boga na podstawie umowy politycznej, w imię ochrony porządku zewnętrznego i pokoju oraz dla zachowania „praw i wolności ludu", a zwłaszcza praw i wolności religijnych. Państwo zajmuje się wyłącznie „ciałem i zewnętrznymi zdolnościami człowieka", „jego życiem, ciałem i dobrami doczesnymi". Państwu wolno wyznaczać granice, w jakich człowiek może korzystać ze swojej wolności i dóbr w taki sposób, aby „porządek publiczny i prawa prywatne" innych osób korzystały z poszanowania i ochrony. Urzędnicy państwowi mogą pozbawiać ich dóbr, nakładając „sprawiedliwe podatki" lub zasądzać kary pieniężne w wyniku „rzetelnego" oskarżenia i procesu sądowego. Są oni nawet upoważnieni do odpowiedniego i proporcjonalnego zastosowania siły i przemocy w celu karania przestępstw, przywracania sprawiedliwości lub prowadzenia wojny[93].

Urzędnikom państwowym nie przysługuje jednak władza używania siły lub przemocy wobec „człowieka wewnętrznego i jego religii". Żaden człowiek nie posiada „władzy, aby przekazać im takie upoważnienie" na podstawie umowy politycznej, zaś religijne „sumienie nie leży w zakresie ich kompetencji". Przeciwnie, na mocy natury i Pisma religia jest niezbywalnym prawem jednostki: nikt, a zwłaszcza urzędnik państwowy, nie może jej oddać lub odebrać. Milton powracał do tych zagadnień pod koniec lat czterdziestych i w latach pięćdziesiątych. „Zarówno nasza wiara, jak i praktyka, które obejmują całą naszą religię, wypływają ze zdolności człowieka wewnętrznego, z natury

[92] CPW 1, s. 761–767; 7, s. 247–248, 258, 522–530.

[93] CPW 1, s. 835–836; 6, s. 797–799; 7, s. 242–247, 262; LF, s. 287.

wolne i nieograniczone [oraz] niepoddające się przemocy". „Ostatecznym sędzią zasad lub rządcą w sprawach wiary nie może być żadna tradycja, sobór lub prawa jakiegokolwiek Kościoła widzialnego, a tym bardziej edykt jakiegokolwiek urzędnika lub zgromadzenia cywilnego, lecz tylko Pismo Święte". „Gdyby jakiś człowiek", a zwłaszcza urzędnik polityczny, „twierdził, że Pismo wydaje w jego sumieniu sąd o innym człowieku, nie tylko stawiałby siebie ponad Kościołem, lecz nawet ponad Pismem, [co byłoby] roszczeniem zbyt wielkim dla jakiegokolwiek śmiertelnika"[94].

„Chrystus ma własny rząd" – kontynuował Milton – „wystarczający dla realizacji wszystkich jego celów i zamysłów w kierowaniu Kościołem; różniący się znacznie od rządu urzędników cywilnych". Rząd Chrystusowy „odnosi się tylko do człowieka wewnętrznego i tych jego działań, które są duchowe i nie podlegają siłom zewnętrznym". Sprawując rządy duchowe, Chrystus i jego Kościół „ukazują nam boską doskonałość królestwa duchowego, które bez użycia ziemskiej siły zdolne jest poddać sobie wszystkie moce i królestwa tego świata, podtrzymywane samą tylko zewnętrzną [siłą]". W tym królestwie chrześcijańskim i rządzie duchowym „Ewangelia, a także wiara, wolność i sumienie, nie powinny stać się obiektem przymusu". Urzędnik „nie ma upoważnienia i nie powinien narzucać spraw religii". Jeśli jednak spróbuje, ujrzy jedynie „udawane przedstawienie" i „kiepskie naśladownictwo" wiary[95].

Milton podkreślał, że przykłady starotestamentowych sędziów i królów, wykorzystujących prawo państwowe i środki przymusu do zarządzania religią Izraela, nie obalają jego argumentacji. Był to bowiem czas Prawa, po którym nastał czas Ewangelii. W czasie „niewoli i uczynków" wierni byli „dziećmi", wobec których „karanie nie jest zabronione". Nadeszła jednak epoka „łaski, wieku męskiego, wolności i wiary, którym towarzyszy dobrowolność i rozumność, nie zaś siła". Dawniej król stał na straży dwóch tablic Dekalogu. Nastał jednak czas, gdy owe tablice przejęły rolę stróża w stosunku do nas wszystkich. W czasach dawniejszych Kościół i państwo były połączone, a królowie dysponowali szczegółowymi przepisami prawa Bożego, a także podlegali „bezpośredniemu kierownictwu Boga". W czasach nowych Kościół i państwo są rozdzielone, a „niepisane" prawo Boże w sumieniu każdego człowieka oczekuje na odkrycie i zastosowanie. „Gdyby Kościół i państwo miały ponownie stać się jednym ciałem, jak w czasach prawa" – przekonywał Milton

[94] CPW 1, s. 844; 6, s. 612, 797–799, 7, s. 242–247, 256–262. Zob. też: A.S.P. Woodhouse, *Puritanism and Liberty*, s. 229–230.

[95] CPW 6, s. 612–614, 797–99; 7, s. 255, 262–268.

– „wówczas niech każdemu będzie wiadomo, że Bóg, który w tamtych czasach sprzymierzył się z nimi, teraz ich odrzuci”[96].

Ważności tez Miltona nie obalają również, w jego przekonaniu, często powoływane fragmenty trzynastego rozdziału Listu św. Pawła do Rzymian oraz inne fragmenty Nowego Testamentu, głoszące że „wszelka władza pochodzi od Boga” i dlatego należy się jej posłuszeństwo na wzór posłuszeństwa Bogu. Milton przyznawał wprawdzie, że prawowita władza zasługuje na posłuszeństwo, ponieważ „bez urzędników i rządu cywilnego nie ma państwa, ludzkiej społeczności ani życia na tym świecie”. Nic jednak we wspomnianym fragmencie Listu do Rzymian „nie upoważnia urzędników do sądzenia lub stosowania siły [...] w sprawach religii”. Liczne wypowiedzi biblijne prowadzą do przeciwnych wniosków. (Milton wskazywał m.in. J 4, 21–23; Rz 14, 5, 9–10; 1 Kor 7, 23; 9, 19; 2 Kor 3, 17; Ga 2, 16; 4, 3, 9–10, 26; 5, 13–14 oraz Kol 2, 8, 16, 23). Z lektury wskazanych fragmentów Milton wywodził, że Biblia zaleca posłuszeństwo wobec urzędników jedynie pod warunkiem przestrzegania przez nich umowy politycznej i ograniczenia własnej jurysdykcji cywilnej do „podatków”, „opłat”, „złego postępowania” i innych spraw wymienionych w Nowym Testamencie. Gdyby zaś urzędnicy wkraczali w zakres duchowej jurysdykcji Boga, wówczas ci, których Bóg wyznaczył na suwerenów królestwa duchowego na ziemi, a więc każdy chrześcijanin, uzbrojony w Ewangelię i jej broń wolności, powinien stawić im opór[97].

W żadnym wypadku nie można wymagać, aby każdy naród miał ustanowioną religię oraz aby państwo chroniło Kościół narodowy przed schizmą. W interpretacji Miltona nie nakazuje tego Nowy Testament, podobnie jak nie doradza tego historia. Znacznie bardziej pożądane jest tolerowanie przez państwo żywotnej wielości Kościołów chrześcijańskich, niż nakładanie „na lud dziecinnej głupoty duszy i bezczynnej ślepoty rozumu za sprawą ociężałych doktryn” i „prześladowanie wszystkich rozumnych i gorliwych chrześcijan”, którzy odmiennie interpretują Pismo Święte. Zamiast wspomagać wzrost „młodych kiełków nowych idei” w jasnym świetle Ducha Świętego, religie

[96] CPW 7, s. 251–252, 258–260, 271.

[97] CPW 6, s. 611–612; 7, s. 250–252, 262–263; LF, s. 162–168. Zob. też krytykę tradycyjnego nauczania o przymusie, podaną przez Miltona, a opartą na przypowieści Chrystusa o królu, który wyprawił ucztę weselną dla swojego syna, a ponieważ goście nie przybyli, wysłał on swoje sługi na rozstajne drogi, aby „zmusić” przechodniów do przyjścia. „Słabym autorytetem” dysponuje taki rząd, który zmusza do wyznawania religii, przekonywał Milton, powołując się na Iz 55, 1; Mk 16, 16; J 6, 44; 7, 37; Ap 3, 18; 22, 17 i podobne teksty, które mówią o zachęcaniu i przekonywaniu do wiary. Zob. CPW 7, s. 260–262.

państwowe utrzymują Kościół narodowy w „odrętwiałym zniewoleniu" niezbędnym dla zachowania „fałszywej, wymuszonej i próżnej jedności". Nie sposób w takich warunkach odkryć prawdę chrześcijańską ani zapobiec podziałom religijnym. „Aby w porę zapobiec schizmie, należy wszędzie i z mocą głosić Ewangelię, kształcić młodzież w sprawach religii i dokładać wszelkich starań, aby wszyscy ludzie rozumieli Pismo". Prawda chrześcijańska wyłoni się w „swobodnej i zgodnej z prawem debacie, toczonej nieustannie w pismach, wykładach, dyskusjach i wszelkich opiniach, co do których Pismo Święte dopuszcza spory". Milton wierzył, że jeśli państwo nie tylko toleruje, lecz także wspiera szczerą, uczciwą i otwartą debatę na temat Pisma, „Bóg okaże", co jest prawdą, a co fałszem i herezją. Boża Prawda ostatecznie przejdzie drogą triumfalną „pośród zakamarków sekt i herezji"[98].

Państwo ma według Miltona tylko dwa zadania w wytyczaniu owej „drogi triumfalnej" dla prawdy chrześcijańskiej. Po pierwsze, powinno szanować i tolerować praktyki religijne wszelkich sekt opierających się na Piśmie Świętym, mimo „jakichkolwiek błędów" w dokonywanych przez nie interpretacji Biblii. Sankcjom i kontroli państwowej poddać można wyłącznie te sekty, które nie są nastawione pokojowo i zagrażają „życiu, ciału i dobrom ziemskim" własnych wyznawców lub innych osób[99]. Po drugie, państwo musi pozbawiać praw i „tępić" heretyków, określanych przez Miltona mianem „wrogów Ewangelii" oraz tych, którzy „podtrzymują tradycje i poglądy niezgodne z Pismem Świętym"[100]. We wczesnych dziełach Milton dość niejasno zaliczał do tej grupy Żydów, „mahometan", „ateistów" oraz tych, którzy opowiadają się za „papiestwem i jawnym zabobonem"[101]. Około 1659 roku zarzut herezji ograniczył jedynie do „papistów, którzy jako jedyni są heretykami", ponieważ „za heretyków uznają wszystkich prócz siebie"[102].

Przed reformacją, jak pisał rozgoryczony Milton, katolicy porwali „dziewiczą Prawdę" Pisma, „rozczłonkowali jej cudowną postać na tysiąc części i rzucili na cztery wiatry". Od czasu reformacji protestanckiej i mimo jej dorobku katolicy nadal „wbrew Pismu" trwają przy własnych wierzeniach i praktykach, przedkładając je „ponad Pismo" i grożąc „anatemą" każdemu, kto nie jest posłuszny papieżowi i soborom, ustanowionym w miejsce Chrystusa jako

[98] CPW 1, s. 779–800; 7, s. 249–250.

[99] CPW 1, s. 797; 6, s. 611–612; 7, s. 258.

[100] CPW 7, s. 246–249.

[101] CPW 2, s. 565; 3, s. 311–313, 326, 574; 7, s. 318–319.

[102] CPW 7, s. 249.

najwyższe władze w Kościele. Katolicyzm nie jest więc „religią, lecz rzymskim księstwem", „katolicką herezją przeciw Pismu Świętemu, wspieraną głównie przez władze świeckie i, oprócz Rzymu, władze innych państw; słusznie zatem władze państwowe powinny uznawać ją za podejrzaną i odmawiać jej tolerancji". W rzeczy samej „wszyscy prawdziwi protestanci [...] nie znają sprawniejszej i bardziej morderczej siły niszczącej prawdziwą religię, aniżeli Antychryst, za którego powszechnie uznają papieża i Kościół Rzymu. Kto zawiera pokój z tak wielkim wrogiem i prześladowcą prawdziwego Kościoła, kto łączy się z nim i umacnia go, pozwala rozrastać się jego korzeniom i rozsiewać jego truciznę"[103].

Miltonowska koncepcja praw i wolności religijnych należała zatem do protestantyzmu, zarówno w zakresie inspiracji, jak i w praktyce. Po części opierała się na dogłębnej krytyce tradycji katolickiej i jej pozostałości, które dostrzegał we własnym świecie anglikańskim i protestanckim. Z zapalczywością, charakterystyczną dla wczesnego luteranizmu Milton demaskował bałwochwalstwo sakramentalne, zabobony teologiczne, tradycje ludzkie, prawo kanoniczne, sądy kościelne i hierarchię duchowną. Piętnował także konstantynizm, „przesąd" z IV wieku, przez który proste prawdy i demokratyczne struktury Kościoła pierwszych wieków zastąpiono zlatynizowanym i zromanizowanym tyrańskim Kościołem państwowym, całkowicie oderwanym od Pisma Świętego, siłą narzucanym ludowi oraz pozbawionym wszystkiego z wyjątkiem chciwości, przekupstwa i wymaganego posłuszeństwa. Od czasów Konstantyna Kościół przecierpiał „wiele ciemnych wieków, podczas których mroczne pasmo błędów zmiotło niemal wszystkie gwiazdy z firmamentu"[104].

Reformacja protestancka jako pierwsza, zdaniem Miltona, „rozproszyła mroki nocy ignorancji i tyranii antychrześcijańskiej". Wycliff, Hus, Zwingli, Luter, Kalwin, Bucer, Martyr, Ponet, Knox, Goodman, Gilby i inni „poważyli się na odstępstwo" i „okrycie niesławą" instytucji religijnych, by zaprowadzić „czystą i radosną reformację (z Bożej mocy)". Dzięki ich wysiłkom „Biblię świętą wydobyto z zakurzonych kątów, gdzie rzuciły ją fałsz i beztroska profanów, otwarto szkoły, z żarzących się popiołów zapomnianych języków rozbłysła wiedza boska i ludzka". Reformatorzy uczynili z Biblii kryterium „przywracania zagubionej Prawdy", dęli w „pierwsze trąby, głosząc narodom Ewangelię i wznosząc na wzgórzu nową latarnię zbawczego światła dla całego

[103] CPW 2, s. 549; 7, s. 249, 253–254, 429. Zob. odniesienia w: CPW 2, s. 179.
[104] CPW 1, s. 524–525, 569.

chrześcijaństwa". Reformatorzy dali Kościołowi Biblię w języku ojczystym, wzywając każdego chrześcijanina do korzystania z fundamentalnego prawa i obowiązku czytania i interpretowania Biblii pod natchnieniem Ducha Świętego. Reformatorzy zachęcili chrześcijan do odkrywania własnego powołania w świecie, do odpowiedzi na Boże wezwanie do bycia prorokiem, kapłanem i królem, na wzór i w służbie Chrystusa[105].

Milton ubolewał nad tym, że o ile oparte na Biblii nauczanie protestanckie trafiło na żyzną glebę na kontynencie europejskim – w luterańskich Niemczech, Skandynawii i kalwińskiej Szwajcarii, we Francji i Niderlandach, a także w Szkocji – Anglia nie doświadczyła „pełnej reformy". Henryk VIII i jego następcy zamienili tyrańskie rządy jednej głowy Kościoła na tyrańskie rządy innej i zachowali zbyt wiele „nadszarpniętych reguł", „przegniłych zasad" i „bałwochwalczych przesądów" katolicyzmu. Bóg jednak „zawsze spoglądał szczególnie pobłażliwym okiem opatrzności na tę wyspę", a po upływie stulecia wzywa Anglię do „drugiej reformacji", „świętej" i „lepszej". Jej „powszechną zasadą i kamieniem węgielnym jest Pismo", które powinno być stosowane z „większą niż dotąd sumiennością, większą słusznością i w sposób bardziej protestancki"[106].

Reformacja praw i swobód religijnych, której wizję proponował Milton Anglikom, wykraczała swym radykalizmem poza jakiekolwiek zmiany dokonane w protestanckiej Europie, a także poza plany większości angielskich kalwinistów. Zdaniem Miltona osiągnięcie „rzeczywistej i substancjalnej" wolności religijnej wymagało wprowadzenia pięciu ważnych reform. Po pierwsze i najważniejsze, wolność religijna wymaga wolności sumienia dla wszystkich miłujących pokój wiernych opierających się na Biblii, wolności każdej osoby do poszukiwania w sobie i w tekstach biblijnych prawa naturalnego i podejmowania działań na ich podstawie, bez przymusu, kontroli lub kar ze strony Kościoła bądź państwa. Wolność sumienia jest według Miltona naszym „najdroższym i najcenniejszym" prawem[107]. Po drugie, wolność religijna oznacza indywidualną wolność praktykowania religii, dyskutowania i swobodnego publikowania na podstawie własnej siły wiary, a także wolność przystępowania do preferowanego Kościoła lub wspólnoty i występowania z nich, bądź do pozostawania poza strukturą kościelną. Po trzecie, wolność religijna oznacza tolerancję ze strony państwa wobec każdego pokojowo nastawionego Kościoła, opierającego się

105 CPW 1, s. 523–525, 568–569, 703–704, 723, 878; 2, s. 550–553; 3, s. 240–258.
106 CPW 1, s. 524–541, 600–601, 703–704, 723, 795–799; 7, s. 248–249.
107 CPW 7, s. 456.

na szczerej i poważnej interpretacji Biblii, choćby była to interpretacja nietypowa (z wykluczeniem katolickiej). Po czwarte, wolność religijna oznacza rozdział urzędów i działalności Kościoła i państwa, przy pozostawieniu Kościołowi wolności organizowania i utrzymywania się w sposób dobrowolny i demokratyczny oraz zwolnienie państwa z obowiązku zbierania dziesięciny, prowadzenia sądów lub utrzymywania dóbr ziemskich w imieniu Kościoła. Wolność religijna wymaga wreszcie, by prawo nie ustanawiało jednej religii państwowej oraz by jej miejsce zajmowała swobodna i otwarta dyskusja w ramach pluralizmu religii opartych na Piśmie Świętym.

W ten sposób, zgodnie z protestanckim pierwowzorem, Milton sformułował główne zasady wolności religijnej, które w kolejnych wiekach miały stać się powszechnym prawem – wolność sumienia, wolność praktyk religijnych, równość poszczególnych wyznań wobec prawa, rozdział Kościoła i państwa oraz (poza Anglią) zniesienie religii państwowej[108]. Każda z pięciu przedstawionych przez Miltona zasad wolności religijnej miała swych zapalonych obrońców wśród ówczesnych angielskich kalwinistów. Niektórzy kładli większy niż Milton nacisk na wybrane zasady, zwłaszcza broniąc tolerancji dla katolików i krytykując popieraną przez niego kościelną władzę ekskomuniki. Tylko nieliczni kalwiniści opowiadali się jednak za przyjęciem wszystkich pięciu zasad bądź za ujmowaniem ich indywidualistycznie, jak czynił to Milton. Większość prezbiterian i niektórzy independensi, m.in. Samuel Rutherford, Henry Ireton i John Goodwin, przyjmowali zasadę wolności sumienia i tolerancji wobec wszystkich protestantów oraz wzywali do częściowego rozdziału Kościoła i państwa, a także do demokratycznych wyborów w ramach każdej z tych instytucji. Pozostawali jednak zwolennikami religii państwowej i domagali się wspierania religii przez państwo. Niektórzy lewellerzy i diggerzy, m.in. Richard Overton i Gerrard Winstanley, posunęli się dalej niż Milton w nawoływaniu do tolerancji dla katolików, Żydów i innych wyznań opartych na Biblii i pokojowo nastawionych. Nawet oni nie wyzbyli się jednak ostatecznie idei religii państwowej i Kościoła wspieranego przez państwo. Tylko najwięksi ówcześni radykałowie, jak John Lilburne, John Saltmarsh, William Walwyn i Roger Williams, w pełni przyjmowali zakres wolności religijnej wyznaczony przez Miltona[109]. Nikt jednak, poza Rogerem Williamsem, nie przyjmował tak

---

[108] Zob. amerykańskie sformułowania w mojej książce *Religion and the American Constitutional Experiment*, s. 41–70.

[109] Dla porównania poglądów Miltona z poglądami panującymi w jego czasach zob. CPW 2, s. 53–136; 3, s. 1–100; 7, s. 27–57, 77–95; W.K. Jordan, *The Development of Religious Toleration*

mocnego ugruntowania wolności religijnej. Williams udał się do Nowej Anglii, dziesięć lat przed okresem aktywności Miltona, skąd wygnano go z powodu jego liberalnych poglądów. W 1636 roku Williams założył kolonię Providence jako „żywy eksperyment pełnej wolności w sprawach dotyczących religii", gwarantując „wolność sumienia" oraz „swobodne praktykowanie i korzystanie ze wszystkich praw obywatelskich i religijnych" dla wszystkich miłujących pokój. W 1643 roku wezwał on także do wzniesienia „muru oddzielającego ogród Kościoła od pustyni świata"[110]. Jak miało się okazać, parlament zaszeregował Miltona i Williamsa do grona radykałów podlegających cenzurze.

Za życia Miltona jego poglądy nie cieszyły się popularnością z powodu nazbyt radykalnego ujęcia wolności religijnej oraz teologicznie podejrzanego pochodzenia niektórych jej zasad oraz ich propagatorów. Bywały one często otwarcie lekceważone przez innych purytańskich reformatorów[111]. Nawet Oliver Cromwell, który popierał Miltona i przez niemal dekadę zatrudniał go na stanowisku sekretarza do spraw korespondencji zagranicznej, mimo ciągłych nalegań nie przyjmował jego zasad wolności religijnej[112]. W 1660 roku rząd Restauracji odrzucił definitywnie każdą z nich, przywracając w Anglii silną pozycję instytucjonalną Kościoła anglikańskiego i wprowadzając okrutne represje wobec dysydentów. Trzydzieści lat później, podczas chwalebnej rewolucji, Miltonowskie zasady wolności religijnej uzyskały formę konstytucyjną w sławnym Akcie Tolerancji z 1689 roku, a żywy wyraz w *Liście o tolerancji* dał im John Locke[113].

---

in England, 4 tomy, Cambridge MA 1938, t. 3– 4; D.M. Wolfe, *Milton in the Puritan Revolution*, s. 27–119; W. Haller, *Tracts*, t. 1, s. 33–98, 111–114, oraz teksty źródłowe tamże, t. 2–3; D.M. Wolfe, *Milton in the Puritan Revolution. Appendix*, s. 355–433; A.S.P. Woodhouse, *Puritanism and Liberty*, s. 179–316.

[110] *Plantation Agreement of Providence* (1640) oraz *Charter of Rhode Island and Providence Plantations* (1663), w: Thorpe 6, s. 3205–3206, 3211–3213; R. Williams, *Letter from Roger Williams to John Cotton* (1643), w: *The Complete Writings of Roger Williams*, 7 tomów, New York 1963, t. 1, s. 392. Na temat Williamsa zob. E.S. Morgan, *Roger Williams. The Church and State*, New York 1967; E.S. Gaustad, *Liberty of Conscience. Roger Williams in America*, Grand Rapids 1991; D. Little, Roger Williams and the Separation of Church and State, w: J.E. Wood, Jr. (red.), *Religion and the State. Essays in Honor of Leo Pfeffer*, Waco 1985, s. 1–23.

[111] Na temat opinii o Miltonie panujących w jego czasach zob. W. Haller, *Tracts*, t. 1, s. 128–139.

[112] C. Hill, *God's Englishman. Oliver Cromwell and the English Revolution*, New York 1970, s. 183–190, 212–214.

[113] W: Stephenson i Markham, s. 607–608. Zob. s. 318–320.

Prawa i wolności domowe

Miltonowskie wezwania do reformacji wolności religii o trzy dekady wyprzedziły swój czas, natomiast jego postulaty dotyczące reformacji wolności domowej okazały się wyprzedzać ich oficjalne uznanie aż o trzy stulecia. Dla Miltona zagwarantowanie wolności domowej było jedynie kolejnym „niezbędnym i łatwym" krokiem w walce o „prawdziwą i rzeczywistą wolność" w Anglii – począwszy od wolności posiadania prywatnego miejsca modlitwy, a skończywszy na „wolności prywatnego domu", jak miał to później ująć[114]. Zdaniem Miltona współczesne mu prywatne domostwa, podobnie jak jednostkowe sumienie, podlegały ograniczeniom ze strony władz kościelnych i państwowych na podstawie tej samej fałszywej teologii, zabobonnych zwyczajów i niesprawiedliwego prawa. Milton uważał wezwania do reformacji wolności publicznych w Kościele i w państwie za pozbawione sensu, o ile nie dokona się uprzednio uporządkowania wolności prywatnych w angielskim domu. „Jaką wartość mają wszystkie nasze publiczne immunitety i przywileje i jak będzie oceniane to, że walczymy o nie z zapałem godnym ich posiadania, jeśli zarazem nie pojmujemy najważniejszej wolności, jaką Bóg i natura obdarowują nas w rodzinie"[115].

Ukonstytuowanie i reformację republiki [...] winno się rozpocząć, podobnie jak prawidłowo wznoszoną budowlę, od fundamentu, jakim jest małżeństwo i rodzina, od naprawienia tego, co wymaga naprawy. Jakże może rozwinąć się rasa ludzi godnych zaufania, jeśli dom i rodzinę, które powołują ich do życia, niepokoją trudności niepochodzące od Boga [...] lecz spowodowane przez kanoniczną tyranię głupich i złośliwych mnichów w najciemniejszych wiekach niewiedzy. [Mnisi] pospiesznie złożywszy śluby życia w stanie bezżennym i nie mogąc ich dotrzymać, stworzyli nowe kajdany pętające małżeństwo, by w coraz bardziej rozwiązłym świecie, wśród ogólnej rozpusty im samym łatwiej było grzeszyć[116].

Argument powyższy trafił w protestanckiej Anglii na podatny grunt, i to nie tylko z powodu rozpowszechnionej niechęci do zakonników. Małżeństwo było jedną z pierwszych instytucji poddanych zmianom w okresie reformacji szesnastowiecznej, dlatego każdemu poważnemu protestantowi rozsądne

[114] LF, s. 364–366.
[115] CPW 2, s. 438–439. Zob. też LF, s. 366.
[116] CPW 2, s. 431; 1, s. 588.

musiało wydawać się rozpoczęcie „drugiej reformacji" właśnie od małżeństwa[117]. Wśród anglikanów i kalwinistów panował wówczas pogląd, że dom oparty na małżeństwie należy uznawać za fundament Kościoła i państwa oraz pierwszą szkołę porządku, sprawiedliwości i prawości obywatelskiej. Już w 1590 roku William Perkins wyjaśniał: „Małżeństwo zostało stworzone i ustanowione przez samego Boga jako fundament i seminarium dla wszelkich form i sposobów życia w państwie i w Kościele [...]. Rodziny, w których sprawuje się służbę Bożą, są jakby małymi kościołami; a nawet czymś w rodzaju raju na ziemi"[118]. Robert Cleaver rozpoczął swój słynny traktat pt. *A Godly Form of Householde Gouernment* z 1598 roku od często cytowanej maksymy: „Domostwo jest jakby małym państwem, w którym dzięki dobrym rządom wzrasta chwała Boża, a stąd państwo złożone z wielu rodzin czerpie korzyści, a wszyscy żyjący w tej rodzinie doznającą wielu wygód i pożytków"[119]. William Gouge oparł swoje obszerne dzieło z 1622 roku zatytułowane *Domestical Duties* na tym samym przekonaniu, że „rodzina to seminarium Kościoła i państwa" i sama dla siebie jest ona „małym kościołem i małym państwem, gdzie próbie poddaje się wszelką władzę lub poddaństwo w Kościele i w państwie"[120]. W 1644 roku Samuel Rutherford przypomniał swoim czytelnikom podstawowe zasady kalwińskiej teorii politycznej, sformułowane przez de Bèze'a w traktacie z 1574 roku pt. *The Rights of Rulers*: małżeństwo i rodzina stanowią „pierwszy naturalny kontrakt", od którego „zależą ostatecznie" wszystkie przymierza i umowy społeczeństwa, Kościoła i państwa[121].

Szczególne zainteresowanie Miltona zagadnieniami wolności domowej i reformy małżeństwa spowodowane było jednak nie tyle rozważaniami kalwinistów, ile kryzysem osobistym. W 1642 roku, wkrótce po ukończeniu ostatniego ze swoich pięciu traktatów o wolności religijnej, Milton wstąpił w związek małżeński. Świeżo poślubiona żona opuściła go w miesiąc po ślubie,

---

[117] Na temat kalwińskiej reformacji małżeństwa zob. SMF. Rozdział ten, na temat reform małżeńskich Miltona, stanowi adaptację mojej pracy *From Sacrament to Contract*, s. 177–186.

[118] W. Perkins, *Christian Oeconomy or a Short Survey of the Right Manner of Erecting and Ordering a Family According to the Scriptures* (ok. 1590), w: I. Breward (red.), *The Work of William Perkins*, 3 tomy, Appleford 1970, t. 3, s. 418–419.

[119] R. Cleaver, *A Godly Form of Householde Gouernmnet*, London 1598, s. 1.

[120] W. Gouge, *Of Domestical Duties. Eight Treatises*, London 1622, s. 17, 27.

[121] S. Rutherford, *Lex, Rex*, pyt. 2, 13; oraz s. 158–161. Zob. przykłady w: M.L. Shanley, *Marriage Contract and Social Contract in Seventeenth Century English Political Thought*, *„Western Political Quarterly"* 1979 (32), s. 79–91; S. Dwyer Amussen, *An Ordered Society. Gender and Class in Early Modern England*, Oxford 1988, s. 34–66, 134–179.

a następnie, wraz z rodziną, konsekwentnie odrzucała propozycje pojednania. Jak donosi jego biograf, Milton „nie był w stanie znieść rozczarowania jej uporczywą nieobecnością i rozważał możliwość rozwodu, aby uzyskać wolność poślubienia innej kobiety”[122].

Angielskie sądy kościelne, sprawujące jurysdykcję w sprawach małżeńskich do czasu rozwiązania ich przez Długi Parlament w 1641 roku, opierały się na średniowiecznym prawie kanonicznym, które zabraniało rozwodu i powtórnego małżeństwa. Strony, które ważnie zawarły związek małżeński, nie mogły otrzymać rozwodu pod żadnym warunkiem, nawet w przypadku bezwstydnego cudzołóstwa lub zamierzonego porzucenia, uznawanych przez inne wyznania protestanckie za wystarczające do uzyskania rozwodu i powtórnego małżeństwa. W prawie angielskim małżonkowie nieżyjący ze sobą mogli na tej podstawie uzyskać separację od łoża i stołu, lecz za życia współmałżonka nie wolno im było wejść w związek małżeński bez groźby oskarżenia o przestępstwo bigamii. Jedyną szansą na zwolnienie z więzów było znalezienie przeszkody – np. wspólnego pochodzenia ze związku kazirodczego – mogącej uzasadnić decyzję o unieważnieniu małżeństwa. Konsekwencją uznania małżeństwa za nieważne było formalne stwierdzenie, że było ono od początku nieważne oraz, w większości przypadków, zezwolenie obu stronom na powtórne małżeństwo. Żadna z tych opcji nie wchodziła jednak w grę w przypadku Miltona, co odbierał on jako niesprawiedliwe zniewolenie w małżeństwie.

Dlatego, powołując się na „obowiązek i prawo wykształconego chrześcijanina”, Milton przedstawił swoją sprawę parlamentowi w postaci czterech dzieł powstałych w latach 1643–1646 z zamiarem wykazania, że ze względu na okoliczności powinno mu się zezwolić na rozwód i powtórne małżeństwo. W wezwaniu do parlamentu, otwierającym jego pierwszy traktat, *The Doctrine and Discipline of Divorce*, kładł nacisk na argument kontraktualistyczny, uzasadniając nim prawo do rozwodu analogicznie do argumentacji przyjętej przez parlament wypowiadający posłuszeństwo władzy królewskiej.

Ten, kto zawiera związek małżeński, jest równie mało skłonny do spiskowania na rzecz własnej zguby jak ten, kto przyrzeka wierność [Koronie]: a podobnie jak cały lud ma się do szkodliwego rządu, tak pojedynczy człowiek ma się do szkodliwego małżeństwa. Jeżeli [Parlament], wbrew wszelkiej władzy, umowie lub ustawie, może w suwerennym akcie miłosierdzia ratować od poniżającej niewoli

[122] CPW 2, s. 138.

nie tylko życie, lecz także uczciwe swobody, podobnie wolno [małżonkowi] wbrew prywatnej umowie, której nie byłby zawarł ku swemu nieszczęściu, wyzwolić się z nieznośnych zakłóceń jego pokoju i słusznemu ukontentowaniu: a chociaż Bóg nigdy nie dał nam wyraźnego pozwolenia, aby oprzeć się tyranii najwyższego urzędnika, dał nam przecież rozum, miłosierdzie, naturę i dobry przykład, by nas wybawić; dla obrony od domowego nieszczęścia, prócz gwarancji ze strony tych czterech wielkich przewodników słusznie znajdujących tu zastosowanie, mamy również wyraźne prawo Boże, którego nasz Zbawiciel uroczyście i pod groźbą kary zakazał nam uchylać. Żadna inna tyrania nie uciska bowiem wspólnoty państwowej mocniej, aniżeli to domowe nieszczęście rodziny. Pożegnajmy się z wszelką nadzieją na prawdziwą reformację, dopóki takie niezauważone i lekceważone zło dopuszczać się będzie w domu[123].

Tak w skrócie przedstawiała się argumentacja Miltona. Wspólnota domowa, podobnie jak wspólnota polityczna, powstaje w wyniku umowy lub przymierza między dwiema stronami i można ją rozwiązać, jeżeli nie jest w stanie realizować swego podstawowego celu. Tak radzą „czterej wielcy przewodnicy" – rozum, miłosierdzie, natura i doświadczenie – w wypadku rozwiązań politycznych. Ci sami przewodnicy, podobnie jak Biblia, udzielają podobnych wskazań w przypadku rozwiązania małżeństwa. Skutkiem lekceważenia takich wskazań będzie cierpienie całej wspólnoty oraz każdego jej członka.

Celem powołania do życia wspólnoty politycznej jest ochrona wolności i zachowanie porządku oraz zabezpieczenie pokoju, jak wskazywał Milton, zarysowując argumentację rozwiniętą później w traktatach na temat królobójstwa. Jeżeli osiągnięcie tych celów, czy to na skutek tyranii władców, czy na skutek przestępstw poddanych, okazuje się niemożliwe, wspólnota polityczna ulega zniszczeniu, a wówczas rządzący albo naród mogą ją rozwiązać – jeżeli zajdzie potrzeba nawet przy użyciu siły. Strony mogą wówczas przeorganizować swoją strukturę polityczną w sposób bardziej zgodny z idealnymi celami wolności, porządku i pokoju. Nie ma tu istotnego znaczenia, że przymierze polityczne zawarte między ludem a władcami milczy na temat rozwiązania umowy w przypadkach naruszenia podstawowego celu przymierza. Przymierze bowiem domyślnie opiera się na zdrowym rozsądku i na prawie natury, które nakazują, by strony nie wiązały się bezzasadnie ciężarami, które wcześniej były słuszne, lecz stały się nieodwracalnie złe:

[123] CPW 2, s. 229–230.

Żaden rozumny człowiek nie może nie wiedzieć, że przymierze zawiera się zawsze stosownie do aktualnego stanu osób i rzeczy; i zawsze obejmuje ono, choćby niewyrażone, ogólne prawa natury i rozumu. Jeżeli dobrowolnie umawiam się z drugim człowiekiem, by świadczyć mu dobro, on zaś następnie okaże się wobec mnie potworem, powinienem rozważyć zwolnienie się z umowy. Jeżeli zawieram z wrogiem korzystną dla niego umowę, że nie będę go ranił i okażę mu wyrozumiałość, licząc na to, że się poprawi, a on następnie zrani mnie i skrzywdzi bardziej jeszcze, aniżeli czynił to przed zawarciem umowy i stale będzie spiskował przeciwko mnie, chcąc mnie zniszczyć, wówczas nie mam wątpliwości, że jego ostatnie działania zwalniają mnie [z umowy]; nie ma też dla mnie umowy tak świętej, by powstrzymać mnie od domagania się wymierzenia mu sprawiedliwości. Jednakże, gdyby nie ich brak ufności w dobrej sprawie oraz beztroska i wykręty naszych duchownych, byłoby z pewnością lepiej, gdyby umowa nie zawierała żadnych niepotrzebnych zobowiązań i słów bez pokrycia, świadczących o nadmiernej wierności wobec wroga [...]. Niegdyś protestanci, a dziś wielu ludzi sumienia, podejmowało próby nakłonienia parlamentu, by umożliwił im działanie opierając się na mocnych podstawach[124].

Opierając się na analogicznej argumentacji, Milton domagał się od Parlamentu stworzenia „mocnych podstaw" dla odrzucenia „wykrętów naszych duchownych" przeciwnych rozwodom oraz udzielenia mu „zwolnienia ze zobowiązań" jego umowy małżeńskiej, ponieważ nie powiodła się realizacja jej podstawowego celu. Celem zawarcia małżeństwa jest, zdaniem Miltona, pielęgnowanie miłości, budowanie wspólnoty, zwalczanie pożądliwości i prokreacja. Z tych wszystkich celów miłość małżeńska jest najważniejsza. „Małżeństwo jest przymierzem" – pisał – „którego trwanie nie polega na wymuszonym współżyciu i udawanym pełnieniu obowiązków małżeńskich, lecz na autentycznej miłości i pokoju [...] w radosnej i słodkiej wspólnocie". „Miłe i szczere porozumienie między mężczyzną a kobietą" jest „głównym i najwznioślejszym celem małżeństwa". „Gdzie nie ma miłości, tam węzeł małżeński staje się pustą skorupą powierzchownego związku" – suchą, połamaną i zbędną[125].

Milton podkreślał pierwszeństwo miłości małżeńskiej, ukazując małżeństwo jako społeczność na trzech poziomach, zarazem „religijną, cywilną i cielesną" z natury. Jako społeczność religijna małżeństwo jest „jednością duszy, ducha i umysłu" męża i żony – odbiciem doskonałej miłości Adama i Ewy

[124] Cyt. za: J. Milton, *Tenure of Kings*, CPW 3, s. 231–232.

[125] CPW 2, s. 235–256.

w raju, wyrazem doskonałej miłości między Chrystusem i jego Kościołem. Jako społeczność cywilna małżeństwo stanowi związek „osób i własności", w którym każde z małżonków zobowiązuje się do wzajemnego wsparcia i opieki we wszystkich sprawach „aż do śmierci". Jako społeczność cielesna małżeństwo jest związkiem ciał w ich wzajemnym obcowaniu, służącym zaspokojeniu namiętności i posiadaniu potomstwa, jeżeli jest to wolą Boga[126].

Zdaniem Miltona „Bóg ustanowił religijną społeczność" małżeńską jako „najwyższą i najznakomitszą", ponieważ obejmuje ona najistotniejsze sprawy duszy, ducha i umysłu. „Społeczność cielesna" małżeństwa jest zaś „najmniej istotna", ponieważ dotyczy osobistych spraw ciała i jego namiętności. „Wiemy, że to, co cielesne, nie może samo z siebie połączyć ani utrzymać dwóch ciał w jedności; tym, co czyni je jednym ciałem, jest podobieństwo, zgodność umysłu i usposobienia, która rodzi Ducha zgodności i wzajemnej jedności [...]. Dlatego, podobnie jak jedność umysłu jest bliższa i silniejsza aniżeli jedność ciał, tak niewątpliwie ich niezgodność będzie silniejsza i bardziej dotkliwa". Bez *agape* albo „miłości dusz" małżeństwo jest martwe. Bez erosa albo „miłości cielesnej" małżeństwo może trwać, czego przykładem może być związek Maryi i Józefa[127].

Ustanawiając hierarchię celów małżeństwa – od religijnych do cielesnych – Milton uznał za przejaw „bezrozumnej ignorancji i niegodziwości" ówczesnego prawa fakt, że zawiera ono środki „dla [ochrony] praw ciała w małżeństwie, lecz nie próbuje zaradzić krzywdom i skargom umysłu". Impotencja i oziębłość mogą być przyczyną unieważnienia związku, lecz naruszenie „wyższych i wznioślejszych celów małżeństwa i małżonków [...] nie rozwiązuje więzów" między nimi. „Jakże lubieżne są te sądy, w których ciału daje się posłuch przed prawym rozumem, a żądzy przed miłością lub poświęceniem". Jeżeli impotencja, oziębłość i inne naruszenia cielesnej podstawy małżeństwa mogą prowadzić do jego rozwiązania, to z pewnością także niezgodność, wrogość i inne trudności występujące w wyższym, religijnym wymiarze małżeństwa powinny prowadzić do jego zakończenia. Nieuznawanie tego faktu oznacza przedkładanie potrzeb ciała ponad potrzeby duszy, uprzywilejowanie małżeńskiego współżycia wobec małżeńskiej miłości[128].

Milton był zatem zwolennikiem rozwodów zarówno w wypadku naruszenia religijnych, jak i cielesnych celów małżeństwa. Uważał, że uniemożliwienie

---

[126] Tamże.

[127] CPW 2, s. 268–269, 605–609.

[128] Tamże, s. 239–240, 248–250, 599.

spełnienia religijnych celów małżeństwa z powodu „niedającej się przezwyciężyć niezgodności" stanowi poważną przesłankę rozwodu. Pierwszą i najważniejszą przyczyną, dla której Bóg stworzył małżeństwo, była bowiem wspólnota i jedność serc, ducha i umysłu dwóch osób. Adam nawet w doskonałym raju nie mógł znieść odosobnienia, a tym bardziej żaden człowiek nie jest do tego zdolny na tym padole łez. Osoba usidlona w pułapce małżeństwa z „milczącym i bezdusznym małżonkiem" jest bardziej samotna niż osoba bezżenna. Rozczarowany małżonek staje się zimny, ponury i smutny, wzrasta „nie tylko w zgorzknieniu i gniewie, które osłabiają oddanie, lecz także w rozpaczliwym i złośliwym zaniedbaniu", staje się ofiarą „skrytości, podejrzliwości, fałszywego wstydu i pretensji". W takich okolicznościach rozwód jest lepszym rozwiązaniem. Któż nie widzi „że znacznie bardziej chrześcijańskie byłoby zerwanie za sprawą rozwodu tego, co bezustannie zrywane jest przez nieuzasadnione i przymusowe trwanie [...] niż sprawianie, że całe życie chrześcijanina obumiera i zanika pod ciężarem bezgranicznego nieszczęścia i zniechęcenia?"[129].

Zdaniem Miltona naruszanie cielesnych celów małżeństwa także powinno prowadzić do rozwodu. W pewnych sytuacjach małżonkowie celowo „zdradzają swe ciała" poprzez cudzołóstwo, okrucieństwo, porzucenie, pijaństwo, kazirodztwo, lenistwo, przemoc lub inne godne pożałowania zachowania, niszczące wszelkie nadzieje na bliskość ze współmałżonkiem. Kiedy indziej jeden z małżonków cierpi z powodu trwałej impotencji, oziębłości, choroby, bezpłodności lub oszpecenia, co uniemożliwia współżycie lub poczęcie dziecka. Jeżeli małżonkowie nie mogą pogodzić się z takimi uwarunkowaniami, należy zdaniem Miltona zezwolić im na rozwód. Toteż, o ile niewinny lub sprawny małżonek nie wykazuje „heroicznych cnót", będzie oddawał się „rozpaczliwemu buntowi przeciw świętej opatrzności" – odwiedzając sypialnię sąsiada, miejscowe domy publiczne lub ulegając rozmaitym innym „pokusom i okazjom do potajemnego cudzołóstwa i lubieżnej włóczęgi". Mężowie kierujący się pragnieniem przedłużenia rodu mogą skłaniać się do konkubinatu w celu posiadania dzieci – pokusie takiej uległ nawet wielki prorok Abraham, ku własnemu wielkiemu nieszczęściu, a także ku nieszczęściu Sary, Hagar i Ismaela. Jeżeli natomiast małżonkowie posiadają już dzieci, nieszczęście i zło płynące z niezgody „odbije się niechybnie na dzieciach [...] i całej rodzinie. Niszczy ona i niepokoi nawet najmocniejsze dusze, wystawiając je na łup niespokojnej

[129] CPW 2, s. 251–252, 259–260, 589–591, 630–631.

wyobraźni i straconych nadziei, prowadząc do zaniedbywania siebie, domostwa i przyjaciół, do obojętności wobec wszelkiej służby publicznej, do śmierci dla wspólnoty"[130].

„Narzucanie nierozerwalności małżeństwa, która nie sprawdza się zarówno wobec ludzkiej duszy, jak i ciała" prowadzi, zdaniem Miltona, do „uczynienia z małżeństwa bożyszcza". Rzecz jasna, „rozwodu nie powinno się przeprowadzać pochopnie, a pojednanie należy doradzać i dążyć do niego". Jeśli jednak pojednanie nie jest możliwe, lepiej dokonać bolesnego rozwodu, by uniknąć gorszych cierpień, zarówno dla dobra partnerów, ich dzieci, jak i większej wspólnoty. „Pokój i miłość, najlepsza pożywka rodziny chrześcijańskiej, wrócą do domu, z którego je wygnano; miejsca nierządu będą odwiedzane rzadziej, łoże sąsiada stanie się mniejszą pokusą, jarzmo rozważnej i mężnej dyscypliny stanie się lżejsze, niebawem zakiełkuje we wspólnocie trzeźwe i uporządkowane życie"[131].

Milton nie odnosił się do prawnych ram własnych poglądów na temat małżeństwa i rozwodu. Przedrukował natomiast, poprzedziwszy własną obszerną przedmową, argumentację prawniczą na temat małżeństwa i rozwodu zamieszczoną w traktacie strasburskiego reformatora Martina Bucera pt. *De Regno Christi* z 1550 roku. Milton popierał jego propozycję połączenia rozwodu z unieważnieniem małżeństwa, jednakowe traktowanie praw męża i żony do wystąpienia o rozwód z orzeczeniem o winie, a także jego wezwania do objęcia wszystkich spraw małżeńskich i rozwodowych kognicją sądów cywilnych, a nie sądów kościelnych. Bucer dokonał także mało uporządkowanej kompilacji liberalnych regulacji odnoszących się do rozwodu – począwszy od starożytnego judaizmu, a kończąc na współczesnym mu protestantyzmie – by wykazać rzekomy anachronizm angielskiego prawa zakazującego rozwodu[132]. Milton zachęcał czytelników pragnących poszerzyć wiedzę prawniczą w omawianej dziedzinie do lektury rozważań wybitnego angielskiego prawnika Johna Seldena[133].

Wysiłki Miltona nakierowane były przede wszystkim na teologiczną interpretację przyjmowanej przez niego wizji małżeństwa i rozwodu. Sporo uwagi poświęcił dekonstrukcji konwencjonalnych argumentów teologicznych na rzecz nierozerwalności małżeństwa – odrzucając je w całości, w lakoniczny

[130] CPW 2, s. 254, 631–632.

[131] CPW 2, s. 230, 276, 431, 438–439, 680.

[132] Tamże, s. 692–718.

[133] Tamże, s. 350, odesłanie do: J. Selden, *De iure naturali et gentium*, ks. 5, rozdz. 7.

sposób, jako rodzaj „głupich przesądów", „diabelskiej doktryny" i „okropnego barbarzyństwa", którego wspólnota szanująca prawdziwą wolność nie powinna popierać[134].

Katolicy z początku nazwali małżeństwo sakramentem ze względu na jego trwałość, a następnie bronili jego trwałości ze względu na sakramentalny charakter i funkcję małżeństwa jako znaku jedności Chrystusa i Kościoła. Zdaniem Miltona sakramentalna symbolika małżeństwa potwierdza jedynie pierwszeństwo duchowego, a nie cielesnego wymiaru małżeństwa.

Obecnie nie spieram się, czy małżeństwo jest tajemnicą; jeżeli tylko należy ono do Chrystusa i jego Kościoła, co z pewnością nie odnosi się do wszystkich bezbożnych lub niewłaściwie zawartych małżeństw, jest ono tajemnicą, lecz tylko wtedy, gdy tworzy świętą, szczęśliwą, spokojną i dobraną parę [...]. A zatem, ponieważ tylko stosowne i pobożne małżeństwo może być znakiem jedności Chrystusa z jego Kościołem, nie może być żadnej przeszkody do rozwodu w małżeństwie, w którym nie ma takiej tajemnicy[135].

Protestanci na kontynencie europejskim dowodzą, że małżeństwo jest nierozerwalne, ponieważ stanowi ono przymierze, w którym Bóg jest stroną. Zdaniem Miltona potwierdza to jedynie istotność duchowego wymiaru małżeństwa. Jeżeli małżeństwo jest prawdziwym przymierzem między mężem, żoną i Bogiem, „tym bardziej potwierdza to, że podstawa jego więzi leży w duszy, a nie w ciele, zaś najpoważniejsze zerwanie tej więzi polega raczej na niezgodności umysłu niż na defekcie cielesnym, ciało bowiem nie może mieć większego udziału w przymierzu, które jest czymś więcej niż tylko dziełem ludzkim". Ponadto nazywanie małżeństwa przymierzem nie dowodzi jego nierozerwalności; jest wprost przeciwnie, czego dowodzą rozwiązywane przymierza polityczne, nie wspominając już o umowach prywatnych, które z określonych przyczyn można wypowiedzieć.

Równość [stron] jest założona w każdej umowie, nawet między nieprzyjaciółmi, nawet jeśli zasady tej nie formułuje się wyraźnie. Jeżeli zatem równość stron umowy sprawia, że się ją zawiera, radykalna zmiana pozycji stron może prowadzić do jej rozwiązania. Zwykło się jednak mówić, że małżeństwo jest przymierzem Bożym. Bez wątpienia: jest nim także znane z Pisma każde inne przymierze, w którym

---

[134] CPW 2, s. 235, 238, 248.

[135] CPW 2, s. 236–237, 591, 601–602, 607, 630–631, 732.

na świadka powołuje się Boga [...]. Takie określenie nie wnosi do umowy małżeńskiej nic, co odróżniałoby ją od innych uroczystych umów cywilnych; ani nie jest ona z tego powodu bardziej nierozerwalna niż wszelkie umowy sprzeczne ze swym celem [...] Powiada się jednak, że w przymierzu należy dochować wiary nawet za cenę własnej szkody. Odpowiadam, że jest to prawdą tylko wówczas, gdy druga strona wywiązuje się ze swych zobowiązań[136].

Jeszcze mniej przekonujący są, zdaniem Miltona, anglikanie, ponieważ „brak im odwagi, by przyznać, że małżeństwo nie jest ani sakramentem, ani tajemnicą, chociaż wszystkie te święte rzeczy muszą ustąpić miejsca człowiekowi, a ponadto otaczają je tak okropną nabożnością i nakładają na nie takie pęta damasceńskich łańcuchów, jak gdyby należała mu się cześć niczym hinduskim bóstwom". W istocie jest to „nierozumne" i „głupie obstawanie" przy jednej szczególnej tradycji katolickiej, choć wiele innych odrzucono[137].

Zarówno katolicy, jak i protestanci zgodnie wykazują nierozerwalność małżeństwa, odwołując się do nakazu Chrystusa zawartego w słowach „co więc Bóg złączył, niech człowiek nie rozdziela" (Mt 19, 6). Istotą tego ustępu nie jest jednak w opinii Miltona zakaz rozłączania się ludzi, lecz wymaganie, aby Bóg przyłączył się do pary małżonków.

Kiedy właściwie Bóg przyłącza się, czy wówczas, gdy strony i ich bliscy wyrażą zgodę? Z pewnością nie, gdyż mogłoby to służyć niskim celom. Może więc wtedy, gdy ceremonie kościelne dobiegną końca? Również nie, bowiem ich skuteczność zależy od spełnienia przez strony odpowiednich warunków. A może po cielesnym zapoznaniu? Tym bardziej nie, ponieważ mogą złączyć się osoby, których ani prawo, ani natura nie waży się połączyć. Jest to możliwe tylko wtedy, gdy umysły mają odpowiednią skłonność, gdy umieją prowadzić serdeczny dialog, wspierając się wzajemnie w miłości, zgodnie z Bożym zamiarem i obietnicą daną wraz z ustanowieniem małżeństwa, że Bóg obdarzy go [Adama] odpowiednią pomocą.

Zatem, gdy okaże się, że na skutek widocznej niezgody kontynuowanie wspólnego pożycia między mężem a żoną jest przeciwne chwale Bożej i ich wzajemnemu szczęściu, może ich to upewnić, że Bóg nigdy nie był z nimi[138].

---

[136] Tamże, s. 245, 275–276, 624.

[137] Tamże, s. 277.

[138] CPW 2, s. 274–277, 328, 650–651.

Po dokonaniu dekonstrukcji tradycyjnej argumentacji chrześcijańskiej przeciwko dopuszczalności rozwodów Milton postanowił odtworzyć biblijną argumentację na rzecz prawa do rozwodu. Za kluczowy dla tego posunięcia uznał fragment z Księgi Powtórzonego Prawa (Pwt 24, 1)[139]. Bóg oznajmił w nim przez Mojżesza: „Jeśli mężczyzna poślubi kobietę i zostanie jej mężem, lecz nie będzie jej darzył życzliwością, gdyż znalazł u niej coś odrażającego, napisze jej list rozwodowy, wręczy go jej, potem odeśle ją od siebie" – pozostawiając obu stronom wolność ponownego zawarcia związku małżeńskiego. Milton uważa, że użyte w tym fragmencie wyrażenie „odrażające" oznacza „nagość lub nieodpowiedniość" ciała lub ducha. Wskazuje to na wiele cielesnych i religijnych podstaw do rozwodu, które wymienił już wcześniej. Wśród nich podstawy religijne były bardziej istotne, bowiem „czy może istnieć większa nagość lub nieodpowiedniość ducha niż ta, która przeszkadza znajdować pocieszenie i spokój we wspólnocie małżeńskiej". Starożytni Hebrajczycy zdawali sobie z tego sprawę i zbudowali na podstawie tego fragmentu obszerną doktrynę rozwodową. Ich interpretację przejęli następnie Grecy, Rzymianie, pierwsi cesarze chrześcijańscy i wielu innych. Dowodzi to, zdaniem Miltona, że wspomniana zasada prawa Mojżeszowego znajduje zastosowanie nie tylko w odniesieniu do Żydów. Jest to uniwersalne prawo moralne, „poważne i roztropne, pełne słuszności moralnej, odpowiednio podchodzące do natury, której nie można się sprzeciwiać; prawo zgodne z prawami najmądrzejszych ludzi i najbardziej cywilizowanych narodów"[140].

Chrystus nie uchylił moralnych reguł rozwodowych, wypowiadając słowa cytowane w Ewangelii: „Kto oddala swoją żonę – chyba w wypadku nierządu – a bierze inną, popełnia cudzołóstwo. I kto oddaloną bierze za żonę, popełnia cudzołóstwo" (Mt 19, 9). Ustęp ten powinno się według Miltona rozpatrywać w macierzystym kontekście. We wcześniejszej wypowiedzi przywoływanej przez Mateusza Chrystus oświadcza: „Dopóki niebo i ziemia nie przeminą, ani jedna jota, ani jedna kreska nie zmieni się w Prawie, aż się wszystko spełni" (Mt 5, 18). Tymczasem, jak wynika ze sprawozdania ewangelisty (Mt 19, 3), wypowiedź Jezusa na temat rozwodu sprowokowali „faryzeusze, chcąc Go wystawić na próbę, i zadali Mu pytanie: «Czy wolno oddalić swoją żonę z jakiegokolwiek powodu?»". Chrystus odniósł się bezpośrednio do faryzejskich intryg: wy, faryzeusze, którzy możecie „przez wzgląd na zatwardziałość serc

---

[139] W późniejszym dziele *Christian Doctrine* Milton wyrażał pogląd, że prawo Mojżeszowe stanowiło podstawę prawości obywatelskiej, nie zaś prawa publicznego. Zob. s. 263–273.

[140] CPW 2, s. 239–244, 306.

waszych" przekraczać Mojżeszowe prawo rozwodowe dzięki pokrętnej wykładni, możecie rozwodzić się wyłącznie z powodu cudzołóstwa. Lecz inni, mniej zatwardziałego serca i mniej biegli w prawie, mogą to czynić na podstawie głębszych przyczyn podanych przez Mojżesza. Celem zajmowanej przez Chrystusa „nieugiętej postawy wobec rozwodu" było „nie tyle odebranie wszelkich nadziei prawemu człowiekowi, który usycha w niedającym pociechy i radości związku małżeńskim, lecz raczej okiełznanie jawnych nadużyć dokonywanych przez pysznych rabinów". Słowa Chrystusa nie stanowiły ponadczasowego stanowiska wiążącego Kościół, lecz były dosadnym potępieniem faryzeuszy[141].

Dopiero przy takim rozumieniu słów Chrystusa można, zdaniem Miltona, pojąć wypowiedź św. Pawła. Apostoł pisze: „Lecz jeśliby strona niewierząca chciała odejść, niech odejdzie! Nie jest skrępowany ani «brat», ani «siostra» w tym wypadku. Albowiem do życia w pokoju powołał nas Bóg" (1 Kor 7, 15). Paweł nie sprzeciwia się Chrystusowi, dodając porzucenie lub brak wiary jako kolejne przesłanki rozwiązania małżeństwa, a jedynie potwierdza tradycyjną żydowską praktykę zwalniania stron ze zobowiązania, gdy więź duchowa między mężem i żoną zostaje przerwana na skutek swego rodzaju duchowej „nieczystości", a małżeństwo ulega rozbiciu[142]. W istocie Paweł posuwa się jeszcze dalej niż Mojżesz, przyznając mężowi i żonie wolność opuszczenia poróżnionego duchowo małżeństwa, co stanowi przykład praktycznego zastosowania ogólniejszej nauki Pawła, że w Chrystusie nie ma już „ani mężczyzny, ani kobiety"[143].

Ten tok rozumowania stanowił istotę Miltonowskiego wywodu o wolności domowej. W ciągu kolejnych piętnastu lat argumentacja ta uległa rozwinięciu. Domagał się jednakowych praw mężczyzn i kobiet do wstępowania w związek małżeński, jak również do występowania z niego na drodze rozwodu. Wzywał mężów i żony do miłości, pomocy i wzajemnej troski oraz podkreślał, że każdemu z małżonków wolno domagać się wypełniania całości „zobowiązań małżeńskich". Domagał się praw rodziców do wychowania, zachowywania w karności i kształcenia swoich dzieci we własnej wierze, mając jednak na względzie naturę i talent każdego dziecka. Wspominał pobieżnie o potrzebie większej prywatności domostwa, w tym, jak się okaże w dalszych rozważaniach, ustanowienia zakazu nielegalnych przeszukań domu i konfiskaty

---

[141] CPW 2, s. 283, 621, 636, 661–662.

[142] Tamże, s. 681–683.

[143] Tamże, s. 339.

prywatnych dokumentów. Szeroko i swobodnie przemyśliwał, czy Bóg rzeczywiście zdelegalizował poligamię i konkubinat, choć jednocześnie wyraźnie mówił, że „homoseksualizm, cudzołóstwo, gwałt, kazirodztwo, przemoc, prostytucja i przestępstwa o podobnym charakterze sprzeciwiają się" prawu Bożemu i nie można ich w żaden sposób uzasadniać[144].

W odróżnieniu od pism Miltona na temat wolności religijnej, często lekceważonych przez jemu współczesnych, prace o wolności domowej spotkały się z dużym, zwykle niechętnym, zainteresowaniem czytelników. Jeszcze przed opublikowaniem skandalizujących spekulacji na temat poligamii i konkubinatu jego czytelnicy potępili permisywne teorie małżeństwa i rozwodu. Choć wielu autorów przyjmowało konwencjonalną doktrynę protestancką w sprawach rozwodu i ponownego małżeństwa w przypadkach zdrady i porzucenia, argumenty Miltona na temat prawa do rozwodu jedynie na podstawie niedających się przezwyciężyć różnic uznawano za zbyt daleko idące. Jego książki odrzucono ze względu na zawarte w nich „najbardziej niebezpieczne i godne potępienia tezy". Gdyby Milton miał osiągnąć to, co zdaniem krytyków zamierzał, „rozluźnienie więzów małżeńskich przerodzi się w nieposkromioną żądzę", a mężczyźni „będą porzucali swe żony z byle powodu" ze szkodą dla małżeństwa, dzieci i Kościoła oraz państwa. „Cóż pomyślą wszystkie chrześcijańskie Kościoły na świecie [...] o naszym żałosnym zepsuciu w tych nieszczęsnych czasach, jeśli tak nieokrzesane pomysły mogą zrodzić się wśród nas"[145].

W 1644 roku Parlament nie tylko odrzucił czterokrotne wezwania Miltona do reformy prawa rozwodowego, lecz także oddał w ręce cenzora i nakazał spalenie jego *Doctrine and Discipline of Divorce* wraz z *Bloody Tenent of Persecution* Rogera Williamsa i *Man's Mortallitie* Richarda Overtona. Książki te, w opinii krytyków z mównicy parlamentarnej i z kościelnych ambon, obróciły wolności religijne i domowe w „odrażające przyzwolenie". Ich autorzy żądać mieli „swobody dla żądzy i cielesnego rozprzężenia", wolności dla „papizmu, judaizmu, turkizmu, pogaństwa i innych fałszywych religii, pod pozorem wolności sumienia". Ich księgi pełne są „poglądów anabaptystycznych, antynomiańskich, heretyckich, ateistycznych na temat śmiertelności duszy, rozwodu wedle upodobania, itp.".

Gdyby ktoś odwoływał się do sumienia broniąc dopuszczalności poligamii (lub rozwodu z innej przyczyny, aniżeli dopuszczona przez Chrystusa i Jego apostołów;

[144] LF, s. 363–365; CPW 2, s. 393–413; 6, s. 351–381, 755–757, 781–788.

[145] Cyt. za: W.R. Parker, *Milton's Contemporary Reputation*, Columbus 1940, s. 74–79.

za co nikczemna książka, wydana i nieocenzurowana za granicą, której autor był na tyle zuchwały, aby podpisać ją swoim nazwiskiem i nam ją zadedykować, choć zasługuje na spalenie) bądź wolności wstępowania w związek kazirodczy, czy okazałbyś wobec niego tolerancję?[146]

Późniejsi reformatorzy angielscy, zarówno w dziedzinie teologii, jak i prawa, będą uznawali Miltona za proroka, który przewidział kierunek reform angielskiego prawa małżeńskiego, począwszy od ustawy o przyczynach małżeństwa (*Matrimonial Causes Act*) z 1857 roku[147]. Jednakże w czasach mu współczesnych, w sprawach dotyczących małżeństwa i rozwodu, Milton nie był prorokiem cieszącym się szacunkiem i wpływami w dziedzinie prawa.

Prawa i wolności obywatelskie

Groźba ocenzurowania przez Parlament w 1644 roku jego dzieła na temat rozwodu skłoniła Miltona do poszerzenia własnego programu reformacji o inne wolności obywatelskie, a w szczególności o wolność słowa i druku. Nie były to koncepcje zupełnie nowe; niektóre idee pobrzmiewały już we wcześniejszych traktatach Miltona poświęconych wolności religijnej. „Nic nie jest człowiekowi droższe [...] niż wolność wypowiedzi", pisał w 1641 roku. Tymczasem od dawna wszystkie wypowiedzi i publikacje „wolno urodzonych Anglików" były „ograniczane", „spętane" i trzymane na uwięzi „mniszych zakazów i indeksów" za sprawą „najemnych, bezdusznych i niepiśmiennych duchownych".

Cenzura jest zdaniem Miltona pozbawiona sensu i przyczynia się do samozniszczenia Kościoła. Nie ma sensu, bowiem cenzorzy muszą „w przebraniu mieszać się z tłumem lub pod osłoną nocy czuwać za węgłem domów i niskich okien, by usłyszeć zewsząd dochodzące swobodnie wypowiadane prywatnych wyznania". Prowadzi do samozniszczenia, ponieważ „uczciwa swoboda wolnej wypowiedzi" jest „sprawą równie ważną jak dobro Kościoła". Dzięki niej bowiem „uczciwi ludzie" mogą „powstać w obronie Kościoła" i „prowadzić

[146] Cyt. za: W. Haller (1643 i 1644), *Liberty and Reformation*, s. 78–134, w szczególności s. 125–126, odnoszące się do późniejszych reakcji na poglądy Miltona. Zob. też: Ch. Hill, *Milton and the English Revolution*, s. 130–139, 222–230.

[147] Zob. wypowiedzi powołujące się na Miltona w: L. Stone, *Road to Divorce. England 1530–1987*, Oxford 1990, s. 348–351, 407 oraz podsumowanie dotyczące tych późniejszych reform prawnych: tamże, s. 368–422.

go do reformy". Kościół i naród postąpiliby znacznie lepiej, dopuszczając „pojedynek przeciwieństw", „zażarte zwarcie Prawdy z fałszem". Ponieważ „właściwością Prawdy jest to, że gdziekolwiek naucza się jej publicznie, tam najpierw zdejmuje jarzmo i uwalnia rozum i ducha narodu spod dyktatu grzechu i przesądu, a następnie wszystkie uczciwe i prawowite wolności życia obywatelskiego nie dają na siebie długo czekać"[148].

Milton powrócił do tych argumentów w 1643 roku w przedmowie do *The Doctrine and Discipline of Divorce*. Nie mógł jeszcze podejrzewać, że nad jego pracą pojawi się widmo cenzury, unosił się gniewem przeciw tym, którzy „sieją zawiść i poniżają działanie wolnej myśli [...] i nowatorstwo". Dlaczego cenzorzy kościelni mieliby „domykać" „łono płodnej Prawdy"? Tylko dlatego, że mogłaby „wydać na świat powinności niedające się pogodzić z ich podstępnymi zamysłami i zabobonami". „W waszych rękach jest uzdrowienie wielkiego i ludnego narodu", zwracał się Milton do Parlamentu, „z religijnego zepsucia i ślepoty, które są wam dobrze znane; z deformacji i upadku ducha w obawie przed wrodzoną wolnością"[149].

Wolność słowa

Potrzeba nieco wyobraźni historycznej i wyjaśnienia, by zrozumieć doniosłość wysuwanych przez Miltona oskarżeń oraz radykalizm rozwijanej przez niego wizji „zażartego zwarcia Prawdy z fałszem" w wolnej debacie publicznej. Przed 1640 rokiem nie ustalano w Anglii prawdy w drodze debaty, lecz raczej oznajmiano ją, a forum publiczne i łamy publikacji zarezerwowane były dla tych, których upoważniły władze. Rzecz jasna *rhetorica*, *parrhesia* i *licentia*, znane z klasycznych pism greckich i rzymskich, były przedmiotem zainteresowania ówczesnych akademików angielskich[150]. Wiek wcześniej, w burzliwych czasach reformacji, za panowania Henryka VIII, zarówno protestanci, jak i humaniści w pracy nad kazaniami i broszurami obficie korzystali z retorycznej i profetycznej tradycji biblijnej. Dużą jednak część tej radykalnej retoryki zaczęto poddawać nasilającym się ograniczeniom, zwłaszcza po wejściu w życie ugody z 1559 roku, a w większym jeszcze stopniu za rządów Jakuba I po 1603 roku. Podstawowym założeniem prawnym, choć nie zawsze

---

[148] CPW 1, s. 125, 450–451, 669–670, 795–796, 805, 863.

[149] CPW 2, s. 224–227.

[150] D. Colclough, *Freedom of Speech in Early Stuart England*, Cambridge 2005, s. 12–76.

znajdującym odpowiednik w rzeczywistości społecznej, był wymóg uzyskania zgody władz na wypowiedzi publiczne i słowo drukowane[151].

Za miejsce odpowiednie dla korzystania z wolności słowa, petycji i dyskusji uważano Parlament. Zgodnie z tradycją sięgającą XIII wieku jego członkom wolno było swobodnie, szczerze i stanowczo wypowiadać się w zaciszu izb parlamentarnych, służyć radą Koronie i nadawać kierunek działaniom państwa. Dlatego też, gdy Jakub I i Karol I zawiesili działalność Parlamentu, a następnie starali się poskromić wymowność jego członków podczas obrad, parlamentarzyści podnieśli zdecydowany bunt. W obronie dawnych praw wolności słowa wydano wiele doniosłych aktów. Na przykład w *The Form of Apology and Satisfaction* z 1604 roku oświadczano Jakubowi I, że „przywileje i wolności" parlamentarne nie były „zwyczajnymi przywilejami", które monarcha mógłby ograniczyć lub odebrać. „Otwarta i szczera wypowiedź" była „przywilejem fundamentalnym", „naszym prawym i należnym dziedzictwem, w stopniu nie mniejszym aniżeli nasze ziemie i dobra"[152].

Gdy Jakub I ponownie próbował ograniczyć wolność słowa, sir Edward Coke dał mu odpór w sławnej mowie wygłoszonej w Izbie Gmin w 1621 roku. Coke oświadczył, że członkom Parlamentu przysługuje „starożytne prawo" i „niezaprzeczalne dziedzictwo" do „swobodnego wyrażania naszych myśli o tym, co dobre dla rządu, zarówno w Kościele, jak i w państwie, oraz do jakich dochodzi [tam] krzywd", którym winno się zadośćuczynić. Powołując się na *Magna Carta* z 1215 roku i wybrane średniowieczne statuty oraz orzecznictwo, Coke przekonywał, że Parlament występuje w imieniu całego narodu, a tym samym „wolność Izby jest wolnością całego kraju". „Służymy tu w imieniu tysięcy i dziesiątków tysięcy"[153]. Poglądy takie, które zaprowadziły Coke'a i innych członków Parlamentu do więzienia, znalazły się w oficjalnym proteście Izby Gmin w 1621 roku, a powtórzono je w wystąpieniach towarzyszących przyjęciu Petycji o prawo w 1628 roku[154]. Kto pragnął wiedzieć więcej na ten temat, mógł z pożytkiem przeczytać *Institutes* Coke'a.

---

[151] C.S. Clegg, *Press Censorship in Elizabethan England*, Cambridge 1997; tegoż, *Censorship in Jacobean England*, Cambridge 2001; D. Loades, *Politics, Censorship and the English Reformation*, London 1991; S. Mutchow Towers, *Control of Religious Printing in Early Stuart England*, Woodbridge 2003.

[152] W: J.P. Kenyon, *The Stuart Constitution*, s. 29–35, wraz z analizą w: D. Colclough, *Freedom of Speech*, s. 122–123, 138–68.

[153] Cyt. tamże, s. 172–181. Zob. też: *Selected Writings of Sir Edward Coke*, t. 3, s. 1194–1305.

[154] W: Stephenson i Markham, s. 450–453.

Mimo surowości przepisy regulujące wolność słowa w Parlamencie były znacznie bardziej liberalne aniżeli prawne ramy wypowiedzi publicznych, a zwłaszcza publikacji. Prywatne wydanie książki było równie trudne, jak bicie monety i w każdym przypadku wymagało uprzedniego zezwolenia rządu. Publikację pozbawioną licencji uważano za fałszerstwo, a jej drukowanie, sprzedaż lub posiadanie karano jako przestępstwo[155]. Już w 1530 roku Henryk VIII wydał prawo o zezwoleniach, poszerzane i zaostrzane w licznych późniejszych aktach, których kulminację stanowił Dekret Izby Gwiaździstej wydany przez Karola I w 1637 roku. Na jego podstawie Królewska Kompania Wydawnicza (Crown's Stationers' Company) wystawiała licencje na druk, a biskup Londynu lub arcybiskup Canterbury kontrolowali i cenzurowali zakazane książki, zaś Sąd Izby Gwiaździstej karał – niekiedy surowo – wydawców i autorów nieposiadających licencji. Kompanię Wydawniczą wyposażono w szerokie kompetencje do dokonywania „przeszukań wszelkich domów i sklepów (o dowolnej porze)" i konfiskaty nielegalnych publikacji i dokumentów oraz do wnoszenia oskarżenia przeciwko ich autorom, wydawcom i dystrybutorom do Izby Gwiaździstej[156].

Stosowanie tradycyjnego prawa o zezwoleniach, mimo braku formalnego uchylenia, zawieszono w pierwszych latach Długiego Parlamentu, po zniesieniu Sądu Izby Gwiaździstej w 1641 roku. Spowodowało to ogromny przypływ nowych publikacji, wśród których wyróżniało się pięć antyklerykalnych traktatów Miltona. Jednakże 14 czerwca 1643 roku Długi Parlament wprowadził nowy system zezwoleń w celu usunięcia „wielu fałszywych, podrabianych, skandalicznych, obrazoburczych, oszczerczych i niedozwolonych pism, broszur i ksiąg prowadzących do poważnej obrazy religii i rządu". Zarządzenie ponownie przekazało Kompanii Wydawców władzę udzielania zezwoleń. Tym razem jednak kilkunastu duchownych protestanckich wyznaczonych przez Parlament przejęło zadania biskupa Londynu w zakresie cenzurowania książek religijnych, a sam Parlament przejął funkcje Izby Gwiaździstej jako ostatecznego wykonawcy prawa licencyjnego[157].

Parlament próbował wykorzystać nowe prawo przeciwko opublikowanemu przez Miltona bez zezwolenia dziełu pt. *Doctrine and Discipline of Divorce*. Wydaje się, że choć Miltonowi nigdy nie groziło aresztowanie, w reakcji na te wydarzenia napisał w 1644 roku dzieło, które stanie się klasycznym na grun-

---

[155] W. Haller, *Liberty and the Reformation*, s. 134–142.

[156] W: CPW 2, s. 793–796, wraz z analizą metod cenzurowania tamże, s. 158–164.

[157] W: CPW 2, s. 797–799.

cie *common law* przykładem obrony wolności słowa i druku: *Areopagitica. A Speech of Mr. John Milton for the Liberty of Unlicensed Printing.* Milton napisał ten traktat, jak później sam to ujął, po to, by „ocena, co jest prawdą, a co fałszem, co powinno zostać opublikowane, a czego należy zakazać, nie pozostawała w rękach tych nielicznych, których zadaniem jest kontrolowanie książek, zwykle niewykształconych i wydających prostackie sądy, czerpiących przyjemność z tego, że bez ich zezwolenia nikomu nie wolno wydać czegoś, co wykraczałoby poza ich prostackie rozumienie”[158].

Argumentacja Miltona zawarta w *Areopagitica* stanowi znakomity popis wielowarstwowej retoryki. Rozpoczyna się od argumentu historycznego, głoszącego, że licencjonowanie ksiąg i cenzura były instrumentami papieskimi wyostrzonymi przez Inkwizycję i nie ma dla nich miejsca w protestanckiej Anglii. W starożytnej Grecji i Rzymie nie znano systemu zezwoleń i cenzury, poza wypadkami jawnego bluźnierstwa lub oszczerstwa; podobne zasady przyświecały wczesnym Ojcom Kościoła i cesarzom chrześcijańskim. Średniowieczne papiestwo jako pierwsze wprowadziło cenzurę i indeks ksiąg zakazanych w reakcji na wynalezienie prasy drukarskiej i opublikowanie pism pierwszych reformatorów, takich jak John Wycliffe i Jan Hus. System ten osiągnął swe szczyty, gdy papiestwo wezwało „tyrańską Inkwizycję hiszpańską” do egzekwowania dekretów Soboru Trydenckiego. Znienawidzeni inkwizytorzy „udoskonalili swoje katalogi i indeksy”. „Przeszukiwali [oni] pisma niejednego dobrego autora”, tworząc „nowe piekło” dla wielu protestantów, torturowanych i mordowanych za to, co napisali[159].

Oczywiście żadnemu szanującemu się protestantowi angielskiemu nie przeszłoby przez myśl wprowadzenie podobnego systemu, grzmiał Milton, ignorując fakt, że sto lat angielskiego protestantyzmu dowodzi czegoś dokładnie przeciwnego. „Jestem przekonany, że państwo kierujące się zasadami sprawiedliwości i męstwa lub Kościół ustanowiony i zbudowany na skale wiary i prawdziwego poznania, nie może być tak bojaźliwy”. Wszak to właśnie ci wielcy przywódcy Kościoła i państwa zasiadający w Długim Parlamencie jako pierwsi wprowadzili „wolność pisania i wolność mówienia”. „Nie wolno wam teraz sprawić, że staniemy się mniej zdolnymi, mniej wykształconymi, mniej gorliwymi poszukiwaczami prawdy, chyba że najpierw sami wyrzekniecie się [...] własnego autorstwa naszej prawdziwej wolności”. Z pewnością „wolności

---

[158] LF, s. 366.

[159] CPW 2, s. 493–505, 529, 537–541, 549–551.

pisania" nie można nagle „ograniczyć przez wprowadzenie dyscypliny podobnej do prałackiej i przejętej od inkwizycji". Chyba nie przystąpiliśmy do reformacji przeciw cenzurze katolickiej i przesądom tylko po to, aby „na jej miejsce pod inną nazwą" przywracać cenzorów? Oczywiście ta krótka „wędrówka w poszukiwaniu prawdy" nie dobiegła jeszcze końca, pozostawiła „wolność uczenia się" jako temat przeznaczony do „nowych skarg" na „stare zniewolenie"[160].

W dalszej kolejności Milton dowodził, że licencjonowanie i cenzurowanie sprawia praktyczne trudności oraz łatwo wymyka się spod kontroli. Wcześniejsze doświadczenia z brakiem zezwoleń na druk pokazały dobitnie, że cenzorzy okazywali się niewydolni wobec tempa przyrostu publikacji oraz napływu nielegalnych dzieł zagranicznych sprowadzanych do kraju na statkach i końskich grzbietach. Mimo chęci większości urzędników udzielających zezwoleń brakuje inteligencji i wiedzy niezbędnych do dokonania oceny wielu trafiających do nich dzieł. Biorąc pod uwagę nakład pracy, trudno też wymagać od nich pilności i trwałego zainteresowania w realizowaniu powierzonych im zadań. Nawet zresztą gdyby osoby wydające zezwolenia były w stanie wywiązać się z zadań, wydawcy nie podołają ogromowi pracy. Musieliby nieustannie czekać, aż biurokraci podejmą decyzje i zaakceptują teksty. Nigdy nie mieliby pewności, czy wydania wznowione nie wymagają nowych zezwoleń. Czy np. wydanie Biblii wymaga zezwolenia oraz, co więcej, czy można by je uzyskać, biorąc pod uwagę biblijne opisy zachowań seksualnych, grzechu i przemocy? Czy należałoby Biblię okroić, wyrzucając z Pieśni nad Pieśniami fragmenty dotyczące anatomii kobiecej lub pełne namiętności fragmenty o Samsonie i Dalili? Co zrobić, jeżeli autor uzupełni lub dokona zmian w uprzednio zatwierdzonym dziele: czy wymagane jest nowe zezwolenie, czy może wystarczy je zmienić? Jak wysokie powinny być koszty wydania, zwłaszcza jeśli jego przygotowanie jest tak czasochłonne? Milton doszedł do wniosku, że takie warunki mechaniki i ekonomiki wydawniczej były po prostu niemożliwe do spełnienia. Poza tym dlaczego system ten miałby ograniczyć się jedynie do ksiąg drukowanych? Czy Parlament nie posunie się do nieuchronnego wprowadzenia wymogu koncesji na ulotki, muzykę, sztukę i poezję, później także na słowo niepisane, kazania, przemówienia, pieśni, sztuki teatralne, spotkania zarządów, a ostatecznie

[160] Tamże, s. 540–542, 559, 568–569.

na codzienne rozmowy? Opadanie po pochyłej równi zezwalania i cenzurowania nie ma końca, gdy postawi się pierwszy zgubny krok[161].

Prawdziwą szkodę w systemie zezwoleń i cenzury ponosi jednak autor oraz, w większym stopniu, czytelnicy. Autor znosić musi „poniżające i naruszające honor" kontakty z drobnymi biurokratami, którzy niezmiennie opóźniają i zawyżają cenę jego publikacji. Ponadto każdy pisarz, nawet wielki uczony, musi poddać się „pouczeniu ze strony patriarchalnego licencjodawcy", który może okazać się człowiekiem „małostkowym", mniej doświadczonym i mniej inteligentnym, a mimo to wymagać od autora, aby ten „usunął lub zmienił to, co akurat nie odpowiada dokładnie jego kaprysowi", pretendującemu do miana cenzorskiego „osądu" w imieniu rządu i narodu. W takiej sytuacji wielu najlepszych autorów porzuci Anglię lub zamilknie, nie chcąc podporządkować się „kurateli nadzorującej pięści" lub oglądać „najlepsze wersje" ich książek, „pokryte bliznami" oraz pozbawione „zręcznych pomysłów". Co zaś najgorsze, każdy z tych zazwyczaj niekompetentnych biurokratów ma być „sędzią decydującym o życiu i śmierci książek". Nie bez odniesienia do własnej sytuacji Milton uważał to za tragedię. Książka jest wszak „oddechem myśli" autora, „wytworem i istotą" jego „żywego intelektu", nasyca ją „życiodajna duchowa krew mistrza". Autor „przywołuje na pomoc cały swój rozum i rozwagę, poszukuje i rozmyśla", a następnie przelewa swoje „życie, umysł i duszę" w dzieło. Książki bowiem „nie są całkowicie martwymi przedmiotami, lecz zawierają w sobie życiową potencję, która może być tak silna jak duch, którego są potomstwem". „Zniszczenie dobrej książki jest niemal jak zabicie dobrego człowieka; kto zabija człowieka, zabija istotę rozumną, obraz Boga; lecz ten, kto niszczy dobrą książkę, zabija sam rozum, mierzy niejako w sam środek obrazu Boga". Cenzura jest „pewnego rodzaju zabójstwem", „niekiedy męczeństwem", a bywa nawet „swego rodzaju rzezią"[162].

Posługując się mocnym określeniem „rzeź" (*massacre*), Milton pragnął opisać ogrom zagrożenia dla całej protestanckiej Anglii, jakie w jego mniemaniu stwarzała cenzura. Przekonywał, że w samej naturze protestanckiego reformatora leży protestowanie, rzucanie wyzwania, reformowanie, zwalczanie kłamstwa prawdą. Reformacja protestancka zrodziła się w takim właśnie „pojedynku przeciwnych poglądów" odnoszących się do najbardziej podstawowych prawd Pisma i natury. Najsilniejszą bronią protestantów w tym boju były

---

[161] Tamże, s. 523–526, 532–533.

[162] Tamże, s. 492–493, 532–533.

publikowane przez nich księgi. Najlepszą taktyką były otwarte starcia ideologiczne z katolikami i we własnym gronie. Najmądrzejsza zaś rada dla następców nakazywała kontynuowanie tej walki i wytrwałą pracę na rzecz dalszych odkryć i zmian – w nieustannym reformowaniu (*semper reformanda*), jak ujął to Kalwin. Zdaniem Miltona „światło, które otrzymaliśmy" od reformacji,

> dane nam zostało nie po to, abyśmy się w nie wpatrywali, lecz abyśmy dzięki niemu odkrywać mogli dalsze rzeczy, których wiedza nasza jeszcze nie posiadła. Nie staniemy się szczęśliwym narodem przez to, że duchownego przeniesiemy do stanu świeckiego, a biskupa pozbawimy jego mitry i zdejmiemy ciężar jego władzy z ramion prezbiterian, jeśli nie przemyślimy i nie zreformujemy innych spraw, tak ważnych w kościele oraz w rządzeniu życiem ekonomicznym i politycznym. Tak długo wpatrywaliśmy się w blask, którym oświetlała nas latarnia Zwinglego i Kalwina, że zupełnie nas to oślepiło[163].

Milton podkreślał, że postęp reformacji powinien dokonywać się w państwie i w społeczeństwie, nie zaś wyłącznie w kościele i w domu. W wymiarze społecznym reformacja winna opierać się na tych samych metodach i doświadczeniach, które sprawdziły się w Kościele, choć tym razem na szerszą skalę i w bardziej ogólnym zakresie. Nowa, nieustająca reformacja opiera się kilku założeniach: wszyscy mają równy dostęp i roszczenie do Prawdy; każdy otrzymał powołanie i w istotny sposób przyczynia się do dobra społeczności; wszyscy są prorokami, kapłanami i królami, posiadającymi wolność i obowiązek głoszenia, duszpasterstwa i pełnego uczestniczenia we wspólnocie. Ponadto wszyscy powinni pisać i mówić oraz czytać i studiować pisma współbraci, podobnie jak indywidualnie i we wspólnocie oddają się lekturze Biblii. Anglia „wkracza w nowy i wspaniały okres", pisał Milton w podnieceniu, „reformowania samej reformacji".

> Spójrz na to ogromne miasto, miejsce schronienia, kuźnię wolności, którą osłania i otacza jego opieka. W kuźni wojny nie znajdziesz więcej kowadeł i młotów wykuwających narzędzia zbrojnej Sprawiedliwości do obrony oblężonej Prawdy niż tam piór i umysłów, zadumanych w świetle lamp, poszukujących, rozmyślających nad nowymi ideami, by w darze i hołdzie złożyć je nadchodzącej Reformacji. Inni jeszcze równie pośpiesznie czytają, wszystko poddają próbie, ustępują wobec siły rozumu i przekonywania. Czy można żądać więcej od narodu tak skłonnego

[163] Tamże, s. 550, 552–553. Zob. też s. 285.

i chętnego do poszukiwania wiedzy. Czego bardziej pragnąć dla tak płodnej i urodzajnej gleby niż roztropnych i wiernych robotników, z których powstanie lud mądry, naród proroków, mędrców i ludzi cnotliwych[164].

Ideałem Miltona był naród, w którym każdy bez wytchnienia bierze udział w wielkim sporze między Prawdą a fałszem, kierując się pragnieniem rozwijania i ulepszania reformacji w państwie i społeczeństwie. To starcie wywoła niechybnie „wielość sporów, wielość pism, wielość poglądów; poglądy dobrych ludzi są bowiem kształtującą się wiedzą". Wszelkie takie odmienności i różnice zdań w państwie i w społeczeństwie powinno cenić się, podobnie jak „sekty i schizmy" cenić należy w Kościele. Różne grupy prywatne i opinie będą się wzajemnie korygowały i cenzurowały. Każda z nich będzie odbiciem nowego światła z góry i rzuci nowe spojrzenie na prawdę. Jeśli tylko okażemy sobie nawzajem „nieco wielkodusznej roztropności, odrobinę wyrozumiałości i trochę dobroci", będziemy mogli wszyscy „złączyć się w jednym, powszechnym i braterskim poszukiwaniu Prawdy". „Z tych licznych odmienności i braterskich różnic, które nie dzielą nas zbyt głęboko, powstaje dobra i pełna wdzięku symetria sławiąca [...] wielką reformację"[165].

Oczywiście skutkiem wolności słowa są nie tylko wypowiedzi „dobre i pełne wdzięku", lecz niekiedy także wypowiedzi złe i szkodliwe. Milton podkreślał, że złe wypowiedzi, które urastają do bluźnierstwa przeciw Bogu, zdrady stanu lub zniesławienia innej osoby, zasługują na „najsurowszą sprawiedliwość" wymierzaną „złoczyńcom". Żadna z nich nie może jednak i nie powinna być z góry osądzana przez cenzurę; niech czytelnik sam wyda osąd po zapoznaniu się z publikacją. W tak wielu księgach – począwszy od klasycznych aż po współczesne – złe i dobre wypowiedzi nierozdzielnie są ze sobą zmieszane. Człowiek jest zarazem grzesznikiem i świętym (*simul iustus et peccator*), co znajduje odbicie w formułowanych wypowiedziach. Cenzura pism jest odrzuceniem natury ludzkiej[166].

Cenzurowanie książek jest również zaprzeczeniem natury ludzkiego osądu. Bóg stworzył nas wszystkich jako istoty rozumne, wybierające życie cnotliwe na podstawie wskazań rozumu i sumienia, oraz udzielił obietnicy wiecznej nagrody dla tych, którzy podejmują właściwe decyzje. Każdy człowiek, począwszy od Adama i Ewy, otrzymał „wiedzę dobra i zła" i napotyka na grzech

---

[164] CPW 2, s. 553–554. Zob. LF, s. 179–180; CPW 3, s. 496–497, 516, 533–537.

[165] CPW 2, s. 550–551, 554–555.

[166] Tamże, s. 492, 517–521.

i pokusy. Bóg „choć nakazuje nam umiar, sprawiedliwość i powściągliwość, obdarza nas zarazem obfitością wszelkich rzeczy pożądanych i daje nam rozum zdolny wykraczać poza wszelkie ograniczenia i nasycenie. Dlaczego zatem mielibyśmy zmieniać porządek ustanowiony przez Boga i naturę i sprzeciwiać się prawu Boga i natury poprzez ograniczenie lub pozbawienie się środków, jakimi są książki, służące sprawdzaniu cnoty i praktykowaniu prawdy". Lepiej można poznać i docenić cnotę przyglądaniu się jej przeciwieństwu. Wybór cnotliwego życia jest bardziej autentyczny i godny pochwały, jeśli jest wyborem realnym, a nie sztucznym. „Gdyby każdego dobrego lub złego czynu człowieka dojrzałego w latach dokonywano za opłatą, na podstawie nakazu i przymusu, czy wówczas cnota nie pozostałaby tylko pustą nazwą?". „Nie mogę pochwalić cnoty ratującej się ucieczką w mury klasztoru, niepoddającej się próbom i pozbawionej oddechu, która nigdy nie wyrusza w świat i nie dostrzega swoich przeciwników, lecz chyłkiem umyka z wyścigu w kurzu i w upale, w którym nagrodą jest wieniec nieśmiertelności. Z pewnością nie przynosimy na ten świat niewinności, lecz raczej nieczystość: oczyszcza nas poddanie się próbie, a próba polega na konfrontacji z tym, co przeciwne"[167].

Zatem „prawda i rozumienie" „nie są takimi dobrami, na które można wprowadzić monopol lub handlować nimi za pomocą bonów, statutów i standardów" ustanawianych przez urzędników udzielających zezwoleń i cenzorów. Prawda ukazuje się przez ujawnianie, a nie przez skrywanie, przez przekonywanie, a nie przez przymus, na drodze dyskusji, a nie deklaracji. Prawda ukazuje się się w indywidualnych i zbiorowych osądach Anglików, którzy samodzielnie dostrzegą ją i wydobędą po uprzednim wysłuchaniu i przeczytaniu wszystkich opinii prezentowanych przez strony. „Mądry człowiek podobny jest do pilnego poszukiwacza, który umie wydobyć złoto nawet z najbardziej zanieczyszczonego kruszcu, a [...] głupiec pozostanie głupcem, nawet jeśli będzie w posiadaniu najlepszej księgi, ale także bez niej". Anglicy w większości nie są jednak głupcami, lecz „ludźmi wolnymi i dobrodusznymi, urodzonymi do kształcenia się i kochania wiedzy dla niej samej, nie dla zysku lub jakiegokolwiek innego celu niż służenie Bogu i prawdzie". Anglicy „nie są narodem opieszałym i tępym, lecz posiadającym ochoczego, twórczego i przenikliwego ducha, biegłym w wynalazkach, subtelnym i mocnym w dyskusji, nie pozostają poniżej najwyższego poziomu, na jaki ludzkie zdolności mogą się wznieść"[168].

---

[167] Tamże, s. 514–517, 527–528.

[168] Tamże, s. 521, 531, 535–536, 551. Zob. też CPW 1, s. 125–127, 684–685, 690.

Milton domagał się od Anglików rzeczywistego wykształcenia i posługiwania się zdolnościami intelektualnymi. Niech „cały lud Boży stanie się prorokami". Niech podejmą „najwyższe i najważniejsze sprawy, które powinny być zreformowane", „dyskutując, rozmyślając, czytając, wprowadzając nowe rozwiązania, spierając się w zadziwieniu i uwielbieniu o sprawach dotąd przemilczanych". Dajcie im „ponad wszelkie wolności wolność poznawania, wypowiadania się i swobodnej dyskusji zgodnie z sumieniem". Od spełnienia tych warunków Milton uzależniał urzeczywistnienie się własnej wizji: „oczyma wyobraźni widzę szlachetny i potężny naród, budzący się ze snu jak siłacz zrzucający przemożne pęta: widzę go jako orła odnawiającego siłę swej młodości i rozpalającego czysty wzrok w promieniach południa; oczyszczającego i wytężającego długo uśpione oczy spojrzeniem w samo źródło niebiańskiego blasku"[169].

Zadanie tej bogatej retoryki po części polegało na udowodnieniu potęgi i mocy, jaką może posiadać prawdziwa wolność słowa. Wśród reformatorów współczesnych Miltonowi dobrze rozumiano wagę tych zagadnień, a jego poglądy powtarzano z siłą i elokwencją. W latach czterdziestych i pięćdziesiątych XVII wieku William Walwyn, John Goodwin, John Lilburne, Richard Overton, Henry Robinson, Henry Parker, John Robinson i inni sformułowali własne wersje argumentów na rzecz wolności słowa, a w 1648 roku levellerzy skierowali do Parlamentu ważną petycję w tej sprawie[170]. Cała argumentacja, włącznie z kunsztownymi frazami spod pióra Miltona, stanowiła ważną zapowiedź późniejszej ochrony wolności słowa i prasy, ustanowionej w angielskiej Deklaracji praw z 1689 roku, a później i w pełniejszej formie w przywilejach dla kolonii amerykańskich oraz we wczesnych konstytucjach republikańskich[171].

Inne swobody obywatelskie

Miltonowska teoria wolności słowa, jeśli pozbawić ją ozdobnej retoryki, była w istocie uogólnieniem jego teorii wolności religijnej. Wolność sumienia religijnego i wolność duchowa miały odtąd stać się wolnością racjonalnego i dociekliwego umysłu. Pobożny i wierny parafianin z kościelnej ławy miał

---

[169] CPW 2, s. 556–560.

[170] Zob. przykłady rozpraw w: W. Haller, *Tracts*, t. 2–3; D.M. Wolfe, *Leveller Manifestoes*, s. 322–330, oraz analizę w: W. Haller, *Liberty and the Reformation*, s. 146–149; S. Achinstein, *Liberty and the Revolutionary Reader*, s. 32–38.

[171] W: Stephenson i Markham, s. 599–605.

stać się dobrym i porządnym obywatelem. Prorok, kapłan i król w Kościele miał być kapłanem, prorokiem i królem w państwie. Tolerowana wielość interpretacji biblijnych oraz ich prywatnych zastosowań zyskały odpowiednik w zbiorze prawdziwych i fałszywych idei, otwarcie konkurujących ze sobą na publicznym rynku. Druga reformacja Kościoła miała stać się zarazem drugą reformacją całej wspólnoty politycznej. Milton oparł całą tę konstrukcję myślową na jednym mocnym przekonaniu, że Boża prawda zwycięży, jeżeli uwolni się ją od ludzkich błędów i nacisków. Podobnie jak „wszystkim wiatrom doktryny pozwolono hulać po ziemi, tak Prawda powinna sprawdzać się w boju", pisał Milton:

> wyrządzamy krzywdę wydając zezwolenia i zakazy, wątpiąc w jej siłę. Pozwólmy jej zetrzeć się z fałszem; czy widziano kiedykolwiek, by Prawda poległa w wolnym i otwartym starciu? Jej moc obnażania błędów podbija najskuteczniej. Ten, który słyszy modlitwy o światło i pełniejsze poznanie, pomyśli i o tym, jak w ustanowieniu innych spraw wyjść poza gotową i przekazaną nam dyscyplinę genewską[172].

Powraca tu ulubiony wątek myśli Miltona: reformacja musi postępować.

Potężna Miltonowska wizja miejsca jednostki w społeczeństwie i w państwie mogłaby posłużyć dla uzasadnienia wielu swobód obywatelskich innych niż wolność wypowiedzi i druku. Milton nie poświęcał jednak równie wielkiej uwagi pozostałym swobodom. W *Areopagitica*, a także w późniejszych pracach, napotkać można wzmianki o innych prawach i wolnościach, w naturalny sposób wynikających z jego wizji jednostki. Wiele z tych praw obywatelskich, wyrażanych dobitniej przez innych współczesnych autorów purytańskich, włączono do angielskiej Deklaracji praw z 1689 roku oraz do późniejszych kart praw w konstytucjach amerykańskich.

Najważniejszym z nich było prawo obywateli do demokratycznych wyborów urzędników państwowych oraz prawo składania petycji do wybranych urzędników. Zdaniem Miltona wybieranie tych, którzy mają rządzić oraz chronić prawa i wolności, dostarcza najlepszej okazji do podjęcia debaty na temat prawdy i fałszu. Zawarte w prawie wyborczym prawo do demokratycznego rządu obejmuje także prawo obywateli do wyrażania – przez przedstawicieli – zgody na nakładanie podatków oraz na działania wojenne i utrzymywanie wojska w ich imieniu. W jego zakres wchodzi również prawo do parlamentarnej

---

172 Tamże, s. 561–562.

kontroli sędziów i sądów, aby zapobiec wkraczaniu przez nich na drogę tyranii lub tworzeniu bastionu przywilejów. Na zakończenie wymieniał najbardziej „fundamentalne prawo" ludu – prawo do sprzeciwu, a w razie konieczności, do usuwania polityków, którzy przestali spełniać swoje obowiązki. „Prawo do wyboru, a także do zmiany własnego rządu, jest przyznane ludowi przez samego Boga"[173].

Milton uważał, że z tego fundamentalnego prawa wypływają w sposób naturalny inne prawa obywatelskie. Jednym z nich było prawo do zawierania umów i stowarzyszania się z innymi osobami prywatnymi – nie tylko w małżeństwie i w Kościele, lecz także w klubach, partiach i innych stowarzyszeniach realizujących zgodne z prawem cele polityczne, gospodarcze, rekreacyjne lub jakiekolwiek inne. Milton wskazywał również na prawo każdego do odpowiedniego wykształcenia i do dostępu do bibliotek, które „przepajają umysły ludzkie cnotą, z której rodzi się prawdziwa wewnętrzna wolność". Wymieniał także prawo do procesu sądowego z ławą przysięgłych w sprawach cywilnych i karnych. To właśnie na sali sądowej, w postępowaniu kontradyktoryjnym, toczą się w miniaturze zażarte walki między prawdą i fałszem, niekiedy bardzo ryzykowne dla życia, wolności i mienia oskarżonego. W późniejszym okresie Milton wyrażał pogląd, że właśnie prawo do sądu przysięgłych, złożonego z osób równych stanem oskarżonemu, było częścią szerszego prawa do sprawiedliwego procesu przed należycie ustanowionym sądem „z zachowaniem wolności i proporcjonalnej równości"[174].

Milton przyznawał, że inni „bronili wolności obywatelskich z większą swobodą" aniżeli on sam i wymieniali znacznie więcej istotnych praw obywatelskich, opatrując je obszernymi wywodami prawnymi[175]. Z aprobatą przytaczał różne purytańskie propozycje stworzone przez Lilburne'a, Walwyna, Overtona i innych, aby dostarczyć swoim czytelnikom rozważań bardziej

---

[173] LF, s. 63. Zob. też wcześniej, s. XXX. Odnośnie popierania przez Miltona demokratycznych rządów i potępienia dziedzicznej monarchii: LF, s. 60, 70–71, 127–128, 135, 141–143, 148, 154–155, 163–164, 237–238, 244–246, 277, 287, 299–298, 307, 312, jak również w jego obszerny elaborat *Eikonoklastes*, CPW 3, s. 335–601. Analizy zakresu i zmian w poglądach Miltona na temat demokracji i republikanizmu: T.N. Corns, *Milton and the Characteristics of a Free Commonwealth*, w: D. Armitage, A. Himy, Q. Skinner (red.), *Milton and Republicanism*, s. 25–42; D.M. Wolfe, *Milton in the Puritan Revolution*, s. 273–297, 325–336; C.R. Geisst, *The Political Thought of John Milton*, New York 1984, s. 71–86.

[174] LF, s. 58–61, 79, 262–264, 277, 364–367, 400–412, 421–422, 439–442; CPW 2, s. 567–568; 7, s. 305, 455–460.

[175] LF, s. 312.

szczegółowych[176]. Miltona interesowała natomiast głównie teologia i antropologia wolności, a jego szczerym pragnieniem było uświadomienie czytelnikom „istotniejszych zagadnień prawa i wolności", a zwłaszcza:

> że nie powinniście obawiać się słuchania prawdy lub fałszu, jakkolwiek by je przedstawiano; powinniście jednak jak najmniej dawać posłuch tym wszystkim, którzy nigdy nie czują się wolni, dopóki innych nie pozbawią ich wolności; którzy nad niczym innym nie pracują z tak ogromnym zapałem i gorliwością, jak nad zniewoleniem nie tylko ciała, ale i sumienia swoich braci oraz nad zaprowadzeniem w Kościele i w państwie najgorszej z tyranii – tyranii ich własnych zniekształconych obyczajów i opinii. Obyście zawsze byli razem z tymi, którzy wyrażają sprawiedliwy sąd, że nie tylko ich własna sekta lub odłam, lecz wszyscy obywatele powinni posiadać równe prawo do wolności [...]. [Prawdziwa] wolność ma taką naturę, że nie można jej ani podarować, ani odebrać przemocą i tylko ona sama, wyrastając z prawdziwej cnoty pobożności, prawości, umiarkowania, czystości, zapuszcza głębokie korzenie w waszych sercach [...]. Jeśli w prawdziwym i szczerym, nie zaś próżnym i gołosłownym oddaniu się Bogu i ludziom nie wygnacie z waszych umysłów przesądów, które biorą początek z lekceważenia prawdziwej i istotowej religii, nie będziecie pragnąć, by przestali siedzieć wam na plecach i na karku, niczym na jucznym zwierzęciu [...]. Jeśli ze swych myśli nie wygnacie chciwości, ambicji, próżności oraz wszelkich zbytków w waszych rodzinach, tyrana, o którym sądziliście, że jest daleko od was, znajdziecie w domu, u siebie[177].

Podsumowanie i wnioski

John Milton był wielkim reformatorem protestantyzmu, niestrudzonym uczonym, obdarzonym dłuższym życiem i większym talentem pisarskim niż większość innych reformatorów działających w siedemnastowiecznej Anglii. W odróżnieniu od wielu z nich Milton walczył piórem, a nie mieczem, i częściej cierpiał z powodu okazywanego mu za życia braku zrozumienia niż z powodu chłosty, tortur, pręgierza lub więzienia. W odróżnieniu od wielu innych Milton nie dawał się zaklasyfikować w ramach szczegółowych podziałów w łonie kalwinizmu angielskiego jako purytanin, prezbiterianin, leweller, independens, separatysta, brownista, digger czy ranter. Poszukiwanie prawdy

[176] Zob. s. 250–253.

[177] LF, s. 407–409.

interesowało go bardziej niż potyczki o to, co uznawał za subtelności teologiczne i polityczne, które zbałkanizowały świat angielskiego kalwinizmu.

Z tych powodów kalwinizm Miltona uważano za kontrowersyjny, a pogląd ten nawet współcześnie utrzymuje się w niektórych kręgach. Milton-poeta był zawsze mile widziany w większości środowisk kalwińskich. Czyż mogło być inaczej, biorąc pod uwagę piękno jego strof poświęconych Bogu i szatanowi, grzechowi i łasce, prawu i Ewangelii oraz niebu i piekłu? Nawet kalwiniści miotający siarką i ogniem piekielnym znajdowali w *Raju utraconym* i *Raju odzyskanym* dość, by nagrodzić go miejscem w swoich ławach kościelnych, choć oczywiście na lewym skraju. Jednakże inaczej rzecz się ma z Miltonem-prozaikiem, którym zajmujemy się w tym rozdziale. Niewątpliwie utrzymane w stylu Lutra utyskiwania na przesądy katolickie, piękne panegiryki na temat Biblii, a także gorące wezwania do przeniesienia na grunt angielski nowego stylu reformacji genewskiej zjednywały Miltonowi wielu kalwinistów. Czytelników z nim sympatyzujących, do których sam należę, zawsze intrygowała jego wojownicza i bogata proza, setki stronic zasypywanych gradem potężnej retoryki na temat wszelkiego rodzaju delikatnych spraw, zręczne zmiany w konstrukcji i zaprzeczanie różnym ustanowionym tekstom i tradycjom, bogactwo przywoływanych wersetów biblijnych i źródeł historycznych, sugestywnie gromadzone dla poparcia całkiem nieintuicyjnych poglądów, w tym aprobaty dla rozwodu bez udowodnienia winy. Wielu czytelników literatury kalwińskiej podchodziło do tego z podejrzliwością, która miała okazać się uzasadniona, gdy w 1825 roku wydano wielkie niedokończone dzieło Miltona, *Christian Doctrine*. W opinii tych, którzy dokładnie zgłębili jego treść, mnogość kontrowersyjnych wersetów nie tylko zdecydowanie sytuuje Miltona na lewym skraju tradycji kalwińskiej, lecz niekiedy wprost w obszarze wpływów arminian, anabaptystów, a nawet anarchistów. Niewątpliwie bezpieczniejsze było omijanie go i poruszanie się po pewniejszym gruncie ubitym przez siedemnastowiecznych kalwinistów, takich jak Samuel Rutherford i inni teologowie westminsterscy[178].

Oceny dorobku Miltona dokonywane przez teologów nie mogą jednak oddać sprawiedliwości wkładowi, jaki wniósł on w kalwińską reformację prawa, religii i praw człowieka. W tych dziedzinach Miltonowi znacznie lepiej niż jego rówieśnikom udało się ująć istotę tradycji kalwińskiej oraz wzbogacić ją o wiele tez, które miały stać się kluczowe w kalwińskiej doktrynie praw

[178] Zob. analiza reakcji na jego poglądy w: B.E. Meland, *John Milton: Puritan or Liberal?*

jednostki. Milton dokonał oczyszczenia i przeformułowania najważniejszych poglądów Kalwina, de Bèze'a, Althusiusa i innych reformatorów w dziedzinie prawa i polityki, w tym nauczania na temat godności człowieka jako obrazu Boga, prawa naturalnego i porządku stworzenia, naturalnych praw i wolności chrześcijanina, praw podmiotowych i wolności obywatelskich, powszechnej suwerenności i przymierzy politycznych, rządów prawa i porządku konstytucyjnego oraz tyranii politycznej i prawa do oporu. W tym zakresie Milton okazywał się zwykle wiernym i wymownym wyrazicielem najlepszych tradycji kalwińskich. Wielokrotnie i ze szczerym podziwem cytował dzieła wielkich reformatorów – Kalwina, Bucera, de Bèze'a, Hotmana, Poneta, Goodmana, Knoksa i Buchanana.

Podejmując wysiłki na rzecz reformacji praw, Milton oparł się na najważniejszym jego zdaniem wniosku wyciągniętym z lekcji reformacji, a mianowicie, że reformacja powinna nieustannie postępować. Podkreślał, że Anglia nie powinna preferować lub idealizować żadnej z formuł protestantyzmu, włącznie z kalwinizmem, lecz rozwijać je i pogłębiać, stosować i udoskonalać w nieustannym wysiłku reformowania Kościoła, państwa i społeczeństwa. Już w 1642 roku Milton pisał, że nie powinno być „wytłumaczenia dla naszego zwlekania z reformowaniem"[179]. Podkreślał również to, co uważał za kardynalną naukę kalwinizmu, wyrażającą się w twierdzeniu o Bożym powołaniu każdej dojrzałej osoby do bycia prorokiem, kapłanem i królem, wyposażonym w naturalne prawa i obowiązki związane z nauczaniem, sprawowaniem kultu i zarządzaniem w Kościele, państwie, rodzinie i społeczeństwie. Za sprawczą siłę nieustannej reformacji angielskiej uważał więc Milton nie tylko duchowieństwo, urzędników, uczonych czy arystokrację. Reformatorami byli wszyscy obywatele szanujący pokój, członkowie rodzin, rzemieślnicy i chłopi. Każdy człowiek obdarzony został przez Boga wolnym sumieniem, rozumem i wolą. Każda osoba jest przez Boga wezwana do realizacji prywatnego powołania chrześcijańskiego, jak również do podejmowania własnej odpowiedzialności obywatelskiej jako wyrazu miłości do Boga, bliźniego i samego siebie. Był to swego rodzaju chrześcijański populizm połączony z poglądem o powszechnej suwerenności, którego wcześniej w tradycji kalwińskiej nie akcentowano tak wyraźnie.

Milton wyszedł poza tradycyjne nauczanie kalwińskie w określaniu praw i swobód religijnych, domowych i obywatelskich, jakimi powinien cieszyć się

[179] CPW 1, s. 795.

każdy, kto pełni urząd proroka, kapłana i króla. Pośród wolności religijnych bronił wolności sumienia, swobody praktyk religijnych, kultu, stowarzyszania się i publikowania, równości wobec prawa dla wyznań opartych na Biblii, rozdziału Kościoła od państwa i zniesienia religii państwowej. W odniesieniu do wolności domowych podkreślał potrzebę zagwarantowania prawa do wolnego wstępowania w związek małżeński i rozwodu, zgodnie z przyjmowaną przez niego interpretacją Pisma Świętego. Wskazywał również na powiązane prawa do opieki, dyscyplinowania i kształcenia własnych dzieci oraz do posiadania własnego domu chronionego przed przeszukaniem i konfiskatą dokumentów i dóbr prywatnych. W zakresie swobód obywatelskich przedstawił błyskotliwą obronę wolności słowa i druku, a także zdecydowanie stawał w obronie prawa do demokratycznych wyborów, reprezentacji, petycji i spierania się, a także prawa do zrzeszania się i do sądu z ławą przysięgłych. Gorąco wspierał także wiele bardziej szczegółowych i poszerzonych praw proponowanych przez autorów broszur purytańskich.

Mimo pewnych zmian legislacyjnych pod koniec lat czterdziestych XVII wieku za życia Miltona tylko nieliczne spośród tych reform zyskały trwały wyraz konstytucyjny. Po 1653 roku rządy protektoratu Cromwella wycofały się z wielu reform, a w 1660 roku rządy Restauracji odrzuciły wszelkie propozycje reform. Jednakże poddane przez Miltona syntezie purytańskie poglądy na temat reform z połowy XVII wieku okazały się żyznym podłożem dla rozwoju praw i swobód w tradycji *common law*. W kolejnym pokoleniu akty zrodzone z chwalebnej rewolucji – Deklaracja praw (1689) i Akt tolerancji (1689) – gwarantowały już w pewnej mierze postulowane przez Miltona i innych prawa do wolności słowa, druku, religii i sądu z ławą przysięgłych, a gwarancje te zostały wzmocnione w późniejszym ustawodawstwie. Poszukując inspiracji dla tych reform, przywódcy chwalebnej rewolucji spoglądali w kierunku Miltona i innych rewolucjonistów purytańskich.

Nawet jeśli prac Miltona nie cytowano bezpośrednio, jego idea wolności przenikała atmosferę tamtych czasów. Nie dotyczy to wyłącznie sławnego peanu na cześć wolności słowa, który dzięki częstemu przytaczaniu stał się tekstem kanonicznym. Wyraźnym przykładem pośredniego oddziaływania Miltona jest *List o tolerancji* Johna Locke'a (1689), który wywrzeć miał wielki wpływ na amerykańskich ojców założycieli, m.in. Thomasa Jeffersona[180].

---

[180] S. Kessler, *Locke's Influence on Jefferson's „Bill for Establishing Religious Freedom"*, „Journal of Church and State" 1983 (25), s. 231.

W sławnym *Liście* Locke'owska argumentacja na rzecz wolności religii dość dokładnie powiela argumenty podnoszone przez Miltona w latach czterdziestych i pięćdziesiątych[181]. Locke, podobnie jak Milton, nakłaniał ówczesny Kościół i państwo do zerwania nieszczęsnego sojuszu oraz do zaprzestania praktyk ograniczania wolności sumienia. „Nade wszystko", pisał Locke w swoim *Liście*, jest „niezbędne, aby dokładnie rozróżnić interes rządu świeckiego od religii i ustanowić właściwe granice, które rozdzielą jedno od drugiego". Kościół, pisał Locke, musi być „absolutnie odrębny i oddzielony od [świeckiej] wspólnoty". Jest on bowiem tylko „dobrowolną wspólnotą ludzi, łączących się razem na podstawie własnej zgody, aby publicznie oddawać cześć Bogu, w sposób, na który się godzą i prowadzący do zbawienia dusz". Członkom Kościoła przysługuje wolność wstępowania do tej wspólnoty i występowania z niej. Dysponują swobodą określania własnego porządku i organizacji oraz ustanawiania zasad dyscypliny i sprawowania kultu w sposób, jaki uznają za najskuteczniej prowadzący ku życiu wiecznemu. „W tej wspólnocie nie zezwala się na dokonywanie i praktykowanie jakichkolwiek transakcji handlowych, które dotyczą posiadłości cywilnych i dóbr ziemskich. Nie zezwala się na stosowanie żadnej siły z jakichkolwiek powodów: bowiem posługiwanie się nią należy tylko do urzędu świeckiego"[182].

Państwu z kolei nie wolno, zdaniem Locke'a, naruszać religii. Istnieje ono wyłącznie po to, by chronić ludzi w ich sferze zewnętrznej, w korzystaniu z życia, wolności i własności. „Prawdziwa i zbawcza religia polega na wewnętrznym przekonaniu duszy", którą tylko Bóg zdolny jest poruszyć i kierować. Człowieka nie można zmuszać do wyznawania wiary przy użyciu żadnej siły, choć próbuje się to czynić używając siły zewnętrznej – poprzez „konfiskatę mienia, uwięzienie [lub] tortury" albo poprzez przymus stosowania się do „artykułów wiary lub form praktyk religijnych", ustanowionych przez prawo. „Jednakże prawa, które nie dysponują sankcjami karnymi, nie posiadają mocy, a w tym wypadku sankcje karne nie posiadają żadnej wartości, bowiem są nieskuteczne, aby mogły przekonać duszę". „Tylko światło i znak jest tym, co przemienia ludzkie przekonania [religijne]: światło, które w żaden sposób nie pochodzi z cierpień cielesnych lub wszelkich innych kar", nakładanych przez państwo. Każdy człowiek „jest dla siebie najwyższym autorytetem sądu"

---

[181] Zob. W.S. Hudson, *John Locke: Heir of Puritan Political Theorists*, w: G.L. Hunt, *Calvinism and the Political Order*, s. 108–129; J. Waldron, *God, Locke, and Equality*.

[182] J. Locke, *Letter Concerning Toleration*, s. 9, 13, 16, 21 [ze względu na rozproszenie cytowanych urywków nie korzystano z tłum. pol. – przyp. tłum.]

w sprawach wiary. Jednakże nie wszystkie działania wynikające z własnych sądów są dobrze przyjmowane: dla katolików, muzułmanów i innych ludzi wierzących, „którzy oddają cześć innemu księciu", pisał Locke, nie ma miejsca we wspólnocie. A „ci, którzy zaprzeczają istnieniu Boga, nie są tolerowani pod żadnym pozorem" – ponieważ „obietnice, umowy i przysięgi, które stanowią podstawę dla ludzkiej społeczności, nie są obowiązujące dla ateisty"[183]. Każda z tych znakomitych wypowiedzi Locke'a mogłaby wyjść spod pióra Miltona.

Nie tylko późniejsi reformatorzy angielscy, lecz także amerykańscy koloniści, a następnie amerykańscy rewolucjoniści czerpali inspirację i naukę dla tworzenia swoich praw i swobód między innymi z twórczości Miltona. W Nowej Anglii, o czym będzie mowa w kolejnym rozdziale, idee Miltona dotyczące wolności religijnej i obywatelskiej przyczyniły się do liberalizacji i zwiększania pluralizmu w ustanowionych wcześniej kongregacjach, a niektóre z jego pism stały się lekturą obowiązkową dla studentów Harvardu, Yale i Princeton w XVIII wieku[184]. Zarówno podczas rewolucji amerykańskiej w 1776 roku, jak i podczas tworzenia konstytucji stanowych i federalnych w kolejnym ćwierćwieczu, wielu amerykańskich przywódców, m.in. John Adams, Thomas Jefferson, James Madison, Thomas Paine i James Otis, z szacunkiem powoływało się na Miltona, powtarzając treść jego pism politycznych, zwłaszcza surową krytykę „konstantyńskiej" organizacji Kościoła i państwa oraz obronę rewolucji przeciw tyranii królewskiej[185]. W 1776 roku John Adams określił Johna Miltona jako „jednego z najuczciwszych ludzi, jakich kiedykolwiek wydał jego naród i wielkiego przyjaciela wolności", jakiego nie widziała wcześniej tradycja *common law*[186].

---

[183] Tamże, s. 11, 41, 47. [por. uwaga do przyp. poprzedniego – przyp. tłum.].

[184] Zob. E.S. Morgan (red.), *Puritan Political Ideas 1558–1794*, wyd. wzn. Indianapolis–Cambridge 2003, s. 276.

[185] T. Davies, *Borrowed Language. Milton, Jefferson, Mirabeau*, w: D. Armitage, A. Himy, Q. Skinner (red.), *Milton and Republicanism*, s. 254–271.

[186] J. Adams, *Thoughts Upon Government*, w: Adams 4, s. 466. Zob. też jego panegiryki na temat geniuszu Miltona tamże, t. 1, s. 463; t. 2, s. 14; t. 9, s. 354. Adams potępił jednak zwrot Miltona ku rządom oligarchicznej Rady Stanu w późniejszym okresie jego życia. Zob. tamże, t. 4, s. 464–466, t. 6, s. 120.

ROZDZIAŁ 5

Jak rządzić miastem położonym na górze. Wolność oparta na przymierzu w purytańskiej Nowej Anglii

Jeśli dobrze się powiedzie założonej kolonii, będą mówili: Bóg to sprawił, podobnie jak uczynił to z Nową Anglią. Dlatego musimy pamiętać, że będziemy jak miasto położone na górze, a oczy wszystkich ludzi są ku nam zwrócone.

John Winthrop (1630)[1]

W rozprawie z 1765 roku na temat prawa kanonicznego i feudalnego (*Dissertation on the Canon and the Feudal Law*) John Adams, sławny prawnik z Massachussets, późniejszy prezydent amerykański, bronił „rozsądnych" purytanów Nowej Anglii przed oskarżeniami „wielu współczesnych", którzy uznawali ich za bigotów o ograniczonym horyzoncie, „zabobonnych entuzjastów i republikanów". Tego typu „kpiny" i „grubiaństwo" wobec purytanów uznawał Adams za „wysoce krzywdzące i fałszywe". W jego przekonaniu purytanom nie tylko daleko było do ograniczonej bigoterii, lecz wręcz dawali „przykład patriotyzmu", bowiem jako pierwsi „ustanowili w Kościele władzę zgodną z zasadami Pisma Świętego oraz rząd państwa bardziej odpowiadający godności ludzkiej natury, aniżeli jakikolwiek inny rząd europejski i przekazali go swoim potomnym"[2].

---

[1] J. Winthrop, *A Model of Christian Charity* (1630) (cyt.: Mt 5, 14), w: E.S. Morgan, *Puritan Political Ideas*, s. 93. Także w tym rozdziale oryginalna pisownia i interpunkcja zostały uwspółcześnione. Współczesne badania sugerują, że Winthrop wygłosił swoje słynne kazanie w Anglii, przed wyjazdem do Ameryki, a nie w drodze, na statku Arabella. Zob. F.J. Bremer, *John Winthrop: American's Forgotten Founding Father*, Oxford 2003, s. 173–184; H.J. Dawson, *„Christian Charitie" as Colonial Discourse. Rereading Winthrop's Sermon in its English Context*, „Early American Literature" 1998 (33), s. 117.

[2] *Papers of John Adams*, red. R. Taylor, M. Kline, G. Lint, 2 tomy, Cambridge 1977, t. 1, s. 114–116. Na temat Adamsa zob. D. McCullough, *John Adams*, New York 2001; J.J. Ellis, *Passionate Sage. The Character and Legacy of John Adams*, wyd. 2, New York–London 2001; C. Bradley Thompson, *John Adams and the Spirit of Liberty*, Lincoln 1998; C. Drinker Bowen, *John Adams and the American Revolution*, Boston 1950.

Atak Reformatorów na stare spróchniałe drzewo albo gniazda kormoranów w niebezpieczeństwie, rysunek satyryczny opublikowany przez E. Kina

Szczególny podziw Adamsa budził stworzony przez purytanów w Nowej Anglii całościowy system uporządkowanej wolności i uregulowanego pluralizmu w ramach Kościoła, państwa i społeczeństwa. Purytanie opierali się na wielu naukach kalwińskich, lecz główną zasadą ich systemu była idea przymierza, którą interpretowali zarówno w sensie teologicznym, jak i społecznym. Idea przymierza w wersji purytańskiej odnosiła się nie tylko do stosunków między ludźmi a Bogiem, lecz także do różnorodnych powiązań między ludźmi w obrębie Kościoła, państwa i społeczeństwa. Tego rodzaju wieczne i doczesne przymierza określały z kolei wiele praw i obowiązków naturalnych, religijnych i obywatelskich osób uczestniczących w tych relacjach. W późniejszych pismach Adams upatrywał w purytańskiej teorii przymierza na rzecz uporządkowanej wolności i uregulowanego pluralizmu istotnego poprzednika, analogii, a także alternatywy wobec oświeceniowych kontraktualistycznych teorii wolności indywidualnej i pluralizmu religijnego, które zyskały sobie popularność w osiemnastowiecznej Ameryce. W późniejszym okresie Adams wykorzystał niektóre z wcześniejszych purytańskich teorii przymierza w Konstytucji stanu Massachusetts z 1780 roku, której projekt w większej części sam nakreślił i obronił.

Wielu historyków stopniowo przyjęło życzliwszą interpretację purytanizmu, odzwierciedlającą odczucia Adamsa. Jeszcze na przełomie XIX i XX wieku często przedstawiano purytanów jako surowych „teonomistów" i walczących „teokratów", którym obce były prawdziwe prawo i prawdziwa wolność. Haniebny akt wygnania przez nich Anny Hutchinson i Rogera Williamsa w latach trzydziestych XVII wieku, przyjęcie w latach czterdziestych praw dotyczących kary śmierci opartych na prawie mojżeszowym, powieszenie czterech kwakrów w Boston Common w kolejnej dekadzie oraz barbarzyńskie sądy czarownic z Salem w latach dziewięćdziesiątych zdawały się definiować stosunek purytanów wobec wolności[3]. Współcześnie purytanie zaliczani są powszechnie do grona „liderów amerykańskiej myśli politycznej", a pochodzącym od nich inspiracjom i wskazówkom dotyczącym podstaw prawa i wolności przypisuje się istotny wpływ na powodzenie rewolucji amerykańskiej, a później także stanowych oraz federalnych konwencji konstytucyjnych[4].

---

[3] Wartościowe opracowanie wcześniejszej historiografii w: G.S. Wood, *Struggle over the Puritans*, „New York Review of Books" 1989 (36), s. 26; S. Ahlstrom, *The Puritan Ethic and the Spirit of American Democracy*, w: G.L. Hunt, *Calvinism and the Political Order*, s. 88.

[4] Zob. np.: B. Bailyn, *The Ideological Origins of the American Revolution*, Cambridge 1967, s. 32; C. Rossiter, *The Political Thought of the American Revolution*, New York 1963, s. 8. Zob.

Rozdział ten poświęcono siedemnastowiecznym teoriom przymierza wolności oraz wolności przymierza wypracowanym w purytańskiej Nowej Anglii, głównie w Massachusetts, a także wybranym osiemnastowiecznym kierunkom rozwoju, których zwieńczeniem była Konstytucja stanu Massachusetts z 1780 roku, należąca do najważniejszych amerykańskich aktów założycielskich. Tradycja kalwińska w Nowej Anglii – inaczej niż we Francji, Niderlandach czy Anglii – nie zrodziła jednej, górującej nad pozostałymi postaci na miarę Teodora de Bèze'a, Johannesa Althusiusa czy Johna Miltona, na której można by oprzeć tok rozważań. W gronie purytańskich przywódców Nowej Anglii, do którego należeli John Winthrop, John Cotton, Samuel Willard, Richard, Increase i Cotton Mather, John Wise, Elisha Williams, John Adams i inni, już od początku prezentowano poglądy bardziej pluralistyczne i zróżnicowane. Poglądy tego grona były także bardziej eklektyczne za sprawą inspiracji czerpanych z rozmaitych europejskich źródeł teologicznych i politycznych, a w szczególności z teologii kalwinizmu i z angielskiej nauki prawa.

Prawa i wolności założycielskie

Angielskie przywileje królewskie ustanawiające kolonie Nowej Anglii w latach dwudziestych i trzydziestych XVI stulecia pozostawiały purytanom dużą swobodę w zakresie tworzenia i rozwijania własnych ideałów teologicznych i społecznych. Przywileje nie ustanawiały bowiem organizacji anglikańskiej lub królewskiej. Koloniści dysponowali wolnością w zakresie propagowania i wyznawania własnych przekonań religijnych, pod warunkiem, że „zjednają i nakłonią mieszkańców kraju do poznania i posłuszeństwa [...] wobec wiary chrześcijańskiej" oraz że dołożą wszelkich starań, „aby prowadzone było dzieło szerzenia religii chrześcijańskiej na chwałę Boga Wszechmogącego". Wszyscy koloniści prezentujący odpowiednią postawę moralną i religijną mieli swobodę tworzenia własnych struktur politycznych i prawnych oraz

też obszerny esej bibliograficzny w: D.A. Weir, *Early New England. A Covenanted Society*, Grand Rapids 2005, s. 304–354; D.S. Kuehne, *Massachusetts Congregationalist Political Thought, 1760–1790*, Columbia 1996; D.B. Rutman, *„God's Bridge Falling Down". Another Approach to New England Studies Assayed*, „William & Mary Quarterly" 1962 (19), s. 408–421; D.D. Hall, *On Common Ground: The Coherence of American Puritan Studies*, „William & Mary Quarterly" 1987 (44), s. 193–229; M. McGiffert, *American Puritan Studies in the 1960's*, „William & Mary Quarterly" 1970 (27), s. 36–67.

wybierania własnych urzędników, o ile działania te „nie będą sprzeczne lub wrogie wobec praw" Anglii. Wolno im było finansować emigrację osób o podobnych przekonaniach do kolonii, pod warunkiem, że „żadnej z rzeczonych osób nie zostało to zakazane" przez Koronę, oraz że „żadna z tych osób nie jest podejrzana o działanie w myśl zabobonu Kościoła Rzymskiego". Wolno im było także skazać na banicję każdego członka społeczności, który planował lub usiłował „niszczyć, atakować, szkodzić lub siać niepokój w kolonii lub osadzie"[5].

Po restauracji monarchii i kościoła Anglii w 1660 roku Karol II i jego przedstawiciele systematycznie, za pomocą nowych aktów prawodawczych i form kontroli, ponawiali próby narzucenia swej woli w sprawach religii i polityki w koloniach. Zakończyły się one częściowym sukcesem, polegającym na nadaniu nowego przywileju dla prowincji Massachusetts z 1691 roku oraz na wzmocnieniu kontroli królewskiej w innych koloniach Nowej Anglii. W przywileju z 1691 roku dla monarchy zastrzeżono władzę mianowania gubernatora Massachusetts i jego zastępcy oraz przyznano królowi i gubernatorowi prawo wetowania prawodawstwa kolonialnego sprzecznego z obowiązującym prawem angielskim. Przywilej nakazywał także stosowanie angielskiego Aktu tolerancji z 1689 roku, wskutek czego anglikanie, baptyści i inni dysydenci protestanccy uzyskali podmiotowość prawną, choć przysługujące im prawa były ograniczone w porównaniu z członkami ustanowionych kościołów kongregacjonistycznych (jak nazywano kościoły kalwińskie i purytańskie)[6]. Mimo przywileju z 1691 roku przez większość wieku XVII oraz parę dziesięcioleci XVIII kalwinistom w Nowej Anglii udawało się zachować homogeniczność i hegemonię w przeprowadzaniu własnych eksperymentów teologicznych i politycznych[7].

---

[5] Cytaty pochodzą z: *Charter of New England* (1620), *Charter of Massachusetts Bay* (1629), *Grant of New Hampshire to Capt. John Mason* (1629), w: Thorpe 2, s. 529, 534; t. 3, s. 1846, 1855, 1857; t. 4, s. 2433, 2436. W odróżnieniu od innych statutów wczesnej Nowej Anglii Statut z Maine z 1639 roku (*Charter of Maine*), wydany w ostatnim roku działań króla Karola nakierowanych na przywrócenie anglikanizmu w Anglii, miał za zadanie ustanowić także anglikanizm w Maine. Tamże, t. 3, s. 1625–1637; D.A. Weir, *Early New England*, s. 24–72.

[6] Thorpe 3, s. 1870.

[7] Na temat profilu demograficznego pierwszych kolonistów zob. T.H. Breen, *Puritans and Adventurers. Change and Persistence in Early America*, New York–Oxford 1980, s. 46–67; w sprawie podziałów Nowej Anglii zob.: E. Brooks Holifield, *Theology in America. Christian Thought from the Age of the Puritans to the Civil War*, New Haven–London 2003, s. 127–158; M.A. Noll, *America's God. From Jonathan Edwards to Abraham Lincoln*, Oxford–New York 2002, s. 31–52.

Purytanie w Nowej Anglii nie tworzyli swej teologii i zasad funkcjonowania społeczności w ideowej próżni. Pozostając poza kontrolą kościelną ze strony europejskich kalwinistów, zarazem opierali się oni w swoich podstawowych przekonaniach na dorobku europejskich współwyznawców. Biblia Genewska, tamtejszy katechizm, wyznanie westminsterskie, katechizmy, traktaty teologiczne Jana Kalwina i Wiliama Perkinsa, a także rozmaite angielskie i holenderskie broszury i traktaty kalwińskie przywożone przez emigrantów, stały się ważnymi źródłami w rozwoju teologii w Nowej Anglii[8]. Purytanie pozostający w dużej mierze poza kontrolą polityczną ze strony monarchii brytyjskiej, szanowali angielskie „prawa i statuty" oraz „wolności i przywileje wolnego i naturalnego obywatela" stosownie do wymagań swych aktów założycielskich. Wielu spośród wczesnych przywódców odebrało wykształcenie prawnicze w Anglii, a traktaty takich myślicieli, jak sir Edward Coke, John Selden, Michael Dalton i inni, stanowiły dla nich standardowe teksty prawne, podobnie jak liczne angielskie purytańskie kazania i broszury polityczne począwszy od lat dwudziestych XVII wieku[9].

Kierując i zarządzając własnymi sprawami, koloniści z zatoki Massachusetts nie opierali się jednak wyłącznie na źródłach angielskich. W 1641 roku, zaledwie w dziesięć lat po przybyciu, dysponowali już bogatą listą praw i swobód. Tak zwany Kodeks swobód (*Body of Liberties*) z 1641 roku zawierał gwarancje praw wyszczególnione w Wielkiej Karcie Swobód z 1215 roku oraz w Petycji o prawo z 1628 roku, a ponadto wiele daleko idących praw proponowanych przez wczesnych angielskich autorów purytańskich oraz pewną liczbę zadziwiających innowacji. Dokument ten został zaprojektowany przez Nathaniela Warda, wybitnego znawcę prawa, wcześniej pobierającego nauki w Cambridge duchownego kalwińskiego, który przybył do Nowej Anglii w 1634 roku, posiadłwszy dziesięcioletnie prawnicze doświadczenie zawodowe w Anglii, gdzie pełnił funkcję adwokata[10]. Współczesne wydanie Kodeksu swobód liczy dwadzieścia pięć stron tekstu i dostarcza szczegółowego wyliczenia tego, co Ward nazwał „pierwszymi,

[8] P. Miller, *Orthodoxy in Massachusetts 1630–1650. A Genetic Study*, Cambridge 1933; R. Stewart, *Puritan Literature and the Flowering of New England*, „William & Mary Quarterly" 1946 (3), s. 319.

[9] M. Cohen, *Legal Literature in Colonial Massachusetts*, w: D. Coquillete (red.), *Law in Colonial Massachusetts 1630–1800*, Boston–Charlottesville 1984, s. 243.

[10] Na temat Warda zob. J. Béranger, *Nathaniel Ward (ca. 1578–1652)*, Bordeaux 1969; S.E. Morison, *Builders of the Bay Colony*, Boston 1930, s. 217–243.

podstawowymi, elementarnymi i zasadniczymi" prawami publicznymi, prywatnymi i proceduralnymi, które miały obowiązywać w kolonii zatoki Massachusetts[11].

Z preambuły do Kodeksu swobód wynika jasno, że koloniści z Massachusetts uznają ochronę praw i wolności za zasadniczą gwarancję pokoju i stabilizacji w Kościele, państwie i społeczeństwie:

Pełen rozkwit tych wolności, swobód i przywilejów, których człowieczeństwo, życzliwość i chrześcijaństwo wymagają jako należnych każdemu człowiekowi, odpowiednio do jego miejsca i bez jakiejkolwiek przeszkody, zawsze był i będzie [źródłem] spokoju i równowagi w Kościele i państwie. Odmawianie zaś ich lub odbieranie prowadzi do niepokoju, a nawet do upadku jednego i drugiego.

Uznajemy przeto za nasz obowiązek i zabezpieczenie, by przy ustanawianiu tego rządu zgromadzić i określić wszystkie te wolności, które dziś dotyczą nas, a w przyszłości naszych potomnych, oraz potwierdzić je naszą uroczystą zgodą.

Dlatego w tym dniu pobożnie i jednomyślnie postanawiamy i potwierdzamy, że odtąd zawsze już pod naszą władzą następujące prawa, wolności i przywileje naszych kościołów i naszego państwa będą bez różnicy gwarantowane i przestrzegane[12].

Dokument otwierają mocne gwarancje prawa do życia, wolności, własności, posiadania rodziny i dobrego imienia, a zatem najważniejszych wartości, które już od wieku kalwiniści łączyli z drugą tablicą Dekalogu:

Żaden człowiek nie zostanie pozbawiony życia, a honor i dobre imię nie będą plamione, nikt nie będzie aresztowany, trzymany w niewoli, wygnany, wykluczony, lub w jakikolwiek inny sposób karany, żaden mężczyzna nie będzie pozbawiony swojej żony lub dzieci, żadna własność lub majątki ziemskie nie będą odbierane lub niszczone pod pozorem prawa lub w obliczu władzy, chyba że na mocy i w myśl rozporządzeń wyraźnie określonego prawa krajowego, zatwierdzonych przez powszechny sąd i odpowiednio podanych do wiadomości lub, jeżeli w określonym wypadku brak jest regulacji prawnych, na mocy słowa Bożego.

---

[11] N. Ward [Theodore de la Gaurd], *The Simple Cobler of Aggawam in America* (1646/1647), red. P.M. Zall, Lincoln 1969, s. 46. *Body of Liberties*, przedruk w: E.S. Morgan, *Puritan Political Ideas*, s. 177–203.

[12] Pierwszy ustęp w *Body of Liberties* jest niemal identyczny ze wstępem Reguły miasta Woburn (Town Orders of Woburn), wydanym rok wcześniej, 18 grudnia 1640, cyt. w: D.A. Weir, *Early New England*, s. 103.

W Kodeksie swobód uszczegółowiono te podstawowe gwarancje w formie licznych proceduralnych praw karnych i zabezpieczeń. Wszyscy ludzie, „zarówno mieszkańcy, jak i obcokrajowcy", powinni korzystać z „równego dostępu do sprawiedliwości" oraz „jednakowego i bezstronnego" egzekwowania prawa. Powodem oskarżenia mogło być jedynie popełnienie przestępstwa wyraźnie zabronionego przez ustawę. Sądy wielkiej ławy przysięgłych miały podejmować wstępne ustalenia w budzących podejrzenia przypadkach śmierci. Oskarżeni mieli prawo do zwolnienia za kaucją, z wyjątkiem przypadków przestępstw zagrożonych karą śmierci (bałwochwalstwa, czarów, bluźnierstwa, zabójstwa, sodomii homoseksualnej, cudzołóstwa, uprowadzenia, zdrady lub krzywoprzysięstwa prowadzącego do niesprawiedliwego ukarania). Nie wolno było karać za niestawienie się przed sądem z powodu nieprzewidzianych okoliczności. Oskarżonym przyznano prawo do przesłuchania przez bezstronnego sędziego oraz prawo do szybkiego rozpatrzenia sprawy przez sąd lub ławę. Zagwarantowano im ochronę przed obowiązkiem składania obciążających ich zeznań oraz przed podwójnym skazaniem za ten sam czyn, czemu służyć miało przechowywanie przez sądy urzędowych akt spraw. Skazanie za przestępstwo wymagało przedstawienia „jasnego i wystarczającego" dowodu, a do orzeczenia kary śmierci konieczne było przedstawienia „zeznania dwóch lub trzech świadków lub dowodu, który byłby równoznaczny". Oskarżonego nie wolno było poddawać torturom w celu wymuszenia zeznań. Każdy oskarżony miał prawo odwołać się w swojej sprawie do sądu wyższej instancji i ostatecznie do Rady Generalnej (General Council). Jeżeli oskarżony został skazany na karę cielesną, Kodeks swobód zastrzegał: „nie pozwolimy na nic, co byłoby nieludzkie, barbarzyńskie lub okrutne". W przypadku kary głównej „żadnego człowieka skazanego na śmierć nie wolno stracić w ciągu czterech dni od wydania wyroku, chyba że sąd zdecyduje inaczej, zważywszy na szczególne okoliczności lub stan wojny".

W sprawach cywilnych strony mogły wybrać postępowanie pisemne lub ustne, przed sędzią lub ławą przysięgłych. W procesach z udziałem przysięgłych ławników wybierano spośród wyborców danej wspólnoty i zarówno skarżący, jak i pozwani mogli kwestionować wybór poszczególnych przysięgłych. Ławnicy mogli naradzać się wspólnie i wydawać werdykty ostateczne, nadzwyczajne lub częściowe, lecz wyłącznie na podstawie „oczywistych i pewnych" dowodów. Strony mogły występować osobiście lub poprzez niewynagradzanych przedstawicieli, domagając się odszkodowania lub słusznego zadośćuczynienia. Pozwani mogli stosownie wnieść wzajemne powództwo. W sprawach cywilnych sąd dysponował dyskrecjonalną władzą wzywania stron do składania zeznań. Do wydania wyroku strona powodowa mogła w każdej chwili wycofać roszczenie po uiszczeniu opłat należnych od pozwanego. Sprawy mogły jednak zostać oddalone, a strona powodowa obciążona grzywną w przypadku pieniactwa, wywoływania zbędnych sporów sądowych, niepokojenia pozwanego lub podejmowania działań w celu zaszkodzenia jego reputacji. Pozwani mogli dochodzić stwierdzenia przyczynienia się powoda do naruszenia prawa lub spowodowania szkody. Pozwanym zakazano pozorowania ubóstwa w celu powstrzymania procesu lub egzekwowania wobec nich wyroku. Poza przypadkami wyjątkowej rozrzutności zakazano stosowania więzienia za długi prywatne. W przypadku zasądzenia można było domagać się wyłączenia niektórych przedmiotów spod egzekucji, w tym nieodbierania „ani ziarna, ani siana, które jest w polu lub na wozie, ani płodów ich ogrodu, ani niczego, co podlega zepsuciu". We wszystkich wypadkach strony mogły odwoływać się od postanowień i wyroków sądu.

W Kodeksie swobód umieszczono również mocne gwarancje dotyczące praw związanych z własnością oraz umów prywatnych. Wszystkim zdolnym mężczyznom w wieku powyżej 21 lat przysługiwało prawo do posiadania, zbywania, zapisywania w testamencie i dziedziczenia własności prywatnej bez konieczności opłat, opłacania podatków lub ingerencji państwa. Kobiety zamężne, osoby niepełnoletnie i niesprawne umysłowo mogły posiadać te same prawa „o ile zostały nadane i potwierdzone przez sąd powszechny". Wymuszone lub oparte na oszustwie przeniesienie lub zbycie własności mogło zostać unieważnione, a jego sprawcy ukarani na wniosek strony poszkodowanej. Prywatni właściciele nieruchomości posiadali prawo do połowu i polowania na terenach publicznych. Od każdego, z wyjątkiem osób w podeszłym wieku i osób niepełnosprawnych, oczekiwano udziału w pracach publicznych, pod warunkiem, że nie będą one nieproporcjonalnym obciążeniem. Chociaż oczekiwano, że wszyscy będą w gotowości na wypadek zagrożenia, nie wolno było zmuszać do służby wojskowej w wojnach ofensywnych, a użycie własności prywatnej na potrzeby publiczne wymagało jej zastąpienia lub zwrotu kosztów. Prawo zawierało ogólny zakaz tworzenia monopoli, choć przyznawało krótkoterminowe wyłączne patenty na nowe wynalazki. Zabraniano także lichwy i windowania cen, lecz dopuszczano udzielanie pożyczek na procent.

W Kodeksie swobód znalazły się specjalne wolności i zabezpieczenia dla kobiet, dzieci, służby, podważające tradycyjne reguły *common law* dotyczące władzy ojca rodziny nad domem bez większej ingerencji ze strony państwa. „Każda kobieta zamężna powinna być wolna od kar cielesnych lub rózgi swego męża" i korzystać z ochrony polegającej na możliwości wniesienia skargi.

Również wdowy mogły dochodzić swoich roszczeń majątkowych po mężach, jeżeli ich spadek okazał się niewystarczający. Dzieci miały być wolne od „nienaturalnego okrucieństwa" ze strony rodziców i mogły korzystać ze specjalnej procedury odszkodowawczej, zarówno w takich przypadkach, jak i w sytuacji, gdy rodzice „celowo i bezpodstawnie" odmawiali zgody na zawarcie „odpowiedniego małżeństwa we właściwym czasie". Służba miała podlegać ochronie przed „tyranią i okrucieństwem swych panów" i powinna otrzymać schronienie wśród innych wolnych obywateli w przypadku konieczności ucieczki. Chociaż dozwolone było stosowanie kar fizycznych wobec służby, powinno się zwolnić ją z obowiązku wykonywania pracy, gdyby doszło do poważnego zranienia, a umowa ze służbą nie mogła być zawierana na czas dłuższy niż siedem lat. Nawet zwierzętom domowym przyznano pewien zakres ochrony: „żaden człowiek nie będzie dopuszczał się przemocy lub okrucieństwa wobec tych zwierząt, które są zazwyczaj używane do pomocy człowiekowi".

Kodeks swobód wyliczał wiele praw publicznych i obywatelskich. Wszystkim „ludziom wolnym" (mężczyznom należącym do Kościoła, po ukończeniu 21 lat) przysługiwało prawo do głosowania, kandydowania na stanowiska polityczne oraz do udziału w powszechnych referendach na temat podstawowych kwestii dotyczących prawa i moralności, a we wszystkich takich okolicznościach mieli oni, zgodnie z nakazem sumienia, prawo do wypowiedzi lub wstrzymywania się od głosu oraz do głosowania lub wstrzymywania się od niego. Każdy dorosły i dysponujący odpowiednimi zdolnościami mężczyzna miał prawo i obowiązek uczestniczenia, w razie bycia wybranym, w ławie przysięgłych, lecz nie częściej niż dwa razy w roku. Wszyscy dorośli, bez względu na płeć i status, mieli prawo występowania i zabierania głosu podczas zebrań rady miejskiej pod warunkiem, że nie będą powodem zamieszania lub zniesławienia. Przyznano im ponadto „wolność zwracania się do jakiegokolwiek sądu publicznego, rady lub zebrania miejskiego z jakimkolwiek zgodnym z prawem, stosownym i rzeczowym zapytaniem w formie ustnej lub pisemnej oraz przedkładania wszelkich niezbędnych wniosków, skarg, petycji, projektów lub informacji". Posiadali też „pełną swobodę uzyskiwania informacji" oraz wykonywania odpisów akt publicznych. Kodeks swobód gwarantował prawo do otrzymania schronienia każdemu „wyznawcy prawdziwej religii chrześcijańskiej", który przybył do kolonii w ucieczce przed tyranią, uciskiem, wojną, głodem lub katastrofą morską. Zamieszczono w nim także ogólny zakaz niewolnictwa, dopuszczając je jedynie w przypadku „jeńców pojmanych zgodnie z prawem w sprawiedliwych wojnach oraz cudzoziemców, którzy sami sprzedają się w niewolę lub są nam sprzedawani. Powinni oni cieszyć się wszelkimi swobodami i chrześcijańskim traktowaniem, wymaganymi przez prawo Boże ustanowione w Izraelu dla takich osób".

W ostatnim skierowanym do kolonistów ostrzeżeniu, aby stosując prawo państwowe, zachowali wierność wobec prawa Bożego, wyraża się fakt, że Kodeks swobód był w pełni świadomym wyliczeniem praw i wolności chrześcijańskich. „Żaden zwyczaj lub przepis nie będzie nigdy miał nad nami władzy w jakiejkolwiek kwestii moralnej" – stanowiono w prawie – „jeżeli okaże się grzeszny w świetle słowa Bożego". Jednoznaczność tego chrześcijańskiego zobowiązania została podkreślona w treści szczegółowych przepisów o wolności religijnej dla prawdziwych wierzących:

1. Cały lud Boży zamieszkujący obszar tej jurysdykcji, który nie sprzeciwia się Kościołowi, a jest prawowierny w swoich przekonaniach i nie prowadzi gorszącego życia, powinien cieszyć się pełnią wolności, aby gromadzić się na terenie kościoła. O ile tylko czyni to po chrześcijańsku, z należytą czcią dla reguł Chrystusowych objawionych w jego słowie.

2. Każdy Kościół korzysta z pełni wolności w wykonywaniu Bożych rozporządzeń według reguł Pisma Świętego.

3. Każdy Kościół posiada wolność okresowego wybierania i ustanawiania swych zarządców, o ile będą oni zdolni, pobożni i prawowierni.

4. Każdy Kościół korzysta z wolności przyjmowania, wskazywania, zwalniania i wydalania lub pozbywania się swych urzędników i członków, stosownie do potrzeb oraz zaprowadzania dyscypliny i karcenia Chrystusowego w oparciu o reguły jego słowa.

5. Na żaden Kościół, urzędników kościelnych lub jego członków nie będą nakładane ograniczenia co do doktryny, kultu lub dyscypliny, zarówno w sprawach istotnych, jak i tych, które wykraczają poza ustanowienia Pańskie.

6. Każdy Kościół korzysta z wolności obchodzenia dni postu, modlitwy i dziękczynienia zgodnie ze słowem Bożym.

7. Starsi Kościoła korzystają z wolności spotykania się w dogodnych grupach i miejscach, raz w miesiącu, kwartalnie lub w innych terminach, na zebraniach i naradach na temat zagadnień i wydarzeń dotyczących chrześcijan i Kościoła.

8. Wszystkie Kościoły mają prawo, aby w sposób przyjęty przez dany Kościół postępować z tymi, którzy znajdą się w rękach sprawiedliwości, bez powstrzymywania lub opóźniania biegu procesu.

9. Każdy Kościół korzysta z wolności postępowania z urzędnikiem, przedstawicielem sądu lub jakimkolwiek innym funkcjonariuszem będącym członkiem Kościoła w sprawach oczywistego i wyraźnego naruszenia funkcji, w sposób gwarantujący zachowanie przepisów i szacunku.

10. Zezwalamy na prywatne spotkania służące podbudowie moralnej między członkami różnych Kościołów chrześcijańskich, o ile nie dojdzie do wykroczeń dotyczących liczby uczestników, czasu, miejsca i innych okoliczności.

We wcześniejszym fragmencie omawianego dokumentu znalazły się trzy przepisy regulujące podstawy rozdziału urzędów i zakresu działań Kościoła i państwa:

Władzy świeckiej przysługuje moc i swoboda kontrolowania, czy w każdym Kościele przestrzega się pokoju, rozporządzeń i reguł Chrystusowych zgodnie z Jego słowem, o ile czyni to na sposób świecki, a nie kościelny.

Władzy świeckiej przysługuje moc i swoboda postępowania z każdym członkiem Kościoła zgodnie z wymogami sprawiedliwości świeckiej bez względu na jakiekolwiek stosunki kościelne, urzędowe lub interes.

Żadne kary kościelne nie mogą obniżać lub pozbawiać godności świeckiej, urzędu lub władzy posiadanych we wspólnocie.

Kodeks swobód z 1641 roku zawierał zadziwiająco szczegółową listę praw i wolności publicznych, prywatnych i proceduralnych. Zadziwiającą tym bardziej, że został sporządzony dla młodej i rozproszonej wspólnoty liczącej ok. 15 000 osób, których najbardziej żywotną troską wciąż pozostawało utrzymanie się przy życiu w ciągu kolejnej dekady. Kodeks swobód powielano w całości lub w częściach w wielu innych koloniach Nowej Anglii, co sprawiło, że stał się on w pewnym sensie podstawowym tekstem konstytucjonalizmu Nowej Anglii[13]. John Adams oraz inni członkowie konwencji konstytucyjnej oparli się na nim bezpośrednio podczas opracowywania i przyjmowania wielu praw materialnych i proceduralnych zawartych w Konstytucji Massachusetts z 1780 roku[14]. Nathaniel Ward, główny autor Kodeksu swobód, stwierdził później, że był on swego rodzaju kompilacją praw i wolności z dobrze mu znanej angielskiej tradycji *common law*, która w dużej części oparta była na *Magna Carta* oraz na średniowiecznych interpretacjach jej przepisów[15]. Ward

[13] W Massachusetts wiele z tych klauzul było powtarzanych, a niektóre z nich zaliczono do Laws and Liberties of Massachusetts Bay (1648), red. M. Farrand, Cambridge 1929. Inne dokumenty i omówienia w: W. Keith Kavenagh, *Foundations of Colonial America. A Documentary History*, 3 tomy, New York 1973; D.S. Lutz, *Colonial Origins of the American Constitution*, Indianapolis 1998; tegoż, *The Origins of American Constitutionalism*, Baton Rouge 1988.

[14] Zob. źródła wskazane w przyp. 34 na s. 340.

[15] N. Ward, *Simple Cobler*, s. 40–61.

podważał zarówno nowatorstwo, jak i zasięg swoich sformułowań, co kilka lat później potwierdzili gubernator Winthrop i Rada Główna, porównując sformułowania przepisów Massachusetts i przepisów angielskich[16]. Opinia Warda dowodzi jednak, że purytanie Nowej Anglii, podobnie jak wcześniej europejscy kalwiniści, w istocie odziedziczyli znacznie więcej praw i wolności, aniżeli sami stworzyli.

Nowością w kolonialnej Nowej Anglii było przyznanie dostępu do tych rozproszonych praw z tradycji *common law* (oraz wielu nowych praw), złączonych obecnie w formie jednego wspólnego źródła, wszystkim członkom wspólnoty, bez względu na sąd, do którego się odwoływali i w równym stopniu w stosunku do wszystkich urzędników i obywateli. Nic podobnego nie miało miejsca w ówczesnym prawie angielskim, pogrążonym w gmatwaninie sądów, pism i procedur. Jedna z prób połączenia przez parlament kilku ważniejszych praw ludu, a mianowicie Petycja o prawo z 1628 roku, została bez trudu zlekceważona przez Koronę.

Kolejną nowością w kolonialnej Nowej Anglii w porównaniu ze starą Anglią było posługiwanie się Kodeksem swobód jako swego rodzaju spisanym tekstem konstytucyjnym, który w sposób wiążący wyznaczał prawne granice dla sprawujących rządy, a mieszkańcom kolonii dostarczał podstawy dla dochodzenia stwierdzenia, że ich prawa zostały naruszone. Koloniści z Massachusetts zdawali sobie sprawę z nowości takiego podejścia i podjęli trud, aby w końcowym akapicie dokumentu podkreślić, że:

> Choć wyszczególnione powyżej prawa, wolności, immunitety, władze i przywileje, zarówno świeckie, jak i kościelne, wyrażono zaledwie jako swobody, nie nadając im dokładnej formy prawa lub statutu, jednomyślnie upoważniamy i szczerze zalecamy wszystkim, którzy sprawują i będą sprawować władzę, aby uznali je za prawo i nie omieszkali nałożyć słuszną i sprawiedliwą karę na każdego bez wyjątku, kto naruszałby lub gwałcił któreś z nich.
>
> Podobnie nadajemy upoważnienie i wolność każdej osobie, której kiedykolwiek odmówionoby lub odebrano któreś z nich, do wszczęcia postępowania, wniesienia skargi lub powództwa przeciwko każdemu, kto by tego dokonał, przed dowolnym sądem wyposażonym w odpowiednią jurysdykcję.

---

[16] Zob. J. Winthrop, *Discourse on Arbitrary Government* (1644), w: *Winthrop Papers*, 5 tomów, Boston 1944, t. 4, s. 468–488; oraz analizę materiałów w F.C. Gray, *Remarks on the Early Laws of Massachusetts Bay*, Boston 1843.

Ponieważ zaś naszym obowiązkiem i pragnieniem jest, aby nie podejmować działań pochopnych w sprawach zasadniczych, które nas dotyczą, zarządzamy, by te prawa i wolności odczytywano i z namysłem rozważano w każdym sądzie powszechnym, jaki zbierze się w ciągu najbliższych trzech lat, oraz by nie zmieniano ich lub odwoływano, a żaden człowiek nie mógł ich naruszyć bez poniesienia kary.

Kodeks swobód odgrywać miał rolę konstytucyjnej karty praw dla kolonii w zatoce Massachusetts, a badania nad późniejszym orzecznictwem kolonialnym dowodzą, że istotnie stosowano go w ten sposób, choć oczywiście – jak każde prawo w działaniu – bywał także rażąco naruszany, zwłaszcza przez niektórych wczesnych przywódców o nieposkromionych ambicjach oligarchicznych i teokratycznych[17].

Z całą pewnością największym przejawem nowatorstwa była zdolność kolonistów z Massachusetts i innych obszarów Nowej Anglii do wypracowania nowej konstrukcji teologicznej praw i wolności, opartej na doktrynie przymierza. Związek między przymierzem i wolnością nie stanowił oczywiście novum w tradycji kalwińskiej ani w innych tradycjach[18]. Już Kalwin, a w Zurychu Heinrich Bullinger połączyli biblijną tematykę przymierza z własnymi teoriami wolności duchowej, a poglądy te znalazły swój wyraz w działalności wspólnot reformowanych na kontynencie i w Anglii w końcu XVI wieku[19]. Jak wspomniano, de Bèze oraz inni ówcześni francuscy i szkoccy pisarze kalwińscy, a także ich następcy, tworzyli teorie społeczeństwa i polityki oparte na przymierzu, by bronić idei oporu i buntu. Althusius oraz inni współcześni i późniejsi holenderscy i angielscy kalwiniści również opracowywali teorie przymierza rodziny, Kościoła i państwa, za pomocą których bronili organicznej teorii państwa. Gdy druga generacja purytanów Nowej Anglii emigrowała do nowego świata, Szkoci wydali sławną Uroczystą Ligę z 1643 roku (*Solemn*

---

[17] G.L. Haskins, *Law and Authority in Early Massachusetts. A Study in Tradition and Design*, New York 1960; R.B. Morris, *Studies in the History of American Law with Special Reference to the Seventeenth and Eighteenth Centuries*, New York 1930, s. 46–48; Z. Chaffee, *Colonial Courts and the Common Law*, w: D.H. Flaherty (red.), *Essays in the History of Early American*, Chapel Hill 1969, s. 53–82. Krytyczna ocena w: E. Dale, *Debating – and Creating – Authority. The Failure of a Constitutional Ideal in Massachusetts Bay, 1629–1649*, Aldershot 2001.

[18] Zob. D. Novak, *Covenantal Rights. A Study in Jewish Political Theory*, Princeton 2000; J. Witte, Jr., E. Ellison (red.), *Covenant Marriage in Comparative Perspective*, Grand Rapids 2005.

[19] D.A. Weir, *The Origins of Federal Theology in Sixteenth-Century Reformation Thought*, Oxford–New York, 1990; J. Wayne Baker, C.S. McCoy, *Fountainhead of Federalism. Heinrich Bullinger and the Covenantal Tradition*, Louisville 1991.

League and Covenant for Reformation and Defence of Religion, the Honor and Happiness of the King, and the Peace and Safety of the Three Kingdoms of Scotland, England, and Ireland). Na podstawie biblijnych wypowiedzi na temat przymierza (2 Krn 15, 15; Prz 25, 5; Jr 50, 5; Ga 3, 15) w nowym przymierzu szkockim wzywano władców i lud do obrony „prawdziwej publicznej wolności, bezpieczeństwa i pokoju królestwa, będących warunkiem osobistej pozycji każdej jednostki", a także do „zachowania praw i przywilejów parlamentów i wolności królestw; a także do zachowania i obrony majestatu i władzy królewskiej dla utrzymania i obrony prawdziwej religii i wolności królestw"[20].

Czerpiąc z wielu tego rodzaju kalwińskich wypowiedzi na temat przymierza i wolności, purytanie Nowej Anglii rozwinęli własne teorie wolności przymierza i przymierzy wolności. Ich idea wolności przymierza, choć początkowo przeznaczona była dla wąskiego grona, miała później stać się podstawą bogatej teorii pluralizmu wyznaniowego. Z kolei idea przymierzy wolności, choć początkowo konserwatywna, stała się podstawą mocnej teorii strukturalnego pluralizmu, która broniła praw i wolności różnych grup i ich członków, należących nie tylko do Kościołów.

Wolność przymierza

Idea świętego przymierza między Bogiem a ludzkością stanowiła od początku integralną część refleksji teologicznej w zachodnim chrześcijaństwie. W Biblii odniesienia do przymierza występują 310 razy – 286 razy w Starym Testamencie (jako *b'rit*), ponadto 24 razy w Nowym Testamencie (jako *foedus*). Klasyczna teologia zachodnia rozróżniała dwa rodzaje przymierza biblijnego: przymierze uczynków, które za posłuszeństwo wobec prawa Bożego obiecuje Ludowi Wybranemu wieczne zbawienie i błogosławieństwo, oraz przymierze łaski, które wybranym przez wiarę we wcielenie i odkupienie Chrystusa obiecuje wieczne zbawienie i szczęśliwość. Przymierze uczynków dokonało się w Abrahamie, zostało potwierdzone przez Mojżesza, a jego wypełnieniem jest ogłoszenie i przyjęcie Tory. Obiecane Abrahamowi przymierze łaski dokonało się w Chrystusie, potwierdzone zostało w Ewangelii, a wypełnia się w wierze i nawróceniu chrześcijanina. W pismach kilku wczesnych autorów chrześcijańskich znaleźć można określenie Kościoła jako „wspólnoty przymierza",

[20] Zob. Stephenson i Markham, s. 504–505.

a chrześcijańskich sakramentów jako „znaków" i „symboli" przymierza łaski. W sumie jednak przykłady uwagi poświęcanej przymierzu były w tradycyjnej teologii chrześcijańskiej jednostkowe i fragmentaryczne, stanowią zaledwie przypisy do wielkich doktryn o Bogu i ludzkości, grzechu i zbawieniu oraz prawie i Ewangelii[21].

Pisarze kalwińscy, początkowo w Europie, a następnie w Nowej Anglii, przekształcili przymierze w rdzeń jednej z naczelnych doktryn własnej teologii. „Całość słowa Bożego", pisał jeden z teologów kalwińskich już w 1597 roku, „odnosi się do przymierza"[22]. „To wszystko, czego uczymy was każdego dnia", wyjaśniał inny pisarz, „to jedynie wnioski wyprowadzone z przymierza"[23]. Zdaniem innego myśliciela doktryna przymierza „obejmuje cały katechizm [...]. Żadnego kontekstu Pisma Świętego nie da się rzetelnie wytłumaczyć, do żadnej doktryny teologicznej nie można odnieść się poprawnie, żadnej kontrowersji nie sposób starannie rozpatrzyć" bez powołania się na tę doktrynę[24].

Purytanie Nowej Anglii i niektórzy ich angielscy współwyznawcy dokonali dwóch innowacji w stosunku do tradycyjnej interpretacji przymierza Boga z człowiekiem. Po pierwsze, purytanie wypracowali teorię szerszego uczestnictwa w przymierzu uczynków. W tradycyjnym ujęciu przymierze uczynków sprowadzano do szczególnej relacji między Bogiem i ludem wybranym Izraela oraz jego przedstawicielami – Abrahamem, Mojżeszem i Dawidem. Wskazywało ono na Izrael jako naród wybrany przez Boga, wzywając lud do służby na rzecz królestwa Bożego. Zawierało także objawienie szczegółowych nakazów prawa Bożego – obowiązków wobec Boga, bliźniego i samego siebie – oraz wymogów doskonałego posłuszeństwa prawu i żądaniom Boga. Nagrodą za wypełnianie przymierza miała być wieczna pomyślność, błogosławieństwo i zbawienie.

Wielu myślicieli purytańskich dostrzegało szerszy zakres celów i uczestniczenia w przymierzu uczynków. Przymierze to nie dokonało się w Abrahamie

[21] Zob. szczegółowe źródła w: D.J. Elazar, *Covenant & Commonwealth. From Christian Separation Through the Protestant Reformation*, New Brunswick 1996; tegoż, *Covenant and Civil Society. The Constitutional Matrix of Modern Democracy*, Brunswick 1998.

[22] R. Rollock, *Tractatus de Vocatione Efficaci* (1597), w: *Selected Works of Robert Rollock*, red. W. Gunn, 2 tomy, Edinburgh 1849, t. 1, s. 15.

[23] J. Preston, *The New Covenant or the Saints Portion*, London 1629, s. 351; zob. D. Zaret, *The Heavenly Contract. Ideology and Organization in Pre-Revolutionary Puritanism*, Chicago 1985, s. 151.

[24] J.H. Alsted, *Catechetical Theology* (1619), cyt. za: J. Pelikan, *Reformation of Church and Dogma, 1300-1700*, Chicago 1984, s. 367.

jako przedstawicielu narodu żydowskiego, lecz w Adamie reprezentującym całą ludzkość. Nie było ono uprzywilejowaną relacją zarezerwowaną dla grona wybranych, lecz relacją naturalną obejmującą wszystkich ludzi. Przymierze uczynków zostało bowiem, zdaniem purytanów, ustanowione wraz ze stworzeniem świata, jeszcze przed grzesznym upadkiem. Przez Adama, „głowę rodzaju ludzkiego", wszyscy ludzie stali się stronami przymierza, dziedzicząc zawarte w nim obietnice i błogosławieństwa oraz przestrogi i groźby[25].

Przymierze uczynków zawarte przed upadkiem było według purytanów „szczególną Bożą konstytucją dla rodzaju ludzkiego" i „opatrznościowym planem dla stworzenia"[26]. Przymierze uczynków określa *telos*, cel życia oraz rolę każdej osoby w wypełnianiu zamysłów Bożej opatrzności. Konstytuuje ono podstawowe relacje międzyludzkie, takie jak związki przyjaźni, pokrewieństwa, władzy i poddaństwa. Ustanawia podstawowe zasady życia społecznego, politycznego, rodzinnego i moralnego, a także tworzy warunki doskonałej więzi z Bogiem oraz doskonałej wspólnoty ludzkiej. Trwanie w tym świętym przymierzu, w każdym jego szczególe, oznaczało zaskarbienie sobie życia wiecznego i zbawienia, zaś konsekwencją pogwałcenia przymierza była wieczna śmierć i potępienie[27].

Purytanie uważali, że grzech Adama i Ewy nie unieważniał tego przymierza. Zmianie uległ jedynie stosunek ludzkości do tego przymierza. Ustanowione w nim normy, które miały porządkować życie ludzkie i nim rządzić, zachowywały swą moc. Cała ludzkość nadal pozostawała z Bogiem w relacji przymierza, choć z powodu grzechu wszyscy ludzie utracili zdolność rozpoznawania norm świata stworzonego i zdolność do osiągnięcia zbawienia na podstawie tych norm. Dlatego właśnie po popadnięciu przez ludzi w grzech Bóg zesłał swojego syna, Jezusa Chrystusa, jako swojego poręczyciela i przedstawiciela. Chrystus jako poręczyciel spłacił dług każdego człowieka związanego przymierzem uczynków i wziął na siebie karę, na którą mężczyźni i kobiety zasługiwali z powodu popełnionych przez siebie grzechów. Natomiast Chrystus jako przedstawiciel, „drugi Adam", wynegocjował z Bogiem nowe przymierze łaski, dzięki któremu ludzie wybrani, mimo swych grzechów,

---

[25] Zob. szczegółowe źródła w: J. Witte Jr., *Blest be the Ties that Bind. Covenant and Community in Puritan Thought*, „Emory Law Journal" 1987(36), s. 579.

[26] W. Ames, *Medulla Sacrae Theologiae Pertita*, Frankener 1625, 1.10; J. Norton, *Orthodox Evangelist*, London 1654, s. 102 i n.

[27] J. Norton, *Orthodox Evangelist*, s. 14–15; *The Works of Thomas Shepard*, 3 tomy, Boston 1853, t. 1, s. 17 i n., 90 i n.

mogą nadal być dziedzicami zbawienia[28]. To nowe przymierze łaski powtarzało warunki starego przymierza uczynków, lecz – w odróżnieniu od starego przymierza – uzależniało zbawienie człowieka od wiary w Chrystusa, nie zaś od uczynków wymaganych przez dawne przymierze. Nowe przymierze łaski objawiało warunki przymierza nie tylko w sercach i sumieniach ludzi, lecz także na kartach Pisma Świętego.

Po drugie, purytanie nadali nowy kształt nie tylko tradycyjnemu przymierzu uczynków, lecz także tradycyjnemu przymierzu łaski. Tradycyjnie przymierze łaski ujmowano jako dar Bożego miłosierdzia dla wybranych. Bóg ustanowił warunki i obowiązki przymierza oraz określił uczestniczące strony i ich udział. Osoby pozostające w stanie grzechu nie mogły spodziewać się łaski Bożego daru przymierza lub wysuwać wobec Boga roszczeń na podstawie przekonania, że kiedyś zostało ono im nadane. Ludzie mogli jedynie wyrażać swoją wdzięczność poprzez przyjęcie przymierza. Niektórzy siedemnastowieczni pisarze purytańscy przyjmowali jednak inną interpretację, przedstawiając przymierze łaski jako pewnego rodzaju transakcję negocjowaną między Bogiem a każdym człowiekiem. Akty Bożej i ludzkiej woli były niezbędne do stworzenia takiego przymierza. Poprzez „dobrowolne uniżenie" (jak to określa wyznanie westminsterskie) Bóg przedstawiał warunki zbawienia i przyrzekał dotrzymać swojej obietnicy. W dobrowolnym akcie wiary człowiek przyjmował Bożą propozycję. Jeżeli Bóg i człowiek przyjęli te warunki, obie strony pozostawały związane zawartą umową. Każda ze stron mogła domagać się od drugiej wiernego przestrzegania warunków umowy. Bóg mógł żądać od człowieka wiernego oddania i służby; w przypadku odmowy Bóg zwolniony był z danej przez siebie obietnicy i wolno mu było przeznaczyć człowieka na potępienie. Jednakże człowiek mógł także żądać, aby Bóg wierny był swojej obietnicy zbawienia. „Możesz pozywać [Boga] na podstawie jego pisemnego i opieczętowanego zobowiązania", pisał angielski purytanin John Preston, „a on nie może temu zaprzeczyć". „Nie rezygnuj, choć Pan może długo zwlekać, lecz wywiąże się z tego [co obiecał], bowiem nie ma wyboru, ponieważ należy to do warunków jego przymierza"[29]. To, co tradycyjnie uważano za Boży dar wiary i zbawienia udzielany wybranym, w niektórych pismach późnego purytanizmu stało się wynegocjowaną umową. To, co tradycyjnie rozumiano jako wierność Boga w przymierzu z ludem, stało się umownym obowiązkiem

---

[28] R. Alleine, *Heaven Opened. Or the Riches of God's Covenant of Grace*, London 1665, s. 29 i n.

[29] J. Preston, cyt. za Ch. Hill, *Puritanism and Revolution*, s. 246.

Bożym. To, co tradycyjnie było wynikającym z wiary, bezwarunkowym przyzwoleniem na działanie łaski, stało się aktem ludzkiej woli, prowadzącym do zawarcia przymierza z Bogiem.

Zarówno poszerzenie możliwości udziału stron, jak i umowny charakter przymierza zbawienia, przyczyniły się do wzbogacenia purytańskiej interpretacji wolności religijnej oraz pluralizmu religijnego. Siedemnastowieczni purytanie z Nowej Anglii słynęli początkowo z surowości w sprawach religijnych oraz z nieliberalnego podejścia do każdego, kto choćby w niewielkim stopniu odbiegał od nurtu ortodoksyjnego. Złą sławą okryło się wygnanie Anny Hutchinson i Rogera Williamsa, którzy zostali usunięci w 1630 roku po sensacyjnych procesach sądowych. Wielu innych wygnano jednak bez jakichkolwiek ceremonii[30]. W tym wczesnym okresie purytanie stale jeszcze traktowali przymierze zbawienia jako pewnego rodzaju „kontrakt przynależności do Boga"[31]. Bóg ustanowił w Biblii warunki przymierza zbawienia, które wspólnota powinna interpretować w dokładny sposób.

Osoba dysponowała wolnością jedynie w celu przyjęcia lub odrzucenia tych warunków przymierza zbawienia. Podobnym poglądom w rozwlekłym traktacie z 1682 roku na temat „przymierza wolności" dał wyraz Samuel Willard, wielki systematyzator doktryny purytańskiej Nowej Anglii. Willard przekonywał, że każda osoba posiada „równe prawo", „tytuł", „roszczenie", „wolność" i „przywilej", „aby mieć udział i korzystać z każdego błogosławieństwa tego przymierza". Kiedy Willard skończył wymieniać wszystkie podstawowe warunki i zobowiązania przymierza, okazało się, że tylko niewielu jest tych, którzy zdolni są je spełnić, aby zawrzeć przymierze, a i dla tych, którzy byli do niego dopuszczeni, pozostawało już niewiele swobody[32].

Jednakże w XVIII wieku niektórzy purytańscy pisarze próbowali interpretować związek przymierza między Bogiem a człowiekiem w sposób bardziej otwarty i zależny od ludzkiej woli. Nie tylko samo przymierze stało się bardziej dostępne dla stron prezentujących różne wyznania chrześcijańskie.

---

[30] Zob. D.D. Hall, *The Antinomian Controversy. A Documentary History*, wyd. 2, Durham 1990; S. Foster, *New England and the Challenge of Heresy, 1630 to 1660. The Puritan Crisis in Transatlantic Perspective*, „William & Mary Quarterly" 1981 (2), s. 624–660.

[31] Termin ten pochodzi z pracy: P. Ramsey, *Basic Christian Ethics*, New York 1950, s. 371.

[32] S. Willard, *A Compleat Body of Divinity*, Boston 1726; tegoż, *Covenant-Keeping the Way to Blessedness*, Boston 1682. Zob. też: tegoż, *Morality not be Relied on for Life*, Boston 1700; tegoż, *Walking with God, The Great Duty and Privilege of True Christians*, Boston 1701 oraz T.H. Breen, *The Character of the Good Ruler 1630-1730*, New Haven 1970, s. 37–44.

Także same warunki świętego przymierza stały się bardziej zachęcające do osobistych przemyśleń i innowacyjności. Elisha Williams, sławny prawnuk dawnego purytańskiego bojownika Johna Cottona, przedstawił te sprawy w krytycznym traktacie pt. *The Essential Rights and Liberties of Protestants* (1744) w sposób następujący:

> Każdy człowiek posiada jednakowe prawo, aby postępować za głosem swoich przekonań w sprawach religii. Każdy jest bezwarunkowo zobowiązany, aby samemu dla własnej korzyści zgłębiać Pismo Święte [...] i czynić z tego najlepszy użytek w miarę swoich możliwości, tak aby mieć rozeznanie w sprawach woli Bożej oraz w sprawach istoty i obowiązków chrześcijaństwa. I podobnie jak wszyscy chrześcijanie są do tego zobowiązani, on także ma niepodważalne prawo, aby rozważać sens i znaczenie Pisma i aby postępować zgodnie ze swoim sądem, gdziekolwiek on go doprowadzi; nawet do uznania równych praw dla każdej władzy, cywilnej lub kościelnej[33].

Tego typu przekonania rozpowszechniły się pośród purytańskich pisarzy końca XVIII wieku. Wyrażanie takich idei pomagało przywódcom Nowej Anglii we wskazywaniu drogi otwartej tolerancji wobec baptystów, anglikanów, metodystów i innych chrześcijańskich zgromadzeń, które przestrzegały podstawowych warunków biblijnego przymierza.

Tylko niewielki krok dzielił to sformułowanie od bardziej ogólnej i wspaniałomyślnej gwarancji wolności religijnej, zawartej w Konstytucji Massachusetts z 1780 roku, którą stworzył John Adams[34]. Wolność religii była jednym z pierwszych praw, które podlegały według niej ochronie. Musimy zacząć od „ustanowienia sumienia wolnym", pisał Adams przedstawiając swój projekt Konstytucji, ponieważ prawa sumienia i religii „nie podlegają

[33] E. Williams, *The Essential Rights and Liberties of Protestants*, Boston 1744, s. 3, 7–8. Na temat Williamsa zob. F. Parsons, *Six Men of Yale*, New Haven 1939.

[34] Zob. Thorpe 3, s. 452 i n., oraz analiza w: J. Witte Jr., *„A Most Mild and Equitable Establishment of Religion". John Adams and the Massachusetts Experiment*, „Journal of Church and State" 1999 (41), s. 213–252, na podstawie: R.J. Taylor, *Construction of the Massachusetts Constitution*, Worcester 1980; S.E. Morison, *A History of the Constitution of Massachusetts*, Boston 1917; O. i M. Handlin (red.), *The Popular Sources of Political Authority. Documents on The Massachusetts Constitution of 1780*, Cambridge 1966; R.J. Taylor (red.), *Massachusetts, Colony to Commonwealth. Documents on the Formation of its Constitution*, Chapel Hill 1961.

dyskusji, są niezbywalne, nienaruszalne i święte"[35]. Zgodnie z tym artykuł II Deklaracji Praw w Konstytucji gwarantuje, że:

Zarówno prawem, jak i obowiązkiem wszystkich ludzi w społeczeństwie jest, aby publicznie i w ustanowionym czasie wielbić Najwyższą Istotę, wielkiego stwórcę i opiekuna wszechświata.

Żaden poddany nie poniesie szkody, nie będzie molestowany lub ograniczany osobiście w swojej wolności lub zajmowanej pozycji na skutek oddawania Bogu czci w taki sposób i w takim czasie, który jest najbardziej zgodny z potrzebą jego sumienia lub najbardziej dogodny ze względu na wykonywane przez niego funkcje religijne lub przekonania; pod warunkiem, że nie zakłóca on porządku publicznego, a także nie powstrzymuje innych przed spełnianiem ich obrzędów religijnych[36].

Artykuł III wyrażał cichą zgodę na tworzenie zrzeszeń religijnych, na wybieranie własnego pastora i opłacanie składek bezpośrednio do jego rąk. Dział VI z *Frame of Government* w rozdziale dotyczącym Konstytucji włączył do zakresu wolności religijnej prawo kwakrów do zwolnienia od obowiązku przysięgi, której składaniu byli oni „świadomie przeciwni"[37].

Adams uważał zapewnienie pluralizmu religijnego za istotny element ochrony religijnych i innych form wolności. Jak później wyraził to w liście do Thomasa Jeffersona: „rzymscy katolicy, członkowie angielskiego Kościoła episkopalnego, szkoccy i amerykańscy prezbiterianie, metodyści, bracia morawscy, anabaptyści, niemieccy luteranie, niemieccy kalwiniści, uniwersaliści, arianie, zwolennicy kapłaństwa (sacerdotalizm), zwolennicy Socyna, independensi, kongregacjoniści, Horse Protestants i House Protestants, deiści i ateiści oraz protestanci *qui ne croyent rien* [którzy w nic nie wierzą], wszyscy oni [...] nauczani są jednak o głównych zasadach chrześcijaństwa – a także o głównych zasadach angielskiej i amerykańskiej wolności"[38]. Kontrolowanie i utrzymywanie równowagi [według] Jeffersona" zarówno w sferze polityki, jak i religii, „decydują o naszym bezpieczeństwie, o postępie myśli, a także pewności o nasz byt. Każde ugrupowanie chrześcijan prześladowałoby deistów, [podobnie] jak każda sekta prześladowałaby inną, jeżeli nie byłoby kontroli i władzy

---

[35] Adams 3, s. 452–456.

[36] Thorpe 3, s. 1889.

[37] Tamże, s. 1908–1910.

[38] *List do Thomasa Jefferson* (28 czerwca 1813), w: *The Adams – Jefferson Letters*, red. L.J. Cappon, 2 tomy, Chapel Hill 1959, t. 1, s. 339–340.

zachowującej równowagę. Podobnie deiści prześladowaliby chrześcijan, a ateiści prześladowaliby deistów, z takim samym nieubłaganym okrucieństwem, jak czyniłby to każdy chrześcijanin lub jak oni czyniliby to wzajemnie wobec siebie. Sam rozumiesz, ludzka natura!”[39].

Teologia przymierza nie była oczywiście jedynym dostępnym argumentem gwarantującym konstytucyjną wolność religijną dla rozmaitych pokojowo nastawionych wyznań teistycznych. Dla purytanów Nowej Anglii, zwłaszcza w Massachusetts, teologia ta stanowiła jednak mocny fundament dla teorii uporządkowanej wolności religijnej i uregulowanego pluralizmu religijnego. Na skutek szerszego rozumienia przymierza uczynków purytanie poszerzyli także pojęcie wolności religijnej na wszystkich ludzi, nie tylko tych, którzy zostali wybrani przez Boga. Na skutek zakontraktowania warunków przymierza łaski purytanie rozszerzyli zakres praktyk religijnych poza te formy, które ustanowione były przez państwo. Jednakże nie wszystkie żądania wolności religijnej mogły być spełnione. Uznanie żądań chroniących wolność religijną miało przypominać zawieranie przymierza z Bogiem, każdy jednak mógł sam decydować, w jaki sposób definiować Boga i przymierze. Ci, którym ta wolność przysługiwała, mieli spełniać naturalny obowiązek miłości Boga, bliźniego i siebie samego, nauczany w przymierzu uczynków, jednak każda wspólnota mogła sama decydować o określaniu tych obowiązków.

Przymierza wolności

Purytanie uważali siebie nie tylko za stronę w przymierzu z Bogiem, lecz także za lud złączony wzajemnie zawieranymi przymierzami. Każde z tych przymierzy, jak wierzyli, choć było dokonywane jako dobrowolne działanie ludzkie, stanowiło ostatecznie twór zbudowany na podstawie norm i zasad ustanowionych już w przymierzu uczynków. Każde z tych przymierzy miało swoje miejsce w opatrznościowym planie Bożym, którego spełnienie było jednocześnie ich zamiarem.

Opierając się na własnych uzupełnieniach tradycyjnej teologii przymierza, purytanie Nowej Anglii wyróżniali trzy rodzaje przymierzy: (1) przymierze społeczne i wspólnotowe; (2) przymierze duchowe lub kościelne; oraz (3) przymierze polityczne lub rządowe. Przymierze społeczne zawierane było

[39] *List do Thomasa Jeffersona* (25 czerwca 1813), w: tamże, t. 1, s. 334.

przez społeczeństwo lub wspólnotę jako całość. Przymierze polityczne lub kościelne zawierane było przez dwa główne urzędy wewnętrznej władzy publicznej – Kościół i państwo, których władze były równo rozdzielone i rozdysponowane między liczne urzędy[40]. Przymierza społeczne – kościelne i polityczne, potwierdzały i koordynowały wolności naturalne, religijne i polityczne członków wszystkich sprzymierzonych wspólnot.

Naturalna wolność i przymierze społeczne

Stwarzając świat, jak wierzyli purytanie, Bóg obdarzył wszystkich ludzi „naturalną wolnością" i nadał im „prawo naturalne". Osoba naturalna, wyrażał swój pogląd John Winthrop, „pozostaje w naturalnym stosunku do innych osób [i] ma prawo robić, co chce; oznacza to wolność czynienia zarówno zła, jak i dobra"[41]. Występek lub słuszność ludzkich działań określone są przez prawo naturalne, które Bóg zapisał w przymierzu uczynków i które obowiązuje wszystkich[42].

Purytanie wierzyli jednak, iż „głos natury otwarcie poucza, że rodzaj ludzki" łączy się razem w przymierzu i „żyje razem w społeczeństwie"[43]. To powołanie ze stanu naturalnego do stanu społecznego zrodziło się z potrzeby ludzkiej, choć było także wynikiem Bożego przeznaczenia. Z jednej strony Bóg powołał wszystkich ludzi do tworzenia społeczeństwa, aby zapewnić porządek, stabilność i strukturę władzy potrzebne do zachowania naturalnej wolności i naturalnego prawa stworzonego przez Boga. „Praktykowanie i zachowywanie [naturalnej] wolności" bez ograniczeń społecznych i prawnych,

---

[40] Purytanie Nowej Anglii traktowali chrześcijańską rodzinę jako ważną instytucję władzy, jednak ich sformułowania różniły się nieco od tradycyjnych formuł kalwińskich. Zob. analizę na s. 151–153, 212–215. Szczegóły w: J. Demos, *A Little Commonwealth. Family Life in Plymouth Colony*, wyd. 2, New York–Oxford 2000; E.S. Morgan, *The Puritan Family. Religion and Domestic Relations in Seventeenth-Century New England*, wyd. wzn., Westport 1980; G.E. Howard, *A History of Matrimonial Institutions, Chiefly in England and the United States*, 3 tomy, Chicago 1904.

[41] J. Winthrop, *On Liberty* (1645), w: *Winthrop's Journal*, red. J.K. Hosmer, 2 tomy, New York 1908, t. 2, s. 238. Opracowania na temat Winthropa: m.in. F.J. Bremer, *John Winthrop*, oraz E.S. Morgan, *The Puritan Dilemma: The Story of John Winthrop*, Boston 1958. Więcej informacji: G.P. Carpenter, *A Secondary Annotated Bibliography of John Winthrop, 1588–1649*, New York 1999.

[42] J.D. Eusden, *Natural Law and Covenant Theology in New England, 1620–1670*, „Natural Law Forum" 1960 (5), s. 1. Lepiej uzasadnione formuły w: J. Wise, *A Vindication of the Government of New-England Churches* (1717), wyd. wzn., Gainesville 1958, s. 30–45.

[43] J. Barnard, *The Throne Established By Righteousness* (1734), w: P. Miller i Th. Johnson (red.), *The Puritans*, New York 1938, s. 270–271.

pisał Winthrop, powtarzając tradycyjne kalwińskie nauki na temat świeckiego praktykowania prawa, „bardziej jeszcze czyni człowieka złym, a z czasem staje się on gorszy niż dzikie zwierzę”[44]. Ludzie wzajemnie „żerują” na sobie, narażając całą wolność naturalną na niebezpieczeństwo. Społeczeństwo pomaga w zagwarantowaniu tej wolności. Ponadto w stanie naturalnym ludzie cierpią z powodu swoich „słabości, bezsilności i niedostatku”, zarówno w obawie przed prawem naturalnym, jak i z powodu poddania się temu prawu[45]. Społeczeństwo pomaga w potwierdzaniu i umacnianiu zasad tego prawa naturalnego. Przenosi ono człowieka z jego „naturalnych fałszywych wolności” do „cywilnej lub federalnej wolności [...] odnoszącej się do przymierza między Bogiem i człowiekiem, do prawa moralnego i przymierzy politycznych oraz ustanawianych przez nich konstytucji”[46].

Z drugiej strony Bóg powołał purytanów w sposób szczególny, aby utworzyli społeczeństwo pomocne przy realizowaniu jego opatrznościowego planu w Nowym Świecie. Purytanie wierzyli, że Bóg zawarł z nimi szczególne przymierze, aby stali się jego „drugim Izraelem”, jego nowym narodem, któremu dana jest obietnica zbawienia, jego nowym ludem wybranym[47]. W rezultacie tego przymierza zostali wezwani, aby stać się „miastem położonym na górze”, „światłością pogan”, „wzorem królestwa Chrystusowego pośród pogan”[48]. Nakazano im zachowywać i szerzyć święte wierzenia i wartości, przyswajać i bronić świętych zasad moralnych i zdyscyplinowania, zachęcać samych siebie i innych do posłuszeństwa Bogu. Podobnie jak Bóg dał obietnicę starożytnym Izraelitom (Pwt 4–6), tak samo obiecał pokój i pomyślność purytanom czasów współczesnych pod warunkiem, że spełnią warunki przymierza, jeżeli zaś je złamią – śmierć i potępienie.

Tworząc nowe wspólnoty, purytańscy koloniści przyrzekali wobec Boga i siebie nawzajem wierność tym społecznym przymierzom. „My, których imiona zostały podane poniżej”, czytamy w sławnym *Mayflower Compact* z 1620 roku, „podejmując się dla chwały Bożej i celem szerzenia wiary

---

[44] *Winthrop's Journal*, t. 2, s. 238.

[45] T. Hooker, *The Application of Redemption by the Effectual Work of the Word, and Spirit of Christ, for the Bringing Home of Lost Sinners to God*, London 1659, s. 43.

[46] *Winthrop's Journal*, t. 2, s. 238–239.

[47] C. Mather, *The Serviceable Man* (1690), w: E.S. Morgan, *Puritan Political Ideas*, s. 233. Zob. też: J. Higginson, *The Cause of God and His People in New England*, Cambridge 1663, s. 18.

[48] J. Winthrop, *Christian Charity*, w: E.S. Morgan, *Puritan Political Ideas*, s. 93; J. Scottow, *Narrative of the Planting of Massachusetts (1694)*, w: „Collections of the Massachusetts Historical Society” 1871 (4), s. 279.

chrześcijańskiej [...] podróży w celu ustanowienia pierwszej kolonii [...], zawieramy uroczyście i wzajemnie, w obecności Boga i wszystkich zgromadzonych, przymierze, łącząc się razem w świeckie ciało polityczne celem lepszego kierowania, zabezpieczania i umacniania interesów wyżej wspomnianych"[49]. Mieszkańcy nowego miasta Salem zebrali się w 1629 roku, aby złożyć przysięgę: „Zawieramy przymierze z Panem i wzajemnie między sobą; i składamy swoje zobowiązanie w obecności Boga, że będziemy razem kroczyć tylko Jego drogami według tego, co raczył nam sam objawić przez swoje błogosławione słowo i prawdę"[50]. W kolejnym roku, opuszczając kraj na statku Arabella, by udać się do zatoki Massachusetts, John Winthrop wygłosił swoje słynne kazanie do kolonistów, mówiąc: „Tak więc, ustanawiając sprawę między Bogiem a nami, zawieramy z nim przymierze dotyczące zadania, którego podejmujemy się z [Jego] polecenia, a [On] będzie spodziewał się dokładnego spełnienia warunków w nim zawartych"[51]. Przymierze z Watertown (1630) było jeszcze bardziej wyraziste i rozbudowane:

My, których imiona są poniżej wymienione, którzy dzięki łasce Bożej uszliśmy przed skażeniem tego świata i zostaliśmy włączeni do społeczności jego ludu, z całą wdzięcznością oddajemy się sercem i ciałem jego Bożej łaskawości i ojcowskiej opiece nad nami, a w celu dalszego i pełniejszego zadeklarowania tego, wobec obecnych i przyszłych wieków podjęliśmy (aby szerzyć Jego chwałę oraz dla dobra Kościoła i honoru naszego błogosławionego Jezusa, w sposób pełniejszy i dobrowolny oddając samych siebie i naszych bliskich pod łaskawą władzę poprzez praktykowanie i podporządkowanie się jego wszystkim świętym regułom i zaleceniom, które On w swojej dobroci przepisał i nałożył na nas) długą i niebezpieczną podróż ze wschodu na zachód, ze Starej Anglii w Europie do Nowej Anglii w Ameryce, w której możemy przebywać w jego obecności i służyć mu bez obawy, w świętości i bogobojności, przez wszystkie dni naszego życia. A przybywszy tutaj bezpiecznie i w ten sposób zachowani w pokoju dzięki jego szczególnej opatrzności, abyśmy mogli w przyszłości wprowadzić w czyn nasze intencje i udoskonalać nasze postanowienia, poczynając od sprawiedliwych i stosownych działań; a spośród wszystkich innych obowiązków, wydzieliliśmy dzień zapisany powyżej i zadedykowaliśmy go całkowicie Panu dla Jego świętej służby, jako dzień umartwienia naszych dusz, aby upokorzyć się przed Panem, poszukiwać go

---

[49] *The Agreement Between the Settlers of New Plymouth (1620)*, w: W. Walker (red.), *Creeds and Platforms*, s. 92.

[50] *The Covenant of 1629*, w: W. Walker (red.), *Creeds and Platforms*, s.116.

[51] J. Winthrop, *Christian Charity*, w: E.S. Morgan, *Puritan Political Ideas*, s. 92.

i oddawać w jego ręce nasze losy, przez posty i modlitwę, abyśmy mogli poznać to, co w jego oczach było dobre: a Pan wysłuchał naszego błagania.

Dlatego też, gdy to wszystko już przeminęło, po ukończeniu naszych publicznych obowiązków, przed odejściem, wszyscy czynimy uroczyście i z całego serca, osobiście, człowiek z człowiekiem wobec siebie i innych (zobowiązując ich, w obliczu Chrystusa i Jego wybranych aniołów, i nawet tych, których nie ma tutaj z nami w tym dniu lub są jeszcze nienarodzeni, aby zachowywali się nienagannie i wiernie aż do przyjścia naszego Pana Jezusa) obietnicę i zawierając bezpieczne przymierze z Panem naszym Bogiem, a w Jego obecności wzajemnie między sobą, przyrzekając sprzeciwiać się solennie i wyrzec się wszelkiego bałwochwalstwa i przesądów, uwielbienia własnej woli, wszystkich ludzkich tradycji i inwencji; a uwielbiając Boga, porzucić wszystkie drogi szatana, oddając się całkowicie naszemu Panu Jezusowi, Jemu świadczyć wierną posługę, przestrzegając i stosując wszystkie Jego prawa, nakazy i reguły odnoszące się we wszystkich sprawach dotyczących naszej reformacji; jej nabożeństw, organizacji, służby i władzy; oraz naszej wzajemnej postawy i zachowania w stosunku do innych i nas samych, jak nakazał On w swoim Świętym Słowie. Przyrzekamy nadal wiernie trwać tylko przy nim, przy jego prawdziwym znaczeniu i treści, ze wszystkich naszych sił, jak przy najbardziej czystym świetle, nieomylnej regule i doskonałym prawie, we wszystkich sprawach, które nas dotyczą na tej naszej drodze[52].

Ponad sto takich przymierzy – występujących pod nazwami umów, układów, praw lub patentów – znaleźć można w siedemnastowiecznych archiwach Nowej Anglii[53]. W okresie kolonizacji drugiego pokolenia w Massachusetts i innych rejonach przymierza te stawały się dłuższe i szczegółowe, często także upodabniały się się do umów cywilnych, określających późniejsze mechanizmy zarządzania. Dobrym tego przykładem były *Fundamental Orders of Connecticut* (1638/1639).

Aby w miarę naszych możliwości przypodobać się Bogu Wszechmogącemu i Jego świętej opatrzności za łaskawe zrządzenie pomyślnego przebiegu spraw, my, mieszkańcy i obywatele Windsor, Hartfordt i Wethersfield oraz okolic rzeki w Connecticut i w rejonach do nich przyległych, gdzie obecnie żyjemy razem i mamy swoje domy; a wiedząc dobrze, że gdziekolwiek lud razem się zbiera, Słowo Boże wymaga, aby dla utrzymania pokoju i zgody tych ludzi ustanowiona została tam poważana i godna władza w imię Boga, aby porządkować i zarządzać sprawami

[52] http://personal.pitnet.net/primarysources/covenants.html#watertown (dostęp: 05.01.2007).

[53] Zob. przykłady w: D.S. Lutz, *Colonial Origins*, oraz analizę w: D.A. Weir, *Early New England*, s. 75–133, 243–297.

ludu, które są niezbędne w każdym czasie i okolicznościach: łącząc się przeto i zespalając razem, aby ustanowić organizację państwową lub wspólnotę; i czyniąc to dla siebie samych i naszych potomnych, i tych, którzy będą do nas dołączać po wszystkie czasy, razem zawieramy związek i sprzymierzenie, aby utrzymać wolność i czystość Pisma Świętego naszego Pana Jezusa, którego my teraz wyznajemy, a także dyscyplinę Kościołów, która zgodnie z prawdą głoszoną przez Pismo Święte jest teraz praktykowana pośród nas; a także aby nasze sprawy cywilne były kierowane i zarządzane na podstawie takich praw, reguł, nakazów i dekretów, jakie zostaną utworzone, nakazane i uchwalone[54].

W tym miejscu następuje jedenaście akapitów, w których wyszczególniono formy i funkcje rządu w nowej kolonii.

Przymierze z Exeter w New Hampshire (1639) zawierało podobne postanowienia:

Ponieważ jest miłe Bogu, aby nakłonić serce naszego potężnego władcy Karola, z Bożej łaski króla Anglii, Szkocji, Francji i Irlandii, aby udzielił pozwolenia i wolności dla różnych swoich poddanych, by mogli oni osiedlać się w zachodniej części Ameryki: my, jego lojalni poddani, bracia kościoła w Exeter, usytuowanego i leżącego przy Piscataquacke, razem z innymi jego mieszkańcami, zważając na świętą wolę Boga i naszą własną potrzebę, nie powinniśmy żyć bez zbawiennych praw i rządu pośród nas, czego my wszyscy jesteśmy teraz pozbawieni; czyniąc to w imieniu Chrystusa i przed obliczem Boga, łączymy się razem, aby wyłonić i ustanowić dla nas taki rząd, który według naszego najlepszego rozeznania byłby zgodny z wolą Bożą, powierzając nas samych jako poddanych naszemu Dostojnemu Władcy, Królowi Karolowi, na podstawie Kodeksu swobód naszej angielskiej kolonii w Massachusetts, i łącząc się uroczyście, w łasce i pomocy Chrystusa i w Jego imię, napełnieni bojaźnią, aby podporządkować siebie Bożym i chrześcijańskim prawom, które, jak nam wiadomo, ustanowione są w Królestwie Anglii, oraz wszystkim innym prawom, które będą ustanowione na dobrych podstawach i dzięki którym możemy wśród nas rządzić w zgodzie z Bogiem, aby móc zgodnie żyć razem i w pokoju pełnym pobożności i uczciwości.

Następnie przymierze z Exeter nawoływało rządzących ludem i lud do kolejnych przyrzeczeń. Rządzący składali przysięgę, powołując się na:

wielkie i potężne imię Boga na wysokości, stworzyciela i rządcy niebios i ziemi, oraz na Pana Jezusa Chrystusa, króla królów i władcę ziemi, że w Jego imieniu

[54] Thorpe 1, s. 519.

i z bojaźnią [przed Nim] będą władać i rządzić Jego ludem według sprawiedliwej woli Bożej, wymierzając sprawiedliwość i sąd wobec sprawców niegodziwości i służąc zachętą i wsparciem wobec tych, co dobrze czynią, chroniąc lud w miarę ich możliwości, z pomocą Boga, od zewnętrznych utrapień i wewnętrznego niepokoju, aby mógł on prowadzić zgodne i spokojne życie w pobożności i uczciwości.

Lud, ze swej strony, przyrzekał:

my podporządkujemy się, aby zachowując wolę i słowo Boże i wynikające z nich zbawienne prawa i przepisy, władali i rządzili nami nasi zaszczytni władcy i ich prawomocni zarządcy, za przyzwoleniem ludu, oraz że będziemy gotowi wspierać ich z pomocą Boga w sprawiedliwym zarządzaniu i zachowaniu pokoju za pomocą wszelkich sił i środków, a także dokładając wszelkich starań według woli Bożej. Tak więc, Boże, miej nas w swojej opiece i broń nas i naszych [bliskich] w Jezusie Chrystusie[55].

Udział w takich umowach społecznych miał być całkowicie dobrowolny. „Nie ma innych potrzebnych warunków wzajemnej zgody i jedności, jak tylko nieprzymuszona wola", pisał Thomas Hooker, założyciel New Haven i autor ważnego traktatu na temat dyscypliny kościelnej. „Ten, kto będzie wstępował [do wspólnoty], powinien także dobrowolnie angażować się i nawiązywać kontakty z innymi członkami tej wspólnoty [...] inaczej nie stanie się prawdziwym członkiem"[56]. Dobrowolność uczestnictwa, zarówno ze strony osoby wstępującej do wspólnoty, jak i samej wspólnoty, była niezbędna. Nikt nie mógł być przymuszony do członkostwa we wspólnocie, której treść umowy i kultura byłyby dla niego niepożądane. Żadna wspólnota nie mogła być zmuszona, aby zaakceptować lub przyjąć osobę, której przekonania lub sposób życia postrzegane były jako nieodpowiednie[57].

Ci, którzy zawierali dobrowolną umowę, spotykali się z życzliwością i zdyscyplinowaniem ze strony wspólnoty. Purytanie przywiązywali dużą wagę do wzajemnej życzliwości. Dobroczynność i wzajemna wielkoduszność były nagradzane. Grubiaństwo i pyszałkowatość stanowiły przedmiot wzgardy.

---

[55] Tamże, t. 4, s. 2445.

[56] Th. Hooker, *A Survey of the Summe of Church-Discipline*, 2 tomy, London 1648, t. 1, s. 47–50. Na temat Hookera zob.: F. Shuffelton, *Thomas Hooker, 1586–1647*, Princeton 1977; S. Bush Jr., *The Writings of Thomas Hooker. Spiritual Adventure in Two Worlds*, Madison 1980.

[57] J. Winthrop, *A Defense of an Order of Court Made in the Year 1637*, w: P. Miller, Th. Johnson, *The Puritans*, s. 200–201.

„Powinniśmy odwzajemniać swoje uczucia w braterskiej miłości", przekonywał Winthrop, wyrażając znane protestanckie przekonanie na temat kapłaństwa wszystkich ludzi wierzących. „Musimy radować się wzajemnie, mieć na względzie położenie innych, podobnie jak swoje własne, razem się weselić, razem smucić, pracować i cierpieć razem, w pracy mając zawsze przed oczyma powierzoną nam misję i wspólnotę, naszą wspólnotę złożoną z członków tego samego ciała"[58]. Nie były to tylko kaznodziejskie frazesy. Purytanie Nowej Anglii zalecali i wprowadzali w czyn zasady miłosiernego Samarytanina: wymierzali kary obywatelom, którzy nie pomagali swoim bliźnim w potrzebie lub niebezpieczeństwie, ustanawiali powszechny system kredytowy, wspólne kasy i programy zatrudnienia dla ubogich i emigrantów, rozwijali systemy zapomogi dla biednych, starszych i niepełnosprawnych oraz tworzyli instytucje służące edukacji akademickiej i zawodowej[59].

Większe jeszcze znaczenie przywiązywali purytanie do dyscypliny społecznej i cnót obywatelskich. Przymierze społeczne, jak wierzyli, poddaje każdą wspólnotę przymierza „uroczystej świętej Próbie" oraz groźbie „sądu Bożego"[60]. W myśl tego wierzenia interpretowano większość doczesnych stosunków między ludźmi w kategoriach kosmicznych. Purytanie kładli szczególny nacisk na aspiracje, surowość i oszczędność oraz inne cnoty, ponieważ, zgodnie z przymierzem społecznym, byli oni przedstawicielami Boga i instrumentem Bożego planu opatrznościowego w Nowym Świecie. Niedopełnienie gorliwości, swoboda w dyscyplinie lub wystawne życie, rozumiane były przez nich jako oddawanie złej posługi Bogu i łamanie społecznego przymierza. Tego typu sprzeniewierzenie nieuchronnie sprowadziłoby na społeczność karę Bożą w postaci wojny, zarazy, nędzy i innych form sił wyższych. Bóg karał swój lud Izraela, z którym zawarł przymierze, gdy ten sprzeciwił się Jemu, a zagroził, że uczyni to samo wobec purytanów Nowej Anglii, jeżeli ci zdradziliby przymierze społeczne.

Taka wizja społeczeństwa żyjącego odwiecznie w obliczu „uroczystej świętej Próby" wynikającej z przymierza, znajdowała swój wyraz w rozmaitych

---

[58] J. Winthrop, *Christian Charity*, w: E.S. Morgan, *Puritan Political Ideas*, s. 92; I. Mather, *The Excellency of a Publick Spirit*, Boston 1702.

[59] R.W. Kelso, *The History of Public Poor Relief in Massachusetts, 1620–1920*, Boston–New York 1922; T.H. Breen, S. Foster, *The Puritans' Greatest Achievement. A Study of Social Cohesion in Seventeenth-Century Massachusetts*, „Journal of American History" 1973 (60), s. 5–22.

[60] W. Stoughton, *New Englands True Interest. Not to Lie* (1670), w: P. Miller, Th. Johnson, *The Puritans*, s. 243.

tekstach zarówno prawnych, jak i teologicznych. Na przykład w statucie Massachusetts z roku 1675 nowy surowy kodeks dyscyplinarny został poprzedzony następującymi słowami:

Podczas gdy Bóg najmądrzejszy i najświętszy nie tylko ostrzegał nas swoim słowem przez liczne lata, lecz także karał nas swoją rózgą, nakładając na nas wiele surowych (a także łagodniejszych) wyroków, to jednak nie posłuchaliśmy słowa ani rózgi, jak należało, aby móc żałować za nasze grzechy, skutecznie udoskonalać i prostować nasze ścieżki[61].

Synod reformatorski (*Reforming Synod*) z 1679 roku w podobnym tonie wyrażał się na temat konieczności reform. Ubolewając nad dokumentowanym przez nich szczegółowo, rozpowszechnionym rozprzężeniem w dziedzinie religii i moralności, jakie panuje w Nowej Anglii, przedstawiciele synodu oznajmili, że „zło rozgniewało Pana, aby [on] wykonał swój sąd nad Nową Anglią".

Niezaprzeczalnie doszło do sporu między Panem i ludem Nowej Anglii, toteż Pan wyraził swój gniew, groźnie świadcząc przeciwko nam. Chociaż osobiste utrapienia często nawiedzały nas, lecz głównie dla próby, to jeszcze nie musieliśmy być poddawani wyroczniom Pańskim; szczególnie gdy poprzez stałą opiekę Opatrzności Pan objawiał się i strofował swój lud. [...] Podobnie było z nami, z roku na rok. Czy Pan ostrzyłby swój lśniący miecz, a jego ręka podniosłaby się, aby wydać sąd? Czy musiałby zesłać na nas śmiertelną zarazę, która byłaby jak miotła zagłady pośród nas? Czy powiedziałby: „Mieczu! Idź przez kraj i wytnij ludzi i zwierzęta" lub czy pałałby takim strasznym gniewem i czyniłby takie przerażające spustoszenie, gdyby nie był zagniewany?

Synod wezwał zatem do „uroczystej i szczerej odnowy przymierza" oraz do „gruntownej i pełnej reformacji" Kościoła, państwa, rodziny i społeczeństwa, czego konieczność dokumentował szczegółowo w dekretach[62]. To nawoływanie do reformacji i odnowy przymierza społecznego było wśród purytanów stale powracającym motywem.

Reformuj wszystkie miejsca, wszystkie osoby i wszystkie powołania. Reformuj ławy sędziowskie, niższych urzędników. [...] Reformuj uniwersytety, reformuj

---

[61] *Records of the Governor and Company of the Massachusetts Bay in New England*, red. N. Shurtleff, 5 tomów, Boston 1853–1854, t. 5, s. 59; *Election Day Sermons: Plymouth and Connecticut*, wyd. facs., New York 1983.

[62] Zob. W. Walker (red.), *Creeds and Platforms*, s. 423–437.

miasta, reformuj okręgi, reformuj szkoły niższe i nauczanie, reformuj szabat, reformuj przepisy, nabożeństwo oddawane Bogu. Każda roślina, która nie jest zasadzona przez mojego Ojca, będzie wyrzucona[63].

John Adams wykorzystał sporą część teorii tego tradycyjnego przymierza społecznego w Konstytucji Massachusetts z 1780 roku. W przedmowie powołuje się wielokrotnie na konstytucję jako „przymierze" albo „umowę" między ludem i Bogiem: „Cały lud zawiera przymierze z każdym obywatelem i każdy obywatel z całym ludem, w ten sposób wszyscy będą rządzeni na podstawie określonych praw i dla dobra powszechnego". I ponownie, „mieszkańcy Massachusetts, dziękując z całego serca Wielkiemu Dawcy Praw wszechświata za jego dobroć i opatrzność, która umożliwia, aby rozważnie i zgodnie, bez fałszu i przemocy, dostąpili oni sposobności udziału w oryginalnej, szczerej i uroczystej umowie wzajemnej; oraz utworzenie nowej konstytucji świeckiego rządu, dla nich samych i dla potomności; a także pobożnie błagając o Jego kierownictwo w tworzeniu projektu, wyrażają zgodę, ustanawiają i wprowadzają następującą Deklarację Praw (*Declaration of Rights*) i Ramy Rządu (*Frame of Government*)".

Ceremonialna forma tej umowy wymagała od urzędników państwowych potwierdzenia jej przysięgą. W rozdziale VI (*Frame of Government*) Adams zamieścił wymaganie, by wszyscy urzędnicy państwowi składali przysięgę konstytucji i wspólnocie – nie tylko prywatnie, lecz także przed ludem i jego reprezentantami w pełnym składzie. „Ja, [imię i nazwisko] oświadczam, że wyznaję religię chrześcijańską i mam niezachwiane przekonanie o jej prawdziwości [...], i ślubuję zachowywać prawdziwą wiarę i lojalność wobec wymienionej Wspólnoty [...]. Tak mi dopomóż Bóg". Nacisk kładziony przez Adamsa na praktykowanie tego rodzaju przyrzeczeń odzwierciedlał konwencjonalny purytański punkt widzenia, w myśl którego przysięga „cementowała społeczeństwo" i stanowiła „jeden z zasadniczych instrumentów władzy", ponieważ napawała „bojaźnią i szacunkiem wobec Boga, a przerażeniem wobec wieczności"[64]. Podejście Adamsa było także wynikiem przekonania, że

[63] Cyt. za H.J. Berman, *Religious Foundations of Law in the West. An Historical Perspective*, „Journal of Law and Religion" 1983 (1), s. 3, 30. Zob. też: N. Ward, *Simple Cobler*, s. 32–42; I. Mather, *The Necessity of Reformation With the Expedients Thereunto Asserted*, Boston 1679.

[64] Thorpe 3, s. 1908; zob. P. Payson, *Election Sermon of 1778*, w: Ch.S. Hynemann, D.S. Lutz (red.), *American Political Writing During the Founding Era, 1760–1805*, 2 tomy, Indianapolis 1983, t. 1, s. 529.

urzędowa przysięga jest publicznym potwierdzeniem przymierza między Bogiem, ludem i władzą. Preambuły i przysięgi nie tylko odgrywały rolę zachęt, poprzedzających narzędzia realizacji interesów rządu konstytucyjnego, lecz także ustanawiały ceremoniał zawierania umowy społecznej.

W Konstytucji z 1780 roku Adams umieścił także tradycyjną naukę moralną odnoszącą się do przymierza społecznego. Artykuł II zastrzegał, że jest nie tylko prawem, lecz także „obowiązkiem wszystkich ludzi w społeczeństwie, aby publicznie i o ustalonym czasie oddawać cześć Najwyższemu Bogu, wielkiemu stwórcy i opiekunowi wszechświata". Artykuł III wyjaśniał potrzebę takiego obowiązku:

> szczęście ludzi, właściwy ład i zachowanie władzy obywatelskiej zależą w głównej mierze od pobożności, religii i moralności; i [...] nie mogą być praktykowane przez społeczność w dowolny sposób, lecz upowszechniane na drodze zorganizowanego kultu oddawanego Bogu i [na podstawie] powszechnego wychowania do pobożności, religii i moralności[65].

Artykuł XVIII podkreślał integralny związek obowiązków moralnych z charakterem urzędów publicznych i urzędników publicznych:

> Częste powoływanie się na fundamentalne zasady konstytucji oraz na ich niepodważalny związek z pobożnością, sprawiedliwością, umiarkowaniem, wstrzemięźliwością, przedsiębiorczością i skromnością jest absolutnie konieczne dla postępu w sferze wolności i niezależnej władzy. Obywatele powinni konsekwentnie brać pod uwagę te wszystkie zasady przy wyborze swoich urzędników i reprezentantów, a także mają oni prawo żądać, aby wydawanie i egzekwowanie praw potrzebnych do dobrego administrowania Wspólnotą przez urzędników odbywało się dokładnie i zawsze według tych zasad[66].

Dlatego, jak mówi Artykuł VII, „Rząd jest ustanowiony dla wspólnego dobra; dla ochrony, bezpieczeństwa i pomyślności ludzi" oraz, jak gwarantuje rozdział V: „Mądrość i wiedza, jak również cnota, które przenikają całe ciało ludzkie, konieczne [są] dla zachowania praw i wolności"[67].

---

[65] Thorpe 3, s. 1889–1890.

[66] Tamże, s. 1892.

[67] Tamże, s. 1906–1908.

Podwójne cele przymierza społecznego – utrzymanie prawa naturalnego i naturalnej wolności oraz osiągnięcie idealnej wspólnoty opartej na życzliwości i dyscyplinie – nie mogłyby zostać zrealizowane bez instytucji prawa i władzy. Kościół i państwo, jak wierzyli purytanie, były dwoma głównymi instrumentami prawa i autorytetu. Dla obu Bóg ustanowił podstawy poprzez zawarcie z ludźmi przymierza uczynków, na którym miał być zbudowany naturalny fundament nowego przymierza Kościoła z państwem.

Wolność religijna i przymierze Kościoła

Opierając się na kalwińskich źródłach, purytanie wierzyli, że Bóg obdarzył kościół duchową władzą Słowa. Kościół miał władzę głoszenia Ewangelii, udzielania sakramentów, nauczania młodzieży, przestrzegania przed niesprawiedliwością oraz opieki nad ubogimi i potrzebującymi. Taka działalność powinna przyczynić się do lepszego rozumienia przez wszystkich członków wspólnoty pobożności, dobroczynności i miłości wynikających z zawartego przymierza. Kościół posiadał także władzę kształtowania własnego ustroju, określania własnej doktryny i wzywania do posłuszeństwa swoich członków, którzy zgrzeszyli – stosując metody duchowego upominania, zakazów lub, jeżeli to konieczne, ekskomunikowania. Podejmując takie działania, Kościół potwierdzałby i wzmacniał prawo naturalne i święty autorytet, z którego brało ono początek[68].

W XVII wieku większość purytanów Nowej Anglii widziała w Kościele organizację kongregacyjną, postrzegając każdy z Kościołów jako samowystarczalną wspólnotę, a grupy Kościołów w poszczególnych miastach lub regionach jako zgromadzenia[69]. Każdy Kościół kongregacyjny był ustanowiony na podstawie dobrowolnego przymierza między Bogiem i osobami wierzącymi o podobnych przekonaniach. W takim przymierzu wyznawcy przyrzekali Bogu i sobie wzajemnie, że będą wierni Bożym nakazom, że będą spełniać szczególną posługę kościelną i podporządkują się tym, których wybiorą do sprawowania władzy w Kościele. „Święci z powołania”, czytamy w sławnym dokumencie *Cambridge Synod and Platform* (1648), „muszą razem tworzyć

---

[68] *The Cambridge Synod and Platform* (1648), rozdz. 1–3, 5, w: W. Walker (red.), *Creeds and Platforms*, s. 203–210. Zob. też: R. Mather, *Church Government and Church-Covenant Discussed*, London 1643, wyd. wzn. w: R. Robey (red.), *Church Covenant. Two Tracts*, New York 1972, s. 217.

[69] Zob. J. Wise, *Vindication*, s. 29. Zob. też omówienie w: P. Miller, *Introduction*, w: tamże, s. v–xvii.

wyraźnie widoczną zjednoczoną organizację polityczną". Muszą oni formować „stowarzyszenie oddanych wiernych, zjednoczonych w Kościele"[70]. „Ta forma jest widocznym przymierzem, ugodą i jednomyślnością, w której oni sami oddają się Panu, aby razem przestrzegać reguł Chrystusa w tym stowarzyszeniu, zwanym zazwyczaj przymierzem Kościoła; ponieważ nie widzimy innej formy, która umożliwiałaby członkom posiadanie wzajemnej władzy jednego nad drugim"[71].

Przymierze Kościoła było strukturą prawną wykorzystywaną zarówno do definiowania wolności religijnej, jak i wytyczania jej granic dla każdej wspólnoty kościelnej i dla każdego członka, który dobrowolnie się do niej przyłączył. W XVII wieku wiele Kościołów purytańskiej Nowej Anglii ustanawiano na podstawie takich przymierzy zawieranych przez członków założycieli, a następnie potwierdzanych przysięgą składaną przez kolejnych członków przystępujących do Kościoła. W Przymierzu Kościoła Charlestown w Bostonie (1630), sformułowanym przez założyciela z zatoki Massachusetts Johna Winthropa i innych, oświadczano:

W imię naszego Pana Jezusa Chrystusa, posłuszni Jego świętej woli i boskim nakazom, my, których imiona są zapisane poniżej, dzięki Jego największej mądrości i świętej opatrzności, gromadzimy się w tej części Ameryki, w zatoce Massachusetts, pragnąc zjednoczyć się w jedno stowarzyszenie lub Kościół pod władzą naszego władcy Pana Jezusa Chrystusa, aby w ten sposób stać się jak wszyscy, których on odkupił i uświęcił, przyrzekamy uroczyście i nabożnie (w Jego przenajświętszej obecności), że będziemy postępować po wszystkich naszych drogach zgodnie z zasadami Ewangelii, stosując się z pełną powagą do jego świętych nakazów, z wzajemną miłością i szacunkiem wobec każdego, jeżeli tylko łaska Boża na to pozwoli[72].

W Przymierzu z Watertown z 1647 roku wyrażano się jeszcze wznioślej:

Wierzymy, że lud Boży oprócz swojego głównego przymierza z Bogiem [...] powinien także połączyć się wzajemnie w przymierzu Kościoła, wchodząc razem w szczególny związek z niektórymi z jego członków, aby utworzyć szczególne kościelne ciało i królestwo, widzialną rodzinę i dom Boży, aby w wyznaczonym miejscu

---

[70] *Cambridge Synod and Platform*, rozdz. 4–10.

[71] Tamże, rozdz. 4, s. 207–209.

[72] Tamże, s.131.

stosować się do posłuszeństwa i powszechnych nakazów Chrystusa, aby tam oddawać cześć Bogu i Chrystusowi na wzór poddanych w jego widzialnym królestwie, w tym miejscu oczekując Go, aby błogosławił im poprzez nakazy i obietnice swojego przymierza, trwając w zjednoczeniu z Nim i z Jego ludem, w doktrynie i dyscyplinie tego widzialnego królestwa [...] zobowiązujemy się tutaj razem, w obecności ludzi i aniołów, dzięki obecności Jego łaski, oddać się Panu, służyć Mu i podążać tylko Jego drogami, zachowując wszystkie Jego przykazania i nakazy[73].

W Przymierzu Kościoła w Dochester z 1636 roku, przygotowanym przez wybitnego teologa przymierza Richarda Mathera, ogłaszano precyzyjnie:

My, których imiona są wpisane poniżej, będąc powołanymi przez Boga, aby złączyć się we wspólnotę kościelną, przyznając z całego serca, że jesteśmy niegodni takiego przywileju lub nawet najmniejszego Bożego miłosierdzia, i podobnie wyznając naszą niezdolność do zawarcia przymierza z Bogiem lub do wykonywania innych obowiązków duchowych, do których on nas powołał, chyba że Pan Jezus uczyni, iż będziemy [do tego] zdolni, napełniając nas swoim duchem, czynimy w imieniu Chrystusa Jezusa naszego Pana i w ufności oraz zawierzając niezasłużonej Bożej łasce, którą nas otacza, dobrowolne przymierze i zobowiązujemy się uroczyście w obecności samego Boga, Jego świętych aniołów i wszystkich Jego sług tutaj zgromadzonych, że dzięki łasce, która nas otacza, będziemy nieustannie razem starać się poprawnie postępować jako kongregacja Chrystusa, według wszystkich świętych reguł prawnie ustanowionego ciała Kościoła, co czynimy obecnie, bowiem jest to naszym obowiązkiem, lub co stanie się jeszcze wiadome na podstawie świętego Słowa Bożego:

Obiecując, po pierwsze i ponad wszystko, trwać wiernie przy nim jak przy naszym wodzu i jedynym dobru i przy naszym Panu Jezusie Chrystusie jako naszym jedynym ojcu duchowym i Panu, naszym jedynym kapłanie, proroku i królu. A żeby jeszcze pełniej zachować to błogosławione obcowanie z Bogiem i z Jego synem Jezusem Chrystusem i pełniej rozrastać się dzięki opiece Jego łaski, czynimy obietnicę, że będziemy starać się, aby wśród nas samych ustanowić Jego święte nakazy, które on wyznaczył dla swoich Kościołów na tej ziemi, i przestrzegać wszystkich i każdego z nich w taki sposób, jaki będzie najbardziej zgodny z Jego wolą; przeciwstawiając się z całą mocą wszystkiemu, co w jakikolwiek sposób sprzeciwia się im i żałując serdecznie za zaniedbywanie ich przez nas samych w przeszłości i za nasze własne skażenie jakimkolwiek grzesznym wymysłem ludzkim.

[73] *Watertown Covenant-Creed* (1647), w: P. Miller, Th. Johnson, *The Puritans*, s. 149, 155–156.

Zawieramy przymierze i obiecujemy z całej naszej mocy popierać wzajemnie nasze największe [...] dobro duchowe oraz wszystkich i każdego, kto może stać się członkiem kongregacji, poprzez wzajemne pouczanie, upominanie, karcenie, pocieszanie i duchową czujność na zawsze; i aby być poddanym Panu i poprzez Niego wszystkim zarządzeniom i krytyce kongregacji, tak dalece, jak będą one opierać się na regułach najświętszego słowa Bożego.

Złączeni naszymi sercami wzywamy Boga, znawcę wszystkich serc, aby dał świadectwo; błagając Go, aby pobłogosławił nam w tym i we wszystkich naszych przedsięwzięciach, gdy my będziemy szczerze starać się, poprzez obecność Jego łaski, dobrowolnie zawsze wypełniać Jego święte przymierze i wszystkie jego dziedziny; a jeżeli czegoś zaniechamy, abyśmy mogli spodziewać się wybaczenia Pana Jezusa i Jego dobroci oraz uzdrowienia w Jego imię[74].

Siedmiu mężczyzn, którzy jako pierwsi połączyli się, aby utworzyć Kościół Dorchester, zapisało swoje imiona na przymierzu (inne przymierza kościelne zawierały także żeńskie imiona)[75]. Od członków, którzy przyłączali się do Kościoła później, wymagano przysięgi na to przymierze, a ich imiona były następnie dopisywane do listy. Jak wykazał David Weir, przymierze Kościoła Dorchester zawierało wszystkie rozporządzenia typowe dla przymierzy, które przetrwały z siedemnastowiecznego Kościoła kongregacyjnego. Przedmowa przedstawia główny cel przymierza z Bogiem, jego aniołami i jego ludem powołanym na świadka. Następnie wspólnota przymierza oddawała się Bogu Ojcu jako założycielowi i Synowi Bożemu jako ich najwyższemu prorokowi, kapłanowi i królowi. Godzili się oni, że będą żyć razem jak bracia i siostry w Chrystusie, spełniając wobec siebie wzajemnie nakazy proroka, kapłana i króla oraz podporządkowując się władzy i dyscyplinie wiary i wspólnocie wiernych[76].

Większość tych przymierzy Kościoła purytańskiego prezentowała w pełni demokratyczną formę rządu i dyscypliny kościelnej. Pełnoprawni członkowie Kościoła brali udział w wyborach osób duchownych i innych członków zarządu kościelnego, w różnych formach praktykowania zbiorowego kultu, oświaty, katechezy i posłuszeństwa oraz w okresowych

---

[74] *Records of the First Church at Dorchester in New England, 1636–1734*, Boston 1891, s. 1–2, cyt. i analiza w: D.A. Weir, *Early New England*, s. 152–162.

[75] Zob. np. *The Charlestown, Massachusetts Bay, First Church* (1632), cyt. i analiza w: D.A. Weir, *Early New England*, s. 150–152.

[76] Tamże, s. 136–171.

zebraniach zgromadzeń w obecności kierownictwa kościelnego[77]. W 1662 roku większość Kościołów kongregacyjnych dysponowała wyraźnym dwupoziomowym podziałem demokratycznego członkostwa: na „ochrzczonych" członków Kościoła, którzy nie posiadali odpowiedniego wieku lub reputacji, aby zostać pełnymi członkami wspólnoty, i na członków, którzy byli w pełni „konfirmowani" lub „którzy przyjęli wiarę". Członkowie ochrzczeni uważani byli za znajdujących się „w połowie drogi ku przymierzu" z Kościołem; mogli oni brać udział w sprawowaniu kultu religijnego, chrzcie, katechizacji i uczynkach miłosierdzia kongregacji, lecz nie mogli brać udziału w Komunii Świętej (Eucharystii) oraz w zebraniach kongregacji lub wyborach. Te ostatnie prawa zarezerwowane były tylko dla „konfirmowanych" wiernych, którzy mieli udział w uczestnictwie „pełnego przymierza" i wykazywali się dobrą postawą religijną oraz moralną[78].

Jeżeli ochrzczeni lub konfirmowani członkowie lub najbardziej godne osoby kierujące Kościołem zbłądziły w wierze i praktykach wymaganych przez założycielskie przymierze Kościoła, a zwłaszcza naruszyli słowo lub prawo Boże, poddawani byli rygorom kongregacji. Opierając się na tradycyjnym kalwińskim rozróżnieniu, kongregacjoniści Nowej Anglii odróżniali grzech prywatny lub lekki od grzechu publicznego lub ciężkiego. Grzech prywatny oznaczał tego rodzaju niemoralne pragnienie lub działanie osobiste, które nie prowadziło do fizycznej szkody u innych osób lub do publicznego skandalu (np. chciwość, przepych, zmysłowość, masturbacja, nienawiść, podejrzliwość, zazdrość i podobne wykroczenia). Grzechy publiczne były zaś przestępstwami lub haniebnymi czynami, które były przyczyną szkody wyrządzonej innym lub publicznego skandalu w ramach Kościoła, jak np. „zaklinanie, przekleństwa, łamanie szabatu, pijaństwo, wzniecanie bójek, zniesławianie, cudzołóstwo, nieczystość, oszustwo, kradzież, próżniactwo, kłamstwo i «takie herezje, jak oczywiste obalanie fundamentów religii chrześcijańskiej i wszelkiej pobożności»"[79]. Osoby popełniające grzechy prywatne karane były osobistymi upomnieniami udzielanymi przez pastora lub starszych Kościoła. Od publicznych

[77] J. Miller, *Direct Democracy and the Puritan Theory of Membership*, „The Journal of Politics" 1991 (53), s. 57–74.

[78] Zob. *The Half-Way Covenant Decisions of 1657 and 1662*, w: W. Walker, *Creeds and Platforms*, s. 238–339 oraz dyskusja w: E. Brooks Holifield, *The Covenant Sealed. The Development of Puritan Sacramental Theology in Old and New England, 1570–1720*, New Haven 1974; R.G. Pope, *The Half-Way Covenant. Church Membership in Puritan New England*, Princeton 1969.

[79] E. Oberholzer, *Delinquent Saints. Disciplinary Action in the Early Congregationalist Churches of Massachusetts*, New York 1956, s. 31, cytat z: C. Mather, *Ratio Disciplinae Fratrum*

grzeszników wymagano publicznej spowiedzi w kościele oraz poddania się odpowiednim sankcjom, takim jak upomnienia, czasowy zakaz przystępowania do Komunii Świętej, a w poważniejszych wypadkach niezastosowania się lub recydywy – ekskomuniki. Celem tej dyscypliny kościelnej, jak ujął to znany purytanin trzeciej generacji, Cotton Mather, było wzbudzenie w grzesznikach „pokory, skromności, cierpliwości, modlitwy, skruchy i pragnienia poprawy", aby ponownie mogli zostać przyjęci do wspólnoty kościelnego przymierza[80].

Dyscyplina, którą utrzymywano w Kościołach, stworzona została, aby uzupełnić, a nie konkurować z dyscypliną cywilną lub karną wymaganą przez państwo. Kościoły kongregacyjne Nowej Anglii nie posługiwały się formalnymi trybunałami oraz szczegółowymi regułami ewidencjonowania i procedury, jak czyniły to władze państwowe. W rzeczywistości w późniejszych latach wieku XVII najczęściej nie praktykowano już nawet formalnych konsystorzy, jak wcześniej czyniły to kościoły kalwińskie, lecz cała kongregacja członków biorących udział w sakramentach pragnęła przysłuchiwać się i wyrokować w takich sprawach. Bywało, że strona winna poddawana była zarówno dyscyplinie kościelnej, jak i sankcjom państwowym, które nie miały litości wobec jej protestów z powodu podwójnego oskarżenia.

Te kościelne i państwowe sprawy sądowe miały zostać rozdzielone, co najmniej teoretycznie, a wyrok jednego z trybunałów nie powinien mieć wpływu na wyrok drugiego. Nieuchronnie jednak w małych wspólnotach, zwłaszcza gdy mamy do czynienia z praktykowanymi przez państwo sądami przysięgłymi, sprawy mogły wzajemnie się nakładać, a strony oskarżone, nawet po odbyciu pełnej kary, mogły nadal czuć się zagrożone. Prawo, które im przysługiwało, aby bez przeszkód opuścić wspólnotę i rozpocząć życie od początku w innym miejscu, często stawało się atrakcyjnym rozwiązaniem[81].

Wolność polityczna i umowa polityczna

Podczas gdy w Kościele Bóg ustanowił władzę duchową nad światem, w państwie ustanowił Bóg doczesną władzę miecza. „Władcy świeccy", jak

Nov-Anglicorum, Boston 1726, s. 43. Zob. też: Th. Hooker, *Church Discipline; John Cotton, The Keys of the Kingdom of Heaven* (1644), Boston 1852; C. Mather, *Church-Government*.

[80] C. Mather, *Ratio Disciplinae*, s. 156.

[81] E. Oberholzer, *Delinquent Saints*, zwł. s. 200–226; D. Flaherty, *Law and the Enforcement of Morals in Early America*, w: L.M. Friedman, H.N. Scheiber (red.), *American Law and the Constitutional Order. Historical Perspectives*, Cambridge 1978, s. 53–66.

wierzyli purytanie postępujący za tradycją nauczania kalwińskiego, byli „Bożymi namiestnikami na tej ziemi”[82]. Byli oni powołani, aby dawać przykład i reprezentować Boży majestat i władzę. Mieli być wzorem sprawiedliwości Bożej, miłosierdzia, zdyscyplinowania i życzliwości. Byli ustanowieni na swoich urzędach na podstawie trójstronnego przymierza między Bogiem, ludem i nimi samymi. Poprzez to przymierze władcy przyjmowali Boże upoważnienie do wykonywania własnego urzędu politycznego. Lud zaś ślubował Bogu i władcom, że tak długo będzie przestrzegał i poddawał się tym przepisom, akceptował i szanował prawo i władzę państwa, dopóki państwo spełniać będzie warunki przymierza społecznego i politycznego oraz dopóki będzie ono szanowało prawo natury i prawa naturalne[83].

Zgodnie z tym urzędnicy państwowi, oprócz zwykłego zatwierdzania ogólnych przymierzy społecznych i kościelnych, omówionych już wcześniej, podejmowali się trzech szczególnych odpowiedzialności dotyczących przymierza politycznego. Po pierwsze, jak wierzyli purytanie, od urzędników państwowych należało się spodziewać, że będą oni dostosowywać i wprowadzać prawo naturalne do prawa pozytywnego państwa. Purytanie, opierając się na nauczaniu kalwińskim, często porównywali to prawo naturalne do Dekalogu, przedstawiając urzędnika jako kustosza obu tablic Dekalogu[84]. Prawo pozytywne państwa powinno zatem regulować zarówno stosunki między ludźmi i Bogiem na podstawie pierwszej tablicy Dekalogu, jak i różnorodne związki między ludźmi na podstawie drugiej tablicy. Opierając się na autorytecie pierwszej tablicy, urzędnicy państwowi powinni karać wszelkie przejawy bałwochwalstwa, czarów, bluźnierstwa, krzywoprzysięstwa i nieposzanowania dnia szabatu[85]. Opierając się na autorytecie drugiej tablicy, powinni karać wszelkie przejawy nieposłuszeństwa wobec władzy, wszelką przemoc wobec osoby lub własności prywatnej, każde cudzołóstwo, prostytucję i inne złe zachowania seksualne, każdą nieuczciwość, fałszywe zeznania i wszystkie oszustwa wymierzone w inne osoby[86]. Jak wierzyli purytanie, tylko te prawa pozytywne,

---

[82] S. Willard, *The Character of a Good Ruler* (1694), w: P. Miller, Th. Johnson, *The Puritans*, s. 253; J. Todd, *Civil Rulers the Ministers of God for Good to Men*, London 1749.

[83] J. Winthrop, *On Arbitrary Government*, w: E.S. Morgan, *Puritan Political Ideas*, s. 152; C. Mather, *Bonifacious. An Essay Upon The Good*, red. D. Levin, Cambridge 1966, s. 91, 94.

[84] *Cambridge Synod and Platform*, rozdz. 17, w: W. Walker, *Creeds and Platforms*, s. 234–237.

[85] Tamże.

[86] *Letter from John Cotton to Lord Say* (1636), w: P. Miller, Th. Johnson, *The Puritans*, s. 209–212; S. Willard, *The Character of a Good Ruler*, s. 250–256.

których wyłącznym źródłem i odbiciem było prawo naturalne, a w szczególności Dekalog, powinny być uznane i autorytatywne.

Po drugie, od urzędników państwowych wymagano ochrony i popierania praw i wolności swoich poddanych. „Lud nie został stworzony dla władców, lecz władcy dla ludu", pisał Samuel Willard, powtarzając słowa Teodora de Bèze'a. Bóg obdarzył władzą rządzących, a lud poddał się tej władzy, aby osiągnąć „obywatelską pomyślność", która nie była dla nich dostępna w „stanie naturalnym". Taka „pomyślność" może istnieć tylko, „gdy ludzie mogą cieszyć się swoimi swobodami i prawami, bez molestowania lub ucisku", „gdy czują się bezpieczni w obliczu przemocy i mogą, bez posługiwania się oszustwem, dochodzić swoich praw wobec tych, którzy próbują ich skrzywdzić w jakikolwiek sposób; a także gdy są zachęcani, aby służyć Bogu na swój własny sposób"[87]. Zgodnie z tym wiele purytańskich wspólnot Nowej Anglii utworzyło szczegółowe listy praw, poniekąd powtarzając i rywalizując z Kodeksem swobód z Massachusetts.

Po trzecie, urzędnicy państwowi mieli odgrywać rolę katalizatora i przewodnika w sprawie nieprzerwanej reformacji, nakazanej w przymierzu społecznym. „Praca dla reformacji", pisał Samuel Willard, „jest podejmowana na próżno i bezcelowo, jeżeli władcy jej nie przewodzą"[88]. Od urzędników wymagano, aby zachęcali wspólnotę poprzez okazywanie przykładu, poprzez swój autorytet i swoje prawo do realizowania i przestrzegania zamierzonych ideałów, pod którymi wspólnota podpisywała się w przymierzu społecznym. Mandat ten często wymagał, aby samo prawo było nieustannie korygowane. „Reformacja prawa, oraz ulepszanie praw w celu reformacji świata jest tym, czego najbardziej potrzeba"[89].

Rozdział oraz współpraca Kościoła i państwa

Doktryna teologiczna rozdziału Kościoła od państwa rozwijała się równolegle z doktryną przymierzy Kościoła i polityki. Purytanie postrzegali Kościół i państwo jako dwa oddzielnie tworzone związki przymierza, jako dwie koordynujące siedziby boskiego autorytetu i władzy w społeczeństwie.

[87] S. Willard, *The Character of a Good Ruler*, s. 254–255. Zob. poprzedni rozdz. 1 na temat de Bèze'a, s. 149.

[88] S .Willard, *A Sermon Upon the Death of John Leverett, Esq.*, Boston 1679, s. 6; zob. też: I. Mather, *The Necessity of Reformation*, s. iii–iv.

[89] C. Mather, *Bonifacious*, s. 130.

Każda instytucja posiadała odrębne powołanie i odpowiedzialność. Każda miała odrębną organizację i doświadczenie. „Nasze Kościoły i państwo obywatelskie były ustanawiane i wzrastały (jak dwoje bliźniąt)", czytamy w przedmowie do *Laws and Liberties of Massachusetts* z 1648 roku. Połączenie tych dwóch instytucji byłoby „nieszczęściem (jeżeli nie zgubą) ich obu"[90].

Purytanie przyjęli różnorodne zabezpieczenia, aby zapewnić ten zasadniczy rozdział stowarzyszeń i działalności kościelnych od państwowych – lub mówiąc dokładniej, rozdział rozmaitych kongregacji kościelnych w każdym mieście od urzędników państwowych pełniących służbę w zarządach miast i prowincji. Niedozwolone było, aby urzędnicy kościelni sprawowali urzędy państwowe, wchodzili w skład ławy przysięgłych w sprawach cywilnych lub karnych, aby mieli wpływ na interesy państwowe, aby popierali kandydatów politycznych lub aby wypowiadali oficjalną krytykę odnośnie do prowadzenia się męża stanu będącego jednocześnie parafianinem w kościele. Z kolei urzędnikom państwowym zakazywano sprawowania urzędu kapłańskiego, oddziaływania na wewnętrzne zarządzanie Kościołem, wykonywania funkcji kapłańskich należących do duchowieństwa, wypowiadania oficjalnej krytyki odnośnie do zachowania osoby duchownej będącej jednocześnie obywatelem wspólnoty[91]. Zezwalanie na którąkolwiek z tych nadgorliwości, zarówno ze strony Kościoła, jak i państwa, dowodził Winthrop, „pomieszałoby ze sobą oba wymiary sprawiedliwości, które Chrystus ustanowił jako odrębne"[92].

Chociaż Kościół i państwo miały być rozdzielone, powinny one pozostać stale „w bliskich związkach"[93], jako że dla purytanów obie instytucje, połączone w swojej naturze i celach, były nie do rozdzielenia. Każda z nich tworzyła instrument Bożego autorytetu. Każda miała swój udział w ustanawianiu i podtrzymywaniu ideałów wspólnego przymierza. „Dla mnie jest to mały model pełnego chwały królestwa Chrystusa na ziemi", pisał purytański nauczyciel Urian Oakes. „Chrystus rządzi nami we wspólnocie, podobnie jak czyni to w Kościele poprzez swoją Obecność, która obejmuje i jednocześnie zawiera dobro obu tych społeczności". Zatem „Obecność jego sprawiedliwości

---

[90] *Laws and Liberties of Massachusetts*, s. A2.

[91] Tamże, s. 18–20; *Cambridge Synod and Platform*, rozdz. 17. Zob. też klauzule w: *Body of Liberties* z 1641 roku, analizowane wcześniej na s. 324–335 oraz późniejsze sformułowania omawiane w: T.H. Breen, *The Character of the Good Ruler*, s. 37–44.

[92] T.H. Breen, *The Character of the Good Ruler*, s. 42.

[93] *Letter from John Cotton to Lord Say* (1636), w: E.S. Morgan, *Puritan Political Ideas*, s. 209.

we wspólnocie i Obecność jego świętości w Kościołach są nierozdzielne. Pomyślność Kościoła i pomyślność wspólnoty są ze sobą splecione. Zrywając jeden splot, osłabiasz i zrywasz także drugi"[94].

Siła tego typu argumentów powodowała, że tworzono różne prawa i organizacje w celu ułatwienia koordynacji i współdziałania Kościoła i państwa w siedemnastowiecznej purytańskiej Nowej Anglii. Nawet jeżeli instytucje te pozostawały rozdzielone w swojej podstawowej formie i funkcji, państwo udostępniało różnorodne formy pomocy materialnej dla kościołów i urzędników Kościoła kongregacyjnego. Publiczne dobra ziemskie darowano grupom kościołów, by tworzyć domy spotkań, probostwa, szkoły dzienne, domy sierot i inne struktury potrzebne dla posługi Kościoła. Dziesięciny i podatki kościelne były zbierane w celu pomocy duchownym i nauczycielom kongregacji. Zwolnienia od podatku i specjalne przywileje przyznawane były niektórym organizacjom religijnym, oświatowym i charytatywnym. Dla misjonarzy kongregacyjnych dostępne były specjalne subsydia i ochrona wojskowa.

Państwo udzielało także różnego rodzaju wsparcia moralnego, zapewniając dostępność „zbawiennej i zdrowej doktryny" oraz utrzymując „ład i wspólnotę Kościołów"[95]. Prawo dnia szabatu zabraniało wszelkich form niepotrzebnej pracy, a także nieograniczonego wypoczynku w niedzielę i dni świąteczne; wymagało ono także sumiennego udziału w obrzędach religijnych. Zakaz bluźnierstwa zabraniał wszelkich form fałszywych świadectw, używania wulgarnego języka, braku poszanowania zarówno „wobec głoszonego słowa, jak wobec osoby je głoszącej". Prawo zakazujące bałwochwalstwa wymierzało sankcje za wszelkie formy świętokradztwa, czarów, guseł, magii, alchemii i innego odwoływania się do „fałszywych bogów". Prawa dotyczące zrzeszeń religijnych wymagały, aby wszystkie nowe kościoły uzyskiwały „aprobatę ze strony urzędników", a także wymagały od wszystkich „schizmatyckich" kościołów, aby podporządkowały się „przymusowej władzy" urzędników[96].

Kościół z kolei dostarczał państwu pomocy materialnej i usług w różnych formach. Kościelne domy zebrań i kaplice używane były nie tylko w celu odprawiania nabożeństw, lecz także udostępniane były dla zgromadzeń miejskich, zebrań politycznych, aukcji publicznych, dla prowadzenia zajęć oświatowych

---

[94] U. Oakes, *New England Pleaded With, and Pressed to Consider the Things Which Concern Her*, Cambridge 1673, s. 49.

[95] *Records of Massachusetts Bay*, t. 5, s. 328.

[96] Tamże; *Laws and Liberties of Massachusetts*, s. 18–20; *Cambridge Synod and Platform*, rozdz. 17, w: Walker, *Creeds and Platforms*, s. 234–237.

i zawodowych, jako biblioteki publiczne, miejsca przeznaczone na spisy ludności, przechowywanie aktów urodzin, ślubów i zgonów. Plebanie stanowiły nie tylko miejsce zamieszkania pastora i jego rodziny, lecz także spełniały funkcję przytułku dla sierot i wdów, osób chorych i starszych, ofiar przemocy i klęsk żywiołowych oraz innych wymagających opieki ze strony państwa. Kościoły służyły także państwu wsparciem moralnym w różnych okolicznościach. Głosiły one konieczność posłuszeństwa wobec władz oraz za pomocą środków moralnych utrzymywały w posłuszeństwie tych parafian, którzy uznani byli winnymi „poważnych" przestępstw. Zachęcały one swoich parafian do aktywności w życiu politycznym i corocznie głosiły „nauki na okoliczność dnia wyborów", mówiące o chrześcijańskich zasadach politycznych, jak również „nauki na okoliczność egzekucji", gdy wykonywano wyrok na miejscowych przestępcach. Pastorzy służyli uczoną radą na temat prawa Bożego, także wówczas, gdy pytano ich o radę podczas prac nad nowym prawem lub gdy w sprawach karnych wyłaniały się problemy natury moralnej[97].

Tego typu system stosunków między Kościołem a państwem trudniej było utrzymać w wieku XVIII, gdy Massachusetts i inne kolonie Nowej Anglii stawały się bardziej heterogeniczne. Szczególnie dokuczliwą rolą państwa było pobieranie dziesięciny i ustanawianie innych form pomocy materialnej dla Kościoła. Stanowiło to przedmiot długiego i wzbudzającego kontrowersje prawa Massachusetts z roku 1692, które było następnie wiele razy poprawiane i miało swoje odpowiedniki w innych stanach Nowej Anglii[98]. Dla celów podatkowych prawo to skutecznie łączyło Kościół i państwo w jedną całość. Ustanawiało ono „parafię" i „miasto" jako jeden obszar znajdujący się pod władzą tej samej rady miejskiej (w większych miastach, posiadających więcej niż jedną kongregację kościelną, liczne „parafie" nazwane zostały „okręgami" i każdy z nich podlegał w podobny sposób władzy tej samej rady). Zamieszkiwanie na stałe w mieście oznaczało automatycznie członkostwo w zborze (lub w okręgu). Od każdej z 290 oddzielnych parafii/miast w Massachusetts

[97] Zob. m.in. R.J. Hoskins, *The Original Separation of Church and State in America*, „Journal of Law and Religion" 1984(2), s. 221; J.M. Bumsted, *A Well-Bounded Toleration. Church and State in the Plymouth Colony*, „Journal of Church and State" 1968(10), s. 265; R.A. Bosco, *Lectures at the Pillory. The Early American Execution Sermon*, „American Quarterly" 1978 (30), s. 156–176; I. Mather, *The Wicked Mans Portion, or A Sermon Preached at the Lecture in Boston in New England... 1674*, Boston 1675; tegoż, *A Sermon Occasioned by the Execution of a Man Found Guilty of Murder*, Boston 1687.

[98] *Acts and Resolves, Public and Private, of the Province of Massachusetts Bay*, 21 tomów, Boston 1869, t. 1, s. 62–63.

w 1776 roku wymagano posiadania co najmniej jednego kongregacyjnego pastora. Od wspólnoty wymagano, aby zaopatrzyła go w wynagrodzenie, świątynię i plebanię. Potrzebne na ten cel fundusze pochodziły ze specjalnych podatków religijnych (zazwyczaj zwanych dziesięcinami, niekiedy podatkami kościelnymi, parafialnymi lub religijnymi), pobieranych przez urzędników miejskich od wszystkich poddanych w mieście, którzy byli także formalnie członkami parafii.

System dziesięciny był wystarczająco wydajny, pod warunkiem że wszyscy poddani w obrębie miasta byli także czynnymi członkami tego samego kościoła. Nie spełniał on swojej roli w przypadku osób, które nie były zaangażowane religijnie lub należały do kościoła niekongregacyjnego, a także w przypadku baptystów, kwakrów, anglikanów (bądź katolików z odległych miasteczek). W miarę jak liczba tych odłączonych kościołów rosła w obrębie miast Massachusetts, narastał również protest przeciw płaceniu obowiązkowych podatków wspierających tylko pastorów kościołów kongregacyjnych. W XVIII wieku w takich wypadkach sądy kolonii dopuszczały wyjątki wobec niektórych dysydentów religijnych, zezwalając im na płacenie dziesięciny na utrzymanie swoich własnych odłączonych pastorów i kościołów. Od takich dysydentów wymagano zarejestrowania kościoła jako oddzielnego stowarzyszenia religijnego oraz potwierdzania przynależności wiernych. Nie wszystkie odłączone kościoły były jednak zdolne lub chętne do spełniania wymogu rejestracji, podobnie jak i nie wszystkie miasta współpracowały w dokonywaniu rejestracji lub w zwalnianiu od dziesięciny[99]. Jeżeli dysydencki kościół był zbyt mały, aby posiadać swojego pastora w pełnym wymiarze funkcji, wówczas rutynowo odmawiano lub unieważniano rejestrację. Jeżeli zaś odłączony kościół świadomie sprzeciwiał się prawnym procedurom rejestracji, tak jak w przypadku baptystów w Nowej Anglii po 1773 roku, wówczas jego członkowie nie korzystali ze zwolnienia od podatków. Członkom zarejestrowanego kościoła dysydenckiego, zbyt opieszałym w uczestniczeniu w publicznych nabożeństwach, można było odmówić zwolnienia od dziesięciny kongregacyjnej. Mogło również zdarzyć się, że chciwy lub stronniczy urzędnik skarbowy odmawiał wypłacenia dysydenckim pastorom należnej im części dziesięciny. W wielu takich sprawach sądy Massachusetts szczególnie niechętne udzielały zgody lub tylko

[99] S.E. Morison, *The Struggle over the Adoption of the Constitution of Massachusetts, 1780*, „Massachusetts Historical Society Proceedings" 1916/1917 (50), s. 353, 370 i n.

ulg tym grupom lub osobom indywidualnym, które protestowały przeciwko takim nierównościom[100].

Ten tradycyjny powszechny system pobierania dziesięcin przeznaczonych dla ustanowionego Kościoła kongregacyjnego znalazł swój wyraz – mimo ostrych sprzeciwów – w pracach przygotowawczych nad projektami umowy konstytucyjnej i w debatach ratyfikacyjnych toczonych na temat Konstytucji Massachusetts z 1780 roku[101]. Artykuł III postanawiał:

> Ponieważ szczęście ludzi, właściwy porządek i utrzymanie rządów obywatelskich w pełni zależą od pobożności, religii i moralności; a ponieważ nie rozpowszechniają się one w społeczeństwie inaczej jak tylko za sprawą szerzącej wiarę w Boga instytucji kościelnej i powszechnych nauk odnoszących się do pobożności, religii i moralności, aby zapewnić szczęśliwość i zabezpieczyć właściwy porządek i ochronę swojego rządu, obywatele tej Wspólnoty mają prawo nadać swojemu ciału ustawodawczemu władzę upoważniania i żądania [...] od miast, okręgów parafialnych i innych instytucji lub stowarzyszeń religijnych, aby na swój koszt dokonywały stosownych unormowań celem oddawania publicznej czci Bogu oraz aby wspierały i utrzymywały publicznych protestanckich nauczycieli pobożności, religii i moralności we wszystkich przypadkach, gdy postanowienia takie nie zostaną uczynione dobrowolnie. Obywatele tej wspólnoty mają także prawo nadania swemu ciału ustawodawczemu upoważnienia do nakazywania wszystkim poddanym, o ustalonym czasie i porze roku, uczestniczenia dla własnej korzyści i z przekonaniem, w nauczaniu prowadzonym przez nauczycieli publicznych, jeżeli tacy się znajdą. Obywatele mają prawo wyboru swoich publicznych nauczycieli i ustalenia z nimi warunków pracy i utrzymania zapewnianych przez miasta, parafie, okręgi i inne organizacje lub stowarzyszenia religijne w odpowiednim czasie, a także ustalenia składek, płaconych przez każdego na utrzymanie publicznego nauczyciela lub nauczycieli jego własnej sekty lub wyznania religijnego, pod warunkiem że znajdzie się taki nauczyciel; w przeciwnym razie pieniądze mogą być przeznaczone na utrzymanie nauczyciela lub nauczycieli z innych parafii lub okręgów, z których pochodzą składki. Każde wyznanie chrześcijańskie, określające siebie jako pokojowo nastawione i wierne Wspólnocie, będzie pozostawać pod ochroną prawa w równym

---

[100] J.D. Cushing, *Notes on Disestablishment in Massachusetts, 1780–1833*, „William & Mary Quarterly" 1969 (26), s. 169–190. Zob. J.C. Meyer, *Church and State in Massachusetts From 1740–1833*, wyd. wzn., New York 1968, s. 32–89; W.C. McLoughlin, *New England Dissent 1630–1833*, 2 tomy, Cambridge 1971, t. 1, s. 547–565.

[101] Zob. analiza w: J.Witte Jr., *A Most Mild and Equitable Establishment*, s. 225–232, 242–244.

stopniu i nigdy nie będzie uznane prawo podporządkowujące jedną sektę lub wyznanie innej sekcie lub wyznaniu[102].

Powyższy tekst ujednolicił i podniósł do rangi konstytucyjnej tradycyjny system dziesięcin, pozbawiając mocy prawnej niektóre z trudem wywalczone koncesje, obronione przez baptystów, anglikanów i innych dysydentów na drodze sporów prawnych w poprzednim dwudziestoleciu. Jak pisał Samuel Eliot Morison w końcowej części wczesnego opracowania na ten temat:

> Artukuł III był jeszcze mniej liberalny aniżeli system [kolonialny], ponieważ zamiast zwalniać sekty dysydenckie z obowiązku płacenia podatków religijnych, nadawał im tylko prawo płacenia podatków ich własnym pastorom. Niewierzący, niepraktykujący i mniejszości dysydenckie, zbyt małe, aby utrzymać własnego pastora, miały płacić składki na wspieranie służby kongregacyjnej. Cały artykuł był sformułowany w sposób tak nieprecyzyjny, aby uniemożliwić osiągnięcie celu paragrafu piątego [gwarantującego równość wszystkich sekt i wyznań – *J. W.*]. Każda nowa grupa wyznaniowa, wstępująca do Wspólnoty po 1780 roku, a zwłaszcza uniwersaliści i metodyści, musiała opłacać długotrwałe i kosztowne procesy sądowe prowadzące do uzyskania statusu sekty religijnej [...]. Podporządkowanie sekt stało się faktem[103].

Po ratyfikacji Konstytucji Massachusetts z roku 1780 artykułu III nie stosowano w praktyce, gdyż „owocował procesami sądowymi, atmosferą podejrzliwości i drobnymi oskarżeniami"[104]. Zarówno kazuistyka, jak i niewydolność systemu rejestracyjnego zostały zdemaskowane w procesach sądowych. Na skutek postępu pluralizmu i liberalizacji religii w Massachusetts niechęć do artykułu III tylko się nasiliła, a kościoły kongregacyjne zostały rozdzielone na wiele form trynitarnych i unitariańskich[105]. W późniejszym czasie krytycy, przewyższający liczebnie autorów przepisu, podważali jej wartość do tego stopnia, że Konstytucja Massachusetts została zmieniona.

---

[102] Thorpe 3, s. 1888–1889.

[103] S.E. Morison, *The Struggle*, s. 371.

[104] S.E. Morison, *A History of the Constitution of Massachusetts*, s. 24–25.

[105] Zob. W.C. McLoughlin, *New England Dissent*, t. 2, s. 636–659, 1084–1106, 1189–1284; tegoż, *The Balkcom Case (1782) and the Pietist Theory of Separation of Church and State*, „William & Mary Quarterly" 1967 (24), s. 267–283.

W 1833 roku poprawka w postaci artykułu XI ostatecznie zniosła tradycyjny system dziesięciny w Massachusetts, podobnie jak już wcześniej w innych stanach Nowej Anglii[106].

Mechanizmy równowagi politycznej

Purytanom Nowej Anglii bardzo zależało na zachowaniu równowagi i współpracy między Kościołem i państwem, lecz wobec tworzenia odpowiednich form zarządzania każdym z nich przyjmowali postawę pragmatyczną. Nie przywiązywali dużej wagi do tego, aby ich struktury zarządzania tworzone były według wzorców biblijnych lub aby były inspirowane duchem Bożym. John Adams pisał o nich, że ci, którzy są „włączeni w dzieło tworzenia konstytucji", nie mogą pretendować do „spotkania z Bogiem lub do jakichkolwiek inspiracji Niebios". „Rządy są proklamowane jedynie na drodze rozumowej, na skutek posługiwania się umysłem i zmysłami". Konstytucje „są tylko eksperymentami dokonywanymi na ludzkim życiu i postępowaniu, na społeczeństwie i rządzie"[107]. Zawsze będzie istniała „błogosławiona niepewność dotycząca [reguł] prawa"[108]. „Nie znam takiej Formy Rządu", pisał inny przywódca purytański, „która byłaby wskazana przez Boga na drodze prostego i bezpośredniego objawienia się Jego rozumu i woli któremukolwiek z ludzi [...]. Bóg wszechmogący pozostawił to naturalnemu rozumowi rodzaju ludzkiego, w każdym narodzie i kraju, aby ustanowiona została taka forma, która na podstawie dokładnego poznania natury, usposobienia i skłonności, praw, zachowań, interesów i innych okoliczności życia ludzkiego, uważana była za najlepszą dla nich"[109].

Jedynym stałym elementem w „naturze, usposobieniu i skłonnościach" ludzi jest ich grzeszność. Każda osoba w swej prawdziwej naturze jest dla purytanów stworzeniem upadłym, grzesznym i zepsutym. Każdemu człowiekowi nieodłącznie towarzyszy pokusa egoizmu, chciwości i zepsucia. „Grzech [...] spaczył ludzką naturę", pisał jeden z przywódców Nowej Anglii, i doprowadził

[106] Zob. szczegóły w: S.H. Cobb, *The Rise of Religious Liberty in America*, New York 1902; C.J. Antieau, P.M. Carroll, T.C. Burke, *Religion Under the State Constitutions*, Brooklyn 1965.

[107] Adams 4, s. 297.

[108] *List do Josiaha Quincy'ego (9 lutego 1811)*, w tamże, t. 9, s. 630.

[109] J. Barnard, *The Throne Established*, s. 273.

ludzi do „nieopanowanych żądz", „gwałtownych namiętności" i „nieustannych wysiłków [...], do dogadzania sobie i zaspokajania siebie samego"[110].

Tego rodzaju pokusa do zaspokajania własnych pragnień i uzyskiwania korzyści materialnych okazała się szczególnie silna i niebezpieczna dla urzędników Kościoła i państwa. „Posiadanie władzy jest zbyt odurzające i narażone na nadużycia", pisał jeden z przywódców purytanizmu[111]. Wielu urzędników ulegało zepsutym instynktom swojej natury i „nie używali swojego stanowiska w inny sposób, jak tylko aby pysznić się wobec swoich bliźnich i zbierać ich służalcze pochlebstwa oraz aby bogacić się poprzez skupianie w swych rękach wszystkich możliwych urzędów, jakie tylko zdolni byli zagrabić"[112]. Taka urzędowa samowola i tyrańskie nadużycia prowadziłyby niewątpliwie zarówno do powszechnego powstania, jak i do kary Bożej. Toteż purytanie Nowej Anglii zalecali i podejmowali różne środki zaradcze, mające zapobiegać tyranii w państwie i w Kościele.

Po pierwsze, kładli nacisk na możliwie „święty charakter" każdego z urzędników mimo ich wrodzonej grzeszności. Urzędnicy mieli stanowić model uduchowienia i moralności dla wspólnoty. Powinni być rzeczywistymi członkami lokalnej kongregacji kościelnej i przyrzekać posłuszeństwo Bogu, przyjmując swój urząd. Powinni także być gorliwi, uczciwi, pełni szacunku, posiadać autorytet, być wolni od skłonności do oszustwa i łapownictwa". „Ich prawdziwy przykład", pisał Samuel Willard, „będzie miał w sobie moc prawa i pociągnie za sobą wielu poprzez siłę przykładu, aby zapobiec grzechowi i praktykować prawość [...]. Ich prawe rządy służyć będą za postrach dla tych, co źle czynią, a za zachętę dla tych, którzy czynią dobrze"[113].

Po drugie, uważali za konieczne, aby zarówno urzędnicy państwowi, jak i kościelni piastowali swoje urzędy kadencyjnie. Funkcje dożywotnie były, zdaniem purytanów, zbyt niebezpieczne, ponieważ dawały okazję do stopniowego wykorzystania urzędu jako narzędzia do pozyskiwania korzyści materialnych i powiększania własnych wpływów. Bezpieczniej było ograniczyć liczbę kadencji i stosować okresową rotację urzędników[114].

---

[110] Tamże, s. 272.

[111] P. Whitney, *The Transgression of a Land Punished by a Multitude of Rulers*, Boston 1774, s. 21; J. Cotton, *An Exposition on the Thirteenth Chapter of the Revelation* (1655), w: E.S. Morgan, *Puritan Political Ideas*, s. 175.

[112] C. Mather, *Bonifacious*, s. 92.

[113] S. Willard, *The Character of a Good Ruler*, w: P. Miller, Th. Johnson, *The Puritans*, s. 250–254.

[114] Q. Breen, *The Character of a Good Ruler*, s. 74–75.

Po trzecie, byli zwolennikami rozwoju tego, co sami nazywali samoograniczającą się „republikańską" formą rządów dla Kościoła i państwa. W miejsce formy skupiającej całą władzę w rękach jednej osoby lub jednego urzędu proponowali oddzielne formy lub gałęzie władzy, z których każda posiadałaby władzę kontroli nadużyć pozostałych. Bez takiego podziału i rozproszenia władzy, argumentował jeden z mówców, „w ostatecznym rozrachunku znajdziemy w Kościele papiestwo, a w państwie – monarchię"[115]. Zarząd kościelny został zatem rozdzielony między urzędy kapłanów, starszych i diakonów. Każdy urząd posiadał odrębny zakres odpowiedzialności w kongregacji i określony zakres władzy w stosunku do pozostałych urzędów[116]. Rząd polityczny podzielono z kolei na urzędy wykonawcze (administracyjne), ustawodawcze i sądownicze. Każdy urząd posiadał odrębny zakres odpowiedzialności w społeczeństwie oraz określony zakres władzy nad pozostałymi.

Po czwarte, purytanie opowiadali się za stanowieniem kodeksów prawnych i szczegółowych statutów, aby w ten sposób „uniemożliwiać urzędnikom postępowanie według własnych decyzji"[117]. Niektórzy z pierwszych przywódców kolonii, m.in. Winthrop i John Cotton, sprzeciwiali się tego typu kodyfikacjom. W ich przekonaniu prawo skodyfikowane było niesprawiedliwe, bowiem pozbawiało urzędnika możliwości korzystania z „mądrości i miłosierdzia Bożego i jego sprawiedliwości, jeżeli okoliczności tego wymagały"[118]. Jeden z pierwszych oponentów takiej swobody w podejmowaniu decyzji, Thomas Hooker, uważał, że jest to „tendencja, która wymaga zarówno zabezpieczenia, jak i gwarancji, bowiem jest to droga prowadząca do tyranii, a zatem do niepokoju [społecznego]"[119]. W dyskusji przeważyły opinie rzeczników kodyfikacji prawa. We wczesnym okresie swojej organizacji purytanie Nowej Anglii najczęściej sporządzali szczegółowe kodeksy oraz podporządkowywali większość spraw życia codziennego ścisłej regulacji statutowej.

---

[115] S. Willard, *The Character of a Good Ruler*, w: P. Miller, Th. Johnson, *The Puritans*, s. 251–252; Th. Hooker, *Summe of Church-Discipline*, s. 3–5.

[116] *Cambridge Synod and Platform*, rozdz. 5–7, w: W. Walker, *Creeds and Platforms*, s. 209–215.

[117] *Winthrop's Journal*, t. 2, s. 191.

[118] Cyt. w: Q. Breen, *The Character of a Good Ruler*, s. 60. Patrz także na temat poglądów Cottona: E. Emerson, *John Cotton*, wyd. wzn., Boston 1990.

[119] *Collections of the Connecticut Historical Society*, 31 tomów, Hartford 1860–1967, t. 1, s. 11. Zob. P. Miller, *Thomas Hooker and the Democracy of Early Connecticut*, „New England Quarterly" 1931 (4), s. 663.

Po piąte, purytanie przyjęli, jak sami określali, „federalistyczną" strukturę rządu (*foedus* w języku łacińskim oznacza związek) zarówno dla Kościoła, jak i dla państwa. Kościół podzielony był na częściowo samorządne, odrębne zgromadzenia, z własnymi wewnętrznymi strukturami władzy i hierarchią duszpasterską, pedagogiczną i diakonalną, lecz wszystkie pozostawały w swobodnym związku w ramach demokratycznie wybieranych synodów i zgromadzeń. Państwo z kolei było podzielone na częściowo autonomiczne zarządy miejskie, z których każdy dysponował własnymi strukturami wewnętrznej władzy wykonawczej, ustawodawczej i sądowniczej, połączonymi w szerszym zarządzie kolonii, a następnie w rządzie państwa[120].

Na koniec, purytanie byli zwolennikami demokratycznych wyborów urzędników kościelnych i państwowych, a także okresowych spotkań kongregacyjnych i miejskich. Winthrop i Cotton przeciwstawiali się demokracji równie zdecydowanie, jak sprzeciwiali się kodyfikacji. „Demokracja należy do najsłabszych i najgorszych form rządu", twierdził Winthrop[121]. Demokracja „nie nadaje się jako forma rządu ani dla Kościoła, ani dla wspólnoty", dodawał Cotton. „Kim można by rządzić, gdyby wszyscy ludzie stali się rządcami?"[122]. Jednakże inni liderzy kolonii, przytaczając kalwińskie źródła, podkreślali, że „wybory stanowią fundament rządu"[123]. Z jednej strony Bóg używał wyborów demokratycznych, aby wybrać takich urzędników, którzy najlepiej podtrzymają ideał przymierza społecznego. Toteż, „przywilej wyboru, który należy do ludu", pisał Thomas Hooker, „nie może być praktykowany wedle upodobania, lecz według błogosławionej woli i prawa Bożego"[124]. Z drugiej strony lud praktykuje wybory, aby ochronić siebie samych przed autokratycznymi, arbitralnymi i chciwymi władcami. „Ci, którzy posiadają władzę, aby ustanawiać [lub wybierać] przywódców lub urzędników, zdolni są także ustalić granice i warunki władzy tych, których powołują"[125].

---

[120] Zob. np.: *New England Articles of Confederation* (1643) w: Thorpe 1, s. 77–81. Zob. też tekst i analiza w: *Savoy Declaration* (1658), *Reforming Synod* (1679-1680), *Heads of Agreement* (1681), oraz *Saybrook Platform* (1708), w: W. Walker, *Creeds and Platforms*, s. 301–506.

[121] *Life and Letters of John Winthrop*, red. R. Winthrop, 2 tomy, wyd. wzn., New York 1971, t. 2, s. 430.

[122] Cyt. za: C. Rossiter, *The First American Revolution: The American Colonies on the Eve of Revolution*, New York 1956, s. 90.

[123] W. Hubbard, *The Benefit of a Well-Ordered Conversation*, Boston 1684, s. 25.

[124] *Connecticut Collections*, t. 1, s. 20; Th. Hooker, *Summe of Church-Discipline*, s. 8–13.

[125] *Connecticut Collections*, t. 1, s. 20.

Urzędnicy kościelni i państwowi podlegali w koloniach demokratycznym wyborom. Członkowie kongregacji przystępujący regularnie do komunii wybierali w głosowaniu wewnętrznym swoich pastorów, starszych i diakonów, sprawujących służbę w kościele[126]. Obywatele miast i wspólnot wybierali zwyczajną większością głosów swoich urzędników administracji, legislatury i sądownictwa[127]. W przerwach między wyborami purytanie organizowali okresowe zebrania powszechne. Zebrania miejskie zwoływane były w celu zdawania sprawy z pracy urzędników oraz umożliwiały obywatelom dzielenie się swoimi troskami. Spotkania kongregacyjne zwoływane były w celu „dyskusji i rozwiązywania wszystkich wątpliwości i spraw w sferze przekonań dotyczących doktryny lub kultu, zarządzania lub kościoła"[128].

Purytańskie podstawy konstytucjonalizmu amerykańskiego i wolności religijnej

Nauczanie purytańskie o wolności przymierza i o przymierzach wolności okazało się urodzajnym podłożem, na którym w późniejszych latach wyrósł amerykański konstytucjonalizm. Wiele podstawowych koncepcji konstytucyjnych oraz instytucji stworzonych przez purytanów w XVII wieku w niezmienionej formie przetrwało do kolejnego stulecia. Ich koncepcje oraz instytucje przejmowane były w swoich oryginalnych formach nie tylko przez myślicieli purytańskich i konserwatywnych polityków, lecz także w formie szczątkowej nawet przez tych, którzy zaprzeczali jakimkolwiek powiązaniom z purytanizmem.

Purytańskie idee konstytucyjne długo pozostawały żywe w szkołach liberalizmu oświeceniowego i obywatelskiego republikanizmu w amerykańskiej myśli politycznej XVIII i XIX wieku. Purytańskie koncepcje człowieka naturalnego i prawa natury umożliwiły wielu liberałom oświecenia odnalezienie ważnego źródła oraz analogii dla własnych idei naturalnego stanu i naturalnej wolności. W purytańskich rozważaniach na temat przymierza społecznego i politycznego odnajdywali oni prototyp własnych teorii umowy

---

[126] *Cambridge Synod and Platform*, rozdz. 8.

[127] *Laws and Liberties of Massachusetts*, s. 20-21, 50-51.

[128] Tamże, s. 19.

społecznej i umowy władzy. W doktrynie rozdziału Kościoła i państwa odnajdywali wzór dla własnych koncepcji tegoż rozdziału oraz wolności praktykowania religii[129]. Jednocześnie różni teoretycy republiki obywatelskiej dokonywali przekształcenia purytańskiej idei narodu wybranego, poddawanego „świętej próbie Bożej", w rewolucyjną teorię amerykańskiego nacjonalizmu inspirowanego przez Boga. Przetworzyli oni purytańską koncepcję przymierza wspólnoty w koncepcję cnót obywatelskich, dyscypliny i porządku. Purytańską troskę o duchowe odrodzenie i reformację interpretowali zaś jako powszechne wezwanie do „reformacji moralnej" i „republikańskiej odnowy"[130].

W podobny sposób niektóre instytucje purytańskie przetrwały pośród nowych struktur federalnych i w konstytucjach stanowych z końca XVIII i początku XIX wieku – nie tylko w Massachusetts i w stanach Nowej Anglii, gdzie w zgromadzeniach konstytucyjnych dominowali członkowie purytańskich kongregacji. Konstytucje wielu stanów wymagały, by przywódcy polityczni prezentowali nienaganną, pełną zalet i pobożną postawę moralną oraz aby składali przysięgę, powołując się na swoją wiarę chrześcijańską lub chociażby na przekonanie teistyczne. Od urzędników państwowych często wymagano kandydowania w demokratycznych wyborach do urzędów. W wielu stanach kadencja obieralnego organu władzy była ściśle określona. Władza polityczna podlegała rozdziałowi na ustawodawczą, wykonawczą i sądowniczą, a każdej z nich przysługiwało prawo kontroli nad pozostałymi. Prawa obywatelskie zostały obszernie wyszczególnione. Kościół i państwo rozdzielone zostały w swoich podstawowych strukturach, co jednak nie przeszkadzało wzajemnej współpracy na wielu płaszczyznach.

W przełomowym opracowaniu zatytułowanym *The American Commonwealth* James Bryce pisał:

> Istnieje przekonanie, że rząd i konstytucja amerykańska oparte są na teologii Kalwina i filozofii Hobbesa. Prawdą jest, że instrument 1787 roku, w swojej wizji natury ludzkiej, przeniknięty jest duchem prawdziwego purytanizmu. Jest on dziełem osób wierzących w grzech pierworodny, które postanowiły pozamykać przed wiarołomcami wszystkie możliwe wejścia. Porównaj tego ducha

[129] B. Bailyn, *Ideological Origins*, s. 32–34, 161–229, 246–272.

[130] G.S. Wood, *The Creation of the American Republic, 1776–1787*, Chapel Hill 1969, s. 107–124.

z pełnym optymizmu entuzjazmem Francuza z 1789 roku. Różnica polega nie tyle na kulturowych odmiennościach temperamentu, ile na fundamentalnie odmiennym rozumowaniu[131].

Istotnie, „fundamentalne rozumowanie" purytańskiego kalwinizmu przyczyniło się do zapoczątkowania i genialnego ukształtowania amerykańskiego eksperymentu uporządkowanej wolności i uregulowanego pluralizmu. Amerykańskie wolności wyznaniowe, kościelne, związkowe i polityczne zakorzenione były w podstawowych purytańskich koncepcjach sumienia, wyznania, społeczeństwa i wspólnoty. Ostatecznie amerykański pluralizm religijny, wyznaniowy, społeczny i polityczny połączył się z podstawowymi purytańskimi ideami Bożej suwerenności i porządku stworzonego.

---

[131] J. Bryce, *The American Commonwealth* (1941), 2 tomy, red. G.L. McDowell, Indianapolis, IN 1995, t. 1, s. 271. Zob. też: tamże, s. 380 i n.

William Pinnock, *Iconology, or Emblematic Figures Explained* (London, 1830)

Zakończenie. Biografia i biologia wolności we wczesnonowoczesnym kalwinizmie

Drzewo [wolności] rozkwitło i przyniosło owoc, choć nikt nie poddał jego natury i wzrostu badaniom botanicznym. Kalwinizm w okresie swego rozkwitu działał raczej, niż formułował argumenty [na rzecz tego drzewa]. Obecnie badań tych nie należy już opóźniać. Biografię i biologię kalwinizmu należy gruntownie przebadać i przemyśleć, gdyż w przeciwnym razie, pozbawieni rozumienia samych siebie, zostaniemy umieszczeni na marginesie świata idei, który sprzeciwia się raczej, niż zgadza z naszym życiem chrześcijańskiej demokracji, odciąwszy się od korzeni, z których niegdyś czerpał siłę do wzrostu.

Abraham Kuyper (1898)[1]

Herbert Butterfield pisał kiedyś o zwyczaju angielskich protestantów, do których grona sam się zaliczał, polegającym na tym, że „trzymają w rękawie jakichś Niemców [...], by w odpowiednim momencie uderzyć w nieświadomych zagrożenia Filistynów tą tajemną bronią, niemieckim uczonym, który ostatecznie rozstrzygnął to, co było przedmiotem sporu”[2]. Dziś niektórzy angloamerykańscy protestanci wyciągają z rękawów tajemniczego Holendra, ku zgrozie Filistyna narażonego na broń tak potężną. Tym tajemniczym Holendrem jest Abraham Kuyper (1837–1920), jeden z największych niderlandzkich omnibusów w historii – teolog, filozof, dziennikarz, nauczyciel, człowiek Kościoła i polityk o wielkich dokonaniach. Autor ponad 40 książek i setek artykułów, przez niemal pół wieku redaktor naczelny dziennika „Standaard”

[1] *Stone Lectures*, s. 194.

[2] H. Butterfield, *Christianity and History*, New York 1949, s. 1.

oraz tygodnika „Hearaut". Założyciel Wolnego Uniwersytetu w Amsterdamie, przywódca protestanckiej Partii Antyrewolucyjnej, poseł, minister sprawiedliwości, a w końcu premier rządu Holandii w latach 1901–1905[3].

Abraham Kuyper należał również do grona wielkich Tocqueville'ów w historii Ameryki jako uważny europejski obserwator amerykańskiego prawa, religii i polityki w duchu Alexisa de Tocqueville'a, Philipa Schaffa, lorda Actona i wielu innych. Kuyper nie napisał wprawdzie, jak Tocqueville, *O demokracji w Ameryce*, ani nawet, jak Acton, popularnego *Dziennika*[4]. Jednakże *Wykłady o kalwinizmie* wygłoszone przez Kuypera w Seminarium Teologicznym Uniwersytetu Princeton w 1898 roku, a także niektóre inne jego pisma, podobnie jak prace wymienionych wcześniej autorów, stanowią lustro, w którym może się przeglądać Ameryka.

Zwierciadło Kuypera pokazuje amerykański eksperyment konstytucyjny w korzystnym świetle, jako najlepszy wyraz tego, co w jego czasach uważano za klasyczne kalwińskie rozumienie prawa, religii i praw człowieka. „W Ameryce nie brakuje żadnej spośród wolności, o które walczymy w Europie", pisał Kuyper. „Nowożytne wolności rozkwitają w Ameryce bez ograniczeń". Ich żywotne urzeczywistnianie nie doprowadziło Ameryki do atomistycznego indywidualizmu ani do monopolistycznego konstytucjonalizmu, lecz wytworzyło uporządkowany pluralizm, którego zazdrości świat. Wolność i pluralizm istnieją w Ameryce wspólnie, w „żywym dialogu": wolność służy za źródło pluralizmu, a pluralizm za warunek wolności[5].

Kuyper wyróżnił specjalną pochwałą cztery typy wolności i pluralizmu, jakie pod koniec XIX wieku osiągnęły w prawie amerykańskim poziom godny

---

[3] Cyt. za J.H. de Vries, *Biographical Note*, w: *Stone Lectures*, s. ii. Por.: P.A. Diepenhorst, *Dr. A. Kuyper*, Haarlem 1931; G. Puchinger, *Gesprek over de Onbekende Kuyper*, Kampen 1971. Zob. przykłady pism w: J.W. Skillen, R.M. McCarthy (red.), *Political Order and the Plural Structure of Society*, Atlanta 1991, s. 229–264, 397–418; J.D. Bratt (red.), *Abraham Kuyper. A Centennial Reader*, Grand Rapids 1998.

[4] J. Bolt, *A Free Church, A Holy Nation. Abraham Kuyper's American Public Theology*, Grand Rapids 2000. Kuyper najbardziej zbliżył się do tego modelu w swych *Varia Americana* (Amsterdam/Pretoria 1899), choć większa część tej książki poświęcona została anegdotom socjologicznym oraz zagadnieniom związanym z życiem, instytucjami i praktykami Holendrów w Stanach Zjednoczonych. Jego krytyczne uwagi z tego tomu opatrzono przypisami.

[5] A. Kuyper, *The Origin and Safeguard of our Constitutional Liberties*, „*Bibliotheca Sacra*" 1895 (52), s. 391; tegoż, *Ons Program*, wyd. 4, Amsterdam/Pretoria 1897, s. 80. Por. też: tegoż, *Encyclopaedie der heilige Godgeleerdheid*, 4 tomy, Kampen 1909, t. 3, s. 614–624; tegoż, *Vrijheid. Rede ter Bevestiging van Dr. Ph. S. Ronkel*, Amsterdam 1873. W celu zapoznania się z szerszym kontekstem por.: P. Heslam, *Abraham Kuyper's Lectures on Calvinism. An Historical Study*, Oxford 1993.

pozazdroszczenia. Na pierwszym miejscu Kuyper chwali amerykańską zasadę wolności religijnej i pluralizmu religijnego. „W Ameryce panuje absolutna wolność sumienia" – pisał – a towarzyszą jej „wolność organizowania się, wolność prasy, wolność publicznego kultu, wolność myśli". „Sumienie jest źródłem ludzkiej osobowości, rdzeniem praw obywatelskich oraz źródłem narodowej tożsamości". Ameryka była „pierwszym państwem", w którym w pełni rozwinęła się zasada uznająca sumienie za szaniec wszelkiej wolności osobistej" oraz oparto kartę praw na fundamencie jej absolutnego zagwarantowania. Wolność sumienia oznacza m.in., że każdy obywatel ma swobodę kształtowania i zmieniania poglądów religijnych, wstępowania i występowania z organizacji religijnych bez narażania na niebezpieczeństwo innych wolności obywatelskich. Panuje dostępność wyboru wielu poglądów i organizacji religijnych. „Żaden obywatel nie może zostać zmuszony do pozostawania w Kościele, którego opuszczenie nakazuje mu jego sumienie"[6].

Druga pochwała Kuypera dotyczyła amerykańskiej zasady wolności Kościołów i pluralizmu wyznaniowego. Amerykańska doktryna „rozdziału Kościoła i państwa", pisał Kuyper, dostarcza „lepszej gwarancji [...] wolności kościołów, niż cokolwiek obecnie w Europie". Rozdział Kościoła i państwa w Ameryce nie oznacza rozdziału religii i polityki. „Urzędnicy są bogobojni, ogłaszają publiczne dni dziękczynienia, szanują publiczną modlitwę, zachowują dzień szabatu, a nawet oświadczają w preambule swej konstytucji, że prawa, jakimi się rządzą, pochodzą od Boga". Rozdział Kościoła i państwa polega raczej na tym, że „Kościoły cieszą się zupełną wolnością" od ingerencji ze strony państwa w zakresie doktryny i liturgii, organizacji wewnętrznej i własności, nauczania i katechizacji. Państwo nie narzuca tekstów religijnych, przekonań ani praktyk jakiejkolwiek grupy religijnej. Państwo „nie wspiera Kościołów" poprzez przekazywanie im własności lub zbieranie dziesięciny. Nie ingeruje w organizację kościelną, porządek, dyscyplinę i przystępowanie do Kościoła. „W Ameryce katolicy, luteranie, kalwiniści, baptyści i metodyści cieszą się równym szacunkiem", mimo panującej między nimi wielości wyznań, kanonów i sposobów sprawowania kultu. „Fundamentalną zasadą jest poszanowanie przez władze wielu Kościołów chrześcijańskich jako wielokształtnego obrazu Kościoła Chrystusa na ziemi [...]". Ameryka przyjęła tę zasadę „nie po to, by uwolnić się z obowiązków kościelnych", lecz „kierując

[6] *Stone Lectures*, s. 108–109; tegoż, *Constitutional Liberties*, s. 391; tegoż, *Ons Program*, s. 93.

się przekonaniem, że dobro Kościoła i postęp chrześcijaństwa wymagają takiej wolności i niezależności"[7].

Na trzecim miejscu Kuyper doceniał amerykańską zasadę wolności stowarzyszania się i pluralizm społeczny. Amerykańska tradycja woluntaryzmu i braterstwa prowadziła jego zdaniem do właściwej ochrony prawnej nie tylko Kościołów i organizacji religijnych, lecz również rozciągała się na wielość innych „sfer społecznych" – rodziny, szkoły, związki, gildie, plantacje, kluby, konwenty i korporacje. Każda z tych sfer korzystała z odpowiedniej ochrony państwowego prawa karnego, a także z ułatwień przewidzianych przez procedury prawa prywatnego. Żadna z wymienionych sfer nie jest jednak ostatecznie zależna od państwa w swym istnieniu i zakresie kompetencji. Powstanie i zachowanie każdej ze sfer społecznych zależy od dobrowolnego stowarzyszania się i działalności osób prywatnych. Kompetencje zaś i autorytet każdej ze sfer zależą od „przyrodzonych norm", „wolności danej przez Boga" oraz od – wedle znanej frazy Kuypera – „przyrodzonej suwerenności sfery". „Suwerenność sfery" nie czyni danej sfery społecznej „prawem dla samej siebie", podobnie jak osobista suwerenność nie sprawia, że dana osoba jest prawem sama dla siebie. Dzięki owej suwerenności każda z owych sfer dysponuje wolnością niezależnego działania w państwie, w zgodzie z własnymi normami pochodzącymi od Boga oraz z poszanowaniem dla interesów innych sfer społecznych i wszystkich jednostek. „Obok osobistej suwerenności [jednostkowego sumienia] istnieje suwerenność sfery [społecznej]"[8].

Czwarta pochwała Kuypera odnosiła się do amerykańskiej zasady wolności politycznej i pluralizmu politycznego. Amerykańska doktryna konstytucyjna „federalnej jedności politycznej" w ramach „republikańskiej formy demokracji" mądrze, zdaniem Kuypera, równoważy wymogi wolności i porządku,

[7] A. Kuyper, *Dictaten Dogmatiek*, wyd. 2, 6 tomów, Kampen, b.d., t. 5.1, s. 387–388, 444–445; tegoż, *Ons Program*, s. 382–394; tegoż, *Constitutional Liberties*, s. 396–397; tegoż, *Varia Americana*, s. 18–22, 52–54, 151–162. W innym miejscu Kuyper opowiadał się za włączeniem Żydów w krąg wolności religijnej: *Liberalisten en Joden*, Amsterdam 1878. Jeszcze szerzej wypowiadał się przy innej okazji: „Wszystko, co mieści się w ramach forum sumienia oraz w życiu domowym i prywatnym, powinno być wolne – dla ateisty w równej mierze, co dla wierzących [...] i dla wszystkich sekt" (*Dictaten Dogmatiek*, t. 5/1, s. 415). Bardziej ogólnie por. tegoż, *Encyclopaedie*, t. 3, s. 328 i *Vrijmaking der Kerk*, Amsterdam 1869.

[8] *Stone Lectures*, s. 90–99; *Varia Americana*, s. 38–49; *Souvereiniteit in eigen Kring*, Amsterdam 1880, 19ff.; *Dictaten Dogmatiek*, t. 5/1, s. 73–186; *Encyclopaedie*, t. 3, s. 322–330; *Ons Program*, s. 114–123, 237–254. Por. też: J.W. Skillen, W.C. Thies, *Religion and Political Development in Nineteenth Century Holland*, „*Publius*" 1982 (summer), s. 43–64.

władzy lokalnej i narodowej jedności[9]. Z jednej strony władza polityczna jest w Ameryce rozdzielona między rząd federalny, stanowy i lokalny. Ameryka ma silny rząd federalny, który realizuje wspólne potrzeby ekonomiczne, administracyjne, wojskowe i dyplomatyczne. Amerykę cechuje silna wiara obywateli, wyrażająca się w modlitwie prezydenta i w proklamacjach, we wsparciu Kongresu dla kształcenia religijnego na poziomie podstawowym oraz we wsparciu ze strony sądownictwa federalnego dla kardynalnych wartości moralnych i kulturowych. Jednakże w Ameryce uznaje się również, że z perspektywy historycznej „prawa i wolności konstytucyjne wyrosły ze wspólnot lokalnych", których korzenie zasługują na ochronę. Uznaje się także w praktyce, że ochrona wolności i rozwój cnót zaczynają się na poziomie lokalnym – poprzez wybór urzędników, zebrania obywatelskie, uczestniczenie w ławach przysięgłych, w lokalnym wymiarze sprawiedliwości, w edukacji kościelnej i szkolnej. Konstytucja amerykańska gwarantuje zatem każdemu stanowi jego własną demokratyczną formę rządów, zastrzegając dla niej wszelkie władze nie delegowane bezpośrednio do rządu federalnego. Konstytucja zapewnia także „zdecentralizowany i autonomiczny charakter [...] władz lokalnych". Z drugiej strony władza polityczna na każdym poziomie rozdzielona jest między egzekutywę, legislatywę i sądownictwo. Każda spośród gałęzi władzy kontroluje i równoważy pozostałe poprzez instytucje weta, impeachmentu oraz kontroli sądowej. Podział władz prowadził zdaniem Kuypera do ochrony urzędów państwa przed grzesznością jego urzędników. Zapewniał również wystarczające zróżnicowanie władz, przyczyniające się do odpowiedniej ochrony wolności osób, kościołów i innych sfer społecznych[10].

Płodne rozważania Kuypera na temat przyczyn powodzenia amerykańskiego eksperymentu w dziedzinie uporządkowanej wolności i pluralizmu, choć dziwnie pozbawione refleksji nad wieloma niedoskonałościami w odniesieniu do kobiet, dzieci, czarnoskórych, Indian, wykorzystywanych robotników, ubogich i wielu ówczesnych mniejszości[11], sprawiały przyjemność jego amerykańskiemu

[9] A. Kuyper, *Dictaten Dogmatiek*, t. 5/1, s. 289–296; tegoż, *Stone Lectures*, s. 79–90.

[10] Tamże; A. Kuyper, *Varia Americana*, s. 21–24; *Constitutional Liberties*, s. 394–397; *Ons Program*, s. 82–83, 96–108, 158–212; *Dictaten Dogmatiek*, t. 5/1, s. 289–308; *Varia Americana*, s. 28–33, 181–184; *Stone Lectures*, s. 86–88, 191–192; *Souvereiniteit in eigen Kring*, s. 19–25; *Ons Program*, s. 63–68, 109–123, 213–236, 268–301, 382–394, 411–476.

[11] Użyłem określenia „dziwnie", ponieważ Kuyper dostrzegał te problemy we własnym państwie. Por. np. *The Problem of Poverty*, tłum. i red. J.W. Skillen, Grand Rapids 1991. W *Varia Americana* (s. 3–5, 9–12) Kuyper poddał krytyce ubóstwo i linczowanie czarnoskórych, problemy alkoholizmu i biedy w klasach pracujących.

audytorium. Jeszcze większej przyjemności dostarczały roztaczane przezeń wizje roli i miejsca amerykańskiego eksperymentu w dwudziestowiecznym świecie. W wygłoszonych w Princeton wykładach w 1898 roku Kuyper przewidywał, że Ameryka niebawem przejmie od Europy przywództwo w świecie zachodnim: „Stara Europa nawet obecnie pozostaje dziedzicem długiej historii i dlatego jawi się nam jako drzewo głębiej zakorzenione, skrywające wśród swych liści dojrzałe owoce życia. Wy jesteście pod panowaniem wiosny, my przechodzimy przez jesień”[12]. W kolejnym wykładzie prognoza Kuypera rozciąga się jeszcze dalej: „Ameryka przeznaczona jest przez Opatrzność Bożą do stania się najwspanialszym i najszlachetniejszym narodem, jaki widział świat. Pewnego dnia jej sława przyćmi sławę i splendor Rzymu, Grecji i dawniejszych ras”[13].

Obserwacje Kuypera nie miały na celu jedynie komplementowania amerykańskich słuchaczy. Swoje rozważania na temat przeszłości i przyszłości amerykańskiego eksperymentu opatrzył bowiem silnymi warunkami teologicznymi. Było to posunięcie znacznie bardziej kontrowersyjne, zarówno wówczas, jak i dziś.

Kuyper uważał, po pierwsze, że źródłem i siłą amerykańskiego eksperymentu konstytucyjnego w dziedzinie praw i wolności jest teologia kalwińska, a nie oświeceniowy liberalizm, klasyczny republikanizm czy jakakolwiek inna ideologia. Uważał on kalwinizm nie tylko za ruch duchowy, lecz również za „ruch polityczny gwarantujący narodom wolność w konstytucyjnej formie państwowej; na początku w Holandii, później w Anglii, a od końca ubiegłego stulecia w Stanach Zjednoczonych”. Amerykański eksperyment w dziedzinie wolności i pluralizmu „bezpośrednio wskazuje na swe purytańskie początki, na niepokonanego ducha Ojców Pielgrzymów i duchowe pochodzenie od Kalwina”. „Jeśli u nas [w ówczesnej Europie] wydaje się, że wolność ludu nabywa się za cenę poświęcenia wiary, tam [w Ameryce], zgodnie z powszechnym przekonaniem, kalwinizm dostarcza najpewniejszych gwarancji stałej ochrony tych wolności”. „Ameryka jest całkowicie inna [niż Europa]. Maszyneria państwa w większości odpowiada podstawowym zasadom ustanowionym przez purytanów i pielgrzymów. Religia nadal żyje w sferze publicznej, a w życiu społecznym drzwi pozostają otwarte dla kalwinizmu”[14].

---

[12] *Stone Lectures*, s. 9–10.

[13] Wykład z 26 października 1898, cyt. za: J. Bolt, *The Holland-American Line of Liberty*, „Morality and Markets” 1998 (1), s. 1.

[14] *Stone Lectures*, s. 14–17, 78; *Constitutional Liberties*, s. 396–397; *Varia Americana*, s. 86–87, 119.

Kuyper utrzymywał, że to właśnie kalwiniści jako pierwsi „wywyższyli wolność sumienia" i podkreślał, że „urzędnicy nie mają nic wspólnego z najbardziej wewnętrznymi przekonaniami osoby [...] ani z jej życiem domowym lub przyjaźniami". Kalwiniści jako pierwsi „doszli do wniosków wynikających z wolności sumienia, do wolności słowa i do wolności kultu [...] do swobodnego wyrażania myśli [...] i idei". Kalwiniści „jako pierwsi rozwinęli zasadę rozdziału Kościoła i państwa" oraz uznali w formie konstytucyjnej, że „autorytet Kościoła pochodzi bezpośrednio od Boga, nie będąc zapośredniczonym w państwie lub w społeczności". Kalwiniści jako pierwsi skutecznie „opowiedzieli się przeciwko omnipotencji Państwa, przeciw przerażającej koncepcji głoszącej, że żadne uprawnienia nie istnieją ponad i poza obowiązującym prawem [pozytywnym]; przeciw pysze absolutyzmu [który jest] śmiercią naszych wolności obywatelskich". Wreszcie jako pierwsi wtłoczyli oni klasyczne teorie rządów mieszanych w konstytucyjne zasady federalizmu i republikanizmu[15].

Choć historycznie rzecz biorąc kalwiniści często dopuszczali się zdrady własnych zasad politycznych, ich poglądy, zdaniem Kuypera, ostatecznie przetrwały w Ameryce dzięki silnemu zakotwiczeniu w teologii. Kalwiniści amerykańscy nie wywodzili swych roszczeń do wolności, „odwołując się do powszechnej siły lub złudzeń ludzkiej wielkości, lecz wyprowadzali te prawa i wolności z tego samego źródła, z którego wypływa autorytet władzy, a nawet absolutna suwerenność Boga. Z tego jednego źródła, w Bogu, suwerenność w sferze indywidualnej, w rodzinie i w każdej grupie społecznej wywodzi się równie bezpośrednio, co zwierzchnictwo władzy państwowej"[16]. Wielość sfer wolności osobistej, kościelnej, społecznej i politycznej ma zatem charakter równoległy: każda z nich została stworzona przez Boga, jest przez Boga rządzona i przed Bogiem odpowiedzialna. Podobnie jest z wielością urzędów i działań w ramach każdej ze sfer wolności: zostały one zaprojektowane, by realizować pewną część Bożego powołania dla tej sfery.

Kuyper twierdził, że choć osiemnasto- i dziewiętnastowieczna Ameryka dawała światu najlepszy przykład zastosowania kalwińskich teorii prawa, religii i praw człowieka, owe kalwińskie podstawy, zburzone w większości Europy po rewolucji francuskiej, również w Ameryce zaczynały się kruszyć. Należało je wzmocnić, jeśli Ameryka miała wywiązać się z pokładanych w niej nadziei.

---

[15] A. Kuyper, *Dictaten Dogmatiek*, t. 5/1, s. 386–387, 415; *Stone Lectures*, s. 98, 105, 108–109.

[16] *Stone Lectures*, s. 105.

W zamykającym wykładzie Kuypera w Princeton w 1898 roku pobrzmiewał ton uprzejmego, starczego łajania młodych amerykańskich krewnych, którzy mieli dorosnąć do wymogów związanych z własnym pochodzeniem.

Czy nie powinno was dziwić, że choć cieszycie się owocami kalwinizmu, a wasz konstytucyjny system rządów, będący zdobyczą kalwinizmu, nawet poza waszymi granicami cieszy się uznaniem, za granicą szepce się, że te owoce traktować należy jako błogosławieństwo Humanizmu i mało kto myśli czcić je jako następstwo kalwinizmu, którego życie przedłuża się jedynie w kręgu dogmatycznego spetryfikowania? Żądam, [...] by zaprzestano tego niewdzięcznego lekceważenia kalwinizmu [...]. Domagam się, po drugie, historycznych badań nad zasadami kalwinizmu [...], [który pielęgnował] drzewo wolności [...]. [Żądam] po trzecie, by zasady kalwinizmu rozwijano stosownie do potrzeb nowoczesnej świadomości oraz stosowano je w każdej dziedzinie życia [...]. Na koniec dodam [...], że wszystkie te Kościoły, które przyznają się do wyznawania wiary reformowanej, powinny przestać wstydzić się swego wyznania [...]. Cenię wielość form i sławię ją w wyższym stadium rozwoju. Nawet Kościołowi o najczystszym wyznaniu nie oszczędziłbym pomocy innych Kościołów w celu uzupełnienia nieuchronnej jednostronności. Lecz [...] to, co wyznaje się jako prawdę, trzeba również odważnie głosić, wcielać w czyn i w całość życia[17].

Cztery „żądania" Kuypera, choć kontrowersyjne, w ciągu ostatniego stulecia napotkały odzew w Ameryce i w wielu innych częściach świata. Kalwinizmu nie lekceważy się dziś ani w instytucjach chrześcijańskich, ani w szeroko pojętym świecie sekularnym. Historyczne zasługi kalwinizmu dla zachodniego prawa, polityki i kultury stanowią przedmiot coraz dogłębniejszych badań. Rozszerzanie i dostosowywanie tych zasług do współczesnego życia amerykańskiego trwa nieprzerwanie. Wiele Kościołów w Ameryce i na świecie z dumą wyznaje kalwinizm, choć nie zawsze bez „dogmatycznego spetryfikowania", przed którym Kuyper przestrzegał[18].

---

[17] Tamże, s. 194–195.

[18] Por. m.in.: J.D. Bratt, *Dutch Calvinism in North America. A History of a Conservative Subculture*, Grand Rapids 1984; G. Harinck, H. Krabbendam (red.), *Breaches and Bridges. Reformed Subcultures in the Netherlands, Germany, and the United States*, Amsterdam 2000; G. Harinck, H. Krabbendam, *Sharing the Reformed Tradition. The Dutch-North American Exchange, 1846–1996*, Amsterdam 1996; L.E. Lugo (red.), *Religion, Pluralism, and Public Life. Abraham Kuyper's Legacy for the Twenty-First Century*, Grand Rapids 2000; D.F. Wells (red.), *Reformed Theology in America. A History of its Modern Development*, Grand Rapids 1985.

Od czasu, gdy w 1898 roku Kuyper przyjaźnie rzucił im rękawicę, wielu kalwińskich uczonych odnosiło się do trzeciego żądania, by „zasady kalwinizmu rozwijano stosownie do potrzeb nowoczesnej świadomości oraz stosowano je w każdej dziedzinie życia" – a nie tylko w dziedzinie praw i wolności. W ubiegłym stuleciu wielu poważnych kalwinistów budowało nowe, ważne teorie i wątki odnoszące się do prawa, religii i praw człowieka, po części opierając się również na tradycji kalwińskiej. Na liście zasłużonych powinni znaleźć się Emil Brunner, Jonathan Chaplin, Herman Dooyweerd, Charles Glenn, Hendrick van Eikema Hommes, Paul Marshall, Richard Mouw, Reinhold Niebuhr, Lourens du Plessis, James Skillen, H.G. Stoker, Danie Strauss, Alan Storkey, Helmut Thielecke, Hendrik Vroom, Johan van der Vyver, Henk Woldering, Nicholas Wolterstorff, Bernard Zylstra oraz ich niezliczeni uczniowie i koledzy czerpiący z ich inspiracji. Wspomniani uczeni kalwińscy wspólnie znacząco przyczynili się do naszego rozumienia współczesnych praw międzynarodowych, konstytucyjnych i społecznych, ze szczególnym naciskiem kładzionym na instytucjonalne prawa Kościołów, szkół, rodziny oraz jednostkowe prawa ubogich, uwięzionych czy należących do mniejszości rasowych.

Większa część tej pracy o reformacji praw stanowi odpowiedź na drugie żądanie Kuypera, związane z potrzebą bliższych „studiów historycznych nad biografią i biologią kalwinizmu" oraz jego wpływem na prawo, religię i prawa człowieka. Choć podkreślano tu wartość przemyśleń Kuypera na temat oddziaływania historycznych doktryn kalwinizmu na prawa i wolności, pojawiły się przecież także krytyczne zastrzeżenia do jego szkicowych uwag historycznych. Po pierwsze, o ile historyczne nauczanie kalwinizmu na temat prawa, religii i praw człowieka rzeczywiście oddziaływało, wpływu tego nie należy przeceniać. Na rozwój praw i wolności w Ameryce oddziaływały oprócz kalwinizmu również inne, poważne źródła: klasyczna tradycja prawa naturalnego wywodząca się z Grecji i Rzymu oraz z wielu szkół współczesnej kontynentalnej filozofii prawa; tradycje pozytywizmu prawnego i politycznego od Machiavellego do Thomasa Hobbesa; tradycja *common law* podkreślana powszechnie od Edwarda Coke'a po Edmunda Burke'a; rozmaite tradycje konstytucyjne rdzennych Amerykanów; pisma angielskich wigów począwszy od początków XVII wieku; tradycja Wolnych Kościołów osadzona w teologii anabaptystów i wzmocniona przez Wielkie Przebudzenie; a także liczne ruchy intelektualne związane z angielskim, francuskim i szkockim oświeceniem. Niektóre spośród tych grup aktywnie przyczyniły się również do rozwoju praw w Europie Zachodniej, wzbogacone o dalsze wpływy ze strony prawa cywilnego i kanonicznego, różnych nurtów pietyzmu, a także szkół neotomistycznych oraz innych form katolickiej teorii prawa naturalnego i filozofii moralnej.

Ponadto kalwińskie idei polityczne obecne w rozwoju praw w Europie, a później także w Ameryce, niekoniecznie cechowały się tym samym genewskim kolorytem. Kuyper z łatwością przerzucał mosty między Genewą, Szkocją, Holandią, Anglią i Ameryką, niekiedy deprecjonując istotne odmiany w ujęciu podstawowych wątków kalwinizmu, zależne od czasu i kultury. Cechował go także spłaszczony pogląd na polityczne doktryny kalwinizmu, przypisujący zaskakującą rolę poglądom Kalwina. „Rozdział 20 w IV Księdze *Instytucji* Kalwina [„O rządzie obywatelskim"] stanowi punkt wyjścia" – pisał Kuyper w swych rozważaniach na temat zachodniej teorii polityki. „Wszystko, co pojawiło się później w zreformowanej teologii, jest jedynie powtórzeniem założeń z dzieła Kalwina"[19]. W tej pracy pokazano, że pogląd taki jest uproszczeniem. Nie tylko ów rozdział *Instytucji* pozostaje niekompletny w porównaniu z innymi ustaleniami Kalwina, lecz także późniejsi kalwiniści, postępując w duchu jego etyki opartej na imperatywie *semper reformanda*, reformowali i zmieniali wczesne nauczanie na temat prawa i polityki w celu uwzględnienia nowych myśli, opartych na Piśmie i tradycji w kontekście aktualnych wyzwań. Kalwińscy reformatorzy praw, podobnie jak reformatorzy katoliccy, od dawna dostrzegali potrzebę „rozwoju doktryny", zwłaszcza w dziedzinie fundamentalnych zagadnień praw, religii i praw człowieka. „Rozrastające się cele" tej tradycji (by użyć określenia Johna Courtneya Murraya) oddaliły się od podstawowych refleksji prawno-politycznych zawartych w *Instytucjach* Kalwina oraz od wąskiej konstrukcji praw i wolności funkcjonującej w Genewie jego czasów[20].

Warto poświęcić chwilę na porównanie rozwoju doktryny praw w katolicyzmie i w kalwinizmie. Brian Tierney pisze w swej pracy poświęconej historii praw w tradycji katolickiej w drugim tysiącleciu: „Dziś modne jest twierdzenie, potwierdzone ostatnio przez papieża Jana Pawła II, że prawa religijne są «kamieniem węgielnym» wszystkich innych praw. Z perspektywy historycznej prawa religijne pojawiły się jednak dopiero na końcu; prawa te najtrudniej

---

[19] A. Kuyper, *Dictaten Dogmatiek*, t. 5/1, s. 7.

[20] Por.: R. Hittinger, *Introduction to Modern Catholicism*, w: J. Witte Jr., F.S. Alexander, *The Teachings of Modern Christianity*, 2 tomy, New York–London 2005, t. 1, s. 3–38; oraz obrona tezy o rozwoju doktryny w: J.T. Noonan, *A Church That Can and Cannot Change. The Development of Catholic Moral Teaching*, Notre Dame 2005.

było ująć, o praktyce nie wspominając"[21]. Tierney lepiej niż ktokolwiek inny wykazał, że wszelkiego rodzaju prawa i wolności podmiotowe były już obecne u średniowiecznych kanonistów i teologów, a później rozszerzali je i doskonalili wczesnonowożytni hiszpańscy i portugalscy filozofowie i moraliści katoliccy. Dopiero jednak Deklaracja o wolności religijnej (*Dignitatis Humanae*) II Soboru Watykańskiego z 1965 roku wyraża, zdaniem Tierney'a, pełne przyjęcie przez Kościół katolicki doktryny religijnych praw jednostek i grup oraz przerobienie własnych struktur praw pod kątem uwzględnienia uprawnień religijnych jako ich podstawy.

Przeciwny trend rozwojowy zaobserwować można w historii kalwinizmu. W tradycji kalwińskiej prawa religijne pojawiły się jako pierwsze, ponieważ najłatwiej przyszło ich sformułowanie. Inne prawa rozwijano stopniowo i sporadycznie w kolejnych wiekach, nadając im różne podstawy intelektualne oraz moc instytucjonalną. Od samego początku prawa religijne stanowiły kamień węgielny kalwińskich teorii praw: wolność sumienia, wolność wyznania i wolność Kościoła. Dopiero z czasem wczesnonowożytny kalwinizm rozwinął powiązane indywidualne wolności słowa, prasy, zgromadzeń, prawo petycji, odmowy, buntu, prawa do małżeństwa, rozwodu, stowarzyszeń, prawo do ewangelizowania, nauczania, emigrowania, podróży itd. Z czasem rozwinięto prawa korporacyjne do miejsc kultu, szkół, dzieł miłosierdzia, swobodę doktryny, liturgii i kultu, prawa do katechizacji i edukacji oraz do dyscypliny, wolność prasy, umów i stowarzyszania się. Musiało minąć sporo czasu, by w pełniejszy sposób zaczęto opowiadać się za prawem do życia, wolności, własności, sprawiedliwego procesu i równej ochrony prawnej oraz za rzeczywistymi prawami proceduralnymi w prawie prywatnym i w prawie karnym.

Wiele spośród praw należących do ostatniej grupy stanowiło wynik wyzwań i tragedii, a nie celowych planów lub uprzedniej logiki. Do najważniejszych katalizatorów rozwoju praw we wczesnym kalwinizmie należały rzezie kalwinistów we Francji i w Niderlandach, surowe prześladowania w Szkocji i w Anglii, dzikość, jakiej doświadczyli purytanie w Nowej Anglii, czy potrzeby konstytucyjne wynikające z rewolucji amerykańskiej. Kalwiniści odpowiadali na te wyzwania z bronią w ręku i z mocnymi sformułowaniami poglądów doktrynalnych. Z płomiennych odezw i kazań, wydawanych w czasach walki

[21] B. Tierney, *Religious Rights in Historical Perspective*, w: J. Witte, Jr., J.D. van der Vyver, (red.), *Religious Human Rights*, s. 17–18. Por także źródła cyt. przez Tierneya.

i dla usprawiedliwienia przemocy, wyrosły w kolejnych pokoleniach bardziej uporządkowane traktaty, mające stać się trwałym składnikiem tradycji kalwińskiej oraz w ogóle tradycji zachodniej.

Wiele spośród nich ostatecznie włączono w znane nurty doktrynalne teologii kalwińskiej. Pierwsze prawa religii, tytułem przykładu, znakomicie korespondowały z pierwszą doktryną kalwinizmu – z doktryną Boga. Religijne prawa jednostki są doczesnym wyrazem tego, co Kalwin nazywał „wiecznymi prawami Boga". To prawa Boga-Ojca, który stworzył ludzi na swój obraz i nakazał im czcić Go oraz przestrzegać Jego przykazań. To prawa Boga-Syna, który wcielił się w Kościele oraz zażądał wolnego i pełnego działania tego ciała na ziemi. Są to wreszcie prawa Boga-Ducha Świętego, który został „wylany na wszelkie stworzenie" i kieruje sumieniami ludzi w ich dążeniu do szczęścia i świętości. Prawa religijne w dużej części są prawami osób do pełnienia swych obowiązków jako nosicieli obrazu Ojca, jako proroków, kapłanów i królów dla Chrystusa, jako działających, apostołujących i reprezentujących Ducha Świętego. Ludziom jako nosicielom obrazu Boga nadano prawo naturalne, rozum i wolę, by mogli postępować jako osoby odpowiedzialne i dokonujące wyborów. Dano im naturalne prawa i obowiązki, by powielali chwałę i majestat Boga w świecie, by reprezentowali interesy Boga w Kościele, państwie i społeczeństwie. Jako prorocy, kapłani i władcy mają oni duchowe prawa i obowiązki związane z zabieraniem głosu i prorokowaniem, ze sprawowaniem kultu i duszpasterstwem, z kierowaniem i rządzeniem w imieniu Boga. Jako przedstawicielom Boga ludziom przysługują prawa i obowiązki „nauczania wszystkich narodów" przez głoszenie i sakramenty, przez nauczanie i przykład, miłosierdzie i dyscyplinę.

Kolejne prawa i ich struktury na poziomie doktrynalnym znajdują swe odpowiedniki w nauczaniu o stworzeniu, upadku i odkupieniu. Dla historycznych kalwinistów „porządek stworzenia" często odgrywał taką rolę, jak prawo naturalne w katolicyzmie. W opowieści o Bożym stworzeniu i podziale stworzeń „wedle rodzaju" kalwiniści dostrzegali pierwotną gwarancję pluralizmu. Nie chodziło jedynie o wielość obowiązków nadanych Adamowi i Ewie, takich jak nazwanie stworzeń, jedzenie owoców niektórych drzew, a innych nie, bycie „płodnymi i rozmnażanie się" oraz zajmowanie się rajskim ogrodem na różne sposoby. Ostatecznie kalwiniści przypisali do porządku stworzenia pluralizm społeczny i strukturalny – zasadniczy podział prawa i nakazów rządzących relacją ludzi do Boga, do innych ludzi oraz do niższych stworzeń. Porządkowi stworzenia przypisano nawet pluralizm wyznaniowy lub religijny – rzeczywistość, w której Bóg w swej suwerenności może „przechadzać się i przemawiać" do każdego człowieka, jak w stosunku do Adama i Ewy w raju, oraz w której każdy może wyciągać własne wnioski religijne z takich spotkań z Bogiem. Z potrzeby ochrony suwerennych relacji między Bogiem a każdą jednostką ludzką wynikła kalwińska skłonność do przyznania wolności religijnej każdemu pokojowo nastawionemu wierzącemu.

Ostatecznie w opowieści o zmartwychwstaniu kalwiniści znaleźli dodatkowe podstawy doktrynalne dla chrześcijańskiego pluralizmu, odwołując się w szczególności do sposobu objawiania się przez Chrystusa uczniom w ciągu czterdziestu dni po zmartwychwstaniu oraz do sposobu zbliżania się uczniów do niego. Nieutuloną w żalu przed pustym grobem Marię Magdaleną trzeba było wezwać po imieniu, ponieważ wcześniej brała Chrystusa za ogrodnika. Dziesięciu uczniów zamkniętych w rozpaczy i strachu po pogrzebie Chrystusa potrzebowało osobistego tchnięcia pokoju, gdyż wcześniej uważali go za ducha. Podróżni z Emaus, którzy w drodze rozmawiali z Chrystusem na temat historii zbawienia, rozpoznali Chrystusa dopiero w eucharystii, gdy wziął i pobłogosławił chleb. Wcześniej bowiem uważali go za wykształconego towarzysza podróży. Niedowierzający Tomasz pragnął włożyć palce w miejsca po gwoździach i w przebity bok Chrystusa, którego wcześniej brał za oszusta. Piotr zaś, enigmatyczna skała Kościoła, poznał Chrystusa za sprawą ponownego cudu napełnienia sieci rybami i trzykrotnego przesłuchania na okoliczność wiary w zmartwychwstanie: „Szymonie, synu Jony, czy mnie miłujesz?".

Historyczni kalwiniści z czasem uznali w tych biblijnych opowieściach wezwanie do doceniania różnorodności sposobów doświadczania Chrystusa i celebrowania tego doświadczenia we wspólnocie chrześcijańskiej z innymi. Niektórzy wezwani są po imieniu, inni są przez Boga dotknięci, inni otrzymują dar Ducha, inni widzą Boga w sakramentach, inni jeszcze doświadczają cudów. Każda forma spotkania i doświadczenia wyrażać się może w odmiennych liturgiach, wspólnotach, tradycjach kultu, wyznania, spowiedzi i katechezy. Niektóre Kościoły podkreślają osobiste powołanie, moment powtórnego narodzenia przed ustanowieniem członkostwa. Inne skupiają się na wydarzeniu, na ikonie, na miejscu kultu lub rycie związanym z wizją Boga. Jedne Kościoły podkreślają ambonę, homiletyczny wykład Słowa Bożego. Inne skupiają się na ołtarzu, na eucharystycznej celebracji śmierci i zmartwychwstania Chrystusa. Wszystkie one, co kalwiniści zaczęli rozumieć, są uprawnionym drogami do służenia i oddawania czci Chrystusowi, do rytualizowania, kanonizowania i wyznawania wiary chrześcijańskiej. Wszystkie one zasługują na ochronę praw.

Wczesnonowożytni kalwiniści łączyli się także wokół doktryny o grzechu, wyprowadzając z niej wnioski na temat natury praw i ich ochrony. Doktryna ta prowadziła ich do podkreślania potrzeby indywidualnej dyscypliny i strukturalnych zabezpieczeń nakładanych na urzędy i władze. Indywidualna dyscyplina pochodziła w części z regularnej katechezy i edukacji oraz z regularnego zbiorowego sprawowania kultu i z życia wspólnotowego. Jednakże podstawą dyscypliny indywidualnej było prawo Boga i natury, w szczególności przetworzone w formie dziesięciu przykazań. Dwie tablice określały obowiązki miłości, jakie zdyscyplinowany wierzący winien był spełniać wobec Boga i bliźniego. W ciągu pokolenia po Kalwinie jego zwolennicy przełożyli obowiązki Dekalogu na oparte na nim prawa. Twierdzili, że urzędnik nie może nakazać tego, czego Bóg żąda w przykazaniach, a tego, czego Bóg zakazuje, urzędnik nie może nakazać. Dlatego człowiek ma prawo do „święcenia dnia szabatu" oraz do tego, by „sześć dni pracować, a w szabat odpocząć". Człowiek ma prawo do tego, by „czcić ojca i matkę, by cieszyć się długimi dniami w ziemi otrzymanej od Boga". Ma również prawo do właściwego kultu religijnego i do mówienia – do wolności od praw nakazujących kult fałszywych bogów, sporządzanie wizerunków, składanie fałszywych przysiąg i w inny sposób wzywanie Boga nadaremnie. Osoba ma prawo do życia (do wolności od zabijania), do własności (wolności od kradzieży), do jedności małżeńskiej (wolności od cudzołóstwa), do dobrego imienia i uczciwego procesu (do wolności od fałszywego świadectwa). Człowiek ma prawo do wolności od tego, by inni pożądali jego rodziny, domu lub własności. Jeśli urzędnik nakazuje lub legitymizuje postępowanie sprzeczne z taką boską formułą, narusza on jednostkowe prawa i wolności. Czynienie tego jest tyranią i wezwaniem do oporu i buntu.

Doktryna o grzechu doprowadziła także kalwinistów do silnego uznania potrzeby istnienia konstytucyjnych zabezpieczeń przed nadużywaniem władzy w Kościele i w państwie. Urzędy kościelne i państwowe uznawano za ustanowione przez Boga i wyrażające jego autorytet na ziemi, lecz pełniących je urzędników traktowano jak grzeszne ludzkie stworzenia. Dlatego dokładano starań, by urzędy nie przekształciły się w narzędzia do zdobywania korzyści i autopromocji. Już w XVII wieku kalwiniści podkreślali konieczność powszechnego wybierania duchownych i urzędników, ograniczania kadencji i rotacji na stanowiskach państwowych i kościelnych, rozdziału Kościoła i państwa, kontroli i równoważenia się władz, federalnych poziomów władzy wraz z dzieloną suwerennością niższych poziomów, otwartych zebrań kongregacji i społeczności miejskich, kodyfikacji prawa, przejrzystych procedur i prowadzenia akt w konsystorzach, radach i sądach. Wszystkie te zabezpieczenia chronić miały urzędy Kościoła i państwa przed urzędnikami, a w większym jeszcze stopniu prawa i wolności parafian i obywateli poddanych owym urzędnikom. Poprzez doktrynę przymierza, opartą częściowo na biblijnych przymierzach starożytnego Izraela, wczesnonowożytni kalwiniści dokonali konstytucjonalizacji tych zabezpieczeń.

Prawo, religia i prawa człowieka dziś

Opowieść o historii praw we wczesnonowożytnym kalwinizmie nie ma służyć wywołaniu nostalgii za złotym wiekiem praw człowieka ani też wzbudzać przekonania, że historyczne założenia poszczególnych praw należy przyjąć dziś, zarówno wśród kalwinistów, jak i poza ich gronem. Rozwinięciem wczesnych poglądów powinno być raczej wskazanie na mało dziś znane, również w środowiskach protestanckich, bogactwo treści tych praw. Szanowany i znający tę tradycję teolog protestancki Don Browning wyjaśnia, dlaczego ważne jest rozumienie historycznej podstawy praw:

> Współczesna myśl o prawach człowieka [...] w dużej mierze pozbawiona jest krytycznego ugruntowania. Najbardziej wpływowe tradycje przekazujące współczesnemu światu prawa człowieka – tradycja praw naturalnych i prawa naturalnego wywodząca się od Arystotelesa i stoików, prawo rzymskie, wczesne katolickie prawo kanoniczne – spotkało w większości publiczne odrzucenie, choć ich nieuświadamiany wpływ pozostaje obecny. Podobnie wielkie narracje teologiczne reformacji protestanckiej są niewidoczne w deklaracjach i konwencjach praw człowieka ostatnich dekad. Pozostaje jedynie lista podmiotowych praw naturalnych uznawanych mniej lub bardziej niezależnie od jakiejkolwiek obiektywnej teorii praw naturalnych. Funkcjonują one jako lista życzeń, której składniki coraz bardziej przeczą sobie nawzajem, siejąc ziarno niezgody i braku poszanowania między narodami świata, stając się narzędziami manipulacji ze strony różnych grup interesów, dążących do realizacji własnych celów politycznych i prawnych. Potrzeba nowego krytycznego ugruntowania praw człowieka, jeśli cała tradycja nie ma rozproszyć się w wiele kolidujących subiektywnych pragnień pozbawionych prawdziwego autorytetu i niedających się nigdy urzeczywistnić[22].

Można stąd wywieść naukę, że dziś, podobnie jak w przeszłości, normy praw człowieka potrzebują krytycznego ugruntowania w narracji religijnej. Jest oczywiście pewna wartość w uznawaniu norm praw człowieka odwołujących się

---

[22] D.S. Browning, *The United Nations Convention on the Rights of the Child. Should it be Ratified and Why?*, „Emory International Law Review" 2006 (20), s. 157, 172–173.

do „wolności, równości, braterstwa" lub „życia, wolności i własności", choćby tylko po to, by ustanowić ideał, z którym osoba lub wspólnota może się zmierzyć, lub by zachować normatywny totem, który przyszłe pokolenia będą mogły urzeczywistniać. Ostatecznie jednak abstrakcyjne prawnoczłowiecze ideały dobrego życia i dobrego społeczeństwa zależą od wizji i wartości ludzkich wspólnot i instytucji nadających im treść i spójność, dostarczających tego, co Jacques Maritain nazwał kiedyś „skalą wartości kierującą [ich] wykonywaniem i manifestowaniem"[23]. Tu właśnie religia we wszelkich formach, w tym kalwinizm, powinna odgrywać żywotną rolę. Religia stanowi nieusuwalne uwarunkowanie życia jednostek i społeczności ludzkich. Religie niezmiennie dostarczają wielu źródeł i „skali wartości", którymi kierują się liczne osoby i wspólnoty. Religie są pomocne w definiowaniu znaczenia i miary wstydu i żalu, samoograniczenia i szacunku, odpowiedzialności i naprawienia szkody, które zakładane są w reżimach praw człowieka. Należy je więc postrzegać jako sojuszników we współczesnej walce o te prawa. Wyłączenie ich z tej roli jest tyleż niemożliwe, co katastrofalne w skutkach. Włączenie ich wraz z ich wyjątkowymi źródłami oraz ochrona ich praw są kluczowe dla wzmocnienia reżimu praw człowieka.

Z drugiej strony narracje religijne potrzebują norm praw człowieka jako źródła ochrony oraz wyzwań. Jest oczywiście pewna wartość w przyjmowaniu przez religie aktualnego poziomu ochrony praw człowieka – w gwarancjach wolności sumienia, praktyk religijnych, autonomii grup religijnych itd. Bierne przyjmowanie świeckich ram praw człowieka nie może jednak okazać się skuteczne w dłuższej perspektywie czasowej. Wspólnoty religijne powinny odzyskać własny głos w dominującym dziś świeckim dialogu praw człowieka oraz nadać głoś prawom człowieka we własnym, wewnętrznym dialogu religijnym. Wbrew potocznym mniemaniom teoria i prawo praw człowieka nie są ani nowe, ani też nie mają pochodzenia świeckiego. Prawa człowieka są w dużej części nowożytnym owocem politycznym dawnych przekonań i praktyk religijnych – starożytnych żydowskich konstrukcji przymierza i *mitzvot*[24], oryginalnych koranicznych tekstów na temat pokoju i dobra wspólnego[25], klasycznych chrześcijańskich pojęć *ius* i *libertas*, powołania i przymierza.

---

[23] J. Maritain, *Introduction*, w: UNESCO, *Human Rights. Comments and Interpretations*, New York 1949.

[24] D. Novak, *Covenantal Rights. A Study in Jewish Political Theory*, Princeton 2000.

[25] A. Ahmed An-Na'im, *Toward an Islamic Reformation. Civil Liberties, Human Rights, and International Law*, Syracuse 1990.

Obie tezy – o miejscu religii w prawach człowieka oraz o miejscu praw człowieka w religii – są wysoce kontrowersyjne. Na zakończenie proponuję krótkie uwagi na temat każdej z nich, pełniejsze omówienie pozostawiając na przyszłość.

Religia i prawa człowieka

Wielu przyjaciół zajmujących się prawami człowieka uważa zaproszenie religii do odgrywania bardziej aktywnej roli w rozwijaniu i urzeczywistnianiu praw człowieka za fundamentalny błąd. Wskazują oni, że nawet wielkie religie Księgi nie mówią o prawach człowieka jednym głosem, a żadna z nich nie może się poszczycić wielkim dorobkiem ochrony tychże praw w przeszłości. Ich święte teksty i kanony więcej mówią o przykazaniach i obowiązkach niż o prawach i wolnościach. Ich teologowie i prawnicy nie tylko przyczyniali się do rozwoju praw człowieka, lecz również ze wszystkich sił opierali się ich przyjmowaniu. Ich wewnętrzne zarządzanie i stanowisko zajmowane na zewnątrz wspierały fanatyzm, szowinizm i przemoc w równej mierze, co propagowały równość, wolność i braterstwo. Na drzwiach naszych kościołów, świątyń i meczetów nie brakuje śladów krwi. Narzędziami pogromów, krucjat, dżihadu, inkwizycji i ostracyzmu z przerażającym skutkiem posługiwano się w ramach poszczególnych wyzwań i między nimi.

Współczesna kariera praw człowieka na Zachodzie zaczęła się w latach czterdziestych XX wieku, gdy chrześcijaństwo i oświecenie wydawały się niezdolne do realizacji swych obietnic. W połowie ubiegłego stulecia nie oczekiwano drugiego przyjścia Chrystusa, nie spodziewano się również niebieskiego miasta rozumu obiecanego przez oświeconych liberałów ani też zniknięcia państwa, co z kolei obiecywali oświeceni socjaliści. Były za to wojna światowa, gułagi i Holokaust — odrażający i złowrogi faszyzm i irracjonalizm, wobec których chrześcijaństwo i oświecenie zdawały się pozbawione spójnej odpowiedzi i skutecznej zapory.

Współczesny ruch na rzecz praw człowieka powstał więc z rozczarowania tuż po zakończeniu II wojny światowej, jako szczera próba odnalezienia wiary powszechnej, którą można by wypełnić duchową pustkę. W próbie tej odnaleźć można zarówno inspiracje chrześcijaństwem, jak i oświeceniem, zebrane w jedną nową wiarę i nowe prawo, mające spoić naruszony porządek świata. Dumne wezwanie artykułu 1 Powszechnej Deklaracji Praw Człowieka z 1948 roku – „wszyscy ludzie rodzą się wolni i równi pod względem prawa i godności, obdarzeni są rozumem i sumieniem"[26] – wyrażało podstawowe prawdy chrześcijaństwa i oświecenia, niekoniecznie znajdujące oparcie w powojennej rzeczywistości. Wolność i równość trudno było znaleźć gdziekolwiek. Rozum i sumienie zostały brutalnie odrzucone w gułagach, obozach koncentracyjnych i na polach bitew.

Mimo rozpaczliwych początków prawa człowieka rozwijały się nadspodziewanie dobrze w ciągu powojennych dekad. W latach sześćdziesiątych Organizacja Narodów Zjednoczonych wydała wiele przełomowych aktów normatywnych w dziedzinie praw człowieka. Centralną pozycję zajmowały wielkie pakty międzynarodowe ogłoszone w 1966 roku: Międzynarodowy Pakt Praw Gospodarczych, Społecznych i Kulturalnych oraz Międzynarodowy Pakt Praw Obywatelskich i Politycznych. Inne instrumenty prawa międzynarodowego i wewnętrznego przyjęte pod koniec dekady skierowane były przeciwko dyskryminacji rasowej, religijnej i płciowej w zakresie edukacji, zatrudnienia, zabezpieczenia społecznego oraz innych aspektów życia społecznego. Poszczególne nacje wytworzyły własne ruchy praw człowieka. W Ameryce z rewolucji praw wyrósł potężny, oddolny ruch praw obywatelskich oraz liczne sprawy precedensowe i regulacje prawne, w których implementowano Kartę praw i Czternastą Poprawkę. W Afryce i Ameryce Łacińskiej z tego ruchu powstało poruszenie, a ostatecznie bunt przeciw władzy kolonialnej i autokratycznej. Uczeni na całym świecie masowo tworzyli wezwania do ciągłych reform i do rozszerzania reżimu praw człowieka. W ciągu jednego pokolenia prawa człowieka stały się „nową religią obywatelską" w powojennym porządku świata.

Chrześcijanie i przedstawiciele innych wspólnot religijnych aktywnie przyjęli na siebie rolę akuszerów przy narodzinach współczesnej rewolucji praw, a w jej wczesnym okresie aktywnie dążono do specjalnej ochrony praw związanych z religią. Tuż po II wojnie światowej poszczególne grupy wyznaniowe wydawały uroczyste odezwy i manifesty poświęcone prawom człowieka. Niektóre wyznania i rozkwitające instytucje ekumeniczne dołączyły do żydowskich organizacji pozarządowych promujących prawa człowieka na poziomie międzynarodowym. Tradycja Wolnego Kościoła odegrała istotną rolę w ruchu praw obywatelskich w Ameryce i poza nią, podobnie jak ruchy ewangeliczne i partie chrześcijańsko-demokratyczne w Ameryce Łacińskiej i w Europie[27].

---

[26] W: I. Brownlie (red.), *Basic Documents on Human Rights*, wyd. 3, Oxford 1992, s. 57.

[27] J. Nurser, *For All Peoples and All Nations. Christian Churches and Human Rights*, Geneva 2005; R. Traer, *Faith in Human Rights. Support in Religious Traditions for a Global Struggle*, Washington 1991.

Po okresie początkowego zainteresowania przywódcy rewolucji praw uznali jednak grupy religijne oraz ich odrębne prawa za mniej istotne. Wolność słowa i prasy, równość ras i płci, dostęp do pracy i zabezpieczenia społecznego pochłaniały większość energii i środków rewolucji praw. Od końca lat sześćdziesiątych zdecydowanie słabło zainteresowanie akademików i aktywistów prawami religijnymi i ich naruszeniami, objawiało niekiedy własne interesy lub opierało się na uniwersalnych złotych zasadach. Wydawało się, że rewolucja praw omija religię.

Niedocenianie szczególnej roli i praw przysługujących religiom począwszy od końca lat sześćdziesiątych wprowadziło wiele nieporozumień do powszechnie przyjmowanych teorii i rozwiązań prawnych w dziedzinie praw człowieka. Po pierwsze, bez religii wiele praw odcinanych jest od ich korzeni. Prawo do religii, co zauważyli nie tylko kalwiniści, jest „matką wielu innych praw"[28]. Dla osoby religijnej prawo do wiary prowadzi w nieunikniony sposób do prawa do gromadzenia się, wypowiedzi, kultu, działalności misyjnej, edukacji, przemieszczania się, praw rodziców lub do rezygnacji z tych praw w imię własnych przekonań. Z punktu widzenia związków wyznaniowych prawo do istnienia wiąże się z własnością, wspólnym kultem, zorganizowaną działalnością dobroczynną, edukacją parafialną, wolnością prasy i autonomią w dziedzinie zarządzania. Lekceważenie praw religijnych wiąże się zatem z pomijaniem pojęciowego i historycznego źródła wielu praw indywidualnych i grupowych.

Po drugie, bez religii reżim praw człowieka może być rozszerzany w nieskończoność. Klasyczne religie Księgi przyjmują i bronią praw człowieka po to, by chronić obowiązki religijne. Wierząca jednostka lub związek wyznaniowy mają prawo do istnienia i działania nie *in abstracto*, lecz w celu realizowania określonych obowiązków wynikających z danej religii[29]. Prawa religijne są najlepszym przykładem organicznego związku między prawami a obowiązkami, między prawem subiektywnym a obiektywnym. Bez tych związków prawa stają się abstrakcyjne i pozbawione oczywistych granic w zakresie ich wykonywania i poszerzania – stają się moralnymi kartami atutowymi zniszczonymi od ciągłego grania nimi i tracącymi wartość z każdym kolejnym użyciem.

---

[28] G. Jellinek, *Die Erklärung*, s. 42.

[29] A. An-Na'im, *Toward an Islamic Reformation*, s. 1–10; D. Novak, *Covenantal Rights*, s. 3–12; World Council of Churches, *Human Rights and Christian Responsibility*, 3 tomy, Geneva 1975; W. Huber and H.E. Tödt, *Menschenrechte. Perspektiven einer menschlichen Welt*, Stuttgart 1977.

Po trzecie, bez religii państwu przyznaje się nadmierną rolę jako gwarantowi praw człowieka. W prostej dialektyce „państwo – jednostka" charakterystycznej dla wielu współczesnych teorii praw człowieka państwu powierza się zadanie ochrony i zapewnienia wszelkich rodzajów praw. W rzeczywistości nie powinno się i nie można wyposażać państwa w tak szeroki zakres kompetencji. Liczne „struktury pośredniczące" znajdują się między państwem a jednostką, a instytucje religijne pełnią wśród nich funkcję szczególną. Jest nią rozwijanie i urzeczywistnianie praw, tworzenie warunków (a niekiedy prototypów) realizowania praw obywatelskich i politycznych, należących do pierwszej generacji praw. Mogą również dostarczać istotnych (a niekiedy kluczowych) środków umożliwiających realizację praw drugiej generacji – do edukacji, opieki zdrowotnej, opieki nad dziećmi, organizacji pracowniczych, zatrudnienia, działalności artystycznej i innych. Mogą także umożliwić wgląd w najgłębsze zasady tworzenia, służby i wsparcia, jakie legły u podstaw trzeciej generacji praw.

Wyzwaniem, jakie stoi przed obecnym wiekiem, jest przekształcenie wspólnot religijnych z akuszerek w matki praw człowieka – z pomocników przy narodzinach norm poczętych bez ich udziału w grupy rodzące i pielęgnujące własny niepowtarzalny wkład do norm i praktyk praw człowieka. Dawne nauki i praktyki judaizmu, chrześcijaństwa i islamu mają wkład w dziedzinę praw człowieka. Każda z tych tradycji opiera się na objawieniu, na odwiecznym przykazaniu miłości Boga, siebie i bliźniego. Każda z nich przyjmuje teksty kanoniczne jako źródło autorytetu – Torę, Biblię i Koran. Każda z tych tradycji wyznacza klasę funkcjonariuszy, których zadaniem jest zachowanie i przekazanie wiary, oraz przyjmuje pewien zakres oficjalnych interpretacji i zastosowań własnych kanonów. Każda posiada rozwiniętą strukturę prawną – jak halacha, prawo kanoniczne, szariat – która przekłada zasady wiary na zmieniające się normy zachowania. Każda próbuje przenosić swe normy religijne, etyczne i prawne do codziennego życia jednostek i społeczności. Każda spośród wspomnianych tradycji religijnych wytworzyła wiele elementów konstrukcyjnych całościowej teorii praw religijnych, pojęć takich jak sumienie, godność, rozum, wolność, równość, tolerancja, miłość, otwartość, odpowiedzialność, sprawiedliwość, miłosierdzie, prawość czy wspólnota. W ramach każdej z nich rozwinął się odrębny system procedur i struktur ochrony praw, historycznie i współcześnie pełniących rolę prototypów i uzupełnień świeckich systemów prawnych. Każda tradycja ma swych obrońców i proroków, dawnych i współczesnych, dążących do przybliżenia się do ideałów praw człowieka.

Prawa człowieka i religia

Druga teza głosi, że prawa człowieka powinny zająć bardziej prominentne miejsce w dyskursie teologicznym współczesnych religii. Wielu przyjaciół ze świata religii uważa tę tezę za równie nietrafną jak pierwszą. Jedna rzecz to przyjęcie przez instytucje religijne wolności i autonomii, jaką dopuszcza reżim praw człowieka, co umożliwia niezakłócone podążanie za Bożym wezwaniem. Rzeczą zupełnie inną jest natomiast importowanie przez instytucje religijne praw człowieka do własnych wspólnot i do własnych teologii. Naraża je to na nieoczekiwane wyzwania.

Zdaniem religijnych sceptyków normy praw człowieka podważają strukturę organizacji religijnych. Normy praw człowieka uczą wolności i równości, gdy tymczasem większość instytucji religijnych opiera się na autorytecie i hierarchii. Normy praw człowieka promują pluralizm i różnorodność, zaś wiele instytucji religijnych żąda ortodoksji i jednomyślności. Normy praw człowieka uczą wolności słowa i zwracania się z własnymi postulatami, a niektóre wyznania nakładają obowiązek cichego posłuszeństwa i poddania. Wprzęgnięcie norm praw człowieka w struktury religii mogłoby jedynie zachęcić członków do żądania szerszego dostępu do zarządzania, większej wolności od dyscypliny religijnej, większego poluzowania w dziedzinie doktryny i liturgii. Po co więc je importować?

Normy praw człowieka podważają również ducha organizacji religijnych. Prawa człowieka są w opinii tych, którzy z perspektywy religii ze sceptycyzmem odnoszą się do tych praw, świeckim wyznaniem wiary oświeceniowego liberalizmu, humanizmu i racjonalizmu. Zwolennicy praw człowieka chętnie opisują je jako nową „religię obywatelską", „religię nowego świata", „nasz nowy globalny język moralności"[30]. Znany francuski prawnik Karel Vasak wtłoczył te uczucia w pełne wyznanie wiary świeckiego ducha współczesnych praw człowieka:

> Powszechna Deklaracja Praw Człowieka [z 1948 roku], podobnie jak francuska Deklaracja Praw Człowieka i Obywatela w 1789 roku, wywarła olbrzymi wpływ na świecie. Nazwano ją współczesnym wydaniem Nowego Testamentu oraz Magna Carta ludzkości i stała się ona stałym źródłem inspiracji dla rządów,

---

[30] J.D. van der Vyver, *Universality and Relativism of Human Rights. American Relativism*, „Buffalo Human Rights Law Review" 1998 (4), s. 43–78.

sędziów, prawodawców krajowych i międzynarodowych [...]. Uznając Powszechną Deklarację za *żywy* dokument [...], można wyznać własną wiarę w przyszłość człowieka[31].

Wyrażając tę nową wiarę, Vasak przełożył „dawną trójcę" rewolucji francuskiej – *liberté, egalité, et fraterité* – na nową trójcę „trzech generacji praw człowieka" dla całej ludzkości[32]. Pierwsza generacja praw obywatelskich i politycznych rozwija znaczenie wolności. Druga generacja, obejmująca prawa społeczne, kulturalne i ekonomiczne, dookreśla znaczenie równości. Trzecia generacja praw solidarnościowych do rozwoju, pokoju, zdrowia, środowiska i otwartej komunikacji rozwija znaczenie braterstwa. Język ten stał się nie tylko *lingua franca*, lecz wręcz czymś na kształt *lingua sacra* współczesnego ruchu praw człowieka. W obliczu otwartego wyznania świeckiego liberalizmu sceptyk stojący na stanowisku religijnym dochodzi do wniosku, że organizacje religijne powinny stawić opór ideom i instytucjom praw człowieka.

Oba argumenty sceptyków zakładają jednak, że normy praw człowieka tworzą statyczny system przekonań, który wyrósł z oświeceniowego liberalizmu. Reżim praw człowieka nie jest jednak statyczny. Jest płynny, elastyczny, otwarty na wyzwania i zmiany. Nie jest również systemem fundamentalnym, lecz tworzy relatywny system idei i ideałów zakładających fundamentalne przekonania i wartości, dzięki którym podlega on ciągłemu kształtowaniu i przekształcaniu. Reżim praw człowieka nie jest dzieckiem oświeceniowego liberalizmu ani oddziałem znajdującym się pod jego wyłącznym kierownictwem. Stanowi raczej *ius gentium* naszych czasów, wspólne prawo narodów, historycznie ukształtowane przez rozmaite ruchy żydowskie, greckie, rzymskie, chrześcijańskie i oświeceniowe na Zachodzie, które wciąż wymaga troski różnych wspólnot na Zachodzie i poza nim. Niewątpliwie wiele współczesnych sformułowań praw człowieka wypełnionych jest podstawowymi wartościami i przekonaniami liberalnymi, a niektóre spośród nich sprzeciwiają się kardynalnym przekonaniom różnych tradycji religijnych. Liberalizm nie ma jednak i nie powinien mieć monopolu na rozwijanie

---

[31] K. Vasak, *A 30-Year Struggle*, „UNESCO Courier" 1977 (listopad), s. 29. Por. też: tegoż, *Przedmowa*, w: K. Vasak (red.), *The International Dimensions of Human Rights*, Westport 1982, s. xv; tegoż, *Pour une troisième génération des droits de l'homme*, w: Ch. Swinarski (red.), *Études et Essais sur le Droit International Humanitaire et sur les Principes de la Croix–Rouge en l'Honneur de Jean Pictet*, The Hague 1984, s. 837–845.

[32] K. Vasak, *Pour une troisième génération*, s. 837.

praw człowieka, więcej: reżim praw człowieka nie zdoła przetrwać pod jego wyłącznym patronatem.

Celowo posługuję się antycznym terminuem *ius gentium*, by wskazać na miejsce praw człowieka jako „środkowego aksjomatu"* w naszym dyskursie moralnym i politycznym[33]. Zachodni autorzy uznawali hierarchię norm prawnych, poczynając od prawa naturalnego (*ius naturale*) przez prawo narodów (*ius gentium*) po prawo cywilne (*ius civile*). Prawo naturalne było zbiorem niezmiennych zasad rozumu i sumienia, mających najwyższy boski autorytet i rozstrzygających w sytuacjach kolizji norm. Prawo cywilne obejmowało ustanowione normy materialne i proceduralne lokalnych wspólnot politycznych, odwzorowujących aktualne kierunki polityki i sposoby rozwiązywania sporów. Między nimi umieszczano *ius gentium*, rozumiane jako zbiór zasad i zwyczajów wspólnych dla wielu wspólnot, często stanowiących podstawę rozstrzygnięć traktatowych i dyplomatycznych. Treść norm *ius gentium* zmieniała się stosownie do czasu i kultury, podobnie jak powstawały nowe interpretacje prawa naturalnego, a nowe sformułowania prawa pozytywnego podlegały coraz dalej idącej konwencjonalizacji. Mimo to *ius gentium* było względnie stałym zbiorem zasad, którymi kierowały się jednostki i zbiorowości.

Dzięki tej starożytnej typologii możemy lepiej zrozumieć pośrednie miejsce praw człowieka w przyjmowanej przez nas hierarchii współczesnych norm prawnych i kulturowych. Prawa człowieka są *ius gentium* naszych czasów, środkowym aksjomatem naszego dyskursu. Wywodzą się i zależą od transcendentnych zasad, które w tradycjach religijnych (bardziej niż w jakichkolwiek innych grupach) nadal są zachowywane. Kształtują one, lecz także są kształtowane przez zwyczaj i konwencje przyjmowane w dojrzałych systemach prawa państwowego. Takie normy praw człowieka podlegają stopniowym zmianom w czasie: wystarczy porównać międzynarodowe instrumenty praw człowieka z 1948 roku ze współczesnymi. Normy praw człowieka stanowią jednak względnie stały zbiór ideałów, którym jednostki i społeczności mogą kierować się i oceniać swe postępowanie.

---

* Wyrażenie *middle axiom* jest nieco mylące, gdyż odnosi się do chrześcijańskiego planu działania w złożonych okolicznościach etyczno-społecznych, a nie do stanowiska pośredniego między skrajnościami. Termin ten ukuto w środowiskach anglikańskich tuż przez II wojną światową [przyp. tłum.].

[33] A. Ahmed An-Na'im, *Towards an Islamic Hermeneutics for Human Rights*, w: A. Ahmed An-Na'im i in. (red.), *Human Rights and Religious Values. An Uneasy Relationship?*, Grand Rapids 1995, s. 229–242; R.P. George, *Response*, w: M. Cromartie (red.), *A Preserving Grace. Protestants, Catholics, and Natural Law*, Grand Rapids 1997, s. 157–161.

Dawna typologia umożliwia również zrozumienie miejsca praw człowieka w ramach religii. Podjęta przeze mnie argumentacja na rzecz stanowiska, by prawa człowieka zajmowały we współczesnych religiach miejsce bardziej prominentne, nie jest próbą zaimportowania liberalizmu do teologii i wspólnot. Nie jest próbą wstawienia koni trojańskich do kościołów, synagog, meczetów i świątyń, by potajemnie przypuścić atak na ich ducha i struktury. Twierdzę raczej, że organizacje religijne powinny ponownie podjąć się roli patrona i obrońcy praw człowieka, wprowadzając do ich reżimu doktrynalną żywotność, liturgiczną terapię i argumentację moralną. W słowniku zaproponowanej tu typologii oznacza to, że organizacje religijne powinny ponownie podjąć i podważyć środkowy aksjomat *ius gentium*, posługując się transcendentnymi zasadami *ius naturale*. Nie musi to oznaczać wysiłków w celu zmonopolizowania dyskursu lub w celu ustanowienia prawa pozytywnego odpowiadającego danej konstrukcji religijnej w odniesieniu do praw człowieka. Wysiłek taki powinien być częścią zbiorowego dyskursu współzawodniczących sposobów rozumienia *ius naturale* – różnych poglądów teologicznych na temat tego, co boskie, a co ludzkie, na temat dobra i zła, indywidualności i wspólnotowości – które będą przyczyniały się do kształtowania i reformowania, rozwijania i pogłębiania obecnych ideałów praw człowieka[34].

Wiele tradycji religijnych podejmuje współcześnie wysiłki zmierzające do ponownego zaangażowania się na rzecz praw człowieka, na rzecz powrotu do tradycyjnych korzeni i dróg wchodzenia w dialog z reżimem tych praw. Proces ten ma tendencję wzrostową, jest chaotyczny, kontrowersyjny, a niekiedy przynosi jego zwolennikom opłakane skutki. Proces religijnego zaangażowania się na rzecz praw człowieka trwa jednak w chrześcijaństwie, islamie, judaizmie, buddyzmie, hinduizmie i w innych tradycyjnych wspólnotach religijnych. Nowa „hermeneutyka praw człowieka" powoli wyłania się wśród współcześnie praktykowanych wyznań[35].

---

[34] W. Huber, *Gerechtigkeit und Recht. Grundlinien Christlicher Rechtsethik*, Gütersloh 1996, s. 252ff., 366ff., 446ff.; J.J. Shestack, *The Jurisprudence of Human Rights*, w: T. Meron (red.), *Human Rights in International Law. Legal and Policy Issues*, Oxford 1984, s. 75; D. Tracy, *Religion and Human Rights in the Public Realm*, „Daedalus" 1983 (4), s. 237–254.

[35] Por. np.: A.A. An-Na'im, *Toward an Islamic Reformation*; W. Huber, H. Tödt, *Menschenrechte*; D. Novak, *Covenantal Rights*; M.L. Stackhouse, *Creeds, Society, and Human Rights*, Grand Rapids 1984; W.T. de Bary, *Asian Values and Human Rights. A Confucian Communitarian Perspective*, Cambridge 1998; W.T. de Bary, T. Weiming (red.), *Confucianism and Human Rights*, New York 1998; I. Bloom i in. (red.), *Religious Diversity and Human Rights*, New York 1996; J.R. Bauer,

Jest to po części „hermeneutyka wyznania win". Biorąc pod uwagę wielowiekową historię podejścia do praw człowieka, organizacje religijne zaczynają zwracać uwagę na odstępstwa od podstawowych wymogów w dziedzinie zachowania pokoju i miłości, które znajdują się w centrum przyjmowanych przez nie świętych tekstów i tradycji. Kościoły chrześcijańskie przewodzą w tym procesie – od czasu przyznania przez Sobór Watykański II udziału Kościoła w autorytaryzmie współczesny Kościół ponawiał przyznanie się do win związanych z dawnym poparciem dla apartheidu, komunizmu, rasizmu, seksizmu, faszyzmu i antysemityzmu[36]. Proces ten zaczął się także w innych wspólnotach – uczeni muzułmańscy potępili upolitycznienie „dżihadu", a Dalai Lama narzekał na „niekiedy przykrą historię praw człowieka" w jego własnej tradycji i w innych tradycjach[37].

Po części to również „hermeneutyka podejrzeń", by użyć znanego określenia Paula Ricoeura. Biorąc pod uwagę wspominany już liberalny ton wielu ostatnich sformułowań praw człowieka, należy unikać idealizującego lub idolatrycznego podejścia do owych formuł. Nie musimy czuć się związani aktualnymi taksonomiami „trzech generacji praw" ugruntowanych w wolności, równości i braterstwie. Charakterystyczne dla *common law* ujęcie „życia, wolności lub własności", spotykane w prawie kanonicznym określenie „prawa naturalne, kościelne i cywilne" lub protestancka formuła „użytku cywilnego, teologicznego i pedagogicznego" praw stanowić mogą bardziej odpowiednie schematy klasyfikacyjne. Nie musimy godzić się na nieskończone poszerzanie dyskursu i roszczeń praw człowieka. Prawa związane przez obowiązki moralne, zdolności naturalne lub relacje oparte na przymierzu mogą dostarczyć lepszej legitymizacji ograniczeń w wyrażaniu i rozszerzaniu zakresu praw. Nie mamy również obowiązku poddawania się scentralizowanej prawniczej metodologii w odniesieniu do formułowania i egzekwowania praw. Możemy również przyjmować bardziej pluralistyczny model interpretacji, który zapewnia

---

D.A. Bell (red.), *The East Asian Challenge for Human Rights*, Cambridge 1999; A. Sharma, *Hinduism and Human Rights. A Conceptual Approach*, New Delhi 2004.

[36] Por.: L.T. Johnson, *Religious Rights and Christian Texts*, w: J. Witte Jr., J.D. van der Vyver (red.), *Religious Human Rights*, s. 70–73; C. Villa-Vicencio, *A Theology of Reconstruction. Nation-Building and Human Rights*, Cambridge 1992.

[37] A.A. An-Na'im, *Toward an Islamic Reformation*, s. 171–172; F. Esack, *Muslims Engaging the Other and the Humanum*, w: J. Witte Jr., R.C. Martin (red.), *Sharing the Book*, s. 119–120; Dalai Lama, *Commencement Address of the Dalai Lama at Emory University*, 11 maja 1998.

poszanowanie „prawa społeczności [lokalnej] do bycia żywą ramą interpretacji dla [swego] własnego porządku religijnego i normatywnego"[38].

Wreszcie jest to po części „hermeneutyka historii", której poświęcono tę książkę. Uznając fundamentalny wkład oświeceniowego liberalizmu do współczesnego reżimu praw, powinniśmy zarazem dostrzegać głębsze źródła pochodzenia i geniuszu wielu współczesnych praw w tradycjach i tekstach religijnych, które o wieki lub tysiąclecia wyprzedzają oświecenie. Powinniśmy wrócić do naszych religijnych źródeł. Po części jest to powrót do dawnych świętych tekstów, wolnych od kazuistycznych uzupełnień nanoszonych przez pokolenia prawników oraz od kulturowych pułapek zastawionych przez społeczności, w których tradycje te powstawały. Jest to po części powrót do umiarkowanej jurysprudencji teologicznej, która nie należała do głównego nurtu tradycji religijnych lub w zbyt dużym stopniu zlała się z nimi. Jest to również po części powrót do profetycznej niezgody, oczyszczonej z tradycyjnych kanonów religijnych, choć, jak się okazuje, świadomej niektórych spośród ról, jakie dziś prawa mogłyby odgrywać.

---

[38] A.A. An-Na'im, *Toward an Islamic Reformation*, s. 235.

Bibliografia

Achinstein Sharon, 1994, *Milton and the Revolutionary Reader*, Princeton.

Acts and Resolves, *Public and Private, of the Province of Massachusetts Bay*, 21 tomów, 1869, Boston.

Adams John, 1977, *Papers of John Adams*, red. R. Taylor, M. Kline and G. Lint, 2 tomy, Cambridge, MA.

– 1850–1856, *The Works of John Adams, Second President of the United States, with a Life of the Author, Notes, and Illustrations*, red. C. F. Adams, 10 tomów, Boston.

Ahlstrom Sidney, *The Puritan Ethic and the Spirit of American Democracy*, w: Hunt George L., red., *Calvinism and the Political Order*.

Alleine Richard, 1665, *Heaven Opened: Or the Riches of God's Covenant of Grace*, London.

Althusius Johannes, 1604, *Assertiones juridicae*, Herborn.

– 1591, *Centuria conclusionum de pignoribus et hypothecis*, Herborn.

– 1601, 1611, *Civilis conversationis libri duo recogniti et aucti.Methodice digesti et exemplis sacris et profanis passim illustrati*, Hanover.

– 1601, *De injuriis et famosis libellis*, Basel.

– 1593, *De matrimonio contrahendo et dissolvendo*, Basel.

– 1617; 1618, *Dicaeologicae libri tres, totum et universum jus, quo utimur, methodice complectentes*, Herborn; Frankfurt.

– 1630, *Jo. Althusius aphorismi universi juris civilis vel repertorium*, Basel.

– 1586, *Jurisprudentiae Romanae libri duo ad leges methodi Rameae conformati et tabellis illustrati*, Basel.

– 1995, *Politica Johannes Althusius*, red. i tłum. F. S. Carney, Indianapolis.
– 1932, *Politica methodice digesta atque exemplis sacris & profanis illustrata*, wyd. 3, Herborn 1614, reprint: Politica Methodice Digesta of Johannes Althusius, red. C. J. Friedrich, Cambridge, MA.
– 2003, *Politik*, tłum. Heinrich Janssen, red. Dieter Wyduckel, Berlin.
– 1604, *Theses miscellaneae*, Herborn.
– 1611, *Tractatus tres de poenis, de rebus fungibilibus ac de jure retentionis*, Kassel.
Ames William, 1623, *Medulla Sacrae Theologiae Pertita*, 8 tomów, Frankener.
Amussen Susan Dwyer, 1988, *An Ordered Society: Gender and Class in Early Modern England*, Oxford.
An-Na'im, Abdullahi Ahmed, 1990, *Toward an Islamic Reformation: Civil Liberties, Human Rights, and International Law*, Syracuse.
– 1995, *Towards an Islamic Hermeneutics for Human Rights*, w: *Human Rights and Religious Values: An Uneasy Relationship?*, red. Abdullahi Ahmed An-Na'im i in., 229, Grand Rapids.
Antholz Heinz, 1955, *Die politische Wirksamkeit des Johannes Althusius in Emden*, Aurich.
Antieau Chester J., Phillip M. Carroll, Thomas C. Burke, 1965, *Religion Under the State Constitutions*, Brooklyn.
Arystoteles, 1941, *The Basic Works of Aristotle*, red. Richard Mckeon, New York.
Armitage David, Armand Himy, Quentin Skinner red.,1995, *Milton and Republicanism*, Cambridge.
Bailyn Bernard, 1967, *The Ideological Origins of the American Revolution*, Cambridge, MA.
Bainton Roland H., 1941, *Bernardino Ochino*, Florence.
– 1935, *Concerning Heretics, An Anonymous Work Attributed to Sebastian Castellio*, New York.
– 1953 ; 1954, *Documenta Servetiana*, AFR 44, 223; ibid., 45, 99.
– 1953, *Hunted Heretic: The Life and Death of Michael Servetus*, Boston.
– 1951, *Sebastian Castellio: Champion of Religious Liberty*, New York.
– 1941, *The Struggle for Religious Liberty*, „Church History" 10, 96.
– 1953, *The Travail of Religious Liberty*, London.
Baird Henry Martin, 1899, *Theodore Beza: The Counselor of the French Reformation, 1519–1605*, New York.
Baker J. Wayne, Charles S. McCoy, 1991, *Fountainhead of Federalism: Heinrich Bullinger and the Covenantal Tradition*, Louisville.
Balke Willem, 1981, *Calvin and the Anabaptist Radicals*, tłum. William Heynen, Grand Rapids.
Bancroft George, 1853, *History of the United States of America*, wyd. 15, 2 tomy, Boston.

Bibliografia

Baron Hans, 1939, *Calvinist Republicanism and its Historical Roots*, „Church History" 8, 30.

Bary William Theodore de, 1998, *Asian Values and Human Rights: A Confucian Communitarian Perspective*, Cambridge, MA.

Bary William Theodore de, Tu Weiming red., 1998, *Confucianism and Human Rights*, New York.

Bauer Joanne R. and Daniel A. Bell red., 1999, *The East Asian Challenge for Human Rights*, Cambridge.

Baur Jürgen, 1965, *Gott, Recht und weltliches Regiment im Werke Calvins*, Bonn.

Beeke Joel R., Sinclair B. Ferguson, 1999, *Reformed Confessions Harmonized*, Grand Rapids.

Beer Barrett L., 1990, *John Ponet's Short Treatise of Politike Power Reassessed*, „Sixteenth Century Journal" 21, 373.

Benedict Philip, 2002, *Christ's Churches Purely Reformed: A Social History of Calvinism*, New Haven, London.

Bennett Joan S., 1989, *Reviving Liberty: Radical Christian Humanism in Milton's Great Poems*, Cambridge, MA.

Béranger Jean, 1969, *Nathaniel Ward (ca. 1578–1652)*, Bordeaux.

Berg, J. van der, P. G. Hoftijzer red., 1991, *Church Change and Revolution*, Leiden.

Berkvens-Stevelink C., J. Israel, G. H. M. Posthumus Meyjes red., 1997, *The Emergence of Tolerance in the Dutch Republic*, Leiden.

Berman Harold J., 1993, *Faith and Order: The Reconciliation of Law and Religion*, Atlanta.

– 1983, *Law and Revolution: The Formation of the Western Legal Tradition*, Cambridge, MA, wyd. pol. (1995), *Prawo i rewolucja. Kształtowanie się zachodniej tradycji prawnej*, tłum. S. Amsterdamski, Warszawa.

– 2003, *Law and Revolution ii: The Impact of the Protestant Reformations on the Western Legal Tradition*, Cambridge, MA.

– 1983, *Religious Foundations of Law in the West: An Historical Perspective*, „Journal of Law and Religion" 1, 3.

Beyerhaus Gisbert, 1973, *Studien zur Staatsanschauung Calvins mit besonderer Berücksichtigung seines Souveränitätsbegriffs*, reprint, Aalen.

de Bèze Theodore, 1956, *Concerning the Rights of Rulers Over Their Subjects and the Duties of Subjects Toward Their Rulers*, tłum. Henri-Louis Gonin, Cape Town, Pretoria.

1960-1999, *Correspondance de Theodore de Bèze*, red. Hippolyte Aubert i in., 21 tomów, Geneva.

– 1569, *De repudiis et divortiis*, Geneva, reprint w: Beza, TT 2: 50 i n.

– 1970, *Du Droit des Magistrats*, red. Robert M. Kingdon, Geneva.

– 1565, Iesu Christi D.N. *Novum Testamentum, sive novum foedus*, 2 tomy, Geneva.
– 1577, *Lex dei, moralis, ceremonialis et civilis*, Geneva.
– 1591, *Propositions and Principles of Divinity, Propounded and Disputed in the University of Geneva*, tłum. Robert Waldegrave, Edinburgh.
– 1580, *Psalmorum davidis et aliorum prophetarum libri quinque*, London.
– 1586, *Sermons sur les trois premiers chapitres du cantique des Cantiques de Salomon*, Geneva.
– 1592, *Sermons sur l'histoire de la passion et sepulture de nostre Seigneur Iesus Christ, descrite par les quatre Evangelistes*, Geneva.
– 1590, *Tractatus pius et moderatus de vera excommunicatione et christiano presybterio*, Geneva.
– 1582, *Tractationum Theologicarum*, 3 tomy, wyd. 2, Geneva.
– 1592, *Traicté des vrayes essencielles et visibiles marques de la vraye Eglise Catholique*, Geneva.
Bloom Irene i in. red., 1996, *Religious Diversity and Human Rights*, New York.
Bodian Miriam, 2006, *The Biblical 'Jewish Republic' and the Dutch 'New Israel' in Seventeenth-Century Dutch Thought*, „Hebraic Political Studies" 1, 186.
Bohatec Josef, 1950, *Budé und Calvin: Studien zur Gedankenwelt des franzöischen Frühhumanismus*, Graz.
– 1934, *Calvin und das Recht*, Graz.
– 1961, *Calvins Lehre von Staat und Kirche mit besonderer Berücksichtigung des Organismusgedankens*, reprint, Aalen.
– 1948, *Das Territorial- und Kollegialsystem in der holl¨andischen Publizistik des xvii. Jahrhunderts*, ZSS (KA) 66, 1.
– 1956, *England und die Geschichte der Menschen-und Bürgerrecht*, wyd. 3, Graz.
Bolt John, 2000, A Free Church, *A Holy Nation: Abraham Kuyper's American Public Theology*, Grand Rapids, MI.
– 1998, *The Holland-American Line of Liberty*, „Morality and Markets" 1, 1.
Bosco Ronald A., 1978, *Lectures at the Pillory: The Early American Execution Sermon*, „American Quarterly" 30, 156.
Bouwsma William J., 1988, *John Calvin: A Sixteenth Century Portrait*, New York, Oxford.
Bowen Catherine Drinker, 1950, *John Adams and the American Revolution*, Boston.
Brailsford, H. N., 1961, *The Levellers of the English Revolution*, red. Christopher Hill, London.
Bratt James D., 1984, *Dutch Calvinism in North America: A History of a Conservative Subculture*, Grand Rapids, MI.
Bratt James D. red., 1998, *Abraham Kuyper: A Centennial Reader*, Grand Rapids, MI.
Bratt John H. red., 1973, *The Heritage of John Calvin*, Grand Rapids, MI.

Breen Quirinius, 1957, *John Calvin and the Rhetorical Tradition*, „Church History" 26, 14.
– 1931, *John Calvin: A Study in French Humanism*, Grand Rapids, MI.
Breen T. H., 1980, *Puritans and Adventurers: Change and Persistence in Early America*, New York, Oxford.
– 1970, *The Character of the Good Ruler 1630–1730*, New Haven.
Breen T. H., Stephen Foster, 1973, *The Puritans' Greatest Achievement: A Study of Social Cohesion in Seventeenth-Century Massachusetts*, „Journal of American History" 60, 5.
Bremer Francis J., 2003, *John Winthrop: America's Forgotten Founding Father*, Oxford.
Brett Annabel S., 1997, *Liberty, Right, and Nature: Individual Rights in Late Scholastic Thought*, Cambridge, New York.
Bromley J. S. and E. H. Kossman red., 1971, *Britain and the Netherlands*, Haga.
Browning Don S., 2006, *The United Nations Convention on the Rights of the Child: Should it be Ratified and Why?*, „Emory International Law Review" 20, 157.
Brownlie Ian red., 1992, *Basic Documents on Human Rights*, wyd. 3, Oxford.
Brunner Emil, 1945, *Justice and the Social Order*, tłum. Mary Hottinger, New York.
Bryce James, 1995, *The American Commonwealth*, (1941), 2 tomy, red. Gary L. McDowell, Indianapolis.
Bumsted J. M., 1968, *A Well-Bounded Toleration: Church and State in the Plymouth Colony*, „Journal of Church and State" 10, 265.
Burns J. H. red., 1991, *The Cambridge History of Political Thought 1450–1700*, Cambridge.
Bush Sargent Jr., 1980, *The Writings of Thomas Hooker: Spiritual Adventure in Two Worlds*, Madison.
Butterfield Herbert, 1949, *Christianity and History*, New York.
– 1977, *Toleration in Early Modern Times*, „Journal of the History of Ideas" 38, 573.
Kalwin Jan, 1969, *Calvin's Commentary on Seneca's De Clementia*, tłum. Ford Lewis Battles, A.M. Hugo, Leiden.
– 1975, *Institution of the Christian Religion* (1536), tłum. Ford Lewis Battles, Atlanta.
– 1960, *Institutes of the Christian Religion* (1559), red. John T. McNeill, tłum. Ford Lewis Battles, Philadelphia.
– 1863–1900, *Ioannis Calvini opera quae supersunt omnia*, red. G. Baum i in., 59 tomów, Corpus Reformatorum Series, t. xxix–lxxxvii, Brunswick.
– 1926–52, *Joannis Calvini opera selecta*, red. Peter Barth,Wilhelm Niesel, Dora Scheuner, 5 tomów, Munich.
– 1936–, *Supplementa Calvinia: Sermons inédits*, red. Erwin Mülhaupt i in., Neukirchen-Vluyn.

– 1958, *Tracts and Treaties in Defense of the Reformed Faith*, tłum. Henry Beveridge, red. T. F. Torrance, 3 tomy, Grand Rapids, MI.
Cappon Lester J. red., 1959, *The Adams–Jefferson Letters*, 2 tomy, Chapel Hill.
Carney Frederick S., Heinz Schilling, Dieter Wyduckel red., 2004, *Jurisprudenz, Politische Theorie und Politische Theologie*, Berlin.
Carpenter Geoffrey P., 1999, *A Secondary Annotated Bibliography of John Winthrop 1588–1649*, New York.
Case Thomas, 1647, *Spiritual Whoredom Discovered*, London.
Castellio Sebastian, 1935, *Concerning Heretics 1554*, red. Roland H. Bainton, New York.
– 1954, *De haereticis an sint persequendi (1553)*; facsimile, Geneva.
Catalogue of the Thomason Tracts in the British Museum, 1906, London.
Chaffee Zechariah, 1969, *Colonial Courts and the Common Law*, w: *Essays in the History of Early American Law*, red. David H. Flaherty, 53, Chapel Hill.
Chenevière M. E., 1970, *La pensée politique de Calvin*, reprint, Geneva.
Choisy Eugène, 1902, *L'État chrétien calviniste a Genève au temps de Théodore de Bèze*, Geneva.
Chupp Jesse, Cary J. Nederman, *The Calvinist Background to Johannes Althusius's Idea of Religious Toleration*, w: *Jurisprudenz, Politische Theorie*, 243.
Clarke J. C. D., 1994, *The Language of Liberty 1660–1832: Political Discourse and Social Dynamics in the Anglo-American World*, Cambridge.
Cleaver Robert, 1598, *A Godly Form of Householde Gouernment*, London.
Clegg C. S., 2001, *Censorship in Jacobean England*, Cambridge.
–1997, *Press Censorship in Elizabethan England*, Cambridge.
Cobb Sanford H., 1902, *The Rise of Religious Liberty in America*, New York.
Cochrane Arthur C. red., 2003, *Reformed Confessions of the Sixteenth Century, Philadelphia 1966*; reprint, Louisville.
Coffey John, 1997, *Politics, Religion, and the British Revolutions: The Mind of Samuel Rutherford*, Cambridge.
Cohen Morris, 1984, *Legal Literature in Colonial Massachusetts*, w: *Law in Colonial Massachusetts 1630–1800*, red. Daniel Coquillete, 243, Boston, Charlottesville.
Coke Edward, 2003, *The Selected Writings of Sir Edward Coke*, red. Steve Sheppard, 3 tomy, Indianapolis.
Colclough David, 2005, *Freedom of Speech in Early Stuart England*, Cambridge.
Collections of the Connecticut Historical Society, 31 tomów, 1860–1967, Hartford.
Confessio et apologia pastorum & reliquorum ministrorum Ecclesiae Magdeburgensis, 1550, Magdeburg.
Conring Emil, 1965, *Kirche und Staat nach der Lehre der niederländischen Calvinisten in der ersten Hälfte des 17. Jahrhundert*, Berlin.
Cotton John, 1852, *The Keys of the Kingdom of Heaven* [1644], Boston.

Cottret Bernard, 2000, *Calvin: A Biography*, tłum. M. Wallace McDonald, Grand Rapids, MI.
Cushing John D., 1969, *Notes on Disestablishment in Massachusetts 1780–1833*, „William & Mary Quarterly" (seria 3), 26, 169.
Dahm Karl-Wilhelm, Werner Krawietz, Dieter Wyduckdel red., 1988, *Politische Theorie des Johannes Althusius*, Berlin.
Dale Elizabeth, 2001, *Debating – and Creating – Authority: The Failure of a Constitutional Ideal in Massachusetts Bay 1629–1649*, Aldershot.
Danner Dan G., 1977, *Christopher Goodman and the English Protestant Tradition of Civil Disobedience*, „Sixteenth Century Journal" 8, 60.
Davies Tony, *Borrowed Language: Milton, Jefferson, Mirabeau*, w: Armitage, Himy, Skinner red., *Milton and Republicanism*, 254.
Davis J. C., 2001, *Oliver Cromwell*, Oxford.
Davis R. W. red., 1995, *The Origins of Modern Freedom in the West*, Stanford.
Dawson Hugh J., 1998, *'Christian Charitie' as Colonial Discourse: Rereading Winthrop's Sermon in its English Context*, „Early American Literature" 33, 117.
De Blecourt Anne S., Nicolaas Japiske red., 1919, *Klein plakkaatboek van Nederland. Verzameling van ordonnantien en plakkaten betreffende regeeringsvorm, kerk en rechtsspraak 14e eeuw tot 1749*, Groningen.
De Jong O. J., 1979, *Unie en Religie*, w: *De Unie van Utrecht. Wording en werking van een verbond en van een verbondsacte*, red. S. Groenveld, H. L. Ph. Leeuwenberg, 155, Haga.
Demos John, 2000, *A Little Commonwealth: Family Life in Plymouth Colony*, wyd. 2, New York, Oxford.
Denis Philippe, Jean Rott, 1993, *Jean Morély, ca. 1524 – ca. 1594 et l'utopie d'une d'emocratie dans l'eglise*, Geneva.
Diefendorf Barbara, 1991, *Beneath the Cross: Catholics and Huguenots in Sixteenth-Century Paris*, New York, Oxford.
Diepenhorst P. A., 1931, *Dr. A. Kuyper*, Haarlem.
Dierickx M., 1962, *De lijst der veroordeelden door de Raad van Beroerten*, „Revue belge de philologie et d'histoire" 60, 415.
– 1950, *De oprichting der nieuwe bisdommen in de Nederlanden onder Filips II 1559–1570*, Antwerp.
Donahue Charles A., 2001, *Ius in the Subjective Sense in Roman Law: Reflections on Villey and Tierney*, w: *A. Ennio Cortese*, red. D. Maffei, 2 tomy, 506, Roma.
Dorff Elliot N., Arthur Rossett, 1988, *The Living Tree: The Roots and Growth of Jewish Law*, Albany.
Doumergue Emile, 1899-1927, *Jean Calvin. Les hommes et les choses de son temps*, 7 tomów, Lausanne.
Duguit Léon, 1952, *Les Constitutions et les principales lois politiques de la France depuis 1789*, Paris.

Ehler Sidney Z., John B. Morrall red., 1954, *Church and State Through the Centuries: A Collection of Historic Documents with Commentaries*, Newman.

Elazar Daniel J., 1996, *Covenant & Commonwealth: From Christian Separation Through the Protestant Reformation*, New Brunswick.

– 1998, *Covenant and Civil Society: The Constitutional Matrix of Modern Democracy*, Brunswick.

– 1983, *Election Day Sermons: Plymouth and Connecticut*, facsimile.,New York.

Ellis Joseph J., 2001, *Passionate Sage: The Character and Legacy of John Adams*, wyd. 2, New York, London.

Emerson Everett, 1990, *John Cotton*, wyd. popr., Boston.

Esmein Adhemar, 1968, *A History of Continental Criminal Procedure with Special Reference to France*, reprint, South Hackensack.

Eusden John D., 1960, Natural Law and Covenant Theology in New England 1620–1670, „Natural Law Forum" 5, 1.

Evans J. Martin red., 2003, *John Milton: Twentieth-Century Perspectives*, t. 4: Paradise

Lost, New York.

Fallon Robert T., 1995, *Divided Empire: Milton's Political Imagery*, University Park.

– 1993, *Milton in Government*, University Park.

Feenstra Robert, 1952, *A quelle époque les Provinces-Unies sont-elles devenues indépendantes en droit l'égard du Saint-Empire*, „Tijdschrift voor Rechtsgeschiedenis" 20, 30–63 ;182–218.

Feinberg Joel, 1980, *Rights, Justice, and the Bounds of Liberty*, Princeton.

Fell A. London, 1983, *Origins of Legislative Sovereignty and the Legislative State*, 6 tomów, Königstein, Cambridge, MA.

Flaherty David, 1978, *Law and the Enforcement of Morals in Early America*, w: *American Law and the Constitutional Order: Historical Perspectives*, red. Lawrence M. Friedman, Harry N. Scheiber, 53, Cambridge, MA.

Flaherty David H. red., 1969, *Essays in the History of Early American Law*, Chapel Hill.

Fontaine P. F. M., 1954, *De raad van state. Zijn taak, organisatie en werkzaamheden in de jaren 1588–1590*, Groningen.

Foster Herbert D.,1927, *Collected Papers of Herbert Darling Foster*, b.m.w.

Foster Stephen, 1981, *New England and the Challenge of Heresy 1630 to 1660: The Puritan Crisis in Transatlantic Perspective*, „William & Mary Quarterly" (seria 3), 624.

Frank Joseph, 1969, *The Levellers: A History of the Writings of Three Seventeenth-Century Social Democrats, John Lilburne, Richard Overton, and William Walwyn*, New York.

Franklin Julian H., 1969, *Constitutionalism and Resistance in the Sixteenth Century: Three Treatises by Hotman, Beza, and Mornay*, New York.
Friedman Jerome, 1978, *Michael Servetus: A Case Study in Total Heresy*, Geneva.
Friedman Lawrence M., Harry N. Scheiber red., 1978, *American Law and the Constitutional Order: Historical Perspectives*, Cambridge, MA.
Friedrich Carl J., Robert G. McCloskey red., 1954, *From the Declaration to the Constitution: The Roots of American Constitutionalism*, New York.
Fukuda Arihiro, 1997, *Sovereignty and the Sword: Harrington, Hobbes, and Mixed Government in the English Civil Wars*, Oxford.
Ganoczy A., 1966, *Le jeune Calvin. Genése et evolution de la vocation réformatrice*, Wiesbaden.
Gardiner S. R., 1988-1989, *History of the Commonwealth and Protectorate 1649–1656*, 4 tomy, reprint, Adelstrop, Gloucestershire.
– 1906, *The Constitutional Documents of the Puritan Revolution 1625–1660*, wyd. 3 popr., Oxford.
Garrison-Estèbe Janine, 1968, *Tocsin pour un massacre, la saison des Saint-Barthélemy*, Paris.
Gaustad Edwin S., 1991, *Liberty of Conscience: Roger Williams in America*, Grand Rapids, MI.
Geisendorf Paul, 1967, *Théodore de Bèze*, Geneva.
Geisst Charles R., 1984, *The Political Thought of John Milton*, New York.
Gelderen Martin van, 1992, *The Political Thought of the Dutch Revolt 1555–1590*, Cambridge.
Geurts P. A. M., 1956, *De Nederlandse Opstand in de Pamfletten 1566–1584*, Nijmegen, Utrecht.
Geyl Pieter, 1958, *The Revolt of the Netherlands 1555–1609*, wyd. 2, London.
Gierke Otto von, 1966, *The Development of Political Theory*, tłum. Bernard Freyd, New York.
Gilbert Neal W., 1960, *Renaissance Concepts of Method*, New York.
Gillett Charles R., 1930, *Catalogue of the McAlpin Collection of British History and Theology: Index*, New York.
Glendon Mary Ann, 1991, *Rights Talk: The Impoverishment of Political Discourse*, New York.
Gooch G.P., 1959, *English Democratic Ideas in the 17th Century*, wyd. 2, New York.
Goodman Christopher, 1931, *How Superior Powers Ought to be Obeyd*, (1558), facsimile, red. Charles H. McIlwain, New York.
Gorski Philip S., 2003, *The Disciplinary Revolution: Calvinism and the Rise of the State in Early Modern Europe*, Chicago.
Gouge William, 1622, *Of Domestical Duties: Eight Treatises*, London.

Gough J. W., 1957, *The Social Contract: A Critical Study of its Development*, wyd. 2, Oxford.
Grabill Stephen J., 2006, *Rediscovering the Natural Law in Reformed Theological Ethics*, Grand Rapids, MI.
Gray Francis C., 1843, *Remarks on the Early Laws of Massachusetts Bay,* Boston.
Gregg Pauline, 2000, *Free-Born John: The Biography of John Lilburne*, reprint, London.
Groenveld S., H. L. Ph. Leeuwenberg red., 1979, *De Unie van Utrecht. Wording en werking van een verbond en van een verbondsacte*, Haga.
Haas Günther, 1997, *The Concept of Equity in John Calvin's Ethics*, Waterloo, Ontario.
Hall David D., 1987, *On Common Ground: The Coherence of American Puritan Studies*, „William & Mary Quarterly" (seria 3) 44, 193.
– 1990, *The Antinomian Controversy: A Documentary History*, wyd. 2, Durham.
Hall David W., 2003, *The Genevan Reformation and the American Founding*, Lexington.
Haller William R., 1955, *Liberty and the Reformation in the Puritan Revolution*, New York.
– 1965, *The Rise of Puritanism, Or, the Way to the New Jerusalem as Set Forth in Pulpit and Press from Thomas Cartwright to John Lilburne and John Milton 1570–1643*, wyd. 4, New York.
Haller Williamred., 1934, *Tracts on Liberty in the Puritan Revolution 1638–1647*, 3 tomy, New York.
Handlin Oscar, Mary Handlin red., 1966, *The Popular Sources of Political Authority: Documents on The Massachusetts Constitution of 1780*, Cambridge, MA.
Harinck George, Hans Krabbendam red., 2000, *Breaches and Bridges: Reformed Subcultures in the Netherlands, Germany, and the United States*, Amsterdam.
– 1996, *Sharing the Reformed Tradition: The Dutch–North American Exchange 1846–1996*, Amsterdam.
Haskins George L., 1960, *Law and Authority in Early Massachusetts: A Study in Tradition and Design*, New York.
Heijsbergen P. van, 1925, *Geschiedenis der Rechtswetenschap in Nederland*, Amsterdam.
Heise Volker, 2004, *Der calvinistische Einfluss auf das humanistische Rechtsdenken exemplarisch dargestellt an den „Commentarii de iure civili" von Hugo Donellus (1527–1591)*, Göttingen.
Heller Henry, 1986, *The Conquest of Poverty: The Calvinist Revolt in Sixteenth-Century France*, Leiden.
Helmholz R. H. red., 1992, *Canon Law in Protestant Lands*, Berlin.
Hemming Nicolas, 1563, *De lege naturae apodicta methodus*, Wittenberg.
Henkin, Louis i in., 1999, *Human Rights*, New York.

Henty George A., 1894, *By Pike and Dyke: A Tale of the Rise of the Dutch Republic*, New York.
Hertzke Allen D., 2004, *Freeing God's Children: The Unlikely Alliance for Global Human Rights*, Lanham.
Heslam Peter, 1993, *Abraham Kuyper's Lectures on Calvinism: An Historical Study*, Oxford.
Hesselink I. John, 1992, *Calvin's Concept of the Law*, Allison Park.
Higginson J., 1663, *The Cause of God and His People in New England*, Cambridge, MA.
Hill Christopher, 1970, *God's Englishman: Oliver Cromwell and the English Revolution*, New York.
– 1977, *Milton and the English Revolution*, New York.
– 1965, *Puritanism and Revolution: Studies in Interpretation of the English Revolution of the Seventeenth Century*, London.
– 1974, *The Century of Revolution 1603–1714*, London.
– 1988, *The World Turned Upside Down: Radical Ideas During the English Revolution*, reprint, New York.
Hill Christopher, Edmund Dell red., 1940, *The Good Old Cause: The English Revolution of 1640–1660, Its Causes, Course, and Consequences. Extracts from Contemporary Sources*, London.
Hittinger Russell, 2005, *Introduction to Modern Catholicism*, w: *The Teachings of Modern Christianity on Law, Politics, and Human Nature*, red. John Witte Jr., Frank S. Alexander, 2 tomy, i:3, New York, London.
Hohfeld W. N., 1919, *Fundamental Legal Conceptions*, New Haven.
Holifield E. Brooks, 1974, *The Covenant Sealed: TheDevelopment of Puritan Sacramental Theology in Old and New England 1570–1720*, New Haven.
– 2003, *Theology in America: Christian Thought from the Age of the Puritans to the Civil War*, New Haven, London.
Honoré Tony, 2002, *Ulpian: Pioneer of Human Rights*, wyd. 2, Oxford.
Hooker Thomas, 1648, *A Survey of the Summe of Church-Discipline*, 2 tomy, London.
– 1659, *The Application of Redemption by the Effectual Work of the Word, and Spirit of Christ, for the Bringing Home of Lost Sinners to God*, London.
Höpfl Harro, 1982, *The Christian Polity of John Calvin*, Cambridge.
Hoskins Richard J., 1984, *The Original Separation of Church and State in America*, „Journal of Law and Religion" 2, 221.
Hotman François, 1969, *Francogallia*, w: *Constitutionalism and Resistance in the Sixteenth Century: Three Treatises by Hotman, Beza, and Mornay*, red. Julian Franklin, 55, New York.
Howard George Elliott, 1904, *A History of Matrimonial Institutions, Chiefly in England and the United States*, 3 tomy, Chicago.
Hubbard William, 1684, *The Benefit of a Well-Ordered Conversation*, Boston.

Huber Wolfgang, 1996, *Gerechtigkeit und Recht: Grundlinien Christlicher Rechtsethik*, Gütersloh.
Huber Wolfgang, Heinz Eduard Tödt, 1977, *Menschenrechte: Perspektiven einer menschlichen Welt*, Stuttgart.
Hudson Winthrop S., 1960, *John Locke: Heir of Puritan Political Theorists*, w: *Calvinism and the Political Order*, red. George L. Hunt, 108, Philadelphia.
– 1942, *John Ponet 1515?–1556: Advocate of Limited Monarchy*, Chicago.
Hueglin Thomas O., 1999, *Early Modern Concepts for a Late Modern World: Althusius on Community and Federalism*, Waterloo.
Hughes Merritt Y., 1951, *Milton's Treatment of Reformation History in The Tenure of Kings and Magistrates*, w: *The Seventeenth Century: Studies in the History of English Thought and Literature from Bacon to Pope*, red. Richard F. Jones i in., 247, Stanford.
– 1965, *Ten Perspectives on Milton*, New Haven.
Hunsinger George, 2005, *Karl Barth*, w: *Modern Christian Teachings on Law, Politics, and Human Nature*, red. John Witte Jr., Frank S. Alexander, 2 tomy, i:352, ii:280, NewYork.
Hunt George L. red., 1965, *Calvinism and the Political Order*, Philadelphia.
Hynemann, Charles S., Donald S. Lutz red., 1983, *American Political Writing During the Founding Era 1760–1805*, 2 tomy, Indianapolis.
Innes William C., 1983, *Social Concern in Calvin's Geneva*, Allison Park.
Israel Jonathan, 1998, *The Dutch Republic: Its Rise, Greatness, and Fall 1477–1806*, reprint, Oxford.
Janssen Heinrich, 1992, *Die Bibel als Grundlage der politischen Theorie des Johannes Althusius*, Frankfurt am Main.
Jászi Oscar, John D. Lewis, 1957, *Against the Tyrant: The Tradition and Theory of Tyrannicide*, Glencoe.
Jellinek Georg, 1895, *Die Erklärung der Menschen- und Bürgerrechte: Ein Beitrag zur modernen Verfassungsgeschichte*, Leipzig.
Johnson Herbert A., 1978, *Imported Eighteenth Century Law Treatises in American Libraries 1700–1799*, Knoxville.
Jones Richard F. i in. red., 1951, *The Seventeenth Century: Studies in the History of English Thought and Literature from Bacon to Pope*, Stanford.
Jordan W. K., 1938, *The Development of Religious Toleration in England*, 4 tomy, Cambridge, MA.
Justynian, 1975, *The Institutes of Justinian: Text, Translation, and Commentary*, red. i tłum. J. A. C. Thomas, Cape Town.
Kahn Victoria, 2001, *Early Modern Rights Talk*, „Yale Journal of Law and the Humanities" 13, 391.
– *The Metaphorical Contract in Milton's Tenure of Kings and Magistrates*, w: *Milton and Republicanism*, red. Armitage, Himy, Skinner, 82–105.

– 2004, *Wayward Contracts: The Crisis of Political Obligation in England 1640–1674*, Princeton.
Kaplan Benjamin J., 1995, *Calvinists and Libertines: Confession and Community in Utrecht 1578–1620*, Oxford.
Kappen O. Moorman van, 1988, *Die Niederlande in der 'Politica' des Johannes Althusius*, w: *Politische Theorie des Johannes Althusius*, red. Werner Krawietz, Dieter Wyduckdel, 123, Berlin.
Kaser Max, 1976-1977, *Ausgewählte Schriften*, 2 tomy, Naples.
– 1993, *Ius Gentium*, Cologne.
Kavenagh W. Keith red., 1973, *Foundations of Colonial America: A Documentary History*, 3 tomy, New York.
Kelley Donald R., 1973, *François Hotman: A Revolutionary's Ideal*, Princeton.
Kelso Robert W., 1922, *The History of Public Poor Relief in Massachusetts 1620–1920*, Boston, New York.
Kenyon J. P. red., 1986, *The Stuart Constitution*, Cambridge.
Kessler Sanford, 1983, *Locke's Influence on Jefferson's 'Bill for Establishing Religious Freedom*, „Journal of Church and State" 25, 231.
Kingdon Robert M., 1995, *Adultery and Divorce in Calvin's Geneva*, Cambridge, MA, London.
– 1997, *Althusius' Use of Calvinist Sources*, „Rechtstheorie" 16, 19.
– *Beza's Political Ideas as Expressed in His Sermons on the Passion*, niepubl.
– 1973, *Calvinism and Democracy*, w: *The Heritage of John Calvin*, red. John H. Bratt, 177, Grand Rapids, MI.
– 1991, *Calvinism and Resistance Theory 1550–1580*, w: *The Cambridge History of Political Thought 1450–1700*, red. J. H. Burns, 193, Cambridge.
– 1956, *Geneva and the Coming of the Wars of Religion in France 1555–1563*, Geneva.
– 1967, *Geneva and the Consolidation of the French Protestant Movement 1564–1572: A Contribution to the History of Congregationalism, Presbyterianism and Calvinist Resistance Theory*, Madison.
– 1988, *Myths About the St. Bartholomew's Day Massacres 1572–1576*, Cambridge, MA.
– 1955, *The First Expression of Theodore Beza's Political Ideas*, AFR 46, 88.
Kingdon Robert M., Robert D. Linder, 1970, *Calvin and Calvinism: Sources of Democracy?*, Lexington.
Klingenheben Werner, 1974, *Der demokratisierte Staat und die herrschaftsfreie Kirche bei Theodor Beza*, praca doktorska, Göttingen.
Klerk Peter de red., 1993, *Calvin and the State*, Grand Rapids, MI.
Kley Dale van, 1996, *The Religious Origins of the French Revolution: From Calvin to the Civil Constitution 1560–1791*, New Haven.
Knoppers Laura Lunger, 1992, *Paradise Regained and the Politics of Martyrdom*, „Modern Philology" 90, 200.

Knox John, 1966, *The Works of John Knox*, red. David Laing, 6 tomów, Edinburgh 1846; reprint, New York.
Knuttel Willem P. C., 1889–1920, *Catalogus van de pamflettenverzameling berustende in de Koninkje Bibliothek*, 9 tomów, Haga.
– 1892-1894, *De toestand der nederlandsche katholieken ten tijde der republiek*, 2 tomy, Haga.
Köhler Walter, 1904, *Book Review*, „Theologische Jahrbericht" 24, 579.
– 1942, *Zürcher Ehegericht und Genfer Konsistorium*, 2 tomy, Leipzig.
Kossman E. H., 2000, *Political Thought in the Dutch Republic: Three Studies*, Amsterdam.
– 1981, *Popular Sovereignty at the Beginning of the Dutch Ancien Regime*, „The Low Countries History Yearbook" 14, 1.
Kossman E. H., A. Mellink red., 1974, *Texts Concerning the Revolt of the Netherlands*, Cambridge.
Kuehne Dale S. 1996, *Massachusetts Congregationalist Political Thought 1760–1790*, Columbia.
Kurland Philip B., Ralph S. Lerner red., 1987, *The Founders' Constitution*, 5 tomów, Chicago.
Kuyper Abraham, b.d.w., *Dictaten Dogmatiek*, wyd. 2, 6 tomów, Kampen.
– 1909, *Encyclopaedie der heilige Godgeleerdheid*, 4 tomy, Kampen.
– 1981, *Lectures on Calvinism [1898]*, reprint, Grand Rapids.
– 1878, *Liberalisten en Joden*, Amsterdam.
– 1897, *Ons Program*, wyd. 4., Amsterdam, Pretoria.
– 1880, *Souvereiniteit in eigen Kring*, Amsterdam.
– 1895, *The Origin and Safeguard of our Constitutional Liberties*, „Bibliotheca Sacra" 52, 391.
– 1991, *The Problem of Poverty*, tłum. i red. James W. Skillen, Grand Rapids, MI.
– 1899, *Varia Americana*, Amsterdam, Pretoria.
– 1873, *Vrijheid. Rede ter Bevestiging van Dr. Ph. S. Ronkel*, Amsterdam.
– 1869, *Vrijmaking der Kerk*, Amsterdam.
Laktancjusz, 1984, *De Mortibus Persecutorum [c. 315]*, red. i tłum. J. L. Creed, Oxford.
Laktancjusz, 1933, *Pisma wybrane*, tłum. J. Czuj, Poznań.
Lambert Thomas A., 1998, *Preaching, Praying, and Policing in Sixteenth-Century Geneva*, praca doktorska, Wisconsin.
Landau Peter, 1971, *Zum Ursprung des 'Ius ad Rem' in der Kanonistik*, w: *Proceedings of the Third International Congress of Medieval Canon Law*, 81.
Langbein John H., 1974, *Prosecuting Crime in the Renaissance: England, Germany, France*, Cambridge, MA.
Laursen John Christian red., 1995, *New Essays on the Political Thought of the Huguenots of the Refuge*, Leiden.

Laws and Liberties of Massachusetts Bay 1648, 1929, red. Max Farrand, Cambridge, MA.

Lecler Josef, 1960, *Toleration and the Reformation*, 3 tomy, London.

Lerner Natan, 2006, *Religion, Secular Beliefs, and Human Rights: 25 Years After the 1981 Declaration*, Leiden.

Lewalski Barbara Kiefer, 2003, *Paradise Lost and Milton's Politics*, w: *John Milton: Twentieth-Century Perspectives*, t. 4: Paradise Lost, red. J. Martin Evans, 213, New York.

– 2002, *'To try and teach the erring Soul': Milton's Last Seven Years*, w: *Milton and the Terms of Liberty*, red. Graham Parry, Joad Raymond, 175, Cambridge.

Little David, *Protestantism and World Order* [do 2015 roku książka nie ukazała się drukiem].

– 1992, *Reformed Faith and Religious Liberty*, w: *Major Themes in the Reformed Tradition*, red. Donald R. McKim, 196, Grand Rapids, MI.

– 1985, *Roger Williams and the Separation of Church and State*, w: *Religion and the State: Essays in Honor of Leo Pfeffer*, red. James E.Wood Jr., 1, Waco.

Loades David, 1991, *Politics, Censorship and the English Reformation*, London.

Locke John, 1824, *The Works of John Locke*, wyd. 12, 9 tomów, London.

– 1960, *Two Treatises of Government*, red. Peter Laslett, Cambridge, wyd. pol. (1992) *Dwa traktaty o rządzie*, tłum. Z. Rau, Warszawa.

– 1963, *List o tolerancji*, tłum. L. Joachimowicz, Warszawa.

Lomonaco Fabrizio, 1995, *Huguenot Critical Theory and 'Ius Maiestatis' in Huber and Althusius*, w: John Ch. Laursen (red.), *New Essays on the Political Thought of the Huguenots of the Refuge*, Leiden, New York, Köln.

Lugo Luis E. red., 2000, *Religion, Pluralism, and Public Life: Abraham Kuyper's Legacy for the Twenty-First Century*, Grand Rapdis, MI.

Lutz Donald S., 1998, *Colonial Origins of the American Constitution: A Documentary History*, Indianapolis.

– 1988, *The Origins of American Constitutionalism*, Baton Rouge.

Maffei D. red., 2001, *A Ennio Cortese*, 2 tomy, Roma.

Malcolm Joyce Lee red., 1999, *The Struggle for Sovereignty: Seventeenth-Century English Political Tracts*, 2 tomy, Indianapolis.

Mäkinen Virpi, Petter Korkman red., 2006, *Transformations in Medieval and Early-Modern Rights Discourse*, Dordrecht.

Manetsch Scott M., 2000, *Theodore Beza and the Quest for Peace in France 1572–1598*, Leiden.

Maritain Jacques, 1949, *Introduction*, w: *UNESCO, Human Rights: Comments and Interpretations*, New York.

Maruyama Tadataka, 1978, *The Ecclesiology of Theodore Beza: The Reform of the True Church*, Geneva.

Meteren E. van, 1647, *Historien de Nederlanden viii*, Amsterdam.

Mather Cotton, 1966, *Bonifacious: An Essay Upon The Good*, red. David Levin, Cambridge, MA.
– 1726, *Ratio Disciplinae Fratrum Nov-Anglicorum*, Boston.
Mather Increase, 1687, *A Sermon Occasioned by the Execution of a Man Found Guilty of Murder*, Boston.
– 1702, *The Excellency of a Publick Spirit*, Boston.
– 1679, *The Necessity of Reformation With the Expedients Thereunto Asserted*, Boston.
– 1675, *The Wicked Mans Portion, or, A Sermon (preached at the Lecture in Boston in New England*... 1674, Boston.
Mather Richard, 1643, *Church Government and Church-Covenant Discussed*, London.
McCullough David, 2001, *John Adams*, New York.
McDowell Nicholas, 2003, *The English Radical Imagination: Culture, Religion, and Revolution, 1630–1660*, Oxford.
McGiffert Michael, 1970, *American Puritan Studies in the 1960's*, „William & Mary Quarterly" (seria 3) 27, 36.
McKim Donald R., 2001, *Introducing the Reformed Faith*, Louisville.
– 1992, *Major Themes in the Reformed Tradition*, Grand Rapids, MI.
McLoughlin William G., 1971, *New England Dissent 1630–1833: The Baptists and the Separation of Church and State*, 2 tomy, Cambridge, MA.
– 1967, *The Balkcom Case 1782 and the Pietist Theory of Separation of Church and State*, „William & Mary Quarterly" (seria 3), 24, 267.
McMichael Jack R., Barbara Taft red., 1989, *The Writings of William Walwyn*, Athens, GA.
McNeill John T., 1965, *John Calvin on Civil Government*, w: *Calvinism and Political Order*, red. George L. Hunt, 30, Philadelphia.
– 1946, *Natural Law and the Teaching of the Reformers*, „Journal of Religion" 26, 168.
– 1949, *The Democratic Element in Calvin's Thought*, „Church History" 18, 153.
– 1954, *The History and Character of Calvinism*, Oxford, New York.
Meland Bernard E., 1972, *John Milton: Puritan or Liberal?*, „Encounter" 33, 129.
Menk Gerhard, 1988, *Johannes Althusius und die Reichsstaatsrechtslehre*, w: *Politische Theorie des Johannes Althusius*, red. Werner Krawietz, Dieter Wyduckdel, 255, Berlin.
Meron Theodore red., 1984, *Human Rights in International Law: Legal and Policy Issues*, Oxford.
Meyer Jacob C., 1968, *Church and State in Massachusetts From 1740–1833*, reprint, New York.
Miller Joshua, 1991, *Direct Democracy and the Puritan Theory of Membership*, „The Journal of Politics" 53, 57.

Miller Perry, 1933, *Orthodoxy in Massachusetts 1630–1650: A Genetic Study*, Cambridge, MA.
– 1931, *Thomas Hooker and the Democracy of Early Connecticut*, „New England Quarterly" 4, 663.
Miller Perry, Thomas Johnson red., 1938, *The Puritans*, New York.
Milton John, 1999, *Areopagatica and Other Political Writings of John Milton*, Indianapolis.
– 1953, *Complete Prose Works of John Milton*, 8 tomów, red. Don M. Wolfe, New Haven.
– 2012, *Areopagitica*, tłum. J. Rzepa, Warszawa.
Monter E.W., 1973, *Crime and Punishment in Calvin's Geneva 1562*, AFR 64, 281.
Morély Jean, 1968, *Traicté de la discipline & police Chrestienne*, Lyon 1562, facsimile, Geneva.
Morgan Edmund S., 1967, *Roger Williams: The Church and State*, New York.
– 1958, *The Puritan Dilemma: The Story of John Winthrop*, Boston.
– 1980, *The Puritan Family: Religion and Domestic Relations in Seventeenth-Century New England*, wyd. popr., Westport.
Morgan Edmund S. red., 2003, *Puritan Political Ideas 1558–1794*, reprint, Indianapolis, Cambridge.
Morison Samuel Eliot, 1917, *A History of the Constitution of Massachusetts*, Boston.
– 1930, *Builders of the Bay Colony*, Boston.
– 1916-1917, *The Struggle over the Adoption of the Constitution of Massachusetts 1780*, „Massachusetts Historical Society Proceedings" 50, 353.
Morris Richard B., 1930, *Studies in the History of American Law with Special Reference to the Seventeenth and Eighteenth Centuries*, New York.
Motley John Lothrop, 1877, *The Rise of the Dutch Republic: A History*, 3 tomy, New York.
Muldoon James, 1999, *The Great Commission and the Canon Law*, w: *Sharing the Book: Religious Perspectives on the Rights and Wrongs of Proselytism*, red. John Witte Jr., Richard C. Martin, 158, Maryknoll.
Muller Richard A., 2003, *After Calvin: Studies in the Development of a Theological Tradition*, Oxford.
Nobbs Douglas, 1938, *Theocracy and Toleration: A Study of the Disputes in Dutch Calvinism from 1600–1650*, Cambridge.
Noll Mark A., 2002, *America's God: From Jonathan Edwards to Abraham Lincoln*, Oxford, New York.
Noonan John T., 2005, *A Church That Can and Cannot Change: The Development of Catholic Moral Teaching*, Notre Dame.
Norton John, 1654, *Orthodox Evangelist*, London.
Novak David, 2000, *Covenantal Rights: A Study in Jewish Political Theory*, Princeton.

Nürnberger Richard, 1958, *Calvin und Servet: Eine Begegnung zwischen reformatorischem Glauben und modernem Unglauben im 16. Jahrhundert*, AFR 49, 196.
Nurser John, 2005, *For All Peoples and All Nations: Christian Churches and Human Rights*, Geneva.
Oakes Urian, 1673, *New England Pleaded With, and Pressed to Consider the Things Which Concern Her*, Cambridge, MA.
Oberholzer Emil, 1956, *Delinquent Saints: Disciplinary Action in the Early Congregationalist Churches of Massachusetts*, New York.
Ong Walter, 2004, *Ramus and the Decay of Dialogue: From the Art of Discourse to the Art of Reason*, Chicago.
Palmer R. R., 1959–1964, *The Age of the Democratic Revolution*, 2 tomy, Princeton.
Parker Geoffrey, 1977, *The Dutch Revolt*, Ithaca.
Parker William R., 1940, *Milton's Contemporary Reputation*, Columbus, OH.
Parry Graham, Joad Raymond red., 2002, *Milton and the Terms of Liberty*, Cambridge.
Parsons Francis, 1939, *Six Men of Yale*, New Haven.
Pelikan Jaroslav, 1984, *Reformation of Church and Dogma 1300–1700*, Chicago.
Perkins William, 1970, *The Work of William Perkins*, red. Ian Breward, 3 tomy, Abingdon, Berks.
Perry Michael J., 1998, *The Idea of Human Rights: Four Inquiries*, New York, Oxford.
– 2007, *Toward a Theory of Human Rights: Religion, Law, Courts*, Cambridge.
Phillipson Nicholas, Quentin Skinner red., 1993, *Political Discourse in Early Modern Britain*, Cambridge.
Po-Chia Hsai R., Henk van Nierop, 2002, *Calvinism and Religious Toleration in the Dutch Golden Age*, Cambridge.
Ponet John, 1942, *A Shorte Treatise of Politike Power, (1556)*, facsimile załączone w: *Winthrop S. Hudson, John Ponet 1516?–1556: Advocate of Limited Monarchy*, Chicago.
Pope Robert G., 1969, *The Half-Way Covenant: Church Membership in Puritan New England*, Princeton.
Preston John, 1629, *The New Covenant or the Saints Portion*, London.
Puchinger G., 1971, *Gesprek over de Onbekende Kuyper*, Kampen.
Ramsey Paul, 1950, *Basic Christian Ethics*, New York.
Rauschenbusch Walter, 1984, *Selected Writings*, red. Winthrop S. Hudson, New York.
Reardon Barbara, 1982, *The Politics of Polemic: John Ponet's Short Treatise on Politic Power and Contemporary Circumstances 1553–1556*, „The Journal of British Studies" 22, 35.
Records of the First Church at Dorchester in New England 1636–1734, 1891, Boston.
Records of the Governor and Company of the Massachusetts Bay in New England, red. N. Shurtleff, 5 tomów, 1853–1854, Boston.

The Register of the Company of Pastors of Geneva in the Time of Calvin, tłum. Philip E. Hughes, 1966, Grand Rapids, MI.
Registers of the Consistory of Geneva in the Time of Calvin, red. Robert M. Kingdon, tłum. M. Wallace McDonald, 21 tomów, 2000–, Grand Rapids, MI.
Registres de la compagnie des pasteurs de Genève au temps de Calvin, red. Jean-Francois Bergier, Robert M. Kingdon, 2 tomy, 1964, Geneva.
Reibstein Ernst, 1955, *Johannes Althusius als Fortsetzer der Schule von Salamanca*, Karlsruhe.
Reicke Bo, 1973, *Die zehn Worte in Geschichte und Gegenwart*, Tübingen.
Reid Charles J. Jr., 2004, *Power Over the Body, Equality in the Family: Rights and Domestic*
Relations in Medieval Canon Law, Grand Rapids.
– 1994, *Rights in Thirteenth Century Canon Law: An Historical Investigation*, rozprawa doktorska, Cornell.
– 1998, *Roots of a Democratic Church Polity in the History of the Canon Law*, „Canon Law Society of America Proceedings" 60, 150.
– 1996, *Thirteenth Century Canon Law and Rights: The Word ius and its Range of Subjective Meanings* „Studia Canonica" 30, 295.
Reid W. Stanford, 1988, *John Knox's Theology of Political Government*, „Sixteenth Century Journal" 19, 529.
Ridley Jasper G., 1968, *John Knox*, Oxford.
Riker William H., 1957, *Dutch and American Federalism*, „Journal of History of Ideas" 18, 495.
– 1964, Federalism: *Origin, Operation, Significance*, Boston.
Rivoire Emile, Victor van Berchem red., 1900-1940, *Les Registres du Conseil de Genève*, 13 tomów, Geneva.
– 1927–1935, *Les Sources du droit du canton de Genève*, 4 tomy, Aarau.
Robertson D. B., 1951, *The Religious Foundations of Leveller Democracy*, New York.
Robey R. red., 1972, *Church Covenant: Two Tracts*, New York.
Rogers Thorold, 1894, *Review of William E. Griffis, Brave Little Holland*, „The New England Magazine" 10, 517.
Rogier L., 1945-1947, *Geschiedenis van het katholicisme in Noord-Nederland in de zestiende enzeventiende eeuw*, 3 tomy, Amsterdam.
Rollock Robert, 1849, *Selected Works of Robert Rollock*, red.W. Gunn, 2 tomy, Edinburgh.
Rossiter Clinton, 1956, *The First American Revolution: The American Colonies on the Eve of Revolution*, New York.
– 1963, *The Political Thought of the American Revolution*, New York.
Rousseau, Jean-Jacques, 1967, *The Social Contract and the Discourse on the Origin of Inequality*, red. Lester G. Crocker, New York.
– 2002, *Umowa społeczna*, tłum. A. Peretiatkowicz, Kęty.

Rowen Herbert H. red., 1972, *The Low Countries in Early Modern Times: A Documentary History*, New York.
Russell-Smith H. F., 1914, *Harrington and his Oceana: A Study of a 17th Century Utopia and its Influence in America*, Cambridge.
Rutherford Samuel, 1649, *A Free Disputation Against Pretended Liberty of Conscience Tending to Resolve Doubts Moved by Mr. John Goodwin, Dr. Jeremy Taylor... Arminians, Socinians... Contending for Lawless Liberty, or Licentious Toleration of Sects and Heresies*, London.
– 1982, *Lex, Rex, or the Law and the Prince*, (1644), facsimile, Harrisonburg.
– 1646, *The Divine Right of Church-Government and Excommunication*, London.
Rutman Darrett B., 1962, *„God's Bridge Falling Down": Another Approach to New England Studies Assayed*, „William & Mary Quarterly" (seria 3), 19, 408.
Sap John W., 2001, *Paving the Way for Revolution: Calvinism and the Struggle for a Democratic Constitutional State*, Amsterdam.
Saurat Denis, 1944, *Milton: Man and Thinker*, London.
Scheible Heinz, 1969, *Das Widerstandsrecht als Problem der deutsche Protestanten 1523–1546*, Gütersloh.
Schulte J., W. Nordholt, 1982, *The Dutch Republic and American Independence*, tłum. H. H. Rowen, Chapel Hill, North Carolina.
Scott Jonathan, 2004, *Commonwealth Principles: Republican Writing of the English Revolution*, Cambridge.
Scottow J., 1871, *Narrative of the Planting of Massachusetts 1694*, w: *Collections of the Massachusetts Historical Society*, seria 4., 52 tomy, iv:279.
Scupin Hans Ulrich i in. red., 1973, *Althusius-Bibliographie. Bibliographie zur politischen Ideengeschichte und Staatslehre, zum Staatsrecht und zur Verfassungsgeschichte des 16. bis 18. Jahrhundert*, Berlin.
Selden John, 1640, *De iure naturali et gentium, juxta disciplinam Ebraeorum libri septem*, London.
– 1726, *Opera Omnia tam edita quam inedita in tribus voluminibus*, 3 tomy, London.
Servet, Miguel, 1954, *De haereticis an sint persequendi*, (1553), facsimile, Geneva.,
Shanley Mary Lynn, 1979, *Marriage Contract and Social Contract in Seventeenth Century English Political Thought*, „Western Political Quarterly" 32, 79.
Sharma Arvind, 2004, *Hinduism and Human Rights: A Conceptual Approach*, New Delhi.
Shepard Thomas, 1853, *The Works of Thomas Shepard*, 3 tomy, Boston.
Shestack Jerome J., 1984, *The Jurisprudence of Human Rights*, w: *Human Rights in International Law: Legal and Policy Issues*, red. Theodor Meron, 75, Oxford.
Shuffelton Frank, 1977, *Thomas Hooker 1586–1647*, Princeton.
Shuffelton Frank red., 1993, *The American Enlightenment*, Rochester.

Skillen James W., Rockne M. McCarthy red., 1991, *Political Order and the Plural Structure of Society*, Atlanta.
Skillen James W., W. Carlson Thies, 1982, *Religion and Political Development in Nineteenth Century Holland*, „Publius", Summer, 43.
Skinner Quentin, 1978, *Foundations of Modern Political Thought*, 2 tomy, Cambridge.
– 1998, Liberty Before Liberalism, Cambridge.
Spijker Willem van 't, 1993, *The Kingdom of Christ According to Bucer and Calvin*, w: *Calvin and the State*, red. Peter de Klerk, 121, Grand Rapids, MI.
Stackhouse Max L., 1984, *Crered, Society, and Human Rights*, Grand Rapids, MI.
Stewart Randall, 1946, *Puritan Literature and the Flowering of New England*, „William & Mary Quarterly" (seria 3), 3, 319.
Stokes Anson P., 1950, *Church and State in the United States*, 3 tomy, New York.
Stone Lawrence, 1990, *Road to Divorce: England 1530–1987*, Oxford.
– 1972, *The Causes of the English Revolution 1629–1642*, San Francisco.
Stolleis Michael red., 1991, *Recht, Verfassung und Verwaltung in der frühneuzeitlichen Stadt*, Böhlau.
Strauss Gerald, 1986, *Law, Resistance and the State: The Opposition to Roman Law in Reformation Germany*, Princeton.
Strauss Leo, 1997, *Jewish Philosophy and the Crisis of Modernity: Essays and Lectures in Modern Jewish Thought*, red. Kenneth H. Green, Albany.
– 1953, *Natural Right and History, Chicago*, wyd. pol. (1969) *Prawo naturalne w świetle historii*, tłum. T. Górski, Warszawa.
– 1952, *The Political Philosophy of Hobbes: Its Basis and its Genesis*, tłum. Elsa Sinclair, Chicago.
– 1959, *What is Political Philosophy? And Other Studies*, Glencoe.
Strohm Christoph, *Althusius' Rechtslehre im Kontext des reformierten Protestantismus*, w: *Juriprudenz, Politische Theorie*, Politische Theologie, 71.
– 1996, *Ethik im frühen Calvinismus*, Berlin and New York.
– 2006, *Recht und Jurisprudenz im reformierten Protestantismus 1550–1650*, ZSS (KA) 123, 453.
Talmon Jacob Leib, 1952, *The Origins of Totalitarian Democracy*, Boston.
Taylor Robert J., 1980, *Construction of the Massachusetts Constitution*, Worcester.
Taylor Robert J. red., 1961, *Massachusetts, Colony to Commonwealth: Documents on the Formation of its Constitution*, Chapel Hill.
Thompson C. Bradley, 1998, *John Adams and the Spirit of Liberty*, Lincoln.
Thompson John Lee, 1992, *John Calvin and the Daughters of Sarah*, Geneva.
Thorpe Francis red., 1909, *The Federal and State Constitutions, Colonial Charters, and Other Organic Laws*, 7 tomów, Washington.
Tierney Brian, 1982, *Religion, Law, and the Growth of Constitutional Thought 1150–1650*, Cambridge.

– 1996, *Religious Rights in Historical Perspective, w: Religious Human Rights in Global Perspective: Religious Perspectives*, red. John Witte, Jr., Johan D. van der Vyer, 17, Haga.
– 1997, *Rights, Law, and Infallibility in Medieval Thought*, Hampshire: Aldershot.
– 1997, *The Idea of Natural Rights: Studies on Natural Rights, Natural Law, and Church Law 1150–1625*, Grand Rapids.
– 1988, *Villey, Ockham, and the Origin of Individual Rights*, w: *The Weightier Matters of the Law: Essays on Law and Religion*, red. John Witte, Jr., Frank S. Alexander, 1, Atlanta.
Tillyard E. M. W., 1938, *The Miltonic Setting Past and Present*, Cambridge.
Todd Jonathan, 1749, *Civil Rulers the Ministers of God for Good to Men*, London.
Toorenenbergen J. J. van, 1873, *Gheschiedenissen ende Handelingen die voornemelick aengaen de nederduystche natie ende gemeynten wonende in Engelant ende uit bysonder tot Londen*, Amsterdam.
Towers S. Mutchow, 2003, *Control of Religious Printing in Early Stuart England*, Woodbridge, Suffolk.
Tracy David, 1983, *Religion and Human Rights in the Public Realm*, „Daedalus" 112 (4), 237.
Traer Robert, 1991, *Faith in Human Rights: Support in Religious Traditions for a Global Struggle*, Washington.
Troeltsch Ernst, 1949, *The Social Teaching of the Churches*, tłum. O. Wyon, wyd. 2, 2 tomy, London.
Trusen Winfried, 1971, *Forum internum und gelehrtes Recht im Spätmittelalter*, ZSS (KA) 57, 83.
Tuck Richard, 1979, *Natural Rights Theories: Their Origins and Development*, Cambridge, New York.
Tuttle Elizabeth, 1995, *Biblical References in the Political Pamphlets of the Levellers and Milton*, w: *Milton and Republicanism*, red. David Armitage, Armand Himy, Quentin Skinner, 63-81, Cambridge.
Ullmann Walter, 1975, *Medieval Political Thought*, wyd. popr., Harmondworth.
– 1974, *Principles of Government and Politics in the Middle Ages*, wyd. 3, London.
VanDrunen David, 2005, *The Two Kingdoms: A Reassessment of the Transformationist Calvin*, „Calvin Theological Journal" 40, 248.
Vasak Karel, 1977, *A 30-Year Struggle*, „UNESCO Courier", November 1977: 29.
– 1982, *Foreword*, w: *The International Dimensions of Human Rights*, red. Karel Vasak, Westport.
– 1984, *Pour une troisième génération des droits de l'homme*, w: *Etudes et Essais sur le Droit International Humanitaire et sur les Principes de la Croix-Rouge en l'Honneur de Jean Pictet*, red. Christophe Swinarski, 837, Haga.
Villey Michel, 1968, *La Formation de la pensée juridique moderne*, Paris.
– 1983, *Le Droit et les droits de l'homme*, Paris.

– 1977, *Leçons d'histoire de la philosophie du droit*, wyd. wzn., Paris.
Voetius Gisbertus, 1663-1676, *Politica Ecclesiastica*, 4 tomy, Leiden.
– 1885, *Tractatus selecti de Politica Ecclesiastica*, red. F. L. Rutgers, Amsterdam.
Vyver Johan D. van der, 2004, *Leuven Lectures on Religious Institutions, Religious Communities and Rights*, Leuven.
– 1976, *Seven Lectures on Human Rights*, Cape Town, Wynberg, Johannesburg.
– 1988, *The Doctrine of Private-Law Rights*, w: *Huldigingsbundel vir W. A. Joubert*, red. S. Strauss, 201, Durban.
– 1998, *Universality and Relativism of Human Rights: American Relativism*, „Buffalo Human Rights Law Review" 4, 43.
Waldron Jeremy, 2002, *God, Locke, and Equality: Christian Foundations of John Locke's Political Thought*, Cambridge.
Walker Williston red., 1960, *The Crered and Platforms of Congregationalism*, New York.
Walzer Michael, 1963, *Revolutionary Ideology: The Case of the Marian Exiles*, „The American Political Science Review" 57, 643.
– 1983, *Spheres of Justice: A Defense of Pluralism and Equality*, New York.
– 1965, *The Revolution of the Saints: A Study in the Origins of Radical Politics*, Cambridge, MA.
Ward Nathaniel, [Theodore de la Gaurd], 1969, *The Simple Cobler of Aggawam in America 1646/7*, red. P. M. Zall, Lincoln.
Weir David A., 2005, *Early New England: A Covenanted Society*, Grand Rapids, MI.
– 1990, *The Origins of Federal Theology in Sixteenth-Century Reformation Thought*, Oxford, New York.
Wellman Carl, 1997, *An Approach to Rights*, Haga, Boston.
Wells David F. red., 1985, *Reformed Theology in America: A History of its Modern Development*, Grand Rapids, MI.
Wessels J., 1908, *History of Roman Dutch Law*, Cape Town.
Whitford David M., 2001, *Tyranny and Resistance: The Magdeburg Confession and the Lutheran Tradition*, St. Louis.
Whitney Peter, 1774, *The Transgression of a Land Punished by a Multitude of Rulers*, Boston.
Willard Samuel, 1726, *A Compleat Body of Divinity*, Boston.
– 1679, A Sermon *Upon the Death of John Leverett*, Esq., Boston.
– 1982, *Covenant-Keeping the Way to Blessedness*, Boston.
– 1700, *Morality not be Relied on for Life*, Boston.
– 1701, *Walking with God, The Great Duty and Privilege of True Christians*, Boston.
Williams Elisha, 1744, *The Essential Rights and Liberties of Protestants*, Boston.
Williams Roger, 1963, *The Complete Writings of Roger Williams*, 7 tomów, New York.

Winters Peter J., 1988, *Das Widerstandrecht bei Althusius*, w: *Politische Theorie des Johannes Althusius*, red. Werner Krawietz, Dieter Wyduckdel, 543, Berlin.
Winthrop John, 1971, *Life and Letters of John Winthrop*, red. R. Winthrop, 2 tomy, reprint, New York.
Winthrop's Journal, red. James K. Hosmer, 2 tomy, 1908, New York.
Winthrop Papers, 5 tomów, 1944, Boston.
Wirszubski C., 1950, *Libertas as a Political Idea at Rome During the Late Republic and Early Principate*, Cambridge.
Wise John 1958, *A Vindication of the Government of New-England Churches 1717*, reprint, Gainesville.
Witte John, Jr., 2000, *A Dickensian Era of Religious Rights*, „William and Mary Law Review" 42, 707.
– 1999, *'A Most Mild and Equitable Establishment of Religion': John Adams and the Massachusetts Experiment*, „Journal of Church and State" 41, 213.
– 1987, *Blest be the Ties that Bind: Covenant and Community in Puritan Thought*, „Emory Law Journal" 36, 579.
– 1997, *From Sacrament to Contract: Marriage, Religion, and Law in the Western Tradition*, Louisville.
– 2006, *God's Joust, God's Justice: Law and Religion in the Western Legal Tradition*, Grand Rapids, MI.
– 2002, *Law and Protestantism: The Legal Teachings of the Lutheran Reformation*, Cambridge, New York.
– 2005, *Religion and the American Constititutional Experiment*, wyd. 2, Boulder, London.
– 1993, *The Development of Hermann Dooyeweerd's Concept of Rights*, „South African Law Journal" 110, 543.
– 1992, *The Plight of Canon Law in the Dutch Republic*, w: *Canon Law in Protestant Lands*, red. R. H. Helmholz, 135, Berlin.
Witte John Jr., Frank S. Alexander red., 2005, *The Teachings of Modern Christianity on Law, Politics, and Human Nature*, 2 tomy, New York, London.
– 1988, *The Weightier Matters of the Law: Essays on Law and Religion*, Atlanta.
Witte John Jr., Eliza Ellison red., 2005, *Covenant Marriage in Comparative Perspective*, Grand Rapids.
Witte John Jr., Robert M. Kingdon, 2005, *Sex, Marriage and Family in John Calvin's Geneva*, 3 tomy, Grand Rapids.
Witte John Jr., Richard C. Martin red., 1999, *Sharing the Book: Religious Perspectives on the Rights and Wrongs of Proselytism*, Maryknoll.
Witte John Jr., Johan D. van der Vyver red., 1996, *Religious Human Rights in Global Perspective: Religious Perspectives*, Haga.
Wolf Erik, 1963, *Grosse Rechtsdenker der deutschen Geistesgeschichte*, wyd.4., Tübingen.

– 1972, *Theologie und Sozialordnung bei Calvin*, w: Erik Wolf, *Rechtstheologische Studien*, 3, Frankfurt am Main.

Wolf Erik red., 1949, *Quellenbuch zur Geschichte der deutschen Rechtswissenschaft*, Frankfurt am Main.

Wolfe Don M., 1941, *Milton in the Puritan Revolution*, New York.

Wolfe Don M. red., 1944, *Leveller Manifestoes of the Puritan Revolution*, New York.

Wolfe Michael, 1993, *The Conversion of Henry IV: Politics, Power, and Religious Beliefs in Early Modern France*, Cambridge, MA.

Wolgast Eike, 1980, *Die Religionsfrage als Problem des Widerstandsrechts im 16. Jahrhundert*, Heidelberg.

Wollebius John, 1650, *Compendium Theologiae Christiniae: The Abridgement of Christian Divinity*, London.

Wollman David H., 1982, *The Biblical Justification for Resistance to Authority in Ponet's and Goodman's Polemics*, „Sixteenth Century Journal" 13, 29.

Wolter Udo, 1988, *Amt und Officium in mittelalterlichen Quellen vom 13. bis 15. Jahrhundert: Ein begriffsgeschichtliche Untersuchung*, ZSS(KA) 78, 246.

Wolterstorff Nicholas P., 1983, *Until Justice and Peace Embrace*, Grand Rapids, MI.

Woltjer J. J., 1975, *Dutch Privileges: Real or Imaginary*, w: *Britain and the Netherlands*, red. J. S. Bromley, E. H. Kossman, 19, London.

Wood Gordon S., 1989, *Struggle over the Puritans*, „New York Review of Books" 36, 26.

– 1969, *The Creation of the American Republic 1776–1787*, Chapel Hill.

Woodhouse A. S. P., 1951, *Puritanism and Liberty Being the Army Debates 1647–1649*, wyd. 2, Chicago.

Wooton David, 1991, *Leveller Democracy and the Puritan Revolution*, w: *The Cambridge History of Political Thought 1450–1700*, red. J. H. Burns, 412, Cambridge.

Worden Blair, 1974, *The Rump Parliament 1648–1653*, Cambridge.

World Council of Churches, Human Rights and Christian Responsibility, 3 tomy, 1975, Geneva.

Yule George, 1958, *Independents in the English Civil War*, Cambridge.

Zagorin Perez, 2003, *How the Idea of Religious Toleration Came to the West*, Princeton.

Zaret David, 1985, *The Heavenly Contract: Ideology and Organization in Pre-Revolutionary Puritanism*, Chicago.

Zuckert Catherine H., Michael P. Zuckert, 2006, *The Truth About Leo Strauss: Political Philosophy and American Democracy*, Chicago.

Zuckert Michael P., 2002, *Launching Liberalism: On Lockean Political Philosophy*, Lawrence.

– 1994, *Natural Rights and the New Republicanism*, Princeton.

– 1996, *The Natural Rights Republic: Studies in the Foundation of the American Political Tradition*, Notre Dame.
Zweig Stefan, 1936, Strijd rond een brandstapel. Castellio tegen Calvijn, Amsterdam.
Zwierlein Cornel, 2005, *The Importance of 'Confessio' in Magdebourg 1550 for Calvinism: A Historiographical Myth*, „Bibliothèque d'humanisme et renaissance" 68, 27.

Indeks źródeł biblijnych

Indeks osób

Spis ilustracji